古文观止

卷一

[清] 吴楚材 吴调侯 编
郑达 译注

吉林出版集团有限责任公司

图书在版编目（CIP）数据

古文观止 /（清）吴楚材，（清）吴调侯编 ；郑达译注. -- 长春 ：吉林出版集团有限责任公司，2011.7
ISBN 978-7-5463-5938-0

Ⅰ. ①古… Ⅱ. ①吴… ②吴… ③郑… Ⅲ. ①古典散文－散文集－中国 Ⅳ. ①H194.1

中国版本图书馆CIP数据核字(2011)第139865号

古文观止

编　　者：［清］吴楚材 吴调侯
译　　注：郑 达
出 版 人：周殿富
责任编辑：耿 宏 冯 雪
书装设计：张立娟
出版发行：吉林出版集团有限责任公司
电　　话：0431-86012613
印　　刷：三河市文通印刷包装有限公司
开　　本：850mm×1168mm　1/16
字　　数：890千字
印　　张：50
版　　次：2011年7月第1版
印　　次：2011年7月第1次印刷
书　　号：ISBN 978-7-5463-5938-0
定　　价：395.00元（古典函套线装 全四册）

前　　言

中华文化博大精深，古文是中华宝库中一颗璀璨的明珠，是让炎黄子孙了解中国历史、开启传统文化智慧的一把钥匙。经过数千年的历史长河的披沙拣金，一篇篇优美的古文脱颖而出，宛如一颗颗圆润的明珠，熠熠生辉，动人心魂。到了清朝初年，终于有人将这些明珠串联起来，供人们集中鉴赏，这便是《古文观止》。

《古文观止》是康熙年间，由浙江山阴（今绍兴市）人吴楚材、吴调侯叔侄二人选编的古文选本，辑自东周至明末具有代表性的文章222篇，按时代和作家编排，共分为12卷。这些作品大多数是古代散文的名家所做，其思想性、艺术性都达到了很高的水平，而且题材广泛，诸如书、论、碑、记、序、表、传、赞、赋、檄、诏、疏等各种体裁皆备，风格不同且各具特色。它们不仅反映了我国散文的悠久历史和面貌的多彩，而且这些作品也都是作者呕心沥血的结晶。其中智慧的语言，深邃的哲理，精心的构想，独特的风格，深深扣动着读者的心扉，给人以启迪和借鉴。所以该书流传广泛，经久不衰，受到广大读者的喜爱和赞誉。

学习古文需要多读，这样才能培养语感，如果只是读译文，并不能真正地理解原文的内涵。因为古文体现出的古人的思维方式、语言技巧都与今天有着较大差别，甚至有的语法现象在现代汉语中已经消失，而原文的许多精妙之处是根本无法用现代汉语来解释的。因此，我们希望读者能在阅读译文的基础上再去阅读原文，细细体会原文的精妙之处，以使自己阅读古文的能力在读过本书后能够真正地上一个台阶。

译著古书是一件非常复杂的工作，甚至需要几代人的不懈努力。为了把最美好的东西传播给更多的人，在编校时，我们以中华书局出版社的版本为蓝本，同时参照了大量已有的注本，在此深表感谢。在具体的校注中我们主要遵循博采众家之长，择其善者而从之的原则，对有特色的名家注释、译文均一一列出，以备读者参考，在此，我们对这些理论的倡导者给予感谢。

《古文观止》一书版本众多，我们这次重新出版这本名著，是在注重经典版本的基础上精心编校而成的。我们在每篇文章后都详细加注了注释和译文，希望读者通过它们，能对文章的精妙之处有更多的了解。

由于本书成稿仓促，错误在所难免。在此我们恳请读者给与谅解，并欢迎读者批评指正，以便我们再版时进行修改。

编　者

目　录

第一卷

第二卷

第三卷

第 四 卷

郑伯克段于鄢

《左传·隐公元年》

【题解】

《左传》原名《左氏春秋》，相传为春秋晚期鲁国史官左丘明所作。西汉后期古文经学家认为它是根据孔子《春秋》而作，是解释和阐明《春秋》的，故改称《春秋左氏传》，简称《左传》。这是我国第一部叙事详细的编年体著作，记载了自鲁隐公元年（前722年）至鲁哀公二十七年（前468年）共255年间周王朝及诸侯各国的重大历史事件，既是一部详细的历史著作，又是一部优秀的文学著作。

本篇选自《左传·隐公元年》，记叙了春秋初期在郑国发生的一个历史事件。通过对姜氏、郑庄公和共叔段母子兄弟之间争权斗争的描写，刻画了郑庄公的阴险狡诈、姜氏的偏心狠毒以及共叔段的骄纵贪婪，揭露了郑国统治者内部尔虞我诈、互相倾轧的激烈矛盾冲突。

初，郑武公娶于申[①]，曰武姜[②]。生庄公及共叔段[③]。庄公寤生[④]，惊姜氏，故名曰寤生。遂恶之。爱共叔段，欲立之，亟[⑤]请于武公，公弗许。

①郑武公娶于申：郑，国名。郑武公名掘突，前770年至前744年在位。申，国名，姜姓，在今河南省南阳县北。

②武姜：武，指其丈夫武公的谥号；姜，指其母家之姓。武姜是后人对她的称谓。

③共（gōng）叔段：段后来奔逃到共邑（在今河南省辉县），故称“共叔”。

④寤生：寤，同“牾”，逆。意为倒着生出来，胎儿的脚先出来，是一种难产情况。

⑤亟（qì）：屡次，多次。

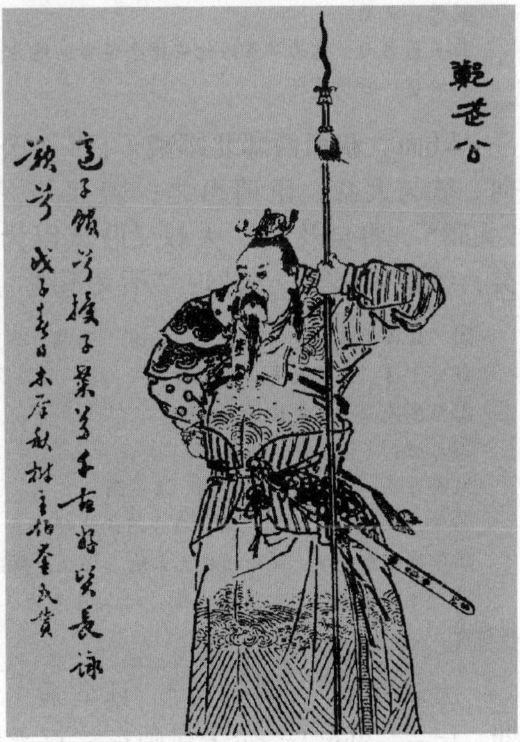

《东周列国志》版画之郑武公像

及庄公即位，为之请制[⑥]。公曰：“制，岩邑[⑦]也，虢叔[⑧]

死焉，他邑唯命[9]。”请京[10]，使居之，谓之京城大叔[11]。祭仲[12]曰：“都城过百雉[13]，国之害也。先王之制，大都不过参国之一[14]，中五之一，小九之一。今京不度[15]，非制也，君将不堪。”公曰：“姜氏欲之，焉辟[16]害？”对曰：“姜氏何厌[17]之有！不如早为之所[18]，无使滋蔓[19]，蔓，难图也。蔓草犹不可除，况君之宠弟乎！”公曰：“多行不义必自毙，子姑待之。”

⑥制：地名，一名虎牢，又名成皋，原为东虢的属地，在今河南省荥阳县汜水镇西。

⑦岩邑：险要的城邑。

⑧虢（guó）叔：东虢国的国郡，后为郑武公所灭。

⑨他邑唯命：别的邑可以唯命是听。

⑩京：地名，在今河南省荥阳县东南。

⑪大叔：大，同“太”。太叔是尊称。

⑫祭（zhài）仲：人名，郑国大夫，字足。

⑬都城过百雉（zhì）：都城，诸侯所属都邑之城。雉，古代度量名称，古城长三丈，高一丈为一雉。

⑭“大都”三句：国，指国都；都，泛指一般城邑。古时制度，城邑的大小，大城不能超过国都的三分之一，中城不能超过五分之一，小城不能超过九分之一。

⑮不度：不合法度。

⑯辟：同“避”。

⑰厌：满足。

⑱早为之所：意为早点给他安排个适当的地方。所，地方，处所。

⑲滋蔓：滋长蔓延。

既而大叔命西鄙北鄙贰于己[20]。公子吕曰[21]：“国不堪贰，君将若之何？欲与大叔，臣请事之；若弗与，则请除之，无生民心[22]。”公曰：“无庸[23]，将自及[24]。”大叔又收贰以为己邑，至于廪延[25]。子封曰：“可矣，厚将得众[26]。”公曰：“不义不昵[27]，厚将崩。”

⑳“既而大叔”句：鄙，边邑。贰，两属。贰于己一方面属庄公，一方面属自己。

㉑公子吕：郑国大夫，字子封。

㉒无生民心：不要使民生贰心。

㉓无庸：不用。庸：同“用”。

㉔将自及：将要自己遭灾祸。及：到。

㉕廪（lǐn）延：郑国邑名，在今河南省延津县北。

㉖厚将得众：厚，此处指扩大土地。得众：得民。

㉗“不义不昵”二句：昵，亲。此二句意为：对君不义，对兄长不亲，即使土地广大，也将崩溃。

大叔完聚[28]，缮甲兵[29]，具卒乘[30]，将袭郑。夫人将启之[31]。公闻其期，曰：“可矣！”命子封帅车二百乘以伐京。京叛大叔段。段入于鄢。公伐诸鄢。五月辛丑[32]，大叔出奔共。

㉘完聚：修治城郭，集结兵力。

㉙缮甲兵：缮，修整。甲兵，盔甲和兵器。

㉚具卒乘：具，备。卒乘，兵卒和战车。

㉛夫人将启之：指武公夫人将作内应。启：开（门）。

㉜辛丑：古以天干、地支纪日。五月辛丑为鲁隐公元年（前722年）五月二十三日。

《东周列国志》版画之“郑庄公掘地见母”图

书[33]曰：“郑伯克段于鄢。”段不弟，故不言弟。如二君，故曰克。称郑伯[34]，讥失教也。谓之郑志[35]。不言出奔，难[36]之也。

㉝书：指《春秋》经文的记述。以下几句是解释《春秋》的话。

㉞不弟：不像个弟弟。不言弟：意思是说，按《春秋》的惯例，段本应该称弟，不称弟是寓含贬意。如二君：像是两位国君。称郑伯：按例应称“郑人”，称“郑伯”，有讽刺意味。

㉟郑志：郑伯的意图。意谓郑庄公也有杀害弟弟的意图。

㊱难（nàn）：责难。难之：责难郑庄公逼走共叔段。

遂置姜氏于城颍[37]而誓之曰：“不及黄泉，无相见也！”既而悔之。颍考叔为颍谷封人[38]，闻之，有献于公。公赐之食。食舍肉。公问之，对曰：“小人有母，皆尝小人之食矣，未尝君之羹，请以遗[39]之。”公曰：“尔有母遗，繄[40]我独无！”颍考叔曰：“敢问何谓也？”公语之故，且告之悔。对曰：“君何患焉！若阙[41]地及泉，隧[42]而相见，其谁曰不然？”公从之。公入而赋[43]：“大隧之中，其乐也融融[44]。”姜出而赋：“大隧之外，其乐也泄泄[45]。”遂为母子如初。

㊲“遂置姜氏”句：置：放逐。城颍：即临颍，故城在今河南省临颍县西北。

㊳“颍考叔”句：颍考叔：郑国人。颍谷：在今河南省登封县西南。封人：掌管疆界的官。

㊴遗（wèi）：给，赠送。

㊵繄（yī）：首语助词。

㊶阙：同“掘”。

㊷隧：动词，挖成隧道。

⑬赋：动词，指赋诗。
⑭融融：和乐。
⑮泄泄（yì yì）：舒畅、快乐的样子。

君子曰[46]："颍考叔，纯[47]孝也。爱其母，施[48]及庄公。《诗》曰：'孝子不匮[49]，永锡尔类。'其是之谓乎！"

㊻君子：作者的假托，《左传》中作者常用这种方式发表评论。
㊼纯：纯正、纯厚。
㊽施（yì）：延及，扩大影响。
㊾"孝子"二句：这是《诗经·大雅·既醉》的话。匮：亏缺。锡：同"赐"。类：指同类的人。两句意思是说，孝子的孝道没有亏缺，上天长久地赐予你同类的人。

【译文】

起初，郑武公从申国娶来妻子，名做武姜，生了庄公和共叔段两个儿子。庄公出生时难产，因此取名叫"寤生"，惊吓了姜氏，因此，姜氏很厌恶他。姜氏非常喜欢共叔段，想要立他做太子。屡次向武公请求，武公不同意。等到庄公即位后，姜氏请求把制这个地方封给共叔段。庄公说："制是很险要的地方，从前虢叔曾死在那里。其他地方就听从您的吩咐。"姜氏替他讨封京地，庄公叫共叔段住在那里，人们叫他为京城太叔。

祭仲说："城市的围墙超过三百丈，便成为国家的祸害。先王的制度，大城不能超过国都的三分之一，中等的不得超过五分之一，小的不得超过九分之一。现在京的城墙不合法度，不是先王的制度，您会受不了。"庄公说："姜氏要这样，又怎能够避免祸害呢？"祭仲回答说："姜氏哪里有满足的时候？不如早点做好准备，不要使他的势力滋长蔓延；蔓延开来，就难以对付了。蔓延的野草，尚且难以除掉，何况是您宠爱的弟弟呢？"庄公说："做多了不义的事情，一定会自我毁灭。你姑且等着吧。"

共叔段像

不久，太叔命令郑国西、北边区的城邑归属于庄公也归属于自己。公子吕说："国家受不了这种两属的情况，您准备怎么办？如果要把郑国送给太叔，那就允许我侍奉他；要是不给太叔，那就请您除掉他。不要让百姓产生二心。"庄公说："不用除掉！他必定会自己害自己。"

太叔又把原来是两属的地方收归自己所有，并延伸到了廪延。子封说：“可以采取行动了。他势力雄厚了，将会得到更多的人归附。”庄公说：“他既然不合礼义，人们就不会归附他，势力大了，反而会垮台。”

太叔积极修建城墙，储蓄粮草，制造铠甲、武器，编组步兵和战车，打算偷袭郑国的国都。姜夫人也将帮他打开城门，作为内应。庄公得知太叔袭郑的日期，便说：“可以了！”于是命令子封率领二百辆战车征讨京城。京城的人也反叛太叔，太叔逃窜到鄢邑。庄公又追随到鄢去征讨他。五月二十三日，太叔就逃到共地去了。

《春秋》上写着：“郑伯克段于鄢。”由于段的所作所为不像个做弟弟的，因此不用“弟”。像是两个敌国的君主打仗，所以叫做“克”。直称庄公为“郑伯”，是讥讽他没有尽到教育的责任，也表明庄公的本意。不说“出奔”，是很难明说其中原因。

庄公把姜氏安置在城颍，并立誓说：“不到黄泉，不再见面。”不久，他又懊悔不应该这样。

颍考叔在颍谷做掌管疆界的官，听说这样的事，便去给庄公进贡物品。庄公宴请他，他吃的时候把肉留着。庄公问他，他回答说：“我有母亲，我的食物她都吃过了，就是没有吃过国君的食物。请您让我把肉带回去献给母亲。”庄公说：“你有母亲可献食物，我却没有啊！”颍考叔说：“敢问这什么意思？”庄公说明了原因，并且告诉了他自己很懊悔。颍考叔回答说：“您何必为这件事情担忧呢？假如挖地见到了泉水，再打一条地道在里面相见，还有谁说不可以呢？”庄公听从了他的意见。庄公进入地道时唱道：“大隧里面，母子相见，多少快乐啊。”姜氏走出地道时唱说：“大隧外面，母子相见，多么欣喜啊。”于是母子便和以前一样。

君子说：“颍考叔确实是个真正的孝子。爱他的母亲，又影响到了庄公。《诗经》上说：‘孝子的孝心没有尽头，永远影响和感化同类的人。’说的就是颍考叔吧。”

周郑交质

《左传·隐公三年》

【题解】

本篇记叙了周平王想要削弱郑国国君的权力，来增加虢国国君的权力，却无法做到，最后只好忍气吞声地与郑国国君互质其子。这反映了周平王东迁之后，周王室已经衰败，无力驾驭诸侯国这一真实的历史面貌。对于这种现象，作者强调以信和礼来维护当时以周王室为中心的统治秩序，不应当尔虞我诈，在一定程度上又暴露了作者的局限性。

郑武公、庄公为平王卿士①。王贰于虢②，郑伯怨王。王曰："无之。"故周、郑交质。王子狐为质于郑，郑公子忽为质于周。王崩，周人将畀虢公政③。四月，郑祭足帅师取温之麦④。秋，又取成周之禾⑤。周、郑交恶。

《东周列国志》版画之周平王像

①卿士：指执政大臣。

②虢：指西虢公。

③畀（bì）：给与。

④祭足：字仲，郑大夫。温：周地名，在今河南温县西南。

⑤成周：周地名，在今河南洛阳东北。

君子曰："信不由中，质无益也。明恕而行，要之以礼，虽无有质，谁能间之？苟有明信，涧、溪、沼、沚之毛⑥，蘋、蘩、蕰藻之菜⑦，筐、筥、锜、釜之器⑧，潢汙、行潦之水⑨，可荐⑩于鬼神，可羞于王公，而况君子结二国之信，行之以礼，又焉用质？《风》有《采蘩》、《采蘋》，《雅》有《行苇》、《泂酌》，昭忠信也。"

⑥沼：池塘。沚：水中小块洲地。

⑦蘋（pín）：浮萍。蘩（fán）：白蒿。薀（wēn）藻：一种聚生的藻类。

⑧筐、筥（jǔ）：竹制容器，方形称筐，圆形称筥。锜（qí）、釜：烹饪器，有足叫锜，无足叫釜。

⑨潢汙（wū）：不流动的积水。行（háng）潦（lǎo）：流动的水。

⑩荐：进献。

【译文】

郑武公、郑庄公父子都当过周平王的执政大臣。周平王在倚仗郑国国君的同时，又想倚仗西虢公，郑庄公就埋怨周平王。周平王说："没有这回事。"因此周、郑两国交换人质。王子狐去郑国做人质，郑公子忽去周朝做人质。

周平王去世之后，周朝打算把政权交给西虢公掌管。四月，郑国的大夫祭足带领军队割走了周朝所属的温地的麦子；秋季，又割走了周朝首都成周的谷子。周朝与郑国关系从此恶化了。

君子说："诚信不发自于内心，就是交换人质也无所补益。坦荡、互谅地做事，再以礼法来制约，就算没有人质，又有谁能挑拨他们呢？假如能有开诚布公的信任，那些山涧、溪流、池塘、小洲的小草，那些浮萍、白蒿、水藻，那些形状各异的竹器、铜器，那些大大小小的积水，都可以作为信物进献给神灵，进贡给王公，更何况君子们交结的是两国间的大信，是在按照礼法行事，那又哪里用得上人质呢？《诗经·国风》中有《采蘩》、《采蘋》，《大雅》中有《行苇》、《泂酌》，这四篇诗全都是在阐明忠信之道啊。"

石碏谏宠州吁

《左传·隐公三年》

【题解】

怎样做才是对孩子真正的爱，石碏在这里十分精辟地阐述了自己的看法。针对卫庄公宠爱州吁，放任他骄奢逸荡，石碏指出：爱自己的儿子，一定要以正确的礼法来教导约束他，这样才能使他不走上邪路，家庭才能和睦，国家才能安定。石碏所举的“六逆”、“六顺”虽然是根基于封建的伦理道德，但其中合理的部分，在今天仍有一定的借鉴意义。卫庄公没有听从石碏的劝谏，对州吁溺爱放任，后来州吁终于谋反，杀了哥哥桓公自立。教子以义方，防患于未然，州吁的事留给后人的教训是深刻的。

卫庄公娶于齐东宫[1]得臣之妹，曰庄姜。美而无子，卫人所为赋《硕人》[2]也。又娶于陈，曰厉妫。生孝伯，蚤[3]死。其娣[4]戴妫生桓公，庄姜以为己子。公子州吁，嬖人[5]之子也。有宠而好兵[6]，公弗禁。庄姜恶之。

①东宫：太子之宫。此处意指太子。

②《硕人》：见于《诗经·卫风》。

③蚤：通“早”。

④娣：古代姐姐称妹妹的称呼。妹妹。

⑤嬖（bì）人：出身低贱而受宠爱的人，这里指卫庄公的宠妾。

⑥兵：兵器。

石碏谏曰：“臣闻爱子，教之以义方，弗纳于邪。骄奢淫佚，所自邪也。四者之来，宠禄过也。将立州吁，乃定之矣。若犹未也，阶[7]之为祸。夫宠而不骄，骄而能降，降而不憾，憾而能眕[8]者，鲜[9]矣。且夫贱妨贵，少陵[10]长，远间[11]亲，新间旧，小加大，淫破义，所谓六逆也；君义，臣行，父慈，子孝，兄爱，弟敬，所谓六顺也。去顺效逆，所以速祸也。君人者，将祸是务去。而速之，无乃[13]不可乎？”弗听。其子厚与州吁游[13]。禁之，不可。桓公立，乃老[14]。

⑦阶：根源。

⑧眕：音 zhěn，安重，忍耐而不轻举妄动。

⑨鲜：音 xiǎn，少，少见。

⑩陵：欺凌。

⑪间：离间。
⑫无乃：恐怕。
⑬游：交游，交住。
⑭老：告老辞官。

《东周列国志》版画之“卫石碏大义灭亲”图，讲述卫国老臣石碏为国家大义而杀死助卫公子州吁作乱的亲儿子石厚之事。

【译文】

卫庄公娶了齐国太子得臣的妹妹做妻子，名为庄姜，庄姜长得很秀美，可惜没有儿子。卫国的人因此做了一首《硕人》的诗。

庄公又从陈国娶了一个女子，名厉妫，生了一个儿子名孝伯，早死。厉妫的妹妹戴妫生了桓公，庄姜便把桓公当作自己的儿子。公子州吁，是卫庄公爱妾生的儿子，很受庄公的喜爱，他喜欢摆弄兵器，庄公不制止他。庄姜很厌恶他。

大夫石碏劝诫庄公说：“我听说喜爱儿子，应当用正确的方法教导他，不要让他走到歪路上去。骄傲、奢侈、纵欲、放荡，是走上歪路的开始。这四种恶习的养成，是由于过分的宠爱。假如要立州吁为太子，就定下来；假如没有决定，这样放纵他，就会引导他造成灾害。受宠而不骄傲，骄傲却能克制自己，受到抑制能无怨恨，有了怨恨仍能自重，这样的人，是很少的。而且卑贱的人欺压尊贵的人，年少的人凌辱年长的人，关系疏远的人离间关系亲近的人，新人离间旧人，小的凌驾于大的之上，道德败坏的人攻击道德高尚的人，这就是六逆。君主行事公正适宜，臣下受命执行，父亲疼爱儿子，儿子孝敬父母，兄长宽厚弟弟，弟弟恭敬哥哥，这就是六顺。摒弃正确行为，效尤悖理之事，这就会很快地招致灾祸。身为君王，应当尽量避免灾难的发生，如今却加快灾难到来，恐怕不可以吧!”卫庄公不听劝。

石碏的儿子石厚常和州吁交往，石碏制止他，他不听。卫桓公一即位，石碏就告老还乡。

臧僖伯[①]谏观鱼

《左传·隐公五年》

【题解】

臧僖伯就是公子姬彄，封于臧，僖是他的谥号，他是鲁国著名的贤臣。本文是描写鲁隐公想到棠地去观看捕鱼，臧僖伯用礼制劝阻他，阐述国君应按礼法行事，将人们引入事物的正轨，不可自乱其政。文中以小见大，层层深入，条理清楚，有很强的说服力。

春，公将如棠观鱼者[②]。

①臧僖伯：即公子彄（kōu），字子臧，鲁武公的儿子。僖是他的谥号。

②“公将”句：公，指鲁隐公。如，去，往。棠，地名，今山东鱼台县西北。者，语气词。

臧僖伯谏曰：“凡物不足以讲大事[③]，其材不足以备器用[④]，则君不举[⑤]焉。君，将纳民于轨、物[⑥]者也。故讲事以度轨量[⑦]谓之轨。取材以章物采[⑧]谓之物。不轨不物，谓之乱政。乱政亟[⑨]行，所以败也。故春蒐、夏苗、秋狝、冬狩[⑩]，皆于农隙[⑪]以讲事也。三年而治兵[⑫]，入而振旅[⑬]。归而饮至[⑭]，以数军实[⑮]。昭文章[⑯]，明[⑰]贵贱，辨等列[⑱]，顺少长[⑲]，习威仪[⑳]也。鸟兽之肉不登于俎[㉑]，皮革、齿牙、骨角、毛羽不登于器[㉒]，则君不射[㉓]，古之制也。若夫山林、川泽之实，器用之资[㉔]，皂隶[㉕]之事，官司之守[㉖]，非君所及也。”

③讲大事：讲习祭祀和战争之类的大事。

④器用：此处指祭祀或战争所需的物资。

⑤不举：不必去做。举，行动。

⑥轨、物：轨，规矩。物，道理。

⑦度（duó）轨量：衡量法度。度，此处作动词用。

⑧章物采：章，彰明。此处作动词用。物采，色彩。此处指装饰礼器和兵器的色彩。

⑨亟：屡次。

⑩“故春蒐（sōu）”句：蒐、苗、狝（xiǎn）、狩（shòu），均为田猎之意，因季节而异。蒐，搜索不孕的禽兽。夏苗，夏天打猎，为苗除害。秋狝，秋天打猎，顺应秋天肃杀之气。冬狩，冬天打猎，则无所选择，见则获取。

⑪农隙：农闲。

⑫治兵：出兵打仗。

⑬振旅：整顿军队。

⑭饮至：古代的一种典礼。凡诸侯会盟、攻伐以后，回到宗庙饮酒庆贺。

⑮军实：战利品，包括物资和俘虏。

⑯昭文章：显示车服旌旗的色彩。昭，此处作动词用。

⑰明：明确。此处作动词用。

⑱等列：上下等级。

⑲顺少长：理顺少长的顺序。

⑳习威仪：讲习威仪。

㉑不登于俎（zǔ）：不足以登上祭祀的器皿。俎，古代祭祀用的器皿。

㉒器：法度之器。

㉓不射：不亲自去猎取。

㉔“若夫”二句：若夫，至于说到。实，泛指山川河泽所出产的物品。器用之资，礼器、兵器用的材料。

㉕皂隶：皂役贱吏。

㉖守：职责。

公曰：“吾将略地[27]焉。”遂往，陈鱼[28]而观之。僖伯称疾[29]不从。

㉗略地：巡行边境。

㉘陈鱼：阵设捕鱼用具。

㉙称疾：推托有病。

书曰“公矢[30]鱼于棠”，非礼也，且言远地[31]也。

㉚矢：通“施”，阵设。

㉛远地：远离国都的地方。

【译文】

初春，鲁隐公准备到棠地去观赏捕鱼。

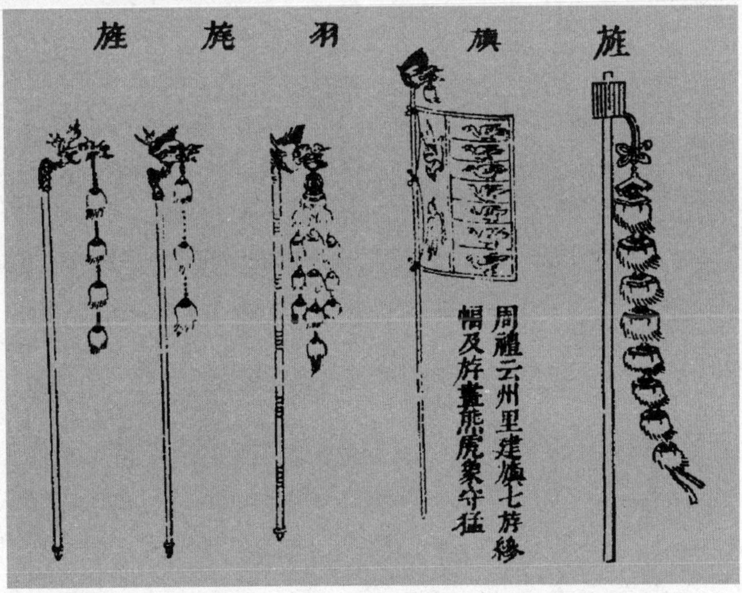

《诗经·干旄》插图

臧僖伯劝诫说："凡是不能拿来讲习祭祀与兵事的物品，不能拿来做礼器和兵器的材料，那么君主就不要亲自去料理。君主是要把百姓引入'轨'、'物'的人。讲习大事来衡量法度叫做'轨'；选取材料制成器物以显示等级文采，叫做'物'。君主做事不合法度，选用不关礼器和兵器的材料就叫做乱政。屡次做那些乱政的事，是国家败亡的原因。因此春夏秋冬四季的田猎，都要在农闲的时候进行，并用来讲习军事。每隔三年，就要出外军事大演习，演习后进入国都就要整顿队伍，回到宗庙祭告祖先，饮酒庆祝，清点军用器物和掳获的东西。在军事训练中要彰明车服旌旗的文采，分明贵贱，辨清等级，排列好少长的顺序，演习军队的威仪。鸟兽的肉不能装在祭器里，鸟兽的皮革、牙齿、骨角、毛羽不能用来制造兵器，因此君主不要猎取，这是古代的法规。对于山林川泽的产物，普通器用的材料，是奴仆的事情，是有关官吏管理的事，不是君主所应管辖的。"

隐公说："我打算巡行视察边境。"于是他就去了棠地。到了那里，就让人陈列捕鱼的器具而加以观赏。僖伯推说患病没有跟着去。

《春秋》里说："公矢鱼子棠"。这是说他不合礼法，更何况棠又是一个远离国都地方。

郑庄公戒饬守臣

《左传·隐公十一年》

【题解】

春秋时代，诸侯国之间，强凌弱是常见现象。本篇便是反映这种情况的。郑庄公的戒饬之词，能正确估计形势，考虑深远，虽处处为自己打算，但说得委婉曲折，吞吐灵活。

秋七月，公会齐侯、郑伯伐许①。庚辰②，傅于许③。颍考叔取郑伯之旗蝥弧以先登④，子都自下射之⑤，颠。瑕叔盈又以蝥弧登⑥，周麾而呼曰："君登矣！"郑师毕登。壬午⑦，遂入许。许庄公奔卫。齐侯以许让公。公曰："君谓许不共⑧，故从君讨之。许既伏其罪矣。虽君有命，寡人弗敢与闻。"乃与郑人。

①公：鲁隐公前722至前712年在位。　齐侯：齐僖公。　郑伯：郑庄公。按：《左传》于诸侯排名，本国国君列前，以后按盟主，次依爵位，所以这次战争虽然是郑国发起，但列名最后。　许：姜姓国。地点在今河南许昌一带。

②庚辰：七月一日。

③傅：靠近逼近。

④蝥（máo）弧：旗名。

⑤子都：郑大夫公孙阏，字子都。在队伍出发前，颍考叔曾与公孙阏为争车而斗，所以公孙阏忌恨，射死颍考叔。

⑥瑕叔盈：郑大夫。

⑦壬午：七月三日。

⑧不共（gōng）：不法，即违返法度，没有尽到诸侯对周天子的义务。

《东周列国志》版画之"公孙阏争车射考叔"图，讲述郑国攻许时，大将颍考叔挟旗率先登城，公孙阏与颍考叔有仇，于城下发暗箭射死颍考叔之事。

郑伯使许大夫百里奉许叔

以居许东偏[9]，曰“天祸许国，鬼神实不逞于许君[10]，而假手于我寡人，寡人唯是一二父兄不能共亿[11]，其敢以许自为功乎？寡人有弟[12]，不能和协，而使糊其口于四方[13]，其况能久有许乎？吾子其奉许叔以抚柔此民也[14]，吾将使获也佐吾子[15]。若寡人得没于地[16]，天其以礼悔祸于许，无宁兹许公复奉其社稷[17]，唯我郑国之有请谒焉[18]，如旧昏媾[19]，其能降以相从也[20]。无滋他族实偪处此[21]，以与我郑国争此土也。吾子孙其覆亡之不暇，而况能禋祀许乎[22]？寡人之使吾子处此，不惟许国之为，亦聊以固吾圉也[23]。”乃使公孙获处许西偏，曰：“凡而器用财贿[24]，无置于许。我死，乃亟去之[25]！吾先君新邑于此[26]，王室而既卑矣[27]，周之子孙日失其序[28]。夫许，大岳之胤也[29]。天而既厌周德矣，吾其能与许争乎？”

⑨许叔：许庄公的弟弟，后即位为穆公。

⑩不逞：不满，不快意。

⑪父兄：父老兄弟。指同姓臣子。　共亿：相安无事。亿：安。

⑫弟：指共叔段。

⑬糊其口：靠薄粥维持生活。形容生计艰难，勉强度日。　四方：东西南北，指天下。

⑭吾子：二人谈话时对对方的敬称。后文同此。　抚柔：安抚。

⑮获：公孙获，郑大夫。

⑯得没于地：得以善终，埋葬入地。

⑰无：发语词，无义。　宁：宁可。

⑱请谒：请求。

⑲昏媾：婚姻，姻亲。

⑳降：降格，屈己。

㉑滋：使之蔓延滋长。　他族：指别的国家。　实：定居。　偪：同“逼”，迫近。

㉒禋（yīn）祀：祭祀。禋为祭天神之礼，把牺牲、玉帛放在柴上，点燃柴，借上升的烟气以告神。禋祀许，即替许国主持祭祀，就是占有许国之意。

㉓圉：边境。

㉔而：通“尔”，你，你的。　财贿：财物。

㉕亟：急，赶快。

㉖先君：指郑武公。　新邑：新建都城。郑原在陕西，武公东迁至新郑。

㉗卑：衰微。

㉘序：同“绪”，前人的功业。

㉙大岳：太岳，上古官名，掌四岳祭祀，是四方诸侯的领袖。　胤：后代。

君子谓郑庄公“于是乎有礼。礼，经国家[30]，定社稷，序人民[31]，利后嗣者也。许，无刑而伐之[32]，服而舍之[33]，度德而处之，量力而行之，相时而动[34]，无累后人，可谓知礼矣。”

㉚经：治理。

㉛序：用作动词，谓使人民有次序等级，不致混乱。

㉜无刑：不执行礼法。

㉝服：服罪。

㉞相（xiàng）：相度，观察。

【译文】

秋天七月，鲁隐公联合齐僖公和郑庄公攻打许国。初一，大军包围了许城。颍考叔拿过郑庄公的大旗，率先登城，子都从下面射中他，颍考叔从城上掉下来了。瑕叔盈立刻接过大旗登城并舞动大旗呐喊："国君登上城墙了！"郑国的军队全都攻上去了。初三，大军就进入许国。许庄公逃到卫国去了。齐僖公把许国让给隐公。隐公说："您说许国不守法度，因此我们跟随您讨伐它。如今许国已经伏罪了，您尽管有命令，我也不敢遵从。"于是就把许国让给了郑庄公。

《东周列国志》版画之颍考叔像

郑庄公就令许国大夫百里服侍许国公的弟弟许叔，住在许国的东部边境，并说："天降祸给许国，鬼神对许君也实在不满，所以借我的手来惩罚他，我只有少数同姓臣子，还不能相安共处，哪里敢把许国作为自己的功劳呢？我有个弟弟，我俩相处不和谐，从而使他四处求食，这种状况能长久占有许国吗！您服侍许叔来安抚怀柔这里的百姓，我还将派公孙获来辅佐您。如果我能得到善终，上天或许又依礼后悔加祸于许国，宁愿使许庄公再执掌国政。那时，郑国假如请求，希望许国像亲戚一样，能以诚相待。不要让别的宗族在这里逼迫我们，与郑国争抢这块土地。将来我的子孙连危亡都顾不上了，还顾得上祭祀许国的祖先吗？我让您住在这儿，不仅为许国，也借此来巩固我们的边境啊。"于是又让公孙获住在许国的西部的边境上，并说："凡是你的器用财物，都不要放在许国。我死了，就赶快离开！我的先君刚刚在此建国，周王室就衰败卑微了，周朝的子孙们丢失原有的秩序。许国是大岳的后代。上天已经厌倦周王朝的品行，我哪里还能和许国相争呢？"

君子觉得："郑庄公在这件事上做得符合礼法，礼法是治理国家、稳定社会、使人民有秩序、使后代获得利益的东西。许国违反礼法时，就惩罚它，一旦认罪了，就宽恕它，度量自己的德行处理它，衡量自己的能力安置它，挑选有利的时机采取行动，不给后人增添麻烦，可以算得上深知礼法了。"

臧哀伯谏纳郜鼎

《左传·桓公二年》

【题解】

宋庄公以不正当手段取得君位，怕诸侯干涉，用原郜国的大鼎贿赂鲁国，鲁桓公把它放在太庙里，为此，臧哀伯提出异议。臧哀伯从接受贿赂这一点出发，纵论国君应该节俭有度，修明德行，杜绝邪恶，为人民做榜样，成为后代子孙的表率；由此，他严正指出，把郜鼎放在太庙，是引导鼓励人们犯罪，是不合乎礼的。臧哀伯的话义正辞严，虽是针对国君而说，但对普通人修身治家、自重自律也有重要意义。文章不是空泛地说理，而是旁征博引，正反对照，以事实服人，利用排比手法，词气滂沛，语调顺畅。

夏四月，取郜大鼎于宋。纳于大庙，非礼也。

臧哀伯谏曰①：“君人者，将昭德塞违，以临照百官，犹惧或失之，故昭令德以示子孙。是以清庙茅屋②，大路越席③，大羹不致，粢食不凿④，昭其俭也。衮、冕、黻、珽⑤，带、裳、幅、舄⑥，衡、紞、纮、綖⑦，昭其度也。藻、率、鞞、鞛⑧，鞶、厉、游、缨⑨，昭其数也。火、龙、黼、黻⑩，昭其文也。五色比象，昭其物也。钖、鸾、和、铃⑪，昭其声也。三辰旂旗⑫，昭其明也。夫德，俭而有度，登降有数，文、物以纪之，声、明以发之，以临照百官。百官于是乎戒惧，而不敢易纪律。今灭德立违，而置其赂器于大庙，以明示百官。百官象之，其又何诛焉？国家之败，由官邪也。官之失德，宠赂章也。郜鼎在庙，章孰甚焉？武王克商，迁九鼎于雒邑，义士犹或非之，而况将昭违乱之赂器于大庙，其若之何？”公不听。

①臧哀伯：鲁国大夫，名达，臧僖伯之子。

②清庙：君主的祖庙，亦称太庙、明堂。

③大路：路亦作“辂”，古代载人的一种车辆。

④粢（zī）食（sì）：古代祭祀用的各种谷物。　凿：细舂。

⑤衮：（gǔn）：古代天子及上公的礼服，祭祀时穿用，衣上有卷曲的龙形图案。　黻（fú）：古代用以遮盖腹部与膝间的皮革，田猎时用。　珽：（tǐng）：古代天子所执的玉笏。

⑥幅（bī）：绑腿布。　舄（xì）：古代双层鞋底的鞋。

⑦衡：古代把头冠固定在发上的簪。　紞（dǎn）：古代冠冕上用以系瑱（tiàn，塞耳的玉）的带子。　纮（hóng）：古代冠冕上的纽带，由颌下向上挽而系在笄的两则。　綖（yán）：冠上

的装饰，以木版为质，用黑布裹起来。

⑧藻（zǎo）：放置玉的彩色板，用木板做成，外包熟皮革，以彩色画水藻纹于其上。 率（shuài）：亦作“帨”，佩巾。 鞞（bí，又读 bǐng）：装刀的套子，刀鞘。鞛（běng）：佩刀刀把处装饰物。

⑨鞶（pán）：皮革做的衣带。 厉：皮革衣带的下垂部分，起装饰作用。 游（liú）：亦作旒，旌旗上佩着的飘带。 缨（yīng）：即马鞅，用皮革做成，套在马的颈上，以便驾车。

⑩黼（fǔ）：古代礼服上的刺绣花纹，以黑白两色相间，绣两斧头相对的图案。黻（fú）：礼服上的花纹，用黑青两色相间，绣两斧头相对的图案。

⑪钖（yáng）：马头前额上的装饰物，用铜做成，马走时发生声响。 鸾：古代的一种车铃。 和：古代车前横木前的小铃。 铃：这里指系于旌旗上的小铃。

⑫旂（qí）旗：旗的总称。这里指君主所用的旗。

周内史闻之，曰：“臧孙达其有后于鲁乎！君违，不忘谏之以德。”

【译文】

夏天四月，鲁桓公从宋国拿回郜国大鼎，摆放在太庙里，这是不合乎礼法的。

臧哀伯劝告说道：“做国君的，要显扬德义，制止邪恶，用这种方法来统御、规范百官，还担心会有失误的地方，因此还要彰明美德给子孙看。所以太庙用茅草盖屋顶，大辂车中用薄草结成的席做铺势，肉汤里不备齐五味做调料，饮食不用黍稷的精米，这里昭示君主的节俭。礼服、礼帽、蔽膝、玉笏、腰带、裳裙、绑腿、鞋子、横簪、枴带、冕带、冕饰，这是彰明朝廷的等级制度的；玉器的彩垫、佩巾、刀鞘、刀柄的装饰、皮带、腰带的饰、旗上的飘带、马颈上的革带，这是表示等级顺序的；衣服上刺绣的火、龙、黼、黻的花纹，这是表示尊卑不同的文彩；用青、黄、赤、白、五色绘出山、龙、花、虫的形象，这是表明不同的色彩；车马上的钖玲、鸾玲、和玲、小玲，这是表示声威的；旗子上画有日、月、星三辰，这是显耀光明的。道德，讲究节俭而又有一定的法度，上下尊卑有一定的等级秩序。因此，用纹样、色彩来表示它，用声音、明亮来显扬它，用这些来统御、规范百官，百官才因此有所警惕畏惧，

鼎图，出自《七十二朝人物演义》版画。鼎是古代的一种祭器。

而不敢违反纪律。如今您隐善扬恶，把别人贿赂的器物置放在太庙中，公然地拿来给百官看，百官以此为榜样，这还能去惩治什么人呢？国家衰败，是来自于官吏的邪恶；官吏丧失德义，是由于受宠和贿赂之风公行。郜鼎放置在太庙中，还有什么比这更公开的受贿呢？武王攻克商的时候，把得来的九鼎搬到王城，仁人义士还有所非议，更何况把那代表邪恶、违反礼法受贿得来的器物放在太庙里，这该怎么办呢？”桓公不听劝告。

周王室的内史听闻这件事，说道：“臧孙达在鲁国还会有后来人啊！国君违背礼法，他没有忘记用礼法去规劝。”

季梁谏追楚师

《左传·桓公六年》

【题解】

春秋时期，各国之间征战不断。楚武王与大臣谋划，制造假象，使随国放松戒备，随侯中计，但贤臣季梁劝谏随侯，要忠于民，信于神，从而使随侯警戒而修明政治，使楚国的计谋没有得逞。文章通过记叙双方的言语行事，完整地叙述了事情的全过程。文笔生动，人物形象鲜明。

楚武王侵随①，使薳章求成焉②，军于瑕以待之③。随人使少师董成④。斗伯比言于楚子曰⑤："吾不得志于汉东也⑥，我则使然⑦。我张吾三军⑧，而被吾甲兵⑨，以武临之，彼则惧而协以谋我⑩，故难间也⑪。汉东之国，随为大。随张，必弃小国。小国离，楚之利也。少师侈⑫，请羸师以张之⑬。"熊率且比曰⑭："季梁在⑮，何益？"斗伯比曰："以为后图⑯，少师得其君⑰。"王毁军而纳少师⑱。

①楚武王：楚国国君，名熊通，公元前740年至公元前690年在位。子爵，因此下文称楚子。随：西周初分封的诸侯国，姬姓，在今湖北随县南。

②薳（wěi）章：楚国大夫。 成：求成，求和。

③军：此处用作动词，驻军。 瑕（xiá）：随国地名，在今湖北随县境内。

④少师：官名。 董：主持

⑤斗（dòu）伯比：楚国大夫。

⑥得志：指实现愿望。这里指扩张领土。汉东：汉水以东。汉水是楚、随的分界。

⑦我则使然：（"不得志于汉东"）这种结果是我们自己造成的。 使：致使。然：这个样子。

⑧张：扩充，扩大。三军：指中军、左军、右军。

⑨被：备办，装备。

⑩协：联合。

⑪间：离间。

⑫侈：狂妄，傲慢。

⑬羸（léi）师：故意使军队表现得很疲弱。羸，瘦，弱。这里是使动用法。张之：使他们狂妄傲慢。

⑭熊率（lǜ）且（jū）比：楚国大夫。

⑮季梁：随国贤臣。

⑯图：谋划。

⑰少师得其君：少师得到国君宠幸。意谓季梁虽贤，不如少师被国君信任。

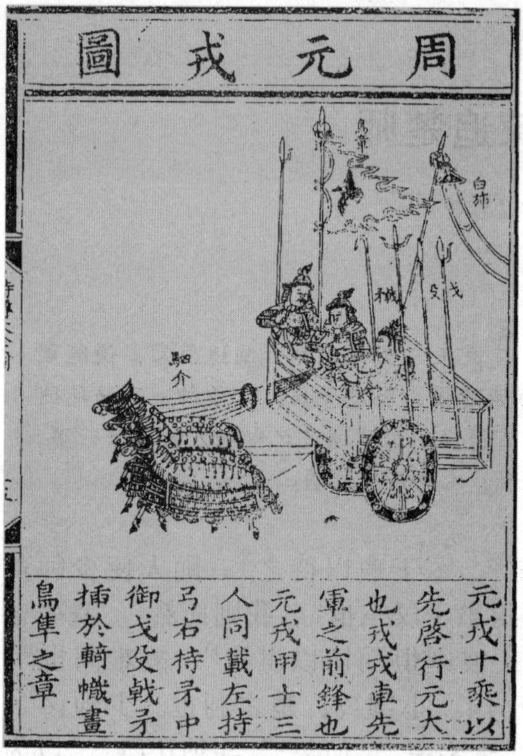

周元戎图。周代将四匹雄马驾车、三名甲士驾驭的战车称为“元戎”。

⑱毁师：毁损军容。纳：接纳。

少师归，请追楚师。随侯将许之。季梁止之曰：“天方授楚[19]，梦之羸，其诱我也，君何急焉？臣闻小之能敌大也，小道大淫[20]。所谓道，忠于民而信于神也。上思利民，忠也；祝史正辞[21]，信也。今民馁而君逞欲，祝史矫举以祭[22]，臣不知其可也。”公曰[23]：“吾牲牷肥腯[24]”，粢盛丰备[25]，何则不信？”对曰：“夫民，神之主也，是以圣王先成民而后致力于神。故奉牲以告曰‘博硕[26]肥腯’，谓民力之普存也，谓其畜之硕大蕃滋也[27]，谓其不疾瘯蠡也[28]，谓其备腯咸有也[29]。奉盛以告曰[30]‘洁粢丰盛’，谓其三时不害[31]而民和年丰也。奉酒醴以告曰[32]‘嘉栗旨酒’，谓其上下皆有嘉德而无违心也。所谓馨香，无谗慝也[33]。故务其三时，修其五教[34]，亲其九族[35]，以致其禋祀[36]。于是乎民和而神降之福，故动则有成。今民各有心，而鬼神乏主，君虽独丰，其何福之有？君姑修政而亲兄弟之国，庶免于难。”随侯惧而修政，楚不敢伐。

⑲授楚：给楚国好运。授，给予。

⑳小道大淫：小国得道，大国失道。淫，淫虐，失道。

㉑祝史：主持祭祀典礼的官。正辞：公正的祝辞。即祝辞符合实际。

㉒矫举：指虚报功德的祷辞。

㉓公：指随侯。

㉔牲：指祭祀用的牲畜。牷（quán）：毛色纯一的牲畜。腯（tú）：肥壮。

㉕粢（zī）盛（chéng）：装在祭器中用于祭祀的谷物。

㉖博硕：大。

㉗蕃滋：繁殖。

㉘瘯（cù）蠡（luǒ）：家畜疥癣。

㉙咸：全，都。

㉚奉：奉献。盛（chéng）：盛在祭器中的祭品。

㉛三时：指春、夏、秋三季，即一年中务农的季节。

㉜醴（lǐ）：甜酒。

㉝谗（chán）：诬陷他人的坏话。慝（tè）：邪恶。

㉞五教：指父义、母慈、兄友、弟恭、子孝。

㉟九族：指本身以上的父、祖、曾祖、高祖和以下的子、孙、曾孙、玄孙。

㊱禋（yīn）祀：古代祭祀天神的一种仪式。先烧柴升烟，然后再加牲体及玉帛于柴上焚烧，使烟上腾。这里泛指祭祀。

【译文】

楚武王攻打随国，令薳章去随国议和，把军队驻扎在瑕地等候结果。随国令少师主持和谈的事。斗伯比对楚武王说："我国在汉东一带不能得志，是我们自己失策所造成的。我们扩大三军整顿装备，用武力威胁他们，他们便会由于恐惧而联合起来对付我们，那离间瓦解他们就很难了。汉东的国家属随国最大，随国如果自高自大，就一定会抛弃小国，把小国分离出去，对我们楚国有利。少师这个人狂妄自大，请君王让军队装成疲弱的状态去迷惑他，让他更加自满。"熊率且比说："随国有季梁，这计策有什么用？"斗伯比说："这是为日后作准备，少师得到他们国君的宠信。"楚武王因此故意使军容散漫，用疲弱的兵将来接待少师。

少师从前敌返回后，请求追击楚军。随侯打算听从他的请求。季梁劝止随侯说："上天正眷顾楚国，楚军表现疲弱，是在引诱我们，君王何必急着出兵呢？臣听说小国之所以能战胜大国，是由于小国得道而大国淫虐乱政。所谓道，就是忠于人民而取信于鬼神。国君时刻想到为百姓谋利，这就是忠；祝史祭祀时的言辞诚实不欺，这就是信。当前人民挨饿而国君放纵私欲，祝史用虚伪的话向鬼神祭祀，我不知道这样做是否能行。"随侯说："我祭祀时用的牲畜毛色纯正而且肥壮，盛在祭器中的粮食丰富完备，怎么会不取信于鬼神？"季梁回答说："百姓，是神灵的主宰。所以圣明的君王先使百姓安居乐业后才致力于祭祀鬼神。因此在奉献祭品时就祝告说'牲畜又大又肥壮'，是说百姓的普遍存有财力，是说他们的牲畜肥大而且繁殖众多，是说牲畜不生疾病皮毛又纯洁，是说牲畜类全体肥壮，应有

簋，古代一种祭器。

尽有。在奉献粮食时祝告说‘洁净的粮良丰富充足’，是说他们春夏秋三季没有遇到祸害，人民和睦，年成丰收。在奉献甜酒时祝告说‘至善至洁酿好酒’，是说他们全体都有美好的德行而没有背离的心念。所谓芳香之气远闻，是说没有诬陷别人的邪恶。所以他们专心忙着春夏秋三季的农事，修明五教，亲近九族，用这些来向鬼神祭祀。这样，人民就和睦，鬼神也就给予他们幸福，所以做任何事都会获得成功。如今人民各自怀着异心，鬼神也就没有主体，君王尽管独有丰盛的祭祀，又怎能求得鬼神赐福？君王暂且修明政事，与附近兄弟国家亲近，也许能免于祸害。”

随侯感到惊恐，努力整理内政，楚国就没有再来进攻随国。

曹刿论战

《左传·庄公十年》

【题解】

长勺之战是一场著名的以弱胜强的战役，文章没有详写战争过程，而是通过鲁国战前的分析、战时的指挥和战后的说明，表现了曹刿的深谋远虑。

曹刿，鲁人，《史记·刺客列传》作曹沫。

齐师伐我①。公将战。曹刿请见②。其乡人曰③：“肉食者谋之④，又何间焉⑤？”刿曰：“肉食者鄙⑥，未能远谋。”遂入见。

①齐师：齐国的军队。我：指鲁国。因《左传》采用鲁国国君在位年记事，故称鲁国为“我”。下句的“公”指鲁庄公。

②曹刿（guì）：鲁国人，有智有勇，他除了参加本文所记述的齐鲁长勺之战，还曾在鲁庄公十三年（前681年）齐鲁两国国君柯地会盟时，持剑挟持齐桓公，迫使他归还侵占的鲁国领土。请见：请求进见。见，指臣下拜见君主，下级拜见上级。

③乡人：同一个乡的人。春秋时期诸侯国国都及其近郊设“乡”这样的行政区划，跟后来的“乡村”之“乡”不同。

④肉食者：指有权位的大人物。

⑤间（jiàn）：参与。

⑥鄙：鄙陋，无见识。

问：“何以战⑦？”公曰：“衣食所安⑧，弗敢专也⑨，必以分人。”对曰：“小惠未遍，民弗从也。”公曰：“牺牲玉帛⑩，弗敢加也⑪，必以信⑫。”对曰：“小信未孚⑬，神弗福也。”公曰：“小大之狱⑭，虽不能察，必以情⑮。”对曰：“忠之属也⑯，可以一战⑰。战，则请从。”

⑦何以：以何，指依靠、凭借什么。

⑧所安：指安身立命的东西。

⑨专：指专有，独享。

⑩牺牲：指祭祀用的牲畜，一般指牛、羊、猪。玉：玉器。帛：丝绸之类的纺织品。

⑪加：指虚报、谎报。

⑫信：诚信，诚言，言语真实。

⑬孚（fú）：让人信服。

⑭狱：诉讼案件。

⑮情：真实情况。

⑯忠之属：指忠于人民一类的事。忠：尽心尽意地为本职。属：类。

《东周列国志》版画之“战长勺曹刿败齐”图，讲述齐鲁长勺之战中，曹刿助鲁军谋划、大败齐军之事。

⑰可以：可以凭借它。

公与之乘[18]。战于长勺[19]。公将鼓之[20]。刿曰：“未可。”齐人三鼓。刿曰：“可矣！”齐师败绩[21]。公将驰之[22]。刿曰：“未可。”下，视其辙[23]，登轼而望之[24]，曰：“可矣！”遂逐齐师。

⑱乘（chéng）：乘车，乘坐。（注意此“乘”字与《郑伯克段于鄢》“具卒乘”句之“乘”和“命子封帅车二百乘以伐京”句之“乘”在音读和词义上的区别）

⑲长勺：鲁国地名，其故地在今山东曲阜市北。

⑳鼓之：指击鼓发起对齐军的反攻。古代发动进攻时以击鼓为号。鼓，擂鼓，用作动词。下文的“三鼓”，指三次击鼓进攻。

㉑败绩：（军队）溃败，大败。

㉒驰之：指驱赶兵车追击齐军。驰，赶车马快跑。

㉓视：仔细地看。辙：车辙，车轮轧过后所留下的痕迹。

㉔轼（shì）：古代车厢前面用作扶手的横木。这里用作动词，是扶着车前横木的意思。按：此句或谓登上车厢前横木“而望之”。

既克[25]，公问其故。对曰：“夫战[26]，勇气也。一鼓作气[27]，再而衰，三而竭。彼竭我盈，故克之。夫大国，难测也，惧有伏焉[28]。吾视其辙乱，望其旗靡[29]，故逐之。”

㉕既克：指已经战胜齐军。既，已经。克，战胜。

㉖夫：句首语气词，用以提起下文，表示要发表议论和看法等。

㉗作气：指使士气振作起来。作，这里用作使动词。

㉘惧：恐怕。有伏：有埋伏。焉：兼词。

㉙靡（mǐ）：倒下。

【译文】

鲁庄公十年的春天，齐国军队前来进攻我国，庄公打算迎击。曹刿请求歆见鲁侯。他的同乡人说：“大官们会来筹划的，你又何必参与呢？”曹刿说：“大官们见识短浅，不能深谋远虑。”于是进见。

他问庄公靠什么前去迎战。庄公说：“衣着吃食的享受，不敢独自享用，必定分给别人。”曹刿答道：“小恩小惠不能遍及百姓，百姓是不会跟从您的。”庄公说：“祭祀用的牛羊玉帛，从不敢虚报，必说实话。”曹刿说：“小的诚实不能使神灵信任，神灵是不会赐福的。”庄公说：“大大小小的诉讼官司，尽管不能一一明察，但一定做到合情合理。”曹刿回答：“这属于为百姓尽心办事的行动，可以靠这个条件打一仗。打仗时请让我跟随您一起去。”

庄公和他同坐一辆兵车，与齐军交战于长勺。庄公将要击鼓进军。曹刿说：“不行。”齐军击鼓三次之后，曹刿说：“可以击鼓进军了。”齐军大败。庄公又要下令追击，曹刿说：“不行。”他下车看了齐军战车的轨迹，又站到车前的横木眺望齐军撤退的情形，这才说：“是时候了。”于是追击齐军。

获胜之后，庄公问他其中的原由。曹刿回答说：“作战凭勇气。击第一遍鼓的时候军队的士气便振作了起来，击第二遍鼓的时候士气便开始减弱了，等到击第三遍鼓的时候，士气就枯竭了。敌人的士气枯竭而我军的士气旺盛，因此能够战胜他们。大国难于捉摸，怕他们有埋伏。我看到他们战车的轨迹凌乱，看见他们的旗子倒下了，的确是在败退，因此追击他们。”

齐桓公伐楚盟屈完

《左传·僖公四年》

【题解】

齐桓公纠合诸侯攻下楚国的临近小国蔡，矛头直指楚国，理由是它对周王室进贡不周，并对周昭王的南征不归负有责任，所以进行征讨。面对这冠冕堂皇的出兵借口，楚国派往齐营的使者屈完不卑不亢，时而恭顺认错，时而严词反驳，一方面倡导齐君应该以德义服众，一方面强调楚国的决心抵抗，以刚柔相济、睿智严谨的外交辞令促成了与诸侯阵营的联盟，史称“召陵之盟”。“风马牛不相及”的成语便出自本篇。

春，齐侯以诸侯之师侵蔡[1]。蔡溃，遂伐楚。楚子使与师言曰[2]：“君处北海[3]，寡人处南海，唯是风马牛不相及也[4]，不虞君之涉吾地也[5]，何故?”管仲对曰[6]：“昔召康公命我先君太公曰[7]：‘五侯九伯[8]，女实征之[9]，以夹辅周室[10]!’赐我先君履[11]，东至于海，西至于河，南至于穆陵[12]，北至于无棣[13]。尔贡包茅不入[14]，王祭不共，无以缩酒[15]，寡人是徵[16]。昭王南征而不复[17]，寡人是问。”对曰：“贡之不入，寡君之罪也[18]，敢不共给?昭王之不复，君其问诸水滨!”师进，次于陉[19]。

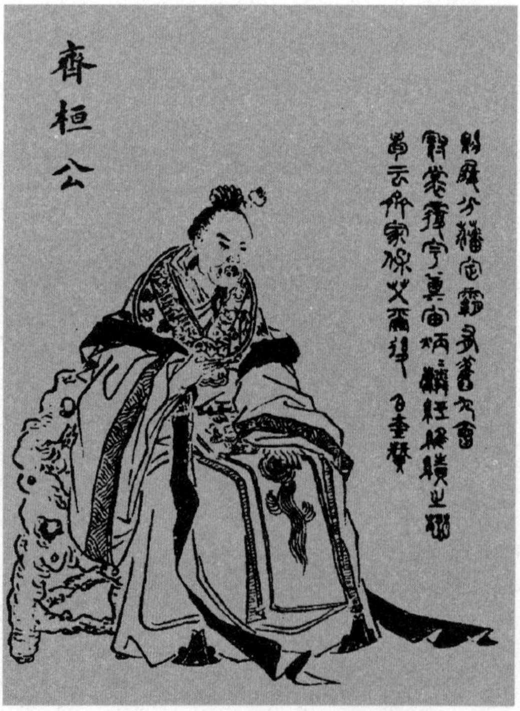

《东周列国志》版画之齐桓公像

①齐侯：齐桓公。当时他率领宋、鲁、陈、卫、郑、许、曹和齐八国的军队侵犯蔡国。

②楚子：楚成王。师：指诸侯之师。

③处：处于，居住于。 北海：泛指北方。下句南海泛指南方。

④风：走失。本句指两国相离极远，一向不发生关系，即使放牧走失了牛马，也到不了对方境土之内。一说雌雄相诱叫

风。马牛不同类，当然不会相诱。比喻齐楚两国毫不相干。

⑤不虞：不料。　涉：本来是趟水过河的意思，这里当“进入”讲。

⑥管仲：齐国大夫。名夷吾，字仲。春秋初期政治家。

⑦召（shào）康公：周成王时太保召公奭（shì），“康”是他的谥号。　先君：后代君臣对本国已故君王的称呼。　太公：即吕尚，名望，齐国始祖。因姓姜，故通称姜太公，或称太公望。一说字子牙，故又称姜子牙。

⑧五侯九伯：五、九皆虚数，泛指所有的诸侯，形容其多。

⑨女（rǔ）：汝，你。　实：句中语气词，有表示命令或期望的意味。

⑩夹辅：辅佐。

⑪履（lǚ）：践踏。这里是指齐国可以管辖的国土。

⑫穆陵：地名，今天东临朐（qú）县南一百里的大岘山上有穆陵关。

⑬无棣：在齐国的北境，今山东省无棣县北。

⑭包：束。茅：青茅。包茅即裹束成捆的青茅，祭祀时用以滤去酒中渣滓。　入：纳。此处指纳贡。

⑮共：同“供”，供给，供应，下同。由于包茅没贡上来，影响了周王祭祀所需。　缩酒：滤酒。一说为古代祭祀时的仪式之一，即把酒倒在茅束上渗下去，如同神饮了酒一样。

⑯徵：问，追究。

⑰昭王：即周昭王。相传昭王南巡，渡汉水时船坏被淹死。

⑱寡君：臣子对别国君臣等称自己国君时所用的谦词。

⑲次：驻扎，停留。由于楚国态度较强硬，所以齐军便向前推进到陉，对楚施加压力。　陉（xíng）：山名。在今河南省郾城县南。

夏，楚子使屈完如师[20]。师退，次于召陵[21]。齐侯陈诸侯之师[22]，与屈完乘而观之[23]。齐侯曰：“岂不穀是为[24]？先君之好是继[25]，与不穀同好[26]何如？”对曰：“君惠徼福于敝邑之社稷[27]，辱收寡君[28]，寡君不愿也。”齐侯曰：“以此众战[29]，谁能御之？以此攻城，何城不克？”对曰：“君若以德绥诸侯[30]，谁敢不服？君若以力，楚国方城以为城[31]，汉水以为池[32]，虽众，无所用之。”

屈完及诸侯盟。

⑳屈完：楚大夫；如师：赴齐师请盟。

㉑召陵：地名，在今河南郾城县东。

㉒陈：同“阵”，列阵。齐桓公把诸侯的军队摆开，向楚示威。

㉓乘：乘兵车。齐侯与屈完同乘兵车检阅诸侯队伍。

㉔不穀：不善。古代诸侯自称的谦词。

㉕先君之好是继：继承先君的友好关系。

㉖与不穀同好：跟我友好。

㉗徼（yāo）：求。

㉘辱：谦词，承蒙。　收：收容，接纳。

㉙众：众将士。

㉚绥：安抚。

㉛方城：山名，在今河南叶县南。

《东周列国志》版画之“盟召陵礼款楚大夫”图，讲述齐楚召陵订盟约之事。

㉜池：护城河。

【译文】

春天的时候，齐桓公集结诸侯的军队攻打蔡国，蔡国落败，接着齐桓公就去进攻楚国。楚成王派遣使者到齐军那里诘问，说：“您处在北方，我们处在南方，相去遥远，即便牛马放逸也互不相关的。不料您却派兵侵入我们国土，究竟是什么原因？”管仲代桓公回答：“往昔召康公命令我先君太公说：‘五侯九伯，如果谁有罪，你就可以讨伐他，以辅助周王朝。’召康公又代表周武王赐封我先君行使权力的疆界，东到大海，西到黄河，南到穆陵，北到无棣。然而，你们应贡的菁茅没有进贡，天子祭祀时供应不上，而没有菁茅滤酒敬神，这是我们国君要质问的。另外，周昭王南巡时溺于汉水而没能回朝，又是寡君要质问的。”楚使回答说：“贡物没有进献，是寡君的罪过啊，怎么敢不供给呢？周昭王没有回去，您还是去问汉水之滨的人吧！”于是齐国进军，驻扎在陉地。

到了夏天，楚王令屈完到诸侯的军队驻地议和。诸侯军队便退驻于召陵。齐桓公将八国大军摆开阵势，就与屈完同坐一车而观军容。齐桓公说：“你看诸侯都来归附，岂只为我一人？这是继续保持先君所建立的友好关系。现在你们也和我友好，怎么样？”屈完回答说：“蒙您惠顾，为敝国社稷谋求福利，您能屈驾而接纳寡君，那是寡君的心愿啊。”齐桓公说：“用这强大的军队作战，谁能抵挡它？用这强大的军队攻城，什么城攻不下？”屈完又答道：“您如果以仁德安抚诸侯，谁敢不诚服？您如果动用武力的话，楚国就会把方城山当作城墙，把汉水当作护城河，坚决防御，既使有再多的军队，却也无能为力。”

屈完就和诸侯签订了盟约。

宫之奇谏假道

《左传·僖公五年》

【题解】

本文选自《左传·僖公五年》。早在僖公二年（前658年），晋献公就曾向虞国借道攻打虢国，并攻克虢国都城下阳（在今山西平陆县境）。到了本文所记史实发生的这年（前655年），晋国又向虞国借道攻打虢国。虞国大夫宫之奇以他敏锐的政治眼光，看穿晋国假途灭虢、回师灭虞的险恶居心，劝谏国君虞公不要重犯已经犯过的历史性错误，再次借道给晋国。虞公不听。结果晋国果然在灭掉虢国以后，又就势灭掉了虞国。本文通过记述这一历史事件，从一个侧面反映出春秋时代大国强国吞并小国弱国的历史状况。但更有认识价值的是，本文推出的宫之奇这个历史人物以及通过他的谏辞所反映出的春秋时代具有进步意义的民本思想。

晋侯复假道于虞以伐虢[①]。宫之奇谏曰[②]："虢，虞之表也[③]；虢亡，虞必从之。晋不可启[④]，寇不可玩[⑤]，一之为甚[⑥]，其可再乎[⑦]？谚所谓'辅车相依[⑧]，唇亡齿寒'者，其虞、虢之谓也。"

①晋侯：指晋献公。复：又。僖公二年（公元前658年）晋国曾向虞国借道进攻虢国，灭下阳。今（指僖公五年）又借道，故曰："复假道。"虞：国名，为周武王所封，是太王之子虞仲的后代。在今山西平陆县东北。虢（guó）：国名，有东虢、西虢和北虢之分，此指北虢，在今河南三门峡和山西平陆一带。

②宫之奇：虞国大夫。也作"宫奇"。

③表：外表，这里指屏障，外围。

④启：开启，这里指纵容其贪心。

⑤寇：指外面入侵的兵。玩：玩忽，忽视，指放松警惕。

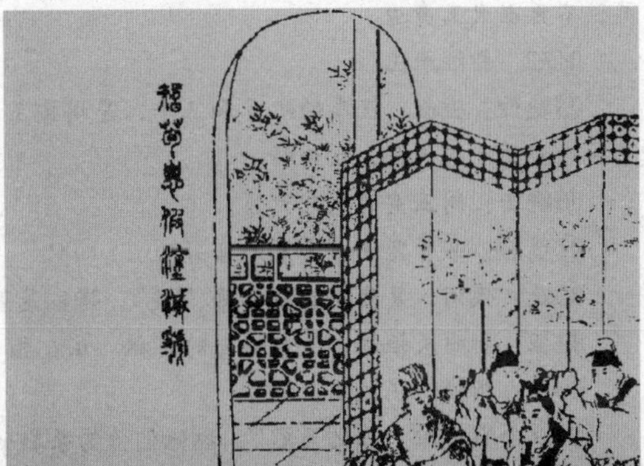

《东周列国志》版画之"智荀息假途灭虢"图，讲述晋献公采纳荀息之计假道伐虢，灭掉虞国之事。

⑥一之：一次。甚：过分。

⑦其：岂，难道。

⑧辅车相依：辅，面颊。车，牙床，面颊和牙床是互相依存的。以此喻虞国与虢国的关系。一说辅为车两旁之板。大车载物必用辅支持，故辅与车有相依之关系。

公曰⑨："晋，吾宗也⑩，岂害我哉？"对曰："大伯、虞仲⑪，大王之昭也⑫；大伯不从⑬，是以不嗣⑭。虢仲、虢叔⑮，王季之穆也；为文王卿士⑯，勋在王室，藏于盟府⑰。将虢是灭⑱，何爱于虞？且虞能亲于桓、庄乎⑲？其爱之也⑳，桓、庄之族何罪？而以为戮㉑，不唯逼乎㉒？亲以宠逼㉓，犹尚害之，况以国乎㉔"？

⑨公：指虞国国君。

⑩宗：同宗。晋、虞、虢都是姬姓诸侯国，为同一祖先。

⑪大伯：即太伯，亦作泰伯，周太王古公亶父的长子。虞仲：周太王的次子。

⑫大王：即周太王。昭：古代宗庙里神主的位次，始祖居中，其子在左称为昭，子之子在右称为穆。周代以后稷为始祖，后稷以后的第一代为昭，第二代为穆。以后三、五、七、九……奇数为昭，二、四、六、八……偶数为穆。太王是后稷的第十二代孙，为穆。太王之子太伯、虞仲和王季为后稷的第十三代孙，故为昭。

⑬大伯不从：是指太伯和弟虞仲得知太王要传位给小弟王季（名季历）后，他们便出走至吴，不再在太王身边。

⑭嗣：指继承王位。

⑮虢仲、虢叔：王季的次子和三子，是周文王的弟弟。王季是后稷第十三代孙，故为昭，其子为后稷第十四代孙，故为穆。

⑯卿士：周王室的执政大臣。

⑰盟府：掌管盟约、典策的官署。

⑱是：代词，复指提前的宾语"虢"。将虢是灭：即将灭虢。

⑲桓：指曲沃桓叔，是晋献公的曾祖。庄：指曲沃庄伯，是桓叔之子，晋献公的祖父。

⑳之：指桓、庄之族。

㉑以为戮：即"以之为戮"，把他们作为杀戮的对象。

㉒唯：因为。

㉓亲以宠逼：意为桓、庄之族因其亲近，且又位尊，威胁于献公。

㉔以国："国"下承上省一"逼"字。

公曰："吾享祀丰洁㉕，神必据我㉖。"对曰："臣闻之，鬼神非人实亲㉗，惟德是依㉘。故《周书》曰㉙：'皇天无亲㉚，惟德是辅。'又曰：'黍稷非馨㉛，明德惟馨㉜'。又曰：'民不易物，惟德繄物㉝'。如是，则非德，民不和，神不享矣。神所冯依㉞，将在德矣。若晋取虞，而明德以荐馨香，神其吐之乎㉟？"

㉕享祀：犹祭祀。享：把食物供献鬼神。

㉖据我：依附于我，意即保佑我。

㉗实：代词，复指提前的宾语"人"。此句是"鬼神非亲人"的倒装结构。

㉘惟德是依：意为只保佑有德行的人。

㉙《周书》：周朝的史书，今已亡佚。引文见伪《古人尚书·蔡仲之命》。

㉚皇：大。

㉛黍稷：是古人祭祀常用的谷物。黍：即黍子，粘黄米。稷：不粘的谷子。馨（xīn）：芳香，特指散布很远的香气。

㉜明德：使德行佟明。以上两句引文见伪《古文尚书·君陈》。

㉝民不易物，惟德繄物：此句见伪《古文尚书·旅獒》，意为人们祭神用的祭品并未改变，但只有有德的人的祭品是神所享用的。繄（yī）：是。

㉞冯：同“凭”。

㉟吐：指不食祭品。

三十六计之假道伐虢图

弗听，许晋使。宫之奇以其族行[36]，曰：“虞不腊矣[37]。在此行也[38]，晋不更举矣[39]。”冬，晋灭虢。师还，馆于虞[40]，遂袭虞，灭之。执虞公。

㊱以其族行：率领他的全族走了。

㊲腊：古代年终合祭众神的祭祀活动。

㊳在此行也：在这次晋国出兵灭虢的行动后。

㊴更（gèng）：再。举：举兵，出兵。

㊵馆：官方接待宾客的房舍。这里作动词用，为屯驻的意思。

【译文】

晋献公再一次向虞公借路讨伐虢国，目的是讨伐虢国。宫之奇进谏说：“虢国，是虞国的外围。虢国一旦灭亡，虞国一定随之灭亡。晋国贪婪的欲望不能引发，进犯者的野心不可儿戏，我们借一次路给它已经很过分了，怎么可以再借路给它呢？俗话说：‘面颊与牙床彼此依存。嘴唇没有了，牙齿就会受凉。’这就是对虞、虢之类的关系而说的。”

虞公说：“晋国，和我同一宗族，怎么会害我？”宫之奇回答说：“太伯、虞仲都是太王的儿子。太伯出走，没有跟随太王，因此没有继承王位。虢仲、虢叔都是太王小儿子的儿子，又是周文王的卿士，为王室建立了功勋，这都有收藏在盟府的记载。晋国连虢国都要吞灭，对虞国还有什么可怜惜的？何况对晋国而言，虞国能比桓叔、庄伯两族更亲近吗？晋献公要是爱他们的话，桓、庄两族会有什么罪过呢？可是，就连这样的近亲都要杀灭，不就是由于晋国觉得他们对自己造成了威胁吗？至亲之间有人得势，尚且还要杀掉他，况且您还拥有一个国家呢？”

虞公说："我祭祀时用的祭品丰盛又干净，神一定会保佑我。"宫之奇道："臣听说，神不是特意亲近哪个人的，只是护佑德义。因此《周书》上说：'上天对人不专门亲近，只扶有德之人。'又说：'谷物不是最芳香的，只有美德最香。'又说：'祭品没什么不同，只有德之人的祭品才算真正的祭品。'凭此而论，没有道德，人民就会不和睦，神灵也不会享用献上的祭品。神灵所凭靠的，只有道德。如果晋国攻取了虞国，而又把自己的功德作为芳香的祭品贡献给神灵，神灵难道还会把它吐掉吗？"

虞公不采纳，允许了晋国来使。宫之奇带领着他的族人走了。临行前说："虞国再没有腊祭的时候了。晋国不需要再有什么行动，虞国的消亡就在此一举了。"

冬天，晋国消灭了虢国。晋军返回时，顺道驻扎在虞国，乘机偷袭了虞国，消灭了它，还把虞公抓到了。

齐桓下拜受胙

《左传·僖公九年》

【题解】

齐桓公会集鲁、宋、卫、郑、曹等国君侯在葵丘重申旧日盟约。周襄王特派使者来祭肉，并赐齐桓公不用下拜，而桓公坚持下拜受赐。文章围绕“下拜”二字，一波三折，既反映了周王室的衰微，也反映了当时还普遍存在的尊周意识。

会于葵丘①，寻盟，且修好，礼也。王使宰孔赐齐侯胙②，曰：“天子有事于文、武，使孔赐伯舅胙③。”齐侯将下拜。孔曰：“且有后命。天子使孔曰：‘以伯舅耋老④，加劳，赐一级，无下拜！’”对曰：“天威不违颜咫尺⑤，小白余敢贪天子之命⑥无下拜’？恐陨越于下以遗天子羞。敢不下拜？”下，拜；登，受。

①葵丘：宋国地名，在今河南兰考县。

②王：周襄王。宰孔：宰，官名；孔，人名。胙（zuò）：祭肉，是一种特殊待客礼遇。

③伯舅：周王室与异姓诸侯通婚，故尊称他们为伯舅。

④耋（dié）：年七十称耋。

⑤咫（zhǐ）：八寸。

⑥小白：齐桓公名。贪：指冒昧地接受。

《东周列国志》版画之“会葵丘义戴周天子”图，讲述齐桓公提出尊王攘夷的口号，于葵丘主持诸侯会盟，成为霸主之事。

【译文】

夏天，（僖公和宰孔、齐侯、宋子、卫侉、郑伯、许男、曹伯）在葵丘会面，重温过去的誓约，增强友好的关系，是合于礼的。周天子令宰孔把祭肉赐给齐桓公，说：“天子祭祀文王、武王，派孔赐给伯舅祭肉。”齐桓公将要下阶跪拜。宰孔说：“还有以后的命令——天子叫我说：‘因为伯舅老了，加上功劳，赐给一等，不用下阶跪拜。”齐桓公回答道：“天子的威严就在跟前，我小白怎敢贪得天子的宠命而不下台阶拜谢呢？那样，恐怕要从诸侯的位子掉下来，给天子带来羞辱，我怎么敢不下台阶跪拜。”于是，下台阶，跪拜谢恩，登上台阶，接受祭肉。

阴饴甥对秦伯

《左传·僖公十五年》

【题解】

秦穆公帮助晋惠公取得了君位，晋惠公背信弃义，原先答应秦国的条件一条也没有兑现，于是秦穆公攻打晋国，战于韩原，俘虏了晋惠公。秦穆公夫人是晋献公之女，因为她挺身斡旋，加上晋国臣民上下同心、誓雪国耻，秦穆公因而审时度势，与晋议和。这篇文章写晋阴饴甥与秦穆公订盟事。全文通过问答，将秦穆公与阴饴甥的处境与心理描摹得十分逼真，尤其是战败国一方的阴饴甥，面对秦穆公的逼人语词，毫不避让退缩、低头求怜，反而以退为进、以抑为扬，通过君子与小人的不同表现与看法，既申明了晋国坚定不屈的斗志，又用礼义套住秦穆公，使他不得不作出让步，表现了一个杰出的外交家的非凡才干。

十月①，晋阴饴甥②会③秦伯④，盟⑤于王城⑥。

①十月：指鲁僖公十五年（公元前645年）十月。

②阴饴甥：晋国大夫，复姓瑕吕，名饴甥。

③会：会见。

④秦伯：指秦穆公。

⑤盟：结盟。

⑥王城：秦国地名，在今陕西大荔东。

秦伯曰："晋国和⑦乎？"对曰："不和。小人⑧耻失其君而悼丧其亲，不惮⑨征缮⑩以立圉⑪也。曰：'必报仇，宁事⑫戎狄。'君子⑬爱⑭其君而知其罪，不惮征缮以待秦命⑮，曰：'必报德，有死无二⑯。'以此不和。"秦伯曰："国谓君何？"对曰："小人戚⑰，谓之不免；君子恕⑱，以为必归。⑲小人曰：'我毒⑳秦，秦岂归君。'君子曰：'我知罪矣，秦必归君。贰㉑而执㉒之，服㉓而舍㉔之，德莫厚焉，刑㉕莫威焉。服者怀德，贰者畏刑，此一役也，秦可以霸。㉖纳㉗而不定，废而不立，以德为怨，秦不其然。'"秦伯曰："是吾心也。"改馆㉘晋侯㉙，馈㉚七牢㉛焉。

⑦和：一致。

⑧小人：平民百姓。

⑨惮：害怕。

⑩征缮：征收赋税以修治甲兵。

⑪圉（yǔ）：指晋惠公太子圉。

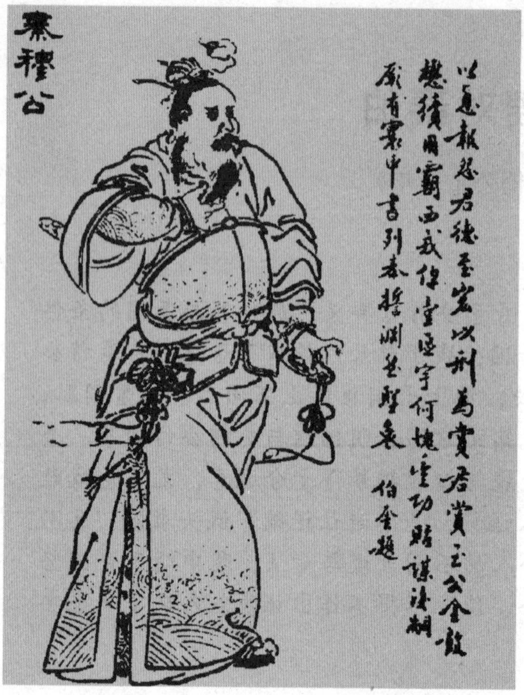

《东周列国志》版画之秦穆公像

⑫事：事奉。

⑬君子：有学问有修养、道德高尚的人。

⑭爱：爱戴。

⑮秦命：指秦国释放晋惠公的命令。

⑯二：有二心背叛。

⑰戚：忧愁，悲伤。

⑱恕：宽慰。

⑲归：回来。

⑳毒：对人苛酷无情。

㉑贰：二心。

㉒执：捉，逮。

㉓服：臣服。

㉔舍：释放。

㉕刑：刑罚。

㉖霸：称霸。

㉗纳：进入。指秦穆公帮助晋惠公回国即位。

㉘馆：动词，让……住宾馆。

㉙晋侯：指晋惠公。

㉚馈（kuì）：赠送。

㉛七牢：招待诸侯的礼节。牛羊豕各一，为一牢。

【译文】

僖公十五年十月，晋国大夫阴饴甥会见秦伯，双方在王城签订盟约。

秦伯说："晋国和谐吗？"阴饴甥回答说："不和。通常人们以失去自己的君主为耻，而又为自己的亲属在战争中阵亡而痛苦，这些人不怕征税修治甲兵的困难而拥立太子圉为国君，说：'一定要报秦国之仇，宁肯屈服戎、狄之国。'君子们虽然爱戴他们的君王而又明白他的罪过，他们不怕征税修治甲兵的困难而等候秦国的命令，说：'一定要报答秦国的恩惠，死而不生二心。'所以不和谐。"

秦伯说："晋国觉得他们的君王的前途怎么样？"阴饴甥回答说："一般人悲观失望，觉得他不会被赦免；君子们相信秦国会宽恕，认为他一定会回国。一般人说：'我们加害过秦国，秦国岂能放国君回来？'君子们说：'我们已经知道自己的罪过了，秦国一定会放还国君。有二心的就逮捕他，认罪了就放过他，没有什么比这更宽厚的仁慈了，没有比这更威严的惩罚了。服罪的人怀念秦国的恩惠，有二心的人畏惧刑罚。通过这一次战争，秦国可以做诸侯的盟主了。如果秦国扣留我们的国君而不让他君位安定，废弃他而不立他为国君，就会把感恩报德的人变成怨恨的人，秦国不会这样的。'"秦伯说："这就是我所想的啊！"于是换用诸侯之礼对待晋侯，让他住到客馆，还以礼相待，送他牛、羊、猪各七头。

子鱼论战①

《左传·僖公二十二年》

【题解】

僖公二十二年，为确立霸主地位，宋国和楚国发生了泓水之战，由于宋襄公的指挥失误，结果宋军惨败而归。战后，宋襄公不但没有吸取教训，反而强词夺理，执迷不悟。针对他的错误指挥和愚蠢认识，子鱼对他进行了逐层反驳，同时指出了战争的取胜之道。文章对宋襄公的假仁假义和愚昧无知进行了嘲讽和鞭挞。

楚人伐宋以救郑。宋公将战②，大司马固谏曰③：“天之弃商久矣，君将兴之⑤，弗可赦也已⑥。”弗听。

①选自《左传》僖公二十三年。春秋时期，宋襄公以仁义来笼络诸侯，继齐桓公之后，企图称霸。宋襄公十三年（公元前638年）伐郑，与楚兵战于泓水。大司马子鱼再三劝谏，要不失战机，打击敌人。可是宋襄公固执地一定要等待楚兵过河列阵后再战，结果大败受伤。次年伤重去世。称霸成为泡影，被后人作为笑料。

②宋公：宋襄公，公元前650年至公元前637年在位。

③大司马：官名。掌握政务及军事重权的高官。

④弃商：商国早已灭亡，所以说被天所弃。宋国君主是商君后代，弃商就是弃宋。

⑤兴之：商君后代兴起，指宋国兴盛。

⑥弗可赦也已：不能得到苍天的饶恕啊。“已”同“矣”。“也已”是加强肯定的语气词。子鱼说这话的意思是宋弱楚强，要想战胜楚国，当前是不可能的。

《东周列国志》版画之“宋襄公假仁失众”图，讲述宋楚之战中，宋襄公不切实际地讲究“仁义”，结果屡次丧失战机，败于楚军之事。

及楚人战于泓⑦。宋人既成列，楚人未既济⑧。司马曰：

“彼众我寡，及其未既济也⑨，请击之。”公曰：“不可。”既济而未成列，又以告⑩。公曰：“未可。”既陈。而后击之⑪，宋师败绩。公伤股，门官歼焉⑫。

⑦及：与。泓：水名。故道地今河南柘城北。

⑧未既济：没有完全渡过河来。既，尽。济，渡河。

⑨及其：趁着他。

⑩又以告：又一次把以前的话告诉宋襄公。

⑪既陈：全部摆好阵势。陈，同“阵”。

⑫股：大腿。门官：侍卫。在国内时把守宫门，行军时在左右保卫君主。

国人皆咎公⑬。公曰：“君子不重伤⑭，不禽二毛⑮。古之为军也⑯，不以阻隘也⑰。寡人虽亡国之余⑱，不鼓不成列⑲。”

⑬咎（jiù）：责怪，归罪。

⑭重（chóng）伤：对已受伤者再次加以伤害。重，再。

⑮二毛：长有黑白两色头发的人。泛指年纪稍大的人。

⑯为军：治理军队，带兵打仗。

⑰不以阻隘：不在对方危险时攻击。阻，逼迫。隘，危险之地。

⑱亡国之余：灭亡的国家的后裔。宋是商纣的后代，所以襄公这样说。这句话有自谦的意味。

⑲不鼓：不击鼓攻打。不成列：没有摆好阵势。

子鱼曰：“君未知战。勍敌之人⑳，隘而不列㉑，天赞我也。阻而鼓之，不亦可乎？犹有惧焉。且今之勍者，皆吾敌也。虽及胡耇㉒，获则取之，何有于二毛㉓？明耻、教战㉔，求杀敌也。伤未及死，如何勿重？若爱重伤㉕，则如勿伤㉖；爱其二毛，则如服焉㉗。三军以利用也，金鼓以声气也㉘。利而用之，阻隘可也；声盛致志，鼓儳可也㉙。”

⑳勍（qíng）敌：强敌。勍，强劲。

㉑隘而不列：受阻于险要之地而未成阵。

㉒虽及胡耇（gǒu）：即使碰到很老的人。胡耇，高寿的人。

㉓何有：有什么理由。

㉔明耻教战：旧时，人们认为申明军法，严惩怯懦退缩，使士兵知道什么是耻辱，作战时便能奋勇向前，杀敌致胜。

㉕爱：不忍。

㉖则如：何如，不如。

㉗服：屈服。

㉘金鼓：古代打仗时，击鼓则进，鸣锣则退。金，锣。

㉙儳（chán）：混乱，不成列，无序。

【译文】

楚国为了救郑国进攻宋国。宋襄公打算和楚国交战。大司马公孙固劝告说：

“上天抛弃我们商朝已经很久了，您想复兴它，上天是不会宽恕您的。”宋襄公不听他的劝诫。

宋襄公与楚军在泓水展开战斗。宋军已经摆好了阵势，而楚军还没有完全渡过泓水。司马子鱼说：“他们的兵多，我们的兵少，趁他们还没有完全渡过泓水，请您下令向他们发起进攻。”宋襄公说：“不行。”楚军渡过泓水之后还没有摆好阵势，司马又请求攻击他们。宋襄公说：“不行。”楚军摆好阵势后向宋军发起进攻，宋军被打得一塌糊涂，宋襄公的大腿受了伤，身边的亲军也被全部杀歼。

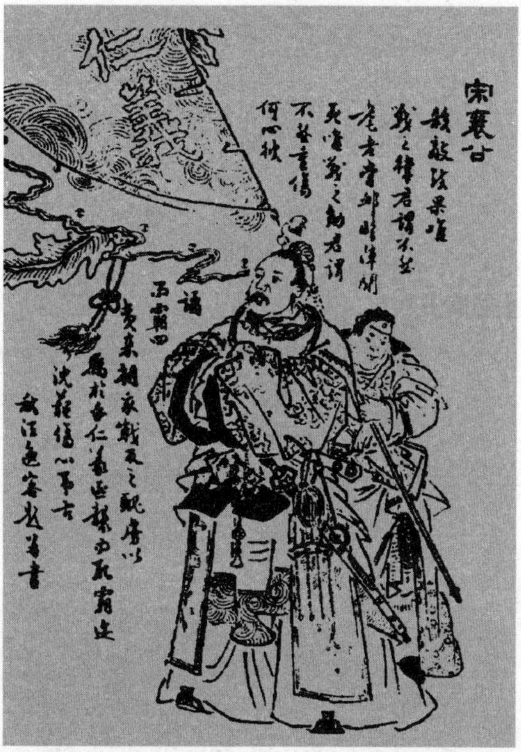

《东周列国志》版画之宋襄公像

宋国人都责怪宋襄公。襄公辩解说：“君子不杀害已经受伤的人，不俘掳年老的人。古代行军作战，不靠在险隘处阻击敌人取胜。我尽管是已灭亡了的殷商后代，也可以做到不向没有摆好阵势的敌军发起进攻。”

子鱼说：“您不明白什么是战争。强大的敌人，暂时由于陷在险隘的地方而没能摆好阵势，这是上天对我们的帮助。趁他们处于险阻而向他们发动进攻，难道不可以吗？就这样还担心不能获胜呢，何况现在那些强大的国家，都是我们的敌人。即便是白发人，捉住了也要取他们的性命，何况是那些头发半白的人呢？让人民明白耻辱，教导他们要勇敢作战，这是为了杀伤敌人。敌人受伤还没有死，怎么能不再次击杀他们呢？假如不想再次击杀那些受伤的敌人，就不如一开始就不杀伤他们；假如可怜那些头发斑白的敌人，那就不如向他们投降。军队应该依靠一切有利的时机作战，鸣锣击鼓是用来激发士气的。既然军队要依靠有利的时机行动，那么趁敌人遇到险阻时进攻是可以的。金鼓宏亮的声音可以激发士兵的斗志，趁敌人处于凌乱时攻击敌人也是可以的。”

寺人披见文公

《左传·僖公二十四年》

【题解】

晋惠公的旧臣吕甥、郤芮密谋杀害晋文公，寺人披知道了此事，想密告文公。本文即记叙了晋文公从拒见寺人披，到尽释前嫌、虚心接受了寺人披的意见，从而逢凶化吉的经过。表现了晋文公宽大的胸怀和政治家的胆略，也刻画了能言善辩的寺人披形象。

吕、郤畏逼[1]，将焚公宫而弑晋侯[2]。寺人披请见[3]。公使让之[4]，且辞焉，曰："蒲城之役[5]，君命一宿[6]，女即至[7]。其后余从狄君以田渭滨[8]，女为惠公来求杀余[9]，命女三宿，女中宿至。虽有君命，何其速也？夫袪犹在[10]，女其行乎！"对曰："臣谓君之入也，其知之矣。若犹未也，又将及难。君命无二，古之制也。除君之恶，唯力是视。蒲人、狄人，余何有焉？今君即位，其无蒲、狄乎！齐桓公置射钩，而使管仲相[11]。君若易之，何辱命焉？行者甚众，岂唯刑臣[12]！"公见之，以难告。

《东周列国志》版画之"晋吕郤夜焚宫室"图，讲述晋国的吕甥、郤芮二人曾得罪重耳，重耳回国即位成为晋文公后，二人怕重耳报复，密谋烧毁重耳的宫室并杀死他。此事被寺人披得知后，告诉了重耳的故事。

①吕、郤（xì）：吕指吕饴甥，即瑕吕饴甥，一称瑕甥。郤，郤芮。二人均为晋大夫，是拥护晋惠公的大夫。畏逼：害怕受到迫害。当时晋文公通过秦国的支持回国为君，吕、郤二人曾拥兵阻拦。

②公宫：国君居住的宫室。晋侯：指晋文公。

③寺人披：名叫披的寺人。寺人，即

后世所说的宦官。

④让：责备。

⑤蒲城之役：鲁僖公五年（前655），晋献公听信骊姬谗言，逼死太子申生，下令捕捉公子夷吾（即晋惠公）与重耳（即晋文公）。当时寺人披奉命到蒲城（在今山西隰县北）来抓重耳，受命后连夜起程，几乎抓住重耳，把重耳的衣袖割断。

⑥一宿：住一晚。意为第二天。

⑦女：即“汝”，你。

⑧余：我。狄：同“翟”，北方民族名，居住在黄河以西的陕西一带。重耳逃离蒲城后，投奔狄人，在那儿住了十二年。田：打猎。

⑨“女为”句：鲁僖公十六年（前644），晋惠公派寺人披等到狄地去谋杀重耳，未成功，重耳遂决定向齐国逃亡。

⑩袪（qū）：袖口。

⑪“齐桓公”句：齐桓公与公子纠争夺君位，管仲当时拥护公子纠，曾放箭射中齐桓公的带钩。齐桓公即位，听鲍叔牙言，仍重用管仲。

⑫刑臣：刑余之臣。寺人受过宫刑，因此这样自称。

晋侯潜会秦伯于王城⑬。己丑晦⑭，公宫火。瑕甥、郤芮不获公，乃如河上⑮，秦伯诱而杀之。

⑬秦伯：秦穆公。王城：在今陕西大荔县。

⑭己丑晦：三月三十日。

⑮如：往，到。河：黄河。

【译文】

吕甥、郤芮害怕遭到晋文公的迫害，准备焚毁晋文公的宫室并杀死他。此时宫内有名小臣叫披的请求晋文公接见。晋文公让人斥骂他，并且推辞不见，说：“蒲城之战，国君命你隔一个晚上到达，你却当天就到了。后来我跟狄国的国君到渭水边上打猎，你又替惠公找时机杀我，他命你过三晚到，你过两晚就到了。尽管有国君的命令，你为什么那样迫不及待呢？在蒲城被你斩断的衣袖还在，你还是走开吧！”寺人披回答说：“我以为您回国做了国君，已经明白做国君的道理了。假如还没有明白，又要遭殃了。国君的命令不可更改，这是自古以来的制度。除掉国君的恶人，只有竭尽全力去做。蒲人、狄人都跟我不相干。如今您即位了，难道就没有蒲人、狄人了吗？从前齐桓公把管仲射中自己带钩的事放在一边，而让管仲为相。您如果不这么做，何必烦您命令我走开呢？走的人一定不少，岂止我一个受宫刑的人！”于是晋文公接见了他，寺人披也把吕甥、郤芮计划发难的事情告诉了晋文公。

晋文公与秦穆公在王城秘密见面。三十日，宫室果真起火。吕甥、郤芮没有抓到晋文公，就窜到黄河边上，秦穆公诱捕并杀死了他们。

介之推不言禄

《左传·僖公二十四年》

【题解】

介之推是随从晋文公流亡国外的功臣，曾割股给晋文公充饥。晋文公登基后，封赏功臣，介之推没有声张，晋文公因事情繁多，一时疏忽，没有封赏他，他便隐居绵上以终。传晋文公曾放火烧山逼介之推出山，介之推与母亲誓不出山而被烧死，后人因此用寒食禁火的风俗来纪念他。本文着重记载了介之推决定隐居时与母亲的一番对话，所说的是当时也是后世一直很敏感的问题：即有功臣属怎样正确对待皇帝与自己。介之推认为皇帝上应天命，功臣不应该邀功求赏，这一出世高蹈、功成不居的思想，被后世奉为隐士清高淡泊的准则。晋文公的表现，在本文中虽仅一二句话，但仍反映了他爱贤改过的高尚品格。

晋侯赏从亡者①，介之推不言禄②，禄亦弗及③。

①晋侯：指晋文公，公元前637年至公元前628年在位。从亡者：跟从晋侯一起逃亡的人。

②介之推：也叫介子推、介推，晋国贵族，曾随晋文公流亡。　禄：古代官吏的俸给，通常折算成粮食支付。这里指赏赐。

③及：到，达，给予。

推曰："献公之子九人，唯君在矣。惠、怀无亲④，外内弃之。天未绝晋，必将有主。主晋祀者，非君而谁？天实置之⑤，而二三子以为己力⑥，不亦诬乎⑦？窃人之财，犹谓之盗，况贪天之功以为己力乎？下义其罪⑧，上赏其奸；上下相蒙，难与处矣。"其母曰："盍亦求之？以死，谁怼⑨"对曰："尤而效之⑩，罪又甚焉。且出怨言，不食其食。"其母曰："亦使知之，若何!"对曰："言，身之文也。身将隐，焉用文之？是求显也。"其母曰："能如是乎？与汝偕隐。"遂隐而死。

④惠：晋惠公，即夷吾。怀：晋怀公，惠公之子，名圉。

⑤置：安置，树立。

⑥二三子：犹言"那几个人"。指"从亡者"。

⑦诬：欺骗。

⑧义：把……视为正义。用作动词。

⑨怼（duì）：怨恨。

⑩尤：过错，罪过。效：效法，仿效。

晋侯求之不获。以绵上为之田⑪，曰：“以志吾过⑫，且旌善人⑬。”

⑪绵上：晋国地名，在今山西介休东南。为之田：祭田。

⑫志：记下。

⑬旌：表扬。

《东周列国志》版画之“介子推守志焚绵上”图，讲述晋公子重耳归国当上晋国国君（即晋文公）后，当初跟他共同逃难的介子推拒不受禄，与母亲归隐于绵山，重耳为使介子推出山，乃放火烧山，结果介子推母子丧生于火海之事。

【译文】

晋文公赏赐跟从他逃亡的人，介之推不讲自己有功绩，应该享受奖赏，所以，禄赏没有轮到他。介之推说：“献公的九个儿子，只有国君还在世。惠公、怀公没有亲密的人，国内国外的人都抛弃他们。上天不绝灭晋国，必定会有君主。主持晋国祭祀而继承王位的人，不是国君又是谁？这确实是上天的安排，而这几个人却以为是他们的力量，这不是骗人吗？偷别人的财物，尚且叫做盗，何况是贪占上天的功劳而以为自己的力量呢？下面的人把罪过当做合乎正义，上面的人对这欺骗行为加以封赏，上下互相欺瞒，这就难以和他们相处了！”介之推的母亲说：“你何不也去求赏？不求赏赐而默默地死去，又能怨谁？”介之推回答说：“明知是错的而又效法他们，罪就更大了。而且我既口出怨言，不能再得他的奖赏了。”介之推的母亲说：“也让他知道一下，怎么样？”介之推回答说：“言语，是用来表明身体的行为的。自身即将退隐，哪里还用得着表明呢？这样做是去求显达了。”他母亲说：“你能这样做吗？我和你一同隐居。”于是他和母亲隐居而终。

晋文公去寻找他们，没有结果，于是把绵上的田地当作介之推的祭田，并且说：“用来记住我的错误，同时表彰有功而不贪的善人。”

展喜犒师

《左传·僖公二十六年》

【题解】

齐大鲁小，齐强鲁弱，因此齐国总想侵略鲁国。这次齐孝公本来是想要进攻鲁国的，但展喜的一席话，有理有据，大义凛然而又委婉动听，说得齐孝公无话可答，只好收兵回去。

齐孝公伐我北鄙①。公使展喜犒师②，使受命于展禽③。

①我：指鲁国。

②展喜：人名，鲁国大夫，展禽的弟弟。

③展禽：姓展，名获，因食邑于柳下，又称柳下惠。

齐侯未入竟，展喜从之，曰："寡君闻君亲举玉趾，将辱于敝邑，使下臣犒执事④。"齐侯曰："鲁人恐乎？"对曰："小人恐矣，君子则否。"齐侯曰："室如悬罄⑤，野无青草，何恃而不恐？"对曰："恃先王之命。昔周公、大公股肱周室⑥，夹辅成王。成王劳之，而赐之盟，曰：'世世子孙无相害也！'载在盟府⑦，太师职之。桓公是以纠合诸侯，而谋其不协，弥缝其阙，而匡救其灾，昭旧职也。及君即位，诸侯之望曰：'其率桓之功⑧！'我敝邑用⑨不敢保聚，曰：'岂其嗣世九年，而弃命废职？其若先君何？君必不然。'恃此以不恐。"

齐侯乃还。

④执事：原指君主左右办事的人，实指齐孝公，这里是客气的说法。

⑤悬罄（qìng）：器中空。形容屋内空空，一无所有，贫穷之极。

⑥周公：周公旦。大公：姜太公。 股肱（gōng）：帝王左右辅助得力的人。

⑦载：指盟约。盟府：古代掌管盟约的官府。

⑧率：遵循，沿着。

⑨用：因此。保聚：守城聚众。

【译文】

（鲁僖公二十六年，）齐国的孝公带兵进犯鲁国的北部边界。僖公令展喜去慰劳齐军，让他先到展禽那里接受具体命令。齐国军队没有进入鲁国国境，展喜出境跟随着齐孝公，对齐孝公说："我们君王听到您亲自抬起白玉般的脚趾，将要驾临到我们这里来，特派下臣我慰劳你们左右侍从。"齐孝公说："鲁国人恐慌吗？"展喜回答说：“小人们恐慌，君子们不恐慌。”齐孝公说：“你们的百姓室内空空像悬挂着的磬（中空无物），田野里连青草都没有，靠什么而不恐慌？”展喜回答说：“倚靠的是先王的命令。过去周公旦、太公吕望像股肱一样辅佐周室，辅佐成王。成王犒劳他们，赐给他们二人盟约，盟约说：‘两家世代子孙不得互相侵害。’收藏在存放盟约的府库中，由周朝太史管理。齐桓公用这个盟约来联合诸侯，而考虑处理他们的不协调，弥补他们之间的隔阂，而救助他们的灾祸，这是发扬光大齐国旧有的使命。等到您即位后，各诸侯的期望是：‘他要遵守齐桓公的功绩。’我们这里因此不敢设堡聚众，都说：‘他哪里会在继承君位满九年的时候，而抛弃先人的命令废除自己的职责和使命呢？那他会怎样对待他的先君呢？大家都觉得您一定不会那么做。’君子们凭借这些就不恐慌。”于是齐侯收兵回国。

烛之武退秦师

《左传·僖公三十年》

【题解】

秦晋两个大国联合攻打郑国，郑国危如累卵，郑伯在此时真诚道歉，以国家危亡打动了烛之武说服秦伯。烛之武巧妙利用秦晋间的矛盾，指出亡郑无益于秦，相反只能增加晋国的实力，层层推进，运用反问、设问等句式，增加了论证的说服力，最终劝退秦军。

晋侯、秦伯围郑①，以其无礼于晋，且贰于楚也②。晋军函陵，秦军氾南③。

①晋侯：晋文公。秦伯：秦穆公。

②贰于楚：依附于楚国而对晋国有二心。

③军：驻扎，用作动词。函陵：在今河南新郑北。氾（fàn）南：水名，在今河南中牟南，距函陵不远。

佚之狐言于郑伯曰④："国危矣，若使烛之武见秦君⑤，师必退。"公从之。辞曰："臣之壮也，犹不如人；今老矣，无能为也已。"公曰："吾不能早用子，今急而求子，是寡人之过也。然郑亡，子亦有不利焉。"许之。

烛之武说秦王图。讲述春秋时期，秦、晋围攻郑国，郑国老臣烛之武深夜潜入秦营，面见秦王，晓以利害，使秦国退兵之事。

④佚之狐：郑大夫。郑伯：郑文公，公元前672年至公元前628年在位。
⑤烛之武：郑大夫。

夜缒而出⑥。见秦伯曰："秦、晋围郑，郑既知亡矣。若亡郑而有益于君，敢以烦执事⑦。越国以鄙远⑧，君知其难也，焉用亡郑以陪邻⑨？邻之厚，君之薄也。若舍郑以为东道主，行李之往来⑩，共其乏困⑪，君亦无所害。且君尝为晋君赐矣，许君焦、瑕⑫，朝济而夕设版焉⑬，君之所知也。夫晋，何厌之有⑭？既东封郑⑮，又欲肆其西封⑯。若不阙秦⑰，将焉取之？阙秦以利晋，唯君图之。"秦伯说⑱，与郑人盟，使杞子、逢孙、杨孙戍之⑲，乃还。

⑥缒（zhuì）：系在绳子上放下去。
⑦敢：表示谦敬的词。执事：君主左右办事的人，实指君王，不直称其人，表示恭敬。
⑧越国：越过晋国。鄙远：把远方的土地作为自己的边邑。鄙，边境。
⑨陪：通"倍"，增加，扩大。
⑩行李：指外交使臣。
⑪共：同"供"，供应，供给。
⑫焦、瑕：晋国的两座城邑，在今河南陕县附近。秦穆公帮助晋惠公回国为君，晋惠公曾答应割给秦穆公五座城邑，后来反悔了，焦、瑕即其中二城。
⑬设版：筑城墙，即修筑防御工事。古代修筑城墙以版为夹，中实土。
⑭何厌之有：即"有何厌。"厌，满足。
⑮封郑：把疆土扩大到郑国。封，疆界，用做动词。
⑯肆：放肆，恣肆。
⑰阙：同"缺"，亏损，损害。
⑱说：同"悦"，欢喜，此指赞同。
⑲杞（qí）子、逢（páng）孙、杨孙：都是秦国大夫。

子犯请击之⑳。公曰㉑："不可。微夫人之力不及此㉒。因人之力而敝之㉓，不仁；失其所与㉔，不知㉕；以乱易整㉖，不武㉗。吾其还也。"亦去之㉘。

⑳子犯：晋国上卿狐偃，晋文公的舅父。
㉑公：晋文公。
㉒微：非，没有。夫（fú）：发语词，有那、那个的意思。人：指秦穆公。及此：到这一步。
㉓因：依靠，借助。敝：损害，伤害。此指伤害。
㉔所与：同盟者。与，友好。
㉕知：同"智"。
㉖乱：战乱，纷争。指关系破裂，互相攻战。易：代替。整：友好和睦，协和一致。
㉗武：勇武，勇敢。
㉘去：离开。

【译文】

晋文公纠集秦穆公率军攻打郑国国都，由于郑国先前曾经对晋无礼，并且对晋怀有二心，但是对楚国友好。当时，晋国驻扎在函陵，秦国驻扎在氾南。

佚之狐对郑文公说：“郑国的处境很危险了！假如能派烛之武去见秦穆公，一定能说服他撤退军队。”郑文公听从了他的话，把烛之武召来。烛之武辞谢说：“臣在壮年时，尚且不如别人；现在老了，更没有什么作为了。”郑文公表示歉意说：“我不能在早先重用您；国家朝廷危难之时，才求您帮助，这是寡人的过错啊。但是郑国灭亡了，对您也没有好处啊！”烛之武就接受了他的请求。

所以趁着黑夜，烛之武用绳拴住身体从城上吊下城去。参见了秦穆公，烛之武说：“秦、晋两国军队围攻郑国，郑国已自知必亡了。假如灭掉郑国而对您有好处，那就请将此事烦劳贵国的执事吧。越过晋国而占领远方的郑国做为东部边境，您一定知道它的困难；您何必消灭郑国而增益邻邦的土地呢？邻邦国力雄厚了，您的国力也就相对地削弱了。如果放弃灭郑的念头，而让郑国做东道主人，您的使者往来，我们郑国可以随时供给他们所缺乏的粮草物资，我看对您也没有什么害处。更何况，您曾经对晋惠公施以恩赐，他也曾答应把焦、瑕二邑割让给您。但是，他早上才渡河归晋，傍晚就筑城拒秦而自食其言了，这是您所知道的啊。那晋国的贪念怎有满足之时？它既将郑国当作东部的疆界，又想扩张西部的疆界，如不侵损秦国，又将向谁夺取土地呢？使秦国受损害而使晋国受益，还是希望您好好考虑这利害关系吧！”秦穆公听着很有道理，就决定与郑国签订盟约，于是，他派遣杞子、逢孙、杨孙在郑国驻守，自己就撤军回国。

子犯请求晋文公下令攻打秦军。晋文公说：“不行。假如不是这位秦君的大力支持，我就不会在到这个地位。凭借人家的力量成就事业，而又去伤害他，是不仁的；丧失友好的盟国，是不明智的；以分裂关系代替联合，不是勇武的。我们还是回去吧。”晋国军队也撤退了。

蹇叔哭师

《左传·僖公三十二年》

【题解】

鲁僖公三十二年，这时的霸主晋文公刚死，秦穆公认为自己取代晋文公的时机到了，于是想趁杞子等戍守郑国的时机出兵占领郑国。蹇叔极力反对，认为劳师袭远，一定会失败。事实证明了他预言的正确。文章记叙了蹇叔力谏的情形。记事上井井有条。

杞子自郑使告于秦曰①：“郑人使我掌其北门之管②，若潜师以来，国可得也。”穆公访诸蹇叔③。蹇叔曰：“劳师以袭远，非所闻也。师劳力竭，远主备之④，无乃不可乎？师之所以，郑必知之，勤而无所，必有悖心⑤。且行千里，其谁不知？”公辞焉。召孟明、西乞、白乙⑥，使出师于东门之处。蹇叔哭之，曰：“孟子⑦！吾见师之出而不见其入也！”公使谓之曰：“尔何知？中寿，尔墓之木拱矣⑧。”

①杞子：秦国大夫。

②管：类似现在的锁和钥匙。

③蹇（jiǎn）叔：秦国的老臣。

④远主：指郑国，因为秦和郑的中间隔着晋国。

⑤悖（bèi）心：叛逆作乱之心。

⑥孟明：姓百里，名视，是贤臣百里奚的儿子。　西乞：名术。　白乙：名丙。都是秦将。

⑦孟子：即孟明。“子”是对孟明的美称。

⑧中寿：约指活到六七十岁。从文义推测，蹇叔当时大约有八九十岁了，过了中寿年龄。木：树。　拱：两手合抱。

蹇叔之子与师⑨，哭而送之，曰：“晋人御师必于殽⑩，殽有二陵焉⑪。其南陵，夏后皋之墓也⑫；其北陵，文王之所辟风雨也⑬。必死是间，余收尔骨焉！”秦师遂东⑭。

⑨与（yù）：参加在……之中。

⑩殽（xiáo）：同“崤”，山名。在今河南洛宁县西北，地势极险。

⑪陵：大山峰。殽有两座山峰，称为东陵西陵，相距三十五里。

⑫南陵：即西陵。夏后皋：夏代的天子，名皋，是夏桀的祖父。

⑬北陵：即东陵。　文王：周文王。　辟：同“避”。

⑭东：往东走。

《东周列国志》版画之“晋襄公墨经败秦”图。晋文公去世，在晋国国丧期间秦国出兵伐晋之同姓郑国。出师前秦国大臣蹇叔劝阻穆公不要出兵，穆公执意不从，结果晋军于崤山设伏大败秦军。

【译文】

杞子从郑国派人禀告秦穆公，说：“郑国人委托我管理他们都城北门的钥匙，假如秘密地派兵来，我可以占领郑国。”秦穆公就此事向蹇叔征寻意见，蹇叔说：“让军队长途跋涉地去偷袭远方国家，我没听说过有这样的事。军队疲乏，力量衰竭，远方的国家已经有了防备，这恐怕不会成功吧？我们军队的行动，郑国必定会知道。辛苦一场而无所得，士兵一定会产生背离之心。再说行军千里之远，还会有谁不知呢？”秦穆公不接受他的意见。召见孟明、西乞、白乙，命令他们带军从东门出发。蹇叔哭着为他们送行，说：“孟明！我看到军队出发但不能看到他们回来了！”秦穆公派人对蹇叔说：“你知道什么？你倘若活到中年就死去，你墓上的树已经长得将近有两手合抱那么粗了！”

蹇叔的儿子也在出征队伍中，蹇叔哭着送他，对他说：“晋国必定会在崤山阻击秦军。殽山有两座山陵，那南边的山陵，有夏代天子皋的坟墓；那北边的山陵，是文王曾经躲避过风雨的地方。你必定会葬身在两座山陵之间，我就作好去那里收拾你的尸骨的准备吧！”秦国军队于是向东出发。

郑子家告赵宣子

《左传·文公十七年》

【题解】

郑国处在晋、楚两个强国之间，左右周旋，处境艰难。晋侯不满郑国摇摆不定的态度，所以在诸侯会盟之时拒绝接见郑穆公。针对这种情势，郑国的大夫子家修书给晋国执政大臣赵盾，历数了郑国对晋国极尽恭顺的侍奉，并且明言如果晋国再相逼迫，郑国将铤而走险，集合兵众拼死一搏。这封信绵里藏针，子家还不露痕迹地暗示郑国依附楚国的可能。晋人深受震撼，于是与郑国修好。

晋侯合诸侯于扈，平宋也①。于是晋侯不见郑伯②，以为贰于楚也。

①晋侯：指晋灵公。扈：郑国地名，在今河南省原阳西。平宋：平息宋国内乱。

②郑伯：指郑穆公。贰：二心，指郑国对晋有二心，同楚亲近。

郑子家使执讯而与之书③，以告赵宣子，曰："寡君即位三年④，召蔡侯而与之事君。九月，蔡侯入于敝邑以行。敝邑以侯宣多之难⑤，寡君是以不得与蔡侯偕。十一月，克减侯宣多⑥，而随蔡侯以朝于执事。十二年六月，归生佐寡君之嫡夷⑦，以请陈侯于楚，而朝诸君。十四年七月，寡君又朝以蒇⑧陈事。十五年五月，陈侯⑨自敝邑往朝于君。往年正月，烛之武往朝夷也⑩。八月，寡君又往朝。以陈、蔡之密迩⑪于楚，而不敢贰焉，则敝邑之故也。虽敝邑之事君，何以不免？在位之中，一朝于襄，而再见于君。夷与孤之二三臣相及于绛⑫。虽我小国，则蔑以过之矣。今大国⑬曰：'尔未逞⑭吾志。'敝邑有亡，无以加焉。古人有言曰：'畏首畏尾，身其余几？'又曰：'鹿死不择音⑮。'小国之事大国也，德，则其人也；不德，则其鹿也。铤⑯而走险，急何能择？命之罔极⑰，亦知亡矣，将悉敝赋以待于鯈，唯执事命之。文公二年⑱，朝于齐。四年，为齐侵蔡，亦获成⑲于楚。居大国之间，而从于强令⑳，岂其罪也？大国若弗图㉑，无所逃命。"

③子家：郑公子归生，字子家。执讯：主管通讯、联络的官员。书：信。赵宣子：赵盾，晋国大夫。

④三年：指郑穆公即位的第三年。蔡侯：指蔡庄公。君：指晋襄公。

⑤侯宣多：郑国大夫，辅助郑穆公即位而恃宠专权。偕：同行。

⑥克减：稍为平定。克：胜。减：亏、损。执事：君王左右办事的人，用以表示对对方尊敬的代称，此处指晋襄公。

⑦嫡：嫡子，正妻所生的长子。夷：太子名，即后来的郑灵公。陈侯：陈共公。陈共公要去朝见晋君，又担心得罪楚国，故归生陪伴太子夷请命于楚国。君：晋君。

⑧蒇（chǎn）：完毕。

⑨陈侯：陈灵公。

⑩烛之武：郑国大夫。往朝夷：这是太子夷往朝于晋的倒装句。

⑪密迩：亲近、亲密。

⑫孤：侯王的自称，此处是对外谦称自己的国君。二三臣：指郑烛之武等几位臣子。绛：晋国都城，在今山西省翼城县东。

⑬大国：指晋国。

⑭逞：满足。

⑮音：通“荫”，指庇荫的地方。此句潜台词就是：如果你们晋国欺人太甚，逼迫太过分的话，我们就要投靠楚国。

⑯铤（tǐng）：快跑的样子。

⑰命：指晋国的要求。罔极：没有边际；没有止境。悉：全部。赋：此处指军队，古时按田赋征兵。儵（chóu）：地名，在晋郑交界地方。

⑱文公二年：郑文公二年（前671年）。

⑲获：得。成：讲和。

⑳强令：强制性命令。

㉑图：考虑。

晋巩朔[22]行成于郑，赵穿、公婿池为质焉[23]。

㉒巩朔：晋国大夫。

㉓赵穿：晋国大夫。公婿池：晋灵公的女婿，名池。质：人质。

【译文】

晋灵公在扈地会见诸侯，是为了镇住宋国的内乱。在这种时候，晋灵公却不愿会见郑穆公，觉得他在与自己交好的同时，又与楚国有来往。郑国的子家派出联络官执讯送给他一封信告诉赵宣子说：“我们国君刚登基三年，就召集蔡庄侯，想与他一起待奉你们国君。九月，蔡庄侯来到我国正要出发。不巧，我国由于侯宣多造成的祸害，我们的国君因此没能与蔡庄侯同行。十一月，稍微减轻了侯宣多造成的困难，我国国君紧接着蔡庄侯就去朝见你们。鲁文公十二年六月，我当时辅佐着我国国君的太子夷，为了陈国国君陈共公去朝拜你们国君，请命于楚国。鲁文公十四年七月，我国的国君再一次朝拜了你们，为的是完成陈国朝拜你们的事。鲁文公十五年五月，陈共公从我们的国家出发朝拜了你们的国君。去年正月，我国大夫烛之武又陪着我国太子夷朝拜了你们。八月，我国国君还去朝拜过。像陈国、蔡国那样亲近了楚国的国家，对晋国并不敢留有二心，就是由于我国从中起了作用啊。既然我国这样侍奉着你们的国君，那还有什么过错不能宽恕呢？我们国君在位期间，朝见过一次晋襄公，朝见过两次晋王，太子夷和我的几个臣下都去过你们的首都绛城。我们是一个小国，但没有谁在敬重你们方面更能超过我们了。今天大国要是说：‘你们没有满足我们的愿望。’那我们只有死路一条，再没有什么更多的东西能拿出来了。古人有这样的话，说：‘怕头怕尾，身子还能剩下多少呢？’又说：‘鹿在临死时，是无法再选择好听的声音去鸣叫了。’小国侍奉大国，大国要是能以德相待，小国就像人一样恭顺；大国要是不以德相待，它就活得像一只鹿，情急之下，铤而走险，慌不择路。你们的要求没有定数，我们也明白必死无疑，打算将这点可怜的军队全部待命于鯈地，如今只等您向我们发出进攻的命令了。郑文公二年，我国到齐国朝拜。郑文公四年，我国协助齐国进攻蔡国时，也得到了楚国的同意。地处大国之间，而服从强者的命令，难道这也有罪吗？大国假如不考虑小国的难处，我们也无法躲避你们的挑战。”

晋国大夫巩朔去郑国讲和，把大夫赵穿和晋灵公的女婿扣留在那里作为人质。

王孙满对楚子①

《左传·宣公三年》

【题解】

春秋时代，周室衰微，诸侯争霸，野心家代不乏人。被中原诸侯视为蛮夷之君的楚庄王，经过长期的争斗，凭借强大的武力吞并了周围的一些小国，自以为羽翼已丰，耀武扬威地陈兵于周天子的境内，询问九鼎大小轻重，试图取而代之。周大夫王孙满由楚庄王问鼎敏感地意识到他吞并天下的野心，就以享有天下“在德不在鼎”的妙论，摧挫打击了楚庄王的嚣张气焰。夏、商、周三代以九鼎为传国宝，九鼎成为王权的象征。后世以“问鼎”比喻篡逆野心。

楚子伐陆浑之戎，遂至于雒，观兵于周疆②。定王使王孙满劳楚子③。楚子问鼎之大小、轻重焉④。对曰：“在德不在鼎⑤。昔夏之方有德也，远方图物，贡金九牧，铸鼎象物，百物而为之备，使民知神、奸⑥。故民入川泽、山林，不逢不若⑦。螭魅罔两，莫能逢之。用能协于上下，以承天休⑧。桀有昏德，鼎迁于商，载祀六百⑨。商纣暴虐，鼎迁于周。德之休明，虽小，重也⑩。其奸回昏乱⑪，虽大，轻也。天祚明德，有所厎止⑫。成王定鼎于郏鄏，卜世三十，卜年七百，天所命也⑬。周德虽衰，天命未改。鼎之轻重，未可问也⑭。”

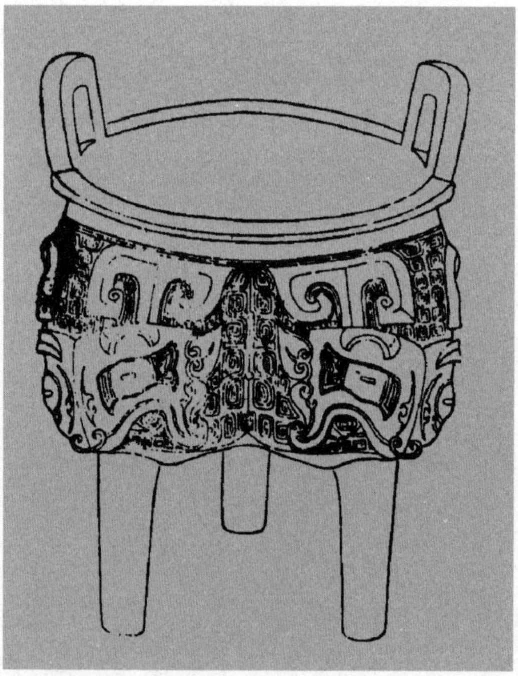

鼎，鼎是古代的祭器。夏禹铸九鼎代表天下九洲，因此九鼎也是国家政权的象征。

①王孙满：周大夫，共王五世孙。楚子：指楚庄王。

②陆浑之戎：古代西北地区民族之一，原居瓜州（今甘肃敦煌一带），晋惠公时诱徙伊川，即今河南嵩县与伊川县境内。雒（luò）：雒水今作洛水。观兵：陈兵示

威。周疆：《史记·楚世家》作“周郊”，洛水在王城（今洛阳）南效，故云“周疆”。疆：边境。

③定王：即周定王姬瑜，公元前606－前586年在位。劳：慰劳。

④鼎：指九鼎，相传为夏禹所铸，历夏、商而迁于周，乃周王权的象征，故“楚子问鼎”杜预注“示欲逼周取天下”。

⑤本句意思说，取天下在德不在占有鼎。

⑥方：正。图物：画山川异物。图：画。贡金九牧：为“九牧贡金”之倒句。金：指铜。九牧：即九州长，周代州长称牧。此说用九州所献之金属铸九鼎，画远方异物图形在其上。百物：犹万物。神奸：鬼神奸邪。

⑦逢：遇到。若：顺。此句意为：不会碰到奸邪不顺之事。

⑧螭（chī）：山神 魅（mèi）：怪物 罔、两，水中之怪。用：因。协：和。承：受。休：福佑。

⑨昏德：昏乱的行为。载、祀，皆指年。《尔雅·释天》：“夏曰岁，商曰祀，周曰年，唐、虞曰载。”六百：《汉书·律历志》“自伐桀至武王伐纣，六百二十九岁”，此言“六百”乃举成数。

⑩德之休明：美德昭著。休明：美好光明。

⑪奸回：犹言“奸邪”。

⑫祚（zuò）：赐福，护佑。明德：犹显德。底止：尽头。以上两句说：天赐福给有德者，是有定数的。

⑬郏（jiá）鄏（rù）：地名，东周王城所在，在今河南洛阳市境内。卜世：预卜能传几代。卜年：指预卜天下能传多少年。

⑭轻重：《左传句解》：“轻谓可迁，重谓不可迁也。”

【译文】

楚庄王进攻陆浑的戎族，抵达雒水，在周朝边境上陈兵耀威。周定王派大夫王孙满去慰劳楚王。楚王问及九鼎的大小和重量。

王孙满回答说：“大小轻重在于天子的德行，不在于鼎自身。从前夏朝正值有德的时候，远方各地把奇特的事物绘成图献给夏王，九州首领进献青铜，夏王用这些青铜铸造成九鼎，将各地所绘的奇物铸在鼎上，让人们了解神物和恶物。百姓走进河川、水泽、山林时，不会遇到不顺利的事情。山水和木石的鬼怪，没有人会撞见。所以能使上下和顺，承受上天的护佑。夏桀王昏庸无德。九鼎被迁移到商朝，保持社稷六百年。商纣王无道，九鼎被迁移到周朝。如果有美好德行，九鼎尽管小，也是很重的；要是奸邪混乱，九鼎即便很大，也是很轻的。上天赐福给德行高尚的人，是有固定时限的。成王把九鼎安放在郏鄏，占卜预告是传三十代，享国七百年，这是上天的旨意。周王室的德望尽管衰败，但天命没有转变。因此，九鼎的轻重，是不能过问的。”

齐国佐不辱命

《左传·成公二年》

【题解】

鲁成公二年（前589年），齐、晋两国之间爆发了著名的鞍之战。晋国获得了战争的胜利，但并不善罢甘休，而是乘胜追击到齐国的马陉。齐国派出使者宾媚人贡献财物请求和解，晋人拒绝，并提出苛刻的条件。宾媚人于是从德孝的观点出发，指出晋人条件的失德和无理，并且警示晋国，如果不就此收手，齐国将作最后一搏。这一篇论辩刚柔相济，最终使得晋人偃旗息鼓。

晋师从[①]齐师，入自丘舆[②]，击马陉[③]。齐侯[④]使宾媚人[⑤]赂[⑥]以纪甗、玉磬与地[⑦]。“不可，则听客[⑧]之所为。”

①从：随，追击。

②丘舆：齐国地名，在今山东费县。

③马陉：齐国地名，在今山东益都西南。

④齐侯：指齐顷公。

⑤宾媚人：人名，即国佐，齐国大夫。

⑥赂：贿赂，赠送。

⑦纪甗、玉磬与地：纪国的甗、玉磬和土地。

⑧客：指晋国军队。

宾媚人致赂，晋人不可，曰：“必以萧同叔子[⑨]为质[⑩]，而使齐之封[⑪]内尽东[⑫]其亩[⑬]。”对曰：“萧同叔子非他，寡君之母也。若以匹敌[⑭]，则亦晋君之母也，吾子[⑮]布大命于诸侯，而曰必质其母以为信，其若王命何[⑯]？且是以不孝令也。《诗》[⑰]曰：‘孝子不匮，永锡尔类[⑱]。’若以不孝令于诸侯，其无乃非德类也乎？先王疆理[⑲]天下，物[⑳]土之宜，而布[㉑]其利。故《诗》曰：‘我疆我理，南东其亩[㉒]。’今吾子疆理诸侯，而曰‘尽东其亩’而已，唯吾子戎车是利[㉓]，无顾土宜，其无乃非先王之命也乎？反先王则不义、何以为盟主？其晋实有阙[㉔]！四王之王[㉕]也，树德而济[㉖]同欲[㉗]焉；五伯[㉘]之霸[㉙]也，勤而抚之，以役王命。今吾子求合[㉚]诸侯，以逞[㉛]无疆之欲[㉜]，《诗》曰：‘敷政优优，百禄是遒[㉝]。’子实不优，而弃百禄，诸侯何害焉！不然，寡君之命使臣，则有辞[㉞]矣。曰：‘子以君师辱于敝邑，不腆敝赋[㉟]，以犒[㊱]从者[㊲]。畏君之震[㊳]，师徒挠败[㊴]。吾子惠徼[40]齐国之福，不泯[41]其社稷，使继旧好[42]，唯是先君之敝器、土地不敢爱[43]。子又不许。请收合余烬[44]，背城借一[45]。敝邑之幸，亦云从也，况其不幸[46]，敢不唯命是听？'”

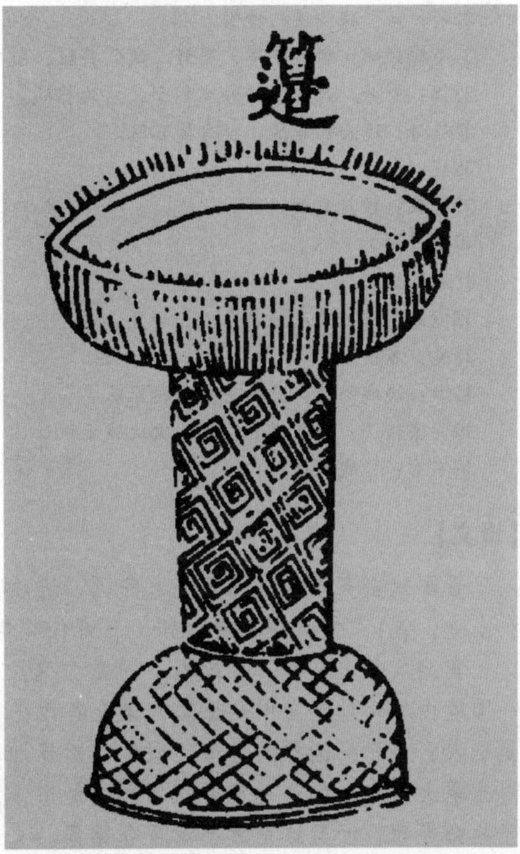

笾，古代的礼器。图出自《诗经·大雅·既醉》。

⑨萧同叔子：萧，国名。同叔，萧国国君之字，齐顷公的外祖父。子，女儿，意指齐顷公的母亲。

⑩质：人质。

⑪封：疆域。

⑫东：使动用法，使……东向。

⑬亩：田埂，垄。

⑭匹敌：对等，相当，相比。

⑮吾子：对郤克的尊称。

⑯若王命何：怎么对待先王的遗命？

⑰《诗》：指《诗经》。

⑱孝子不匮，永锡尔类：见于《诗经·大雅·既醉》。匮，竭尽。锡，通“赐”：赐予。

⑲疆理：划界治理。

⑳物：考察。

㉑布：分布。

㉒我疆我理，南东其亩：我划分疆界，我治理土地，田埂有的为南北走向，有的为东西走向。见《诗经·小雅·信南山》。南东，使……向南、向东。

㉓唯吾子戎车是利：只是对你们的兵车有利。唯……是……，倒装句型。吾子，你。戎车，兵车。

㉔阙：缺失

㉕四王之王（wàng）：四王治理天一。四王，指夏禹、商汤、周文王、周武王。王，以德治理天下。

㉖济：满足。

㉗同欲：共同的愿望。

㉘五伯：一说指夏代的昆吾、商代的大彭、豕、韦、周代的齐桓公、晋文公。另一说指齐桓公、宋襄公、晋文公、秦穆公、楚庄王。伯，通“霸”。

㉙霸：称霸。

㉚合：联合。

㉛逞：满足。

㉜无疆之欲：无止境的欲望。疆，止境，穷尽。

㉝敷政优优，百禄是遒：施行宽和之政，各种福禄都会汇集起来。敷，施行。优优，宽大平和的样子。禄，幸福。遒，音 qiú，聚集。见《诗经·商颂·长发》。

㉞辞：话。指齐侯的吩咐。

㉟不腆敝赋：腆，丰厚，美好。赋，兵赋，引申为军队。意为我国不强大的军队。

㊱犒：慰劳，此处用作处文辞令，意为作战。

㊲从者：追击的军队，指晋国军队。

㊳震：威力。

㊴挠败：挫折失败。

㊵徼（jiāo）：求。

㊶泯：毁灭。

㊷旧好：过去的友好关系。

㊸爱：吝惜。

㊹烬：烧残的灰，引申为残余的军队。

㊺背城借一：背靠城池，借一次决战之机。

㊻不幸：指战败。

【译文】

晋军追击齐军，自丘舆进入齐国，进攻马陉。齐顷公令宾媚人送上纪甗、玉磬和土地，说："假如还不肯议和，只好任凭他们处置！"

宾媚人献上礼物，晋国人不同意，说："一定要拿萧同叔子当人质，并且要让齐国境内的田地垄亩以及道路沟渠全都改变为东向。"宾媚人回答说："萧同叔子不是别人，是我们国君的母亲。假如以对等地位来说，也就是晋君的母亲。您向诸侯发布重大命令，偏说一定要拿晋君的母亲作为人质以取信，那又准备怎么对待周天子的命令呢？而且这是用不孝号令诸侯。《诗》说：'孝子的心意不会竭尽，永远可以赐福同类'。假如用不孝号令诸侯，这恐怕不符合道义的要求吧？先王划定天下土地疆界，因地制宜，而作有利的布置。因此《诗》说：'我划定疆界、分别田里，南向东向开辟田亩。'如今您划定诸侯的疆界田里，却只宣布'田垄全部东向'，只图对您的兵车有利，不顾地势是否适宜，这恐怕不是先王的遗命吧？违背先王遗命就是不合道义，怎么当盟主？这样，晋国就有过错了。四王统一天下，树立德行而满足大家的欲望；五伯成就霸业，自己勤劳而安抚大家，共同服从天子的命令。如今您要求会合诸侯，来满足没有尽头的欲望，《诗》说：'政事宽舒，福禄积聚。'您不能宽大，摒弃各种福禄，对诸侯有什么害处呢？假如您不答应，我们国君命令我使臣，就有其他的话了。他说：'您率领贵国国君的军队光临敝邑，敝邑用不丰厚的财物，来犒劳您的随从。因为害怕贵国国君的震怒，军队战败了。您能开恩而为齐国求福，不灭亡我们的国家，让敝邑和贵国继续过去的友好，那么先君的破旧器物、土地是不敢怜惜的。您假如又不肯允许，敝邑请求召集残余军队，背靠城墙借机会再图一战。敝邑有幸获胜，也会归顺贵国的；何况不幸而再战败，哪敢不听从命令呢？'"

楚归晋知罃[1]

《左传·成公三年》

【题解】

宣公十二年，晋楚交战于邲，晋军大败，知罃被俘。九年后，知罃的父亲做了中军副统帅，便提出条件赎回知罃。当时在位的楚共王唯恐再发生战争，答应了晋国的要求。此篇写的就是知罃临被释放时与楚共王的一场对话。楚王的问话句句逼人，一问“怨我乎”？二问“德我乎”？知罃从两国“有好”的高度切入，认为这是两国之间的事情，与个人无关，将这推得干净。即“不怨”、“不德”，便有三问“何以报我”？他又借“无怨无德，不知所报”将问话轻轻推脱。可楚王仍步步进逼，强问“虽然，必告不谷”。也正是这样的逼问，才逼出了知罃的一番不卑不亢、忠君爱国的的慷慨陈辞。前三番，答得极冷、极淡、极浑沌含蓄，后一番，答得极热、极浓又慷慨激昂。赢得了楚王的钦佩与礼遇。

晋人归楚公子谷臣与连尹襄老之尸于楚，以求知罃[2]。于是荀首佐中军矣[3]，故楚人许之。

①本篇记述了知罃被释回国前与楚共王的一次谈话，表现了知罃不卑不亢、刚毅坚贞的品格。知罃（yǐng），晋臣，知庄子（荀首）的儿子。荀首封于知，遂以封地为姓。

②“晋人”二句：宣公十二年（前597年），晋、楚战于邲，晋知罃被俘，但晋也俘虏了楚公子穀臣，射杀了楚大夫襄老，并将其尸首带回。现在晋要用穀臣和襄老的尸首换回知罃。归，归还。穀臣，楚庄王的儿子。连尹，楚官名。

③佐中军：任三军的副帅。古代大国军设三军：中军、左军、右军。中军由三军主帅统领，中军佐是其副手。

王送知罃，曰[4]：“子其怨我乎？”对曰：“二国治戎[5]，臣不才，不胜其任，以为俘馘[6]。执事不以衅鼓[7]，使归即戮[8]，君之惠也。臣实不才，又谁敢怨[9]？”王曰：“然则德我乎？”对曰：“二国图其社稷[10]，而求纾其民[11]，各惩其忿，以相宥也[12]。两释累囚[13]，以成其好。二国有好，臣不与及[14]，其谁敢德？”王曰：“子归，何以报我？”对曰：“臣不任受怨[15]，君亦不任受德，无怨无德，不知所报。”王曰：“虽然，必告不穀。”对曰：“以君之灵，累臣得归骨于晋[16]，寡君之以为戮，死且不朽。若从君惠而免之，以赐君之外臣首[17]；首其请于寡君，而以戮于宗[18]，亦死且不朽。若不获命，而使嗣宗职[19]，次及于事[20]，而帅。偏师以修封疆[21]，虽遇执事，其弗敢违[22]，其竭力致死[23]，无有二心，以尽臣礼，所以报也。”王曰：“晋未可与争。”重为之礼而归之。

④王：指楚共王，前631年至前591年在位。

⑤治戎：治兵，整顿军备。这里是作战的意思。

⑥俘馘（guó）：泛指俘虏。俘，俘虏。馘，割耳。古时作战，杀死敌人割取左耳以记功。

⑦衅鼓：古时的一种祭礼，用牲畜的血涂鼓。这里是杀掉的意思。

⑧即戮：就戮，接受杀戮。下文“以为戮”、“戮于宗”的“戮”是杀的意思。即，就，靠近。

⑨又谁敢怨：宾语前置，即又敢怨谁？

⑩图其社稷：意为为国家利益打算。

⑪纾其民：意为为百姓解除苦难。纾，缓解。

⑫“各惩”二句：意为各自克制怨恨，相互谅解。惩，止，克制。宥（yòu），宽恕。

⑬累囚：囚犯。累，捆绑。

⑭臣不与及：意为与我没有关系。与，参与。及，涉及，赶上。

⑮任：担负。

⑯累臣：被俘之臣。知罃自称。

⑰外臣：对别国的国君称本国之臣为外臣。首：指知罃的父亲荀首。

⑱宗：宗庙。

⑲嗣：继承。宗职：宗子的职务。

⑳次及于事：按次序轮到我担任军职。次，按次序。事，指担任军事职务。

㉑偏师：副将所率领的部队。这里泛指部分军队。修：治理。这里是镇守保卫的意思。封疆：边界。

㉒违：回避，躲开。

㉓竭力致死：尽力效死。

【译文】

晋国人送还楚公子谷臣和连尹襄老的尸首给楚国，要求换回知罃。在这时候荀首已经是晋军的副统帅了，因此楚国人接受了这个请求。

楚王送别知罃时，说：“您或许怨恨我吧？”知罃回答说：“两国交战，微臣没有德能，不能胜任自己的职务，所以成为俘虏。您的左右没有用我的血来涂鼓祭祀，使我得以回国接受诛戮，这是您的恩惠。臣实在没有才能，还敢怨恨谁呢？”楚王说：“这样说来，那么您感激我吗？”知罃回答说：“两国都为自己的国家谋划，而谋求缓解自己人民的痛苦，各自抑制自己的怨恨，而相互宽恕。两国释放被捆绑起来的囚犯，以此达成友好关系。两国结好，臣不曾赶上参与，又敢感激谁呢”楚王说：“您回去，用什么报答我？”知罃说：“我承受不了怨恨您的责任，您也不值得我感激，没有怨恨没有感激，我不知道报答什么。”楚王说：“即使这样，您也一定要告诉我。”知罃回答说：“借您的护佑，囚臣得以使自己的骨头回归到晋国去，寡君若把我杀了，虽死而不朽。如果是听从您的恩惠而赦免了我，把我赐交您的外臣荀首；荀首向寡君请命，而把我杀死在宗庙里，也是虽死而不朽的。假如没能得到国君诛杀我的命令，而让我继续祖宗的官爵，依照次序而轮到我担当晋军职务，带领军队保卫边疆。即便遇到您的左右将帅，也将不敢避开，将竭力到死，不惜牺牲性命以尽臣下对君主应有的礼数，这就是我用来报答您的。”楚王说：“晋国是不可和它争斗的。”于是为他举办了盛大的典礼后让他回去。

吕相绝秦

《左传·成公十三年》

【题解】

鲁成公十三年，晋厉公原定与秦桓公盟会于令狐。晋君先至，秦君临时改变了主意，违反盟约，反又召狄和楚，计划引导他们伐晋，晋则统率诸侯军队进攻秦国，并派吕相为使，与秦绝交，宣布秦的罪状。这是一篇完整的、典型的开战国策士游说的外交辞令，在历数秦国罪过时，有许多片面夸大甚至诬罔之辞，但文采飞扬，锋芒毕露，使人不容置辩。

《东周列国志》版画之“穆公贰平晋乱”图。讲述晋国发生内乱，秦穆公帮助公子夷吾归国即位，安定晋国的政局之事。

晋侯①使吕相绝秦，曰：“昔逮②我献公及穆公相好，戮力③同心，申之以盟誓，重之以昏④姻。天祸晋国⑤，文公如齐，惠公如秦。无禄⑥，献公即世。穆公不忘旧德，俾⑦我惠公用能奉祀于晋。又不能成大勋，而为韩⑧之师。亦悔于厥⑨心，用集⑩我文公，是穆之成也。

①晋侯：指晋厉公。

②逮：及，到。

③戮（lù）力：并力，合力。

④昏：古“婚”字。

⑤天祸晋国：指晋献公宠幸骊姬，立其子为世子，杀害驱逐众公子一事。

⑥无禄：无福禄。这里指不幸。

⑦俾：使。

⑧韩：晋地，在今山西芮城境内。

⑨厥：其，代指秦穆公。

⑩集：成就，成全。指秦穆公派兵护送重耳回国成为国君一事。

“文公躬擐甲胄⑪，跋履山川，逾越险阻，征东之诸侯，虞、夏、商、周之胤而朝诸秦，则亦既报旧德矣。郑人怒君之疆埸⑫，我文公帅诸侯及秦围郑。秦大夫不询于我寡君，擅及郑盟。诸侯疾之，将致命⑬于秦。文公恐惧，绥靖⑭诸侯，秦师克⑮还无害，则是我有大造⑯于西⑰也。

⑪文公躬擐（huàn）甲胄：文公亲自戴着头盔穿上铠甲。躬，亲身。擐，穿。
⑫疆埸（yì）：边境。
⑬致命：拼命。
⑭绥靖：安抚。
⑮克：能够，得以。
⑯造：恩德。
⑰西：代指秦国。因秦在晋西方。

"无禄，文公即世，穆为不吊，蔑死我君，寡我襄公，迭⑱我殽地，奸绝我好，伐我保城，殄灭⑲我费滑⑳，散离我兄弟，扰乱我同盟，倾覆我国家。我襄公未忘君之旧勋，而惧社稷之陨，是以有殽之师。犹愿赦罪于穆公。穆公弗听，而即楚谋我。天诱其衷㉑，成王陨命，穆公是以不克逞志于我。

⑱迭：通"轶"。超越，侵犯。
⑲殄（tiǎn）灭：尽灭，绝灭。
⑳费滑：即滑国，在今河南偃师附近。
㉑天诱其衷：上天有灵，引导人们的心意。意为上天保佑了我们。

"穆，襄即世，康、灵㉒即位。康公，我之自出，又欲阙剪㉓我公室，倾覆我社稷，帅我蟊贼㉔，以来荡摇我边疆，我是以有令狐㉕之役。康犹不悛，入我河曲㉖，伐我涑川㉗，俘我王官㉘，剪我羁马㉙，我是以有河曲之战。东道之不通，则是康公绝我好也。

㉒康、灵：指秦康公与晋灵公。
㉓阙剪：损害，削弱。
㉔蟊贼：吃庄稼的两种害虫。此处指秦国支持的晋公子雍。
㉕令狐：晋地，在今山西猗氏西。
㉖河曲：晋地，故城在今山西永济东南。
㉗涑（sù）川：水名，在今山西南部。
㉘王官：晋地，在今山西闻喜。

"及君之嗣也，我君景公引领西望曰：'庶抚我乎！'君亦不惠称盟，利吾有狄难，入我河县，焚我箕、郜，芟夷㉚我农功，虔刘㉛我边陲，我是以有辅氏㉜之聚。君亦悔祸之延，而欲徼福于先君献、穆，使伯车㉝来命我景公曰：'吾与女同好弃恶，复修旧德，以追念前勋。'言誓未就，景公即世，我寡君是以有令狐之会。君又不祥，背弃盟誓。白狄㉞及君同州，君之仇雠，而我之昏姻也。君来赐命曰：‘吾与女伐狄。’寡君不敢顾昏姻，畏君之威，而受命于使。君有二心于狄，曰：‘晋将伐女。’狄应且憎，是用告我。楚人恶君之二三其德也，亦来告我日：‘秦背令狐之盟，而来求盟于我，昭告昊天上帝、秦三公、楚三王曰：“余虽与晋出入，余唯利是视。”不穀恶其无成德，是用[35]宣之，以惩不一。’诸侯备闻此言，斯是用痛心疾首，昵就[36]寡人。寡人帅以听命，唯好是求。君若惠顾诸侯，矜哀寡人，而赐之盟，则寡人之愿也，其承宁[37]诸侯以退，岂敢徼乱？

㉙羁马：晋地，在今山西永济南。
㉚芟（shān）夷：铲除的意思。
㉛虔刘：杀戮。
㉜辅氏：晋地，在今陕西朝邑西北。
㉝伯车：晋桓公之子。
㉞白狄．春秋时北方狄族的一部，散居在山西、陕西一带。
㉟是用：因此。
㊱昵（nì）就：亲昵靠近。
㊲承宁：止息，安静。

“君若不施大惠，寡人不佞[38]，其不能以诸侯退矣。

㊳不佞（nìng）：谦词，不才。

“敢尽布之执事，俾执事实图利之。”

【译文】

晋厉公任命吕相去和秦国绝交，说：“自我们献公和你们穆公开始，两国的关系一直彼此友好，同心协力，用盟约来表示这种友谊，又互通婚姻来增进两国的关系。上天降灾害给晋国，文公奔往齐国，惠公奔往秦国。不幸，献公去世了，秦穆公不忘昔日的情份，使得我惠公能再次成为晋国的君王。可是秦国没有能保持住这种和平友好的局面，对我们发动了韩原之战。后来穆公心里有些懊悔，所以，支持我文公顺利地登上君位，这是穆公的成全。

“文公身着戎装，亲自翻山越岭，历尽千辛万苦，带领东方的诸侯：让虞、夏、商、周的后代，一齐朝见秦国，就已经回报了秦国过去的恩惠了。郑国人进犯了贵国的边境，我们文公便带领诸侯和秦国的军队围攻郑国。你们的大夫不询问我们国君的意见，就私自和郑国签订了盟约。诸侯都很痛斥这件事，要和秦国拼命，文公怕秦国受害，便抚慰诸侯，使秦军能安然回国，没有受到伤害，这是我们对秦国的重大恩惠啊！

“然而不幸，文公去世，秦穆公却没有来吊唁，鄙视我们去世的君主，欺辱我们襄公的孤弱，而且袭击我们殽地，断绝和我们的友好关系，攻打我们的边境城邑，灭掉我们的同姓国费滑。调拨我们兄弟国的关系，打乱我们的同盟，妄图颠覆我们的国家。我们襄公没有忘记穆公以前的功绩，但怕国家遭受灭亡，所以才有殽地的战争。我们仍旧希望穆公宽宥我们，但穆公不听劝，却亲近楚国来迫害我们。上苍有灵，楚成王让人杀害，所以，秦穆公进犯我国的诡计没有得逞。

“秦穆公、晋襄公逝世，秦康公、晋灵公即位。康公是我们晋国女子所生，又想减弱我国公室，颠覆我们的国家；还带着我国公子雍那个逆贼，一起来侵扰我们的边境，我们因此有了令狐之战。康公还是不肯改过，侵犯我们河曲，攻打我们涑川，劫掠我们王官，占领我国的羁马，我国因此又和秦产生了河曲之战。秦晋两国不相往来，那是康公断绝和我们的友好关系导致的。

秦穆公派兵送晋公子重耳归国即位图

“到您继位之后，我国君主景公伸长脖子向西张望，说：‘秦国也许会来抚慰我们吧！然而您也不愿施恩，和我们结成盟约，却利用我国有赤狄之战的困难，侵入我国的河县，焚毁我国的箕、郜，割掉我国的庄稼，杀戮我国边疆的人民，我们因此才有辅氏的集兵设防。您也后悔不该使战祸延长，想要向先君献公、穆公求福，派遣伯车来吩咐我们景公说：‘我和您重修旧好，抛开以前的恩怨，恢复、发展过去的和睦关系，以此来追念先君的功勋吧！’盟约还没有签订，我们景公就去世了，我们厉公因此和秦有令狐的会盟。您又不怀好意，违背了盟约。白狄和你们同处雍州，是你们的仇敌，却是我们的亲戚，您派人来吩咐说：‘我和你们一起讨伐白狄！’我们君主震于您的威力，不敢顾及亲戚关系，就接受了您使者的命令。可是您又讨好白狄，对他们说：‘晋国将要进攻你们了。’白狄表面上答应了，心里却很厌恶你们，所以告诉了我们。楚国人厌恶您这种反复无常的行为，也来告诉我们说：‘秦国违背了令狐的盟约，来要求同我们结盟。他们还向皇天上帝以及秦国的三公、楚国的三王发誓说：“我们秦国尽管和晋国有往来，但我们是唯利是图的”。我们憎恨秦国没有道德，所以把这件事张扬出来，来惩戒那些言行不一致的人。’诸侯都听到了这番话，因而感到痛心疾首，和我们亲近。如今召集我们君主带领诸侯听候您的答复，目的只求和好。您如果是看得起诸侯，并且怜惜我们，跟诸侯签订盟约，那是我们君主的愿望。我们也当承受秦君的命令，抚慰诸侯，然后让他们退去，哪里敢来骚扰您呢？您要是还不愿施予大恩，我们国君没有什么才能，那就不能让诸侯退兵了。谨将全部想法对您讲了，请您认真斟酌利弊得失吧！”

驹支不屈于晋[1]

《左传·襄公十四年》

【题解】

春秋时期，分布在西北方的古代戎族的一支——姜戎族，其祖先原来在瓜州，后来由于不堪秦人的欺压，迁至晋南并依附于晋国，但晋国大臣中有人根本不能平等看待姜戎族。本文记述了晋国大夫范宣子仗势欺人，责难并威胁姜戎族首领驹支，驹支不甘受辱，据理驳斥，义正辞严，使范宣子自觉理亏而赔罪。从这一事件可以反映出当时各民族间错综复杂的关系，同时也说明了外交辞令在外交斗争中的重要性。

会于向[2]，将执戎子驹支[3]。

①“驹支”句：驹支，姜戎族的首领。不屈，未曾为……所屈。

②会于向：会，会合。向，吴国地名，今安徽怀远县西。

③“将执”句：执，逮捕。戎子，指姜戎。

范宣子亲数诸朝[4]，曰：“来！姜戎氏！昔秦人迫逐乃祖吾离于瓜州[5]，乃祖吾离被苫盖、蒙荆棘以来归我先君[6]，我先君惠公有不腆[7]之田，与女剖分而食之[8]。今诸侯之事我寡君不如昔者[9]，盖言语漏泄，则职女之由[10]。诘朝[12]之事，尔无与焉[12]。与，将执女[13]。”

④“范宣子”句：范宣子，晋国在臣。数（shǔ），数落，指斥。诸，之于。朝，朝堂。

⑤“昔秦人”句：迫逐，逼迫驱逐。乃祖吾离，你们的祖先吾离。瓜州，即今敦煌。

⑥“乃祖”句：被，披。苫（shān）盖，用草编的覆盖物。蒙荆棘，戴着荆棘编织的帽子，或释作居住在荆棘搭成的茅屋里。先君，指晋惠公。

⑦不腆（tiǎn）：不丰厚。不多。

⑧“与女”句：女，通，“汝”你们剖分，平分。

⑨“今诸侯”句：意谓今日诸侯事晋不如以前的原因。

⑩“盖言语”二句：漏泄，泄露。职，当是，由，缘故。

⑪诘朝（zhāo）：早晨。

⑫尔无与焉：尔，你。无，不要。与，参加。

⑬与，将执女：参加的话，将逮捕你。

对曰：“昔秦人负恃其众[14]，贪于土地，逐我诸戎[15]。惠公蠲[16]其大德，谓我诸戎，是四岳之裔胄也[17]，毋是翦弃[18]。赐我南鄙[19]之田，狐狸所居，豺狼所嗥。我诸戎除翦[20]其荆棘，驱其狐狸豺狼，以为先君不侵不叛㉑之臣，至于今不贰㉒。昔文公与秦伐郑，秦人窃与郑盟㉓，而舍戍㉔焉，于是乎有殽之师。晋御其上，戎亢其下[25]，秦师不复，我诸戎实然㉖。譬如捕鹿，晋人角之，诸戎掎之，与晋踣之㉗。戎何以不免？㉘自是以来，晋之百役，与我诸戎相继于时㉙，以从执政，犹殽志也㉚，岂敢离逷㉛？今官之师旅无乃实有所阙㉜，以携诸侯㉝，而罪我诸戎！我诸戎饮食衣服不与华同，贽币不通㉞，言语不达㉟，何恶之能为？不与于会，亦无瞢焉㊲。”赋《青蝇》而退㊳。

⑭负恃其众：负恃，仰仗，依仗。众，人多。

⑮诸戎：各支戎族。

⑯蠲（juān）：显示。

⑰“是四岳”句：四岳，相传为尧舜时的四方部落首领。裔胄，后代。

⑱毋是剪弃：即“毋剪弃是”，意为不要抛弃他们。

⑲南鄙：南部边疆的土地。

⑳除剪：剪除。

㉑不侵不叛：不入侵，不叛离。

㉒不贰：没有二心。

㉓窃与郑盟：私下里和郑结盟。

㉔舍戍：留人戍守。

㉕“晋御”二句：意谓晋人god御正面，戎人抗击他的侧面。亢，通“抗”。

㉖“秦师”三句：不复，不能回去即全军覆没。实然，实使之然，意谓戎人实有功于晋。

㉗“晋人”三句：角（jué），斗。掎（jǐ），拉住腿，牵制，踣（bó），使之仆倒。

㉘何以不免：为什么不能免于罪责？

㉙相继于时：时时不断，未曾间断。

㉚“以从”二句：从，跟从，追随。执政，当政的人。殽志，从战于殽时的志向。

㉛离逖（tì）：远离。逖，远，

㉜无乃实有所阙：无乃，恐怕，或许。阙，阙失，过失。

㉝以携诸侯：以，连词。携，携二叛离，使……离心，使动用法。

㉞贽（zhì）币不通：贽币，财物。不通，没有来往。

㉟不达：不通。

㊱何恶之能为：即“能为何恶”。指

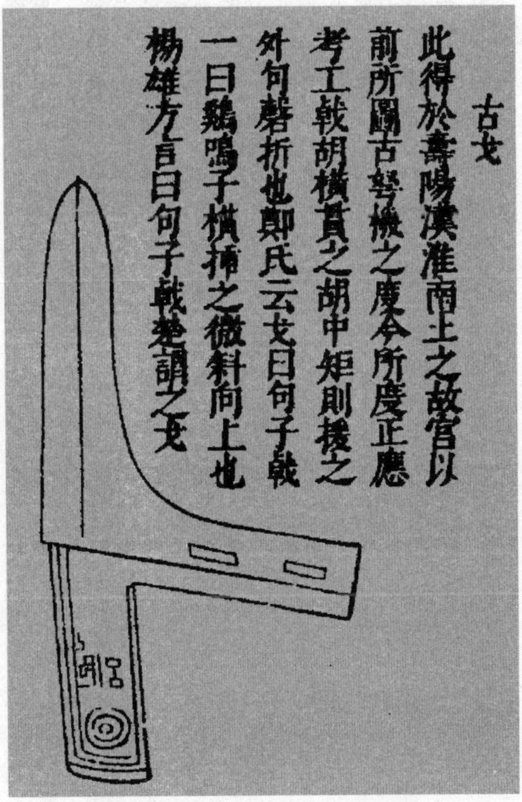

古戈图。戈是古代的一种兵器。

“漏泄言语”之类。

㊲“不与”二句：与，参加。（瞢 méng），惭愧。

㊳赋《青蝇》而退：赋，朗诵。《青蝇》，见于《诗经·小雅》，其中有“恺悌君子，无信谗言”句，正合乎这里表达的需要。恺悌，平和近人。

宣子辞[39]焉，使即事于会[40]，成恺悌也[41]

㊴辞：谢，表示歉意。

㊵使即事于会：让驹支去参加会盟。即事，就事，及事。

㊶成恺悌也：意为成全了自己恺悌君子的名声。

【译文】

晋君在向地会见诸侯，晋国打算逮捕姜戎人头领驹支。范宣子亲自在朝堂上举出他的罪证，说：“过来，姜戎人！从前秦国人把你的祖先吾离从瓜州撵走，你的祖先吾离披着茅草衣，戴着荆条帽，前来投奔我国先君。我国先君惠公当时只有很少的土地，却与你们均分，让你们吃上饭。而今诸侯事奉我们国君不如以前，或许因为漏泄了机密，这主要是你所导致的。明天的会议，你不要参加了！你如果是参加，就把你抓起来！”

驹支回答说：“往从前秦国人凭仗着他们人多，贪婪地掠夺土地，把我们各部戎人赶走。惠公显示了他高尚的品德，觉得我们各部戎人是四岳的后代，不应该就这样被摒弃灭亡。赐给我们南部边境地区的土地，那是个狐狸居住、豺狼嗥叫的地方。我们各部戎人铲除了那儿的荆棘，赶走了狐狸豺狼，从此成了你们先君不内侵也不外叛的臣子，一直到今天还是没有二心。过去你们文公与秦国攻打郑国，秦国人私下与郑国人签订盟约，留下军队帮他们驻守，因此发生了殽地的战争。晋国在上边防御秦兵，戎人在下面攻击他们，秦军全军覆没，确实是我们戎人出了大力。比如捕捉一只鹿，晋国人抓住它的角，戎人们拉住它的腿，和晋国人一起把它按倒。戎人为什么不能免于罪责呢？从那时以来，晋国多次出征作战，我们各部戎人都是紧接着跟上，以跟随我们的执政，就像殽地战役一样，怎么敢背叛疏远贵国？当前你们的将帅官员们，恐怕确实有些地方做得不够，使得诸侯背离，你们却要责怪我们各部戎人！我们各部戎人吃的穿的都与华夏不同，使者不相往来，语言不相通，能做出什么坏事？不出席会议，也不会感到愧疚！”他读完《青蝇》这首诗后退了回去。

范宣子赶紧道歉，请驹支参加会议事务，成就了自己和蔼可亲的君子品德。

祁奚请免叔向

《左传·襄公二十一年》

【题解】

叔向是晋国的贤臣，因为弟弟羊舌虎参与叛乱被牵连下狱。面对死亡，他坦然处之，甚至对晋平公宠臣乐王鲋主动表示愿为他说情也不屑一顾，反而寄希望于已经告老退休的祁奚。祁奚听到叔向被囚，果然如叔向所说，赶到京城为他说情，列举古代君王贤臣对罪人亲人的态度进行劝说，强调以国家利益为重，打动了范宣子，赦免了叔向。文章对人物性格的刻绘十分传神，通过言语、行为，简洁地写出叔向的镇静大度与知人，祁奚的急公好义。结尾一段，写祁奚不居功，叔向不道谢，尤为点睛之笔，神悠韵远。

栾盈出奔楚①。宣子杀羊舌虎②，囚叔向③。

①栾盈：晋国大夫。
②宣子：晋国执政大夫，范鞅。羊舌虎：为栾盈党羽。
③叔向：晋国大夫，叫羊舌肸（xī），为羊舌虎之兄。

人谓叔向曰："子离于罪④，其为不知乎⑤？"叔向曰："与其死亡若何⑥？《诗》曰：'优哉游哉，聊以卒岁⑦'。知也"。

④离：同"罹"（lí），遭遇，陷入。
⑤知：同"智"，智慧，聪明。
⑥亡：指逃亡。
⑦"优哉游哉"二句：不见于《诗经》，是逸诗。

乐王鲋⑧见叔向，曰："吾为子请。"叔向弗应。出，不拜。其人皆咎叔向。叔向曰："必祁大夫⑨？"室老闻之，曰："乐王鲋言于君无不行，求赦吾子，吾子不许。祁大夫所不能也，而曰必由之，何也？"叔向曰："乐五鲋，从君者也，何能行？祁大夫外举不弃仇，内举不失亲，其独遗我乎？《诗》曰：'有觉德行，四国顺之⑩'。夫子，觉者也。"

⑧乐王鲋（fù）：晋大夫，姓乐王，名鲋。
⑨祁大夫：即祁奚。
⑩"有觉"二句：见《诗经·大雅·抑》篇。

晋侯问叔向之罪于乐王鲋⑪。对曰："不弃其亲，其有焉。"

⑪晋侯：指晋平公。

《东周列国志》版画之“老祁奚力救羊舌”图。讲述晋国栾盈作乱，羊舌虎为其同党，羊舌虎的哥哥叔向受到牵连，后来晋国老臣祁奚为叔向求情，使叔向获释。

于是祁奚老矣，闻之，乘驲而见宣子[12]，曰：“《诗》曰：‘惠我无疆，子孙保之[13]’。《书》曰：‘圣有谟勋，明征定保’。夫谋而鲜过、惠训不倦者，叔向有焉，社稷之固也，犹将十世宥之，以劝能者。今壹不免其身，以弃社稷，不亦惑乎？鲧殛而禹兴[14]，伊尹放大甲而相之[15]，卒无怨色；管、蔡为戮[16]，周公右王[17]。若之何其以虎也弃社稷？子为善，谁敢不勉？多杀何为？”宣子说[18]，与之乘，以言诸公而免之。不见叔向而归，叔向亦不告免焉而朝。

⑫驲（yì）：古时驿站专用车辆。

⑬“惠我”二句：见《诗经·周颂·烈文》篇。

⑭鲧（gǔn）：夏禹之父。

⑮伊尹：商汤王的相国，名伊，君是官名。大甲：大，同“太”，太甲为商汤之弟。

⑯管、蔡：即管叔、蔡叔，都是周公之弟。

⑰周公：周武王的弟弟，名旦，曾助武王灭商。武王死，成王年幼，由周公慑政。

⑱说：同“悦”。

【译文】

栾盈被范宣子驱赶逃向了楚国，范宣子杀了他的同伙羊舌虎，囚困了羊舌虎的哥哥叔向。

有人向叔向说：“你遭了罪，怕是不明智的吧？”叔向就说：“我尽管被囚困，但死和逃亡相比怎么样呢？《诗经》说：‘自在逍遥啊，就这样度过年月吧’。这也是明智的啊。”

乐王鲋去看叔向说：“我帮您去求情。”叔向没有回应。乐王鲋走时，叔向也不拜别。身边的人都责备叔向。叔向说：“能救我的人一定是祁大夫。”他的家臣头领听到后问他说：“乐王鲋对国君说什么，没有不照办的，他要去请求赦免您，您却不答应。祁大夫办不了这件事，您却说一定由他去办，这是为什么呢？”叔向说：

"乐王鲋是顺从国君的人，他怎么能行呢？祁大夫推荐外人时不抛弃仇人，举荐自己人时不舍弃亲人，他难道会独独忘了我吗？《诗经》上说：'有正直的德行，天下人都会归顺他'，祁大夫就是一个正直的人啊。"

晋侯向乐王鲋咨询叔向的罪过。乐王鲋回答说："叔向不背叛自己的亲人，大概参与了吧。"

那个时候祁奚已经告老在家了，听说了这件事，急忙坐传车来见范宣子，说："《诗经》上说：'祖先赐给我们的恩德没有边际，后代子孙永远保持'。《尚书》上说：'智慧的人有谋略之功，应该得明显的保护'。谋划国事而很少有过错，教悔别人不知疲倦，叔向就兼备这些品德。他称得上国家的栋梁，即便他的十代子孙有过错还应该宽恕，以此来激励那些有能力的人。如今仅为了羊舌虎这一件事就使他不能得到赦免，抛弃了国家所依靠的人，不也太糊涂了吗？以前，鲧被杀而禹被重用；伊尹放逐太甲而又辅佐他，太甲始终无怨言；管叔、蔡叔被杀，但周公辅佐成王。为什么为一个羊舌虎而抛弃国家的贤臣呢？您做了好事，谁敢不努力？多杀人又为什么呢？"范宣子听了之后非常高兴，就和祁奚一同坐车去拜见晋侯。向晋侯说了他们的想法，叔向因此得以赦免。事情处理完后，祁奚没去见叔向就回去了，叔向也没有和祁奚告谢，就去拜见晋侯了。

子产告范宣子轻币

《左传·襄公二十四年》

【题解】

春秋时期，弱小的诸侯国要向霸主定期缴纳财帛，负担很重，晋平公时，范宣子主持国政，当时晋国仍是中原地区盟主，范宣子贪财，责令诸侯交纳的贡品，充实国库的同时也进入私囊，郑国不堪重负，因为和晋国处于良好关系，所以子产写信给范宣子，指出当政者应为了长远利益，而适当减轻剥削，应重美德、美誉，不应重财帛。文章层层深入，正反对比，有很强的说服力。

范宣子为政①，诸侯之币重②，郑人病之③。

①范宣子：晋国大臣，士氏，名丐，范文子的儿子。晋平公时执掌国政。

②币：缯帛，古代用为礼物。这里指诸侯向晋国进献的贡品。

③病：忧虑，不满。

二月，郑伯如晋④。子产寓书于子西⑤，以告宣子，曰："子为晋国⑥，四邻诸侯不闻令德⑦，而闻重币，侨也惑之⑧。侨闻君子长国家者⑨，非无贿之患⑩，而无令名之难⑪。夫诸侯之贿聚于公室，则诸侯贰⑫。若吾子赖之⑬，则晋国贰。诸侯贰⑭，则晋国坏；晋国贰，则子之家坏，何没没也⑮！将焉用贿？夫令名，德之舆也⑯；德，国家之基也⑰。有基无坏，无亦是务乎⑱？有德则乐，乐则能久。《诗》云⑲，'乐只君子，邦家之基⑳'，有令德也夫！'上帝临女，无贰尔心㉑'，有令名也夫！恕思以明德㉒，则令名载而行之，是以远至迩安㉓。毋宁使人谓之'子实生我㉔'，而谓'子浚我以生'乎㉕？象有齿以焚其身㉖，贿也。"

④郑伯：指郑简公。如：往，去。

⑤子产：郑国大夫，名公孙侨，字子产。郑简公十二年（公元前554年）为卿，执政期间，积极实行改革，使郑国兴盛。寓：托，寄。书：信。子西：郑国大夫，即公孙夏，当时随从郑简公去晋国。

⑥为（wéi）：治理。

⑦令德：美德。

⑧侨：子产自称。惑：困惑，迷惑。

⑨长（zhǎng）：掌管，领导。

⑩贿：财物。患：忧虑，担心。

⑪令名：美好的名声。难：与前文“患”意同。

⑫贰：有二心。

⑬赖：利，以其为利。

⑭坏：毁坏，败坏。

⑮没没：贪恋、执迷的样子。

⑯德之舆：装载德的车子。舆，车。

⑰基：基础，根基。

⑱无亦：何不。是务：务是，致力于此。是，代指美德。

⑲《诗》：《诗经》。以下两句引文见于《诗经·小雅·南山有台》。

⑳乐只君子，邦家之基：快乐呵，君子，他们是国家的基础。只，语气词。

㉑上帝临女（rǔ），无贰尔心：引自《诗经·大雅·大明》，意谓上帝监视着你，你不要三心二意。临，监临，监视。女，汝，你。

㉒恕思：内心宽厚。明德：发扬美德。

㉓远至：远方的人前来归附。迩（ěr）安：近处的人安居乐业。

㉔毋宁：宁可。

㉕浚（jùn）：榨取。

㉖象有齿以焚其身：大象因为有象牙而毁了性命。意为拥有珍贵的财宝并非好事。焚，毙。

宣子说[27]，乃轻币。

㉗说（yuè）：通“悦”。

【译文】

鲁襄公二十四年，范宣子掌管晋国政事，诸侯进献的礼品增加了，郑国贵族对此非常不满。二月，郑简公到晋国去，郑国大夫子产通过陪同简公去晋国的子西，捎了一封信规劝范宣子。信里说：“你治理晋国，四面八方的诸侯，我听到您的美德，却听到增加礼品，我对此事困惑不解。我听闻主持国政的君子，不是担心没有钱财，而是担心没有好声誉。诸侯送来的钱财，假如积聚在晋国公室，那么，诸侯就会和晋国离心离德。如果是您占用了这些钱财，那么，晋国人就会对您离心离德。诸侯离心离德，那么晋国就保不住了；晋国人对您离心离德，那么您的国家也就保不住了。何必要这样一味贪图钱财？这么多钱财

子产像。子产是春秋时期郑国政治家，图出自清·顾沅辑《古圣贤像传略》。

能用到哪里去呢？

好的声誉，是装运道德的车子。道德，则是国家的基础。有了牢固的基础，国家才不致崩溃。您还是首先注重这一点吧！求好声誉才有德，有德才能和别人同乐，和别人同乐才能在位长久。《诗经》上说：‘君子能和别人同乐，是国家的基石。’这是有美好的德行的啊！又说‘上帝在观察着，武王呀，您可别三心二意。’这是有好声誉的啊！存心忠厚，对人能体谅，就会表现出崇高的道德，如此一来，好声誉就装载着您这种崇高道德到处流传，所以，远方的人来归附您，附近的人也稳定团结。我宁肯让人们说您‘他的确能生养我们人民’，难道能让人们说‘他是抢夺我们的财物养肥自己的’？象有牙齿以致被人类杀死，身体倒毙，就是由于它的牙齿值钱呀！”宣子听了，非常高兴，就减少了诸侯进献的物品。

晏子不死君难

《左传·襄公二十五年》

【题解】

齐庄公因为荒淫无耻而被杀，作为大臣的晏婴既不愿为他殉难，也不愿为此出逃，因为他认为君主和臣子都应该以国家社稷为重。既然君主不能为国家而死，作臣子又何必为他殉难呢？这种关于君臣关系的观点实际反映了春秋时代一种带民主色彩的思想，较之秦汉后的“愚忠”有很大的进步性。

崔武子见棠姜而美之①，遂取之②，庄公通焉，崔子弑之。

①崔武子：崔杼。齐执政大夫。棠姜：齐棠邑大夫的遗孀。
②取：同娶。

晏子立于崔氏之门外③，其人曰：“死乎？”曰：“独吾君也乎哉，吾死也？”曰：“行乎？”曰：“吾罪也乎哉，吾亡也④？”曰：“归乎？”曰：“君死，安归？君民者，岂以陵民？社稷是主。臣君者，岂为其口实⑤，社稷是养。故君为社稷死，则死之；为社稷亡，则亡之。若为己死，而为己亡，非其私昵⑥，谁敢任之？且人有君而弑之⑦，吾焉得死之？而焉得亡之？将庸何归？”门启而入，枕尸股而哭。兴⑧，三踊而出⑨。人谓崔子：“必杀之！”崔子曰：“民之望也，舍之，得民”。

晏子像，图出自清·顾沅辑《古圣贤像传略》。

③晏子：晏婴，字平仲，曾任齐卿。
④亡：与上“行”同意，指逃往国外。
⑤口实：指俸禄。

⑥私昵：为个人宠爱的人。

⑦有君：有宠于君，指崔杼。据《左传·襄公十九年》记载，庄公为崔杼所立。

⑧兴：站起来以后。

⑨三踊：跳跃了三次，表示哀痛。

【译文】

崔武子遇见棠姜，觉得她很漂亮，所以就娶了她。齐庄公和棠姜勾结，崔武子便杀害了庄公。

子在崔氏的门外站着，他的仆人问说："要为国君殉难吗？"晏子说："是我一个人的国君吗？我为什么要死？"他的手下人说："准备逃出齐国吗？"晏子说："是我的罪过吗？我为什么要逃走？"他的手下人说："回去吗？"晏子说："国君死了，怎能回去？作为百姓的君主，岂可凌驾于百姓之上？要以国家为重啊。臣子侍奉国君，岂是为了他的俸禄？而是要供养国家。因此国君为国家而死，就跟着他去死；为国家而逃亡，就跟着他逃亡。假如是为自己而死，或是为了自己而逃亡，不是他自己宠爱亲近的人，谁敢担当责任？何况是拥有君主宠爱的人杀了他，我怎能为他去死？怎能为他而逃走？又怎么能回去呢？"

大门打开了，晏子走了进去，把庄公的尸体放在大腿上大哭，哭完站起来跳了三下才走出去。有人和崔武子说："必须要杀掉他。"崔武子说："他是百姓敬重的人物，不杀他，能够得民心。"

季札观周乐

《左传·襄公二十九年》

【题解】

中国的音乐、舞蹈，自古就很盛行，不同时代、不同地域的音乐、舞蹈，往往反映出时代风貌和地域特色。所以季札在鲁国闻歌见舞，能作出推断。这是一篇出色的关于歌舞的评论文章。

吴公子札来聘①。请观于周乐②。使工为之歌《周南》、《召南》③，曰："美哉！始基之矣④，犹未也⑤，然勤而不怨矣⑥。"为之歌《邶》、《鄘》、《卫》⑦，曰："美哉，渊乎⑧！忧而不困者也⑨。吾闻卫康叔、武公之德如是⑩，是其《卫风》乎！"为之歌《王》⑪，曰："美哉！思而不惧⑫，其周之东乎⑬！"为之歌《郑》⑭，曰："美哉！其细已甚⑮，民弗堪也。是其先亡乎？"为之歌《齐》⑯，曰："美哉！泱泱乎⑰，大风也哉⑱！表东海者⑲，其大公乎⑳？国未可量也。"

①吴公子札：即季札，吴王寿梦的小儿子。寿梦死，国人要立季札为国君，季札坚辞不受。因采邑于延陵、州来二地，所以又称延陵季子或州来季子。聘：聘问。古代诸侯与天子、诸侯与诸侯之间派使者问候。

②周乐：周天子的乐舞。鲁国是周公的后裔，所以备有周乐。

③《周南》、《召（shào）南》：采自周、召两地的诗。周、召为周公、召公最初的封地，在今江、汉一带。

④始基：起始，开端。过去有人认为《周南》、《召南》产生时代较早，是周文王教化百姓的开始。

⑤犹未：还没有尽善尽美。

⑥勤：勤劳。

⑦《邶（bèi）》、《鄘（yōng）》、《卫》：采自这三个诸侯国的乐歌。邶，故地在今河南汤阴东南。鄘，故地在今河南汲县东北。卫，在今河南北部和河北南部。

⑧渊，深沉，深远。

⑨忧：忧虑。

⑩卫康叔：卫国始封君，周公之弟。武公：康叔九世孙，是卫国贤君。

⑪《王》：采自王城一带的乐歌。王城，在今河南洛阳。

⑫思：忧思，愁思。

⑬周之东：周平王东迁。

⑭《郑》：指采自郑国的诗歌。郑国故地在今河南新郑、郑州、荥阳一带。

⑮细：琐碎。象征郑国政令苛细烦琐。

季札像，图选自《吴郡名贤图传赞》。季札是春秋时吴国的贵族，因封于延陵，故又称延陵季子。

⑯《齐》：指采自齐国的诗歌。齐地在今山东中部和东北部。

⑰泱泱（yāng）：深广宏大的样子。

⑱大风：大国的气魄，一说大国风范。

⑲表：作……表率。

⑳大公：即太公。姜太公吕尚，齐国始封君主。

为之歌《豳》[21]，曰：“美哉，荡乎[22]！乐而不淫[23]，其周公之东乎？”为之歌《秦》[24]，曰：“此之谓夏声。[25]夫能夏则大[26]，大之至也，其周之旧乎！”为之歌《魏》[27]，曰：“美哉，沨沨乎[28]！大而婉[29]，险而易行[30]，以德辅此，则明主也。”为之歌《唐》[31]，曰：“思深哉！其有陶唐氏之遗民乎[32]？不然，何忧之远也？非令德之后，谁能若是？”为之歌《陈》[33]，曰：“国无主，其能久乎！”自《郐》以下无讥焉[34]。

㉑《豳（bīn）》：指采自豳地的乐歌。豳，在今陕西旬邑西，是周朝祖先所居之地。

㉒荡：开朗壮阔。

㉓淫：过分，失去节制。

㉔《秦》：采自秦地的诗歌。秦地在今陕西、甘肃一带。

㉕夏声：古代西方的一种乐歌。

㉖能夏则大：能发夏声，气势自然宏大。

㉗《魏》：采自魏国的乐歌。魏地在今山西芮（ruì）城一带。

㉘沨沨（fēng）：形容乐声婉转抑扬。一说“沨”即“汎”字，沨沨，浮汎轻飘。

㉙婉：委婉曲折。

㉚险而易行：节拍急促却容易歌唱。险，迫促，狭隘。一说，险通“俭”，全句意谓朴素而流畅。

㉛《唐》：采自唐地的乐歌。唐地，在今山西南部。

㉜陶唐氏：即唐尧，传说中的古代帝王。

㉝《陈》：采自陈国的民歌。陈地在今河南东南部及安徽北部。

㉞《郐 kuài》：采自郐地的诗歌。郐地在今河南密县东北。以下：《诗经》中《郐风》以下还有《曹风》。无讥：不加评论。

为之歌《小雅》[35]，曰：“美哉，思而不贰，怨而不言[36]，其周德之衰乎？犹有先王之遗民焉[37]。”为之歌《大雅》[38]，曰：“广哉，熙熙乎![39]曲而有直体[40]，其文王之德乎!”

㉟《小雅》:《诗经》的《雅》包括《小雅》、《大雅》。《小雅》主要是贵族的作品，也有些是民间歌谣。大部分出于西周晚期，小部分是东周时的作品。其中颇有一些作品讽刺朝政，批评现实。

㊱不言：不直说，不尽情吐述。

㊲先王：指周代文、武、成、康诸王。

㊳《大雅》：西周贵族的作品。

㊴熙熙：和美融洽的样子。

㊵直体：刚劲有力的风格。

为之歌《颂》[41]，曰：“至矣哉！直而不倨[42]，曲而不屈[43]，迩而不逼，远而不携[44]，迁而不淫[45]，复而不厌，哀而不愁，乐而不荒[46]，用而不匮，广而不宣[47]，施而不费[48]，取而不贪，处而不底[49]，行而不流[50]。五声和[51]，八风平[52]，节有度[53]，守有序[54]，盛德之所同也。”

㊶《颂》：贵族用于宗庙祭祀的作品。包括《周颂》、《鲁颂》、《商颂》。

㊷倨：放肆。

㊸屈：卑下。

㊹携：离心。

㊺淫：过分。

㊻荒：过度。

㊼宣：显露，张扬。

㊽费：减少。

㊾处：不动，宁静。底：停滞。

㊿流：泛滥。

51五声：宫、商、角、徵（zhǐ）、羽。和：和谐。

52八风：即八音，指金、石、丝、竹、匏（páo）、土、革、木八类乐器演奏的声音。平：协调。

53节：节奏。

54守：保持。

见舞《象箾》、《南籥》者[54]，曰：“美哉！犹有憾。”见舞《大武》者[56]，曰：“美哉！周之盛也，其若此乎!”见舞《韶濩》者[57]，曰：“圣人之弘也[58]，而犹有惭德[59]，圣人之难也。”见舞《大夏》者[60]，曰：“美

周武王像，图出自明·天然撰《历代人物像赞》。

哉，勤而不德[61]，非禹，其谁能修之[62]？”见舞《韶箾》者[63]，曰：“德至矣哉，大矣！如天之无不帱也[64]，如地之无不载也。虽甚盛德，以蔑以加于此矣[65]。观止矣[66]！若有他乐，吾不敢请已。”

55《象箾（shuò）》：一种武舞。执竿而舞，如战争时代以戈刺击的样子。箾，舞者所执的竿。《南籥（yuè）》以籥伴奏而舞，是一种文舞。籥，管乐哭，似笛。

56《大武》：周武王之乐。

57《韶濩（huò）》：歌颂商汤的乐舞。

58弘：伟大。

59惭德：缺点。

60《大夏》：歌颂夏禹的乐舞。

61不德：不自以为德，不自夸功德。

62修：作。

63《韶箾（xiāo）》：又作《箫韶》，虞舜之乐。箾，此处同“箫”。

64帱（dào）：覆盖。

65蔑：无。

66观止：观赏至此为止。意谓已经尽善尽美。

【译文】

吴国公子季札来到鲁国访问，请求观看周朝的歌舞。

鲁国就令乐工们为他歌唱《周南》、《召南》，他说：“真美啊！它为王道教化奠立了根基，还不是尽善尽美，但是也是勤而不怨了！”又为吴公子歌唱《邶风》、《鄘风》、《卫风》，他说：“真美啊！韵味悠远！是有忧愁但不贫穷啊。我从中听到卫康叔、武公之仁德教化了，这都是《卫风》的特色啊。”又为吴公子歌唱《王风》，他说：“真美啊！有忧思但不畏惧，那是周王朝东迁以后的乐歌吧？”又为吴公子歌唱《郑风》，他说：“真美啊！但它繁细过甚，人民不能忍受，这表明它要先行灭亡吧？”又为吴公子歌唱《齐风》，他说：“真美啊！这样深广宏大，是博大之风啊！成为东方诸侯之榜样的，那是太公始封之国吧？国运是前途无量的啊！”

又为吴公子歌唱《豳风》，他说：“真美啊！坦坦荡荡啊！欢乐而不过度放纵，那是周公东征时的乐歌吧！”又为吴公子歌唱《秦风》，他说：“这叫做‘夏声’。能保有‘夏’风，就有深远的意义，也真大到极点了！那是周王朝旧地的乐歌吧？”又为吴公子歌唱《魏风》，他说：“真美啊！婉约中庸的风格。博大而且和婉，有节制而易流行，用德行辅佐此国君，他就是明主啊！”又为吴公子歌唱《唐风》，他说：“忧思深沉啊！那是唐尧的遗民吧？不然，为什么忧思如此悠远呢？如果不是美德昭著的唐尧的后裔，谁能这样呢？”又为吴公子歌唱《陈风》，他说：“国家没有明主，那还能久长吗？”自《郐风》以下，吴公子没有加以评论。

又为吴公子歌唱《小雅》，他说：“真美啊！虽然有忧思，但没有二心；虽然有怨意，但隐忍不言。那是周朝德化还较微小之时吧？还有先代殷王之遗民在呢！”又为吴公子歌唱《大雅》，他说：“博大啊！熙熙然乐声和美！音调宛转而刚健正直，那是周文王的恩德吧？”

古代的乐器图

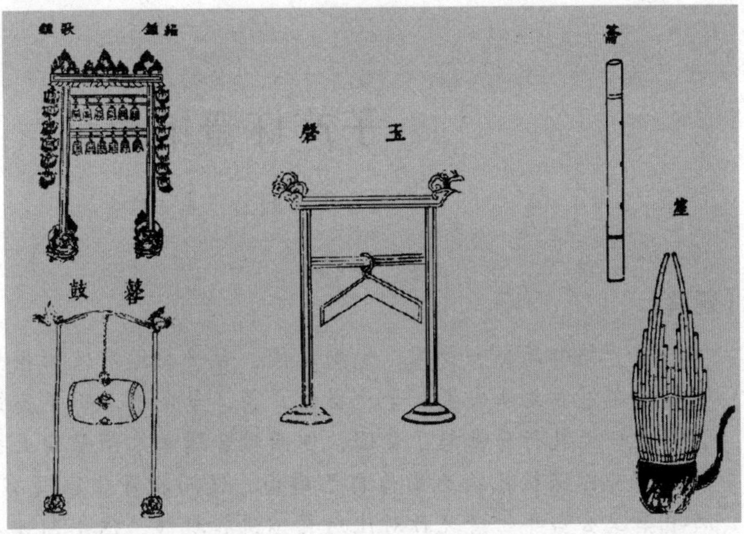

又为吴公子歌唱《颂》，他说："美极了！刚健正直而不倨傲放纵，委曲婉转而不屈就；紧密而不紧迫，悠远而不离贰；迁延流动而不放荡，反复而不厌弃；有哀思而不过分愁若，有快乐而不过度纵情；多方运用而不匮乏，广泛展开而不过于张扬；施予而费弃，取敛而不贪求；安静而不凝滞，经常运行而不流放。宫、商、角、徵、羽，五声和谐；金、石、丝、竹、匏、土、革、木，八类乐器协调均平。节奏有一定的格律；各类乐器演奏起来相守不乱，而有一定的次序。'三颂'都是赞颂先王之盛德，其内容大致相同啊。"

吴公子又观赏了《象箾舞》、《南籥舞》，他说："真美啊！可还有不完美之处！"又观看了《大武舞》，他说："真美啊！周朝盛世，是这样的吧？"又观看了《韶濩舞》，他说："圣人商汤那样伟大，但在德行方面还有内疚之处，可见圣人不是容易做的啊。"吴公子又观看了《大夏舞》，他说："真美啊！为众民受尽辛苦而不自以为功，除了大禹，谁能修治其功业？"又观看了《韶箾舞》，他说："德行达到极点了！真伟大啊！像苍天那样无不覆盖啊，像大地那样无不承载啊！德行大到了顶点，没有能够在这之上的了。我所观看的歌诗乐舞已达到最高境界了！倘若还有其他的歌诗乐舞，我也不敢再求观看了。"

子产坏晋馆垣

《左传·襄公三十一年》

【题解】

子产陪郑简公去晋国，受到怠慢，晋平公没有及时接见郑简公，以致郑公带去的礼物无法安置。子产当机立断，命令手下拆了宾馆的围墙安放好车马。这一无礼行为触怒了晋国，但面对晋国派来问罪的大夫士匄，子产不慌不忙，先以保护礼物为由为自己辩白，进而指责晋国没有尽到待客的礼仪，举出晋文公当年的情况作对比对晋国进行批评，使士匄理屈词穷。最后，晋国反过来向郑国道歉，子产出色地维护了本国尊严，完成了使命。子产先以非常的行动迫使晋国人与他接触，接着胸有成竹地回答晋国的责备，辞正而不阿，气壮而不激，所以受到同样善于辞令的叔向的赞赏。这种故意先激怒对方的外交手段，对后世影响很大，战国及秦汉时均曾为辩士、说客所仿效。

子产相郑伯以如晋[①]，晋侯以我丧故[②]，未之见也。子产使尽坏其馆之垣[③]而纳车马焉。士文伯让之[④]，曰："敝邑以政刑之不修，寇盗充斥，无若诸侯之属辱在寡君者何[⑤]？是以令吏人完客所馆[⑥]，高其闬闳[⑦]，厚其墙垣，以无忧客使。今吾子坏之，虽从者能戒[⑧]，其若异客何[⑨]？以敝邑之为盟主，缮完葺墙[⑩]，以待宾客。若皆毁之，其何以共命[⑪]？寡君使丐请命。"对曰："以敝邑褊小，介于大国，诛求无时[⑫]，是以不敢宁居，悉索敝赋，以来会时事[⑬]。逢执事之不闲，而未得见；又不获闻命，未知见时。不敢输币[⑭]，亦不敢暴露。其输之，则君子之府实也[⑮]，非荐陈之[⑯]，不敢输也。其暴露之，则恐燥湿之时而朽蠹，以重敝邑之罪。侨闻文公之为盟主也[⑰]；宫室卑庳[⑱]，无观台榭，以崇大诸侯之馆，馆如公寝；库厩缮修，司空以时平易道路[⑲]，圬人以时塓馆宫室[⑳]"；诸侯宾至，甸设庭燎[㉑]，仆人巡宫；车马有所，宾从有代[㉒]，巾车脂辖[㉓]，隶人、牧、圉[㉔]各瞻其事；百官之属各展其物。公不留宾[㉕]，而亦无废事，忧乐同之，事则巡之；教其不知，而恤其不足。宾至如归，无宁菑患；不畏寇盗，而亦不患燥湿。今铜鞮之宫数里[㉖]，而诸侯舍于隶人，门不容车，而不可逾越；盗贼公行，而天厉不戒[㉗]。宾见无时，命不可知。若又勿坏，是无所藏币以重罪也。敢请执事：将何所命之？虽君之有鲁丧，亦敝邑之忧也。若获荐币，修垣而行，君之惠也，敢惮勤劳！"文伯复命。

赵文子曰[28]："信，我实不德，而以隶人之垣以赢诸侯[29]，是吾罪也。"使士文伯谢不敏焉。

①郑伯：郑简公。

②晋侯：晋平公。我丧：这时鲁襄公去世。

③馆：接待外宾的馆舍。

④士文伯：晋国大夫，名丐，字伯瑕。让：责备。

⑤诸侯之属：诸侯的臣属。

⑥完：修缮。

⑦闬（hàn）闳：闬为大门，闳为里巷的门。这里指馆舍的大门。

⑧从者：随从人员。

⑨异客：他国的宾客。

⑩完：此与下"墙"对举，当为"院"字，指围墙。

⑪共（gòng）命：供应需求。命，指宾客们的要求。

⑫诛求：索取，指责成郑国贡献礼物。

⑬时事：春秋时代按时朝贡的制度。

⑭输币：献纳礼物。

⑮府实：府库中的物品。

⑯荐陈：朝聘向主人献礼，必先陈列于庭，称荐陈。

⑰侨：子产名。

⑱卑庳（bǐ）：低下，矮小。

⑲易：修治。

⑳圬人：泥水匠。塓（mì）：粉刷墙壁。

㉑甸：甸人，管薪火之官。庭燎：庭院里用以照明的火把。

㉒有代：代仆役服劳役。

㉓巾车：管车辆的官。脂辖：给车轴上涂油。辖本为镶在车轴上的铁皮，此代指车轴。

㉔隶人：指司职洒扫的人。牧、圉：牧牛羊看马匹的人。

㉕不留宾：即随到随见。留，耽搁。

㉖铜鞮（dī）之宫：晋君别宫，在今山西沁县南。

㉗天疠：天灾。

㉘赵文子：晋国大夫，名武，赵盾之孙。

㉙赢：受，这里指接待、容纳。

子产像，图选自明万历刻本《三才会图》。子产是春秋时期郑国的政治家。

晋侯见郑伯，有加礼，厚其宴、好而归之。乃筑诸侯之馆。

叔向曰[30]："辞之不可以已也如是夫[31]！子产有辞，诸侯赖之[32]，若之何其释辞也[33]？《诗》曰：'辞之辑矣，民之协矣；辞之怿矣，民之莫矣[34]'，其知之矣。"

㉚叔向：羊舌肸，晋大夫。

㉛辞：辞令，口才。不可以已：不可以废。

㉜赖：利。

㉝释：弃。

㉞所引诗见《诗·大雅·板》。辑，和。怿，喜悦。莫，安定。

【译文】

子产陪伴郑简公去晋国。晋平公以鲁国有丧事为理由，没有会见。子产派人把晋国馆舍的围墙全部拆毁，把自己的车马摆进去。

士文伯责怪子产说："我国由于政事和刑法都不是很完善，盗贼很多，无奈诸侯经常屈驾来访问我们的国君，又怎么办呢？因为派了官吏修缮好宾客住的馆合，加高它的大门，增厚它的墙壁，使外国使者不担扰盗贼。如今您把它拆毁了，尽管您的手下人能够自行戒备，可是别国的宾客又怎么办呢？由于我国是盟主，因此把馆舍修得坚固、盖好围墙，用来招待宾客；假如都把它拆毁了，那将怎么供给宾客的需要呢？我们的国君命我来请问您拆毁围墙的用意何在?。"

子产回答说："因为我国地方狭小，夹在大国的中间，而大国索求贡纳物品又没有定时，所以不敢安居，尽力搜集我国的财物，随时来朝见。遇到你们的国君没有空闲，不能见面；又没有得到命令，不知什么时候才能接见。我们既不敢把财物送进去；又不敢把它露在外面。要是把它送进去了，那就成了你们国君府库中的财物，没有把它摆设在庭中献给你们的国君，我们是不敢送进去的。要是把这些财物露在外面，又怕它因为晴雨不常而腐烂损坏。从而加深我国的罪过。我听闻晋文公做盟主的时候，宫室矮小，没有什么楼、台、亭、阁，却把诸侯住的馆舍建得又高又大。它和文公的寝宫一样，仓库和马棚都修得好好的，司空又及时地修治道路，泥水匠也按时来粉刷墙壁。诸侯各国的宾客来了，有甸人在庭院中摆放照明物，有仆人在馆舍巡逻，车马有一定的位置安放，宾客的仆从有人代为服役，管车的官为车轴涂油，清扫的人、看守牛羊的人、喂马的人，各自做他分内的事；各个部门的官吏，各自摆放出待客的物品。文公不把宾客久留，所以也不荒废宾客国内的事；忧乐和宾客同享，事有不完善的派人巡查；宾客不知道的事情，他教导；宾客不周到的地方，他体谅。所以宾客到了晋国，就像在自己家里一样。不顾忌灾难，不怕盗贼，也不担心气候燥热和潮湿。现在铜鞮的宫室有几里，而诸侯住在奴隶住的房子里，大门进不了车，而又有围墙拦着，无法越过。盗贼公开行动，瘟疫不设法预防。宾客要会见晋君没有一定的时间，接见的命令，不知要到什么时候才能得到。如果又不能把墙壁拆毁，这就没有地方收藏我们的财物，倘若财物损毁了，那就加深我们的罪过了。我请问您，将对我有什么指示？尽管你们国君有鲁国的丧事，同样也是我国的忧伤，倘若能够得到晋君接见进贡物品，我们会把围墙修好才走的，那就是晋君的恩泽了，我们还担心修围墙的辛苦吗？”

士文伯把情况回报给了赵文子。赵文子说：“完全正确，我们确实不好，用奴隶居住的地方去招待诸侯。这是我的过失。”他令士文伯去和子产道歉。

晋平公会见郑简公，更加敬重，举行丰盛的宴会表示友好，然后送他们回去。于是改造了诸侯住的馆舍。

叔向点评这件事情说：“辞令不可以废止，居然有这样大的关系啊！子产的辞令，诸侯也靠他得到益处。怎么能够放弃辞令呢？《诗经》上说：‘辞令和睦，人民团结；辞令动听，人民稳定。’他是明白善于辞令的益处的。”

子产论尹何为邑

《左传·襄公三十一年》

【题解】

本文记叙郑国上卿子皮想让年轻忠厚的尹何去治理一个采邑，子产认为尹何对政事尚不熟悉，应当先学习为政之事然后再治理政事。子产在劝告过程中，采用了形象生动的比喻，反复说明不学习就从政带来的危害性。经过子产的说服，子皮从大处着眼，从善如流，接受了子产的建议。两位明智的政治家的胸怀，读来颇耐人寻味，即使在今天也没有失去意义。

子皮欲使尹何为邑①。子产曰："少②，未知可否。"子皮曰："愿③，吾爱之，不吾叛也。使夫往而学焉，夫亦愈知治矣。"子产曰："不可。人之爱人，求利之也。今吾子爱人则以政，犹未能操刀而使割也④，其伤实多。子之爱人，伤之而已，其谁敢求爱于子？子于郑国，栋也。栋折榱崩⑤，侨将厌焉，敢不尽言？子有美锦⑥，不使人学制焉。大官、大邑，身之所庇⑦也，而使学者制焉，其为美锦⑧不亦多乎？侨闻学而后入政，未闻以政学者也。若果行此，必有所害。譬如田猎，射御贯，则能获禽⑨，若未尝登车射御，则败绩厌覆⑩是惧，何暇思获？"子皮曰："善哉！虎不敏。吾闻君子务知大者、远者，小人务知小者、近者。我，小人也。衣服附在吾身，我知而慎之；大官，大邑，所以庇身也，我远而慢之⑪。微⑫子之言，吾不知也。他日我曰：'子为郑国⑬，我为吾家，以庇焉，其可也。'今而后知不足。自今请虽吾家⑭，听子而行。"子产曰："人心之不同如其面焉，吾岂敢谓子面如吾面乎？抑心所谓危，亦以告也。"子皮以为忠，故委政焉，子产是以能为郑国。

①子皮：名罕虎，郑公孙舍之子，代父为上卿。尹何：子皮年轻的家臣。邑：采邑。

②少（shào）：年少，年轻

③愿：忠厚老实。

④"犹未能"二句：意为正如你让一个不会用刀的人去割东西，那是会带来损害的。

⑤榱：屋椽。厌（yā）：通"压"。

⑥"子有美锦"二句：意为你如果有美锦，将不会让一个不会裁衣的人学着把它做成衣服。

⑦庇（bì）：庇护。此处为"寄托"之意。

⑧"其为美锦"二句：意为你这样的做法，岂不是把美锦看得比大官大邑还要重吗？

⑨贯：通"惯"。射箭驾车必须有经验、熟练才能捕获禽兽。

⑩败绩：指车辆崩坏。厌：通“压”。
⑪慢：忽视，不重视。
⑫微：假如不是。
⑬“子为郑国”二句：意为你治理郑国，我只治理我封地。
⑭“自今”二句：意为从今以后，我向你请求，就连我的家事也听从你的吩咐去做吧！

【译文】

子皮想委派尹何掌管封邑，另一个大夫子产说：“他还年轻，不知道可以不可以。”子皮说：“他严谨忠厚，我很喜欢他，他是不会违背我的。让他去学习学习，他也就更明白怎样掌管了。”

子产说：“不行。别人喜欢人，总是要求对他有利。今天，你喜欢人，却给他以政权。这就如同还不会拿刀就让他去割东西一样，他无疑会割伤自己很多地方。你的喜欢人，是伤害他而已，那谁还敢向您寻求喜爱呢？您对郑国来说，是一柱栋梁。栋梁断了，屋椽散了，我就会被压死，怎么敢不把想说的都说出来呢？您有很美丽的绸缎，是不会给人拿去学习缝做衣服的。高级官位、广大的封地，都是人身的庇佑，反而派了个学徒去治理。它比起美丽的绸缎，不更值钱得多吗？我听说先学习，之后才参与政务。没听说把政务拿来学习的。假如真的这样去做，必定会有所伤害。譬如打猎，要是熟悉射箭和驾车，那么就能获取鸟兽；假如从来没有登过车，射过箭，驾过车，那么只怕会翻车压人，把事情搞砸，哪有空闲去思谋获取鸟兽呢？”子皮说：“好啊！我不聪明。我听说君子致力于知道大处、远处的事情，小人致力于知道小处、近处的事情。我，是一个小人啊。衣服穿在我的身上，我还知道要小心爱惜它；高级职务、广大的封地，是用来庇佑人身的，我反而忽略它、轻视它。没有您的这些话，我还不知道错了。前些天我还说：‘你管郑国，我管我家，从庇佑自身而言，这也是可以的。’从今以后，我明白这种看法是有不足的。今天，我请求您，即便是我家有了事情，也听凭您去料理。”

子产说：“人心的不同，如同他们面貌的差别。我怎么敢说您的面貌就像我的面貌呢？只不过我心里认为这样是很危险的，也就把它告诉您了。”子皮觉得他很忠诚，因此就把政务委托给了他。子产这才能够掌管郑国了。

子产却楚逆女以兵①

《左传·昭公元年》

【题解】

春秋时，随着晋国力量的削弱，楚国的野心日益增大，想借楚国公子围聘问郑国并迎娶郑国许嫁之女的机会，用迎亲队伍袭击郑国。郑国子产审时度势，拒绝了楚国公子围带兵入城的要求，揭穿了楚国的阴谋，从而维护了郑国安全。

楚公子围聘于郑，且娶于公孙段氏。伍举为介②。将入馆，郑人恶之③，使行人子羽与之方，乃馆于外④。

①却：使退却。逆：迎。

②公子围：又称王子围，其时是楚令君，次年自立为王。聘：《礼·曲礼》："诸侯使大夫问于诸侯曰聘。"且：将。公孙段氏：郑大夫，名子石，食邑于丰，又称丰氏。伍举：伍子胥祖父椒举。介：副使。

③入馆：进入郑官馆。恶：厌恨。

④行人：官名，掌管朝觐聘问。子羽：公子挥，字子羽。馆于外：住在城外。

既聘，将以众逆⑤。子产患之，使子羽辞，曰⑥："以敝邑褊小，不足以容从者，请墠听命⑦。"令尹使太宰伯州犁对曰⑧："君辱贶寡大夫围，谓围：'将使丰氏抚有而室⑨。'围布几筵，告于庄、共之庙而来⑩。若野赐之，是委君贶于草莽也，是寡大夫不得列于诸卿也⑪。不宁唯是，又使围蒙其先君，将不得为寡君老，其蔑以复矣⑫。唯大夫图之⑬。"子羽曰："小国无罪，恃实其罪⑭。将恃大国之安靖己，而无乃包藏祸心以图之⑮？小国失恃，而惩诸侯，使莫不憾者，距违君命，而有所壅塞不行是惧⑯。不然，敝邑，馆人之属也，其敢爱丰氏之祧⑰？"

⑤既聘：聘问的礼仪结束，以众逆：率领兵众迎娶。

⑥患：忧。

⑦敝邑：对外谦称本国。容：纳。墠（shàn）：平整地面。古代迎亲，新郎本应从女方祖庙迎回新娘，因子产怕楚迎亲兵众乘机偷袭，故在城外整地为墠，代替祖庙行迎亲之礼。

⑧令君：即公子围。太宰：协助令君掌政的官员。伯州犁：晋大夫伯宗之子，父伯宗被杀时奔楚为楚国大宰。

⑨辱：犹言"承蒙"。贶（kuàng）：赐给。寡大夫：对别国自称本国大夫。丰氏：指公孙段女。

⑩布：陈列。几筵：神的席位。庄：楚庄王，围的祖父。共：楚共王，围的父亲。

⑪野赐之：谓在城外为墠迎女而归。委：抛弃，弃置。君：指郑君。草莽：草丛。不得列于诸卿：指迎娶不成礼，无颜列于卿位。

⑫宁：语助词，是、此、这。唯是：仅此。先君：此指庄王、共王。老：大臣。此言因辱君命，惧被黜退。

⑬唯：表示希望。图：考虑。

⑭恃实其罪：杜预注“恃大国而无备，则是罪”。恃：依靠。

⑮安靖己：使己安定。无乃：只怕是。图：谋。

⑯失恃：意指郑国依靠楚而被楚偷袭。惩诸侯：诸侯因郑被袭得到教训。壅塞：堵塞、阻塞。不行：不遵行。

⑰馆人之属：意指郑是楚往来的旅舍。属，类。祧（tiāo）：祖庙。

伍举知其有备也，请垂櫜而入⑱。许之。

⑱垂櫜（gāo）：櫜口朝下，以示内无武器。垂：倒垂，倒悬。櫜，古时装武器的口袋。

【译文】

楚国公子围拜访郑国，而且即将要迎娶公孙段的女儿做妻子。伍举担当副使。公子围一行准备入住宾馆，郑国君臣讨厌他，就派行人子羽去说明，于是他们就住在城外。

拜访结束后，公子围准备率领士兵迎娶新娘。子产十分担忧这件事，便派子羽出面辞谢，说：“由于我们国都狭小，没法容纳您的随从，请在城外设祭祀场地，举办婚礼。”

公子围令太宰伯州犁回复说：“承蒙贵君赏赐我国大夫公子围，对围说：‘将把丰家的女儿嫁给你做你的妻子。’公子围设了祭品，在庄王、共王的祠堂里祭告之后，才到贵国来，如果在野外赏赐我们，这等于把贵国君王的赏赐丢弃在草莽间了，也使得我们大夫围不能立于诸卿的行列！不但如此，又使得公子围欺骗了先君，将不能做楚国的大臣，恐怕没脸回去了！请大夫斟酌一下吧。”

子羽说：“小国没有什么过错。我们想要倚仗大国来稳定自己，怎奈你们包藏祸心，来暗算我们。假如我们郑国受到欺骗而失去了依靠，依附楚国的诸侯就会引以为戒，使大家都憎恨楚国的欺骗，他们从此违抗楚君的命令，使贵国君王的命令停滞难行，这是我们所担忧的。倘若不是这样，郑国对于楚国如同看守馆舍的人，难道还会吝惜丰氏的祖庙吗？”

伍举明白郑国有所准备，就请求倒挂空的箭袋入城，郑国应允了。

子革对灵王[①]

《左传·昭公十二年》

【题解】

楚灵王是个狂妄的暴君，他是靠勒死前任国王而登位的。他一生专横跋扈，暴戾恣睢，野心勃勃，最后终因树敌过多，众叛亲离，落个被迫自缢的下场。灵王的性格通过本文可见一斑。但本文着力要表现的是子革，楚灵王只是子革的陪衬。楚王三问，子革三答，是本文描写的重点。三问，充分表现了灵王的骄纵和野心；三答，则表现子革貌似唯唯诺诺的应声虫，阿谀奉承的马屁精，实则暗藏挖苦与讽刺，以曲折委婉的批评，击中要害。表现了一个成熟老练的政治家的风度。

楚子狩于州来[②]，次于颍尾[③]，使荡侯、潘子、司马督、嚣尹午、陵尹喜帅师围徐以惧吴[④]。楚子次于乾溪[⑤]，以为之援。雨雪[⑥]，王皮冠，秦复陶[⑦]，翠被[⑧]，豹舄[⑨]，执鞭以出。仆析父从[⑩]。

楚祖熊绎像。熊绎，楚熊狂之子。周成王时代，成王举用文王、武王功臣的后代，于是熊绎受封为楚君，赐“子男”田地，姓芈氏。

①本篇通过对话，成功地写出了子革的善谏和灵王的贪得无厌。子革，名丹，郑大夫子然之子，由郑奔楚，任右尹之职。灵王，楚灵王围，公元前540年即位，在位十二年。

②楚子：指楚灵王。狩：冬猎。州来：小国名，楚之附属国，在今安徽凤台北。

③次：驻扎。颍尾：地名，颍水的入淮处，即今安徽颍上东南的西正阳镇。

④荡侯：以下五人皆楚大夫。徐：小国名，在吴、楚之间，今安徽泗县北。惧吴：威胁吴国。

⑤乾豁：地名，在今安徽亳县。

⑥雨雪：下雪。雨，落、下，此处用作动词。

⑦秦复陶：秦国赠送的一种羽衣。

⑧翠被：饰以翠羽的披肩。被，同“披”，披肩。

⑨豹舄（xì）：用豹皮做的鞋。

⑩仆析父：楚大夫。

右尹子革夕[11]，王见之，去冠、被，舍鞭，与之语，曰："昔我先王熊绎[12]与吕伋、王孙牟、燮父、禽父[13]并事康王[14]，四国皆有分[15]，我独无有。今吾使人于周，求鼎以为分，王其与我乎？"对曰："与君王哉！昔我先王熊绎辟在荆山[16]，筚路蓝缕以处草莽，跋涉山林以事天子，唯是桃弧棘矢[18]以共御王事[19]。齐，王舅也[20]；晋及鲁、卫，王母弟也[21]。楚是以无分，而彼皆有。今周与四国服事君王[22]，将唯命是从，岂其爱鼎？"王曰："昔我皇祖伯父昆吾[23]，旧许是宅[24]。今郑人贪赖其田，而不我与[25]。我若求之，其与我乎？"对曰："与君王哉！周不爱鼎，郑敢爱田？"王曰："昔诸侯远我而畏晋，今我大城陈、蔡、不羹[26]，赋皆千乘[27]，子与有劳焉[28]，诸侯其畏我乎！"对曰："畏君王哉！是四国者[29]，专足畏也[30]。又加之以楚，敢不畏君王哉！"

⑪夕：傍晚谒见国君。

⑫熊绎：楚国的始祖。

⑬吕伋：齐太公吕望之子，又称丁公。王孙矣：卫始君康叔之子，又称康伯。燮父：晋始君唐叔之子。禽父：即伯禽，周公之子，鲁之始君。

⑭康王：指周康王，名钊，周成王之子。

⑮四国：指齐、卫、晋、鲁。分：分器。古代天子把宗庙所藏的器物分赐给诸侯，世代保存，称为分器。

⑯辟在荆山：言僻居在荒远的荆山。辟，同"僻"。荆山，楚发祥地，在今湖北漳县西。

⑰筚路：柴车。蓝缕：破衣。

⑱桃弧：桃木弓。棘矢：棘木（酸枣木）箭。

⑲共御：供奉。共，同"供"，与御意同。

⑳王舅：周成王的母亲是齐太公的女儿，故称齐为王舅。

㉑"晋及"二句：晋始君唐叔是周成王的同母弟，鲁始祖周公、卫始君康叔是周武王同母弟，故言。

㉒君王：指楚王。

㉓皇祖伯父昆吾：陆终氏生六子，长名昆吾，少名季连，季连是楚之远祖，故称昆吾为皇祖伯父。

㉔许：小国名，故地在今河南许昌，昆吾曾在此地居住。许地后属郑国。

㉕不我与：宾语提前，即不与我。与，给与。

㉖城：用为动词，修筑城池。陈、蔡：皆小国名。陈在今河南淮阳一带；蔡在今河南上蔡一带，两国皆为楚所灭。不羹：楚地名，有东西二邑。东不羹在今河南舞阳北，西不羹在今河南襄城东。

㉗赋皆千乘：言都有战车千辆。赋，兵备。

㉘子：指子革。劳：功劳。

㉙四国：指陈、蔡、东不羹、西不羹四地。一说"四"为"三"之误，是指陈、蔡、不羹三国。

㉚专足畏也：仅陈、蔡、不羹的力量就足以使诸侯害怕了。专，只，单。

工尹路请曰[31]："君王命剥圭以为槭柲[32]，敢请命。"王入视之。

㉛工尹路：人名。工尹，楚官名，掌百工之官，此以官为氏。

㉜“君王”句：谓楚王命剖玉以饰斧柄。剥，剖开。圭，玉。鏚（qī），斧。柲（bì），柄。

析父为子革：“吾子，楚国之望也。今与王言如响[33]，国其若之何？”子革曰：“摩厉以须[34]，王出，吾刃将斩矣。”

㉝如响：（回答）如同回声一样，意为一味顺着说。

㉞摩厉：同磨砺，磨刀。须：等待。这里子革把自己的话比作刀，意谓刀已磨快，待机而动。

王出，复语。左史倚相趋过[35]，王曰：“是良史也，子善视之！是能读《三坟》、《五典》、《八索》、《九丘》[36]。”对曰：“臣尝问焉，昔穆王欲肆其心[37]，周行天下，将皆必有车辙马迹焉[38]。祭公谋父作《祈招》之诗[39]以止王心，王是以获没于祇宫[40]。臣问其诗而不知也。若问远焉，其焉能知之？”王曰：“子能乎？”对曰：“能。其《诗》曰：‘祈招之愔愔[41]，式昭德音[42]。思我王度[43]，式如玉，式如金。形民之力[44]，而无醉饱之心。’”

㉟左史：官名。倚相：人名，楚国史官。趋：小步疾走。

㊱《三坟》：《三坟》及下《五典》等皆古代典籍名，已亡佚。

㊲穆王：周穆王，名满。肆：放纵。

㊳“将皆”句：言周穆王打算让天下各处都留下他的车辙马迹。

㊴祭（zhài）公谋父：周卿士。《祈招》之诗：佚诗。或曰招通韶，《祈招》为乐名。

㊵没于祇宫：指善终。没，死。祇宫，周穆王的别宫，故址在今陕西南郑。

㊶愔（yīn）愔：安和的样子。

㊷式：句首语词。德音：善言。

㊸度：风范，规矩。

㊹形民之力：谓用民之力当随量其力所能及，如同陶铸器物，依模具以定形一般。

王揖而入，馈不食[45]，寝不寐，数日，不能自克[46]，以及于难[47]。

㊺馈（kuì）：进食。

㊻克：克制欲念。

㊼及于难：指楚灵王为楚公子弃疾、公子比、公子黑肱所逼，在乾谿自缢而死事（见《左传·昭公十三年》）。

仲尼曰[48]：“古也有志[49]：‘克己复礼[50]，仁也。’信善哉！楚灵王若能如是，岂其辱于乾溪？”

㊽仲尼：即孔子，名丘，字仲尼。

㊾志：记载。

㊿克己复礼：克制自己的私欲，使言行都合于古礼。

【译文】

楚灵王在州来涉猎阅兵，驻守在颍尾，派荡侯、潘子、司马督、嚣尹午、陵尹喜率兵包围徐国以威胁吴国。后来，楚灵王又移驻在乾溪，当作他们的后援。那时天正在下雪，楚灵王头戴皮帽，身穿秦国的羽衣，外披翠羽披肩，脚蹬豹皮鞋，手握鞭子走出来。仆析父跟随在旁边侍候着。

《东周列国志》版画之楚灵王大合诸侯图，讲述春秋时期楚灵王召诸侯会盟之事。

右尹子革夜晚朝见。楚灵王接见他，脱下帽子和披肩，放下鞭子，和他说话，说：“以前我们的先王熊绎，和吕伋、王孙牟、燮父、禽父一起事奉康王，四个国家都得到赏赐，惟独我国没有。如今我派人到战国，请求把鼎作为赏赐，天子会给我吗?”子革回答说：“会给君王的啊！从前我们先王熊绎僻处荆山，乘柴车，穿破衣，住在杂草丛中，跋山涉水，侍奉天子，只能用桃木弓枣木箭进贡天子。齐国，是天子的舅父，晋国和鲁国、卫国，是天子的同胞兄弟。楚国因此没有得到颁赐，但他们可都得到了。现在周朝和四个国家都顺服事奉君王，将会唯命是从，难道还敢爱惜鼎?”楚灵王说：“从前我们的远祖的伯父昆吾，居住在许国的旧地。如今郑国人贪图那里的田地，不给我们。我们假如要求得到它，会给我们吗?”子革回答说：“会给君王的啊！成周不爱惜鼎，郑国哪敢爱惜田地?”楚灵王说：“从前诸侯疏远我国却害怕晋国，如今我们大修陈、蔡、不羹的城墙，每地都有战车千辆，您也是有功劳的，诸侯会害怕我们吗?”子革回答说：“会害怕君王的啊。仅这四个城邑的力量，就已经能够让人担心的了。再加上楚国，诸侯哪敢不害怕君王啊!”

这个时候，工尹路请示说：“君王不令破开圭来装饰斧柄，请问怎么装饰。”楚灵王进去视察。

析父向子革说：“您是楚国中大家敬仰的人。现在和君王应对如同他的回声，国家还怎么办?”子革说：“我磨快刀刃候着，君王一出来，我的刀就要砍下去了。”

楚灵王走出来，接着谈话。左史倚相低头快速走过，楚灵王说：“这是个好史官，您要好好对待他！这个人能够读《三坟》、《五典》、《八索》、《九丘》。”子革回答说：“下臣以前问过他，从前周穆王想要满足他的欲望，走遍天下，要求到处都有他的车辙马迹，祭公谋父作了《祈招》这首诗来遏制穆王的欲望，穆王因此得以善终于祇宫。下臣问他这首诗他就不知道。倘若问更远，他哪里能够知道?”楚灵王说：“您能知道吗?”子革回答说：“能。这首诗说：‘祈招安详和悦，表明了有德者的声音。想起我君王的度量，完美得像玉，坚固得像金。留存百姓的力量，从不过量，总是反复权衡，如同对待饮食一样，自己没有酒足饭饱后还有贪念。’”

楚灵王明白子革是规劝他，向子革作揖然后进入房间，吃不下饭，睡不着觉，有好几天，不能抑制自己，后来终于遭到了劫难。

孔子说：“古时候有记载说：‘抑制自己回复到礼，这是仁。’的确说得好啊！楚灵王假如能够这样，难道会在乾溪蒙受羞耻吗?”

子产论政宽猛

《左传·昭公二十年》

【题解】

子产是春秋时代著名的政治家，在郑国执政二十年，国内安定，诸侯尊重。临终前向继任者太叔介绍自己的执政经验：治理国家最好的政策是“宽”，但一般人很难做得到，所以不如采取“猛”的政策更有效。太叔的施政结果正好证明了他的论断。孔子在此基础上进一步归纳出“宽以济猛，猛以济宽”的政治主张，成为后代封建统治者治国平天下政策中一根主弦，影响极大。

郑子产①有疾②，谓子大叔③曰：“我死，子必为政。唯有德者能以宽④服民，其次莫如猛⑤。夫火烈⑥，民望而畏之，故鲜⑦死焉；水懦弱，民狎⑧而玩之，则多死焉，故宽难。”疾数月而卒。

①子产：郑国的执政大夫，姓公孙，名侨，字子产。

②疾：病。

③子大叔：人名，指游吉，郑简公，定公时为卿。郑定公八年（公元前522年）继子产执政。大，音tài，同“太”。

④宽：宽政。

⑤猛：猛政。

⑥烈：猛烈。

⑦鲜（xiǎn）：少。

⑧狎（xiá）：轻忽。

大叔为政，不忍猛而宽。郑国多盗⑨，取人于萑苻之泽⑩。大叔悔之，曰：“吾早从夫子⑪，不及此。”兴⑫徒兵⑬以攻萑苻之盗，尽杀之。盗少⑭止⑮。

⑨盗：贼，盗贼。

⑩取人于萑苻之泽：取，通“聚”，聚集。萑苻，音huán pú，芦苇丛生的水泽。泽，湖泊。

⑪夫子：指子产。

⑫兴：发动。

⑬徒兵：步兵。

⑭少：稍稍。

⑮止：平息。

仲尼[16]：“善哉！政宽则民慢[17]，慢则纠之以猛。猛则民残[18]，残则施之以宽。宽以济[19]猛，猛以济宽，政是以和。《诗》[20]曰：‘民亦劳止，汔可小康；惠此中国，以绥四方。’[21]施之以宽也。‘毋从诡随，以谨无良；式遏寇虐，惨不畏明。’[22]纠之以猛也。‘柔远能迩，以定我王。’[23]平之以和也。又曰：‘不竞不絿，不刚不柔；布政优优，百禄是遒。’[24]和之至也。”及子产卒，仲尼闻之，出涕[25]曰：“古之遗爱也！”

⑯仲尼：即孔子，名丘，字仲尼。春秋末期的思想家、教育家、儒家学派的创始人。

⑰慢：轻视，轻慢。

⑱残：伤害，残害。

⑲济：调剂，补救。

⑳《诗》：指《诗经》。

㉑民亦劳止，汔可小康；惠此中国，以绥四方：劳，劳苦。止，语气助词，可译为“了”。汔，音 qì，但愿。小，稍稍。康，安乐。惠，施恩惠。中国，指京师之地。绥，安抚，感化。见《诗经·大雅·民劳》。

㉒毋从诡随，以谨无良；式遏寇虐，惨不畏明：毋，不要。从，通“纵”，放纵，纵容。诡随，欺诈善变。谨，防止。无良，指居心不良的人。式，句首发语词。遏，制止，遏制。寇虐，掠夺暴虐。惨，通“憯”，曾经。明，指王法。见《诗经·大雅·民劳》。

㉓柔远能迩，以定我王：柔，安抚。能，亲善。迩，近。定，安定。见《诗经·大雅·民劳》。

㉔不竞不絿，不刚不柔；布政优优，百禄是遒：竞，争。絿，音 qiú，急。布政，施政。优优，平和的样子。百禄，指各种福禄。遒，音 qiú，聚集。见《诗经·商颂·长发》。

㉕涕：眼泪。

孔子像，图出自明·天然撰《历代人物像赞》。

【译文】

郑子产在病危时，和子太叔说：“我死以后，你必定会执政。只有有德行的人，才能以宽和之道使众民诚服。其次，没有比刚猛更重要的了。火势猛烈，人们望而生畏，所以很少有被它烧死的；水性柔弱，人们轻易地玩弄它，所以就有很多人被它淹死。因此执掌政事，实施宽和之道很难。”子产病了几个月，就过世了。

子太叔执管国政，开始时不忍实施刚猛之道，而实施宽和之道。因此郑国显现了很多盗贼，在萑苻泽一带劫人财物。子太叔懊悔地说：“我如果早听从子产夫子的劝告，也不至有如此下场。”于是，子太叔就派遣大批步兵，围剿萑苻泽的盗贼，将他们全部杀了，盗贼一时稍微匿迹。

孔子说：“好啊！施行宽和，老百姓就容易轻视国法，既然轻视国法，就得用刚猛之道来纠正。施行刚猛，众民就受摧残，既然受了摧残，就得再用宽和之道来抚慰。以宽和调剂刚猛，以刚猛调剂宽和，这样，两种政策就能和谐了。《诗经》中有这样的话：‘天下众民太劳苦了，大概能使他们稍得安康；将惠爱加于中原一带，而又要安绥四方诸侯。’这就是实施宽和之道啊。‘不纵容诡诈欺妄，以防止和约束不良之人；禁止盗寇暴虐之徒，制裁曾经不畏严明之法的人’这就是用刚猛之道纠正邪恶啊。‘安抚远方的，亲善邻近的，以使我王朝稳定。’这就是以宽和之道来调剂，使政策平稳啊。《诗经》中又说：‘不太强也不急躁，不刚强也不柔软。布施政教，优优然和绥温厚，百般福禄都聚集而来。’这就是使宽猛相济而达到非常和谐的地步了。”

这样的政策一直实施到子产死后，孔子听闻这个消息，边流泪边说：“子产执政之道，是古代贤明政治的风范啊！”

吴许越成

《左传·哀公元年》

【题解】

春秋末年，同处东方一隅的吴越两国因相互攻伐，结为世仇。本篇记述的是吴国战胜越国后，越国向吴国求和的事情。吴国大夫伍员反对讲和。这篇谏词反宾为主，分三层说明不能与越讲和的道理。开头“树德”、“去疾”二句是全篇谏词的纲领，接着略写当前勾践求和一事，详写过去少康如何灭过浇报仇的历史，借古喻今，此为一层；再分析勾践“亲而务施”的为人，暗暗绾合“树德”之义，此为二层；然后从两国“同壤而世为仇雠”的利害关系上进一步说明不能求和，此为三层。最后，用“退而告人”的情节，进一步写夫差之不悟，真让人痛心疾首。后来，吴果然亡国。

吴王夫差[1]败越于夫椒[2]，报檇李[3]也。遂入越。越子[4]以甲楯[5]五千保于会稽[6]，使大夫种[7]因[8]吴太宰嚭[9]以行成。吴子将许之。

《东周列国志》版画之吴王夫差像

①夫差：吴国君王，吴王阖闾之子。

②夫椒：越地，在今浙江绍兴北。

③檇（zuì）李：古地名，在今浙江嘉兴一带。越军曾大败吴军于此。

④越子：指越国君王勾践。

⑤楯（dùn）：通“盾”，盾牌。

⑥会（kuài）稽：越国的首都，在今浙江绍兴。

⑦种（chóng）：即文种，越大夫。

⑧因：通过

⑨嚭（pǐ）：吴王的宠臣，善逢迎。

伍员[10]曰：“不可。臣闻之：‘树德莫如滋，去疾莫如尽。’昔有过浇杀斟灌以伐斟鄩[11]，灭夏后[12]相，后[13]缗方娠，逃出自窦，归于有仍[14]，生少康焉。为仍牧正，惎[15]浇能戒之。浇使椒[16]求之，逃奔有虞[17]，为之庖正[18]，以除其害。虞思[19]于是妻之以二姚，而邑诸纶[20]，有田一成[21]，有众一旅[22]。能布其德，而兆[23]其谋，以收夏众，抚其官职；使女艾[24]谍浇，使季杼[25]诱豷[26]。遂灭过、戈，复禹之绩，祀夏配天，不失旧物。今吴不如过，而越大于少康，或将丰之，不亦难乎！勾践能亲而务施[27]，施不失人，亲不弃劳。与我同壤，而世为仇雠。于是乎克而弗取，将又存之，违天而长寇雠，后虽悔之，不可食已。姬[28]之衰也，日可俟[29]也。介在蛮夷，而长寇雠，以是求伯，必不行矣。”

⑩伍员（yún）：吴国大夫，字子胥，楚国大夫伍奢次子。

⑪“昔有”一句：是说从前过国有个名浇（āo）的人杀了斟灌之君而讨伐斟鄩。过（huō），古国名。斟，古国名，在今山东莘县观城。斟鄩，古国名，在今河南偃师东北。

⑫后：君主。

⑬后：王后。

⑭有仍：后缗娘家的部落，在今山东济宁东南。

⑮惎（jì）：恨。

⑯椒：浇的臣子。

⑰有虞：虞舜之后的封国。

⑱庖正：掌管饮食的官长。

⑲虞思：有虞国的国君。

⑳纶：古地名，少康的封邑。

㉑成：古代土地面积单位名，方十里为成。

㉒旅：五百人为一旅。

㉓兆：开始。

㉔女艾：少康的臣子。

㉕季杼：少康的儿子。

㉖豷（yì）：浇的弟弟，封地为戈。

㉗施：施恩。

㉘姬：指吴国，吴国姬姓。

㉙俟（sì）：等待。

弗听。退而告人曰：“越十年生聚[30]，而十年教训[31]，二十年之外，吴其为沼乎！”

㉚生聚：生民聚财。

㉛教训：教化百姓训练军队。

【译文】

吴王夫差在夫椒击败了越国的军队，这是为了还击槜李之战的，并乘势攻入越国境内。越王率领五千名披甲持盾的士兵在会稽山防御，派大夫文种通过吴国太宰嚭而向吴王议和。

吴王准备答应他，伍员得知后，劝止吴王夫差说：“不可以与越国议和。我听

《东周列国志》版画之“夫差违谏释越”图，讲述吴王夫差打败越国，围越王勾践于会稽山，越王遣大夫文种求和，夫差欲答应，伍员极力劝阻，但夫差不听之事。

说：‘树立德行没有比不断培植更好的了，去除毒害没有比斩草除根更好的了。’从前有一个过国的国君叫浇杀了斟灌的国君后，又灭掉了斟鄩国，紧接着又灭了夏朝的国王相，他的妻子后缗正怀有身孕，从墙洞逃出去，回到娘家有仍国，在那里生了儿子少康。少康长大后当了有仍国的畜牧长。他怨恨浇又能防备他。浇派椒去找少康，少康逃奔到有虞，做了有虞的庖正。因此免除了自身的祸殃。虞思于是把两个女儿嫁给了他，封邑在纶，拥有田地方圆十里，有人口五百。能够广泛地布施他的恩德，开始他的谋划，又收聚夏朝的遗民，安抚他的官员，派女艾到浇那里为卧底，派季杼去引诱浇的弟弟豷。于是灭了过国、戈国，恢复了禹的业绩，祭祀夏朝先祖，祭奉天帝，不舍弃旧日的典章文物。现在吴国不如过国，而越国大于少康当年拥有的土地，假如天将要使越国丰大起来，那不是也难对付了吗？勾践能够亲近人民而努力向人民施恩，施恩不漏掉该施舍的，亲近不抛弃有功劳的人。越国与我国接壤，而又世代是仇敌。在这个时候攻克了越国却不去收取，还打算再使它存在下去，这是违反上天的旨意而让敌人壮大，今后即便懊悔，也不能吞掉它了。姬氏的衰落，指日可待了。我国位于蛮、夷之间，却让仇敌强大，用这种办法寻求霸主的称谓，一定是行不通的。”

吴王不听劝。伍员退出来就对别人说：“越国用十年时间生养人口，积蓄力量；再用十年时间教导训练人民，二十年之后，吴国可能要变成沼泽了！”

祭公谏征犬戎①

《国语·周语上》

【题解】

周穆王的时候，周王室的统治已日趋衰微，但是好大喜功的穆王仍要兴师动众征讨西北的犬戎族，以此来炫耀威风。大臣祭公于是向他言说君王应该以道德教化收服众心的道理，向其讲述了周的先祖们是如何通过累代施行道德而获得民心，最终建立周朝的；并且详细论述了王朝制度的内容与作用，让穆王按照礼法行事。周穆王不听劝谏，仍然出兵犬戎，结果使得边远地区的诸侯从此背弃了周朝。

穆王②将征犬戎，祭公谋父谏曰："不可。先王耀德不观兵③。夫兵戢而时动④，动则威，观则玩⑤，玩则无震⑥。是故周文公之《颂》曰⑦：'载戢干戈，载櫜弓矢⑧。我求懿德，肆于时夏，允王保之⑨。'先王之于民也，茂正其德而厚其性⑩，阜其财求而利其器用⑪，明利害之乡⑫，以文修⑬之，使务利而避害，怀德而畏威，故能保世以滋大⑭。

①"祭（zhài）公"句：祭公，周王的卿士，字谋父。封地在祭，所以称祭公。征，征伐。犬戎，即西戎，当时在陕西一带。

②穆王：西周的周穆王。

③耀德不观兵：明德而不炫耀武力。耀，明。观，显示。

④"夫兵"句：夫，发语词。兵，军队。戢（jí），聚集。时动，必要时才行动。

⑤玩：玩忽，轻忽。

⑥无震：不使人惧怕。

⑦"是故"句：是故，因此。周文公，即周公姬旦。其谥号为"文"，所以也称周文公。《颂》指《诗经·周颂·时迈》。是歌颂周公的乐章。

⑧"载戢"二句：载，句首语气词。戢，聚集，收拢。干，即盾。戈，兵器的一种。櫜（gāo），盛放弓箭的袋子，此处作动词用，收藏。

周文王像，图出自明·天然撰《历代人物像赞》。

⑨“我求”三句：懿德，美德。肆，施，传布。时，这，此。夏，华夏，中国的代称。允，信，确定。保，保住美德。

⑩“懋正”句：懋，勉励。正，使……端正。厚，使……敦厚。性，情性。

⑪“阜其”句：阜，大，使……富足，此处作动词用。财求，财物的需求。利，使……便利，此处作动词用。器用，指农具。

⑫明利害之乡：明，明白。乡，同“向”，所在。

⑬文修：文，礼乐教化。修，治理。

⑭“使务利”三句：务，致力于。怀德，感激恩德。畏威，害怕刑法。保世，保持世代相传。滋大，发展壮大。

“昔我先世后稷⑮，以服事虞、夏⑯。及夏之衰也，弃稷弗务⑰，我先王不窋用失其官⑱，而自窜于戎、翟之间⑲，不敢怠业⑳，时序㉑其德，纂修其绪㉒，修其训典㉓，朝夕恪勤㉔，守以惇笃㉕，奉㉖以忠言，奕世载德，不忝前人㉗。至于武王，昭前之光明而加之以慈和㉘，事神保民，莫不欣喜。商王帝辛㉙，大恶于民㉚。庶民弗忍，欣戴㉛武王，以致戎于商牧㉜。是先王非务武也，勤恤民隐而除其害也㉝。

⑮“昔我先”句：先，始祖，这里指弃和弃的儿子不窋（zhú）。世，父子相继，后缀（jì），相传是舜的农官，周的始祖，此处泛指农官。世后稷，指弃是舜的农官，不窋是夏的农官。

⑯虞、夏：虞，虞舜。夏，夏启。

⑰弃稷弗务：弃，废弃。稷，指农事。弗，不。务，致力。

⑱“我先王”句：不，并未称王，周人追念始祖，通称之王。用，因此。

⑲“而自窜”句：窜，逃。戎、翟（dí）之间，指邠（bīn），今陕西彬县，邠的西面是戎，北面是翟。翟，即狄。

⑳业：指农业。

㉑时序：时，时常。序，布，传布。

㉒纂修其绪：纂：（zuǎn）通“赞”，继承。绪，遗业。

㉓修其训典：修，温习。训典，遗训法典。

㉔恪勤：谨慎勤勉。

㉕守以惇（dūn）笃：即“以惇笃守着”。守，遵守。惇，敦厚。笃，忠诚，老实。

㉖奉：奉行。

㉗“弈世”二世：弈世，累世。载，承受，秉承。忝（tiān），玷污。

㉘“昭前”句：昭，明，发扬。慈和，慈祥温和。

㉙帝辛：商朝末世君主纣王。

㉚大恶（wù）于民：即“大为所恶”。

㉛欣戴：高兴地拥戴。

㉜戎于商牧：戎，战争，此处作动词用。商牧，商朝首都郊外的牧野。

㉝“是先王”二句：非务武，不是喜欢用兵。恤，怜悯、体谅。隐，痛苦。害，祸害。

“夫先王之制：邦内甸服㉞，邦外侯服㉟，侯、卫宾服㊱，蛮、夷要服㊲，戎、翟荒服㊳。甸服者祭，侯服者祀㊴，宾服者享㊵，要服者贡㊶，荒服者王㊷。日祭、月祀、时享、岁贡、终王，先王之训也㊸。有不祭则

《武王伐纣书》版画之武王伐纣图

修意㊹，有不祀则修言㊺，有不享则修文㊻，有不贡则修名㊼，有不王则修德，序成而有不至则修刑㊽。于是乎有刑不祭，伐不祀，征不享，让不贡，告不王㊾。于是乎有刑罚之辟㊿，有攻伐之兵[51]，有征讨之备[52]，有威让之令，有文告之辞[53]。布令陈辞而又不至，则又增修于德无勤民于远[54]，是以近无不听，远无不服。

㉞邦内甸服：邦内，畿内，京都附近的地区。甸，通"田"，邦内人民必须种田而向天子交租，所以称为甸服。服，侍奉。

㉟邦外侯服：畿外是分封给诸侯的地方。

㊱侯、卫宾服：侯，侯圻（qí）。卫，卫圻。宾服，离五畿已远，似宾客，所以称宾服。

㊲蛮、夷要服：要，即羁（jī）縻（mí）。亦即牵制、笼络。蛮、夷离王畿更远，采取羁縻的方针，所以谓之要服。蛮、夷，均为对少数民族的蔑称。

㊳戎、翟荒服：戎、翟离王畿又远一些，所以称荒服。荒，僻远。

㊴祀：供应天子祭祀高祖曾祖的物品。

㊵享：供应天子祭祀远祖的物品。

㊶贡：供应天子祭神的物品。

㊷王：进京朝见天子。

㊸"日祭"二句：意为祭祀祖父、父亲的祭品每天供应一次，祭祀高祖、曾祖的祭品每月一次，祭祀远祖的祭品三个月一次，祭祀神灵的祭品一年一次，朝见天子，一生一次，这是先王的遗训。

㊹修意：（天子要）检查自己的心地。

㊺修言：（天子要）检查自己的言论号令。

㊻修文：（天子要）检查自己的法令制度。

㊼修名：（天子要）检查自己的尊卑名号。

㊽"序成"句：序成，天子按照顺序一件件都做了。修刑，动用刑法。

㊾"于是"五句：于是乎有，在这时候就可以。刑（处罚）、伐（讨伐）、征（征伐）、让（谴责）、告（教训），此处皆作动词用。

㊿辟：刑法。

[51]兵：军队。

[52]备：武备。

53辞：辞令。

54“布令”二句：布令，宣布了命令。陈辞，陈述了道理。增，加上。修，培植。无，不。勤民，指让人民当兵。远，远征。

“今自大毕、伯仕之终也55，犬戎氏以其职来王56，天子曰：‘予必以不享征之，且观之兵57。’其无乃废先王之训而王几顿乎58！吾闻夫犬戎树惇，能帅旧德而守终纯固，其有以御我矣！”59

55“今自”句：大毕、伯仕，皆犬戎的国君。终，去世。

56“犬戎氏”句：意为犬戎氏按照他荒服的职责来朝见天子。

57“予必以”二句：以不享征之，以宾服不享的罪名去征讨它。观之兵，显示军力来给他看看。

58“其无乃”句：其无乃，只恐怕。废，废弃。王，朝见之礼。几，差不多。顿，停，荒废。

59“吾闻”三句：树惇（dūn），树立敦厚的风气。帅，同“率”，遵循。旧德，传统的道德。守，坚持。终，终朝入见的礼节。纯固，专一坚定。末句为他们有抵抗我们的理由了。

王不听，遂征之，得四白狼，四白鹿以归。自是60荒服者不至。

60自是：从此以后。

周武王像，图出自《三才图会》。

【译文】

周穆王打算去讨伐犬戎。祭公谋父劝阻说：“不行。先王昭明美德，而不轻易显耀武力。平时聚蓄兵力，时机成熟才行动，一动就要显出威势。显耀就是滥用，滥用就没有威震力。因此周文公的《颂》诗说：‘收好干戈，藏好弓箭；我王讲求美德，施行到全中国，相信我王能永保天命。’先王对于百姓，勉励他们端正自己的德行，让他们性情淳朴，充分满足他们的财富要求，使他们有称心的器物用具，让他们明白利和害的所在，用礼法陶冶人民，让他们专心从事有利的事情而避免有害的事情，感恩戴德而又畏惧刑威，所以，先王创建的事业就能世代相传，并能发展强大。

“先前我们的祖先姬弃和不窋先后做农官，服侍虞、夏两朝。到夏朝衰落时，废除农官，不再注重农事。我们先王不窋因为失去了农官的职务，只好自己逃避到戎、狄之间。他对农业仍不敢松懈，经常弘扬祖先的美德，继续他的事业，改进他的教化法度，早晚严谨勤恳，用纯朴笃实的态度加以保持，用忠诚信实的态度加以奉行。自后世世代代相传，继承了这优良的品德，没有玷污前人。到了武王，他弘扬前人光明磊落的德行，再加上仁爱和善，事奉神明，抚育人民，百姓没有不感到欢欣鼓舞的。那时商纣王对百姓太凶残，百姓不能忍受，都乐于拥戴武王，这样才出兵在商郊牧野击败了商纣王。这并不是先王非要从事武力，而是担忧体恤人民的疾苦，为他们铲除灾害啊。

“先王的规定是：天子都城郊区四周五百里以内的地域，叫甸服；甸服以外的五百里地区，叫侯服；侯服至卫服总称宾服；宾服以外五百里的蛮夷之地是要服；要服以外五百里的戎、狄所居之地是荒服。甸服地区要给天子贡献祭祀祖父、父亲的祭品，侯服地区要给天子贡献祭祀高祖、曾祖的祭品，宾服地区要给天子贡献祭祀远祖的祭品，要服地区要给天子贡献祭神的祭品，荒服地区的诸侯要进来朝见天子。祭祀祖父、父亲是每天一次，祭祀高、曾祖是每月一次，祭祀始祖是每季一次，祭祀远祖、天地之神是每年一次，入朝天子则是在天子过世嗣任者即位的时候。这是先王的遗命。假如有不来供日祭的，天子就反省自己的思想；有不来供月祭的，就反省自己的言论；有不按季献祭品的，就反省自己的法令；有不来进岁贡的，就反省自己规定的尊卑名号；有不来朝见的，就反省自己的德行；依次检查完了，假如还有不来贡献朝见的，就检查刑法。所以，有依法惩治不祭的，派军队去讨伐不祀的，命令诸侯去征剿不享的，派使者责备不贡的，用文辞晓谕不朝见天子的措施。所以，有惩罚的法律，有攻打的军队，有征剿的武备，有严厉谴责的命令，有晓谕的文辞。假如已经宣布法令、发出文告后，还有不来贡献朝见的，那就再反省自己的德行，断不可使百姓劳苦，到远方进行战斗。这样，近处没有人不服从的，远方没有人不归附的。

“如今，自从大毕、伯仕过世之后，犬戎君王都依照他们的职守来朝见天子。但您却说：‘我一定要以不纳贡的罪名去讨伐他，并向他们显示兵威。’这恐怕是违背先王的教训，使‘荒服者王’的制度也遭受破坏了吧？我听说犬戎树立了敦实的风尚，能遵从先人的德行，始终如一地维持“终王”的职分。这样他们就有理由抵御我们了。”

周穆王不听谋父的劝，去进攻犬戎，结果只取得四匹白狼、四只白鹿回来。从那之后，那些荒服的诸侯就不来朝拜天子了。

召公谏厉王止谤

《国语·周语上》

【题解】

周厉王滥施暴政，引起国人怨声载道，他反而以刑杀的高压手段加以抑制，无异是火上浇油。召公清醒地看到了潜在的危险，正言劝谏。“防民之口，甚于防川”，这一形象的比喻，揭示了舆论民情不容忽视的真理，成为总结治国经验教训的千古名言。召公的谏言，一针见血，而又逻辑严密。文末“国人莫敢出言。三年，乃流王于彘”，这一精练简洁的结尾，则为之提供了事实的有力佐证。

厉王虐①，国人谤王②。召公告曰③：“民不堪命矣！”王怒，得卫巫④，使监谤者，以告⑤，则杀之。国人莫敢言，道路以目。

①厉王：周厉王，名胡，夷王之子，西周第十代君王，前878至前842年在位，暴虐无道，后在“国人暴动”中被逐出都城，逃亡于彘，前828年病死。

②国人：王畿之内的平民，此泛指百姓。谤：指斥，指责。

③召公：召穆公姬虎，周卿士。

④卫巫：卫地的巫师。

⑤以：有。

王喜，告召公曰：“吾能弭谤矣⑥，乃不敢言。”召公曰：“是鄣之也⑦。防民之口，甚于防川。川壅而溃⑧，伤人必多，民亦如之。是故为川者决之使导，为民者宣之使言。故天子听政，使公卿至于列士献诗⑨，瞽献典⑩，史献书⑪，师箴⑫，瞍赋⑬，矇诵⑭，百工⑮谏，庶人传语⑯，近臣尽规，亲戚补察，瞽、史教诲，耆、艾修之⑰，而后王斟酌焉，是以事行而不悖⑱。民之有口也，犹土之有山川也，财用于是乎出，犹其有原隰。衍沃也⑲，衣食于是乎生。口之宣言也，善败于是乎兴，行善而备⑳败，所以阜财用、衣食者也㉑。夫民虑之于心而宣之于口，成而行之，胡可壅也？若壅其口，其与㉒能几何？

⑥弭（mǐ）：消除。

⑦障：防水堤。这里用作动词，阻挡。

⑧壅：堵塞。

⑨公卿至于列士：指大小群官。周朝官职分公、卿、大夫、士四级。列士，元士、中士、庶士三种士的总称。

⑩瞽（gǔ）：主乐太师。“瞽”本义为盲人，古代乐师多以盲人充任。

⑪史：记事官。

⑫师：乐官少师。箴：规诫。

⑬瞍（sǒu）：与下文“矇”俱为瞽、师的下手。瞍，没有瞳子的盲人。赋，吟咏。

⑭矇：有眼珠的盲人。

⑮百工：管理各种工匠的职官。

⑯庶人：一般民众，平民。

⑰耆、艾：古称六十岁为耆，五十岁为艾。此指朝中老臣。

⑱悖：违反事理。

⑲原隰（xí）：原，高而平坦的土地，隰，低平而潮湿的土地。衍沃：平胆肥沃的良田。

⑳备：预防。

㉑阜：富足。

㉒与：语助词，无义。

王弗听，于是国人莫敢出言，三年，乃流王于彘㉓。

㉓彘：地名，在今山西霍县东北。

【译文】

周厉王残酷，国人都指责他。召公告诫周厉王说：“百姓都不能忍受了。”周厉王大怒，让卫国的巫师探查批评周厉王的百姓，查出后就杀掉。国内没有人再敢评论，大家只能以眼光相互示意交流。

周厉王非常高兴。对召公说：“我能消除百姓对我的批评，他们都不敢说话了。”召公说：“这是封住了他们的嘴。防备百姓的嘴，比防备大河泛滥还重要。大河被阻塞，上涨冲出来伤害的人就会更多，百姓也是一样。所以治理大河，应疏导水流；对老百姓，就教导他们多讲真话。因此天子处理政事，让大臣献诗言政，乐官献曲表示民意，史官献书得以借鉴，各种人都能把意见传述上来，就是最卑贱的百姓也可以把意见间接地传达给国王。这样，国王身边远近各种人都来劝谏、监督、弥补君主的不足，整理意见，然后君王采纳施行，这样做事就不违背道理。百姓有嘴，像土地上有山有河一样，财富都出自这里；也好比有高原湿地，肥沃的平原，衣食都从这里得到。嘴能说话，好歹才能分辨，做好事防备坏事，这是丰富财产、衣食的办法。老百姓在心里想，嘴上说，考虑成熟了付诸实际，怎么能够堵塞呢？假如让他们闭嘴，又能堵住多久呢？

周厉王不听劝，于是国内没有一个人敢说话，不到三年，周厉王就被撵下台，驱逐到彘地去了。

襄王不许请隧

《国语·周语中》

【题解】

春秋时，周王室力量日益衰微，晋文公倚仗自己拥立周襄王出奔有功，而提出自己要享有天子规格葬礼的要求，周襄王利用周天子名义上的权威用含蓄婉转的言辞，阐明了事理，暗中斥责了晋文公的狂妄请求，从而使他不敢再提出这一要求，全文言辞委婉，绵里藏针。

晋文公即定襄王于郏①，王劳之以地，辞，请隧焉②。

①襄王：周襄王，于公元前651年至公元前619年在位。惠后立自己所生之子叔带为周王，襄王出奔，后晋文公消灭叔带，仍立襄王。郏（jiá）：指周王朝东都洛邑，故地在今河南洛阳附近。

②隧：指墓道，用作动词，指挖掘墓道来安葬。

王弗许，曰："昔我先王之有天下也，规方千里以为甸服，以供上帝山川百神之祀，以备百姓兆民之用，以待不庭、不虞之患。其馀以均分公侯伯子男，使各有宁宇，以顺及天地，无逢其灾害，先王岂有赖焉。内官不过九御③，外官不过九品④，足以供给神祇而已，岂敢厌纵其耳目心腹以乱百度？亦唯是死生之服物采章，以临长百姓而轻重布之⑤，王何异之有？

③九御：九嫔，泛指后宫女官。

④九品：九卿，泛指朝内诸官。

⑤临长：治理。

"今天降祸灾于周室，余一人仅亦守府⑥，又不佞以勤叔父⑦，而班先王之大物⑧以赏私德，其叔父实应且憎⑨，以非余一人，余一人岂敢有爱也？先民有言曰：'改玉改行⑩。'叔父若能光裕大德，更姓改物，以创制天下，自显庸也，而缩取备物以镇抚百姓，余一人其流辟于裔土⑪，何辞之有与？若犹是姬姓也，尚将列为公侯，以复先王之职，大物其未可改也。叔父其茂昭明德，物将自至，余敢以私劳变前之大章，以忝天下，其若先王与百姓何？何政令之为也？若不然，叔父有地而隧焉，余安能知之？"

文公遂不敢请，受地而还。

⑥余一人：周天子自称。相当于后世皇帝称朕。

⑦叔父：周天子称小国同姓诸侯为叔父。

⑧班：分给。大物：大礼，指“隧”的葬礼。

⑨应（yīng）：接受。

⑩改玉、改行（xíng）：古人佩玉，以声响节制步行，使徐疾尊卑有度。

⑪裔（yì）土：边远之地。

《东周列国志》版画之晋文公重耳像

【译文】

晋文公已经拥戴周襄王于郏地，襄王便赏赐他土地来犒劳他。晋文公谢绝不受，却恳求让他死后享受天子的隧葬之礼。襄王不答应，便说：“从前我们先王享有天下，规划王城附近方圆千里之地作为甸服，用来供给对天帝及山川百神的祭祀；用来准备百姓兆民的衣食用度；用来应付不来朝贡的诸侯和出乎意料的变故。其他的土地，拿来均分给公、侯、伯、子、男，使他们各有稳定的居处，以顺从天地尊卑的法则，而不会遭遇灾害。先王难道有什么特殊利益吗？宫内不过有九嫔女官，朝廷上不过有九品公卿。只够供给天神地祇的祭祀而已，岂敢放纵其耳目心腹的嗜欲，而扰乱各种规章制度？不过以那死生所用的服物采章，来统领百姓，以表示贵贱等级有别，除此以外，天子与诸侯还有什么区别呢？

“如今，上天对周王朝降下祸害，我一人仅是保守住府库的遗物与制度，我又无才无能，以致劳烦叔父，我如果分出先王隧葬的大礼而赏赐对我有恩惠的叔父，那么您虽然接受了这种赏赐，心中也会憎嫌的，且要非难我行赏不当。其实，我一人怎敢吝惜这葬礼而不应许您呢？先人曾有这样的话：‘改变了佩玉，就改变了步伐。’叔父如果能弘扬您的大德，更改立国的姓氏，改变历法和服色等典章，在天下创立新的制度，自行显现自己的功德；而又收取天子完备的礼仪，用来镇抚百姓，我一人即便流放、被杀戮于荒郊野外，我还有什么话说？如果还是这宗周姬姓，还是要列为公侯的地位，而恢复先王规定的职责，天子的葬礼还是不便更改啊。叔父如果能勉力弘扬仁德，那享有天子葬礼的地位自然会到来。我怎么敢以所受私德而改变先王规定的服物采章的制度，而辱没天下，那对先王与百姓又是怎样呢？那又怎样实施政令呢？假如不然，叔父自己有土地，如果自行决定开隧道，我又怎么能够明白呢？”

文公不敢再恳求，接纳土地回去了。

单子知陈必亡

《国语·周语中》

【题解】

单襄公作为天子使者路过陈国，亲眼目睹了陈国的混乱局面和腐败现象，推断出“陈侯不有大咎，国必亡”的结论。结论的根据是四个方面：一是内政不修，原野荒芜，“废先王之教”；二是生产破坏，荒废农功，“弃先王之法制”，三是外交松弛，不顾礼节，“蔑先王之官”；四是君臣荒淫，避礼就邪，“犯先王之令”。四个方面徐徐道来，有条不紊，极具说服力。

定王使单襄公聘于宋①。遂假道于陈②，以聘于楚③。火朝觌矣④，道茀不可行也⑤，候不在疆⑥，司空不视涂⑦，泽不陂⑧，川不梁⑨，野有庾积⑩，场功未毕⑪，道无列树，垦田若蓺⑫，膳宰不致饩⑬，司里不授馆⑭，国无寄寓⑮，县无旅舍⑯，民将筑台于夏氏⑰。及陈，陈灵公与孔宁、仪行父南冠以如夏氏⑱，留宾弗见⑲。

①定王：周定王，公元前606年至公元前586年在位。单襄公：名朝，周定王的卿士。聘：访问。　宋：国名，在今河南商丘一带。

②陈：国名，妫姓，建都宛丘（今河南淮阳），国土在今河南东部及安徽一部分。

③楚：国名，在今湖南、湖北、安徽、江苏、浙江等省境内。都城在郢（今湖北江陵北）。

④火：古星名，也称大火，二十八宿之一，属天蝎座，是青龙七宿的第五宿。十月间，早晨可看见火星。朝（zhāo）：早晨。觌（dí）：见。

⑤道茀（fú）：道路荒芜阻塞。

⑥候：候人，负责迎送宾客的小官。疆：边境。

⑦司空：掌管土木、水利工程的官。　视涂：巡视道路。涂，即“途”。

⑧泽：湖泊。　陂（bēi）：圩岸，水堤。用作动词，修障水堤的意思。

⑨梁：桥梁。用作动词，架桥。

⑩庾（yǔ）积：露天堆积（谷物）。

⑪场：场院，收打谷物的场所。

⑫蓺（yì）：茅草芽。

⑬膳宰：膳夫，掌管宾客饮食。饩（xì）：赠送给人的粮食或饲料。

⑭司里：里宰，掌管宅里宾馆。授馆：给宾客安排住宿休息的地方。

⑮寄寓：馆舍。

⑯县：地方行政单位。

⑰筑台于夏氏：给夏氏修筑楼台。夏氏：指陈国大夫夏徵舒的家。夏徵舒的母亲夏姬是陈灵公的从祖母，陈灵公及他的臣子孔宁、仪行父都与夏姬私通。后，夏徵舒杀陈灵公而自立为陈

侯，不久，被楚庄王杀死。

⑱南冠：戴着南方楚国的帽子。用作动词。如：往，到。这句意谓陈灵公君臣三人去夏氏家与夏姬通奸。

⑲宾：指单襄公。

单子归，告王曰："陈侯不有大咎[20]，国必亡。"王曰："何故？"对曰："夫辰角见而雨毕[21]，天根见而水涸[22]，本见而草木节解[23]，驷见而陨霜[24]，火见而清风戒寒[25]。故先王之教曰：'雨毕而除道[26]，水涸而成梁，草木节解而备藏，陨霜而冬裘具[27]，清风至而修城郭宫室。'故《夏令》曰[28]：'九月除道，十月成梁。'其时儆曰[29]：'收而场功[30]，偫而畚挶[31]，营室之中[32]，土功其始。火之初见，期于司里[33]。'此先王之所以不用财贿，而广施德于天下者也。今陈国，火朝觌矣，而道路若塞，野场若弃，泽不陂障，川无舟梁，是废先王之教也。

⑳陈侯：指陈灵公。咎：凶，灾，祸。

㉑辰角：角宿（xiù）出现在早晨。角，二十八宿之一，属青龙七宿的第一宿，它在九月初寒露节早晨出现。辰，通"晨"。见：通"现"。毕：结束，无。

㉒天根：即"氐宿"，二十八宿之一，属青龙七宿的第三宿，它在寒露节后五天的早晨出现。涸（hé）：竭，干。

㉓本："氐宿"的别名。 节解：草木凋零，枝叶脱落。

㉔驷：即"房宿"，也叫天驷，二十八宿之一，属青龙七宿的第四宿，它在霜降时节的早晨出现。 陨：落，降。

㉕火：即"心宿"。清风戒寒：凉风预告人们寒天要来临。

㉖除：修理，整治。

㉗具：备，准备。

㉘夏令：夏代的月令。

㉙儆（jǐng）：告戒。

㉚而：同"尔"，你，你的。下句"而"同。

㉛偫（zhì）：备办，储备。畚（běn）：古代用草绳做成的盛器，也有竹制的，即畚箕。挶（jú）：抬土的器具。

㉜营室：星名，又叫定星。二十八宿之一，属玄武七宿的第六宿。古人认为，夏历十月的黄昏，它出现在天空的正中，是人们可以营造房舍的时候。

㉝期：会，集合。

《东周列国志》版画之"陈灵公衵服戏朝"图，讲述陈灵公君臣与夏姬淫乱之事。

“周制有之曰：‘列树以表道[34]，立鄙食以守路[35]。国有郊牧[36]，畺有寓望[37]，薮有圃草[38]，囿有林池[39]，所以御灾也。其余无非谷土，民无悬耜[40]，野无奥草[41]，不夺农时[42]，不蔑民功[43]。有优无匮[44]，有逸无罢[45]。国有班事[46]，县有序民[47]。今陈国道路不可知[48]，田在草间，功成而不收，民罢于逸乐，是弃先王之法制也。

[34]表：标识，标记。

[35]鄙食：在郊野路边供饮食的房舍。

[36]郊：都邑城外的地方。牧：牧场。

[37]寓：寄宿的房舍。　望：候望的人，指送往迎来的人。

[38]薮（sǒu）：泽地，洼地。　圃草：茂盛的草。圃，通“甫”，多，大。

[39]囿（yòu）：苑囿，古代帝王畜养禽兽的园林。

[40]耜（sì）：古代农具的一种，形似锹。

[41]奥草：荒草。

[42]夺：剥夺，使丧失，耽误。

[43]蔑：无，无视。

[44]优：优裕，富裕。匮：缺乏。

[45]罢（pí）：同“疲”，疲劳，疲惫。

[46]国：都城。班事：按次序去从事力役。

[47]县：郊县。序民：轮番服役与休息。

[48]不可知：指辨认不出来。

“周之《秩官》有之曰：‘敌国宾至[49]，关尹以告[50]，行理以节逆之[51]，候人为导，卿出郊劳，门尹除门[52]，宗祝执祀[53]，司里授馆，司徒具徒[54]，司空视涂，司寇诘奸[55]，虞人入材[56]，甸人积薪[57]，火师监燎[58]，水师监濯[59]，膳宰致飧[60]，廪人献饩[61]，司马陈刍[62]，工人展车[63]，百官各以物至，宾入如归。是故小大莫不怀爱。其贵国之宾至，则以班加一等[64]，益虔[65]。至于王使，则皆官正莅事[66]，上卿监之。若王巡守[67]，则君亲监之。’今虽朝也不才[68]，有分族于周[69]，承王命以为过宾于陈[70]，而司事莫至，是蔑先王之官也[71]。

[49]敌国：匹敌之国，即地位与实力相当的国家。

[50]关尹：把守关门的官。

[51]行理：即“行李”，官名，掌管朝觐聘问事宜。节：符节，即使者所持的凭证。逆：迎接。

[52]门尹：管门的人。　除门：扫除门庭。

[53]宗祝：宗伯的属官，掌管祭祀、祈祷等。

[54]司徒：官名，掌管土地、户籍等。徒：服务的仆役。

[55]司寇：官名，掌管捕盗、刑狱等。诘奸：盘查坏人。

[56]虞人：掌管山泽的官。

[57]甸人：掌管薪柴的官。

[58]火师：掌管烧火的人。燎：庭燎，火烛。

⑲水师：掌管洗涤的人。

⑳飧（sūn）：熟食。

㉑廪人：掌管官府粮食的人。

㉒司马：掌管养马、刍牧的人。刍：饲料。

㉓工人：也称工师，工正，管理手工业的官员。展：检查。

㉔班：级别，等级。

㉕益：更。虔（qián）：恭敬。

㉖官正：长官，百官之长。莅（lì）：临。

㉗巡守：天子去诸侯国巡视。

㉘朝：单襄公名朝，自称。

㉙分族：亲族的分支。

㉚过宾：过路客。

㉛蔑：蔑视。

“先王之令有之曰：‘天道赏善而罚淫[72]，故凡我造国[73]，无从匪彝[74]，无即慆淫[75]，各守尔典，以承天休[76]。今陈侯不念胤续之常[77]，弃其伉俪妃嫔[78]，而帅其卿佐以淫于夏氏，不亦渎姓矣乎[79]？陈，我大姬之后也[80]。弃衮冕而南冠以出[81]，不亦简彝乎[82]？是又犯先王之令也。

《东周列国志》版画之“庄王仗义讨徵舒”图，讲述陈灵公与夏徵舒的母亲夏姬淫乱，夏徵舒杀死陈灵公，引起陈国的动乱，楚庄工出兵征讨夏徵舒之事。

㉜淫：邪恶。

㉝造国：建国，立国。

㉞无：勿，不要。从：从事，追随。非彝：不法。彝，法度。

㉟慆（tāo）淫：怠惰放纵。

㊱休：吉祥。

㊲胤续：后代，继嗣。 常：伦常，道德规范。

㊳伉俪：夫妻，配偶。

㊴渎（dú）姓：亵渎同姓。

㊵大姬：周武王的长女，陈国始祖虞胡公的妻子。

㊶衮（gǔn）冕：古代天子、国君的礼服和礼帽。

㊷简：简慢，荒废。彝：法度，常规。

“昔先王之教，茂帅其德也，犹恐陨越[83]。若废其教而弃其制，蔑其官而犯其令，将何以守国？居大国之间，而无此四者[84]，其能久乎？”

⑧③陨越：坠落。

⑧④四者：指前文提到的教、制、官、令。

六年[85]，单子如楚。八年，陈侯杀于夏氏[86]。九年，楚子入陈[87]。

⑧⑤六年：指周定王六年，即公元前601年。

⑧⑥杀于夏氏：被夏氏所杀。夏氏，指夏姬的儿子夏徵舒。

⑧⑦楚子：指楚庄王。他以杀夏徵舒为借口，攻入陈国。

【译文】

周定王命单襄公拜访宋国，于是向陈国借路，以便拜访楚国。路经陈国的时候，已经是立冬前后火宿在早晨出现的时节，路上遍布杂草走不过去，候人不在疆界上迎接，司空不来检查道路，湖泽不修堤岸，河流不建桥梁，田野里堆放着谷类，打场还没有完，道边没有种树，地里的晚茬庄稼像初生的茅草，膳宰不供给生肉，司里不给安排住处，国都没有栖身的地方，县城没有旅店，民众去给夏家建造亭台。到达陈国国都，陈灵公和孔宁、仪行父两个卿士戴着楚冠前去夏家，让客人留下来却不会见。

《东周列国志》版画之“楚灵王挟诈灭陈蔡”图，讲述陈国被楚灵王灭亡之事。

单襄公返回后禀告天子说：“陈侯如果没有大祸，国家必定灭亡。”天子说：“什么理由？”单襄公答道：“角宿在寒露早晨出现，便不再降雨了；氐宿在寒露后五天早晨出现，地上没有积水了；氐宿早晨出现，草木便枯萎衰落了；房宿在霜降早晨出现，便开始下霜了；心宿在早晨出现，刮起凉风透着寒气。所以，先王的遗训说：‘不再降雨了就清扫道路，积水干涸了便搭起桥梁，草木枯萎衰落了便把粮食尽数储藏，开始下霜了便准备皮衣，凉风刮起来便修建内外城墙、楼殿房舍。’所以夏后氏的月令说：‘九月清除道路，十月建好桥梁。’冬季的警示说：‘结束你们打场的工作，准备好你们的簸箕箩筐，室宿到了天空正中，土木建筑开始动工，心宿早晨初次出现，你们就到司里那里集中。’这是先王所以不用财物，就能对天下广泛施予恩惠的缘故。现在的陈国，心宿已在早晨看到了，可是道路像被阻塞，田地谷场像被丢弃，湖泽不修堤岸，河流没有渡船桥梁，这是抛弃了先王的遗训呀。

“《周制》里面有这样的话：‘道旁植树用以代表路程的里数，建立供给饮食、招待旅客的驿舍用以服务旅途，国都有近郊和牧地，边疆有旅馆和望楼，河滩有茂密的野草，苑囿有树林和池塘，这些都是用来防备灾祸的呀。其余地方没有不种庄稼的，民众没有挂起锹锸的，田野没有茂密的荒草，生产季节不会耽搁，劳动成果不会丢弃，生活富裕不缺衣食，民众休闲不会疲惫，城邑的劳役有一定的秩序，各县的劳工分班轮换。’现在的陈国，道路没有里程多少的标志，田地在一片荒草当中，庄稼成熟却不收割，民众由于国君享乐、大兴土木弄得精疲力竭，这是违背了先王的法礼呀。

“周代的《秩官》里面有这样的话：‘地位同等的国家的宾客来了，关尹便向朝廷报告，行理手拿符节前去接待，候人负责指引，卿士来到郊外慰问，门尹清扫门庭，宗伯、太祝在宗庙里为他主持祭祀典礼，司里给他安排住处，司徒派好服劳役的人，司空检查道路，司寇盘查过往行人，防奸防盗，虞人送来各种材料，甸人堆积薪柴，火师看管庭院的火烛，水师看管洗脸漱口，膳宰送来饭菜，廪人献上牛羊，司马派人陈列饲草，工人查看宾客的车马，文武百官各自带着用品来了，宾客到了这里，就如同回到自己家里一样。所以，所有宾客，不论职位高低，没有人不眷恋和喜欢的。如果大国的贵宾来了，那么在招待的规格上就按顺序再加一等，更为谦恭有礼。至于大王的使臣来了，那么都由各署长官出面招待，上卿监督他们；如果大王下来巡回视察，那么国君亲自监督招待事宜。’现在我单朝尽管没有才干，却跟王室有亲属关系，奉大王的命令拜访楚国，路过陈国，然而担任招待的官员没有什么人来，这是蔑视先王留下的官职呀。

“先王的命令有这样的话：‘天的法则，赏赐善良，惩办奸邪。所以凡是我治理国家，不听任违反常法，不亲近怠慢和放纵的人，各自遵从你们的法典规章，接受老天赐予的吉祥幸福。’而今陈侯忘了子孙延续的常规，丢下他的王后嫔妃，却带着他的卿相大臣去到夏姬那里淫荡取乐，这不是亵渎宗族了吗？陈国是我们武王长女太姬的后代，丢弃了国君的礼服礼帽，却戴着楚国竹制的帽子出外，这不也是蔑视礼法吗？这又违背了先王的命令呀。

“先前先王的教导：努力遵从应有的道德，还怕堕落颠覆。如果废弃他的教导，又抛弃他的制度，蔑视他的官职又违背他的命令，今后凭靠什么保持国家？位于大国中间，却没有这四项条件，怎么能够持久下去呢？”

周定王六年，单朝前往楚国拜访。八年，陈侯被夏徵舒杀死。九年，楚庄王带兵进入陈国。

展禽论祀爰居

《国语·鲁语上》

【题解】

古代的祭祀虽是神本位的，但从所谓“国之大节也”、“政之所成也”的定位来言，则又蕴含着古人浓厚的民本主义思想。展禽正是基于这样的认识，对臧文仲“无故而加典”、祭祀爰居的荒唐行为进行了批评，并使他终于承认了错误。

从一只海鸟落笔，引出一段援古证今的绝大议论，传统制祀的隆重与臧文仲祀爰居的轻率本身就形成了强烈的反差。结尾又回到题面，对爰居的出现进行了科学的解释，并以其后事态的发展证实了展禽的论断。一开一合，互相照应，使人对正确与谬误的感受更为深刻。

海鸟曰“爰居①”，止于鲁东门之外二日②，臧文仲使国人祭之③。展禽曰④：“越哉⑤，臧孙之为政也！夫祀，国之大节也⑥；而节，政之所成也。故慎制祀以为国典。今无故而加典，非政之宜也。

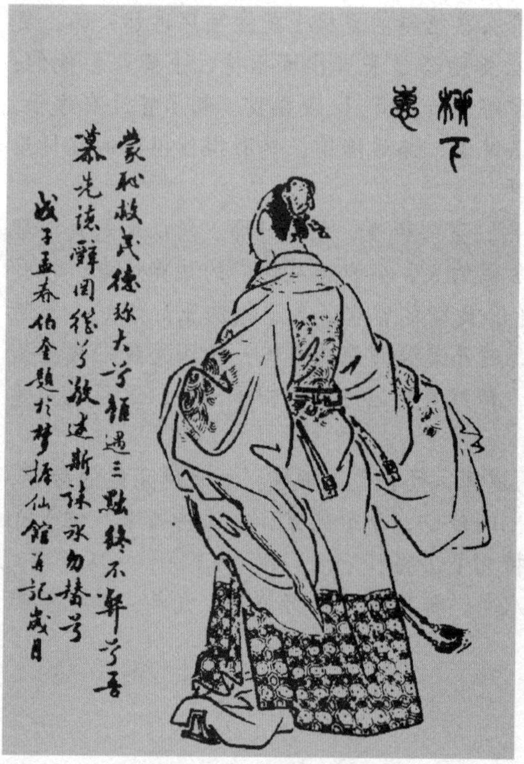

《东周列国志》版画之柳下惠像

①爰（yuán）居：一种巨型海鸟。其事发生在鲁文公二年（前625年），孔子说臧文仲有“三不仁”、“三不智”，其“三不智”即“作虚器、纵逆祀、祀爰居”。

②鲁东门：鲁国都城曲阜的东门。

③臧文仲：鲁国执政大夫。姓臧孙，名辰，谥号“惠”。

④展禽：名获，字禽，谥惠，食邑在柳下，鲁国大夫。

⑤越：逾越，超出，超出祭祀规定的范围了。

⑥节：制度。

“夫圣王之制祀也⑦，法施

于民则祀之，以死勤事则祀之[8]，以劳定国则祀之[9]，能御大灾则祀之[10]，能捍大患则祀之[11]。非是族也[12]，不在祀典。昔烈山氏之有天下也[13]，其子曰柱，能植百谷百蔬；夏之兴也，周弃继之[14]，故祀以为稷[15]。共工氏之伯九有也[16]，其子曰后土，能平九土[17]，故祀以为社[18]。黄帝能成命百物[19]，以明民共财[20]，颛顼能修之[21]。帝喾能序三辰以固定[22]，尧能单均刑法以仪民[23]，舜勤民事而野死[24]，鲧障洪水而殛死[25]，禹能以德修鲧之功[26]，契为司徒而民辑[27]，冥勤其官而水死[28]，汤以宽治民而除其邪[29]，稷勤百谷而山死[30]，文王以文昭[31]，武王去民之秽[32]。故有虞氏禘黄帝而祖颛顼[33]，效尧而宗舜[34]；夏后氏禘黄帝而祖颛顼，效鲧而宗禹；商人禘舜而祖契，郊冥而宗汤；周人禘喾而郊稷，祖文王而宗武王；幕[35]，能帅颛顼者也，有虞氏报焉[36]；杼[37]，能帅禹者也，夏后氏报焉；上甲微[38]，能帅契者也，商人报焉；高圉、太王[39]，能帅稷者也，周人报焉。凡禘、郊、祖、宗、报，此五者国之典祀也。

⑦圣王：指黄帝、尧、舜、周文王等。制祀：制定祭祀的制度。

⑧以死勤事：辛勤做事而死，意为为国尽力不顾性命。指舜、鲧、后稷等。

⑨以劳定国：以自己的劳绩奠定国家基业。

⑩能御大灾：指禹治洪水。

⑪捍：抵御。

⑫是族：此类。

⑬烈山氏：一作厉山氏，炎帝，传说是上古姜姓部落联盟的首领。一说神农氏。

⑭弃：即后稷，周的始祖，死后祀为谷神。

⑮稷：即弃，人称后稷。

⑯共工氏：传说中上古共工部落联盟的首领。伯（bà）：通“霸”。九有：九州。有，通“域”。

⑰后土：名句龙，黄帝时土官。平：治理。九土：九州的土地。

⑱社：社神（土地神）。

⑲黄帝：本姓公孙，长于姬水，改姓姬，名轩辕氏，号有熊氏。有土德之瑞，故称黄帝。相传为华夏民族共同始祖。命：命名。

⑳明民：使民众明白。明，开化。共财：供给赋税。共，同“供”。

㉑颛顼（zhuān xū）：号高阳氏，黄帝之孙。

㉒帝喾（kù）：号高辛氏，黄帝之曾孙。实为古代某部落联盟之首领。他对古代天文历法有贡献。序三辰：按照日、月、星运行的规律，安排节气、农事的顺序。固：使安居。

㉓尧：传说父系氏族社会后期炎黄部落联盟首领。本名放勋，为陶唐部落长，因号陶唐氏，史称唐尧。单：通“殚”，尽。均：平均，公平。仪民：作为民众的准则。

㉔舜：本名重华，为有虞部落长，因号有虞氏，史称虞舜。死于苍梧（在今湖南）的田野。

㉕鲧（gǔn）：瑞项后裔，号崇伯，奉尧命治水，他筑提防洪失败，被杀于羽山。殛（jí）：诛杀。

㉖禹：姒姓，号文命，也称夏禹，鲧之子，子承父业，治水以疏导为主，平息水患，获得成功。史称夏后氏。

黄帝像，图出自明·天然撰《历代人物像赞》。黄帝是中国历史上的“五帝”之一。

㉗契（xiè）：帝喾之子，殷商始祖。辑：和睦。

㉘冥：契之五世孙，夏时任水官，死于治河，后被祀为水神，称玄冥。

㉙汤：商朝的开国之君，契之后裔。邪：邪恶。指夏朝末代暴君桀。

㉚稷：即弃。山死：死于山野。

㉛文王：周文王姬昌，武王之父。

㉜武王：周武王姬发，周朝的开国之君。去民之秽：除灭暴君商纣王。秽，恶势力。

㉝有虞氏：舜之号，此指舜的后人。禘（dì）：大祭。古时天子祭天或祭祀先祖的大典。此处用作动词，指举行这种祭祀。祖：天子祭祀开国之祖的典礼。用作动词。

㉞郊：在国都郊外祭祀天地，并以祖先配祭的典礼。宗：祭祀开国之君的典礼。宗其有德者，百世不迁之庙。一说祭祀宗族长。一说祭祀开国次祖。

㉟幕：舜的后裔，夏代时为部落首领，即虞思。

㊱报：报答恩德的祭祀仪礼。

㊲杼：禹的后代，禹七世孙，少康之子，复夏有功。

㊳上甲微：契八世孙，汤先祖，曾重振祖业。

㊴高圉（yǔ）：传说是弃的十世孙，周族首领。太王：即古公亶（dàn）父，周文王的祖父。曾带领周族迁至岐地定居。

“加之以社稷山川之神，皆有功烈于民者也[40]；及前哲令德之人，所以为明质也[41]；及天之三辰，民所以瞻仰也；及地之五行，所以生殖也[42]；及九州名山川泽，所以出财用也。非是不在祀典。

㊵功烈：功业。

㊶质：信任。

㊷生殖：生育繁殖。

“今海鸟至，已不知而祀之，以为国典，难以为仁且知矣[43]。夫仁者讲功，而知者处物[44]。无功而祀之，非仁也；不知而不问，非知也。今兹海其有灾乎[45]？夫广川之鸟兽[46]，恒知而避其灾也[47]。

㊸知：同“智”，明智，聪明。后文“知者处物”、“非知也”之“知”同此解。

㊹处物：考察事理，了解事物的规律。

㊺今兹：此时，今年。

㊻广川：大海。

㊼恒：常。

是岁也，海多大风，冬暖。文仲闻柳下季之言[48]，曰：“信吾过也[49]，季子之言不可不法也。”使书以为三筴[50]。

㊽柳下季：即展禽。季，是排行最小的意思。

㊾信：的确，确实。

㊿三筴：三份简策。筴（cè），通“策”，亦即“册”。古代用竹片或木片写字，称为“简”，用皮条或绳编起来，一篇文字为一策。

【译文】

有种海鸟名爰居，停留在鲁国都城东门外已经两天了。臧文仲下令城中居民祭奉它。展禽说：“超出祭祀的范围了，臧孙就这样主持政事的么！祭祀是国家的重大礼节，而礼节是国家的政治能够取得成功的重要条件，因此历来都是谨慎地制定祀礼，来作为国家的大典，如今无缘无故地增加祭祀，为政不应该这样做啊。

“贤明的君主规定祀礼，对于那些建立法度，使法度广施于民的，就祭祀他；对于那些为国事辛劳而死的，就祭祀他；对于那些辛勤劳苦而使国家稳定的，就祭祀他；对于那些能够防御大灾难的，就祭祀他。不是这几类人就不属于祭祀的范围之内，从前炎帝掌管天下的时候，他有个儿子叫做柱，能栽种各种谷物和蔬菜，后来夏朝兴起，周人的祖先继承了柱的事业，因此把他当作谷神来祭祀。到共工氏掌管天下的时候，他儿子叫后土，能治理九州的土地，因此把他当作土神来祭祀。黄帝能为各种物品确定名称，使百姓知道，为国家供给财用，颛顼能继续他的功业。帝喾能根据日、月、星的运行规律使百姓安居乐业，尧能尽力使刑法的实施趋于公正，舜为百姓的事劳苦而死在荒野之中，鲧由于没能成功阻挡洪水而被杀，禹却能凭高尚的德行继承并补救了鲧的事业，契做司徒主使得人民和睦，冥由于勤劳肯干、忠于职守以至死在水中，汤以宽厚仁德的政令治理百姓并且消灭了欺压百姓的夏桀，稷由于忙于种植百谷而死于山上，文王以文德著

颛帝像，图出自明·天然《历代古人像传》。颛帝即颛顼，是传说中的五帝之一。

称于世，武王铲除了祸害百姓的商纣。因此有虞氏禘祭黄帝，祖祭颛顼，郊祭尧而宗祭舜；夏后氏禘祭黄帝而祖祭颛顼，郊祭鲧而宗祭禹；商代禘祭舜，祖祭契，郊祭冥而宗祭汤；周代禘祭帝喾，郊祭稷，祖祭文王、宗祭武王。幕能遵从颛顼时的成法，有虞氏对他举行报祭；杼能遵从禹时的成法，夏后氏对他举行报祭；上甲微能遵从契时的成法，商代时就对他举行报祭；高圉和太王能够遵从稷时的成法，周代就对他举行报祭。禘祭、郊祭、祖祭、宗祭、报祭这五种祭典，是国家的祭祀盛典呀。

“再加上江山社稷的神明，都是对人民有功的；以及过去有智慧、有美德的人，是百姓所信任的；天上的日、月、星，是百姓所仰望的；地上的金、木、水、火、土，是百姓凭靠得以繁衍生息的；还有各处的山川湖泊，是财用的出产之地，不属于这些，就不在祭祀的范围之中。

“如今海鸟来了，自己不清楚它的来由却要祭祀它，用了国家大典，这很难说是明智之举。慈爱的人讲求功勋，有智慧的人定夺事物。没有功勋而去祭祀它，不是慈爱，不清楚而不去问，不是明智。今年大海应该有灾祸吧！大海的鸟兽，时常明白预先躲避灾难的。”

那一年海上风浪多，冬季温暖。文仲听到柳下惠的话，说：“真是我的过错，柳下惠的话，不能不照做啊。”他叫人把那些话刻写在竹简之上，一共写了三份。

里革断罟匡君①

《国语·鲁语上》

【题解】

中国自古以来，对于有益于人类的鸟兽虫鱼，总是采取有节制地捕获政策。里革能够不怕君主的权势，维护这种政策；鲁宣公能及时醒悟，虚心纳谏；师存进言，又意味深长。三者皆有可取之处。

宣公夏滥于泗渊②，里革断其罟而弃之，曰："古者大寒降③，土蛰发④，水虞于是乎讲罛罶⑤，取名鱼⑥，登川禽⑦，而尝之寝庙⑧，行诸国人⑨，助宣气也⑩。鸟兽孕，水虫成⑪，兽虞于是乎禁罝罗⑫，矠鱼鳖以为夏槁⑬，助生阜也⑭。鸟兽成，水虫孕，水虞于是乎禁罝䍡⑮，设阱鄂⑯，以实庙庖，畜功用也⑰。且夫山不槎蘖⑱，泽不伐夭⑲，鱼禁鲲鲕⑳，兽长麑䴠㉑，鸟翼鷇卵㉒，虫舍蚳蝝㉓，蕃庶物也㉔，古之训也。今鱼方别孕㉕，不教鱼长，又行网罟，贪无艺也㉖。"

"解网施仁"图，选自明·张居正《帝鉴图说》，讲述商汤为君宽仁，打猎时把四面的网撤去三面，只留一面之事。

①本篇旨在说明渔猎有时，使万物得以休养生息，才不会破坏自然资源。里革，鲁大夫。罟（gǔ），鱼网。匡，正。

②宣公：鲁宣公，名倭，鲁文公庶子（《公羊传》、《穀梁传》作文公弟），前608年即位，在位十八年。滥：沉浸。这里指下网。泗：水名，源于山东泗水，南流入江苏境内。

③大寒：二十四节气之一，一般在农历十二月中下旬。降：以后。

④土蛰：在土中冬眠的动物。

⑤水虞：官名，掌管湖泊河流禁令。讲：习，训练。罛（gū）罶（liū）：大鱼网和捕鱼笼。
⑥名鱼：大鱼。
⑦登：通“得”，取，求取。
⑧尝：祭祀名，秋祭宗庙叫尝。这里泛指祭祀。寝庙：指宗庙。
⑨行诸国人：在国人中施行。
⑩宣：散发，宣泄。气：指阳气。
⑪水虫成：水中的鱼鳖等已经长大。
⑫兽虞：官名，掌管鸟兽禁令的官。罝（jū）：捕兔的猎网。罗：捕鸟的网。
⑬矠（cuò）：刺取。槁：这里指鱼鳖等海鲜的干制品。
⑭助生阜：帮助鸟兽生长。阜，生长。
⑮罝罜（lù）：一作罜（zhǔ）罜，小鱼网。
⑯阱：捕兽的陷坑。鄂：设有尖木桩的陷坑。
⑰庙庖：宗庙和庖厨。畜：积贮。功用：指供随时享用的物产。
⑱槎（chá）：砍。蘖（niè）：树木砍伐后旁生的新枝。
⑲夭：初生的草木。
⑳鱼：通“渔”，捕捞。鲲：小鱼。鲕（ér）：未长成的鱼。
㉑兽长麑麇（yǎo）：谓狩猎时留下幼小动物让它们成长。麑，小鹿。麇，幼麋。
㉒鷇（kòu）：待哺食的幼鸟。
㉓蚳（chí）：蚁卵。蝝（yuán）：未长翅的蝗。
㉔蕃：繁殖，生息。庶：众。
㉕别孕：生育。别，指子离母体。
㉖艺：限度。

公闻之曰：“吾过而里革匡我，不亦善乎！是良罟也，为我得法。使有司藏之，使吾无忘谂㉗。”师存侍，曰㉘：“藏罟不如置里革于侧之不忘也。”

㉗谂（shěn）：规谏。
㉘师存：师，乐师。存，乐师的名。

【译文】

鲁宣公夏天的时候在泗水的深处撒网捉鱼，里革把网割断了，扔在一边，说：“古时候隆冬严寒一过去，地下冬眠的蛰虫开始苏醒，水虞这时就筹划安排大网、渔篓，捕上大鱼，将鱼鳖一类的水产放于祭礼用的豆中，把它们放在宗庙中供祭祖宗，再让国都中的百姓捕捉食用，用以宣扬春天的阳气。到了鸟兽怀胎，水中生物发育长大的时候，兽虞就禁止张网捕兽捕鸟，只许刺取鱼鳖，做成夏天食用的肉干，这是为祭帮助鸟兽的繁衍。到了新一代鸟兽长大，水虫育卵的时候，水虞就禁止使用细眼的渔网，而放置捕兽陷阱以捕获兽类提供宗庙祭食和充实厨房，这是为了储蓄水产资源而供日后捕捞。而且，到山上不许砍伐新生的枝条，到泽地不许割取幼嫩的植物，捕鱼时制止捕捞幼小的鱼虾，猎兽时不得伤害幼兽，捕鸟要保护雏鸟与鸟卵，捕虫要留下蚂蚁和蝗虫的幼虫，这是为了使万物繁衍生息。这些都是先人的教训。如今鱼类正处于产子时期，不让它们长大，还要施网捕鱼，真是太贪心了啊！”

宣公听了这些话，说：“我犯了错，里革就校正我，不是非常好吗？这是一张很有意义的网，让我懂得了古代的治国之道。叫有关官员将它保存好，使我不忘这一次规劝。”乐师存站在宣公身边，说：“保存渔网，还不如把里革安放在身边，他会警示您不要忘了先王的遗诫。”

敬姜论劳逸

《国语·鲁语下》

【题解】

本文记叙的是贵族孀妇敬姜夫人教子的一番话，她主张尊重劳动，反对安逸，并认为作为鲁国大夫的儿子必须懂得这个道理，只有懂得这个道理，才能更好的为民做事，为国出力。全文结构紧凑，说理透彻、措词精当。文中也反映了“君子劳心，小人劳力”的错误观点。

公父文伯退朝①，朝其母，其母方绩。文伯曰：“以歜之家②而主犹绩，惧干季孙之怒也，其以歜为不能事主乎！”

①“公父”三句：公父文伯，公父歜（chù），春秋时鲁国大夫，敬姜之子。朝：古时儿子见父母也称“朝”。绩：纺麻。

②“以歜之家”三句：主，称大夫或大夫之妻，此处指敬姜。敬姜为鲁国季孙（季康子）的叔祖母，早寡，“敬”为谥号。忏（gān）：通“干”，冒犯，触犯。

其母叹曰：“鲁其亡乎！使僮子备官而未之闻邪③？居，吾语女。昔圣王之处民也，择瘠土而处之，劳其民而用之，故长王天下④。夫民劳则思，思则善心生；逸则淫，淫则忘善，忘善则恶心生。沃土之民不材⑤，淫也；瘠土之民莫不向义，劳也。是故天子大采朝日⑥，与三公、九卿祖识地德，日中考政，与百官之政事，师尹惟旅、牧、相宣序民事；少采夕月⑦，与太史，司载纠虔天刑；日入监九御，使洁奉禘、郊之粢盛，而后即安。诸侯朝修天子之业命，昼考其国职，夕省其典刑，夜儆百工⑧，使无慆淫，而后即安。卿大夫朝考其职，昼讲其庶政⑨，夕序其业，夜庀其家事，而后即安。士朝受业，昼而讲贯⑩，夕而习复，夜而计过无憾，而后即安。自庶人以下，明而动，晦而休，无日以怠。王后亲织玄紞⑪，公侯之夫人加之以纮、綖，卿之内子为大带，命妇成祭服，列士之妻加之以朝服，自庶士以下，皆衣其夫。社而赋事⑫，烝而献功，男女效绩，愆则有辟，古之制也。君子劳心，小人劳力，先王之训也。自上以下，谁敢淫心舍力⑬？

③“使僮子“三句：僮，即“童”，孩子。备官：做官。未之闻：之，做官的道理；没有听说过做官的道理吗？居：坐下。女：通“汝”，你。

④王（wàng）天下：称王天下。

⑤"沃土"句：沃土指肥饶地区。不材指不成材，无用。

⑥"是故"七句：大采，意为五采礼服。朝日：古天子祭祀日神。三公：即太师、太傅、太保，周朝最高长官。九卿：即冢宰、司徒、宗伯、司马、司寇、司空、少师、少傅、少保，各为分管各部门的最高长官。祖：熟习。地德：指生长万物、养育万民的土地功用。师尹：大夫官。惟：与。旅：众。牧：地方长官。相（xiàng）：辅助。宣序：颁布安排。

⑦"少采"六句：少采指三采礼服。夕月：古天子祭祀月神，夕，夜间祭祀。太史：编著史书及掌管星历的官员。司载：掌管天文的官员。纠虔：恭敬观察的样子。天刑：上天显示的征兆。九御：即九嫔，天子内宫的诸女官。禘（dì）：天子祭祀祖先的大典。郊：天子在郊外祭天地的大礼。粢盛（zī shèng）：盛在祭器内供祭祀的谷物。

孔子像

⑧"夜儆（jǐng）"二句：儆，警戒，告诫。百工：百官。慆（tāo）淫：疏懒，放荡。

⑨"昼讲"三句：庶政，各种政事。序：检点。业：指经办的事务。庀（pǐ）：治理。家：指士大夫的封地。

⑩"昼而讲贯"三句：讲贯，讲解学习。计过：反省过失。计，计数，这里有反省的意思。

⑪"王后亲织"五句：玄紞（dǎn）指王冠两旁的黑色丝绳，用以悬玉。纮（hóng）：冠冕上的带子。綖（yán）：覆在冠冕上的布。内子：妻子。大带：用黑绢做的束腰带。命妇：朝廷给予封号的妇女，此处指大夫的妻子。列士：即周代的上、中、下诸士，下士也称"庶士"。

⑫"社而赋事"四句：社指社祭，即每年春分时节祭祀土神。赋事：布置农事。烝（zhēng）：冬天的祭祀。献功：供献五谷布帛等劳动成果。愆（qiān）：错误，过失。辟：定罪，处罚。

⑬淫心舍力：指怠慢，放荡。此句意为不尽力（做事）。

"今我，寡也，尔又在下位⑭，朝夕处事，犹恐忘先人之业。况有怠惰，其何以避辟！吾冀而朝夕修我曰⑮：'必无废先人。'尔今曰：'胡不自安。'以是承君之官，余惧穆伯之绝祀也。"

⑭下位：指大夫，是当时朝廷中一般官员。

⑮"吾冀"六句：冀指冀望，希望。而：通"尔"，你。修：勉导。承：担任。绝祀：断绝了祭祀人。

仲尼闻之曰⑯："弟子志之，季氏之妇不淫矣。"

⑯"仲尼"三句：仲尼，是孔子的字。志：记。淫：安逸。

【译文】

公父文伯退朝之后，去参见他的母亲，他的母亲正在绩麻。公父文伯说："像我们这样的人家，做母亲的还要绩麻，难说要惹起季孙发脾气，以为我不能服侍您呢！"他的母亲敬姜听后，长叹一声说："鲁国将要亡了吧！让没有知识的人去做官，连治国的道理也没有听过呀！你坐下，我来告诉你。以前圣王治理百姓的方法，挑选那些不肥沃的土地，让他们居住在那里，使他们时常劳苦，然后支配他们，因此就能长久地保有天下。由于人民劳苦就会去思考怎么节约和克制自己。常常思考就会产生善良的心理。没有事做就会放荡，一放荡就会忘掉善心，一忘掉善心，恶心也就产生了。居住在肥沃土地上的人，大半是不成材的，就是由于放荡；贫瘠地方的人没有不向往义理的，就是因为勤劳的原因。因此，天子在春分的清晨就要穿着五彩衣服去祭日，并与三公九卿共同熟习、体验大地生育万物的规律。中午，要考察国家的政治，以及百官所做的事务。师尹、众士、州牧、国相，都要宣布政教使百姓有条不紊。到了秋分时节，要穿了五彩的衣服去祭月，并和掌管天文的太史、司载，恭恭敬敬地观察上天显示的吉凶景象。到了晚上，要监视九御，叫他们把祭祀的物品弄得整齐干净，然后才去睡觉。诸侯呢，早上要研究天子的命令和所应办理的事务，白天要考察国家大事，傍晚要熟习国家的常法，夜里要训诫手下百官，使他们不要怠惰放纵，然后才去睡觉。卿大夫呢，早上要考察他的职责，白天要处理各种事情，傍晚要整理他一天来所做的工作，夜里料理他的家务，然后才能去睡觉。士人呢，早晨接受学业，白天讲习，傍晚复习，夜里反省自己有没有过失，要是没有什么值得懊悔，然后才去睡觉。自庶人以下，天亮就起来工作，晚上休息，没有一天可以怠惰。就是皇后也要亲织黑色的、悬挂在帽子上的丝带，公侯的夫人，要加做系帽子的小丝带和冕上的方版，卿的妻子要做大带，大夫的妻子要做祭服，列士的妻子再加做朝服。从庶人以下的妻子，都要为她的丈夫做衣服。春祭要向神明祷告农事开始，冬祭要禀告农事成功，男男女女各自陈述功绩，要是有了过错，就要加以惩罚，这是古代的规章。'君子'劳心，'小人'劳力，这是先王的遗训。从上到下，哪一个敢心思放荡而不努力劳动呢？如今我是个寡妇，你又处于下大夫的职位，就是从早到晚做事，还怕忘了先人的事业。要是怠惰，怎么可以逃避惩罚呢？我期望你每天要自己自勉说：'一定不要放弃先人的事业。'你如今却说：'为什么不自己安逸？'靠这样的思想担当国君的官职，我怕穆伯即将要没人祭奠了！"

孔子听了敬姜的话后说："弟子们听着，季家的这位妇人，可算是勤奋辛劳而不贪图享受的人啊。"

叔向贺贫

《国语·晋语八》

【题解】

晋国正卿韩宣子为自己的贫穷发愁之时，叔向却前往祝贺，指出关键问题不在于贫富，而在于有没有德行。如果没有德行，愈富有，其祸害愈大，有了德行即使贫穷也可转祸为福。叔向的话在客观上批评了士大夫阶层骄奢淫逸的不良行为，有一定的积极意义。

叔向见韩宣子①，宣子忧贫，叔向贺之。

①叔向：晋国大夫，羊舌氏，名肸（xì）。韩宣子：名起，晋国的正卿。

宣子曰："吾有卿之名，而无其实②，无以从二三子③，吾是以忧，子贺我何故？"

②实：实际，指财产。

③二三子：指同朝的卿大夫。

对曰："昔栾武子无一卒之田④，其官不备其宗器⑤，宣其德行，顺其宪则⑥，使越于诸侯⑦，诸侯亲之，戎、狄怀之，以正晋国⑧，行刑不疚⑨，以免于难。及桓子，骄泰奢侈⑩，贪欲无艺⑪，略则行志⑫，假货居贿⑬，宜及于难⑭，而赖武之德，以没其身⑮。及怀子，改桓之行⑯，而修武之德，可以免于难，而离桓之罪⑰，以亡于楚⑱。夫郤昭子⑲，其富半公室，其家半三军⑳，恃其富宠，以泰于国㉑，其身尸于朝㉒，其宗灭于绛㉓。不然，夫八郤——五大夫三卿㉔，其宠大矣，朝而灭，莫之哀也㉕，惟无德也。

④栾武子：即栾书，晋国的上卿。一卒之田：古代上大夫的俸禄。一卒为一百人，一卒之田为一百顷。栾书为晋上卿，按规定有一旅之田（即五百顷）。

⑤官：居室，家中。宗器：宗庙祭器。

⑥顺：遵循。宪则：法制。

⑦越：发闻，传播。

⑧以正晋国：从而使晋国走上正轨。

⑨行刑：实行国家的法律。疚：病。

⑩以免于难：指栾书曾杀晋厉公，立晋悼公，因其行为公正，有德于人，未受到"弑君"的责难。桓子：即栾黡（yǎn），栾书之子。骄泰：骄傲放纵。

⑪无艺：无极，无厌。

⑫略则：干犯法纪。行志：任性而为。

⑬假贷：放债。居贿：囤积货财。

⑭宜及于难：本该遭到祸患。

⑮以没其身：直到身死。

⑯怀子：即栾盈，栾黡之子。

⑰离：同“罹”，遭受。

⑱以亡于楚：指栾盈因遭阳华之谮，说他的祖父栾书曾杀晋厉公，因而逃亡楚国。

⑲郤昭子：名至，晋国的正卿。

⑳半公室：指财富占诸侯家族的一半。半三军：指晋国上、中、下三军中的将佐，郤家的人占半数。

㉑泰：奢泰骄姿。

㉒其身尸于朝：指公元前574年，晋厉公杀三郤（郤锜、郤犨、郤至），皆陈尸于朝。

㉓宗：宗族。绛（jiàng）：晋故都，在今山西翼城县东南。

㉔八郤——五大夫、三卿：指郤氏八人中郤文、郤豹、郤芮、郤谷、郤溱五人为晋大夫，郤锜、郤犨、郤至三人为晋卿。

㉕莫之哀也：没有人哀怜他们。

今吾子有栾武子之贫，吾以为能其德矣[26]，是以贺。若不忧德之不建，而患货之不足，将吊不暇，何贺之有？”

㉖能其德：谓能修栾武子的德行。

宣子拜稽首焉，曰：“起也将亡，赖子存之。非起也敢专承之[27]，其自桓叔以下[28]嘉吾子之赐[29]。”

㉗专承：独享。

㉘桓叔：韩氏的始祖，名成师。桓叔本为晋文侯之弟，生子万，受封于韩，因以为姓。

㉙吾子：对人亲密的称呼。

【译文】

叔向参见韩宣子（名起，晋国的正卿），韩宣子正为穷困而担忧。叔向却向他庆贺。韩宣子说：“我有卿的虚名，没有卿的实际待遇，没有资财招待大家，我所以忧愁。而您却庆贺我，这是什么原因？”叔向回答说：“昔日栾武子（栾书，晋卿）连一百亩地也没有，他作为掌管祭祀的官备不起自家宗庙的祭器。他却发扬传播德行，遵从法度，使国家胜过其他诸侯国。各国诸侯亲近他，戎狄之心归附他，凭此来治理晋国。他执行法度没有差错，用这个使自身免于灾祸。到了桓子（栾书的儿子），骄横奢侈，贪得无厌，忽视法度而行贪欲之志，货物取利，本应遭殃，但凭借武子的好德行平安地度过一生。到了怀子（桓子的儿子），改掉了桓子的劣行，而学习武子的好德行，本能够避免灾难，但却因为父亲罪恶的株连，而逃亡到楚国。郤昭子（即郤至，晋国正卿），他的财产相当于半个国家的财富，他家的人口有三军的一半那么多，他凭靠自己富有尊荣，在晋国骄横放荡，结果被杀而陈尸于朝堂，他的家族也被灭绝在绛地。否则的话，郤家八个人，有五个大夫三个卿，他们的尊荣也够大的了，一朝被灭，没有人不感到哀惋的，只因为他没有好德行啊。如今您具有栾武子那样的穷困，我觉得您能行他的好德行，因此向您祝贺。假如不为没有建立德行而不发愁，却为资财的不足发愁，那就吊丧还不一定来得及呢，还有可祝贺的吗？”

韩宣子跪地拜谢，说：“我韩起将要灭亡，倚仗您才活下来。您的恩惠我韩起不敢独自承受，自我祖桓叔往下，都感激您的恩德！”

王孙圉论楚宝

《国语·楚语下》

【题解】

春秋时期，晋、楚是具有实力的大国，彼此间常有冲突，即使外交场合也是如此。楚大夫王孙圉到晋国访问，晋国国君设宴招待他。席间，晋国的赵简子出席作陪，故意把礼服上的佩玉弄得丁当作响，并询问楚国的白珩价值几何。向楚使问楚宝，是对楚国尊严的公然挑衅。王孙圉针锋相对，就“宝”字生发出楚国的强盛与崇尚，在气势和境界上压倒对方，使赵简子自讨没趣，尴尬无言。行文“事简言详”，仍体现《国语》“记言”为主的特点。

王孙圉聘①于晋，定公②飨之，赵简子鸣玉以相③，问于王孙圉曰：“楚之白珩④犹在乎？”对曰：“然。”简子曰：“其为宝也，几何矣？”

①聘：聘问，这里指诸侯国间互相访问。

②定公：晋定公，名午。

③相：相礼，在礼仪上辅助定公。

④白珩（héng）：楚国名贵的佩玉。

曰：“未尝为宝。楚之所宝者，曰观射父⑤，能作训辞，以行事于诸侯，使无以寡君为口实⑥。又有左史倚相⑦，能道训典，以叙百物，以朝夕献善败于寡君，使寡君无忘先王之业；又能上下说⑧乎鬼神，顺道其欲恶，使神无有怨痛于楚国。又有薮曰云连徒洲，金、木、竹、箭之所生也，龟、珠、角、齿、皮、革、羽、毛，所以备赋，以戒不虞者也。所以共币帛，以宾享于诸侯者也。若诸侯之好币具，而导之以训辞，有不虞之备，而皇神相之，寡君其可以免罪于诸侯，而国民保焉。此楚国之宝也。若夫白珩，先王之玩也，何宝焉？

⑤观（guàn）射（yì）父（fǔ）：晋大夫。

⑥口实：话柄。

⑦倚相：人名。

⑧说：“悦”的古字，取悦。

“圉闻国之宝，六而已：圣能制议百物，以辅相国家，则宝之；玉足以庇荫⑨嘉谷，使无水旱之灾，则宝之；龟足以宪⑩臧否⑪，则宝之；珠足以御火灾，则宝之；金足以御兵乱，则宝之；山林薮泽足以备财用，则宝之。若夫哗器之美，楚虽蛮夷，不能宝也。”

⑨庇荫：保佑。

⑩宪：表明、显示。

⑪臧否：吉凶。

【译文】

王孙圉去晋国进行拜访，定公摆宴招待他。赵简子作陪，他特意弄响身上的佩玉，问王孙圉："楚国的白珩还在吗?"

王孙圉回答："还在。"

赵简子又问："作为一件宝物，它值多少钱?"

王孙圉回答说："我们从没把它当作宝物。被楚国所珍惜的是大夫观射父，他善于辞令，和各国往来，不会使我们国君在诸侯中落下笑话。还有左史倚相，能讲经引典，井井有条地办理一切事物，并随时将善恶之事理奉闻于君，使我们的国君不忘先王的功业。他还能取悦于天地鬼神，顺从好恶，使鬼神对楚国没有怨恨。有一个大湖叫云梦，连接着徙洲，金、木、竹和箭从这儿出产，龟壳、珍珠、曾角、象牙、虎豹皮、犀革、鸟羽和牦牛尾，可用来充作宾赋，以防意外的产生，也可用来作为礼物，以进献诸侯。假如诸侯喜爱的礼物已经具备，再用好的辞令疏通关系；有对付意外事件的准备，又有皇天神明保佑，我们国君不致于得罪诸侯，百姓也可以安定。这才是楚国的珍宝。至于白珩，不过是先王的玩物而已，算什么宝物呢？我听说，国家的宝物只有六件：明白事理能讨论制定大事、辅助治理国家的人，就应算是宝物；祭祀用的玉器，能够护佑五谷生长，没有水旱之害，就把它视为宝物；占卜用的龟壳假若能卜出善恶，也可把它当宝物；珍珠假如能避免火灾，就把它视为宝物；山林湖泊可以供给财物、用度，就把它们当宝物。至于那鸣响的佩玉，楚国尽管被看作蛮夷之地，却不会把它看作宝物的。"

诸稽郢行成于吴

《国语·吴语》

【题解】

吴王夫差兴师伐越，越王勾践退守会稽，于是文种向勾践献策：如今吴国势力强大，不如暂时委曲求全，卑身事吴，以助长吴王的骄横跋扈，助长他称霸诸侯的野心，然后趁他们民弊兵疲的时候坐收渔利。于是勾践派诸稽郢向吴求和，诸稽郢对吴极尽恭维之能事，表示不念旧怨，感激再造之恩，愿意对吴王行天子之礼，用以助长吴王的骄横。然后又告诫吴王既已扶植越国，如果再行讨伐，将失信于诸侯，目的在于助于吴王的野心。诸稽郢委婉动听、绵中藏针的求和辞令终于为越国赢得了喘息的机会。

吴王夫差起师伐越，越王句践[1]起师逆[2]之江。

①句践：即勾践。句，同“勾”。

②逆：迎击。

大夫种[3]乃献谋曰：“夫吴之与越，唯天所授，王其无庸[4]战。夫申胥、华登[5]简服[6]吴国之士于甲兵，而未尝有所挫[7]也。夫一人善射，百夫决拾[8]，胜未可成。夫谋必素[9]见成事焉，而后履[10]之，不可以授命[11]。王不如设戎，约辞行成[12]，以喜其民，以广侈[13]吴王之心。吾以卜[14]之于天。天若弃吴，必许吾成而不吾足[15]也，将必宽然有伯[16]诸侯之心焉。既罢[17]弊其民，而天夺之食[18]，安受其烬[19]，乃无有命矣。”

③种：即文种，字少禽，越国大夫。

④庸：用。

⑤申胥：即伍员，字子胥。华登：人名，吴国大夫。

⑥简：选。服：教习。

⑦挫：败。

⑧决拾：射箭用具。决，射箭用的板指，带在右手大指上，用它钩弓弦。拾，皮革制品，套在左臂上，以免衣袖妨碍开弓。

⑨素：预先。

⑩履：实行。

⑪授命：送命。

⑫约辞行成：说些谦卑的话去讲和。行成，求和。

⑬广侈：扩张，此处为使存骄心之意。

⑭卜：占卜。

⑮足：足虑之意。

⑯伯：通“霸”，称霸。

⑰罢：通“疲”，疲劳。

⑱天夺之食：指遭受天灾，粮食歉收。

⑲烬：来烬，残余，指遭天灾人祸之后的吴国残局。

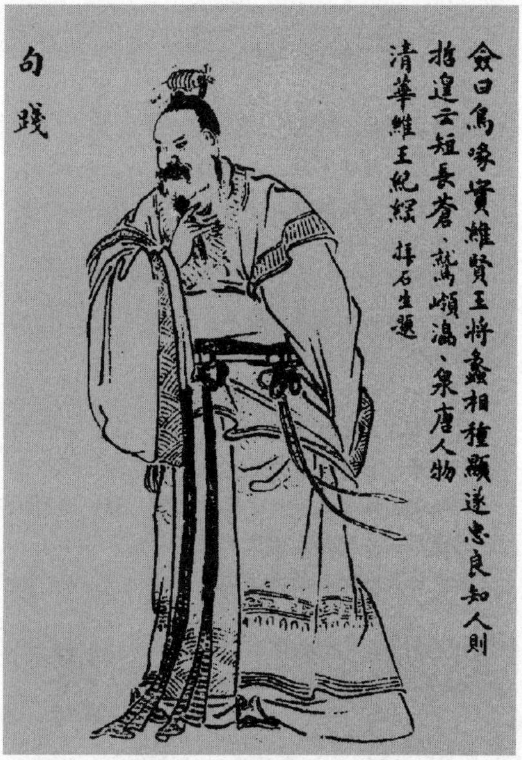

《东周列国志》版画之越王句践像

越王许诺，乃命诸稽郢⑳行成于吴，曰：“寡君句践使下臣郢不敢显然㉑布㉒币㉓行礼，敢私告于下执事㉔曰：‘昔者越国见祸，得罪于天王㉕。天王亲趋玉趾㉖，以心孤句践㉗，而又宥赦之。君王之于越也，繄㉘起死人而肉白骨㉙也。孤㉚不敢忘天灾，其敢忘君王之大赐乎！今句践申祸㉛无良，草鄙之人，敢忘天王之大德，而思边陲㉜之小怨，以重得罪于下执事？句践㉝用㉞帅二三之老㉟，亲委㊱重罪，顿颡㊲于边。今君王不察㊳，盛怒属㊴兵，将残伐越国。越国固贡献之邑也，君王不以鞭箠㊵使之，而辱㊶军士使寇令㊷焉。句践请盟。一介㊸嫡女㊹，执箕帚㊺以晐姓㊻于王宫；一介嫡男，奉槃匜㊼以随诸御㊽，春秋贡献，不解㊾于王府。天王岂辱裁之？亦征诸侯之礼也。’

⑳诸稽郢：人名，越国大夫。

㉑显然：公然。

㉒布：陈列。

㉓币：古代人用于馈赠的礼品。

㉔下执事：指吴王身边供使令的官员。此处为一种自谦方式，表示不敢直接向吴王陈说，而要请供他役使的人转达。

㉕天王：对吴王夫差的尊称。

㉖亲趋玉趾：亲劳大驾。

㉗心孤句践：心中舍弃句践。孤，舍弃。

㉘繄：就是。

㉙起死人而肉白骨：使死人复活，使白骨生肉，意为恩同再造。

㉚孤：此处指诸稽郢以句践口气讲话。

㉛申祸：再一次遭受灾祸。申，重。

㉜边陲：边境。

㉝用：因此。
㉞帅：通“率”，率领
㉟老：家臣。
㊱委：承担。
㊲顿颡：屈膝下拜，以额触地。颡，音 sǎng，前额。
㊳察：详审，细看。
㊴属：集，会。
㊵鞭箠（chuí）打马的器具，即鞭策。
㊶辱：谦词。屈尊，委屈。
㊷寇令：抵御贼寇的命令。
㊸一介：一个。
㊹嫡女：正妻所生之女。
㊺箕帚：畚箕、笤帚。
㊻晐姓：纳诸姓女子于天子之宫。晐，音 gāi，备。
㊼盘匜：古代用于盥洗的用具。
㊽御：宦官一类的近臣。
㊾解：通“懈”。

《东周列国志》版画之“栖会稽文种通宰嚭”图，讲述春秋时期吴越争霸，开始时越王勾践被夫差打败，越国几乎灭亡，越王使大夫文种厚赂吴国太宰伯嚭，使吴王没有灭掉越国之事。

“夫谚曰：‘狐埋之而狐搰[50]之，是以无成功。’今天王既封殖[51]越国，以明闻于天下，而又刈亡[52]之，是天王之无成劳也。虽四方之诸侯，则何实以事吴？敢使下臣尽辞，唯天王秉[53]利度[54]义焉！”

㊿搰：音 hú，掘出。
(51)封殖：培植。
(52)刈亡：割除。刈，音 yì，芟草。
(53)秉：执。
(54)度：衡量。

【译文】

吴王夫差带兵讨伐越国，越王勾践带兵在江边接战。越大夫文种于是向勾践献计说：“吴国和越国，只靠天之授命，君王不必跟吴国打战。那伍子胥、华登训练吴国的军队各处征战，没有受过挫败。一人关于射箭，百人就要引弦拉弓而群起效尤，所以，我们不一定能抵御吴国。筹划大计，一定要预见到能成功的可能，而后去实行它，不可草率出兵硬去拼命。君王不如部署军队自卫防御，谦卑地议和，以取悦于吴国的人民，而助长吴王的骄纵之心。我们就将这事卜问上天，天如果厌弃吴国，必定允许我们与吴议和，而认为我国不足为虑。吴王必将更加骄纵而萌发称霸于诸侯的野心；当使其人民疲倦不堪，而上天又夺光其福禄。我们就能够安然享受天帝的余恩，而吴国却没有天帝的眷恋了。”

越王非常赞同文种的意见，就命诸稽郢向吴国议和。诸稽郢前去说：“寡君勾践命我这下臣来此，不敢隆重地奉币帛以行聘问之礼，谨冒昧地告诉你们供役使的小吏说：从前越国遭殃，得罪于天王阖庐；天王大驾亲临，大败越军而不占取越地，心弃勾践而宥赦他。君王到于越国是有使死者复活、白骨生肉的大恩大德啊。我孤君不敢忘记天罚之灾，又怎敢忘记君王的大恩大德呢！如今勾践再次遭祸而命运不佳，草野鄙陋之人，怎敢忘记天王的厚恩，计较边界冲突的小怨，而再次得罪您呢？勾践因此将带领二三个年老家臣，亲自前来谢罪，磕头请服于边境。

“现今君王不明察此情，大为恼怒而调集兵马，想要征讨越国。越国本是向吴国进贡地方啊，君王不动用鞭棰而驱使它，却有辱大军来执行御寇平乱的号令。现在勾践请求签订友好盟约：愿献一个嫡女，让她手持箕帚，在王宫之内充当庶姓侍御的女官；再一个嫡男，让他手捧盘匜，跟在众位近臣之后，服侍君王；春季、秋季按时进贡物品，对君王府库的供给绝不怠慢。这样，天王怎能屈驾来制裁他？这也是天王讨伐诸侯所施行的惯例之礼啊。

“谚语说：‘狐狸把东西埋了又刨，刨了又埋，因此不会有成果。’如今天王已经宽恕越国，而以贤明之德宣扬于天下，可是又要消灭它，这是天王没有成功啊。尽管有四方的诸侯，那又怎样相信吴国而加以归顺呢？所以，冒昧地指令我这下臣，把心意尽情禀告，请天王斟酌利弊得失。”

申胥谏许越成①

《国语·吴语》

【题解】

此篇是紧接《诸稽郢行成于吴》之后，写申胥（伍子胥）向吴王进谏，反对与越国讲和，吴王不听申胥的劝谏，最终答应了越国的求和。开头一段写吴王刚愎自用，为后来的拒谏预埋了伏笔。接着写申胥犯颜直谏，笔笔沉着。申胥的谏词，语语针对越大夫文种而发，把越国求和的阴谋完全揭开。申胥能看穿文种的阴谋，来自于他对越国的了解及其洞察力。也惟有持这样的"猛药"进谏，才能在吴王心中产生震动。但结果却是吴王贪功玩祸，拒而不听。

吴王夫差乃告诸②大夫曰："孤将有大志于齐③，吾将许越成，而无拂吾虑④。若越既改⑤，吾又何求？若其不改，反行⑥，吾振旅⑦焉。"

①谏，进言劝阻。许，同意。

②诸：之于。

③"孤将"句：孤，夫差自称，谦词。此句是将要对齐用兵的委婉说法。

④无拂吾虑：无，不要。拂，逆，反对。虑，想法。

⑤既改：已经悔改。

⑥反行：返回。反，通"返"。

⑦振旅：起兵。振，兴，起。

申胥谏曰："不可许也。夫越非实忠实好吴也⑧，又非慑畏⑨吾甲兵之强也。大夫种勇而善谋，将还玩⑩吴国于股掌之上，以得其志。夫固知君王之盖威⑪以好胜也，故婉约其辞，以从⑫逸王志，使淫乐于诸夏之国，以自伤⑬也。使吾甲兵钝弊⑭，民人离落⑮，而日以憔悴，然后安受吾烬。夫越王好信⑯以爱民，四方归之，年谷时熟⑰，日长炎炎⑱。及⑲吾犹可以战也，为虺弗摧⑳，为蛇将若何㉑？"

⑧"夫越"句：夫，发语词。实，确实，真的。好，爱。

⑨慑畏：害怕。

⑩还玩：转动玩耍，玩弄。

⑪盖威：尚威，崇尚武力。

⑫从：同"纵"。使……放纵。此处作动词用。

⑬自伤：伤害自己。

⑭钝弊：锈钝毁坏。

⑮离落：离散流落。

⑯好（hào）信：讲信誉。

⑰年谷时熟：年谷，当年收的粮食。时熟，丰熟。

⑱日长（zhǎng）炎炎：日长，天天增长。炎炎，形容国势兴盛的样子。

⑲及：趁。

⑳为虺（huǐ）弗摧：虺，毒蛇，小蛇。弗，不。摧，灭，打死。

㉑若何：怎么办。

吴王曰：“大夫奚隆于越[22]，越曾足以为大虞乎[23]？若无越，则吾何以春秋曜吾军士[24]？”乃许之成。

㉒奚隆于越：奚，何，为什么。隆，看重，重视。

㉓“越曾足”句：曾，竟然。虞，忧患。

㉔“若无越”二句：若，如果。则，那么。何以，用什么。曜，炫耀。

伍子胥像，图出自清·孔继尧《吴郡名贤图传赞》。伍子胥即伍员，为春秋时期著名的军事家。

将盟，越王又使诸稽郢辞曰：“以盟为有益乎？前盟口血未干[25]，足以结信矣。以盟为无益乎？君王舍甲兵之威以临使之，而胡重于鬼神而自轻也[26]。”吴王乃许之，荒成不盟[27]。

㉕“前盟”句：口血未干，指结盟不久。古代结盟时，以牲畜的血涂在嘴上以示诚意。

㉖“而胡”句：胡，为何。自轻，看轻自己。

㉗荒成不盟：荒，空，口头。成，讲和。不盟，没有订立盟约。

【译文】

吴王夫差对臣子说：“我有大志打算对齐国发起进攻，所以要同越国议和，你们不要阻止。如果越国诚心归顺我，我还求什么？如果不归顺，从齐国回来，我再发动军队。”

申胥劝止说：“不可以同越国议和。越不是诚心诚意同吴友好，也不是畏惧吴国武力强大。大夫种勇敢而善于谋略，他把吴摆在大腿和手掌之上来玩弄，满足他的意图。他本来明白您重视威严又好逞强，因此言辞卑微，来使君王心意放纵，到中原诸国去寻求开心，使我们自己受伤害，武器迟钝朽坏，人民离散，一天天憔悴，然后他不费力气接受我这烂摊子。越王在国内讲诚信，爱百姓，邻国都归顺他，庄稼丰收。时间长了，气势更盛。趁我们还能打仗，他们仅是条小蛇，不去毁灭；等它长成大蛇了，那怎么办呢？”

吴王说：“你为什么这样提升越国？越国竟也值得大加担忧呢？如果没有越国，我怎么能在春秋二季中夸耀兵力？”所以答应议和。

即将立誓，越王又让诸稽郢推脱说：“认为立誓有用吗？上次立誓嘴唇上歃血还没干，足够表达信义了。认为立誓没有效果么？为什么君王不用兵力来威胁驱使我，为什么看重鬼神力量却小看自己力量呢？”因此吴王答应和约，吴越仅仅是讲和，没有立誓。

春王正月[1]

《公羊传·隐公元年》

【题解】

本篇是对《春秋》经文“元年春王正月”的解释，从而阐发尊崇王道，维护社会秩序和统一局面的“大一统”思想。文中同时论述了“立嫡以长不以贤，立子以贵不以长”的宗法制度下确定的继承原则。

元年者何？君之始年也。春者何？岁之始也。王者孰谓？谓文王也[2]。曷为先言“王”而后言“正月”[3]？王正月也[4]。何言乎王正月？大一统也[5]。

①公羊传：也称《公羊春秋》或《春秋公羊传》，经学传文，与《左传》、《穀梁传》合称“《春秋》三传”。相传是战国齐人公羊高撰。《公羊传》是今文经学的要籍，主旨在于阐释《春秋》的所谓“微言大义”，虽缺乏文学色彩，却是研究古代儒家思想的宝贵文献。

②文王：周文王，姬昌，商末时周部族首领，西周王朝的奠基者。

③曷：通“何”。

④王正月：上古时代，改朝换代或新的国君即位，要“改正朔”，即改变正月（正）初一（朔）的日子。这里指周历正月。

⑤大一统：整个天下归于一个国家，即全境统一，全都服从天子统治。

周文王像，图出自《三才图会》。

公何以不言即位[6]？成公意也[7]。何成乎公之意？公将平国而反之桓[8]。曷为反之桓？桓幼而贵，隐长而卑，其为尊卑也微，国人莫知[9]。隐长又贤，诸大夫扳隐而立之[10]。隐于是焉而辞立[11]，则未知桓之将必得立也。且如桓立，则恐诸大夫之不能相幼君也⑫。故凡隐之立，为桓立也。隐长又贤，何以不宜立？立適，以长⑬不以贤；立子，以贵不以长。桓何以贵？母贵也。母贵则子何以贵？子以母贵，母以子贵。

⑥公：鲁隐公，鲁惠公妾所生长子，非惠公嫡妻所生，故不能正式成为国君。

⑦成公意：成全隐公的心意。

⑧平：平定，使太平。这里是治理好的意思。反：归还。桓：鲁桓公，隐公的异母弟，也是庶出子。桓公之母受惠公宠爱，惠公死时，桓公尚幼，由隐公摄政。桓公成年后杀隐公而自立为君。

⑨国为：国都之人。

⑩扳（pān）：通“攀”，引。这里指拥戴。

⑪于是：于此，在这个时候。

⑫相（xiàng）：辅佐，辅助。

⑬適（dí）：通“嫡”，正妻。这里指正妻所生子。

【译文】

元年是什么？是国君即位的头一年。春又是什么？是一年的起始。“王”指的是哪一个？指的是文王。为什么先说“王”而后说“正月”？这是周王的正月。为什么说“王正月”？是敬重整个天下统一于天子之下的含义。

隐公怎么不说“即位”？这是成全隐公的心愿。怎么会是成全隐公的心愿呢？隐公准备稳定国家之后就把国君的位子归还给桓公。为什么要归还君位给桓公？由于桓公年轻而尊贵，隐公年长而卑微。他们在尊卑方面的区别是很细小的，国都里的人也不清楚。隐公年长而又有道德才能，大夫们拥护他，就立他为国君。假如隐公在这个时候辞让君位，那就不知道桓公将来就必定能立为国君呢。再说假如桓公立为国君，那么恐怕大夫们不能辅佐这位年幼的国君呢？因此可能隐公立为国君，是为了桓公将来能成为国君啊。隐公年长而又贤能，为什么不应当立为国君呢？由于立正妻的儿子做国君是凭年长，不凭贤能；立媵妾的儿子做国君是凭尊贵，不凭年长。桓公为什么尊贵呢？是由于他母亲尊贵。母亲尊贵，那么儿子怎么会尊贵呢？儿子因为母亲而尊贵，母亲由于儿子而尊贵。

宋人及楚人平①

《公羊传·宣公十五年》

【题解】

春秋时期，各诸侯国之间战争频繁，给民众带来了巨大灾难。鲁宣公十四年九月，楚庄王率兵攻打宋国，包围宋都达九个月之久。由于宋国大夫华元和楚国司马子反二人的努力，最终二国议和，避免了彼此更大的损失。本篇人物对话最可玩味。如华元意欲讲和而并不直说，先用“易子而食之，析骸而炊之”这样的悲惨景象来唤起对方的同情心，再辅之以“君子见人之厄则矜之”等四句机智的话语，不卑不亢，含蓄地吐露了自己求和的愿望，动之以情，激之以理，让人难以拒绝。

文中重复出现在“惫矣!”、“嘻！甚矣惫!”、“军有七日之粮尔”等词句，强调了战争的艰难和残酷，因为出自不同人物之口，故非但不觉其雷同，反而更显作者的巧思。对经文“宋人及楚人平”的具体成因，《公羊》与《左传》说法不同。不难看出，作者反对无谓的战争，褒扬了缔结和平的华元和子反二人。

外平不书②，此何以书③？大其平乎己也④。何大其平乎己？庄王围宋⑤，军有七日之粮尔⑥，尽此不胜，将去而归尔⑦。于是使司马子反乘堙而窥宋城⑧，宋华元亦乘堙而出见之⑨。司马子反曰：“子之国何如?”华元曰：“惫矣⑩。”曰：“何如?”曰：“易子而食之，析骸而炊之⑪。”司马子反曰：“嘻！甚矣惫！虽然，吾闻之也：围者柑马而秣之⑫，使肥者应客⑬。是何子之情也⑭？”华元曰：“吾闻之：君子见人之厄则矜之⑮，小人见人之厄则幸之⑯。吾见子之君子也，是以告情于子也。”司马子反曰：“诺。勉之矣⑰。吾军亦有七日之粮尔，尽此不胜，将去而归尔。”揖而去之⑱。

①宋：宋国，子姓。开国君主是商纣王的庶兄微子启，定都于商丘（今河南商丘南），占有今河南东部和山东、江苏、安徽之间一带地方。楚：楚国。平：媾和。

②意思是别的国家之间的和谈不记载。此指《春秋》中未记载鲁宣公十二年，楚庄王攻破郑国，郑伯乞降，庄王与其讲和的事。外：别国。书：记载。

③此：指宋国与楚国讲和。

④意思是赞扬这次讲和在于华元和子反自己。大：敬重，赞扬。乎：相当于“于”。己：自己。

《东周列国志》版画之华元登床劫子反图，讲述宋楚交战，宋国人华元乘夜混入楚营，劫持楚军主帅子反请和之事。

⑤意思是鲁宣公十四年（前595），楚大夫申舟到齐国聘问，路过宋国而未向宋国借道，被宋国大夫华元杀死，楚庄王发兵围宋。庄王：即楚庄王。春秋五霸之一，公元前613－前591年在位。

⑥尔：而已，助词，用于句末，表示限制。

⑦尔，了，语助词，表示肯定。

⑧司马：官名，掌管军政。子反：即公子侧，字子反。楚国正卿，曾为大司马。乘（chéng）：登。堙（yīn）：此指为攻城拒敌而筑的小土山。窥：偷看，侦探。

⑨华元：华父督之曾孙。为宋国右师，执政，历事宋文公、共公、平公。

⑩惫（bèi）：疲惫，极度疲乏。矣：啊，语助词，表示感叹。

⑪二句谓交换孩子吃，拆开尸骨当柴烧饭。易：换。析：分开，拆开。骸（hái孩）：尸骨。炊：此指烧骨做饭。

⑫围者：指被围困的人。柑（qián）：使马嘴衔住木棍。秣（mò）：喂牲口。

⑬应客：给客人看。

⑭意思是为什么透露你们的真实情况？

⑮厄（è）：困苦，灾难。矜（yīn）：怜悯。

⑯幸：以为幸运，高兴。此处用作动词。

⑰勉之：指努力坚守宋国都城。

⑱揖（yī）：拱手为礼。

反于庄王[19]。庄王曰：“何如？”司马子反曰：“惫矣！”曰：“何如？曰：“易子而食子，析骸而炊之。”庄王曰：“嘻！甚矣惫！虽然，吾今取此，然后而归尔。”司马子反曰：“不可。臣已告之矣[20]，军有七日之粮尔。”庄王怒曰：“吾使子往视之，子曷为告之[21]？”司马子反曰：“以区区之宋[22]，犹有不欺人之臣，可以楚而无乎[23]，是以告之也[24]。”庄王曰：“诺。舍而止[25]。虽然，吾犹取此，然后归尔。”司马子反曰：“然则君请处于此，臣请归尔。”庄王曰：“子去我而归[26]，吾孰与处于此[27]？吾亦从子而归尔。”引师而去之[28]。故君子大其平乎己也。此皆大夫也，其称“人”何？贬[29]。曷为贬？平者在下也[30]。

⑲反：同“返”，还。

⑳矣：了，语助词，表示已然之事。

㉑曷：同“何”，为什么。
㉒区区：很小的样子。
㉓句谓楚国反而没有吗？
㉔是以：因此，所以。
㉕句谓安营住下。舍：造房子，指安营扎寨。
㉖去：离去。
㉗孰与：即“与孰”。孰，谁。
㉘句谓率领军队离开了宋国。
㉙贬：贬低。
㉚句谓讲和的是在下面的人。

【译文】

《春秋》是不记录其他的国家议和的事情，楚宋之间的那件事为什么要记录？是颂扬此次议和出于华元和子反二人自己的主张。为什么要颂扬他们私自决定议和？楚庄王包围宋国，军中只剩下七天的粮食了，假如用完这些粮食再不取胜的话，将只好撤回去了。楚庄王于是令司马子反站上土堆，偷偷察看宋城内的情况，宋国的华元也站上城里的土堆，并出来遇见了他。

司马子反问：“你的国内情形怎么样？”华元说：“已经疲倦不堪了！”子反问：“情形到底怎么样？”华元回答：“城里的人相互交换着儿子来吃，劈开尸骨当柴烧。”司马子反说：“哟！真是疲倦到顶点了！即使这样，但是我听说，被围困的人钳住马嘴，再来假意喂它，用肥马来招待客人，以表示粮草充足。你为什么要把这样的实际情况告诉我呢？”华元答道：“我听闻，君子见到别人遭到灾祸就怜悯他；小人见到别人有难反而庆幸。我看你是位君子，因此把实情告诉了你。”司马子反说：“噢，尽力坚守吧！我军也只有七天的粮食而已，吃完这些粮食还不获胜的话，将离开贵国而退回楚国了。”说完拱了拱手回去了。

《东周列国志》版画之楚庄王像

回去以后，庄王问：“情形怎么样？”司马子反说：“他们已经疲倦不堪了！”问：“情形到底怎么样？”回答：“相互交换儿子来吃，劈开尸骨来当柴烧。”庄王说：“哟！真是疲倦到顶点了！尽管这样，但我现在要攻克这个国家，然后再回去!”司马子反说：“不行。我已经告诉他们了，我们军队只有七天的粮食了。”庄王愤怒地说：“我让你去视察虚实，你为什么反而把我们的情况告诉对方?”司马子反说：“就凭小小的宋国，还有不欺骗人的大臣，难道我们堂堂楚国可以没有不欺骗人的大臣吗？因此我也告诉他们实情。”庄王说：“好吧，那就修筑军营驻守在这里，尽管军情暴露了，但我还是要攻克这个国家，然后再回去。”司马子反说：“即然这样，那就请国君住在这儿，我请求回去。”庄王说：“你离开我回去，我跟谁留在这里？我也跟你一起回去算了。”于是带领部队离开了宋国。因此君子颂扬华元和子反自己做主议和。这两个人都是大夫，为什么称他们为“人”？有贬斥的含义。为什么要贬斥他们呢？由于议和的两个人并不是君主，而是位于臣下的地位的人难免有点欺君犯上。

吴子使札来聘

《公羊传·襄公二十九年》

【题解】

《春秋》涉及吴国史事时，只称其国，不称呼其君、大夫，而此处却称“吴子”、大夫“札”，是因为季子贤能能够辞让君位，文章记叙季札兄弟相互让国的事及季札不受阖庐弑君得来的君位是宣扬这种美德，全文正面描写季札的地方并不多，但擅长从侧面烘托，叙述简洁生动。

吴无君、无大夫①，此何以有君、有大夫②？贤季子也③。何贤乎季子？让国也。其让国奈何？谒也、馀祭也、夷眛也④，与季子同母者四⑤。季子弱而才⑥，兄弟皆爱之，同欲立之以为君。谒曰：“今若是迮而与季子国⑦”，季子犹不受也。请无与子而与弟，弟兄迭为君，而致国乎季子。”皆曰：“诺。”故诸为君者，皆轻死为勇⑧，饮食必祝曰⑨：“天苟有吴国⑩，尚速有悔于予身⑪。”故谒也死，馀祭也立；馀祭也死，夷眛也立；夷眛也死，则国宜之季子者也⑫。

①无君、无大夫：儒家学者认为吴国属于夷狄，不懂君臣之礼，在《春秋》记载时，只称为“吴”，不记它的国君、大夫的名字。

②有君、有大夫：《春秋》经文“吴子使札来聘”，称吴国国君为“子”，记载季札的名字，这都表示尊敬。

③贤：认为……是贤人，意动用法　季子：季札。曾经访问中原各国，学习礼乐。封于延陵，称延陵季子。

④谒：春秋时吴王寿梦的长子，又名诸樊。寿楚死后即位。死后传位其弟余祭（zhài）。余祭：吴王谒的同母弟，在位十七年，死后传位其弟夷昧。夷昧：吴王余祭的同母弟，在位四年，死时打算传位其弟季札。

⑤同母：谒、余祭、夷昧、季札兄弟四人都是吴王寿梦正妻所生。

⑥弱：年少。

⑦迮（zé）：一下，仓促。与（yú）：交给，给予。

⑧轻死：轻视生命。

⑨祝：祈祷。

⑩苟：假设连词，如果。有：保存，使……不灭亡。

⑪尚：语气副词，表示祈使。悔：灾祸。

⑫之：传给。

季子使而亡焉⑬。僚者⑭，长庶也⑮，即之。季子使而反⑯，至而君

《东周列国志》版画之“专诸进炙刺王僚”图，描绘吴国公子光指使勇士专诸刺杀吴王僚的情景。

之尔[17]。阖庐曰[18]：“先君之所以不与子国而与弟者[19]，凡为季子故也[20]。将从先君之命与[21]，则国宜之季子者也。如不从先君之命与，则我宜立者也。僚恶得为君乎[22]?”于是使专诸刺僚[23]，而致国乎季子。季子不受曰：“尔弑吾君[24]，吾受尔国，是吾与尔为篡也。尔杀吾兄[25]，吾又杀尔，是父子兄弟相杀，终身无已也[26]。”去之延陵[27]，终身不入吴国[28]。故君子以其不受为义，以其不杀为仁。

⑬使：出使　亡：不在（国内）。

⑭僚：春秋时吴王夷昧之子僚，又名州于（这里依据《史记·吴太伯世家》）。吴王夷昧死后，立为国君。

⑮长庶：子侄中年纪最大的。

⑯反：通“返”，回来。

⑰君：用为动词，把……看作国君。

⑱阖闾：春秋时吴王谒之子光，公元前514年至公元前496年在位。

⑲先君：已故的国君，指吴王谒、余祭、夷昧。

⑳凡：皆，都。

㉑与：通“欤”，语气助词。

㉒恶（wū）：疑问代词，怎么。

㉓专诸：春秋时吴国堂邑（今江苏六合县西北）人，一名鱄设诸。他受公子姬光礼遇，决心为他献身。他把匕首藏在炙鱼腹内端进宴会厅中，乘机刺死吴王僚，他也被打死。

㉔弑（shì）：古代指属臣杀君主、子女杀死父母。

㉕吾兄：指吾兄之子（吴王僚）。

㉖无已：没有终止。已，停止。

㉗延陵：季札封邑，在今江苏武进县内。

㉘吴国：吴国都城。国，国都。

贤季子，则吴何以有君、有大夫？以季子为臣，则宜有君者也。札者何？吴季子之名也。春秋贤者不名[29]，此何以名？许[30]夷狄者，不壹而足也[31]。季子者，所贤也，曷为不足乎季子？许人臣者必使臣，许人子者必使子也。

㉙名：用为动词，称名。古代人往往名外还有字或号，不称名，称字或号表示恭敬。

㉚许：称赞，赞许。

㉛不一而足：不是只有一种德行就算完美了。

【译文】

《春秋》不认为吴国有国君、大夫，但这里为什么又称君又称大夫呢？是由于敬重季子。为什么会敬重季子？是由于他辞让国君的位子。他怎样辞让王位的？谒、余祭、夷昧和季子是同母所生的四兄弟，季子年龄小而有才华，兄弟都喜欢他，都想立他为君王，谒说："如今像这样仓促地把国家交给季子，季子还是不会答应的。请不要把王位传给儿子而传给弟弟，这样兄弟轮流做国君，从而可以把国家交给季子。"大家都说："好。"所以，几个曾做国君的兄弟都英勇而蔑视死亡，用餐时必定祷告："苍天假如要保有吴国，请快快把祸害降临在我头上！"因此谒死后，余祭登位；余祭死了，夷昧登位；夷昧死了，那么国家应该转让给季子了。然而季子出使国外而没有返回。

僚在兄弟中年纪最大，是庶生子，即了位。季子出使回来，一到吴国就认他为国君。阖庐说："先君之所以不把国家传给儿子而传给弟弟，都是为了季子的原因。要是遵循先君的命令，那么国家应该交给季子；假如不遵从先君的命令，那么我应该立为国君。僚怎么能做国君呢？"于是命专诸去刺杀僚，而把国家交给季子。季子不接受，说："你杀我的国君，我接管你的国家，就是我和你一起篡位。你杀了我兄弟，我再杀你，这是父子兄弟相互残杀，一辈子都不会停止。"季子于是离开国都到延陵，终生不进入吴国国都。因此君子觉得他不接受君位是道义，觉得他不杀阖庐是仁爱。

敬重季子，那么吴国怎么就会有国君、有大夫？由于既然把季子当作臣子，自然就应该有国君了。札是谁？是吴国季子的名字。《春秋》对于贤明的人不称呼名字，这里为什么称名？赞扬夷狄之国，不能由于一件好事而看得十全十美。季子是《春秋》所敬重的，对于季子还感到有什么不足呢？由于称许人臣，就必须把他当臣下看待；也定要让他和臣子的地位相符。

郑伯克段于鄢[1]

《穀梁传·隐公元年》

【题解】

《穀梁传》又称《春秋穀梁传》或《穀梁春秋》，与《左传》、《公羊传》并称《春秋》三传，也是阐释和说明《春秋》经的，旧题为穀梁赤所撰。初仅口说流传，西汉时才成书。体裁与《公羊传》相近，着重阐释《春秋》“大义”，史事记载较简略，是研究秦汉间和汉初儒家思想的重要资料。

“郑伯克段于鄢”是《春秋》隐公元年中的一句，《左传》将它演绎成《郑伯克段于鄢》（见本书第一篇），《穀梁传》将它演绎成本篇的样子，两相比较，可看出前者重在史实叙述，后者重在义理说明。

克者何？能也。何能也？能杀也。何以不言杀？见段之有徒众也。

①《穀梁传》：为《春秋》三传（《左传》、《公羊传》、《穀梁传》）之一。

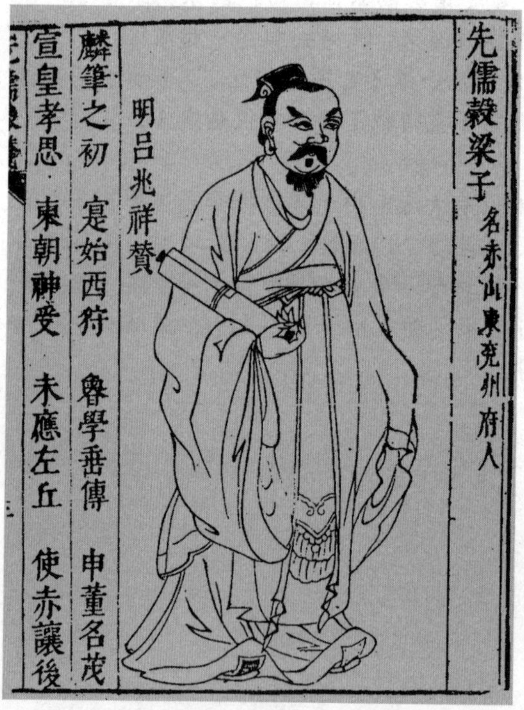

穀梁赤像，图出自明·吕维祺《圣贤像赞》。穀梁赤是战国时期鲁国经学家，《春秋穀梁传》的作者。

段，郑伯弟也。何以知其为弟也？杀世子[2]、母弟目君，以其目君，知其为弟也[3]。段，弟也而弗谓弟，公子也而弗谓公子，贬之也。段失子弟之道矣[4]。贱段而甚郑伯也。何甚乎郑伯？甚郑伯之处心积虑，成于杀也[5]。

②世子：古时天子或诸侯的嫡长子。

③以其目君，知其为弟：因为称他为郑伯，所以知道被杀的段是他的弟弟。

④段失子弟之道：共叔段恃宠骄横，贪得无厌，失去了做子弟的本分规矩。

⑤成于杀：犹言致于死地。

于鄢，远也，犹曰取之其

母⑥之怀中而杀之云尔，甚之也。

⑥其母：指武姜。这句是说郑伯所以要杀共叔段，是恨武姜爱共叔段而厌恶自己，所以虽然共叔段逃奔到了鄢地，离郑国首都已远，郑伯仍追杀共叔段，这就是像从母亲怀中拖出来杀掉一样。

然则为郑伯者宜奈何？缓追逸贼，亲亲之道也⑦。

⑦缓追：不要穷追。逸贼：放掉作乱的人（指共叔段）。亲亲：爱自己的亲属。前一“亲”字是动词。

【译文】

克是什么含义？就是能够的意思。能又是什么？就是能杀。为什么不说杀呢？是表明段有军队。

段，也就是郑伯的弟弟。怎么晓得是他的弟弟呢？由于杀害了世子与同母弟弟的国君称为郑伯就明白，段就是弟弟了。段是弟，而不称为弟；是公子，又不称为公子，是贬低他的意思。段没有作弟弟的道义。贬段，更贬郑伯，为什么贬郑伯呢？是由于郑伯费尽心意蓄意谋划，终于让段走上被杀之道。

于鄢的含义是指段逃得远了，郑伯追杀共叔段就如同从母亲怀中抢过婴儿杀掉那样，因此更要加倍责备他。

但是郑伯该怎样才算恰当呢？不着急去追杀那逃亡的贼子，才是呵护亲人的至善至爱的做法。

虞师晋师灭夏阳

《穀梁传·僖公二年》

【题解】

鲁僖公二年（前658），晋国为攻打虢国的边境要塞夏阳，向虞国借路。虞国国王贪恋晋国送来的厚礼，不听大臣宫之奇的谏言，同意了晋国的要求。夏阳被攻陷后，虢国很快灭亡。由于失去了唇齿相依的邻邦，虞国自然也就保不住了。

本篇开头对《春秋·僖公二年》"虞师晋师灭夏阳"一句作了详尽而深入的分析，揭示出将"虞师"置于"晋师"前的微妙含义：虞国虽未直接出兵，但借道给晋国，实际上是充当了灭夏阳的元凶。《春秋》这样写，是对虞国的严厉谴责。文章接着叙述了事情的经过，以当事人的对话为主，语言生动传神，将不同人物的鲜明个性表现得淋漓尽致。荀息的老谋深算、富有洞察力，更是给人留下了深刻的印象。末尾，荀息牵着马、举着璧对晋献公说："璧犹是也，而马齿加长矣！"这句话令人发噱，而又意味深长，既流露出胜利后的自得之情，也大大嘲弄了虞国国君的昏庸短见、因小失大。

非国而曰"灭"，重夏阳也①。虞无师②，其曰："师"，何也？以其先晋③，不可以不言师也。其先晋何也？为主乎灭夏阳也④。夏阳者，虞、虢之塞邑也⑤，灭夏阳而虞、虢举矣⑥。

①重：重视。看重。夏阳：《左传》作"下阳"。虢国地名，在今山西平陆北。雷学淇《竹书记年义论》："虢之宗庙社稷在下阳。"可作为"重夏阳"的一个理由。

②虞：春秋小国，在今山西平陆。无师：指没有出兵。《左传》记叙为："虞公许之，且请先伐虢。宫之奇谏，不听，遂起师。夏，晋里克、荀息帅师会虞师，伐虢，灭下阳。"《穀梁传》与《左传》记载不同。

③先晋：在晋国之前。意谓晋国攻打虢国，必先经由虞国。

④主：首恶。

⑤虢（guó）：春秋小国，这里指北虢，在今山西平陆及河南陕县一带。塞邑：边塞重镇。

⑥举：（被）攻占，（被）占领。

虞之为主乎灭夏阳，何也？晋献公欲伐虢⑦，荀息曰⑧："君何不以屈产之乘、垂棘之璧⑨，而借道乎虞也？"公曰："此晋国之宝也。如受吾币⑩，而不借吾道，则如之何。"荀息曰："此小国之所以事大国也⑪。彼不借吾道，必不敢受吾币。如受吾币，而借吾道，则是我取之中府⑫

而藏之外府⑬，取之中厩⑭而置之外厩也⑮。”公曰：“宫之奇存焉⑯，必不使受之也。”荀息曰：“宫之奇之为人也，达心而懦⑰，又少长于君⑱。达心则其言略，懦则不能强谏，少于长君，则君轻之。且夫玩好在耳目之前⑲，而患在一国之后⑳，此中知以上乃能虑之㉑。臣料虞君，中知以下也。”公遂借道而伐虢。

⑦晋献公：春秋时晋国国君，公元前676年至公元前651年在位。

⑧荀息：晋国大夫。

⑨屈：晋国地名，在今山西吉县北，以盛产良马著称。乘（shèng）：马四匹为一乘，这里指屈地产的良马。垂棘：晋国地名。以产美玉著称，故地在今山西何地不详。

⑩币：泛指馈赠礼物。古时玉、帛、马、皮、圭、璧等都称为币。此处指上文说的马、璧。

⑪事：服侍，侍奉。

⑫中府：宫中收藏财宝的府库。

⑬外府：宫外收藏财宝的府库。

⑭中厩（jiù）：宫中的马棚。

⑮外厩：宫外的马棚。

⑯宫之奇：虞国大夫。

⑰达心：内心明明白白，通达明彻。

⑱少长于君：比国君年龄稍大。一说从小同虞君一起长大。

⑲玩好（hào）：喜爱的供玩赏的物品。

⑳患：忧患。

㉑知：通“智”。

宫之奇谏曰：“晋国之使者，其辞卑而币重，必不便于虞。”虞公弗听。遂受其币而借之道。宫之奇之谏曰：“语曰：‘唇亡则齿寒㉒。’其斯之谓与?”挈其妻子以奔曹㉓。

㉒唇亡齿寒：唇在外，齿在内，嘴唇没有了，牙齿就会感到寒冷。比喻休戚相关，利害与共。

㉓挈（qiè）：带领。曹：春秋小国。在今山东曹县、定陶一带。

献公亡虢，五年㉔，而后举虞。荀息牵马操璧而前曰：“璧则犹是也，而马齿加长矣㉕。”

㉔五年：鲁僖公五年（前655年）。晋兵借道伐虢，十二月灭虢，回师时灭虞。《左传·僖公五年》的记载与《穀梁传》有所不同。

㉕马齿加长：马的牙齿数目增加了。马的牙齿数目标志着它的年龄。

【译文】

并不是国家而称为灭，这表明看重夏阳。虞国没有出兵进攻夏阳，《春秋》却提到了军队，这是为什么呢？是由于晋国出兵前，虞国就已经把夏阳陷于亡覆的境地了，因此不能不说虞国也出动了军队。为什么说虞国先于晋国陷夏阳于亡覆的境地呢？是由于虞国的作为是使夏阳亡覆的主要缘故。夏阳，是虞国和虢国边境上的重要城邑。夏阳沦落，虞国和虢国也就指日可待了。

说虞国是夏阳亡覆的主要原因，这是什么意思？晋献公想要去讨伐虢国，荀息说："国君为什么不用屈地出产的良马和垂棘出产的玉璧去向虞国借路呢？"晋献公说："这些都是晋国的宝物啊。假如虞国接受了我的礼物，却不借路给我，那我怎么办？"荀息说："按小国侍奉大国的道理，它不借路给我们，就一定不敢接受我们的礼物。如果接受了我们的礼物，又借路给我们，那么这美玉就是我们从宫中的府库里取出来存放在宫外的府库里，这良马就是从宫内的马棚里牵出来放在宫外的马棚中。"晋献公说："有宫之奇在那边，他一定不会让国君接受这礼物的。"荀息说："宫之奇的为人，心里清楚但却胆小懦弱，况且他又是从小和虞国国君一起长大的。心中清楚就会使他言语简略，胆小懦弱就使他不能够强谏，他从小和虞国国君一起长大，虞君就不会拿他的话当回事儿。更何况玩物、宝物就放在自己的眼前，而灾难却要在虢国之后，这是中等智商以上的人才能想到的。我断定虞国国君是个中等智商以下的人。"晋献公于是和虞国借路去进攻虢国。

宫之奇向虞君劝谏说："晋国的使者，说话谦卑而送来的礼物非常贵重，这其中必定有对虞国不利的地方。"虞君不听劝，接受了礼物，并借路给了晋国，宫之奇又进谏说："俗话说：'唇亡则齿寒'。可能说的就是这种情况吧。"于是带上他的妻子和儿女一同逃到曹国去了。

晋献公消灭了虢国，鲁僖公五年，又消灭了虞国，荀息拉着良马，拿着玉璧，走到晋献公面前说："玉还是以前的玉，不过马老了几岁。"

晋献公杀世子申生①

《礼记·檀弓上》

【题解】

本文篇幅虽小，却写得委婉曲折，塑造了申生这个念念不忘君国的忠臣孝子的形象。

晋献公将杀其世子申生。公子重耳谓之曰②：“子盖言子之志于公乎③？”世子曰：“不可。君安骊姬④，是我伤公之心也。”曰：“然则盖行乎？”世子曰：“不可。君谓我欲弑君也，天下岂有无父之国哉？吾何行如之⑤？”

①本篇选自《礼记·檀弓上》，原无小标题，题目是后加的，以下各篇同。世子，即太子。申生，晋献公嫡长子，夫人齐姜所生，后为骊姬所诬，自杀而死。

②重耳：晋公子，申生的异母弟，晋献公夫人狐氏所生，后得国，是为晋文公。

③盖：通“盍”，何不。下同。

④君发骊姬：谓晋献公有了骊姬，才得以安乐。骊姬，骊戎国君之女，晋献公灭骊戎，纳为夫人，甚得献公宠信。

⑤何行如之：到哪里去呢？如，到……去。

使人辞于狐突曰⑥：“申生有罪，不念伯氏之言也⑦，以至于死。申生不敢爱其死⑧。虽然，吾君老矣，子少⑨，国有多难⑩。伯氏不出而图吾君⑪，伯氏苟出而图吾君，申生受赐而死⑫。”再拜稽首乃卒⑬。是以为恭世子也⑭。

《东周列国志》版画之“骊姬巧计杀申生”图，讲述骊姬施计陷害晋太子申生之事。

⑥狐突：名突，字伯，申生的师傅。

⑦“不念”句：当初申生伐东山皋落

氏时，狐突曾劝他逃走，申生没有听从。此句所言即指此事。伯氏，指狐突。

⑧爱其死：谓吝惜生命，即贪生。

⑨子：指奚齐

⑩国有多难：申生料到他死后，诸兄弟会因争夺君位而互相残杀，故言。

⑪“伯氏”句：意为您要不出来为国君谋画政事也就罢了。出，指狐突重新出仕。狐突随申生伐皋落氏后，托病在家，不预政事，故此言出。图，谋画。

⑫“申生”句：意为如你能接受我的请求，我死而无憾。受赐，蒙受恩惠。

⑬再拜：拜了两拜。稽首：叩头。

⑭为：谓。恭：申生的谥号。

【译文】

晋献公想要杀死他的太子申生，公子重耳对申生说：“你为什么不向国君表明你的心意呢？”申生说：“不行。君上有了骊姬才会安逸，我那样做表明了事实，铲除了骊姬会伤他的心的。”重耳说：“那么你什么不逃走呢？”世子说：“不行。那样君上会说我要杀害他。天底下难道有无父的国家吗？我能逃到哪儿去呢？”

于是申生命令使人去向狐突致辞离别，说：“申生有罪，没有依从伯氏您的话，导致难免一死。申生不敢贪生怕死。但是，国君年纪已老了，爱子奚齐年纪还小，国家将会多灾多难。伯氏您难道不肯出来为国君筹划政事吗？您假如肯出来为国君筹划政事，申生尽管死了也蒙受您的恩德。”于是行了再拜稽首的礼节，而后自杀。这就是为什么他的谥号为“恭世子”的原因啊。

曾子易箦

《礼记·檀弓上》

【题解】

春秋末年，社会制度发生了重大变革，即所谓“礼崩乐坏”，原来的一些礼法已难以适应新生阶层的要求。本篇所记鲁国大夫季孙将大夫才能享用的席子送给曾参，就是“礼崩乐坏”局面的具体反映。但是，曾参为了使自己的行为合乎礼法，换掉了季孙送的的席子，然后安然死去。作者通过这个故事赞扬了曾参严守礼制，实际上是宣扬儒家的礼教。

曾子寝疾①，病。乐正子春坐于床下②，曾元、曾申坐于足，童子隅坐而执烛。

①“曾子”二句：曾子指春秋时鲁国人，名参，字子舆，孔子的弟子，以守“孝道”而闻名。寝疾：卧病在床。病：病势沉重。

②“乐正”三句：乐正子春指曾参的弟子，乐正是乐官名。曾元、曾申：俱为曾参之子。隅（yú）坐：靠墙角坐着。

童子曰：“华而睆③，大夫之箦与？”子春曰：“止！”曾子闻之，瞿然曰④：“呼！”曰：“华而睆，大夫之箦与？”曾子曰：“然。斯季孙之赐也⑤，我未之能易也。元，起易箦。”曾元曰：“夫子之病革⑥矣，不可以变。幸而至于旦，请敬易之。”曾子曰：“尔之爱我也不如彼。君子之爱人也以德⑦，细人之爱人也以姑息。吾何求哉⑧？吾得正而毙焉，斯已矣。”举扶而易之，反席未安而没⑨。

③“华而睆（huǎn）”二句：华是华美而光滑之意。睆：有光泽。箦（zé）：

曾子像

竹席子。

④“瞿（jù）然”二句：瞿然是惊骇的样子。呼：发声想问话之词，意同“哦”。

⑤“斯季孙”三句：季孙是鲁国大夫。元起：曾元扶我起来。

⑥病革（jí）：病势危急。

⑦“君子”二句：也以德是依据道德之意。细人：小人，见识浅陋的人。姑息：使人得到暂时的安逸。

⑧“吾何求哉”二句：吾何求哉意为我还有什么要求呢？得正而毙：正，合乎礼法。合乎礼法而死。

⑨反席未安而没：回到床上还没有躺好就死了。没，通“殁”，死。

【译文】

曾子（孔子的弟子）生病躺在床上，病情非常严重。乐正子春（曾参的弟子）坐在床边，曾元、曾申（都是曾参的儿子）坐在脚旁，一个仆童坐在墙角，手持蜡烛。仆童说：“美丽而又光滑啊，是大夫用的席子吧？”子春说：“闭嘴！”曾子听到这话，惊诧地说：“吁……”仆童又说：“美丽而又光滑啊，是大夫用的席子吧？”曾子说：“是的，这是季孙赏赐的。我病重还没有换掉。曾元，扶我起来，换掉这席子。”曾元说：“您的病情危急，不能动，到了早晨，请让我谨慎地换掉它。”曾子说：“你爱我的程度还比不上仆童。君子用德行爱人，小人用姑息纵容爱人。我还有什么要求啊，我只要礼正而死在这里，这就可以了。”大家抱扶着他换掉席子，再扶他躺下，还没放平稳，曾子就去世了。

有子之言似夫子

《礼记·檀弓上》

【题解】

本文记叙的是孔子的弟子对他的"丧欲速贫，死欲速朽"的含义的相互探讨。由于思想方法的不同，对同一句话，弟子们有不同的理解。有子能够不片面、不孤立地去判断而是和孔子一贯的言行相联系，子游能够根据孔子讲话的背景，针对的问题进行分析，曾子则是句句照搬，孤立、片面地理解。文章分析问题的方式对今人仍有很大的借鉴作用。

有子问于曾子曰[①]："问丧于夫子乎[②]？"曰："闻之矣。'丧欲速贫，死欲速朽[③]'。"有子曰："是非君子之言也[④]。"曾子曰："参也闻诸夫子也[⑤]。"有子又曰："是非君子之言也。"曾子曰："参也与子游闻之[⑥]。"有子曰："然。然则夫子有为言之也[⑦]。"

①有子：名若，孔子弟子。

②问：当作"闻"。丧（sàng）：失去。此指失去了官职。夫子：指孔子。

③丧欲速贫：失去官位以后，只想穷得快些才好。死欲速朽：死了以后，只想腐烂得快些才好。

④是：同"此"，指上面"丧欲速贫，死欲速朽"的话。君子：指孔子。

⑤参：曾子自称其名。诸："之于"的合音。

⑥子游：姓言，名偃，孔子弟子。

⑦有为：为（wèi）有所为，有所指。

子游像。子游是孔子的弟子，姓言，名偃。

曾子以斯言告于子游。子游曰："甚哉[⑧]，有子之言似夫子也！昔者夫子居于宋，见桓司马自为石椁[⑨]，三年而不成。夫子曰：'若是其靡也，死不如

有子像。有子是孔子的弟子，名若。

速朽之愈也[10]’。死之欲速朽，为桓司马言之也。南宫敬叔反，必载宝而朝[11]。夫子曰：‘若是其货也，丧不如速贫之愈也[12]’。丧之欲速贫，为敬叔言之也。”

⑧甚哉：犹如说“诚然”，“实在的”。甚：诚。

⑨桓司马：指桓魋（tuī），春秋时宋人。司马：掌军政之官。椁（guǒ）：外棺。

⑩靡：奢侈。愈：较好。

⑪南宫敬叔：鲁人，名阅，鲁大夫孟僖子之子，曾失去官位而离开鲁国，后返鲁，载着货宝朝见鲁君。反：同“返”。

⑫“夫子曰”句：孔子说，与其像他那样拥有货宝，倒不如在失去官位以后快点贫困好。

曾子以子游之言告于有子。有子曰：“然。吾固曰非夫子之言也[13]。”曾子曰：“子何以知之？”有子曰：“夫子制于中都[14]，四寸之棺，五寸之椁。以斯知不欲速朽也。昔者夫子失鲁司寇[15]，将之荆[16]，盖先之以子夏[17]，又申之以冉有[18]。以斯知不欲速贫也。”

⑬固：坚持。

⑭制于中都：指孔子在鲁国做中都宰时制定法规。中都：春秋时鲁国邑名，在今山东汶上县西。

⑮司寇：官名，掌管司法刑狱。

⑯荆：楚的古称。据《孔子世家》：鲁定公十四年（前496年），孔子为鲁司寇，并代行相事。时齐国送来女乐给定公，定公因而怠于政事，于是孔子离开司寇之职，先至卫，次至宋，继而到了陈、蔡二国。楚昭王闻之，使人聘孔子至楚。

⑰先之以子夏：先派子夏去楚国了解情况，看看是否适于去应聘。子夏：姓卜，名商，卫人，孔子弟子。

⑱申：重，再。冉有：一名求，字子有，鲁人，孔子弟子。

【译文】

有子询问曾子：“你问过夫子丢掉官位后，应该怎么办吗？”曾子说：“只听他说过：丢官位之后要快些贫困，死了之后要快些腐烂。”有子说：“这不是君子所说的话。”曾子说：“我的确是亲耳听老师讲的。”有子还是说：“这不是君子所说的话。”曾子说：“我和子游一起听到的。”有子说：“假如是真的，那么老师必定是另有寓意而说的。”

曾子把那些话告诉了子游。子游说：“像得很啊！有子的话的确像夫子。先前夫子住在宋国，看见桓司马替自己用石头做一副外棺，三年还没有做好。夫子便说：‘像这样奢侈浪费，死了不如快些烂掉才好呢。’死了人快些腐烂的话，是为桓司马说的。南宫敬叔失去官职回家后，总是载着宝贝入朝行贿赂以求复位。夫子说：‘像这样的行使贿赂，丢了官职还不如快些贫困的好呢。’丢了官职要快些贫困这句话，是和敬叔说的。”

曾子又把子游的话转告有子。有子说：“对的。我原先就说这不是夫子所说的话。”曾子说“你怎么明白的?”有子说：“夫子做中都宰时，定下棺椁的规格，棺四寸，椁五寸，因此我就清楚他不希望人死了要快些腐烂。从前夫子失了鲁国司寇的官职，将到楚国去，先叫子夏去打探，又叫冉有去致意。因此我明白他并不主张丢了官职要快些贫困。”

公子重耳对秦客

《礼记·檀弓下》

【题解】

公元前655年世子申生被害后，公子重耳与舅父狐偃等谋臣流亡在狄。公元前651年，晋献公死。嗣子奚齐、卓子相继被害，晋国无主。这本是重耳回国夺取君位的良机，怎奈条件尚不成熟，不便采取行动。强大的邻邦秦国出于自己的利益，对重耳表示支持，以吊丧为名，派人试探重耳的动向。重耳在舅父狐偃的指点下，虚与周旋，借口"仁亲"，藏起野心，礼节周全，尽符丧仪，一番表演，骗过穆公，并赢得秦君的敬佩。秦穆公对重耳赞不绝口，也许同样是掩饰自己在晋国培植亲秦势力的野心。

文章客观上也反映了古代丧礼的一个侧面。

晋文公、狐偃、赵衰、介之推四人像

晋献公之丧，秦穆公①使人吊②公子重耳，且曰："寡人闻之，亡国恒③于斯，得国恒于斯。虽吾子俨然在忧服④之中，丧亦不可久也，时亦不可失也，孺子其图之。"以告舅犯⑤。舅犯曰："孺子其辞⑥焉。丧人无宝，仁亲以为宝。父死之谓何？又因以为利，而天下其孰能说之？孺子其辞焉。"

①秦穆公：名任好，春秋五霸之一，曾助重耳归晋。

②吊：慰问死者家属。

③恒：常。

④忧：服丧期间。

⑤舅犯：狐偃，字子犯，晋文公的舅舅。

⑥辞：辞谢，推辞。

公子重耳对客曰："君惠吊亡臣重耳，身丧父死，不得与于哭泣之哀，以为君忧。父死之谓何？或敢有他志，以辱君义！”稽颡[⑦]而不拜，哭而起，起而不私[⑧]。

⑦稽颡（sǎng）：叩头。颡，额头。
⑧私：私言。

子显[⑨]以致命于穆公。穆公曰：“仁夫，公子重耳！夫稽颡而不拜，则未为后[⑩]也，故不成拜。哭而起，则爱父也。起而不私，则远利也。”

⑨子显：秦公子，时当秦国使者。
⑩未为后：没有成为继承人。

【译文】

晋献公去世了，秦穆公令使者抚慰公子重耳，并且说：“我听说，总在这种时候亡国，得国也总在这种时候，尽管你正在庄重的服丧之中，然而失位出亡不能太久，机会不可错过，你认真深思吧！”

重耳把此事告诉舅父子犯。子犯说：“你一定要拜谢他！失位流亡的人没有什么宝贵东西，只以慈爱为重。父亲逝世，这是何等的不幸？假如趁机谋取私利，天下谁能说你没有罪？你必须拜谢他！”于是公子重耳对使者说：“承蒙秦君惠爱流亡之臣！我失位在外，父亲逝世而不能参加葬礼以尽哭泣之哀，反而让你替我忧虑。父亲逝世，这是何等的不幸？我哪敢存别的念头辜负你的一番好意？”说完，对秦使行叩首礼而不拜谢。哭着立起来，起来之后不再与秦国使者秘密谈话。

子显把情况告诉了穆公。穆公说：“仁义之人，公子重耳！叩头而不拜谢，是表明自己还不是君位继承人，因此不行成拜大礼；哭着立起来，表明对父亲的挚爱；起来之后不与使者秘密谈话，是躲开谋取君位的私利啊！”

杜蒉扬觯

《礼记·檀弓下》

【题解】

春秋时期，礼制开始崩溃。在晋国，大臣死了，晋平公竟然还在饮酒作乐，乐官、近臣也不加劝阻。宰夫杜蒉对此愤愤不平，向平公进谏。他进谏的方式很奇特，首先是故弄玄虚，引得平公自觉发问，然后批评乐师、近臣不知规矩，批评自己越俎代庖。杜蒉不向平公直进一言，而使平公承认错误，并立即改正，读了令人叫绝。

知悼子卒[1]，未葬。平公[2]饮酒，师旷[3]、李调[4]侍，鼓[5]钟。杜蒉[6]自外来，闻钟声，曰："安在？"曰："在寝。"杜蒉入寝，历阶而升。酌曰："旷饮斯。"又酌曰："调饮斯。"又酌，堂上北面坐饮之。降，趋而出。

①知（zhì）悼子：知罃，晋国大夫。

②平公：指晋平公。

③师旷：晋国乐师。

④李调：晋平公的宠臣。

⑤鼓：敲击。

⑥杜蒉：晋平公的厨师。

平公呼而进之，曰："蒉，曩者[7]尔心或开予[8]，是以不与尔言。尔饮旷，何也？"曰："子卯不乐[9]。知悼子在堂，斯其为子卯也大矣。旷也，太师[10]也。不以诏，是以饮之也。""尔饮调，何也？"曰："调也，君之亵臣[11]也。为一饮一食忘君之疾，是以饮之也。""尔饮，何也？"曰："蒉也，宰夫[12]也，非刀匕是共[13]，又敢也知防[14]，是以饮之也。"平公曰："寡人亦有过焉，酌而饮寡人。"杜蒉洗而扬觯[15]。公谓侍者曰："如我死，则必毋废斯爵也。"

至于今，既毕献，斯扬觯，谓之"杜举"。

⑦曩者：刚才。

⑧开予：启发我。

⑨子卯不乐：相传商纣王死于甲子日，夏桀死于乙卯日，所以以甲子、乙卯作为国君的忌日，在这时不许饮酒奏乐。

⑩太师：对乐师的称呼，主要见于周代。

⑪亵臣：宠信的近臣。亵，音 xiè，亲近。
⑫宰夫：厨师。
⑬共：通“供”，供应。
⑭知防：了解和防止。
⑮觯：音 zhì，古人一种饮酒的器具。

【译文】

知悼子去世后还没有下葬。晋平公就饮起酒来，师旷、李调陪伴左右，并鸣钟奏乐。杜蒉从外面走来，听到钟声，就问道：“君王在什么地方?”有人回答：“就在寝宫里。”杜蒉便直接走进寝宫，经过台阶登上殿堂。他斟了酒，说：“师旷，喝了这一杯。”又斟了酒，说：“李调，喝了这一杯。”又在堂斟了酒，独自面向北跪坐着饮了一杯酒。接着下了台阶，快速向外走去。

平公非常惊诧，把杜蒉召进来，问他：“杜蒉！刚才我寻思你会开导我，所以没有跟你讲话。你罚师旷喝酒，为的什么?”杜蒉说：“子日、卯日不举乐。如今，知悼子死后放灵在堂，还没有埋葬。这比子日、卯日更为重大啊！师旷是太师，却不将此事明告，所以罚他喝酒。”平公又说：“你又叫李调喝酒，为的什么?”杜蒉回答：“李调，是您所宠爱亲近的内臣，他为了满足饮食之欲，忘记提醒君王的过失，所以罚他喝酒。”平公又问：“你自己也喝了一杯，又是为什么呢?”杜蒉说：“我是厨师，不专司刀匕庖厨之职，而敢预闻知谏防闲之事，所以罚自己喝酒。”平公听了，顿时醒悟，说：“寡人也有罪过啊，斟酒罚我喝吧。”杜蒉就洗净酒器，斟了酒，双手举到平公跟前。晋平公喝了酒，无限感叹地对侍者说：“假如我死了，你们一定要记住：一定不要抛弃这只酒杯啊！”

一直到现在，在宴礼敬酒结束时，就要举觯，称为“杜举”。

晋献文子成室

《礼记·檀弓下》

【题解】

新室落成，大家登门拜贺，称颂一番，是人之常情。而张老的“颂”词，既言“歌”，又言“哭”，令俗人一惊。更出人意外的是，主人立即心领神会，听出了其中蕴藏的意味。文章短小，只七十余字，一波一澜，不事雕琢，颇有天趣。

晋献文子成室，晋大夫发焉[1]。张老曰：“美哉轮焉，美哉奂焉。歌于斯，哭于斯，聚国族于斯[2]。”文子曰：“武也，得歌于斯、哭于斯、聚国族于斯，是全要领以从先大夫于九京也[3]。”北面再拜稽首[4]。君子谓之善颂、善祷[5]。

①献文子，晋国大夫赵武，他的谥号“献”、“文”，合称“献文子”，单称“文子”。成室，建成了新的房屋。发，送礼祝贺。焉，句末语气词。

②张老，晋大夫名。轮，高大。奂（huàn），通“焕”，文采鲜明，华丽。哉、焉，语气词。歌，歌舞作乐，指吉庆之事。哭，哭泣悲哀，指死人治丧。聚，会聚。国族，国人、宗族。斯，代词，这里。

③文子，即献文子。武，文子自称名字。是，这是，这。全要领，保全腰和脖子。要，“腰”的古字。“全要领”是指不犯腰斩和砍头的死罪，能够善终。以，连词，用法同“而”。从，跟随。先大夫，指赵武的已经去世的父亲、祖父。九京，即九原，晋国卿大夫的墓地。

④北面，脸朝北方。再拜，拜两拜。稽（qǐ）首，叩头至地的跪拜礼。

⑤颂，赞美祝福。祷，祷告，祈求免祸。

【译文】

晋国的献文子造起了一座新的房屋，晋国的大夫们纷纷送礼庆贺。有个叫张老的颂扬说：“真漂亮啊！房子高大巍峨啊！真漂亮啊！房子文采华丽啊！在这里歌舞作乐，在这里哭泣致哀，在这里会聚国人和宗族！”文子答谢说：“我能在这里歌舞作乐，能在这里哭泣致哀，能在这里会聚国人和宗族，这表示着我能在这里保全腰领尽享天年，到九京去跟随我的先人啊！”文子说完，面向北谦恭地拜了又拜，磕头行礼。

君子们都称他们擅长称颂，擅长祈祷。

苏秦以连横说秦①

《战国策·秦策》

【题解】

本篇讲述苏秦如何游说秦王统一天下，在游说失败返乡后受到冷遇，于是刻苦攻读，最终游说赵王成功，从此飞黄腾达，显扬于诸侯的故事。文章反映了纵横家重利趋名的人生观和崇尚智谋策略制胜的思想，刻画的人物形象生动逼真，文情富有起承转合之妙。

苏秦②始将连横说秦惠王曰："大王之国，西有巴、蜀、汉中之利③，北有胡貉、代马④之用，南有巫山、黔中之限⑤，东有殽、函之固⑥。田肥美，民殷富，战车万乘，奋击百万，沃野千里，蓄积饶多⑦，地势形便⑧，此所谓天府⑨，天下之雄国也。以大王之贤，士民之众，车骑⑩之用，兵法之教⑪，可以并诸侯，吞天下，称帝而治。愿大王少留意⑫，臣请奏其效⑬。"

苏秦像，图选自《鬼谷四友志》。

①战国策：也叫《国策》，秦汉间人所著国别体史书，主要记载战国时期策士纵横家的活动，尤其是他们的言论。系西汉刘向所编，共三十三篇，并名之为《战国策》。

②"苏秦"句：苏秦，战国时著名纵横家。连横，东西为横，秦地在西，六国在东，所以分化六国以侍奉秦国叫连横。说（shuì），游说，劝说他人推行某种主张和策略。

③"西有"句：巴，古国名，在今川东鄂西一带。蜀，四川西部一带。汉中，今陕西秦岭以南地区。

④胡貉（hé）、代马：胡，西北少数民族地区。貉，一种毛皮兽。代，今河北、山西北部一带。其地产马。

⑤"南有"句：巫山，在今四川巫山县东。黔中，在今湖南沅陵县西。限，险阻。

⑥殽（xiáo）、函之固：殽，山名，在

河南洛宁县西北。函，即函谷关，在今河南灵宝南。固，险固。

⑦饶多：丰富。

⑧形便：地形便于作战。

⑨天府：天然的府库。形容其富饶。

⑩车骑：车马，军队。

⑪教：教习。

⑫少留意：稍稍注意。这是客气话。

⑬效：功效。

秦王曰："寡人闻之，毛羽不丰满者不可以高飞，文章[14]不成者不可以诛罚，道德不厚者不可以使民，政教不顺者不可以烦大臣。今先生俨然不远千里而庭教之[15]，愿以异日[16]。"

⑭文章：法令制度。

⑮"令先生"句：俨然，严肃庄重的样子。庭，朝廷。

⑯愿以异日：异日，改天。意谓改天再谈吧。这是客气话。

苏秦曰："臣固疑大王之不能用也。昔者神农伐补遂[17]，黄帝伐涿鹿而禽蚩尤[18]，尧伐驩兜[19]，舜伐三苗[20]，禹伐共工[21]，汤伐有夏[22]，文王伐崇[23]，武王伐纣[24]，齐桓任战而霸天下[25]。由此观之，恶[26]有不战者乎？古者使车毂击驰[27]，言语相结[28]，天下为一；约从[29]连横，兵革不藏[30]，文士并饬[31]，诸侯乱惑，万端俱起[32]，不可胜理[33]；科条既备，民多伪态[34]；书策稠浊，百姓不足[35]；上下相愁，民无所聊[36]；明言章理[37]，兵甲愈起；辩言伟服，战攻不息；繁称文辞[38]，天下不治；舌敝耳聋[39]，不见成功；行义约信[40]，天下不亲。于是，乃废文任武，厚养[41]死士，缀甲厉兵[42]，效胜[43]于战场。夫徒处而致利，安坐而广地[44]，虽古五帝、三王、五霸[45]，明主贤君，常欲坐而致之，其势不能，故以战续之。宽则两军相攻，迫则杖戟相撞，然后可建大功。是故兵胜于外，义强于内[46]；威立于上，民服于下[47]。今欲并天下，凌万乘[48]，诎[49]敌国，制海内，子元元[50]，臣诸侯[51]，非兵不可！今之嗣主[52]，忽于至道[53]，皆惛于教[54]，乱于治[55]，迷于言，惑于语，沉于辩，溺于辞[56]。以此论之，王固不能行也。"

⑰"昔者"句：神农传说中上古时代的部落首领。补遂，上古部落名。

⑱"黄帝"句：黄帝，传说中上古时代的帝王名。涿鹿，地名，在今河北涿鹿东南。禽，通"擒"。蚩（chī）尤，传说中上古时代东方部落的首领。

⑲尧伐欢兜：尧，传说中上古时代的帝王名。他传位于舜。欢兜，尧的臣子，恶人。

⑳舜伐三苗：舜，传说中上古时代的帝王名。他传位于禹。三苗，传说中上古时代的部落名，在今湖南洞庭、江西鄱阳一带。

㉑禹伐共工：禹，传说中上古时代的帝王名。共工，传说中上古时代的部落首领。

㉒汤伐有夏：汤，商朝的创立者。有夏，即夏朝。这里指夏朝的末代昏君夏桀。

㉓文王伐崇：文王，即周文王。周朝的奠基者。崇，小国名，在今河南嵩县北。指助纣为虐

的崇侯虎。

㉔武王伐纣（zhòu）：武王，周朝的建立者。纣，商朝的末代昏君纣王。

㉕“齐桓”句：任战，用兵。霸，称霸。

㉖恶（wū）：疑问代词，相当于“何”，“安”。

㉗车毂（gǔ）击驰：毂，车轮中心安放车轴的圆木。击，撞击。驰，奔驰。

㉘言语相结：通过会谈而缔结盟约。

㉙约从：即合纵。指六国联合抗秦的策略。

㉚兵革不藏：兵革，即兵甲。藏，收藏。意为战争不能避免。

㉛文士并饬（chì）：文士，这里指辩说之士。饬，整理（言辞）。

㉜万端俱起：无事不起。

㉝不可胜理：难以治理。

㉞“科条”二句：科条，法令条文。备，齐备。伪态，作伪之事。

㉟“书策”二句：书策，文件政令。稠浊，繁多杂乱。不足，衣食不足。

㊱聊：依赖。

㊲明言章理：言语道理。章，明，显。

㊳繁称文辞：繁，多。称，说。文辞，有文采的言辞。

㊴舌敝耳聋：敝，疲惫。意为讲的人、听的人都累了。

帝舜像，图出自明·天然《历代古人像赞》。

㊵“行义”句：行义，施行仁义。约信，相约信任。

㊶厚养：用优厚的条件养着。

㊷缀甲厉兵：缀，缝连。缀甲，修缮盔甲。厉兵，磨砺兵器。

㊸效胜：争取胜利。

㊹“夫徒处”二句：徒，空，闲。处，住着，呆着。致利，获利。安坐，安稳地。广地，拓展土地。

㊺“虽古”句：五帝，传说中上古时代的五位帝王。或指伏羲、神农、黄帝、少皋，颛顼。或指黄帝、颛顼、帝喾、唐尧、虞舜。或指少皋、颛顼、帝喾、唐尧、虞舜。三王，一说指夏禹、商汤、周文王；一说指夏禹、商汤和周代的文王武王。王霸，春秋时称霸的五位诸侯，一说指齐桓公、晋文公、楚庄王、吴王阖闾、越王勾践；一说指齐恒公、宋襄公、晋文公、秦穆公、楚庄公。

㊻“是故”二句：是故，因此。兵，军队。义，施行仁义。内，国家内部。

㊼“威立”二句：威，君主的权威。服，服从。

㊽凌万乘（shèng）：凌，压倒，征服。乘，指一车四马。万乘，万乘之大国。当时尚车战，拥有战车的数量多少是国力的象征。

㊾诎（qū）：使……屈服。此处作动词用。

(50)子元元：子，以……为子民。元元，百姓。

(51)臣诸侯：使诸侯储首称臣。

(52)嗣主：继位的君主。

(53)忽于至道：忽，疏忽，糊涂。至道，最重要的道理。此处指战争。

(54)皆惛（hūn）于教；惛，糊涂。教，教化。

(55)乱于治：乱，惑乱。治，治国。

(56)“迷于言”四句：意谓迷惑沉溺于辩士的言辞。

说秦王书十上而说不行。黑貂之裘敝[57]，黄金百斤尽，资用乏绝，去秦而归。羸縢履蹻[58]，负书担囊，形容枯槁，面目黧黑，状有愧色。归至家，妻不下纴[59]，嫂不为炊[60]，父母不与言。苏秦喟然[61]叹曰：“妻不以我为夫，嫂不以我为叔，父母不以我为子，是皆秦之罪也。”乃夜发[62]书，陈箧[63]数十，得太公《阴符》[64]之谋，伏而诵之，简练以为揣摩[65]。读书欲睡，引锥自刺其股，血流至足。曰：“安有说人主不能出其金玉锦绣，取卿相之尊者乎[66]？”期年[67]，揣摩成，曰：“此真可以说当世之君矣！”

(57)敝：破。

伏羲像，图出自明·天然《历代古人像传》。伏羲是传说中的五帝之一。

(58)羸縢（téng）履蹻（juē）：羸，缠。縢，绑腿的布。履，脚穿。蹻，草鞋。

(59)纴（rèn）：纺织。此处指织机。

(60)不为炊：不烧火做饭。

(61)喟（kuì）然：叹气的样子。

(62)发：打开。

(63)陈箧（qiè）：陈放，陈列。箧，小书箱。

(64)《阴符》：即太公兵书《阴符经》。

(65)“简练”句：简练，抉择练习。揣摩，反复地推敲体会。

(66)“安有”二句：安有，哪有。人主，君王。卿相，泛指高官厚禄。

(67)期年：满一年。

于是乃摩燕乌集阙[68]，见说赵王[69]于华屋之下，抵掌[70]而谈。赵王大说[71]，封为武安君，受相印。革车[72]百乘，锦绣千纯[73]，白璧百双，黄金万镒[74]，以随其后，约从散横[75]，以抑[76]强秦。故苏秦相于赵而关不通[77]。

《春秋五霸七雄列国志传》版画之“赵封苏秦为武安君”图

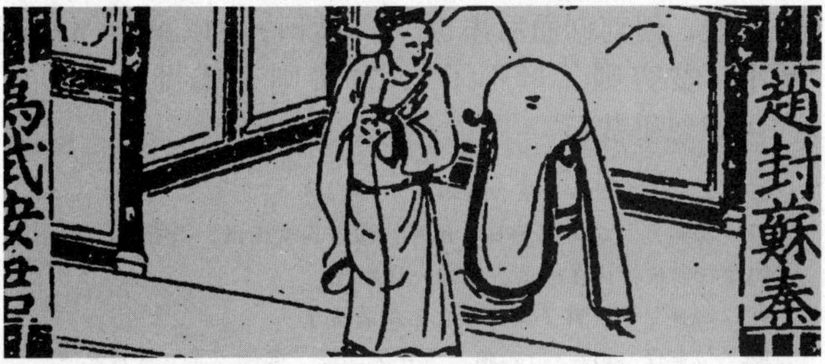

⑱“于是”句：摩，近，到达。燕乌集阙，赵国宫阙名。
⑲赵王：即赵肃侯。
⑳抵掌：击掌。形容谈话之投机。
㉑说（yuè）：通“悦”。高兴。
㉒革车：兵车。
㉓纯（tún）：匹。
㉔镒（yì）：二十四两（又说二十四）为一镒。
㉕散横：拆散秦与六国的联盟。
㉖抑：抑制。
㉗关不通：六国之关不与秦通。

当此之时，天下之大，万民之众，王侯之威，谋臣之权，皆欲决于苏秦之策。不费斗粮，未烦一兵，未战一士，未绝一弦，未折一矢，诸侯相亲，贤于兄弟。夫贤人在而天下服，一人用而天下从。故曰：式于政，不式于勇[78]；式于廊庙[79]之内，不式于四境之外。当秦之隆，黄金万镒为用，转毂连骑，炫熿[80]于道，山东之国[81]，从风而服[82]，使赵大重[83]。且夫苏秦特穷巷掘门、桑户棬枢之士耳[84]，伏轼撙衔[85]，横历天下，庭说诸侯之主，杜[86]左右之口，天下莫之伉[87]。

㊽“式于政”二句：式，用。政，政治。勇，武勇。
㊾廊庙：朝廷。
㊿炫熿：炫耀。
81山东之国：殽山以东的各国。即秦国以东的诸侯国。
82从风而服：随风而顺从（赵国）。
83大重：大受尊重。
84“且夫”句：且夫，况且。特，不过。掘门，挖个墙洞作门。桑户，桑木作的门板。棬（quān）枢，以弯木做的门轴。
85伏轼撙（zǔn）衔：伏在车轼上，拉着马嚼子。轼，车前手扶的横木。撙，勒。
86杜：堵住。意谓利口无敌。
87伉：通“抗”。匹敌，相当。

将说楚王，路过洛阳，父母闻之，清宫除道[88]，张乐设饮，郊迎三十里。妻侧目而视，侧耳而听[89]；嫂蛇行匍伏[90]，四拜自跪而谢[91]。苏秦曰："嫂，何前倨而后卑也[92]？"嫂曰："以季子[93]位尊而多金。"苏秦曰："嗟乎！贫穷则父母不子[94]，富贵则亲戚畏惧。人生世上，势位富厚，盖[95]可以忽乎哉！"

⑱清宫除道：洒扫房屋和道路。

⑲"妻侧目"二句：侧目、侧耳，意谓不敢正视，正听。

⑳蛇行匍伏：伏在地上，像蛇一样爬行。

㉑"四拜"句：拜了四次，自己跪着请罪。

㉒"何前倨（jù）"句：何，为什么。倨，傲慢。卑，谦恭卑下。

㉓季子，苏秦字季子。

㉔不子：不当儿子看。

㉕盖，通"盍"，何。

【译文】

当时，苏秦准备推行连横的谋略，便去劝诫秦惠王说："大王国家的周围，西面有巴、蜀、汉中的物产便于交流，北面有胡地的貉子、代地的良马可以利用，南面有巫山、黔中作为屏障，东面有崤山、函谷关这样牢固的门户。秦国本身更是土地肥沃，人民富足，战车万辆，战士百万，沃野千里，财富丰足，地理形势便利，这正是人们所说的天府，真是天下的强国啊。如果仗着大王的贤德，士民的众多、车马的效用，兵法的教习，那是足以征服诸侯，统一天下，称帝而治的。如今，请大王略加注意，请让我叙述统一天下的功效。"

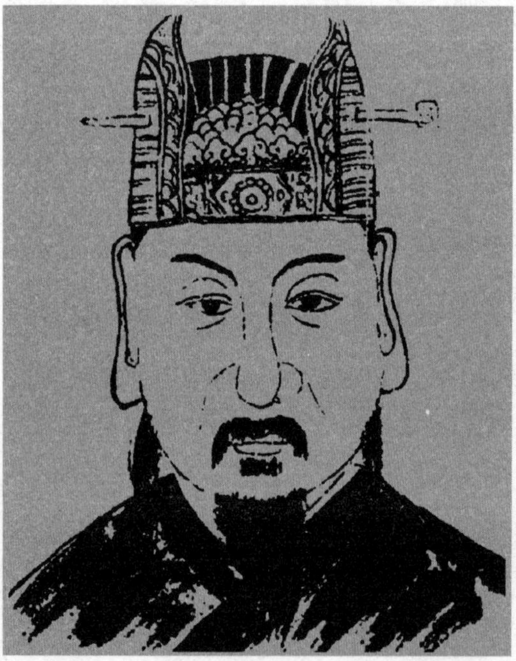

苏秦像

但秦惠王却说："我听说，羽毛不丰盈满，便不能飞得很高；法令条文不完善，便不能用来实行刑罚；道德行为不高尚，便不能指使百姓；政令教化不和顺，便不能差遣大臣。如今，虽然先生不远万里，慎重登廷，来赐教于我，但我看还是改天再谈吧。"

苏秦说："我原本就怀疑大王不接受我的主张。过去，神农攻打补遂，黄帝攻打逐鹿所以捉住蚩尤；唐尧攻打驩兜，虞舜攻打三苗，夏禹攻打共工，商汤攻打夏桀，周文王攻打崇侯虎，周武王攻打殷纣王，齐桓公运用武力雄霸天下。以此可见，哪有不曾运用武力的呢？古时候，各国使臣的车驾往来奔驰，车毂相击。他们以言语相互结纳，使天下成为一体；或者实施合纵，或者实施连横，不再储藏兵器。文士都巧饰辞令，反而使各国诸侯无所适从，导致各种事端层出不穷，无法清理出头绪。法令条文完善，人民却多作伪；文书政令越为繁杂，百姓却越见贫穷。臣君上下都在为此忧愁，而人民的生活却仍无着落。文士把道理讲得很明白，但战争却更为众多。文士身穿盛装，发言雄辩，但争战攻伐并没有因此停息；文士讲了那么多繁缛的文雅辞令，但天下并没有因此得到治理。虽然发言者说烂了舌头，听讲者听聋了耳朵，但并没有产生什么效果。虽然提倡道义，约以诚信，但天下仍不能和谐相处。在这种形势下，各国便放弃文治，采用武力，以丰厚的待遇豢养敢死之士，连缀铠甲，砥砺兵器，在战场上角逐胜负。大凡无所事事而获得利益，安然而坐而开拓疆土，便是古代的五帝、三王、五霸以及那些明主贤君时时想要实现这一愿望，但在这种形势下也是无法办到的。因此他们才把战争作为文治的继续，在辽阔的地面上，两军对攻，逼近了，便短兵相接，只有这样做了，才有可能建立巨大的功业。所以可以说，只有对外用兵取得了胜利，对内声扬道义才强劲有力；只有国君从上面把威望树立起来，下面的百姓才会心悦诚服。当前，要想统一天下，高出于现有的大国之上，制伏敌国，控制海内，抚慰百姓，臣服诸侯，是一定要用武力不可的！当今的新君，忽略这一最基本的道理，不明政教，不懂治道，已经为文士的巧辩言辞所迷住而不能自拔了。由此看来，大王是必定不能实施我的主张的了。”

苏秦劝诫秦惠王，先后上书十次，但是他的主张最终没有能实现。黑貂皮衣穿烂了，带来的一百斤黄金花完了，费用没有了，他只好离开秦国，返回家去。他绑上裹腿，踏上草鞋，背着书籍，担着行囊，身体干瘦，脸色黝黑，面有愧色。他回到家中时，他的妻子不肯走下织机迎接他，他的嫂子不肯给他做饭吃，他的父母不肯和他讲话。苏秦长叹道：“妻子不把我当丈夫看待，嫂子不把我当小叔子看待，父母不把我当儿子看待，这都是秦国给我造的孽。”于是，苏秦连夜找书，打开了几十只书籍，找到了姜太公的《阴符》一书，便埋头苦读，并有选择地予以熟习和专研。每当读书疲乏，要打瞌睡的时候，他便拿锥子刺自己的大腿，以致使鲜血一直流到脚后跟，而这时他还自勉说：“要是我再去游说各国君主，哪有不能得到金玉锦缎，获取卿相高位的道理呢？”才满一年，苏秦专研成功了，他自己也说：“这次，我的确可以游说当代的国君了。”

于是，苏秦便路过燕乌集阙，来见赵王，并在富丽的宫殿中游说赵王。他侃侃而谈，时常击掌有声。赵王听了，非常高兴，便封他为武安君，授给他相印，让他带着兵车一百辆、锦缎一千捆，白璧一百对，黄金一万镒，跟在他的车乘之后，去相约合纵，拆散连横，以便抵制强大的秦国。因此，苏秦在赵国为相时期，函谷关的交通便中断了。

这个时候，虽然天下广大，百姓众多，王侯威严，谋臣权变，但都想取决于苏秦的策略。因此，不曾消耗一斗粮食，不曾烦劳一个兵卒，不曾有一个士人参加打仗，不曾断过一根弓弦，不曾折过一支箭，就让六国诸侯彼此亲睦，胜过兄弟。旦凡贤人在位，才能让天下人信服；一位贤人用事，便能使天下人服从他的号令。因此说，要在政治上有力气，而不必在武力上用力气；要在廊庙决策上用

《东周列国志》版画之“苏秦合纵相六国”图

力气，而不必在周边争战上用力气。当苏秦尊显的时候，黄金万镒任由他使用，随从的车骑络绎不绝，走在路上，好不显耀。当时，殽山以东的国家，有如风吹草动般地听从苏秦的指令，从而使赵国的威信也大大增强。更何况，苏秦只不过是个居于穷巷，掘洞为门，用桑条编成门扉，把木条揉作门枢的读书人罢了，但他却能伏于车轼，勒着马嚼，走遍天下，在朝堂上劝说各国诸侯，使诸侯身边的亲信无话可说，这简直是天下没有人能够和他匹敌的。

之后，苏秦准备去游说楚王，恰巧经过洛阳。他的父母听到这一消息，便收拾房屋，清扫街道，张办音乐，摆设酒席，走出郊外三十里，前去迎接。他的妻子不敢正眼瞧他，只是侧耳静听安排。他的嫂子手足伏地，像蛇一样爬行而来，并且跪倒在地，拜了四拜，向苏秦谢罪。苏秦问道：“嫂子，为什么你以前对我那样倨傲，而如今又对我这般低声下气呢？”他的嫂子回答：“由于如今你地位又高，钱又多啊。”苏秦于是说道：“唉，我穷困失落的时候，连父母都不把我当做儿子看待，如今富贵了，连亲人都畏惧我。人生在世，权势和金钱，怎么能够忽略呢！”

司马错论伐蜀

《战国策·秦策》

【题解】

秦自孝公任用商鞅变法之后，从根本上改变了以往“兵弱而主卑”的局面，国势渐盛。孝公死，子惠王即位，商鞅被杀，但变法的成果依然延续，秦国不断向外拓展疆域，走上了日益强大的道路。本文所写即为秦向外扩张的重大事件之一，发生在秦惠王更元九年（前316）。当时，蜀有内乱，司马错力主乘机伐之，秦惠王采纳了他的意见。司马错一举灭蜀，于是“秦益强富厚，轻诸侯”。

司马错提出伐蜀主张后，先以“不然”二字否定张仪建议伐韩的观点。接着高屋建瓴，从广地、富民、博德这三个建立王业的必备条件发论。随后由当时客观形势和秦国现实状况出发，作正、反两面的纵深论述，一一揭示伐蜀之利，攻韩之弊，从而凸显灭蜀的切实可行。整篇文章气势充沛，层次井然，如悬瀑迭折飞泻，一气呵成。

司马错与张仪争论于秦惠王前[①]。司马错欲伐蜀，张仪曰：“不如伐韩。”王曰：“请闻其说。”

①本文选自《战国策·秦策》。司马错：战国时秦将。张仪：战国时魏国人，与苏秦同师于鬼谷子，是主张“连横”的著名纵横家。

对曰：“亲魏善楚，下兵三川[②]，塞轘辕、缑氏之口[③]，当屯留之道[④]，魏绝南阳[⑤]，楚临南郑[⑥]，秦攻新城、宜阳[⑦]，以临二周之郊[⑧]，诛周主之罪[⑨]，侵楚、魏之地。周自知不救，九鼎宝器必出[⑩]。据九鼎，按图

张仪像，图选自《鬼谷四友志》。

籍[11]，挟天子以令天下，天下莫敢不听，此王业也。今夫蜀，西僻之国，而戎狄之长也[12]，敝[13]兵劳众不足以成名，得其地不足以为利。臣闻：'争名者于朝，争利者于市。'今三川、周室，天下之市朝也，而王不争焉，顾争于戎狄[14]，去王业远矣。"

②下兵：出兵。三川：古郡名，战国时韩宣王置，因其境内黄河、洛水、伊水而得名，位于今河南省的伊洛流域及汝水上游地区，时为韩地。

③轘（huán）辕：山名，在今河南省偃师县东南。山路险阻，凡十二曲，故名轘辕。缑（gōu）氏：山名，在今河南省偃师县南。口：山口。

④当：阻挡。屯留：古县名，在今山西省屯留县南，太行山的羊肠坂道经过该县。

⑤南阳：古地区名，在今河南省济源县至获嘉县一带，位于韩魏交界处，时属韩地。

⑥南郑：韩邑名，时为韩都城，在今河南省新郑市。

⑦新城，韩郡名，在今河南省伊川县西。宜阳：韩邑名，曾为韩国都城，在今河南省宜阳县西。

⑧二周：指东周与西周，战国时的二个小国名，分别位于周都洛阳的东面与西面，故名。东周在今河南省巩县，西周在今河南省洛阳市西。

⑨周主：此指周显王，时为周王朝君主。

⑩九鼎：九只铜鼎。相传夏禹铸九鼎，象征九州，夏商周三代奉为象征国家政权的传国之宝。

⑪图籍：地图与户籍，常代指疆土人民。

⑫戎狄：泛指我国西北方的少数民族。蜀为古族名，其首领蚕丛始建蜀国，称蜀王，中原诸国将蜀国视为与羌、庸等同类的蛮夷戎狄之国。"长"，《史记·张仪列传》、《新序·善谋篇》等引作"伦"，较合文意。下句亦同。

⑬敝：通"弊"，疲惫。此处是使动词。

⑭顾：却，反而。

司马错曰："不然。臣闻之，欲富国者，务广其地；欲强兵者，务富其民；欲王者，务博其德。三资者备[15]，而王随之矣[16]。今王之地小民贫，故臣愿从事于易。夫蜀，西僻之国也，而戎狄之长也，而有桀、纣之乱[17]。以秦攻之，譬如使豺狼逐群羊也。取其地，足以广国也；得其财，足以富民，缮兵[18]不伤众，而彼已服矣。故拔一国，而天下不以为暴；利尽西海[19]，诸侯不以为贪。是我一举而名实两附[20]，而又有禁暴止乱之名。今攻韩劫天子[21]，劫天子，恶名也，而未必利也，又有不义之名，而攻天下之所不欲，危！臣请谒其故[22]：周，天下之宗室也；韩，周之与国也[23]。周自知失九鼎，韩自知亡三川，则必将二国并力合谋，以因乎齐、赵，而求解乎楚、魏[24]。以鼎与楚，以地与魏，王不能禁。此臣所谓'危'，不如伐蜀之完也[25]。"

⑮资：材料，此指条件。

⑯王：王业

⑰桀纣之乱：此指当时蜀国发生的内乱。桀纣，为夏商两朝的末代暴君。

⑱缮兵：整治军队。

⑲利尽四海：谓尽取西海之利。“四”当据姚本《战国策》、《史记·张仪列传》、《新序·善谋篇》改作“西”。西海，指“西僻之国”的蜀国。在古人心目中，地域方位的“海”仅是一种文化符号，并非实指客观存在的大海。四海之内是中夏的势力范围，又称九州；中夏之外的四海，为蛮夷戎狄之地。

⑳附：归附。

㉑劫：威逼，胁迫。

㉒谒：禀告，陈说。

㉓与国：友邦

㉔因：依托，利用。

㉕完：完备，完满。

夏桀像。夏桀是夏朝末代的暴君。

惠王曰：“善！寡人听子。”卒起兵伐蜀。十有[26]取之，遂定蜀。蜀主更号为侯，而使陈庄相蜀[27]。蜀既属，秦益强富厚，轻诸侯。

㉖事在秦惠王后元九年（公元前316年）十月。

㉗陈庄：秦臣，其任蜀相事在秦惠王后元十一年（公元前314年）。

【译文】

司马错和张仪在秦惠王跟前议事急论。司马错主张讨伐蜀国，张仪说：“不如进攻韩国。”秦惠王说：“把你们的理由说来听听”。

张仪首先回答说：“秦国先结集好魏、楚两国，接着出兵河、洛、伊三川地带，这样就堵塞了轘辕、缑氏的关口，挡住了通往屯留的去路；魏国用兵截断南阳的通道，楚国兵临南郑，秦国进犯新城、宜阳，这样就逼近西周和东周的城效，惩罚周王侵占楚国、魏国土地的罪过。周王自知没法挽救危机，必定献出传国的九鼎宝物。如果秦国占有九鼎，按照地图和户籍，就能挟制天子而号令天下，到那时，天下人没有敢不听从的，这是建立王朝大业的事呵。现在蜀国是地处西边的荒僻国家，是戎狄中的首领。现在征伐他，必定使士兵疲惫，人民劳苦，又不能形成秦国的威名；即便获得蜀国的土地，也不会有多少利益。我听说过：‘争名的应在朝廷上，争利的应在市场上。’当前的河、洛、伊三川地带和周朝王室，就是天下的市场和朝廷呵！大王居然不去争夺它，只是和戎狄争夺，这样就离建立王朝大业太远了。”

司马错说：“这样说不对。我听过这样的道理：要想国家富有，就一定要扩大疆土；要想兵力强盛，就一定要让人民富足；要想成就王业，就一定要普遍地推行仁政。这三方面事情完善了，王业也就随之实现了。现在大王管辖的疆土狭小，人民穷困，所以我希望大王先从容易办到的事着手。至于蜀国，是西边荒僻的国家，是戎狄中的首领，当前又出现了像古时夏桀、商纣那样的动乱，今天用秦国的兵力进攻他，就如同让豺狼去追逐羊群一样。掠夺他的土地，可用来扩大领土；获得他的财物，可用来使国内的百姓富足。派遣军队去进攻，不使民众受到伤害，对方就已经降服了。所以，攻下一个国家，天下人不会认为这是暴行；仅从西蜀取得利益，各诸侯国不会认为我们贪得无厌。这正是我们一举两得，声望和现实利益都有了，还取得制止暴乱的名望。现在如果攻打韩国劫取天子，那就会招致劫天子的罪名，这一行动不一定能获得利益，又在天下落个不义的名誉。况且攻打天下人都不想攻打的周王室，是件危险的事呵！我请求大王允许我讲述其中的理由：周王室，是天下的宗室；齐国，是韩国和周室亲善的友邦。当周室自知即将失去九鼎，韩国自知即将丢失三川，两国就必定会全力协作，共同策划，以至于经过齐国和赵国而向楚国和魏国求助解难，把九鼎送楚，用土地给魏，这时大王无法制止。这就是我所说的危险，还不如攻打蜀国好些。”

惠王说：“非常好！寡人就听从您的建议。”秦国终于发兵攻打蜀国，用十个月时间攻下，于是平定了蜀地。蜀国君主更改名号为侯，秦国又命陈庄辅佐蜀政。蜀国已经归附，秦国更加强大富有，蔑视其余诸侯国了。

范睢说秦王[1]

《战国策·秦策》

【题解】

范睢是战国时富有谋略才干的著名人物，本文是记叙他初次会见秦昭王时的情景。当时秦昭王已执政三十六年，虽国力强盛，但政权一直被皇太后和穰侯操纵，范睢以客卿的身份说秦王，最初吞吞吐吐，欲言又止，直到秦王一再追问，才以交疏言深试探秦王，然后反复申明自己的忠心，将自己定位在维护秦昭王根本利益的立场上，渐渐触及要害，对秦国现存的政治问题的严重性和危险性点到为止，并不和盘托出。文章言辞委婉，语言生动，有很深的警示作用。

范睢至，秦王庭迎范睢，敬执宾主之礼[2]。范睢辞让。是日见范睢，见者无不变色易容者。秦王屏左右[3]，宫中虚无人，秦王跪而进曰[4]：“先生何以幸教寡人[5]？”范睢曰：“唯唯[6]。”有间[7]，秦王复请，范睢曰：“唯唯。”若是者三。秦王跽曰[8]：“先生不幸教寡人乎？”

《东周列国志》版画之“范睢巧计逃秦国”图。讲述范睢在魏国因受小人诬陷而受刑，于是诈死，改名张禄出逃秦国，受到秦昭王重用之事。

①范睢说秦王：本文选自《战国策·秦策》。范睢（jū），魏人，因被别人诬告与齐国有私通，遭毒打。后来通过秦派到魏国去的使者王稽的帮助逃至秦国，并由他引荐会见了秦昭王。

②敬执宾主之礼：恭恭敬敬地行宾主相见之礼。

③屏（bǐng）：使……退避。

④跪：古人是席地而坐，臀部放在双脚上。跪，是指在原来坐的前提下，大腿直立。

⑤幸教：表示请教的谦词。幸，荣幸。

《东周列国志》版画之“伍子胥微服过昭关”图

⑥唯唯：接连答应之辞。这里表示顺从地答应。

⑦有间：过了一会儿。

⑧跽（jì）：半跪。

范雎谢曰：“非敢然也。臣闻始时吕尚之遇文王也，身为渔父而钓于渭阳之滨耳[9]。若是者，交疏也。已一说而立为太师，载与俱归者，其言深也。故文王果收功于吕尚，卒擅天下[10]而身立为帝王。即使文王疏吕望而弗与深言，是周无天子之德，而文、武无与成其王也[11]。今臣，羁旅之臣也[12]，交疏于王，而所愿陈者，皆匡君臣之事[13]、处人骨肉之间，愿以陈臣之陋忠，而未知王心也，所以王三问而不对者是也。

⑨渭阳：指渭水的北岸。渭，河名，在今陕西省。

⑩擅：占据，控制。

⑪无与成其王：没有人帮助他成就统一天下的事业。

⑫羁（jī）旅：寄居他乡。

⑬匡：匡正，纠正。

“臣非有所畏而不敢言也，知今日言之于前，而明日伏诛于后，然臣弗敢畏也。大王信行臣之言，死不足以为臣患，亡不足以为臣忧，漆身而为厉[14]，被发而为狂，不足以为臣耻。五帝之圣而死，三王之仁而死，五霸之贤而死，乌获之力而死[15]，奔、育之勇而死[16]。死者，人之所必不免。处必然之势，可以少有补于秦，此臣之所大愿也，臣何患乎？”

⑭漆身而为厉：漆身，以漆涂身。厉，同“癞”。

⑮乌获：武王的力士。

⑯奔育：指魏国的孟奔、夏育。

“伍子胥橐载而出昭关[17]，夜行而昼伏，至于蔆水[18]，无以糊其口，膝行蒲伏，乞食于吴市[19]，卒兴吴国，阖闾为霸[20]。使臣得进谋如伍子胥，加之以幽囚不复见，是臣说之行也，臣何忧乎？箕子、接舆[21]，漆身而为厉，被发而为狂，无益于殷、楚。使臣得同行于箕子、接舆，可以补所贤之主，是臣之大荣也，臣又何耻乎？”

⑰伍子胥橐（tuó）载而出昭关：这句话说伍子胥自楚奔吴，藏身于皮袋里，载出昭关。伍子胥，春秋时楚人，后来曾做吴国大夫，橐，皮制的口袋。昭关，地名，位于吴楚交界处，在今安徽含山县北。

⑱蔆水：水名，即溧水。

⑲蒲伏：同“匍匐”。

⑳阖（hé）闾（lǘ）：春秋时吴国君主。

㉑箕子、接舆：箕子，商纣王的诸父，谏纣被囚，假装为奴。接舆，春秋时楚人，佯狂避世。

“臣之所恐者，独恐臣死之后，天下见臣尽忠而身蹶也[22]，是以杜口裹足[23]，莫肯即秦耳。足下上畏太后之严[24]，下惑奸臣之态[25]；居深宫之中，不离保傅之手[26]；终身暗惑，无与照奸[27]；大者宗庙灭覆，小者身以孤危。此臣之所恐耳！若夫穷辱之事，死亡之患，臣弗敢畏也。臣死而秦治，贤于生也。”

㉒蹶（jué）：僵仆，跌倒，此指死亡。

㉓杜口：闭口不言。

㉔太后：即宣太后。

㉕奸臣：指太后弟穰侯。

㉖保傅：古代辅导天子和诸侯子弟的官员统称保傅。

㉗无与照奸：没有人为王辨别奸邪。

秦王跪曰：“先生是何言也！夫秦国僻远，寡人愚不肖[28]，先生乃幸至此，此天以寡人慁先生[29]，而存先王之庙也。寡人得受命于先生，此天所以幸先王[30]而不弃其孤也。先生奈何而言若此[31]！事无大小，上及太后，下至大臣，愿先生悉以教寡人，无疑寡人也。”范雎再拜，秦王亦再拜。

㉘不肖：不贤。

㉙慁（hùn）：打扰。

㉚幸：宠爱。

㉛奈何：为何，为什么。

箕子像，图出自清·顾沅辑《古圣贤像传略》。箕子是商纣王的叔父。

【译文】

范雎来到秦国，秦昭王在宫廷迎接他，对他恭敬地采用了主人接待宾客的礼节，范雎也客气地推辞着，谦让着。就在当天，秦昭王便召见了范雎，凡是在场看到召见情景的人们没有不惊讶失色的。后来秦昭王把身边的人打发走，宫中空无一人时，秦王跪在地上，膝行上前说："先生打算用什么来指教我呢?"范雎却只是应了一声"嗯嗯"。过了一会儿，秦王再次发问，范雎仍然只是应了一声"嗯嗯"，一连三次都是如此，秦王挺直上身半跪着说："难道先生不愿意指教我吗?"

范雎对秦王致歉说："不敢这样。我听闻：当初吕尚见到周文王时，他不过是个渭水岸边垂钓的渔翁。就这种情况而言，他和周文王的关系是很生疏的。但是，一经交流，文王就委任他为太师，和他一起乘车回去，这是由于他们谈得很深刻呀。所以，周文王果真得力于吕尚建立了功业，终于拥有天下，做了帝王。当初，假如文王由于与吕尚生疏，而不同他深谈，那就是周家没有做天子的德行，也就不会有人协助文王、武王成就帝王基业。如今，我是个寄居他乡的人，与大王的交情很浅，而我要谈的问题却是很深的，是有关匡正君臣关系的大事，而涉及到您的骨肉亲情又很难讲话；我愿借此机会表述愚见，可又不了解大王的心意。正由于这样，大王三次发问，我都没回答，理由就在于此。事实上，我这样做也并不是有所惧怕而不敢言，尽管，我明知今天当面讲了，明天就会被处死，可是我也没什么可怕的。只要大王相信我的话，依照我的主张办，就算是我范雎死了，也算不得什么祸害，流亡也算不得什么哀愁，用漆涂身变成个癞子，披头散发而成癫狂，也算不得什么羞耻。像五帝那样的圣人也得死。三王那样的仁人也得死，五霸那样的贤人也得死，乌获那样的力士也得死，孟奔、夏育那样的勇士也得死，不管是谁，死是不可避免的。我死而能有益于秦国，这就是我的最大心愿，我还有什么顾忌可言呢！伍子胥藏在牛皮袋子里蒙混出了昭关，白天藏起来，夜里逃跑，一直逃到陵水，没有什么可吃的，只得跪着行，爬着走，在吴市乞讨，而后来他终于振兴了吴国，使吴王阖闾称霸诸侯。如果我能像伍子胥那样进献策略而取得成效，就算是把我拘禁牢笼，终身不得露面，只要按我的策略实行了，我还有什么值得哀愁的呢?箕子、接舆以漆涂身变成癞子，披头散发变成狂人，可是他们的举动对于殷朝、楚国并没有什么贡献。假如我像箕子、接舆那样以漆涂身，却能对我所信任的君主的事业有所补益，这就是我最大的荣誉，我还有什么羞耻可言呢?现在，我所害怕的只是我死了之后天下之士见我为尽忠而惹致杀身之祸，所以闭口不言，止步不前，都不肯到秦国来罢了。君王啊，您对上畏惧太后的威严，对下受奸臣媚态的迷惑；整天住在深宫之中，身不离权臣的制约；终身懵懵懂懂，没有人帮助您洞察奸邪之人：按此下去，大则足以亡国；小则使自己陷入孤立危险的境地。这才是我所担忧害怕的！至于我个人的困窘、屈辱、死亡或流亡，倒不敢有所害怕。我死了而能让秦国得到整治，那比我活着还要好很多呢。"

秦王立直上身跪着说道："先生这是说的哪儿的话呢！我国位居偏远之地，而我又蠢笨无能，先生居然光临敝国，我感到非常荣幸。这真是上天让我打扰先生，好保住祖先的宗庙啊。我能有机会接受先生的指教，这正是老天爷庇护先王而不愿遗弃我的原因啊！先生怎么能说这样的话呢！如今不论是什么事，上到太后，下至大臣，不论同他们有什么牵扯，请先生尽管毫不保留地训导我，可不要再怀疑我的诚意!"讲到这里，范雎就向秦王拜了再拜，秦王也行了再拜之礼。

邹忌讽齐王纳①谏

《战国策·齐策》

【题解】

本文选自《战国策·齐策》，这是一则脍炙人口的故事。齐相邹忌不及徐公漂亮，但妻、妾、客都称赞他胜过徐公，从这一普通生活经历中，他悟出了一个深层的道理：不要在赞美声中自我陶醉。于是他以此作喻讽谏齐王，规劝齐王广开言路，虚心纳谏。因为比喻得当，使道理浅显明白，易于接受，齐国也果然因此而天下大治。文章构思巧妙，比喻确切，语言幽默，形象生动，对我们现在仍有启示意义。

邹忌修八尺②有余，而形貌昳丽③。朝服衣冠，窥镜，谓其妻曰："我孰与城北徐公美?"其妻曰："君美甚，徐公何能及君也!"城北徐公，齐国之美丽者也。忌不自信，而复问其妾曰："吾孰与徐公美?"妾曰："徐公何能及君也!"旦④日，客从外来，与坐谈，问之："吾与徐公孰美?"客曰："徐公不若君之美也!"明日，徐公来。熟视之，自以为不如；窥镜而自视，又弗如远甚。暮，寝而思之，曰："吾妻之美我⑤者，私⑥我也；妾之美我者，畏我也；客之美我者，欲有求于我也。"

①纳：接受。

②八尺：战国时一尺等于现在的0．23米。八尺相当于1．84米。

③昳丽：光艳美丽。

④旦：天亮，早晨，这里指第二天。

⑤美我：以我为美。美，形容词的意动用法。

齐国"战胜于朝廷"图，描述了齐威王接受邹忌的建议纳谏后，诸侯来朝时的场景。

⑥私：偏爱。

于是入朝见威王曰："臣诚知不如徐公美，臣之妻私臣，臣之妾畏臣，臣之客欲有求于臣，皆以美于徐公。今齐地方⑦千里，百二十城，宫妇左右，莫不私王；朝廷之臣，莫不畏王；四境之内，莫不有求于王。由此观之，王之蔽⑧甚矣！"王曰："善。"乃下令："群臣吏民，能面刺寡人之过者，受上赏；上书谏寡人者，受中赏；能谤⑨议于市朝，闻寡人之耳者，受下赏。"令初下，群臣进谏，门庭若市；数月之后，时时而间进；期年⑩之后，虽欲言，无可进者。燕、赵、韩、魏闻之，皆朝于齐。此所谓战胜于朝廷。

⑦地方："地"与"方"是两个词。这里指面积。
⑧蔽：蒙蔽
⑨谤，指责。
⑩期（jī）年：一周年。

【译文】

邹忌有八尺多高，仪表堂堂，风度翩翩。有一天早晨，他穿戴好衣帽，照着镜子，对他妻子说："我和城北的徐公比，谁更漂亮？"他的妻子说："您太漂亮了，徐公哪能比得上您呢！"城北的徐公，是齐国的美男子。邹忌自己不相信，又问他的妾说："我和徐公比，谁漂亮？"妾说："徐公哪能比得上您呢！"第二天，有位客人从外边来，邹忌和他坐着聊天，问他的客人："我和徐公比，谁漂亮？"客人回答："徐公不如您漂亮啊！"

第三天，徐公来了，邹忌认真观看，觉得自己不如徐公漂亮。照着镜子看自己，自愧更加不如徐公。晚上，他躺在床上想这件事，悟出了一番道理："我的妻子说我漂亮，是由于偏爱我；我的妾说我漂亮，是由于怕我；客人说我漂亮，是由于有求于我。"

所以，邹忌就去朝见齐威王，说："我的确明白自己不如徐公漂亮。可是，我的妻子偏爱我，我的妾怕我，我的客人有求于我，都说我比徐公漂亮。而今齐国方圆一千里，城池一百二十座。宫里的嫔妃和身边的近臣，没有谁不偏爱大王；朝廷的大臣，没有谁不怕大王；国境之内，没有谁不对大王有所求。由此看来，大王受的蒙蔽太严重了。"

齐威王说："好！"就下了一个命令："文武百官和百姓能够当面指出我的过失的，受上等赏；上书劝诫我的，受中等赏，能在公共场合指责谈论我并让我听到的，受下等赏。"命令刚下达时，众臣纷纷进谏，宫门口和院子里像闹市一样人来人往；几个月之后，要隔一段时间才或许有人进谏；一年之后，即便有人想说也没有什么可劝谏的了。

燕、赵、韩、魏各国听说这个情况，都来齐国朝见。这就是人们所说的在朝廷上战胜其余诸侯国的道理。

颜斶说齐王

《战国策·齐策》

【题解】

战国时代，许多文士游说诸侯，以猎取高官厚禄。但也有一些人，如本篇的颜斶，他们不慕利禄，不畏横强，洁身自爱，在当时是难得可贵的。全篇由对话组成，简洁精炼，饶有风趣。写颜斶不畏权势的气节和齐宣王以富贵骄人的习态，都活灵活现。末以“君子”的赞词作结，很有分量。

齐宣王见颜斶①，曰：“斶前！”斶亦曰：“王前！”宣王不说。左右曰：“王，人君也；斶，人臣也。王曰‘斶前’，斶亦曰‘王前’，可乎？”斶对曰：“夫斶前为慕势，王前为趋士。与使斶为慕势，不如使王为趋士②。王忿然作色曰：“王者贵乎，士贵乎？”对曰：“士贵耳，王者不贵。”王曰：“有说乎？”斶曰：“有。昔者秦攻齐，令曰：‘有敢去柳下季垄五十步而樵采者③，死不赦。’令曰：‘有能得齐王头者，封万户侯③，赐金千镒。’由是观之，生王之头，曾不若死士之垄也④。”

①齐宣王（？－前301）：田氏，名辟疆，齐威王之子，约公元前319至前301年在位。颜斶（chù 触）：齐国隐士。

②趋：接近，重视。

③柳下季：即柳下惠，展氏，名禽，字季，谥惠，柳下为其食邑。春秋著名贤士，鲁国大臣。垄：坟墓。

④清人林云铭《古文析义》：“《国策》原本‘死士之垄’句下，尚反复数百言，皆斶之言。坊本俱删去。但警策奇崛，亦止有此数语。读之见其势险、其节短，洵不可多得之文。”

宣王曰：“嗟乎！君子焉可侮哉，寡人自取病耳⑤！愿请受为弟子。且颜先生与寡人游⑥，食必太牢⑦，出必乘车，妻子衣服丽都⑧。”颜斶辞去曰：“夫玉生于山，制则破焉，非弗宝贵矣，然太璞不完⑨。士生乎鄙野⑩，推选则禄焉，非不尊遂也⑪，然而形神不全。斶愿得归，晚食以当肉⑫，安步以当车，无罪以当贵，清净贞正以自虞⑬。”则再拜而辞去。

⑤病：辱。

⑥游：交往。

⑦太牢：古代祭祀、牛羊豕三牲具备谓之太牢，此处是说食物丰盛。

⑧丽都：华美。

⑨大璞：未经雕琢的玉，此兼喻事物的天然本性。

柳下惠像，图出自清·顾沅《古圣贤像传略》。

⑩鄙：边远之地。

⑪遂：遂愿，称心。

⑫晚食：饥然后食。与上文“食必太牢”，宴饮无度相对而言。晚，迟。

⑬虞：同“娱”，快乐。

君子曰：“斶知足矣，归真反璞[14]，则终身不辱。”

⑭反：同“返”，回归。璞：一作“朴”。

【译文】

齐宣王召颜斶进见，说：“颜斶前来！”颜斶也说：“大王前来！”宣王听了非常不高兴。宣王身边的官员说：“国王是国君，颜斶是臣子。国王说‘颜斶到我跟前来’，颜斶也说‘您走到我跟前来’，这样说行吗？”颜斶说：“我颜斶走到国王跟前是羡慕权势，国王走到我的跟前是礼贤下士，与其让我羡慕权势，不如让国王礼贤下士。”宣王非常生气，变了脸色说：“是国王尊贵呢？还是士人尊贵呢？”颜斶回答说：“士人尊贵，国王不尊贵。”宣王说：“这样说有根据吗？”颜斶说：“有根据。以前秦国攻打齐国之时，下命令：‘有敢到距离柳下季的坟墓五十步之内打柴的，一律判处死刑，绝不赦免！’还下令说：‘有可以取得齐王的脑袋的，赐封他做万户侯，赏赐黄金一千镒！’由此看来，一个活着的国王的头，居然不如一个死了的士人的坟墓呢。”

宣王说：“唉，君子怎么可以羞辱呢！我是自讨没趣啊。期望您接受我当您的弟子。假如颜先生同我交游，吃的必定是牛肉、羊肉、猪肉，出门必定坐车，妻子和儿女一定穿戴美丽的衣服。”颜斶表示拒绝，说：“玉出产在山中，经过玉工的制作凿开璞将玉取出，不是不再宝贵，而是已经失去了璞的原来面目。士人生长在穷乡僻野，推选当官以后可以得到俸禄，并不是不尊贵显达，但是他的形体和思想已经不能保持原来的样子。我颜斶期望回去，晚一些时间吃饭能够当作吃肉，安逸地走路能够当作乘车，不会得罪能够当作富贵，保持贞洁正直的操守而自娱其乐。”说完后，颜斶向齐王拜了两拜告辞而去。

君子说：“颜斶是一个知足的人啊，维持他那纯朴的本质，如此就一生不受羞辱。”

赵威后问齐使[1]

《战国策·齐策》

【题解】

本文写战国后期赵惠文王后以"民为本"的政治、见解，与当时崛起的民本思潮相一致，在当时具有进步意义。全文以提问的方式贯穿全篇。但每问各有侧重，前三问侧重于社会经济基础，后四问着重于齐国政治现状。文章在循环往复的发问中显得气势充沛，自然流畅。运用人物自己的话作为表现文章主旨的方式是本文写作的特色。

齐王使使者问赵威后[2]。书未发[3]，威后问使者曰："岁亦无恙耶[4]？民亦无恙耶？王亦无恙耶？"使者不说，曰："臣奉使使威后，今不问王，而先问岁与民，岂先贱而后尊贵者乎？"威后曰："不然。苟无岁，何有民？苟无民，何有君？故有问舍本而问末者耶？"

①本篇选自《战国策·齐策》，反映了赵威后重民的思想。赵威后，即孝威太后，赵惠文王后，赵孝成王母。

②齐王：指齐王建，齐襄王之子，在位四十四年（前246年－前221年）。问：聘问，古代诸侯之间通问修好。

③书未发：谓齐王的书信尚未开封。

④岁：年景，一年的农业收获。无恙：无忧，平安无事。恙，病。

乃进而问之曰："齐有处士曰钟离子[5]，无恙耶？是其为人也，有粮者亦食[6]，无粮者亦食；有衣者亦衣，无衣者亦衣。是助王养其民者也，何以至今不业也[7]？叶阳子无恙乎[8]？是其为人，哀鳏寡[9]，恤孤独[10]，振困穷[11]，补不足。是助王息其民者也[12]，何以至今不业也？北宫之女婴儿子[13]无恙耶？撤其环瑱[14]，至老不嫁，以养父母。是皆率民而出于孝情者也[15]，胡为至今不朝也？此二士弗业，一女不朝，何以王齐国，子万民乎？于陵子仲尚存乎[16]？是其为人也，上不臣于王，下不治其家，中不索交诸侯[17]。此率民而出于无用者，何为至今不杀乎？"

⑤处士：指闲居在家而未仕的人。钟离子：人名，钟离复姓。

⑥食（sì）：用作动词，拿东西给人吃。

⑦不业：意为不让他做官以成就功业。

⑧叶阳子：齐处士，叶阳复姓。

⑨哀：怜悯。鳏（guān）：老而无妻的人。

⑩恤：抚恤。孤：幼而丧父的人。独：老而无子的人。

⑪振：赈济。

⑫息：生，谓使民众得到起码的生存条件而活下去。

⑬北宫之女婴儿子：齐国孝女，复姓北宫，名婴儿子。

⑭环瑱（tiàn）：泛指女子的装饰物。环，中间有孔的圆形饰物，如手镯、耳环之类。瑱，耳饰，亦称塞耳。

⑮率：表率。这里是引导的意思。

⑯於（wū）陵：地名，今山东邹平东南。子仲：人名，齐隐士。

⑰索交：谋求结交。

【译文】

齐王派使臣去向赵威后问安，问安的信还没有拆开，赵威后就问使臣："收成没有什么不好吧百姓没有什么灾祸吧？齐王没有什么疾病吧？"使臣有点不高兴，说："臣下是奉了齐王之命来向赵威后问安的，现在您不先问齐王，却先问收成和老百姓，难道卑贱的应该居先，而尊贵的反而居后吗？"赵威后说："不是这样的，如果没有收成，哪会有百姓？如果没有百姓哪会有君主呢？从前的那种问法，不正是丢了根本而去找枝节吗？"

威后又更加进一步问道："齐国有位隐士名钟离子的，他好吗？这个人的为人呀，使有粮食的人有东西吃，对没粮食的人也给予他们吃的；使有衣服的人有衣穿，对没衣的人也给衣服穿。这是一位协助国君养育他的百姓的人，怎么到如今还不让他做官建功立业呢？葉阳子好吗？这个人的为人呀，怜悯鳏夫寡妇，抚慰孤儿和年老无子的人，周济穷困潦倒的人，补助缺衣少食的人。这是一位协助国君滋育他的百姓的人，怎么到现在还没有出仕干番事业呢？北宫家闺女名婴儿子的，她好吗？她舍弃首饰打扮，到老不嫁，为的是侍奉父母。她是个教导百姓行孝的人，为什么直到如今还没让她上朝给予表彰呢？这样的二位贤士还没有做上官成就功业，一位孝女还没有入朝受封，靠什么来统治齐国，抚育广大百姓呢？於陵人子仲还活着吗？这个人的为人，上不向齐王称臣，下不整好自己家庭，中不愿与诸侯交往，这是诱惑百姓走上在社会、国家中虚度日子的人，为什么到如今还不杀了他呢？"

古文观止

卷二

[清] 吴楚材 吴调侯 编 郑达 译注

吉林出版集团有限责任公司

冯煖客孟尝君

《战国策·齐策》

【题解】

本篇记叙出身贫寒的冯煖，在孟尝君门下寄身为食客的故事，着重描写了冯煖三次弹剑高歌，引起孟尝君注意，后又为孟尝君经营“三窟”之事。全文写得一波三折，冯煖的形象尤为生动逼真。从本文可以看出，在战国时期，各国统治集团之间为了维护自身的权益，大力网罗人才、培植亲信的社会风气。

齐人有冯煖者①，贫乏不能自存，使人属孟尝君②，愿寄食门下③。孟尝君曰：“客何好？”曰：“客无好也。”曰：“客何能？”曰：“客无能也。”孟尝君笑而受之曰：“诺④。”

①冯煖（xuān）：孟尝君的门客，又作冯谖、冯驩。

②属（zhǔ）：通“嘱”，嘱托。孟尝君：战国时齐人，姓田名文。其父田婴曾任齐相，受封于薛（今山东滕县南四十里）。田文为田婴庶子，因其负责接待宾客，享誉诸侯，诸侯请以田文为嗣，田婴许之。田文袭其父封爵，封于薛，号孟尝君。是时为齐相，门下有客数千。

③寄食：依附他人为生。

④诺：答应声。

左右以君贱之也，食以草具⑤，居有顷⑥，倚柱弹其剑，歌曰：“长铗归来乎⑦！食无鱼。”左右以告。孟尝君曰：“食之⑧，比门下之客⑨。”居有顷，复弹其铗，歌曰：“长铗归来乎！出无车。”左右皆笑之，

《东周列国志》版画之“冯煖弹铗客孟尝”图。讲述战国时冯煖为孟尝君门客，起初得不到重用，于是冯煖弹铗抱怨，以期引起孟尝君注意的故事。

以告。孟尝君曰："为之驾[10]，比门下之车客。"于是乘其车，揭其剑[11]，过其友[12]曰："孟尝君客我[13]。"后有顷，复弹其剑铗，歌曰："长铗归来乎！无以为家。"左右皆恶之，以为贪而不知足。孟尝君问："冯公有亲乎？"对曰："有老母。"孟尝君使人给其食用，无使乏。于是冯煖不复歌。

⑤食（sì）：给食。草具：粗劣的饭食。

⑥有顷：形容时间短。

⑦长铗（jiá）：长剑，一说指剑柄。来乎：句末语助词，无义。

⑧食（sì）：动词，给吃的。

⑨比：比照，仿效。《战国策》吴师道注引《列士传》云："孟尝君厨有三列：上客食肉，中客食鱼，下客食菜。"客：亦作"鱼客"。

⑩驾：把车套在马身上。此处指备办车马。

⑪揭：高举。

⑫过：访问。

⑬客我：以我为客，把我当做客。

后孟尝君出记[14]，问门下诸客："谁习计会[15]，能为文收责于薛者乎[16]？"冯煖署曰[17]："能。"孟尝君怪之，曰："此谁也？"左右曰："乃歌夫'长铗归来'者也[18]"孟尝君笑曰："客果有能也，吾负之[19]，未尝见也。"请而见之，谢曰[20]："文倦于是[21]，愦于忧[22]，而性懦愚[23]，沉于国家之事，开罪于先生[24]。先生不羞[25]，乃有意欲为收责于薛乎？"冯煖曰："愿之。"于是约车治装[26]，载券契而行[27]，辞曰："责毕收，以何市而反[28]？"孟尝君曰："视吾家所寡有者。"

⑭记：文告，也指说账本一类的簿籍。

⑮计会（kuì）：会计、计算。

⑯文：孟尝君自称其名。责：通"债"。

⑰署：署名，签名。

⑱乃：就是。夫：那个。

⑲负：抱歉，对不起。

⑳谢：道歉。

㉑是：此，代指齐相担负的国家事务。

㉒愦（kuì）：昏乱。

㉓懦（nuò）：通"懦"，软弱。

㉓开罪：得罪，冒犯。

㉕不羞：不以此为羞。

㉖约车治装：拉马套车，整理行装。约，约束，捆扎。治，整治。

㉗券契：契据。

㉘市：买。反：同"返"

驱而之薛，使吏召诸民当偿者，悉来合券[29]。券遍合赴，矫命以责

《春秋五霸七雄列国志传》版画“冯煖设酒焚约”图，讲述孟尝君的门客冯煖假托孟尝君之命，当众免除了所欠孟尝君的债务，烧毁债券，为孟尝君收买人心之事。

赐诸民㉚，因烧其券，民称万岁。

长驱到齐，晨而求见。孟尝君怪其疾也㉛，衣冠而见之㉜，曰："责毕收乎？来何疾也！"曰："收毕矣。""以何市而反？"冯煖曰："君云'视吾家所寡有者'。臣窃计，君宫中积珍宝，狗马实外厩，美人充下陈㉝。君家所寡有者以义耳！窃以为君市义。"孟尝君曰："市义奈何？"曰："今君有区区之薛，不拊爱子其民㉞，因而贾利之㉟。臣窃矫君命，以责赐诸民，因烧其券，民称万岁。乃臣所以为君市义也。"孟尝君不说㊱，曰："诺，先生休矣！"

㉙合券：验对债券。古代的契据常用竹木等刻成，分为左右两半，借贷双方各持其半，作为凭信，对证时，将两半合一，称之为合券。

㉚起：站起身来。一作"赴"，前往。矫命：假托受孟尝君之命。

㉛疾：迅速。

㉜衣冠：穿戴整齐。用作动词。

㉝下陈：此指位于堂下的庭中。古时歌舞，奏乐在堂（台阶之上），舞者在庭（台阶之下）。陈本指由堂到门之路，因其经过庭中，故可代指庭；因在阶下，故称"下陈"。

㉞拊：通"抚"。子其民：把人民当做自己的子女一样疼爱。子，用作动词。一说"子"通"慈"。"抚爱子"三字同义连文。

㉟贾利：求取利益。

㊱说：通"悦"。

后期年㊲，齐王谓孟尝君曰㊳："寡人不敢以先王之臣为臣㊴。"孟尝君就国于薛㊵，未至百里，民扶老携幼，迎君道中，终日㊶。孟尝君顾谓冯煖："先生所为文市义者，乃今日见之。"

㊲期（jī）年：一整年。

㊳齐王：指齐湣（mǐn）王田地，齐宣王之子，公元前300年至公元前284年在位。

㊴先王：指已故齐宣王。此句是罢免孟尝君的借口。

㊵就国：指前往封邑。

㊶终日：一作"正日"，一整天。

冯煖曰："狡兔有三窟，仅得免其死耳。今有一窟，未得高枕而卧也。请为君复凿二窟。”孟尝君予车五十乘，金五百斤，西游于梁[42]，谓梁王曰[43]：“齐放其大臣孟尝君于诸侯，先迎之者，富而兵强。”于是，梁王虚上位[44]，以故相为上将军[45]，遣使者，黄金千斤，车百乘，往聘孟尝君。冯煖先驱诫孟尝君曰：“千金，重币也；百乘，显使也。齐其闻之矣[46]。”梁使三反，孟尝君固辞不往也。

㊷梁：即魏国。当时魏国都城在大梁（今河南开封），故称梁国。
㊸梁王：指魏襄王，公元前318年至公元前296年在位。一说指魏惠王，恐未确。
㊹上位：最高官职，指相位。
㊺故相：原来的宰相。
㊻齐：指齐王。其：语助词，表推测。

齐王闻之，君臣恐惧，遣太傅赍黄金千斤[47]，文车二驷[48]，服剑一[49]，封书谢孟尝君曰：“寡人不祥[50]，被于宗庙之祟[51]，沉于谄谀之臣[52]，开罪于君，寡人不足为也[53]。愿君顾先王之宗庙，姑反国统万人乎[54]！”冯煖诫孟尝君曰：“愿请先王之祭器[55]，立宗庙于薛[56]。”庙成，还报孟尝君曰：“三窟已就，君姑高枕为乐矣。”

㊼太傅：古代三公之一，多以年高有德者任之。赍（jī）：送物给人。
㊽文车：具有彩绘的马车。驷：四匹马拉的车。
㊾服剑：佩剑，这里当指齐王自己的佩剑。
㊿不祥：不吉，不幸。
51被：受。宗庙之祟：祖先神灵做出的祸害。
52沉：溺，迷惑。
53不足为：不足以为，谓不值得辅助。为，通“谓”。一说，不值得辅佐。为，作为。
54姑：姑且，不妨。反：通“返”。
55祭器：指宗庙里祭祖的礼器。
56立宗庙于薛：孟尝君与齐王同宗，在薛建宗庙设祭器，目的是使齐王重视并保护薛邑，从而提高并巩固了孟尝君的声望与地位。

孟尝君为相数十年，无纤介之祸者[57]，冯煖之计也。

57纤介：细微。纤，细丝。介，通“芥”，小草。

【译文】

齐国有个名冯煖的，穷苦得连自身生活都没办法维持，便让人介绍给孟尝君，期望能在孟尝君门下寄食。孟尝君问来人：“客人有什么喜好?”来人回答道：“没什么喜好”。孟尝君又问：“客人有什么能耐?”来人回答道：“没有什么能耐。”孟尝君笑着应许了，说：“好吧。”

孟尝君的随从们由于主人不把冯煖当回事儿，就给他吃些粗糙食物。住了一段时间，冯煖背靠着柱子，弹着他的剑，唱道：“长剑啊，我们回去吧，吃不到鱼啊！”周围的人把这事告诉了孟尝君，孟尝君说：“给他鱼吃，照吃鱼的门客那样招待。”住了一段时间，冯煖又弹起了他的剑，唱道：“长剑啊，我们回去吧！出门没有车！”周围的人都嘲笑他，又把这事告诉了孟尝君。孟尝君说：“给他车马，按对待有车的门客那样地对待他。”于是，冯煖乘着车，举着他的剑，去访问他的朋友，说：“孟尝君把我当客人看待。”过了一段时间，冯煖又弹起了他的剑，唱道：“长剑啊，我们回去吧！没有什么能够养家糊口啊。”左右的人都憎恶他了，认为他贪得无厌。孟尝君问道：“冯先生有亲人吗？”周围的人回答说：“有个老母亲。”孟尝君派人供给她吃用，不让她感觉缺少什么。之后冯煖就不再唱歌了。

而后，孟尝君贴出一张告示，问门下的诸位客人：“谁善于算账收钱，能代我到薛地去收债呢？”冯煖签上名，说：“我行。”孟尝君看了，感到诧异，问：“这是谁呀？”周围的人回答道：“就是唱‘长剑啊，我们回去吧’的那个人。”孟尝君笑道：“客人果真有些能耐，我怠慢了他，还没和他见过面呢！”于是把冯煖请来见面，向他致歉说：“我被琐事缠扰得疲倦不堪，常常由于忧虑而感到心烦意乱，再加上生性懦弱愚笨，陷在国事中无法脱身，所以得罪了先生。先生不以为耻辱，真的有意为我到薛地去收债吗？”冯煖回答：“愿意前往。”于是准备车马，收拾行装，装上债券契据打算出发。辞别的时候问孟尝君：“收债结束之后，买些什么东西回来？”孟尝君说：“您看我家里没有什么就买什么吧。”

冯煖驾车到了薛地，派官吏召集应该还债的百姓，逐数核对债券，等债券全部核对完后，冯煖假传孟尝君的命令，把还款都赏赐给了百姓们，所以烧掉了债券，百姓们大声欢呼万岁。

《东周列国志》版画之孟尝君像

冯煖马不停蹄地回到了齐国，大清早就去参见孟尝君。孟尝君对他这么快就回来感到惊奇，穿戴整齐后出来见他，问道：“债都收完了？怎么这么快就回来了？”冯煖回答道：“收完了。”“买了什么回来？”冯煖回答道：“您说‘看我家里缺少什么就买什么’，我暗地里盘算，您的府里堆满了珍宝，猎狗骏马挤满了牲口棚，漂亮的女子站满了堂下；您府里缺少的东西只是仁义啊！我自作主张为您买回了仁义。”孟尝君问：“买义？这是怎么一回事？”冯煖说：“如今您拥有的这个小小的薛地，不把那里的百姓当做自己的子女一样地爱护，还在他们身上做生意牟利益。我擅自主张假传您的命令，把借款都赏赐给了百姓，所以烧掉了债券，百姓们都欢呼万岁，这就是我为您买义的做法。”孟尝君听了非常不高兴，说：“哦，先生，那就算了吧！”

一年后，齐王对孟尝君说：“我不敢把先王的大臣用作自己的臣下。”这样一来，孟尝君只能前往他的封邑薛地。走到离薛地还有一百多里的地方，百姓们搀老携幼，在大道上迎接孟尝君，整整有一天的时间，孟尝君转过头对冯煖说：“先生为我买回的仁义，至今才看到！”

冯煖说：“明智的兔子有三个洞穴，仅仅能够免去一死。如今您有了一个洞穴了，还不能高枕无忧。请让我为您再去建造两个洞穴吧。”孟尝君给了他五十辆车，五百斤黄金，西去梁国劝说。冯煖对梁王说：“齐王把他的大臣孟尝君放逐到诸侯国去了，首先迎接到他的国家就会国富兵强。”梁王于是腾出相国的位子，让以前的相国做了上将军，命令使者带着千斤黄金，百辆车子去请孟尝君。冯煖抢先回到薛地，提醒孟尝君说：“黄金一千斤，是很贵重的聘礼；车一百辆，表明使者的等级很高。齐王可能应该听说了吧。”梁国的使者前往了三次，孟尝君坚决谢绝，不愿前去赴任。

齐王听到这些消息，君臣上下都很惊慌，所以派太傅送来了黄金千斤、彩车两辆，佩剑一把，并且写了一封信向孟尝君致歉，信上说：“我真是很不幸，遭到祖宗降下的灾难，又让那些阿谀奉承的小人所迷惑，得罪了您。我是不值一提的了，只希望您念在先王宗庙的分上，暂时回到齐国来统帅广大百姓吧！”冯煖又提醒孟尝君说：“希望您向齐王请求先王的祭器，在薛地建造宗庙。”宗庙建好了，冯煖回来向孟尝君禀告说：“三个洞穴都已经建立完成，您暂时能够高枕无忧，过逍遥的日子了。”

孟尝君在齐国当宰相几十年，没遭到一点儿祸害，全是凭借冯煖的计策啊！

庄辛论幸臣

《战国策·楚策》

【题解】

原书全文是写楚顷襄王宠信佞臣，淫逸侈靡，不理国政。庄辛历言直谏，劝其远小人，戒淫逸，否则长此以往，郢都必危，楚国必亡。襄王非但不听，反骂庄辛“老悖”（老糊涂）。庄辛被迫离楚至赵。时隔五月，秦军攻占郢都及鄢、巫、上蔡等地，楚国几乎灭亡。襄王在逃亡中，悔恨不已，于是派人去赵请回庄辛，请教善后之策。《古文观止》所节录的这篇文章，即庄辛对楚襄王的第二次谏辞。虽非全豹，却是精华所在。谏辞后，原著尚有下文：“襄王闻之，颜色变作，身体战慄。“终于迷途知返，重新振作，收复了淮北之地。

臣闻鄙语曰[1]：“见兔而顾犬，未为晚也；亡羊而补牢，未为迟也。”臣闻昔汤、武以百里昌[2]，桀、纣以天下亡。今楚国虽小，绝长续短[3]，犹以数千里，岂特百里哉？

①臣闻鄙语：臣是庄辛的自称。庄辛为楚国人，楚庄王的后代，楚顷襄王即位后，“淫逸侈靡，不顾国政”，庄辛于是进谏。本篇就是进谏之语。鄙语：谚语；俗语。

②昌：昌盛。

③绝长续短：指估算某处地域之前的截长补短的整合工作。

王独不见夫蜻蛉[4]乎？六足四翼，飞翔乎天地之间，俛啄蚊虻[5]而食之，仰承甘露而饮之，自以为无患，与人无争也；不知夫五尺童子，方将调饴胶丝[6]，加己乎四仞之上，而下为蝼蚁食也。

④蜻蛉：蜻蜓的别名。

⑤虻（méng）：蝇类小虫。

⑥“不知夫五尺”二句：饴（yí）指糖浆，有黏性。胶：动词，粘着。加：加害。仞：八尺。

夫蜻蛉其小者也，黄雀因是以[7]。俯噣白粒[8]，仰栖茂树，鼓翅奋翼，自以为无患，与人无争也；不知夫公子王孙，左挟弹[9]，右摄丸，将加己乎十仞之上，以其类为招。昼游乎茂树，夕调乎酸醎，倏忽之间[10]，坠于公子之手。

⑦因是以：即“也如此”的意思。因，意为犹。以，通“已”。

⑧俯噣白粒：噣，同“啄”。白粒：指米。

⑨“不知夫公子”六句：弹，指弹弓。招：即靶子，射击的目标。调乎酸咸：用酸咸调味。

⑩“倏（shū）忽之间”二句：倏忽，一刹那。这二句疑为后人所妄加。

夫雀其小者也，黄鹄[11]因是以。游乎江海，淹乎大沼[12]，俯噣鳝鲤，仰啮菱衡，奋其六翮，而凌清风，飘摇乎高翔，自以为无患，与人无争也；不知夫射者，方将修其碆卢[13]，治其矰缴，将加己乎百仞之上，被礛磻，引微缴，折清风而抎矣。故昼游乎江湖，夕调乎鼎鼐[14]。

⑪黄鹄：鸿雁一类的水鸟名一说为天鹅。

⑫“淹乎大沼”四句：淹，休息。啮（niè）：咬。衡，通“荇”，水草。六翮（hé）：指翅膀。

⑬“不知夫射者”六句：碆（bō），石制的箭头。卢：黑色，此指涂漆的黑弓。矰缴（zēng zhuó）：系有丝绳的箭，是捕鸟的用具。礛（jiān）：锐利。磻（bō）：同“碆”。抎（yǔn）：同“陨”，坠落。

⑭鼎鼐（nài）：烹饪器。鼐：大鼎。

夫黄鹄其小者也，蔡灵侯[15]之事国是以。南游乎高陂[16]，北陵乎巫山，饮茹溪流，食湘波之鱼，左抱幼妾，右拥嬖女[17]，与之驰骋乎高蔡之中，而不以国家为事；不知夫子发方受命乎灵王[18]，系己以朱丝而见之也。

⑮蔡灵侯：春秋时蔡国国君，名般，后为楚灵王所杀。

⑯“南游乎”四句：高陂（bēi）指高山坡。陵：登。巫山：在今四川省巫山县东。茹溪：巫山之溪，在今四川省巫山县以北。湘：湘水，在今湖南省。

⑰“右拥嬖（bì）女”二句：嬖女，指宠幸的女子。高蔡：即上蔡，在今河南省上蔡县。

⑱“不知夫子发”二句：子发，指楚国大夫。灵王：楚灵王，名围。朱丝：指红色的绳索。

蔡灵侯之事其小者也，君王之事因是以。左州侯，右夏侯[19]，辇从[20]鄢陵君与寿陵君[21]，饭[22]封禄[23]之粟，而载方府之金[24]，与之驰骋乎云梦[25]之中，而不以天下国家为事，而不知夫穰侯[26]方受命乎秦王[27]，填[28]黾塞[29]之内，而投[30]己乎黾塞之外。

⑲“左州侯”：左州侯，右夏侯：都是楚顷襄王左右的宠臣。

⑳辇（niǎn）从：跟随在楚王辇车之后。

㉑鄢陵君、寿陵君：楚顷襄王的宠臣。

㉒饭：动词，吃。

㉓封禄：指封邑。

㉔方府之金：四方贡入府库的黄金。

㉕云梦：楚泽名，在今湖北省安陆县南。

㉖穰（ráng）侯：秦昭王母宣太后的弟弟，姓魏名冉，封于穰（在今河南省邓县东南）。

㉗秦王：指秦昭王。

㉘填：填塞。

㉙邑塞：邑阨塞，在今河南省武胜关一带。

㉚投：扔，丢弃。白起攻破鄢郢，烧夷陵，在黾塞之南，故称“内”；楚王出亡，往东北，故称“外”。内外，是就楚国国境而言。

【译文】

我听俗话说：“看到兔子再回头叫狗，还不算太晚；羊丢失了，才赶紧修补羊圈，还不算太迟。”我听闻从前商汤和周武王凭借百里之地而昌盛，夏桀和商纣王据有天下却灭亡。如今楚国尽管只是一个小国，但是取长补短，其面积也还有几千里，何止是百里呢？

大王您难道没有看过那些蜻蜓吗？它们身上长着六只脚、四个翅膀，在天地之间飞翔，低下头去啄幼小的蚊虻吃，昂起头去接甜美的露水喝，它们自以为没有什么灾难，与人无争，可它们哪里明白那些小孩子们正要打算调饴糖粘在丝上，从三丈来高的地方把它们捕下来，让地上的蝼蛄、蚂蚁吃啊！

那些蜻蜓的危急处境还只是小事，黄雀的处境就更是如此了。它们低着头啄食米粒。昂着头栖息在茂密的树技上，鼓动翅膀，展开双翼，它们自以为没有什么灾难，与人无争，可它们哪里明白那些公子王孙左手拿着弹弓，右手拿着弹丸，正要打算从八丈来高的地方把它们射下来，而用另一只黄雀作为诱饵。因此白天还在茂密的树林里飞来飞去，晚上却将被调以佐料，成为一顿美味佳肴，一转眼的时间，就掉落在公子王孙的手中了。

那些黄雀的危急处境还只是小事，天鹅的处境就更是如此了。它们漫游于江海，浸渍于湖泽，低着头啄食鳝鱼、鲤鱼，昂起头嚼食菱角、香草，展开劲健的翅膀，乘着清风，随风飘动，在高空翱翔，它们自以为没有什么灾难，与人无争，可它们哪里明白射手们正要打算整治石制的箭头和黑色的弓，修理系着丝绳的短箭，要从八十来丈高的地方把它们射落下来，它们被锋利的箭头所射中，拖着纤细的绳子，从清风中掉落下来。因此白天还在江河湖海中漫游，晚上却被搁在煮食物的鼎鼐中烹煮了。

那些天鹅的危急处境还只是小事，蔡灵侯的处境就更是如此了。他南游高坡，北登巫山，饮用茹溪的水，吃着湘江的鱼，左手抱着年轻的爱妾，右手搂着宠爱的女子，同她们在上蔡骑马飞驰，而不把国家的事情放在心上，可他哪里明白子发大夫正在接受楚灵王的号令，打算用红绳绑了他而送去参见楚灵王呢。

蔡灵侯的危急处境还只是小事，您作为楚国的君主的处境就更是如此了。您的身边，左有州侯，右有夏侯，您的车后随众的有鄢陵君和寿陵君，吃着封地作为俸禄的粮食，随身带着四方上贡国家的财物，同他们在云梦泽骑马飞驰，而不把国家的事情放在心上，可您哪里明白穰侯正在接受秦王的号令，带军布满黾塞，把你赶到黾塞之处。

触龙说赵太后

《战国策·赵策》

【题解】

本文选自《战国策·赵策》。赵惠文王死后，孝成王年幼，由威太后摄政，赵国政局不稳，秦国趁机攻赵，连下三城，形势十分危急，赵国向齐国求救，齐国则提出必须以太后爱子为人质方肯出兵，太后坚决不肯，并言辞激烈，弄得满朝文武无可奈何，于是触龙出来游说太后。触龙以国家的利益为出发点，从扯家常入手，用亲切而富人情味的语言打动太后，提出“父母之爱子，则为之计深远”，对太后喻以大义，进而提出“位尊而无功，奉厚而无劳”必然危及自身、祸及子孙，对太后晓以利害。在大义和利害面前，太后终于答应以长安君为质，使赵国度过了一场危机。

赵太后新用事①，秦急攻之。赵氏求救于齐。齐曰：“必以长安君为质②，兵乃出。”太后不肯，大臣强谏。太后明谓左右：“有复言令长安君为质者，老妇必唾其面。”

①赵太后：即赵威后。

②长安君：赵太后小儿子的封号。质：人质。当时各国之间结盟，常要国君的儿子或兄弟留住在盟国，作为执行盟约的人质。

左师触詟愿见③。太后盛气而揖之④。入而徐趋⑤，至而自谢，曰：“老臣病足，曾不能疾走，不得见久矣。窃自恕，恐太后玉体之有所郄也⑥，故愿望见。”太后曰：“老妇恃辇而行。”曰：“日食饮得无衰乎？”曰：“恃鬻耳⑦。”曰：“老臣今者殊不欲食，乃自强步，日三四里，少益嗜食，和于身。”曰：“老妇不能。”太后之色少解。

③左师：官名，属闲散之官，所封之人大多为贵族，俸禄优厚。触龙：原作触詟，据1973年长沙马王堆汉墓出土的《战国策》帛书残本作“触龙”。《史记》、《说苑》亦作“触龙”。应作“触龙”。为是，今据改。

④揖：《史记·赵世家》作“胥”。“揖”，当是“胥”字，传写之误。胥，同“须”，等待的意思。

⑤徐趋：慢慢地跑。古代臣见君应快步走，以示恭敬。触龙托言足疾，不能急行，故做出“趋”的姿态，以表恭敬。

⑥郄（xì）：同“隙”疲劳。有所郄：有所欠缺，意为有些不舒服。

⑦鬻（zhù）：同“粥”。

左师公曰："老臣贱息舒祺⑧，最少，不肖⑨。而臣衰，窃爱怜之。愿令补黑衣之数⑩，以卫王宫，没死以闻。"太后曰："敬诺。年几何矣？"对曰："十五岁矣。虽少，愿及未填沟壑而托之⑪。"太后曰："丈夫亦爱怜其少子乎？"对曰："甚于妇人。"太后曰："妇人异甚。"对曰："老臣窃以为媪之爱燕后贤于长安君⑫。"曰："君过矣，不若长安君之甚。"左师公曰："父母之爱子，则为之计深远。媪之送燕后也，持其踵为之泣⑬，念悲其远也，亦哀之矣。已行，非弗思也，祭祀必祝之，祝曰：'必勿使反⑭。'岂非计久长，有子孙相继为王也哉？"太后曰："然。"

⑧贱息：贱子对人谦称自己的儿子。息，子。

⑨不肖：原指不像父亲那样好，引申为不贤、不成材。

⑩愿令补黑衣之数：希望能让他补进黑衣卫士的数目里。黑衣，指王宫卫士，当时这种卫士都穿黑色军衣。

⑪填沟壑：这是古代谦称自己死的说法，意既死后无人埋葬，被扔在山沟里。

⑫媪（ǎo）：对年老妇人的敬称。燕后：赵太后的女儿，嫁给燕王为后，故称燕后。贤于：胜过，超过。

⑬持其踵为之泣：握住燕后的脚后跟为她哭泣，因燕后登车后，赵太后在车下，只能摸着女儿的脚后跟为之哭泣，表示舍不得女儿远嫁。

⑭必勿使反：一定别让她回来。古代诸侯的女儿嫁到别国后，只有亡国或被废弃才回到本国。反，同"返"。这句句意为赵太后祈祷女儿不要遭到不幸。

左师公曰："今三世以前⑮，至于赵之为赵⑯，赵王之子孙侯者，其继有在者乎？"曰："无有。"曰："微独赵⑰，诸侯有在者乎？"曰："老妇不闻也。""此其近者祸及身，远者及其子孙。岂人主之子孙则必不善哉？位尊而无功，奉厚而无劳，而挟重器多也⑱。今媪尊长安之位，而封以膏腴之地，多予之重器，而不及今令有功于国。一旦山陵崩⑲，长安君何以自托于赵？老臣以媪为长安君计短也，故以为其爱不若燕后。"太后曰："诺。恣君之所使之⑳。'于是为长安君约车百乘质于齐㉑，齐兵乃出。

⑮三世：三代，指赵武灵王，赵惠文王，赵孝成王。

⑯赵之为赵：言赵氏由一个大夫之家建立赵国的时候。赵烈侯原是晋国大夫，后与韩、魏共分晋国，于公元前403年，才开始建为赵国。

⑰微独：不单。

⑱重器：金玉钟鼎等贵重物品。

⑲山陵崩：古时对国君、王后死去的避讳说法。

⑳恣：任凭。

㉑约：置办配备。

子义闻之曰㉒："人主之子也，骨肉之亲也，犹不能恃无功之尊，无劳之奉，以守金玉之重也，而况人臣乎！”

㉒子义：赵国的贤士。

【译文】

赵太后才刚刚摄政，秦国就抓紧对赵国进攻。赵国向齐王求救。齐王说：“一定要用长安君作为人质，军队才能调出来。”太后不接受，大臣们全力劝谏。太后明确地对周围的人宣布：“有再说让长安君作人质的，我这个老婆子必定把唾沫吐到他脸上！”

左师公触龙说期望参见太后。太后满脸怒火等候着他。触龙一进宫门便慢慢地往前小跑，到了太后跟前请罪说：“老臣的脚有病，没法快走，不能来参见您已经很长时间啦。我暗地里依据自己的情况料想，担忧太后的贵体有不舒服的地方，所以很想看望您。”太后说：“我靠人用车子推着走。”触龙问：“每天饮食该不曾减少吧？”太后说：“靠喝粥而已。”触龙说：“老臣最近特别不想吃东西，便自己勉强步行，每天走三四里，渐渐地增加了食欲，对于身体很有好处。”太后说：“我做不到。”太后的神情稍微舒缓了。

左师公说：“我的儿子舒祺，年纪最轻，没什么能耐。可是我年纪大了，内心总怜爱他，期望您让他充当一名卫士，来保护皇宫。我冒着死罪把这件事禀告您。”太后说：“好吧。多大年纪呢？”左师公回答说：“十五岁啦。尽管还小，我希望趁自己还没有死，便把他托付于您。”太后说：“男人也疼爱他的小儿子吗？”触龙回答说：“比女人还厉害。”太后说：“女人爱得非常厉害啊。”触龙回答说：“我私下认为您爱燕后，超过了爱长安君。”太后说：“你错了！我爱燕后远远比不上爱长安君。”左师公说：“父母爱子女，就要为他们作长远计划。您送燕后出嫁的时候，紧随在她身后哭泣，想起她远嫁异国就伤心，也确实够悲伤的了。她走了之后，您不是不想念她呀，可是祭祀时必定要为她祈祷。祈祷说：‘必定不要使她回来。’这难道不是为她考虑长远有子孙相继当国王吗？”太后说：“是啊！”左师公说：“从现在算起，三世以前一直上推到赵氏建成赵国的时候，赵王子孙封了侯的，还继续有存在的吗？”太后说：“没有。”触龙说：“不只是赵国，各诸侯国内还有继续存在的吗？”太后说：“我没有听说过。”触龙说：“这就是说他们之中近则自身便遭了殃，远则祸害便落到他们子孙身上了。难道说君王的子孙就必定不好吗？不是。只不过因为他们地位很高却没有什么功绩，俸禄很丰厚却没有什么劳绩，却拥有很多贵重的东西而已。现在您尊显长安君的地位，封给他富庶的土地，赐给他很多贵重的东西，却不趁着现在让他为国立功，一旦太后您百年之后，长安君靠什么在赵国安身呢？老臣觉得您替长安君计划得太短浅了。因此说您对他的爱不如对燕后的爱。”太后说：“好吧，任由你怎么调派他吧！”于是给长安君整理好百辆车子，去齐国当作人质。齐国的援兵就调遣出来了。

子义听说这件事，说：“君王的儿子，是亲生骨肉，暂且不能凭借没有功勋的高位，没有劳绩的俸禄，来维持他的富贵，何况是人臣呢！”

鲁仲连义不帝秦

《战国策·赵策》

【题解】

秦国军队包围了赵国都城邯郸，赵国向魏国求救。魏国基于道义不得不发兵救赵，但又慑于秦国的威力，所以暗中派使者劝赵王尊秦王为帝，其援军也是徘徊不前。暂居赵国的齐国高士鲁仲连向魏国使者辛垣衍直陈尊秦王为帝的危害，当面谴责了魏国畏秦如虎的怯懦态度，义正辞严，吐气如虹。后来赵国得以解围，鲁仲连功成身退，高士风范传颂千秋。

秦围赵之邯郸。魏安釐王使将军晋鄙救赵[①]。畏秦，止于荡阴，不进。

①魏安釐王：魏国君，魏昭王之子，名釐。釐，通“僖”。晋鄙：魏将。

魏王使客将军[②]辛垣衍间入邯郸，因平原君[③]谓赵王曰：“秦所以急围赵者，前与齐闵王争强为帝，已而复归帝，以齐故[④]。今齐闵王益弱。方今唯秦雄天下，此非必贪邯郸，其意欲求为帝。赵诚发使尊秦昭王为帝，秦必喜，罢兵去。”平原君犹豫未有所决。

②客将军：原籍不是魏国而做魏国的将军称客将军。

③平原君：赵国公子赵胜。

④以齐故：因为齐闵王先取消帝号的缘故。公元前288年，秦昭王和齐闵王同时称帝，后来闵王取消帝号，昭王因此也不再称帝。

此时鲁仲连适游赵，会秦

鲁仲连像，图出自清·顾沅辑《古圣贤像传略》。鲁仲连是战国时的名士，善于出谋划策，常周游各国，为其排难解纷。

围赵，闻魏将欲令赵尊秦为帝，乃见平原君曰：“事将奈何矣？”平原君曰：“胜也何敢言事？百万之众折于外⑤，今又内围邯郸而不去。魏王使客将军辛垣衍令赵帝秦。今其人在是，胜也何敢言事？”鲁连曰：“始吾以君为天下之贤公子也，吾乃今然后知君非天下之贤公子也。梁客辛垣衍安在？吾请为君责而归之。”平原君曰：“胜请为召而见之于先生。”

⑤百万之众折于外：指长平之战，秦将白起大破赵军，坑杀四十万。百万是夸张的说法。

平原君遂见辛垣衍曰：“东国有鲁连先生，其人在此，胜请为绍介而见之于将军。”辛垣衍曰：“吾闻鲁连先生，齐国之高士也。衍，人臣也，使事有职。吾不愿见鲁连先生也。”平原君曰：“胜已泄之矣。”辛垣衍许诺。

鲁连见辛垣衍而无言。辛垣衍曰：“吾视居此围城之中者，皆有求于平原君者也。今吾视先生之玉貌，非有求于平原君者，曷为久居此围城之中而不去也？”鲁连曰：“世以鲍焦无从容而死者，皆非也⑥。今众人不知，则为一身。彼秦，弃礼义、上首功⑦之国也。权使其士，虏使其民。彼则肆然而为帝，过而遂正于天下，则连有赴东海而死耳，吾不忍为之民也！所为见将军者，欲以助赵也。”辛垣衍曰：“先生助之奈何？”鲁连曰：“吾将使梁及燕助之。齐、楚固助之矣。”辛垣衍曰：“燕则吾请以从矣。若乃梁，则吾乃梁人也，先生恶能使梁助之耶？”鲁连曰：“梁未睹秦称帝之害故也，使梁睹秦称帝之害，则必助赵矣。”辛垣衍曰：“秦称帝之害将奈何？”鲁仲连曰：“昔齐威王尝为仁义矣，率天下诸侯而朝周。周贫且微，诸侯莫朝，而齐独朝之。居岁余，周烈王崩，诸侯皆吊，齐后往。周怒，赴于齐曰：‘天崩地坼，天子下席⑧。东藩之臣田婴齐后至，则斮⑨之。’威王勃然怒曰：‘叱嗟！而母，婢也！’卒为天下笑。故生则朝周，死则叱之，诚不忍其求也。彼天子固然，其无足怪。”

⑥“世以”一句：鲍焦是春秋时的隐士，因不满现实抱树饿死，后人不了解他，认为他心胸狭窄。鲁仲连举这个例子说明自己并不是为了个人私利，而是为了诸侯国反对秦国的侵略。

⑦上首功：崇尚以斩获敌方首级计功。

⑧天崩地坼，天子下席：天崩地坼指周烈王死。天子下席指太子安王即位。下席，走下坐席，古代居丧要睡草荐，枕土块表示哀悼。

⑨斮（zhuó）：同“斫”，砍杀。

辛垣衍曰：“先生独未见夫仆乎？十人而从一人者，宁力不胜，智不若邪？畏之也。”鲁仲连曰：“然梁之比于秦若仆邪？”辛垣衍曰：“然。”鲁仲连曰：“然则吾将使秦王烹醢⑩梁王。”辛垣衍怏然不说，曰：

"嘻！亦太甚矣，先生之言也！先生又恶能使秦王烹醢梁王？"鲁仲连曰："固也。待吾言之：昔者，鬼侯、鄂侯、文王，纣之三公也。鬼侯有子⑪而好，故入之于纣，纣以为恶，醢鬼侯。鄂侯争之急，辨之疾。故脯⑫鄂侯。文王闻之，喟然而叹，故拘之于牖里之库百日，而欲令之死。曷为与人俱称帝王，卒就脯醢之地也？

⑩烹醢（hǎi）：古代酷刑。烹，煮杀。醢，剁成肉酱。

⑪子：这里是女儿的意思。

⑫脯（fǔ）：古代酷刑，把人制成肉干。

《东周列国志》版画之"鲁仲连不肯帝秦"图

"齐闵王将⑬之鲁，夷维子执策⑭而从，谓鲁人曰：'子将何以待吾君？'鲁人曰：'吾将以十太牢待子之君。'夷维子曰：'子安取礼而来待吾君？彼吾君者，天子也。天子巡狩，者侯避舍⑮，纳筦键⑯，摄衽抱几⑰，视膳于堂下，天子已食，退而听朝也。'鲁人投其籥⑱，不果纳，不得入于鲁。将之薛，假涂于邹。当是时，邹君死，闵王欲入吊，夷维子谓邹之孤曰：'天子吊，主人必将倍⑲殡柩，设北面于南方，然后天子南面吊也。'邹之群臣曰：'必若此，吾将伏剑而死。'故不敢入于邹。邹、鲁之臣，生则不得事养，死则不得饭含⑳。然且欲行天子之礼于邹、鲁之臣，不果纳。今秦万乘之国，梁亦万乘之国，俱据万乘之国，交有称王之名。睹其一战而胜，欲从而帝之，是使三晋㉑之大臣不如邹、鲁之仆妾也。

⑬之：到。

⑭策：马鞭。

⑮避舍：退出居住的房舍让给天子。

⑯筦键：锁钥。

⑰摄衽抱几：提着衣襟抱了几案。指恭敬谨慎的侍奉天子。

⑱籥：同"钥"。

⑲倍：同"背。"

⑳饭含：古代的殡礼，人死后，把粟米放在口中叫饭；把珠玉放在口中叫含。

㉑三晋：韩、赵、魏三国。

“且秦无已[22]而帝，则且变易诸侯之大臣，彼将夺其所谓不肖，而予其所谓贤，夺其所憎，而予其所爱；彼又将使其子女谗妾为诸侯妃姬，处梁之宫，梁王安得晏然[23]而已乎？而将军又何以得故宠乎？”

㉒无已：一定要做。
㉓晏然：安逸的样子。

于是，辛垣衍起，再拜谢曰：“始以先生为庸人，吾乃今日而知，先生为天下之士也。吾请去，不敢复言帝秦。”

秦将闻之，为却军五十里。适会公子无忌夺晋鄙军以救赵击秦，秦军引而去。

于是平原君欲封鲁仲连。鲁仲连辞让者三，终不肯受。平原君乃置酒，酒酣，起，前，以千金为鲁连寿。鲁连笑曰：“所贵于天下之士者，为人排患、释难、解纷乱而无所取也。即有所取者，是商贾之人也，仲连不忍为也。”遂辞平原君而去，终身不复见。

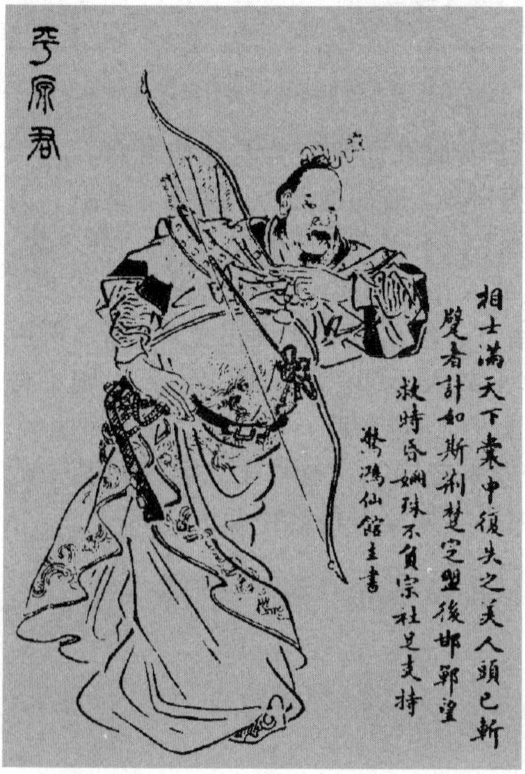

《东周列国志》版画之平原君像

【译文】

秦国军围困了赵国的都城邯郸，魏安釐王命晋鄙大将军率兵，率兵救援赵国，晋鄙畏惧秦军，便把军队驻扎在荡阴，不敢前行。

魏王又命将军辛垣衍潜入邯郸，依靠平原君对赵王说：“秦国之所以抓紧地围攻赵国，是由于秦国曾和齐闵王争强称帝，后来齐闵王不称帝，于是秦王也取消了帝号。如今的齐国比齐闵王时更衰弱，唯有秦国能够称雄天下，这次不是贪图邯郸，其用意是想称帝。假如赵国愿意派使者尊奉昭王为帝，秦昭王一高兴，就会撤兵。”平原君踌躇不定。

这个时候，鲁仲连正巧游历到赵国，遇到秦军围赵，听闻魏国想让赵国尊奉秦王为帝，就去参见平原君说：“事情将怎么处理呢？”平原君说：“我怎么还敢谈论国家大事啊！百万大军在外战败，现在秦军又深入境内包围邯郸不退，魏王派客将军辛垣衍要赵国尊奉秦王为帝，目前那个人还在这里。我哪里还敢讨论国家大事啊！”鲁仲连说：“当初我还以为您是天下的贤明公子，我如今才清楚您不是天下的贤明公子。梁国客人辛垣衍在哪里？我替您责问他，让他回去。”平原君说：“我去把他请来，和您相见。”

平原君会面辛垣衍，说：“齐国有位鲁仲连先生，他目前就在这里，让我介绍他来见将军。”辛垣衍说：“我听闻鲁仲连先生是齐国的一位高士。我是个做臣子的，有要事在身，我不想见鲁仲连先生。”平原君说：“我已经把您情况泄露出去了。”辛垣衍只好答应。

鲁连会面辛垣衍，但并不说话。辛垣衍说：“我看，如今还住在这被围都城的人，都是对平原君有所求的。如今我见先生的样子，并不是对平原君有所求的人，为什么您久居在这座被围之城而不离去呢？”鲁仲连说：“那些认为鲍焦是心胸狭窄而死的人，都是不对。现在大家都不理解他，才会以为他是为个人而死，秦国是抛弃礼义而崇尚战功的国家。用权术去役使士人，像对待奴隶般驱使他的。假如秦王毫无顾忌地称帝，甚至要统治天下，那么，我鲁仲连就跳东海而死，要我作他的百姓是不可能的，我来见将军，是想救助赵国。”辛垣衍说：“先生为什么帮助赵国呢？”鲁仲连说：“我将让魏国和燕国协助赵国，而齐国和楚国本来就在协助赵国。”辛垣衍说：“燕国，我想它会听从您的话。至于魏国，我是魏国人，先生用什么办法让魏国协助赵国呢？”鲁仲连说：“魏国还没有意识到秦王称帝的害处。一但魏国意识到秦王称帝的害处，就必定会协助赵国了。”辛垣衍说：“秦王称帝会有什么害处？”鲁仲连说：“从前齐威王曾经实行仁义，带领天下诸侯朝拜周天子。当时的周王室贫困弱小，诸侯没有人去搭理。过了一年多，周烈王去世，诸侯都去吊丧，齐国晚了一步。周天子大怒，派人到齐国报丧说：‘天子去世，新天子离开寝宫在苫席上居丧守孝，东方属的田婴齐吊丧迟到，该杀。’齐威王勃然大怒说：‘呸！你母亲只是个婢女！’终究被天下人所耻笑。周烈王活着的时候去朝拜，死后则叱骂，这确实是由于忍受不了周的苛求。作天子的就是如此，这不值得奇怪。”

辛垣衍说：“先生难道没有看到过奴役吗？十个服从一个主人，难道是力气智慧不如他吗？是惧怕他啊。”鲁仲连说：“对，不过魏国与秦国相比，像奴仆吗？”辛垣衍说：“是的。”鲁仲连说：“既然这样，我就让秦王把魏王煮了，剁成肉酱！”辛垣衍满脸不高兴，说：“嘿！先生说的也太过份了！先生又怎么能够叫秦王把魏王煮了，剁成肉酱？”鲁仲连说：“那是当然，听我给您说。以前鬼侯、鄂侯和文王，是商纣王的三个诸侯。鬼侯有个女儿很漂亮，就进献给纣王，纣王却觉得她很丑，就把鬼侯剁成肉酱。鄂侯极力为之辩白被纣王杀了做成肉干。文王听说这件事，只是叹息一下，就被纣王囚禁在羑里的狱中一百天，想置他于死地。为什么同样跟别人称王，结果却落到这种地步呢？齐闵王打算去鲁国，夷维子执鞭跟着。夷维子对鲁国人说：‘你们用什么礼仪接待我们的国君？’鲁国人说：‘我们将用十太牢的礼节来接待你们的国君？’夷维子说：‘你们怎么按这种礼节接待我们的国君呢？我们的国君是天子。天子出行，诸侯要腾出宫宇让天子住，自已避居别舍，把

《武王伐纣书》版画之“周文王被囚羑里城”图。羑里城位于汤阴县城北约 4 公里处，是世界遗存最早的国家监狱。

全部钥匙交出，掖起衣襟，捧着几案，立于堂下伺候天子用膳，待天子膳完毕，诸侯才能告退料理国事。’鲁国人关城门下锁，拒绝齐闵王入镜，齐闵王没有能进入鲁国。齐闵王准备前往薛地，向邹国借路经过。正在这个时候，邹的国君死了，闵王准备去吊丧，夷维子对邹新君说：‘天子吊丧，必须把灵柩换个方向，座南朝北，天子坐北朝南吊丧。’邹国群臣说：‘假如一定要这样做，我们宁愿自杀！’结果齐闵王不敢进入邹国。邹国和鲁国的臣子，因国势贫弱，国君活着的时候不能侍奉，死后也不能按礼仪把米和玉放在口中下葬，而让邹、鲁的臣子对齐闵王行天子之礼，他们断然不肯接纳。如今秦国是拥有万乘的大国，魏国也是万乘之国，相互都称看到秦国打了一次胜仗，就想尊秦为帝，堂堂三晋的臣子，还不如邹、鲁两国的奴仆呢。再说，假如秦国因为无人阻挡而称帝，他们将撤换诸侯的大臣，将撤掉一些他觉得不贤的，而把职位交给贤明的人；黜退他厌恶的人，而给予他们所喜爱的；还要把他们自己女儿和善于搬弄是非的小妾嫁给诸侯做妃姬，住在魏王的宫中，试问到那个时候魏王还能平安无事吗？而将军又怎能维持原来的尊严呢？”

辛垣衍听了这些话站起来，对鲁仲连拜了两拜，谢罪说：“起初我以为先生不过是一个平庸之辈，我现在才明白先生是天下的贤士！我立刻离开赵国，不再谈尊秦为帝的事！”秦国的将军听说这件事下令撤军五十里。恰巧魏国公子无忌夺取晋鄙军权，带领军队来救援赵国，攻打秦军，秦军只能撤离邯郸。

平原君打算封赏鲁仲连，鲁仲连再三谢辞，一直不愿接受。于是平原君设宴酬谢他。正值酒酣耳热时，平原君站起来，离席上前用千金酬谢鲁仲连。鲁仲连笑着说：“天下之士的可贵之处是为人排除忧难，去除危险，而不求取酬谢。假如贪图报酬，那是商人。我鲁仲连不屑于当这种人。”于是告别平原君而去，一生没有再来会见平原君。

鲁共公择言

《战国策·魏策》

【题解】

公元前344年，魏国国君梁惠王召集逢泽（在今河南开封境内）大会。鲁共公在梁惠王的招待宴席上即兴发言，他结合现实，引证史实和传说，劝魏王戒除美酒、美食、美色和美景，否则必然招致亡国之祸。文中寓含了“生于忧患，死于安乐”的深刻道理，对于沉迷声色、贪图享乐的人很有警醒意义。因是祝酒辞，语气和缓、委婉，但引古以讽今，结构严谨；有人评之“骤读之，如一泻千里；细玩之，却句琢字雕，一毫增减不得”。

梁王魏婴觞诸侯于范台，酒酣，请鲁君举觞。鲁君兴，避席择言曰：“昔者，帝女令仪狄[①]作酒而美，进之禹，禹饮而甘[②]之，遂疏[③]仪狄，绝旨酒[④]，曰：‘后世必有以酒亡其国者。’齐桓公夜半不嗛[⑤]，易牙[⑥]乃煎、熬、燔、炙，和调五味而进之，桓公食之而饱，至旦不觉[⑦]，曰：‘后世必有以味亡其国者。’晋文公得南之威[⑧]，三日不听朝，遂推南之威而远之，曰：‘后世必有以色亡其国者。’楚王登强台而望崩山，左江而右湖，以临彷徨，其乐忘死，遂盟强台而弗登，曰：‘后世必有以高台、陂池亡其国者。’今主君之尊[⑨]，仪狄之酒也；主君之味，易牙之调也；左白台而右闾须[⑩]，南威之美也；前夹林而后兰台，强台之乐也。有一于

戒酒防微图，出自明·张居正《帝鉴图说》。大禹时的仪狄善造酒，将美酒献给大禹，大禹喝了之后认为味道甘美，说道：“后世必然会有因为纵酒而亡国的。”于是，他疏远仪狄，再不饮酒。

此，足以亡其国。今主君兼此四皆，可无戒与[11]？”梁王称善相属[12]。

①仪狄：传说夏禹时的酿酒人。
②甘：甜美。
③疏：疏远。
④旨酒：美酒。
⑤不嗛：不满足。嗛，音 qiè。
⑥易牙：名雍巫，齐桓公的厨师。
⑦觉：醒。
⑧南之威：美女名。
⑨尊：通“樽”，酒器。
⑩白台、闾须：都是美女之名。
⑪与：通“欤”，语气助词。
⑫属：连续。

【译文】

有一天，梁王魏婴在范台设宴招待诸侯。酒饮得正高兴的时候，梁王请鲁君举杯祝酒。鲁君起身离开坐席，挑取前人有益话题说道：“从前，夏禹的女儿，命令仪狄酿酒，酿的酒非常好，于是就献给禹，禹喝了这种酒，觉得很甘美，从此就疏远了仪狄，戒绝了美酒，他说：‘后代一定有由于贪饮美酒而失国的。’齐桓公在一天的半夜里想吃点什么，易牙就拿肉来煎、熬、燔、炙，调制了美味献给桓公，桓公吃得很饱，一觉睡到早晨还没醒，他说：‘后代一定有由于贪吃美味而亡国的。’晋文公得了美女南之威，三天没上朝堂处理国事，于是推开南之威，远离了她。晋文公说：‘后代一定有由于贪恋女色而亡国的。’楚王登上强台南望崩山，下临彷徨之水，左边江水滔滔，右边波光粼粼，心里美滋滋的，甚至忘掉了人会衰老、死亡，于是在强台立誓不再登临，他说：‘后代一定有由于贪游台池而亡国的。’如今，你杯里盛的就是仪狄造的美酒；吃的美味，也和易牙烹饪的差不多；左边有美女白台，右边有佳人闾须，这就是南之威那样的女色；前边有夹林，后面有兰台，这就是强台那样的游娱之地。这四件事假如贪恋一件，就足以亡国，而现在您兼有这四样，怎么能不警示呢？”梁王接连说好。

唐雎说信陵君[1]

《战国策·魏策》

【题解】

信陵君设计偷盗得兵符，解除了秦军对赵国国都邯郸的包围，保住了赵国。赵王亲自到郊外迎接信陵君，信陵君难免有骄矜之色。唐雎所以力谏他不要居功自傲，唐雎的话回环往复，但并不刻板，如娓娓道来却并不松散，且富有人生哲理。

信陵君杀晋鄙，救邯郸，破秦人，存赵国[2]，赵王自郊迎。唐雎谓信陵君曰："臣闻之曰，事有不可知者，有不可不知者；有不可忘者，有不可不忘者。"信陵君曰："何谓也？"对曰："人之憎我也，不可不知也；我憎人也，不可得而知也。人之有德于我也，不可忘也；吾有德于人也，不可不忘也。今君杀晋鄙，救邯郸，破秦人，存赵国，此大德也。今赵王自郊迎，卒然[3]见赵王，愿君之忘之也。"信陵君曰："无忌谨受教[4]。"

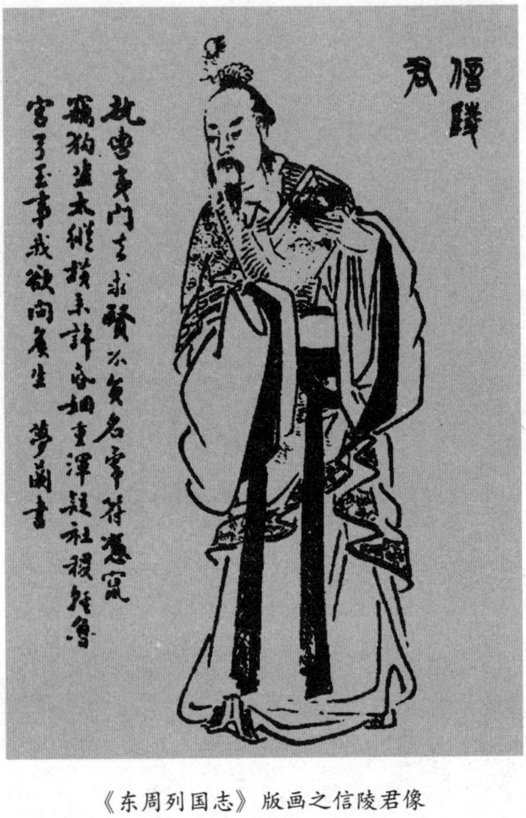

《东周列国志》版画之信陵君像

①"唐雎（jū）"句：唐雎，人名。说（shuì），游说。信陵君，即公子无忌，魏安釐（xī）王的异母弟。

②"信陵君"四句：公元前527年，秦军包围赵国国都邯郸，邯郸危在旦夕。赵平原君求救于信陵君。信陵君用侯生计，求魏王宠妃如姬窃得虎符，矫诏至魏军，要接替晋鄙而统帅十万魏军。晋鄙不从，被击杀。信陵君解邯郸之围，救了赵国。事详见《史记·魏公子列传》。

③卒（cù）然：突然，同"猝"。

④"无忌"句：谨，郑重。受教，接受教诲。

【译文】

魏国公子信陵君无忌杀死了魏

国大将晋鄙，夺得了兵权，挽救了邯郸，击败秦国围打赵都邯郸的军队，保住了赵国，赵王亲自到郊外迎接信陵君。唐雎对信陵君说："我听到有句俗话说：'事情有不该知道的，有不该不知道的；有不该忘掉的，有不该不忘掉的。'"信陵君问唐雎："这是怎么说呢？"唐雎回答说："别人厌恶我的事，不应该不清楚：我厌恶别人的事，不应该让人明白。别人对我有恩惠的事，不应该忘掉；我对别人有恩惠的事，不应该不忘掉。如今，你椎杀晋鄙，挽救邯郸，击败秦军，保住了赵国，这是对赵国的大恩大德。现在，赵王亲自到效外迎接，立刻就能够见到赵王了，我期望您把这件事忘掉。"信陵君说："无忌谨听您的教导。"

唐雎不辱使命

《战国策·魏策》

【题解】

本篇选自《战国策·魏策》。

安陵是战国魏的附庸小国，在今河南鄢陵西北。初为魏襄王弟安陵君的封地，本文所写安陵君即其后裔。秦灭魏后，原以为略施小技便可吞食安陵。不料，安陵君先让秦国使者碰了个软钉，接着派唐雎出使秦国。唐雎为维护安陵主权和尊严，面对骄横不可一世的秦王（即后来建秦王朝的始皇帝），针锋相对，寸步不让，迫使秦王敛失凶焰，长跪致歉，承认安陵虽小而不可欺侮。文章旨在鞭挞秦王的狡伪凶险，颂扬唐雎不畏强暴、坚持正义的高尚精神，与宁为玉碎、不为瓦全的非凡胆魄。

《史记·刺客列传》载："秦法，群臣侍殿上者，不得持尺寸之兵。"本文所记唐雎"挺剑而起"，与制不合，故有论家疑文中情节属虚构。上一篇《唐雎说信陵君》注①已言及两位"唐雎（且）"，从事件、时间辨析，本文主人公则又是另一位唐雎，若情节出于虚构，那么这位唐雎或系托名。然而，诚如清人高嵣所言，此文"凛凛有生气，读之快意，不必论其事之有无"（《公判国语国策钞》）。

秦王使人谓安陵君曰[①]："寡人欲以五百里之地易安陵[②]，安陵君其许寡人！"安陵君曰："大王加惠，以大易小，甚善。虽然，受地于先王，愿终守之，弗敢易。"秦王不说[③]。安陵君因使唐雎使于秦[④]。

①本文选自《战国策·魏策四》。秦王：秦始皇嬴政，时秦尚未统一全国而称帝，故仍称秦王。安陵君：魏襄王之弟，其封地在安陵，故称。此为安陵君的后人。

②安陵：魏邑名，在今河南省鄢陵县西北。

③不说（yuè）：不高兴。

④前"使"字释为"派遣"，后"使"字释为"出使。"唐雎（jū）：又作"唐且"，魏国人。与上文《唐雎说信陵君》的"唐雎"并非一人。

秦王谓唐雎曰："寡人以五百里之地易安陵，安陵君不听寡人，何也？且秦灭韩亡魏[⑤]，而君以五十里之地存者，以君为长者，故不错意也[⑥]。今吾以十倍之地，请广于君[⑦]，而君逆寡人者，轻寡人与[⑧]？"唐雎对曰："否，非若是也。安陵君受地于先王而守之，虽千里不敢易也，岂直五百里哉[⑨]？"

秦始皇像，图选自《剑锋春秋》。

⑤秦灭韩：事在秦王政十七年（公元前230年）。亡魏：事在秦王政二十二年（公元前225年）。

⑥错（cù）意：在意，注意。错，通“措”。

⑦广：增大，扩大。

⑧与（yú）：语气词，表示疑问。

⑨直：只。

秦王怫然怒[10]，谓唐雎曰：“公亦尝闻天子之怒乎？”唐雎对曰：“臣未尝闻也。”秦王曰：“天子之怒，伏尸百万，流血千里。”唐雎曰：“大王尝闻布衣之怒乎[11]？”秦王曰：“布衣之怒，亦免冠徒跣[12]，以头抢地耳[13]。”唐雎曰：“此庸夫之怒也，非士之怒也。夫专诸之刺王僚也[14]，彗星袭月[15]；聂政之刺韩傀也[16]，白虹贯日[17]；要离之刺庆忌也[18]，苍鹰击于殿上[19]。此三子皆布衣之士也，怀怒未发，休祲降于天[20]，与臣而将四矣[21]。若士必怒，伏尸二人，流血五步，天下缟素[22]，今日是也。”挺剑而起。

⑩怫（fèi）然：愤怒貌。

⑪布衣：借指平民。古代平民不能衣锦绣，故称。

⑫徒跣（xiǎn）：光脚，赤足。

⑬抢（qiāng）：冲，撞。

⑭专诸：春秋时吴国勇士。王僚：春秋时吴国君主，名僚。公元前515年，吴公子光谋弑吴王僚，设宴诱吴王至，专诸将匕首藏在鱼腹中，捧鱼近前，抽匕首刺杀吴王，专诸亦被左右所杀。

⑮彗星袭月：慧星袭掩月亮，是一种罕见的天象，既喻专诸手刃王僚动作疾速，又谓专诸之举感动了上天。

⑯聂政：战国时韩国勇士。 韩傀（guī）：韩相，字侠累。据《史记·刺客列传》，韩王之卿严遂（字仲子）与韩相韩傀有仇，请聂政刺杀韩傀。聂政独自杖剑闯入侍卫众多的韩府，力杀韩傀，然后破面抉目，自杀身亡。

⑰白虹贯日：白色长虹穿日而过，是一种罕见的天象，既喻聂政剑法疾速，又谓聂政之举感动上天。

⑱要（yāo）离：春秋时吴国勇士。庆忌：春秋时吴王僚之子。吴公子光谋弑吴王僚之后，

庆忌逃往卫国。公子光请要离刺杀庆忌。要离诈以负罪出奔，取得庆忌信任，乘庆忌不备，以剑刺中庆忌要害。

⑲苍鹰击于殿上：苍鹰撞击在宫殿之上，是一种罕见的物象，既喻要离剑法疾猛，又谓要离之举感动上天。

⑳休祲（jìn）：泛指上天的吉凶征兆。

㉑将：犹“为”。

㉒缟（gǎo）素：白色丧服。

秦王色挠[23]，长跪而谢之[24]曰：“先生坐，何至于此！寡人谕矣[25]。夫韩、魏灭亡，而安陵以五十里之地存者，徒以有先生也。”

㉓色挠：脸上表现出屈服的神态。

㉔长跪：直身而跪。由坐姿改为长跪，是对谈话对方表示庄敬的动作。谢：道歉，认错。

㉕谕：明白，领会。

【译文】

秦王令人向安陵君说：“我准备用百里的土地来交换安陵，安陵君一定能应允我的。”安陵君说：“大王施加恩泽，以大换小，心意很好。尽管是这样，我是从先王那里接受了这块封地，情愿一直保留它，不敢更换。”秦王不高兴。安陵君就命唐雎出访到秦国。

秦王和唐雎说：“我用方圆五百里的地域换取安陵，安陵君不答应，这是什么原因呢？何况秦国已经灭亡了韩国和魏国，安陵君能依靠五十里的土地保存下来，是由于安陵君是位长者，所以对他没有不合意的。现在我用十倍的土地，希望安陵君扩大土地，可是安陵君违背我的意见，是看不起我吗？”唐雎回答说：“不，不是这样。安陵君从先王那里接受了这块土地谨慎地守住它，即便一千里的土地也不敢更换，何况是五百里的土地呢？”

秦王显露出愤怒的表情，对唐雎说：“您曾经听说过天子的发怒吗？”唐雎回答说：“我从没听说。”秦王说：“天子的发怒，能让百万尸体倒地，血流千里。”唐雎说：“大王曾听说过那布衣之士的发怒吗？”秦王说：“那布衣之士的发怒，也只

聂政、要离、专诸像，他们是春秋时期的三位刺客。

是脱掉衣帽光着脚，用头撞地而已！”唐雎说：“这是普通庸人的发怒，不是有才之士的发怒。当那专诸刺杀吴王僚的时候，天上的彗星袭击着月亮；聂政刺杀韩傀的时候，白虹贯穿着太阳；要离刺杀庆忌的时候，苍鹰在殿上搏击。”这三位都是没有官职的士子。当他们胸中怒火还没有发作的时候，祸福的预兆就从天而降，加上我将会是四个人了。如果有才之士真正发起怒来，就会倒下尸体二人，血流五步之内，天下人身着白色丧服，今天将是如此。”说完便拔出宝剑站了起来。

秦王表现出屈服的脸色，挺直了身子跪着向唐雎谢罪，说：“先生坐下，怎么会到这种地步呢！我如今明白了：韩国、魏国都灭亡了，但是安陵依仗着方圆五十里的土地保留下来，只是由于有您这位先生呵！”

乐毅报燕王书①

《战国策·燕策》

【题解】

本文由两部分构成，前一部分是史官的记叙，后一部分是乐毅的书信。前后两部分构成一个整体。前面的记述，扼要地把乐毅破齐以及奔赵的经过作了交代，这就为读者阅读后面的《报燕王书》打下了基础。

《报燕王书》全文包涵着深沉的忧愤，表达出乐毅对燕昭王的一片赤忱，情致委曲，激动人心。文章紧扣奔赵的目的，反复论述，旁征博引，步步深入，是一封经过苦心构思、千锤百炼的著名书信。

昌国君乐毅为燕昭王合五国之兵而攻齐②，下七十余城，尽郡县之以属燕③。三城未下④，而燕昭王死。惠王即位，用齐人反间⑤，疑乐毅，而使骑劫代之将⑥。乐毅奔赵，赵封以为望诸君。齐田单诈骑劫⑦，卒败燕军⑧，复收七十余城以复齐。

①本文选自《战国策·燕策（二）》。乐毅，战国时中山灵寿人。曾做过燕昭王的亚卿，因率兵伐齐有功，被封为昌国君。燕昭王死，惠王继位，听信了齐国人的反间计，怀疑乐毅，乐毅投奔赵国，被封为望诸君。惠王感到后悔，便派人去向东毅表示歉意，并委婉地指出他弃燕归赵有负于燕昭王的知遇之恩，乐毅就写了这封书信回答惠王。信中说明了自己弃燕归赵的原委，追术了昭王的知人善用及所建的一番功业，希望惠王不忘先王的遗教，要“功立而不废”、“察能而授官”，并表示自己虽遭不测之罪，对燕国和国君仍是忠心耿耿。

②合：集合，会合。五国：指韩、赵、魏、楚、燕。

③郡县之：把它们收做郡县。郡县，当动词用。之，指已攻占的齐地。

④三城：指齐国的莒、聊、即墨三个城池。

⑤用：因为，由于，反间（jiàn）：指离间敌人，使之引起内讧。

⑥骑劫（jié）：燕将。代之将：代替他（乐毅）领兵。将，带兵。

⑦田单：齐人，因打败了燕国，恢复了齐国，被封为平安君。

⑧卒：终于，到底。

燕王悔，惧赵用乐毅乘燕之敝以伐燕⑨。燕王乃使人让乐毅⑩，且谢之曰：“先王举国而委将军⑪，将军为燕破齐，报先王之仇，天下莫不振动，寡人岂敢一日而忘将军之功哉！会先王弃群臣⑫，寡人新即位，左右误寡人。寡人之使骑劫代将军，为将军久暴露于外，故召将军且休计事⑬。将军过听⑭，以与寡人有隙⑮，遂捐燕而归赵⑯。将军自为计则可矣，而亦何以报先王之所以遇将军之意乎⑰？”

“燕王中反间计召回乐毅”图

⑨敝：疲乏。
⑩让：责备。
⑪举：全。委：委托。
⑫会：正遇上。先王弃群臣：指昭王去世。
⑬休：休息。计：谋划。
⑭过听：误听他人言语。
⑮隙：嫌疑，隔阂。
⑯捐：弃。
⑰遇：知遇，指被赏识而受到优厚的待遇。

望诸君乃使人献书报燕王曰：“臣不佞[18]，不能奉承先王之教，以顺左右之心，恐抵斧质之罪[19]，以伤先王之明，而又害于足下之义，故循逃奔赵。自负以不肖之罪，故不敢为辞说。今王使使者数之罪[20]，臣恐侍御者之不察先王之所以畜幸臣之理[21]，而又不白于臣之所以事先王之心。

⑱不佞（nìng）：谦词，犹言不才。
⑲斧质（zhì）：刑具。斧，刀斧。质，古代腰斩用的垫座。
⑳使使者：派使者。数（shǔ）：数落，责备。
㉑畜：养。

“臣闻贤圣之君，不以禄私其亲，功多者授之；不以官随其爱，能当者处之。故察能而授官者，成功之君也；论行而结交者[22]，立名之士也。臣以所学者观之，先王之举错[23]，有高世之心，故假节于魏王[24]，而以身得察于燕。先王过举[25]，擢之乎宾客之中[26]，而立之乎群臣之上，不谋于父兄[27]，而使臣为亚卿。臣自以为奉令承教，可以幸无罪矣[28]，故受命而不辞。

㉒论行：讲求品行。
㉓举错：举止，举动。错，同“措”。
㉔假节：拿着符节。古时使臣拿着君王赐给的符节以表示信用。
㉕过举：破格提拔。

㉖擢（zhuó）：选拔，提升。
㉗父兄：指昭王的宗室大臣。
㉘幸：侥幸，幸运。

“先王命之曰：‘我有积怨深怒于齐，不量轻弱[29]，而欲以齐为事。’臣对曰：‘夫齐，霸国之余教[30]而骤胜之遗事也[31]，闲于甲兵[32]，习于战攻。王若欲伐之，则必举天下而图之。举天下而图之，莫径于结赵矣[33]。且又淮北、宋地，楚、魏之所同愿也。赵若许约，楚、赵、宋尽力，四国攻之，齐可大破也。’先王曰：‘善。’臣乃口受令[34]，具符节[35]，南使臣于赵。顾反命[36]，起兵随而攻齐。以天之道，先王之灵，河北之地[37]，随先王举而有之于济上[38]。济上之军，奉令击齐，大胜之。轻卒锐兵，长驱至国[39]。齐王逃遁走莒[40]，仅以身免。珠玉财宝，车甲珍器，尽收入燕。大吕陈于元英[41]，故鼎反乎历室[42]，齐器设于宁台[43]。蓟丘之植[44]，植于汶篁[45]。自五伯以来，功未有及先王者也。先王以为顺于其志[46]，以臣为不顿命[47]，故裂地而封之，使之得比乎小国诸侯。臣不佞，自以为奉令承教，可以幸无罪矣，故受命而弗辞。

㉙量：估量，掂量。
㉚余教：遗业。
㉛骤：屡次。
㉜闲：同“娴”，娴熟，熟练。
㉝径：直截了当。
㉞口受令：亲自接受先王的口头命令。
㉟符节：古时使者执以示信之物。
㊱顾：旋即，立刻。反命：指还燕复命。
㊲河北：黄河以北。文中具体指今天北京密云县一带。
㊳济上：齐国边境上的一个地方，在济水之西。
㊴国：国都，即齐国都城临淄。
㊵齐王：齐闵王。莒（jǔ）：今山东莒县。
㊶大吕：齐国钟名。元英：燕国宫名。
㊷故鼎：齐军从燕国掠走的燕鼎。历室：燕国宫名。
㊸宁台：燕国台名，在今河北蓟县西。
㊹蓟丘：燕国都城，今北京大兴县。
㊺汶：今山东大汶河。篁（huáng）：竹田。
㊻顺：顺从，遂其愿。

“乐毅济上劳军”图，选自清·马骀《百将传图》。

《东周列国志》版画之“杀子胥夫差争歃”图，讲述夫差不听伍子胥劝谏，执意争霸，并赐死伍子胥之事。

㊼顿命：辱命。

“臣闻贤明之君，功立而不废，故著于春秋；蚤知之士[48]，名成而不毁，故称于后世。若先王之报怨雪耻，夷万乘之强国[49]，收八百岁之蓄积，及至弃群臣之日，遗令诏后嗣之余义[50]，执政任事之臣，所以能循法令、顺庶孽者[51]，施及萌隶[52]，皆可以教于后世。臣闻善作者，不必善成；善始者，不必善终。昔者伍子胥说听乎阖闾，故吴王远迹至于郢。夫差弗是也，赐之鸱夷而浮之江[53]。故吴王夫差不悟先论之可以立功[54]，故沉子胥而弗悔；子胥不蚤见主之不同量[55]，故入江而不改。

㊽蚤知：先知。蚤，同“早”。
㊾夷：镇服，平定。
㊿余义：遗训。
51顺：同“慎”，慎防。庶孽（niè）：庶子：即妾所生的儿子。
52萌隶：百姓。萌，则“氓”。隶，隶役。
53鸱（chī）夷：皮袋。
54先论：远见之论。
55同量：容纳。

“夫免身全功[56]，以明先王之迹者[57]，臣之上计也。离毁辱之非[58]，堕先王之名者，臣之所大恐也。临不测之罪，以幸为利者[59]，义之所不敢出也。”

56免身全功：免除身受刑罚，保全取齐的功劳。
57迹：业绩，功绩。
58离：同“罹（lí）”，遭受。
59幸：侥幸。

“臣闻古之君子，交绝不出恶声；忠臣之去也，不洁其名。臣虽不佞，数奉教于君子矣。恐侍御者之亲左右之说，而不察疏远之行也。故敢以书报，唯君之留意焉[60]。”

⑩唯：希望。

【译文】

昌国君乐毅，为燕昭王联合了五国的军队去攻打齐国，占领了七十多座城池，并把这些城池全部改为郡县归属于燕国，还剩三座城池没有攻克时，燕昭王去世了，惠王即位，中了齐人的反奸计，怀疑乐毅有反叛之心，便派骑劫取代乐毅为帅。乐毅逃奔赵国，赵国封他为望诸君。齐国大将田单用计诈降骑劫，终于击败丁燕军，收复了七十余座城池而使齐国复兴。

燕王懊悔了，担心赵国任用乐毅，趁燕国内外交困之机而攻打燕国。燕惠王于是令人去责怪乐毅，并向他致歉，说："先王把整个国家都托付给将军您，将军帮燕国击败齐国，为先王报了仇，天下人没有不为此震憾的，我哪有一天敢忘却将军您的功绩呢？当时正遇上先王逝世，我刚即位，周围的臣子误导了我。我命骑劫替代您，是想到您长期统兵在外作战餐风宿露，因此想召将军回来，暂时休息一下，并要与您共商国事。将军却误解了，以至十和我有隔阂，就去弃燕国而投奔赵国。"望诸君派人送信回答说：

"我没什么才干，没能尊奉先王的教导，来遵从您的心意，只担心自己触犯死罪，会因此损害先王知人之明，又害您蒙上不义的名誉，因此我只好投奔到赵国。我让自己背负着不贤的罪名，因此不敢进行辩解，如今大王派遣使者来责怪我的罪过，我怕您不明白先王栽培厚爱我的道理，又不明白我用以侍奉先王的诚意忠心，因此冒昧地写这封信作答。

《东周列国志》版画之燕昭王像，燕昭王任用乐毅等人，使燕国国力大盛。

"我听说圣贤的君主，不取国家的俸禄偏私地赏给他的亲人，而是授予功绩多的人；不把官职随便赏给他亲近的人，而是让能够称职的人担任。因此说考察才干而授予官职的。是能建立功业的君主；讲究品行而结识朋友的，是能树立名节的士人。我靠所学知识来进行观察，先王用人的举止措施，表露出远高于世俗的用心，因此我凭靠燕王使臣的身份，得以亲身来燕国考察。先王过分重视，把我从宾客中提拔出来，安排我在高于群臣的地位上，不跟宗室大臣商议，就委任我为亚卿。我自认为奉行先王命令秉承教诲，就能够侥幸免除罪过，因此接受委派而没拒绝。

“先王命令我说：‘我对齐国久怀深怨大恨，也不考虑到我们燕国弱小，而执意把伐齐报仇作为大事。’我回答说：‘齐国，尚有早年称雄的一些教化业迹，有着多次打败敌国的余威和经历。悉知军事，习惯打仗。大王假如想要讨伐齐国，就必须发动各国诸侯一起来对付它。要发动各国共同伐齐，没有比先和赵国联合最直接了。再说齐国的准北和宋地，都是楚国、魏国一心想得到的地方。赵国假如答应了结盟，再约请楚国、魏国竭力相助，合四国力量来讨伐齐国，就能够打得齐国大败。’先王说：‘好！’于是我接受先王亲口下的命令，备好符节，向南出使到赵国。回来复命之后，就马上发兵随先王讨伐齐。依靠上天的保佑，仰仗先王的英明，黄河以北燕国失地，随先王进兵全部收复，直到济水边上。占领了济水以后的燕国军队，奉命进击齐国，大破齐军。轻装精锐的燕军，长驱直入齐国国都，齐湣王逃到莒城，才幸免一死。齐国的珍玉财宝、车马甲仗和国藏宝器，全都被缴获运回燕国。大吕巨钟摆放在元英宫，燕国故有之鼎收回到历室宫，齐国的珍稀宝器摆放在宁台上，蓟丘的植物作物的地方种上了汶水边上的竹子。自从五霸以来，没有谁的功绩比得上先王的了。先王觉得如愿以偿，觉得我没有耽误命令的执行，因此分封给我土地，使我的位置可与小国诸侯相比。我没有什么才能，自认为奉行命令秉承教诲，就能够侥幸免罪了，因此接受了分封而没有谢绝。

“我听说圣贤的君主，建功立业而不废弛，因此载入史册；有远见的士人，成就美名而不毁坏，因此被后入称道。像先王这样报仇雪耻，征服了万乘强国，收缴齐国八百年来积累的财物，待到离开群臣去世时，留下教训继位子孙的遗训，执政任事的臣子，所以能够遵从法令，顺利而妥善地安排了王室子弟，恩威达于平民百姓，这些都可拿来传于后代。

“我听说擅长耕作的未必有好收获，有好开头未必有好结局。从前，伍子胥劝说吴王阖闾，吴王阖闾对伍子胥言听计从，因此他能远征到楚国郢都。吴王夫差不赞同他的主张，反而赐他皮袋，把他投入江中。夫差不懂得按伍子胥的预见就能够为吴建立功业，因此把伍子胥沉入江中而不懊悔；伍子胥没有及早发现阖闾、夫差这两个君主的胆识不同，因此至死也没改变态度。能使自身避免灾害，保全破齐的功名，来显扬先王的知人善任的业绩，这是我的上策。自身遭受毁谤侮辱的责难，因而损坏先王的名誉，是我最害怕的事。面对不测之罪，想侥幸谋取私利，从道义上讲这是我一定不会做的。

“我听闻古代的君子，与朋友绝了交也不说恶狠的话；忠臣被迫投奔他国，也不为自己的声誉辩解。我虽然没什么才干，但经常受到君子的教导。怕您轻信周围亲信的话，而不明白我这被疏远者的行为，因此斗胆用书信作答，还望您劳心批阅。”

谏逐客书

李 斯

【题解】

本篇所记是公元前237年，秦王下达了逐客令，李斯觉着不妥，便向秦王上书建议停止逐客之事。文章运用古今对比的手法，列举大量事实说明商鞅、张仪、范雎等客卿在秦国所作的重大贡献，并指出“王者不却众庶”的用人原则，是符合秦国的利益的。文章论据确凿，议论纵横，逻辑性强，是一篇很有影响的作品。难怪鲁迅先生说：“秦之文章，李斯一人而已。”

李斯（？－前208年）：战国时楚国上蔡（今河南上蔡）人。年轻之时，曾为郡小吏。后与韩非一同从荀卿学“帝王之术”。公元前247年去楚入秦，受到秦王重用，官至丞相。在秦始皇统一六国的过程中，起过十分重要的作用。秦统一六国之后，又积极主张废诸侯、行郡县、统一文字和度量衡。秦始皇死后，为赵高所谮，后以谋反罪被腰斩于咸阳，并夷灭三族。著有《谏逐客书》和《苍颉篇》。鲁迅曾说：“秦之文章，李斯一人而已。”

秦宗室大臣皆言秦王曰：“诸侯人来事秦者，大抵为其主游间于秦耳，请一切逐客。”李斯①议亦在逐中。

①秦王：即秦始皇帝嬴政。

斯乃上书曰：“臣闻吏议逐客，窃以为过矣。”

“昔穆公求士②，西取由余于戎③，东得百里奚于宛④，迎蹇叔于宋⑤，求丕豹、公孙支于晋⑥。此五子者，不产于秦，而穆公用之，并国二十，遂霸西戎。孝公用商鞅之法⑦，移风易俗，民以殷盛，国以富强，百姓乐用，诸侯亲服，获楚、魏之师，举地千里，至今治强。惠王用张仪之计⑧，拔三川之地⑨，西并巴、蜀⑩，北收上郡⑪，南取汉中⑫，包九夷⑬，制鄢、郢⑭，东据成皋之险⑮，割膏腴之壤，遂散六国之从，使之西面事秦，功施到今。昭王得范雎⑯，废穰侯⑰，逐华阳⑱，强公室，杜私门，蚕食诸侯，使秦成帝业。此四君者，皆以客之功。由此观之，客何负于秦哉！向使四君却客而不内，疏士而不用，是使国无富利之实，而秦无强大之名也。

②穆公：指秦穆公。
③由余：春秋时晋国人，逃亡到西戎，秦穆公以礼招其归秦，并用其计统一了西戎各部。

《东周列国志》版画之百里奚像。百里奚是秦穆公时期的相国，因其是秦穆公用五张羊皮从楚国赎回来的，因此又称为“五羖大夫”。

戎：指西部少数民族。

④百里奚：其身世说法不一。传说他是楚国宛（今南南阳）人，曾为楚大夫，后沦落为奴，被秦穆公用五张羊皮赎出，任为秦相，故又称五羖大夫。

⑤蹇叔：寓居于京，经百里奚推荐，被秦穆公聘为上大夫。

⑥丕豹：晋国人，其父被晋惠公杀死后，投奔秦穆公，为大将，助秦攻晋。公孙支：字子桑。游于晋，后入秦，秦穆公任他为大夫。

⑦商鞅：姓公孙，名鞅。本是卫国公族，又称卫鞅。因秦孝公曾封之以商地（在今陕西商州），故称商鞅。任秦相十年间，实行变法，使秦国强盛起来。

⑧张仪：魏国人，曾屡任秦相，主张“连横”策略。

⑨三川：指今河南西北一带，因有黄河、洛河、伊河流过境内，故称三川。

⑩巴：今四川东部。　蜀：今四川西部。

⑪上郡：魏地，在今陕西西北部一带。前328年，秦攻魏，魏以上郡十五县献秦求和。

⑫汉中：今陕西汉中地区。

⑬九夷：泛指当时楚地少数民族。

⑭鄢：楚国旧都，在今湖北宜城南。　郢：楚国都，故址在今湖北江陵。

⑮城皋：地名，即今河南荥阳的虎牢。

⑯范雎（jū）：字叔游，魏国人，曾被秦昭王任为秦相。

⑰穰（rǎng）侯：秦昭襄王养母弟魏冉的封号。

⑱华阳：华阳君，秦昭襄王养母弟芈（mǐ）冉的封号。

“今陛下致崐山之玉[19]，有随、和之宝[20]，垂明月之珠，服太阿之剑[21]，乘纤离之马[22]，建翠凤之旗[23]，树灵鼍之鼓[24]。此数宝者，秦不生一焉，而陛下说之[25]，何也？必秦国之所生然后可，则是夜光之璧不饰朝廷，犀象之器不为玩好，郑、魏之女不充后宫，而骏马駃騠不实外厩[26]，江南金锡不为用，西蜀丹青不为采。所以饰后宫、充下陈、娱心意、说耳目者，必出于秦然后可，则是宛珠之簪[27]、傅玑之珥[28]、阿缟之衣[29]、锦绣之饰，不进于前，而随俗雅化、佳冶窈窕赵女不立于侧也。夫击瓮叩缶[30]，弹筝搏髀[31]。而歌呼呜呜、快耳目者，真秦之声也；郑、卫、桑间、韶虞、武象者[32]，异国之乐也。今弃击瓮而就郑卫，退弹筝而取韶虞，若是者何也？快意当前，适观而已矣。今取人则不然。不问可否，不论曲直，非秦者去，为客者逐。然则是所重者在乎色乐珠玉，而所轻者在乎人民也。此非所以跨海内、制诸侯之术也。

⑲崐山：即昆仑山，指今新疆、西藏间之昆仑山脉。古代传说这里产玉。

⑳随：春秋小国，在今湖北随县。传说随侯有一颗名贵的珠宝，称“随侯珠”。和：春秋楚国人卞和，据说他在山中发现一块璞玉，献给楚王，称“和氏璧”。

㉑太阿（ē）：宝剑名，相传春秋楚国人干将、莫邪合铸的宝剑之一。

㉒纤离：骏马名。

㉓翠凤之旗：以翠羽做装饰的旗帜。

㉔鼍（tuó）：鳄鱼类，俗名猪婆龙，皮可蒙鼓。

㉕说：通“悦”。

㉖駃（jué）騠（tí）：古代北方名马。

㉗宛（yuān）珠：宛地出产的珠子。

㉘玑：不圆的珠子。珥（ěr）：耳环。

㉙阿缟（gǎo）：齐国东阿（今山东东阿）出产的白色的绢。

㉚瓮（wòng）：汲水瓦罐。　缶（fǒu）：小口大腹的瓦罐。秦国的瓮、缶为打击乐器。

㉛筝：弦乐器。　搏髀（bì）：拍着大腿打拍子。

㉜桑间：卫国濮水边上的一个地名，相传是青年男女聚会唱歌的地方。　韶虞：也称箫韶，相传为歌颂虞舜的音乐。　武象：周初的乐舞。

“臣闻地广者粟多，国大者人众，兵强则士勇。是以泰山不让土壤，故能成其大；河海不择细流，故能就其深；王者不却众庶，故能明其德。是以地无四方，民无异国，四时充美，鬼神降福，此五帝、三王之所以无敌也。今乃弃黔首以资敌国[33]，却宾客以业诸侯，使天下之士退而不敢西向，裹足不入秦，此所谓‘藉寇兵而赍盗粮’者也[34]。

㉝黔首：百姓。黔，黑色。

㉞赍（jī）：送给。

“夫物不产于秦，可宝者多；士不产于秦，而愿忠者众。今逐客以资敌国，损民以益仇，内自虚而外树怨于诸侯，求国之无危，不可得也。”

秦王乃除逐客之令，复李斯官。

【译文】

秦国的宗室大臣全部都对秦王说：“各国派来侍奉秦国的人，大都是代他们的君王到秦国来搞劝说或挑拨活动的。请把全部的客卿一概驱逐出境。”李斯也被列入商定即将驱逐的人之中。

李斯给秦王上书说：“臣听说官员们在商量从秦国驱逐客卿的事，我个人觉得是不对的。

“以前，秦穆公寻求圣贤之士，从西方的西戎争取到由余，从东方的宛邑得到了百里奚，从宋国迎来了蹇叔，从晋国请到了丕豹和公孙支。这五位贤士，不出生在秦国，而秦穆公重用他们，就统占了二十个小国，终于在西戎地区称雄。秦孝公采纳了商鞅的办法，移风易俗，人民因此而富足兴盛，国家因此而富强，百姓乐意为国家效力，各诸侯国都来表示亲近和归顺；打败了楚国和魏国的军队，扩大了千里以上的土地，直到现在秦国社会安定，国力强盛。秦惠王采纳了张仪的策略，攻占了韩国的三川之地，兼并了巴国和蜀国，接收了魏国的上郡，攻取了楚国的汉中，包容了南方的各少数民族，控制了楚国的鄢都和郢都，东面占据了成皋天险，割取了大量的肥沃的土地，拆散了六国合纵的联盟，迫使六国向西侍奉秦国，功绩一直持续到今天。秦昭王得到范雎，废黜了穰侯魏冉，赶走了华阳君，增强秦王室的权威，杜绝了豪门贵族势力的干扰，逐渐吞并了各诸侯国，使秦国树立了帝王的基业。这四位秦国的国君，都倚靠了客卿的功绩。

“从上面看来，客卿哪一方面辜负了秦国呢？当初，假如这四位君主拒绝客卿而不予采纳，疏远贤士而不重用，那就会使秦国没有如此雄厚富裕的现状，秦国也不会有强大的声誉了。

“如今，陛下得到了昆仑山的美玉，拿有随侯珠与和氏璧这样的稀世珍宝，悬挂着明月珠，佩带着太阿剑，驾着纤离骏马，竖起翠凤羽毛装饰的锦旗，添加了灵鼍皮蒙成的大鼓。这几种珍贵的宝贝，一件也不出产在秦国，而陛下喜欢它们，为什么呢？假如一定是秦国出产的物品才可以用，那么这种夜光璧就不能装饰在朝廷上，犀牛角和象牙做成的器具，您就不能赏、玩，郑国、魏国的美女也不会塞满您的后宫，骏马駃騠不会养在您的马厩之中，江南的金锡也不能用来制作器具，四川西部的丹青，也不能用作彩饰。假如用来装饰后宫嫔妃的珠宝，塞满堂下的美女姬妾，使人赏心悦目的种种物品，都必定要秦国出产的，才能够使用，那么，宛邑宝珠镶嵌的簪子，连缀着小串珠子的耳环，东阿白绢制成的丝服，漂亮的锦绣一类的花边，就不会进贡到陛下的眼前。而那些追求时尚，装饰靓丽的赵国女子，也就不能侍奉在您的身旁了。敲瓦坛，击瓦罐，弹秦筝，拍大腿，

《东周列国志》版画之商鞅像。商鞅又称商君，卫国人，他听说秦孝公下令招贤，于是到秦国说服秦孝公变法。

又哇啦啦地唱一通，开心悦耳，正是秦国本地的音乐呢；而郑国和卫国的桑间情歌新调，以及歌颂舜和周武王的《韶虞》和《武象》那样的古代乐舞，都是别国的音乐。如今丢弃了敲瓦坛子、击瓦罐子的作法，而听取郑、卫两国的乐曲，不再弹奏秦筝而采用《韶虞》乐舞，这样做的缘故是什么呢？无非是使人心情愉悦，使人看得舒服而已。如今选用人才，却不是这样，不问能不能够，不论是非曲直，不是秦国人就得离开，凡是外来的客卿一概驱逐。这样就是，秦国看重的是女色、声乐，宝珠，美玉，而看轻的，恰巧是人。这不是用来统一全国、制服诸侯的方式呀！

“臣听闻，土地宽阔的国家，粮食就富裕，实力强大的国家，人口就众多；兵器精锐的国家，士兵就英勇。所以，泰山不丢弃任何土壤，才变成那样大；黄河大海不拒绝任何细流，才变得那样深；君王不嫌弃任何平民，因此能显示恩德。因此，地区不分东南西北，百姓不问国籍差异，四季生活美好富足，鬼神都来共同降福，这就是五帝三王无敌于天下的原因。如今居然丢弃百姓就等于协助敌国，驱赶客卿让他们协助别国诸侯建功立业，使得天下贤士退缩而不敢西行，止步而不敢进入秦国。这就称做把武器借给暴徒，把粮食送给小偷啊。

“物品尽管不出产在秦国，而值得珍贵的很多，贤士不出生在秦国，而希望为秦国效劳的也很多。如今要驱逐客卿来帮助敌国，损害百姓来增加敌国的力量，对内削弱自己，对外则在各诸侯国中树立仇怨，要想秦国不陷入危难，是做不到的。”

秦王于是就废弃了驱逐客卿的规定，恢复了李斯的官位。

卜居

《楚辞》

【题解】

《楚辞》古代诗歌总集，以屈原作品为主，兼收宋玉及汉代人的辞赋，为西汉刘向所辑。屈原（约前340－约前278）名平，字原，是战国时楚国的政治家，伟大的诗人。卜居即问卜处世之道，文中以排比拟问的方式列出了现实生活中两种对立的选择取向，表现了屈原的顽强斗志和对黑暗现实的愤慨。汉代王逸认为此文是屈原自己所作，也有人疑是屈原同时代的楚人所作。

屈原既放，三年不得复见，竭智尽忠，而蔽障于谗①；心烦虑乱，不知所从。乃往见太卜郑詹尹曰②：“余有所疑，原因先生决之。”詹尹乃端策拂龟曰③：“君将何以教之？”

①蔽障：遮蔽阻隔。指屈原遭谗被楚怀王疏远隔绝。

②太卜：官名，主掌占卜。

③策：蓍（shī）草，用以筮。　龟：龟甲，用以卜。端策拂龟是占卜前表示虔诚的准备动用。

屈原像，图出自明·天然撰《历代古人像赞》。

屈原曰：“吾宁悃悃款款④，朴以忠乎？将送往劳来⑤，斯无穷乎⑥？宁诛锄草茆以力耕乎？将游大人以成名乎？宁正言不讳以危身乎？将从俗富贵以婾生乎？宁超然高举以保真乎？将呢訾栗斯⑦，喔咿嚅唲⑧，以事妇人乎⑨？宁廉洁正直以自清乎？将突梯滑稽⑩，如脂如韦⑪，以絜楹乎⑫？宁昂昂若千里之驹乎？将氾氾若水中之凫乎⑬？与波上下，偷以全吾躯乎？宁与骐骥亢轭乎⑭？将随驽马之迹乎⑮？宁与黄鹄比翼乎⑯？将与

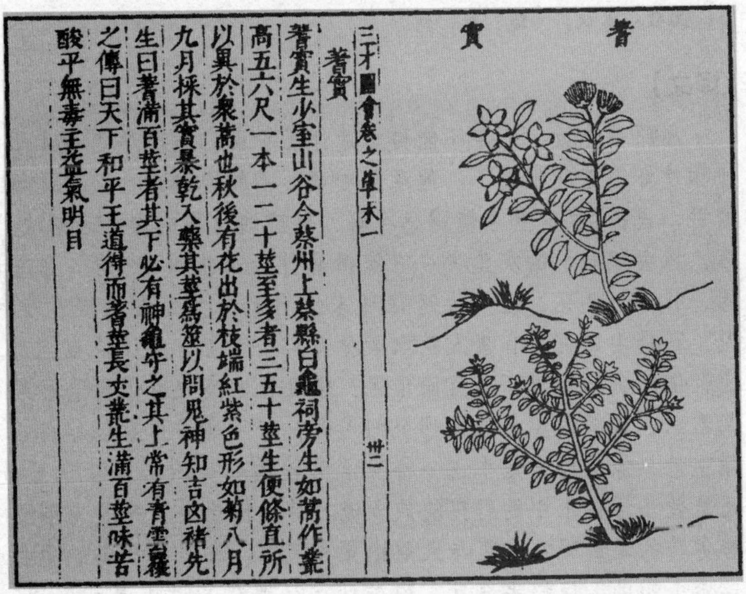

《三才图会》中的蓍草图。蓍草是古代占卜所用的一种工具。

鸡鹜争食乎⑰？此孰吉孰凶？何去何从？世溷浊而不清⑱：蝉翼为重，千钧为轻；黄钟毁弃，瓦釜雷鸣⑲；谗人高张，贤士无名。吁嗟默默兮，谁知吾之廉贞？”

④宁（níng）：表选择，宁肯。悃（kǔn）悃款款：诚实勤劳的样子。

⑤将：或送往劳来：意谓随处周旋、巧于应酬。

⑥斯：连词，乃，则。穷：困境。

⑦哫訾（zú zī）：以言献媚。　栗斯：阿谀奉承状。栗，恭谨，恭敬。斯，语助词。

⑧喔咿嚅唲：强颜欢笑的样子。

⑨妇人：指楚怀王宠姬郑袖，她与朝中重臣上官大夫等人联合排挤谗毁屈原。

⑩突梯滑（gǔ）稽：宛从顺，圆滑随俗。

⑪如脂如韦：比喻处世圆转，如油脂般光滑，如兽皮般柔顺。脂，油脂。韦，熟牛皮。

⑫絜（xié）楹：指把方状物体做成屋的柱子，引申为削方为圆的处世之态。絜，度量物体周围的长度。楹，屋柱。

⑬氾（fán）氾：浮行的样子。　凫（fú伏）：野鸭。

⑭与骐骥亢轭：指与骏马齐驱。亢轭（gè各），并驾。轭，车辕前套在牲口颈上的横木。

⑮驽马：劣马。

⑯“黄鹄”（hú）：天鹅。

⑰鹜（wù）：鸭。

⑱溷（hùn）浊：混乱污浊。

⑲“黄钟”两句：贵重的黄钟遭到毁坏遗弃，劣质的瓦器发出雷鸣般的声音，比喻黑白颠倒，小人得志。黄钟，一种形体最大、声音最宏亮的乐器。瓦釜，原始的瓦制击打乐器。

詹尹乃释策而谢曰：“夫尺有所短，寸有所长；物有所不足，智有所不明；数有所不逮⑳，神有所不通。用君之心，行君之意。龟策诚不能知此事！”

⑳数：术数。　逮：及，到。

【译文】

屈原被流放，三年不能再与楚怀王见面。他沥尽忠诚忠心报国，却因为谗言把他和楚怀王遮蔽阻隔了。他意乱心烦，不知道该走什么路才好。于是就去见太卜郑詹尹，说："我有些事情困惑不解，期望通过您的占卜来解决。"郑詹尹于是摆正蓍草，抹去龟壳上的灰尘说："您将拿什么来指教我呢？"屈原说："我宁可诚诚恳恳、朴实忠诚呢，还是去送往迎来使自己不致于贫穷呢？宁可锄草开荒努力耕作呢，还是去游说达官贵人获取荣誉呢？宁可直言不讳使自己受到危害呢，还是去追随世俗、贪图富贵而苟且偷生呢？宁可远走高飞以保持自己纯朴的本质呢，还是阿谀奉承、强颜欢笑去侍奉那个妇人呢？宁可廉洁正直以维持自己的清白呢，还是察颜观色、像油脂和熟牛皮一样又滑又软去趋炎附势呢？宁可昂首阔步如千里马呢，还是效法浮在水中的野鸭随波逐流、苟且偷生呢？宁肯与骐骥并驾齐驱呢，还是跟着劣马的足迹呢？宁可与天鹅比翼齐飞呢，还是去和鸡鸭争食呢？以上这些哪个属吉哪个属凶，应该丢弃什么遵循什么？现在的世道混乱不清，蝉翼被认为是重的，千钧被认为是轻的；贵重的黄钟遭受破坏抛弃，卑贱的瓦釜发出雷鸣般的响声；谗人趾高气扬，贤士默默无闻。唉，还是默默无闻吧，有谁明白我的廉直忠贞！"

郑詹尹于是搁下蓍草而辞谢说："尺比寸长也有它的缺点，寸比尺短也有它的优点；世间的物品有残缺不全的地方，人的智慧有不能清楚的地方；卦数有占卜不到的问题，神明也有不灵便的时候。请您自己思考，按您的意愿办事。我的龟壳和蓍草的确不能预告这些事。"

宋玉对楚王问

《楚辞》

【题解】

文章以音乐设喻，抒发了宋玉孤芳自赏的思想感情，以“凤”、“鲲”自喻，表现了宋玉自命不凡、清高孤傲的气质。

楚襄王问于宋玉曰[1]：“先生其有遗行与[2]？何士民众庶不誉之甚也[3]？”

①楚襄王：即楚顷襄王，名横，公元前298年至公元前263年在位。
②遗行：可遗弃的行为，品行有缺点，有失检点。
③不誉：不称赞，非议。

宋玉对曰：“唯，然。有之。愿大王宽其罪，使得毕其辞。

“客有歌于郢中者[4]，其始曰《下里》、《巴人》[5]，国中属而和者数千人[6]，其为《阳阿》、《薤露》[7]，国中属而和者数百人；其为《阳春》、《白雪》[8]，国中属而和者不过数十人；引商刻羽，杂以流徵[9]，国中属而和者不过数人而已。是其曲弥高[10]，其和弥寡。

④郢（yǐng）：楚国都城。在今湖北江陵县北。
⑤《下里》、《巴人》：当时楚国通俗歌曲名。
⑥属（zhǔ）：接续。和（hè）：随声附和。
⑦《阳阿》、《薤（xiè）露》：比流行俗曲高雅的歌曲名。
⑧《阳春》、《白雪》：雅曲名。
⑨引商刻羽，杂以流徵（zhǐ）：难度很高的演唱技巧。时而拉长为敏疾的商音高调，时而降低为低平的羽声细音，其间杂以抑扬流动的徵声。引，拉长。刻，削减。一说为“引用第二度音，刻画第六度音，夹杂运用流动的第五度音”（《中国古代音乐史稿》第三编第四章）。
⑩弥：愈，更加。

“故鸟有凤而鱼有鲲[11]。凤凰上击九千里，绝云霓[12]，负苍天[13]，足乱浮云，翱翔乎杳冥之上[14]；夫藩篱之鷃[15]，岂能与之料天地之高哉！鲲鱼朝发昆仑之墟[16]，暴鬐于碣石[17]，暮宿于孟诸[18]；夫尺泽之鲵[19]，岂能与之量江海之大哉！

⑪鲲（kūn）：古代传说中的大鱼。《庄子·逍遥游》：“北冥有鱼，其名为鲲，鲲之大，不知其几千里也。”

⑫绝：越对。

⑬负：背对着。

⑭杳冥：高远的天空。杳，高远。冥，深邃。

⑮鷃（yàn）：鷃雀，古书上说的一种小鸟。

⑯昆仑：我国西北部的一座大山。墟：山脚。此指发源于昆仑山下的黄河源头。

⑰暴（pù）：亦作“曝”，晒。鬐（qí）：鱼脊。碣石：山名，在今河北昌黎的渤海之滨。

⑱孟诸：古大泽名，在今河南商丘东北。

⑲尺泽：一尺来深的水塘。鲵（ní）：小鱼。

“故非独鸟有凤而鱼有鲲也，士亦有之。夫圣人瑰意琦行⑳，超然独处㉑；世俗之民，又安知臣之所为哉！”

⑳瑰意琦行：高洁美好卓尔不群的情操和行为。意，品德。行，行为。瑰、琦，珍奇，卓异。

㉑超然：高超出众。

【译文】

楚襄王询问宋玉说：“先生可能有不检点的行为吧？要不然士人百姓们怎么会对你如此不满呢？”

宋玉回答道：“是的，有这种事情，期望大王饶恕我的过错，让我把话讲完。

“有一位客人在郢都唱歌，开始他唱《下里》、《巴人》，城中跟着附和的有数千人，然后唱《阳阿》、《薤露》，城中跟着附和的有数百人，等到唱《阳春》、《白雪》，城中跟着附和的只有数十人了，最后他引用商声，刻画羽声，再以徵声相和成调，城中跟着附和的只不过几个人而已。由此看来，所唱的曲子越是高妙，能相附和的人也就越少。

“因此鸟中有凤，鱼中有鲲。凤凰展翅高飞而上九千里之云霄，凌驾于白云彩虹之上，背负苍天，足乱浮云，翱翔在高邈的太空；那落在篱笆之上的燕雀，怎么能和它一同去丈量天地的高远呢！鲲鱼清早从昆仑山脚出发，中午在渤海边的碣石山上晒脊背，夜晚就已经栖息在孟诸的大泽里了；那浅水塘中的小鲵，怎么能和它一样测量江河湖海的宽阔呢？”

“因此不只是鸟中有凤，鱼中有鲲，士人中也有不凡之士啊。圣人有超过常人的思维和行动，超然物外，悠然自处；那些凡夫俗子，又怎能明白我的所作所为呢？”

五帝本纪赞①

《史记》

【题解】

本文选自司马迁所著的《史记》。《史记》是我国第一部纪传体通史，记载了自黄帝至汉武帝前后三千余年的历史，共52万字，130篇。其中“本纪”12篇，“表”10篇，“书”8篇，“世家”30篇，“列传”70篇。全书对三千年中国的整个社会经济、政治、文化等各方面的演变发展，作了概括而又详细的叙述。它不但是一部历史杰作，为我国史学纪传体奠定了基础，而且还是思想内容异常丰富的一部传记文学名著。《史记》中的许多篇章，均颇具文学价值。这些作品善于抓住人物性格特征与相互间的矛盾冲突，结构与布局既尊重史实，又颇具开阖跌宕之势，再加以简洁生动的语言，将人物刻画得栩栩如生。也正因为如此，《史记》历来被推崇为我国传记文学的典范、古代散文的楷模，鲁迅称之为“史家之绝唱，无韵之《离骚》”。

司马迁（约公元前145年－公元前87年），字子长，夏阳（今陕西韩城县南）人。自幼受其父司马谈的影响，诵读古文经书。20岁开始远游大江南北，访问了许多遗址，考察了历史遗迹，调查了许多历史人物的事迹、轶闻以及地方风俗和经济生活。司马谈逝后第三年（前公元108年），司马迁继父职做了太史令，此为他写作《史记》的起点和重要条件。太初元年，他42岁，正式开始了这一工作。后因李陵事件，触怒了汉武帝，被处以宫刑。但他忍辱含垢，更加发愤写作《史记》，直至遇赦，改做中书令，约在53岁时终于完成了《史记》这

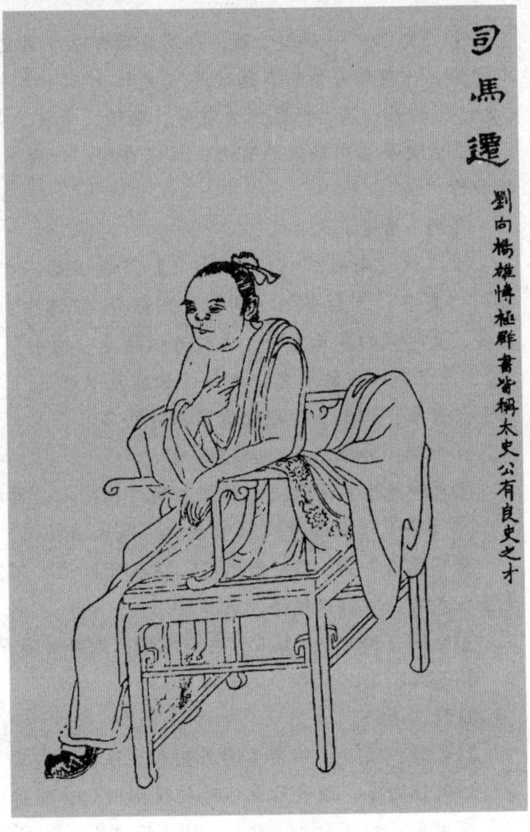

司马迁像，图选自清·上官周绘《晚笑堂画传》。

部空前绝后的巨著。除《史记》外，他的著作今存的还有《感士不遇赋》和《报任安书》。

本篇是《史记》第一篇《五帝本纪》的最后一段，用以说明“本纪”的史料来源和作者见解。此种类似于评论的“赞”的形式，乃司马迁所首创，并被后世史书所沿用。这篇赞语历述有关五帝——黄帝、颛顼、帝喾、尧、舜的记载；根据传说的紊乱和缺漏情况，说明整理五帝史迹的必要性，从而反映了司马迁著作史书的求实精神。

太史公曰②：学者多称五帝，尚矣③。然《尚书》独载尧以来④，而百家言黄帝⑤，其文不雅驯⑥，荐绅先生难言之⑦。孔子所传《宰予问五帝德》及《帝系姓》⑧，儒者或不传。⑨余尝西至空峒⑩，北过涿鹿⑪，东渐于海⑫，南浮江淮矣，至长老皆各往往称黄帝、尧、舜之处⑬，风教固殊焉⑭。总之，不离古文者近是⑮。予观《春秋》、《国语》，其发明《五帝德》、《帝系姓》章矣⑯，顾弟弗深考⑰，其所表见皆不虚⑱。《书》缺有间矣⑲，其轶及时时见于他说⑳。非好学深思，心知其意，固难为浅见寡闻道也。余并论次㉑，择其言尤雅者，故著为本纪书首㉒。

①《史记》一百三十篇，每篇最后都以“太史公曰”的形式，对所记的历史人物或事件加以评论，一般称为赞。本篇就是《史记·五帝本纪》的赞，说明本篇史料的来源。五帝本纪，《史记》的第一篇，记述上古黄帝、颛顼、帝喾、尧、舜五帝的事迹。赞，文体名。

②太史公：司马迁的官名，用以自称。一说司马迁官太史令，非太史公，后人尊敬司马迁，故加称“公”。

③尚：古老，久远。

④“然《尚书》”句：《尚书》是我国第一部历史文献汇编，儒家经典之一，全书分“虞书”、“夏书”、“商书”、“周书”四部分。“虞书”、“夏书”是后人根据古代传闻编写的，并非为虞、夏时代的真正史料，比较可信的是“商书”、“周书”两部分。《尚书》的第一篇是《尧典》，没记尧以前的历史，故言“独载尧以来”。

⑤百家：指先秦时期除儒家以外的各家。

⑥雅驯：典雅不俗，合理正确。

⑦荐绅先生：士大夫。这里指有学问的人。荐绅，同搢绅。难言之：意谓难以说清楚。

⑧《宰予问五帝德》、《帝系姓》：《大戴礼记》和《孔子家语》中的篇名。

⑨“儒者”句：《大戴礼记》、《孔子家语》不是正式的儒家经典，有些儒者认为其中所记不是圣人之言，所以汉儒多不传授学习。

⑩空峒（tóng）：山名，也作崆峒，在今甘肃平凉西。

⑪涿鹿：山名，在今河北涿鹿南。

⑫渐：达到。

⑬长老：故老，年老多阅历的人。往往：常常。

⑭风教固殊：谓遗留在各地的风俗教化，显著不同。

⑮古文：指《古文尚书》。司马迁曾从孔安国学《尚书》（现流传的《古文尚书》是后人伪作）。近是：指接近于历史真实情况。

⑯发明：阐述，阐发。章：彰明，显著。

⑰顾弟：顾：但是。弟：通“第”，只是。

⑱表见：显示出来，能够看见。

⑲有间：指时间很久。

⑳轶：同佚，散失。他说：别的著作。

㉑论次：论定编排。

㉒书首：写在开头，即作为全书的第一篇。

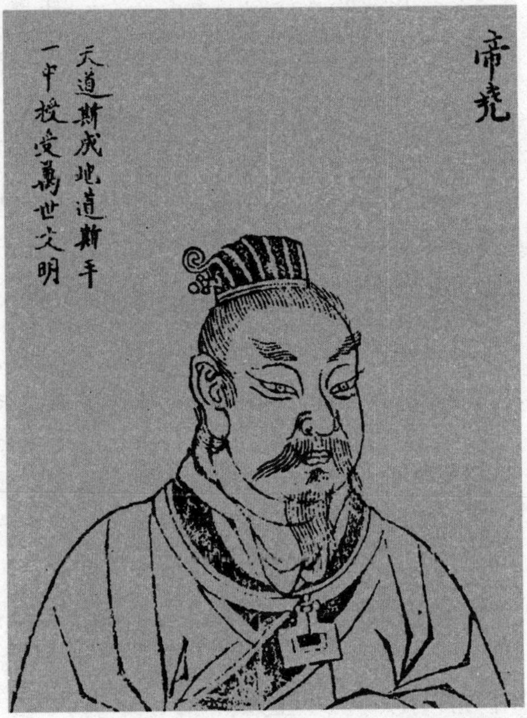

帝尧像，图出自明·天然《历代古人像赞》。在司马迁的《五帝本纪》中，尧是五帝之一。

【译文】

太史公曾经说：学者时常赞扬五帝，那已经是很长远的事情了。但是《尚书》只记载尧以来的历史，诸子百家谈及黄帝，言辞很不标准顺畅，因此士大夫们也都难以引证。孔子所著的《宰予问五帝德》和《帝系姓》，儒者们多不传授学习。我曾经西至空峒，北过涿鹿山，东边到了大海，南渡江淮；到那些时常称是黄帝、尧、舜去过的地方，各个地方的风俗炯然不同，大体说来，以不背离古文经使记载的说法相对接近史实。我看过《春秋》、《国语》，其中对《五帝德》和《帝系姓》的叙述较明显，只是没有深究，这些记载都是能够相信的。《尚书》残缺、脱漏，然而它散失的记载经常出现在别的著作中。假如不是好好深思，体会其中的意思，的确很难向见识肤浅孤陋寡闻的人阐述。我搜集了有关记录，加以编排，挑选那些言辞比较优雅的，著成《五帝本纪》，当作本纪的开篇。

项羽本纪赞

《史记》

【题解】

《史记》中的本纪是记载帝王事迹的，但司马迁把并未称帝的项羽列入本纪，是因为项羽在秦汉交替之际曾起过支配政局、号令天下的作用，事实上与帝王无异。这也反映了司马迁不以成败论英雄的卓越见识。赞文中肯定了项羽的历史功勋，也批评他刚愎自用、滥用武力的过错，褒贬公正，是非分明，笔力雄劲而感慨深沉。

太史公曰[1]：吾闻之周生曰“舜目盖重瞳子”，又闻项羽亦重瞳子。羽岂其苗裔邪[2]？何兴之暴[3]也！夫秦失其政，陈涉首难[4]，豪杰蜂起，相与并争，不可胜数。然羽非有尺寸[5]，乘势起陇亩之中，三年，遂将五诸侯灭秦，分裂天下而封王侯，政由羽出，号为“霸王”。位虽不终，近古以来[6]未尝有也。及羽背关怀楚[7]，放逐义帝而自立，怨王侯叛己，难矣。自矜功伐[8]，奋其私智而不师古，谓霸王之业欲以力征经营天下，五年卒亡其国，身死东城，尚不觉寤而不自责，过矣。乃引[9]“天亡我，非用兵之罪也”，岂不谬哉！

项羽像，图出自明·天然撰《历代古人像赞》。

①“太史公曰”四句：周生，周先生，名不详。盖，语首疑问词。重瞳，两个瞳仁。

②苗裔：代指子孙后代。

③暴：突然，迅速。

④“陈涉首难”四句：陈涉，即阵胜，秦末农民起义领袖。首难，首先起义。胜（shēng），尽。

⑤“然羽”四句：尺寸：尺寸之封地，比喻数量小。陇亩：田野，代指民间。五诸侯：指原来的齐、赵、韩、魏、燕五国。

⑥近古以来：指春秋、战国以来。

⑦“及羽”二句：背关怀楚，背弃关

中，怀念楚地，指项羽放弃秦地，还能彭城（今江苏省徐州市）而言。义帝，楚怀王的孙子熊心。秦二世二年，项梁立熊心为王，项羽分封诸王，表面上尊称熊心为义帝，而在定都彭城以后又派人把义帝杀害。

⑧“自矜功伐”十句：自矜功代，以功业自骄。师古，师法古人。谓，以为。东城，在今安徽省定远县东南。项羽于垓下突围后，逃至东城，又向南至乌江边自刎。寤，通“悟”。过，错误。

⑨引：援引，作为理由和根据。

【译文】

太史公说：我听周生说过：“虞舜的眼睛似乎是双瞳孔。”又听闻项羽的眼睛也是有两个瞳孔。难道项羽是舜的后代吗？为什么兴盛得那么快呢？秦朝的政治残虐，陈涉首先发难，起义反秦，当时的英雄豪杰纷纷响应，相互争夺天下，人数多得不计其数。但是项羽没有尺寸之地可作依靠，乘着当时的形势，从民间兴起，不过三年，就带领五国诸侯灭亡了秦朝，随后分割天下，封授王侯，所有政令都由项羽发布，自己称为西楚霸王。他的王位尽管没有坐到底，可是近古以来，还不曾有过像他这样的人物。等到项羽放弃关中，怀恋楚地，想东归定都彭城，放逐义帝而自立为王时，再抱怨五侯们叛离自己，这就难了。自我炫耀战功，逞自己一人的聪明，而不郊法古人，说霸王之业，要凭借武力征战，才能统治天下。结果过了五年，终于让自己的国家灭亡，自己死在东城，还没有醒悟，不肯责怪自己，这已经是大错了啊！却还以“这是上天要亡我，并不是我用兵的过失为借口”，岂不是谬论吗？

秦楚之际月表[1]

《史记》

【题解】

本篇是《秦楚之际月表》的序言，文中叙述了秦楚之际频繁急剧的形势变化，回顾了自汉以前历代开国之艰难，谈及秦朝为了巩固政权而做出的诸多措施，而后言说汉朝开国之易，盛赞这样的情形是大圣人（指汉高祖刘邦）应天顺时的结果。

太史公读秦楚之际，曰：初作难，发于陈涉；虐戾灭秦，自项氏[2]；拨乱诛暴，平定海内，卒践帝祚[3]，成于汉家。五年之间，号令三嬗[4]，自生民以来，未始有受命若斯之亟也[5]。

①《秦楚之际月表》：《史记》十表之一。秦楚之际指秦已失败，汉未建立，群雄逐鹿的年代。当时天下未定，参错变化，所以司马迁按月纪事。

②虐戾（lì）残暴，残酷。

③祚（zuò）：皇帝之位。

④五年：指公元前207年至公元前202年。　号令：发号施令。这里代指政权。　嬗（shàn扇）：同“禅”，传递，更换。三嬗指陈涉、项羽、汉高祖相继为天下共主。

⑤受命：指顺子承命的始兴之王。　亟（jí）：急。

昔虞、夏之兴，积善累功数十年，德洽百姓，摄行政事[6]，考之于天，然后在位。汤、武之王，乃由契、后稷，修仁行义十余世[7]，不期而会孟津八百诸侯[8]，犹以为未可；其后乃放弑[9]。秦起襄公[10]，章于文、穆[11]、献、孝之后[12]，稍以蚕食六国[13]；百有余载，至始皇乃能并冠带之伦[14]。以德若彼，用力如此[15]，盖一统若斯之难也。

⑥洽：润泽。　摄：代理。

⑦契：传说中的商族始祖。据《史记·殷本纪》载，自契至汤，传十四代，时间与夏朝相始终。　后稷：古代周族的始祖。神话传说，有邰氏之女姜嫄踏巨人脚迹，怀孕而生，因一度被弃，故名弃。善于种植粮食作物，曾在尧舜时代做农官，教民耕种，号曰后稷。据《史记·周本纪》载，从后稷到武王传十五代。

⑧孟津：古黄河渡口。在今河南孟津县东北、孟县西南。相传武王伐纣在这里盟会诸侯并渡河，故又名盟津。一说本作“盟津”，后讹作“孟津”。

⑨放弑（shì）：指商汤放逐夏桀，周武王杀商纣王。

⑩秦起襄公：襄公，秦襄公。秦在襄公时，因以兵救周，护送周平王东迁有功，被平王封为诸侯，赐给岐西之地。从此秦国的地位日益上升。

《两汉开国中兴传志》版画之“秦始皇即帝位”图

⑪章于文、缪：章，壮大，强盛文，秦文公，襄公子。缪（mù），即秦穆公。缪、穆二字，古相通。

⑫献、孝：指秦献公及其子秦孝公。

⑬蚕食：逐渐吞并。如蚕食桑叶，一口口咬掉。六国：指战国时期的齐、楚、燕、韩、赵、魏。

⑭冠带：官吏或士大夫的代称。伦：类，同类。

⑮以德：指虞、夏、商、周。　用力：指秦。

秦既称帝，患兵革不休，以有诸侯也，于是无尺土之封[16]，堕坏名城，销锋镝[17]，钼豪杰[18]，维万世之安[19]。然王迹之兴，起于闾巷[20]，合从讨伐，轶于三代[21]，乡秦之禁[22]，适足以资贤者为驱除难耳。故愤发其所为天下雄[23]，安在无土不王[24]？此乃传之所谓大圣乎！岂非天哉？岂非天哉？非大圣孰能当此受命而帝者乎！

⑯无尺土之封：秦废封建，置郡县，不封子弟功臣。

⑰销锋镝（dí）：销毁兵刃和箭头。

⑱钼：即“锄”。铲除。

⑲维：希望。

⑳闾巷：街巷。起于闾巷，指汉高祖刘邦原是个亭长。

㉑合从：即“合纵”。南北为从，故联合南北为合从。这里是泛指联合各地反秦军。　轶（yì）：本义为后车超过前车，引申为超越。

㉒乡秦之禁：指秦禁封诸侯的事。　乡（xiàng），繁体为“鄉”，通“嚮”（向）。过去，从前。

㉓“故愤发”句：指高祖愤发闾巷成就帝业。

㉔“无土不王”：没有疆土就不能称王。

【译文】

太史公浏览秦楚之际的史记时，说：率先发难反秦的，是陈涉；用武力手段灭秦的是项羽；整治乱世，诛灭凶残，稳定天下，最终登上帝位，获得成功的是汉家。五年之间，发号施令的人变更了三次，自从有人类以来，还未曾有过接受天命像这样迅速的。

以前虞舜、夏禹崛起，聚集数十年的功勋善业，恩惠润译百姓，代替天子，管理政务，通过上天考验，而后才登上帝位。商汤和周武王称王，是从契、后稷开始修行仁义十多代，周武王没有约定而八百诸侯在孟津结集，武王还觉得不行，到后来商汤才放逐夏桀，武王才诛杀商纣。秦国从襄公崛起，在文公、穆公时声名显赫，献公、孝公之后，逐渐地吞并六国，一百多年，到始皇时才能统一东方六国。像虞、夏、商、周那样推行仁义，像秦国那样运用暴力，原来统一天下是如此的艰难啊！

秦称帝之后，害怕战争不停止，觉得是有诸侯的原因，所以没有分封一尺土地给亲族功臣，拆除大城，销毁刀箭，铲除豪杰，想维持万代帝业的平安。然而王业却从里巷崛起，天下的力量联合征讨秦朝，超过夏、商、周三代。以前秦朝的禁令，正好可以帮助贤人，为他们扫清前进道路上的阻碍。因此发愤有为就能成为天下英雄，怎能说没有封地就不可以称王呢？这就是古书上所谓的大圣人吧？难道不是天意吗？除了大圣人还有谁能够在这时接受天命而称王呢？

高祖功臣侯年表

《史记》

【题解】

汉初时，跟随汉高祖刘邦征战的功臣中，有一百多人被封为侯。这篇年表便是记载这些功臣的经历和他们后代的情况的。司马迁在序中指出，这些受封赏的功臣及其后代之所以最终落得被诛或废黜的后果，其原因一方面是汉代法网日益严密；另一方面则是由于这些功臣的后代日益骄奢淫逸、无视国法。而后者是更为主要和直接的原因。

太史公曰：古者人臣功有五品，以德立宗庙、定社稷曰勋，以言曰劳，用力曰功，明其等①曰伐，积日②曰阅。封爵之誓曰："使河如带，泰山若厉③，国以永宁，爰及④苗裔。"始未尝不欲固其根本，而枝叶稍陵夷⑤衰微也。

①明其等：彰显其功劳的等级。
②积日：记其任职时间的长短。
③厉：通"砺"，磨刀石。
④爰（yuán）：句首语气词。
⑤陵夷：衰颓。

余读高祖侯功臣，察其首封，所以失之者，曰：异哉所闻！《书》曰"协和万国"，迁于夏、商，或数千岁。盖周封八百，幽、厉之后，见于《春秋》。《尚书》有唐、虞之侯伯，历三代千有余载，自全以蕃卫天子，岂非笃⑥于仁义、奉上法哉？汉兴，功臣受封者百有余人。天下初定，故大城名都散亡，户口可得而数者十二、三⑦，是以大侯不过万家，小者五六百户。后数世，

汉高祖刘邦像，图出自明・天然撰《历代人物像赞》。

民咸归乡里，户益息，萧、曹、绛、灌之属或至四万，小侯自倍⑧，富厚如之。子孙骄溢，忘其先，淫嬖⑨。至太初，百年之间，见侯五，余皆坐法陨命亡国，耗矣。罔⑩亦少密焉，然皆身无兢兢⑪于当世之禁云。

⑥笃（dǔ）：忠实，忠厚。
⑦十二三：十分之二三。
⑧倍：倍增。
⑨淫嬖（bì）：放纵，邪恶。
⑩罔：同“网”，法律。
⑪兢兢：谨慎的样子。

居今之世，志古之道，所以自镜也，未必尽同。帝王者各殊礼而异务，要以成功为统纪，岂可绲⑫乎？观所以得尊宠及所以废辱，亦当世得失之林也，何必旧闻？于是谨其终始，表见其文，颇有所不尽本末，著其明，疑者阙⑬之。后有君子，欲推而列之，得以览焉。

⑫绲（gǔn）：捆束，谓整齐划一。
⑬阙：通“缺”，使之空缺。

【译文】

太史公说：“古代臣民的功绩分为五等：以德创建基业、稳定社稷的叫作“勋”，用言语创立政权安邦的叫“劳”，用力创立政权稳定国家的叫“功”，区分功绩大小的称为“伐”，资历长的称为“阅”。封爵的誓词说：“即便黄河细得像衣带，泰山小得像磨刀石，封国也要永远安宁，传到后世子孙。”起初封国的时候，何尝没有想到坚固国家的根基呢，但他们的后代却逐渐的衰败了。

我阅览高祖封功臣的记录，考察开始受封到之后失势的情形。说：“这与我听说天差地别啊！”《尚书·尧典》说：“使万国协调和睦。”夏朝传到商朝，有几千年之久。周朝封了八百诸侯，幽王、厉王之后的诸侯，《春秋》都有记录。《尚书》记载唐尧、虞舜时的侯伯，经历了夏、商、周三代一千多年，还能保全自己护卫天子。难道不是由于坚守仁义，遵奉天子的法令吗？汉朝建立以后，受封的功臣有一百多人，当时天下刚刚平定，大城名都的人口逃离在外，剩下的户口统计只有十分之二三。所以大侯的封邑不超过一万户，小侯只有五六百户。几代之后，百姓陆续回到故乡，人口渐渐繁衍，萧何、曹参、周勃、灌婴等人的后代，有的封邑到四万户，小侯的封邑户口也比初封时增加了一倍，他们的财富相应增加。他们的子孙因此骄奢起来，忘记了祖先苦难。到武帝太初时百年间，依旧为侯的只有五人，其他都因为犯法而丧命亡国，全完了。法网也稍比先前严密了些，但主要还是他们自己没有严谨地遵循当今的法令。

生在当今社会，谨记古人的道理，用来当作借鉴，也不必和古人完全一样。历代帝王，有各自的礼法，关键是以成功为准则，哪能强求一致呢？察看列侯得宠幸及被废的缘故，也是当今应归纳的得失教训，何必一定要看过去的情况呢？所以我谨慎地记录废立的原委，用表格标出文字说明，其中本末不详的地方，材料清晰的就记录下来，还有困惑的就空着。今后有想进一步阐述的，能够用这个表格作借鉴。

孔子世家赞

《史记》

【题解】

孔子（公元前551－前479）名丘，字仲尼，鲁国陬邑（今山东曲阜）人。春秋末期政治家、思想家、教育家、儒家思想的创始人。《孔子世家》是《史记》三十篇世家之一，本文是这篇世家末尾的赞。全文从侧面烘托的方式，表达了自己对孔子的向往尊崇，也突出了孔子思想对后世的影响。

太史公曰：《诗》[1]有之，“高山仰止，景行行止[2]”。虽不能至，然心乡[3]往之。余读孔氏书[4]，想见其为人。适[5]鲁，观仲尼[6]庙堂、车服、礼器，诸生以时习礼其家，余低回留之，不能去云。天下君王至于贤人众矣，当时则荣，没[7]则已焉。孔子布衣[8]，传十余世，学者宗之。自天子王侯，中国言《六艺》[9]者折中[10]于夫子[11]，可谓至圣矣！

孔子像

①《诗》：即《诗经》。

②高山仰止，景行行止：见于《诗经·小雅·车》。景行，宽广的大道。

③乡：通“向”。

④孔氏书：指孔子的著作《论语》一书。

⑤适：到。

⑥仲尼：孔子名丘，字仲尼。

⑦没：通“殁”，死亡。

⑧布衣：平民。

⑨六艺：指《易》、《礼》、《乐》、《诗》、《书》、《春秋》，也称六经。

⑩折中：裁决，判断，取正。

⑪夫子：这里指孔子。

【译文】

太史公说：《诗经》中有过这样

的一句话：“品德如同山一般高尚，人们就会敬重他。行为如同大道般正大，人们就会跟从他。”我虽然不能达到这境界，但内心里对此是向往的。我读了孔子的遗著，也就可以想象他的为人。后来，我到了鲁国，进谒仲尼的庙堂，瞻仰了车子、衣服和祭祀用的礼器等遗物，又看到许多儒生按时到这里来学习礼仪，我就盘桓留恋，不愿离开。天下的人，君王直至历代贤人，也是非常多的了。他们在世时很显耀，死了之后就都完了。但是孔子仅是一个老百姓，他的学说却传遍了十几代，学者们都崇敬他。自天子王侯起，凡是钻研六经的人，都以孔子的理念学说为基准，真能够算是至高无上的圣贤了。

外戚① 世家序

《史记》

【题解】

本篇为《史记·外戚世家》的序言。外戚，指的是皇帝的后妃及后妃的亲族。《外戚世家》记述了汉高祖、文帝、景帝、武帝四朝的皇后（吕后列入“本纪”，不包括在内）、太后及其家庭的情况。

序文历述三代以来帝王的成败、国家的兴衰都与外戚有密切的关系，强调了帝王在选择后妃问题上不可不慎。全文引经据典，论述由具体而一般，再引出结论，入情入理，有很强的说服力。

自古受命帝王及继体守文之君②，非独内德茂也③，盖亦有外戚之助焉。夏之兴也以涂山④，而桀之放也以妺喜⑤；殷之兴也以有娀⑥，纣之杀也嬖妲己⑦；周之兴也以姜原及大任⑧，而幽王之禽也淫于褒姒⑨。故《易》基《乾》、《坤》⑩，《诗》始《关雎》⑪，《书》美厘降⑫，《春秋》讥不亲迎⑬。夫妇之际，人道之大伦也⑭。礼之用，唯婚姻为兢兢⑮。夫乐调⑯而四时和。阴阳之变⑰，万物之统⑱也，可不慎与⑲？人能弘道，无如命何⑳。甚哉，妃匹之爱⑨，君不能得之于臣，父不能得之于子，况卑下乎㉑！既驩合矣，或不能成子姓㉒；能成子姓矣，或不能要其终㉓，岂非命也哉？孔子罕称命，盖难言之也㉔。非通幽明㉕之变，恶能识乎性命哉㉖？

①外戚：后妃娘家亲属。

②“自古”句：继体，继承帝位。守文，遵守法度。

③“非独”句：非，并非。独，仅仅。内德，本人的品德。

④“夏之”句：兴，兴起。以，因为。涂山，夏禹娶涂山氏为妻。

⑤“而桀”句：桀，夏桀，夏的末代昏君。放，被流放。妺（mò）喜，桀的宠姬。

⑥“殷之”句：殷，即商。有娀（sōng）松，商的始祖契（xiè）之母为有娀氏之女。

⑦“纣（zhòu）之”句：纣，商纣王。杀，被杀。嬖（bì），宠爱。妲己，纣王的宠姬。

⑧“周之”句：帝喾（kù）的元妃姜原生了后稷（jì）。后稷是周的始祖。大任：即太任，是周文王的母亲。

⑨“而幽王”句：幽王，西周的末代昏君。禽，通“擒”，被擒。淫，淫乐。褒姒，幽王的宠姬。

⑩“故《易》”句：意为《易经》的开头就是《乾》卦和《坤》卦。乾，象征天、阳、男等等。坤，象征地、阴、女等等。

⑪《诗》始《关雎（jū）》：《诗经》的首篇就是（歌颂后妃之德的）《关雎》。《关雎》本是爱情民歌，但汉儒及后来的儒生皆牵强地解释成歌颂后妃之德。

⑫《书》美厘降：《书》，即《尚书》。厘降，下嫁，指尧将二女下嫁舜的事。

⑬“《春秋》”句：讥，讥刺。不亲迎，指《春秋》记鲁隐公二年纪侯娶鲁女没有亲自迎接的事。

⑭“夫妇”二句：之际，之间的关系。人道，人类道义。大伦，最重要的伦常。指夫妇为五伦之一。

⑮“礼之用”二句：用，应用。兢兢，最应该慎重。

⑯乐调：音乐和谐。

⑰阴阳之变：阴阳的种种变化。古人用阴阳五行的理论来解释自然和社会的一切变化。

⑱统：纲领。

⑲可不慎与：可不，能不。与，同“欤”，语气词。

⑳无如命何：对于命运却是无可奈何。

㉑“甚哉”五句：甚哉，太难说了。妃匹，夫妇。妃，配。况，何况。卑下，下民。

娥皇、女英像，图出自《百美新咏》。娥皇、女英是帝尧的女儿，尧将她们嫁给舜。

㉒“既欢合”二句：既，已经。欢合，指结婚成了夫妻。或，有的。成子姓，生育子女。

㉓要其终：得到善终。

㉔“孔子”二句：《论语·子罕》曰，“子罕言利与命与仁。”命，命运。盖，实在是因为。

㉕幽明：幽，幽昧。明，明显。

㉖“恶（wū）能”句：恶，怎么。性，人性。命，命运。

【译文】

从古到今，那些可以秉承天命的开国帝王和那些传承帝统、遵循成文的君主，不仅是由于他们的品德高尚，而且还由于他们得到了外戚的辅佐。夏朝的崛起，是与涂山氏分不开的；而夏桀遭到流放，是与妹喜分不开的。商朝的崛起，是与有娀氏分不开的；而纣王被周诛杀，是与宠幸妲己分不开的。周朝的兴起，是与姜原和太任分不开的；而幽王被诸侯掳获，是与过分溺爱褒姒分不开的。因此，《易经》以《乾》、《坤》二封为基础，《诗经》以《关雎》一篇为篇首，《书经》赞颂帝尧下嫁二女的故事，《春秋》讽刺不亲自迎娶的失礼行为。由此可见，夫妇关系，是人们社会道德规范中的伦常大道。礼的应用，惟独在婚姻方面特别慎重。大凡音乐如果能调理得协调了，四时节令便会相应地协调起来。阴阳变化，乃是万物生化的本源，怎么能够不慎重地对待呢？作为人，尽管能够宏扬大道，但是对天命却往往无可奈何。看来夫妇之爱是太重要了，这种爱，君主不能从臣子那儿得到，父亲不能从儿子那儿得到，何况处于低贱地位的人，就更是像这样了。男女欢合以后，可能还不能孕育成子孙后代；即便可以孕育成子孙后代，可能还不能够得其善终；难道这不就正是天命支配的结果吗？孔子很少谈及天命，可能是由于很难把天命讲清楚的原因吧。如果不通晓阴阳变化，又怎么能明白人的本质和天命呢？

伯夷列传

《史记》

【题解】

本篇是《史记》七十列传的第一篇，简略地记述了伯夷、叔齐的事迹，并加以赞颂。本文有独特的风格，它不像一般的列传那样着重叙事，而是以抒情议论为主，用孔子等人的言论为线索，用许由、务光、颜渊等的事迹为陪衬，杂引经传，纵横变化，淋漓尽致地抒发了司马迁对不合理的社会现象的愤恨不平的感情。特别是借善人、恶人的不同遭遇，表示了对“天道”的怀疑，这都是有所感而发的。

夫学者载籍极博[①]，犹考信于六艺[②]。《诗》、《书》虽缺[③]，然虞、夏之文可知也[④]。尧将逊位[⑤]，让于虞舜，舜、禹之间，岳牧咸荐[⑥]，乃试之于位，典职数十年[⑦]，功用既兴，然后授政，示天下重器[⑧]。王者大统，传天下若斯之难也。而说者曰，尧让天下于许由[⑨]，许由不受，耻之逃隐。及夏之时，有卞随、务光者[⑩]。此何以称焉[⑪]？太史公曰：余登箕山，其上盖有许由冢云[⑫]。孔子序列古之仁圣贤人，如吴太伯、伯夷之伦详矣[⑬]。余以所闻由、光义至高，其文辞不少概见，何哉？

尧时的名士许由像，图出自清·任熊绘《高士传》。传说尧曾让天下于许由，被许由拒绝。

①载籍：书籍。

②考信：考证其可信性。 六艺：又称六经，指《诗》、《书》、《礼》、《乐》、《易》、《春秋》。

③《诗》：指《诗经》。 《书》：指《尚书》。缺：指散佚、缺失。

④虞：虞舜。 夏：夏禹。《尚书》

保留了有关虞舜、以及夏朝的文献材料。

⑤逊位：让位、禅让，原始社会的首领轮换制度。

⑥岳牧：四岳和九牧。四岳，尧舜时期掌管周边部落的四位首领。九牧，九州之长。 咸：全部、都。 荐：推荐。

⑦典职：主持具体事务，担当一定职责。

⑧示：出示。 重器：指象征国家权力的宝物，如鼎等。

⑨许由：传说为上古隐士。 尧要以天下相让，许由不肯接受，逃到颍水一带继续隐居。

⑩卞随：夏朝末期人，相传夏桀要把天下让给他，卞随拒绝，投水而死。 务光：夏、商之际的隐士。相传商汤对他以天下相让，务光逃走隐居起来。

⑪称：称颂、赞扬。

⑫太史公：这里指司马迁，西汉武帝时曾任太史令。箕（jī）山：在今河南登封南。冢（zhǒng）：坟墓。

⑬吴太伯：周族先祖古公亶父的长子，让位于其弟季历，自己逃到吴地，成为吴国的开创者。季历是周文王之父。

孔子曰："伯夷、叔齐，不念旧恶，怨是用希⑭。""求仁得仁，又何怨乎⑮？"余悲伯夷之意，睹轶诗可异焉⑯。其传曰：伯夷、叔齐，孤竹君之二子也⑰。父欲立叔齐，及父卒，叔齐让伯夷。伯夷曰："父命也。"遂逃去。叔齐亦不肯立而逃之。国人立其中子。于是伯夷、叔齐闻西伯昌善养老⑱，"盍往归焉⑲！"及至，西伯卒，武王载木主⑳，号为文王，东伐纣㉑。伯夷、叔齐叩马而谏曰："父死不葬，爰及干戈㉒，可谓孝乎？以臣弑君，可谓仁乎？"左右欲兵之，太公曰㉓："此义人也。"扶而去之。武王已平殷乱，天下宗周，而伯夷、叔齐耻之，义不食周粟，隐于首阳山㉔，采薇而食之㉕。及饿且死，作歌。其辞曰："登彼西山兮，采其薇矣。以暴易暴兮，不知其非矣。神农、虞、夏忽焉没兮㉖，我安适归矣？于嗟徂兮㉗，命之衰矣！"遂饿死于首阳山。由此观之，怨邪非邪？

⑭怨是用希：很少有人怨恨。引语见《论语·公冶长》。

⑮引语见《论语·述而》。

⑯轶（yì）诗：指下文的《采薇歌》，不见于《诗经》，故称轶诗。 轶，通"佚"，散失。

⑰孤竹：商代国名，其地在今河北卢龙。

⑱西伯昌：指周文王姬昌。他当时是西方诸侯的首领，故称西伯。

⑲盍（hé）：何不。往：前往。 归：归附、投奔。

⑳木主：为死者立的木制牌位。

㉑纣（zhòu）：商纣王，商朝最后一位君主，又称帝辛。

㉒爰（yuán）：乃，竟然。干戈：指战争。

㉓太公：指姜太公，字子牙，又名吕尚，称太公望。辅佐武王伐商有功，封于齐地。

㉔首阳山：在今山西永济南。

㉕薇（wēi）：多年生草本植物，是一种野菜，可食。

㉖神农：神农氏，传说中的远古部落首领。忽：绝灭。

㉗于嗟：即“吁嗟”，感叹之词。徂（cú）：通“殂”，殂落，指死亡。

或曰：“天道无亲，常与善人[28]”。若伯夷、叔齐，可谓善人者非邪？积仁絜行如此而饿死！且七十子之徒，仲尼独荐颜渊为好学[29]。然回也屡空，糟糠不厌，而卒蚤夭。天之报施善人，其何如哉？盗跖日杀不辜[30]，肝人之肉，暴戾恣睢[31]，聚党数千人，横行天下，竟以寿终，是遵何德哉？此其尤大彰明较著者也。若至近世，操行不轨，专犯忌讳，而终身逸乐，富厚累世不绝；或择地而蹈之，时然后出言，行不由径，非公正不发愤，而遇祸灾者，不可胜数也[32]。余甚惑焉，傥所谓天道，是邪非邪？

伯夷像，图出自清·顾沅《古圣贤像传略》。

㉘或曰：指社会上流传的一种说法。与：帮助、赞助。
㉙仲尼：孔子的字。颜渊：名回，孔子的弟子，孔子对他非常欣赏。
㉚盗跖：春秋时的起义领袖、历史上被诬为大盗。　不辜：无辜，无罪之人。
㉛恣睢（suī）：放纵、肆无忌惮。
㉜胜（shēng）数：尽数，全都数出来。

子曰[33]：“道不同，不相为谋。”亦各从其志也。故曰：“富贵如可求，虽执鞭[34]之士，吾亦为之。如不可求，从吾所好。”“岁寒，然后知松柏之后凋。”举世混浊，清士乃见[35]。岂以其重若彼，其轻若此哉？

㉝子：指孔子。下面引语见《论语·卫灵公》。
㉞虽：即使。执鞭：持鞭驾车，指干低贱的事情。
㉟清士：高洁的人。见（xiàn）：同“现”，显现。

“君子疾没世而名不称焉[36]。贾子曰[37]：“贪夫徇财，烈士徇名，夸者死权，众庶冯生[38]。”同明相照，同类相求[39]。“云从龙，风从虎，圣人作而万物睹[40]。”伯夷、叔齐虽贤，得夫子而名益彰；颜渊虽笃学，附骥尾而行益显。岩穴之士[41]，趋舍有时[42]，若此类名堙灭而不称[43]，悲夫！闾巷之人，欲砥行立名者[44]，非附青云之士[45]，恶能施于后世哉[46]！

㊱见《论语·卫灵公》。

㊲贾子：指西汉初年文学家贾谊。

㊳见《鹏鸟赋》，贾谊所作。

㊴这两句是从《周易·乾·文言》的“同声相应，同气相求”脱胎而来。

㊵见《周易·乾·文言》。

㊶骥尾：骏马的尾巴。这里指孔子背后。岩穴之士：谓隐士。

㊷趋舍有时：进退有一定的时节。

㊸堙（yīn）灭：埋没，隐没。

㊹闾巷：街巷，指平民居住的地方。　砥（dǐ）行：修养品行。砥，磨刀石，这里作动词，磨练之义。

㊺青云之士：指立德立言高尚的人。

㊻恶（wū）：何，怎么。　施（yì）：延续。

【译文】

学者们阅览的书很多，然而还是要以六艺来考察它的可信性。《诗经》、《尚书》尽管都有些缺漏，但是从其中有关虞舜、夏禹的几篇文章中，我们仍旧能够明白他们的一些情况。尧将要退位时，准备把帝位禅让给舜。舜和禹在即位之前，四岳、九牧都推荐了他们，让他们在帝王的位置上试行执政，主持政务几十年，有了显著的功绩以后，才正式授予帝王之位。这表明主持天下政务是极其尊贵重要的，帝王是最大的统治者，因此传让天下是这样的谨慎。可是有人居然说：“尧曾把天下让给许由，许由不接受，认为羞耻，逃走隐居去了。到夏朝时，又显现了卞随、务光等人逃走隐居的事。”这是依据什么说的呢？太史公说：我登上箕山，上面原来有许由的坟墓。孔子阐述古代的仁人、圣人、贤人，如吴太伯、伯夷之类，是很详尽的。我所听到的许由、务光两人的行为是非常高尚的，然而在孔子编修的书中，有关他们的简要记录却见不到，这是什么原因呢？

孔子说：“伯夷、叔齐不记旧怨，所以埋怨他们的人很少。”“求仁而获得的正是仁，有什么可埋怨的呢？”我对伯夷、叔齐的意愿感到悲哀，看到他们遗散的诗的内容与他们无怨恨的传记是不一样的。他们的传记说：伯夷、叔齐是孤竹国国君

《武王伐纣书》版画之武王伐纣图

的两个儿子。父亲想让叔齐继位。到父亲死后，叔齐要让位给伯夷。伯夷说：“这是父亲的遗命。”于是逃出了孤竹国。叔齐仍旧不肯继位，也逃走了。国中的人就立了孤竹君第三个儿子为国君。这时伯夷、叔齐听闻西伯姬昌能很好地侍奉老人，说：“何不去投奔他呢？”当到了周地，西伯已经死了。周武王用车子载着西伯的木牌位，称西伯为文王，往东去征伐商纣王。见到周武王，伯夷、叔齐扣住他的马头劝谏说：“父亲死了不下葬，居然大动刀枪，能说是孝吗？身为纣王的臣子要去杀君主，能叫做仁吗？”武王周围的人想要杀掉他两人，姜太公说：“这两位是有节义的人！”扶起他们，放他们走了。武王平定商纣王之乱后，天下都归顺周朝，可是伯夷、叔齐认为这很羞耻，坚持他们的节义，不吃周朝的粮食，隐居在首阳山，靠采食野菜为生。等到他两人饿得快死时，作了一首歌，歌词说：“登上那西山啊，采挖山上的薇菜。用暴虐去代替暴虐啊，还不知道自己的错误。神农、虞舜、夏禹的时代已匆匆消逝啊，我们到哪里去寻找归宿？唉呀，我们的死期快到啊，命运注定我们即将衰亡！”他们就这样饿死在首阳山，从此看来，他们是有怨恨呢？或是没有怨恨呢？

有人说：“上天对人没有偏袒，经常帮助善人。”像伯夷、叔齐可算作善人，还是不算作善人呢？积累仁德、品行高洁的人，居然这样饿死了！还有在那七十二弟子之中，孔子唯独推举颜渊是最好学的。但是颜渊也时常空无所有，连糟糠都吃不饱，最终过早地死了。上天对善人的报酬，又怎样呢？盗跖天天残害无辜的人，吃人的心肝，残暴凶恶，聚集党徒数千人，横行天下，居然得以寿终。这又是遵从了什么样的仁德？这是一个非常显明较著的例子。至于到了近代，有的人操守不合规范，干着违法的事，却一生安逸快乐，财产丰富，世代不断。有的人走路先要挑选好地方才落脚，说话要等到适宜的时候才开口，不走歪门邪道，不发愤去干不公正的事，而这些人中受灾害的，多得不计其数。对此，我感到不解。假如确有人们所谓的天理，那么它是对的呢，还是错误的呢？

孔子说：“主张不同的人，不能彼此筹划事情。”这就是指各人依照自身的意愿去做。因此《论语》中说：“富贵假如能够求得，尽管做一个执鞭的仆人，我也肯干：假如不能求得，那就依照我所喜欢的去做。”“到了一年的寒冷季节，才明白松柏最后凋谢。”世上的人都混浊了，廉洁的人就会显露出来。难道这是由于庸俗的人对富贵看得重，而廉洁的人对富贵看得轻吗？《论语》中又说：“君子所怨恨的是他死后自己的声誉不为人们称赞。”贾谊说：“贪利的人为财而死，英烈的人为名献身，炫耀权势的人死于争权，普通的百姓只求生存。”同是发光的物体就会相互映照，同属一类的事物就会相互应求。“云跟着龙，风跟着虎，圣人出现了，万物就会随之兴盛。”伯夷、叔齐虽是贤人，要得到孔子的赞颂，声誉才更加彰明；颜渊虽然专心好学，要跟随孔子之后，才声名显赫。山林隐士，出名或者被埋没，都凭时运，像这一类人声名湮灭而不被人称道，真是悲哀！一般人要想培养德行树立名望，不倚仗德高望重的人，怎么能留芳百世呢？

管晏列传

《史记》

【题解】

本篇是春秋时期齐国两位名相管仲、晏婴的合传。文中除了记叙管仲、晏婴二人的事迹之外，还着重叙述了鲍叔知人让贤以及晏婴赎贤、荐贤的事迹。司马迁在文中赞美管仲、晏婴二人的品德，实际是自叹不遇解骖赎罪的知己。通篇以“知己”立论，上下篇有内在联系，前后贯通，浑然一体。

管仲夷吾者，颍上人也①。少时常与鲍叔牙游②，鲍叔知其贤。管仲贫困，常欺鲍叔，鲍叔终善遇之，不以为言。已而鲍叔事齐公子小白③，管仲事公子纠④。及小白立为桓公，公子纠死，管仲囚焉。鲍叔遂进管仲。管仲既用，任政于齐，齐桓公以霸，九合诸侯⑤，一匡天下⑥，管仲之谋也。

①颍上：在今安徽颍上一带。

②鲍叔牙：春秋时齐国大夫。

③公子小白：即后来的齐桓公，名小白，齐襄公之弟。前685年到前643年在位。

④公子纠：齐襄公之弟。襄公被杀后，与小白争夺君位，失败后被杀。

⑤合：会集。

⑥匡：正。

管仲像，图出自清·顾沅辑《古圣贤像传略》。管仲是春秋时期政治家。

管仲曰⑦：“吾始困时，尝与鲍叔贾⑧，分财利多自与，鲍叔不以我为贪，知我贫也。吾尝为鲍叔谋事而更穷困，鲍叔不以我为愚，知时有利不利也。吾尝三仕三见逐于君，鲍叔不以我为不肖，知我不遭时也。吾尝三战三走，鲍叔不以我为怯，知我有老母也。公子纠败，召忽死之⑨，吾幽囚受辱，鲍叔不以我为无耻，知我不羞小节而耻功名不显于天下也。生我者父母，知我者鲍子也。”

⑦管仲曰：下文引自《列子·力命篇》。

⑧贾（gǔ）：坐地经商。

⑨召（shào）忽：齐人，与管仲同事公子纠。纠死，召忽自杀。死之：因公子纠被杀而自杀。

鲍叔既进管仲，以身下之⑩，子孙世禄于齐，有封邑者十余世，常为名大夫。天下不多管仲之贤而多鲍叔能知人也⑪。

⑩以身下之：位居管仲之下。

⑪多：赞扬。

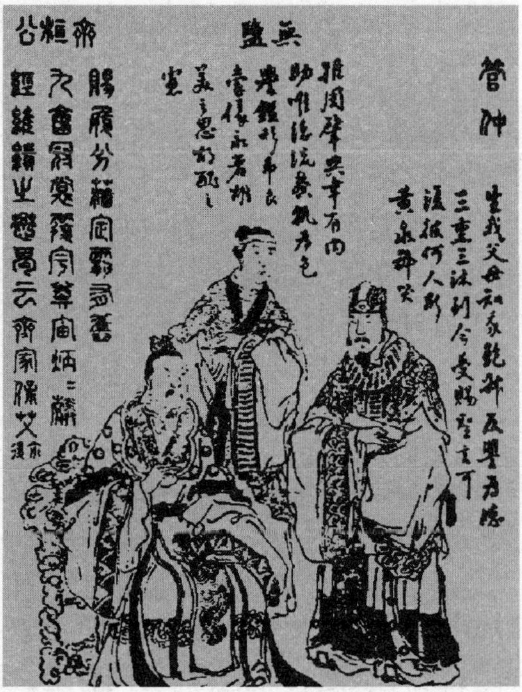

管仲、齐桓公像

管仲既任政相齐，以区区之齐在海滨，通货积财⑫，富国强兵，与俗同好恶。故其称曰⑬：“仓廪实而知礼节，衣食足而知荣辱，上服度则六亲固⑭。”“四维不张⑮，国乃灭亡。”“下令如流水之源⑯，令顺民心。”故论卑而易行⑰。俗之所欲，因而予之；俗之所否，因而去之。其为政也，善因祸而为福，转败而为功。贵轻重，慎权衡。桓公实怒少姬，南袭蔡⑱，管仲因而伐楚，责包茅不入贡于周室⑲。桓公实北征山戎⑳，而管仲因而令燕修召公之政㉑。于柯之会，桓公欲背曹沫之约，管仲因而信之，诸侯由是归齐㉒。故曰：“知与之为取，政之宝也。”

⑫通货：交换商货。

⑬其称曰：下文三句引自《管子·牧民篇》，但与今本《管子》稍有出入。

⑭服度：遵礼守法。六亲：泛指内亲外戚。

⑮四维：指礼、义、廉、耻。维，纲纪。

⑯原：通“源”，源泉。

⑰论卑：政论卑下、浅近。

⑱“桓公”二句：齐桓公二十九年（前657），桓公与夫人少姬戏于船中，少姬因晃荡船只，惊吓了桓公，桓公怒，将少姬送回蔡国。后蔡国将少姬另嫁，桓公恼怒，遂于三十九前（前646）伐蔡。少姬，桓公最年轻的姬妾，姓蔡。蔡，国名，在今河南上蔡、安徽凤台一带。

⑲“责包茅”句：事详见本书《齐桓公伐楚盟屈完》。包茅，古代祭祀时，用裹束着的青茅滤酒渣，故称此青茅为包茅。

⑳北征山戎：齐桓公二十三年（前663）山戎伐燕，齐桓公救燕而伐山戎。山戎，古族名，又称北戎，春秋时分布在河北北部一带。

㉑召（shào 绍）公：又称邵公、召康公，名奭，燕国始祖。周武王死后，与周公旦共辅成王，政绩卓著。

㉒“于柯”四句：齐桓公五年（前681），桓公与鲁庄公会盟于柯。鲁人曹沫以匕首挟持桓公，以逼其退还侵占的鲁地，桓公答允。不久，桓公又欲背约，管仲劝他践约，于是归还鲁地。柯，地名，今山东东阿县西南。曹沫，即曹刿，春秋时鲁国人。

管仲富拟于公室，有三归、反坫㉓，齐人不以为侈。管仲卒，齐国遵其政，常强于诸侯。

后百余年而有晏子焉。

㉓三归：说法不一。一说为台名，为管仲所筑。见刘向《说苑·善说》。一说为娶三姓女。《战国策·东周》：“管仲故为三归之家。”注：“妇人谓嫁曰归。”一说指市租常例之归之公者，语出《管子·山至数》：“则民之三有归于上矣。”反坫（diàn 店）：反爵之坫。坫即放置酒杯的土台，在两楹之间。互相敬酒后，把空爵反置在坫上，为周时诸侯宴会之礼。管仲是大夫，按理不得享有反坫。

晏平仲婴者，莱之夷维人也㉔。事齐灵公、庄公、景公㉕，以节俭力行重于齐㉖。既相齐，食不重肉㉗，妾不衣帛。其在朝，君语及之，即危言㉘；语不及之，即危行㉙。国有道，即顺命；无道，即衡命。以此三世显名于诸侯㉚。

㉔莱：古国名，前567年为齐所灭。夷维：今山东高密。

㉕齐灵公：名环，前581年至前554年在位。庄公：即齐庄公，名光，前553年至前548年在位。景公：即齐景公，名杵臼，前547年至前490年在位。

㉖力行：尽力而为。

㉗重（chóng）肉：两道肉食、荤菜。

㉘危言：直言。

㉙危行：正直的行为。

㉚三世：指齐灵公、庄公、景公。

越石父贤㉛，在缧绁中㉜。晏子出，遭之途㉝，解左骖赎之㉞，载归。弗谢，入闺㉟，久之。越石父请绝。晏子戄然㊱，摄衣冠谢曰㊲：“婴虽不仁，免子于厄，何子求绝之速也？”石父曰：“不然。吾闻君子诎于不知己而信于知己者㊳。方吾在缧绁中，彼不知我也。夫子既已感寤而赎我㊴，是知己；知己而无礼，固不如在缧绁之中。”晏子于是延入为上客。

㉛越石父：齐国贤人。

㉜缧绁（léi xiè）：拘系犯人的绳索。这里指管制。

㉝途：同“涂”。

㉞骖（cān）：一车套三马，两旁的马叫“骖”。

㉟闺：内室。

㊱戄（jué）然：惊异之相。

㊲摄：提，整理。

㊳诎（qū 区）：同“屈”，委屈。信：同“伸”，伸展。
㊴感寤：即“感悟”。此意为理解。

晏子为齐相，出，其御之妻从门间而窥其夫[40]。其夫为相御，拥大盖[41]，策驷马[42]，意气扬扬，甚自得也。既而归，其妻请去。夫问其故，妻曰：“晏子长不满六尺，身相齐国，名显诸侯。今者妾观其出，志念深矣[43]，常有以自下者。今子长八尺，乃为人仆御，然子之意自以为足，妾是以求去也。”其后夫自抑损[44]。晏子怪而问之，御以实对。晏子荐以为大夫。

㊵御：驾驶车马。这里指驾车的人。
㊶盖：车盖，车上遮阳挡雨的大伞。
㊷驷马：拉同一辆车的四匹马。
㊸志念：思虑。
㊹抑损：谦卑，不自满。

太史公曰：吾读管氏《牧民》、《山高》、《乘马》、《轻重》、《九府》[45]及《晏子春秋》[46]，详哉其言之也。既见其著书，欲观其行事，故次其传[47]。至其书，世多有之，是以不论，论其轶事。管仲世所谓贤臣，然孔子小之[48]。岂以为周道衰微，桓公既贤，而不勉之至王，乃称霸哉？语曰：“将顺其美，匡救其恶，故上下能相亲也[49]。”岂管仲之谓乎？方晏子伏庄公尸哭之，成礼然后去[50]，岂所谓“见义不为，无勇”者邪[51]？至其谏说，犯君之颜，此所谓“进思尽忠，退思补过”者哉[52]！假令晏子而在，余虽为之执鞭[53]，所忻慕焉。

㊺《牧民》、《山高》、《乘马》、《轻重》、《九府》：均为《管子》一书中的篇名。《管子》为后人托管仲之名的战国时齐国管子学派的著作。
㊻《晏子春秋》：书名，旧题晏婴撰，实系后人依托并采缀晏婴言行而作。
㊼次：编次。
㊽孔子小之：孔子小看管仲。《论语·八佾》：“管仲之器小哉！”小，小看。
㊾“语曰”三句：引自《孝经·事君》。

汉画像砖“齐景公问于晏子”图

㊿“方晏子”二句：事详见本书《晏子不死君难》一文。

51见义不为无勇：引自《论语·为政篇》。

52“进思”二句：引自《孝经·事君》。进，指出仕。退，指在野。

53执鞭：持鞭驾车。表示对别人的敬仰。

【译文】

管仲，名为夷吾，是颍上人。年轻经常与鲍叔牙来往，鲍叔很清楚他的才能。管仲家境贫寒，时常占鲍叔的便宜，鲍叔一直对他很好，不说他的坏话。后来，鲍叔侍奉齐国公子小白，管仲服侍公子纠。等到小白即位为桓公，公子纠死了，管仲也被拘禁。鲍叔于是向桓公推举管仲。管仲受到重用以后，在齐国执政，齐桓公凭借他成就了伟业，九次主盟集合诸侯，使天下获得匡正，这全都是管仲的谋划啊。

管仲说：“原来我穷困时，曾经和鲍叔一起做生意，分财利时我多给自己留下一些，鲍叔不认为我贪婪，他明白我穷啊。我曾经为鲍叔筹划些事而越发贫困，而鲍叔不认为我愚笨，我知道时运有时有利，也有时不利的原因。我曾经三次做官三次被国君赶走，鲍叔不认为我没出息，他明白我机遇不好啊。我曾经三次参战三次逃跑，鲍叔不认为我怯弱，知道我还有老母在堂啊。公子纠失败，召忽死了，我却在被囚受辱中活下来了，鲍叔不认为我不识羞耻，他清楚我不以小节为羞，而以功绩声名不能显耀于天下为耻啊。生我的是父母，而了解我的是鲍叔啊。”鲍叔举荐了管仲以后，使自己地位屈居于管仲之下。他的子孙享受齐国俸禄有封地的延续了十多代，经常成为有声望的大夫。因此，天下人不怎么赞颂管仲的才能，而非常称赞鲍叔的擅长识别能才。

管仲在齐国担当宰相执管政事以后，凭借这地处海滨的小小齐国，流通货物，积蓄财富，富国强兵。同百姓同喜恶，因此他自己称述说：“仓库充实，人民讲礼仪；衣食富足，人民知荣辱。在上的遵纪守法，父母兄弟妻子才能和睦。礼、义、廉、耻不发扬，国家必定要灭亡。如同水从源头流起自自然然，政令符合民心就没有麻烦。”因此，道理显而易见，而政策容易实施。民情所期盼的，就尽力实现；民情所否定的，就努力取谛。管仲的政治策略，擅长因祸得福，转败为功：尤其重视经济措施，慎重地权衡利憋。齐桓公事实上是由于怨恨少姬之事而兴师南攻蔡国，管仲却趁机攻打楚国，遣责包茅不向周室进贡，表示齐国多么关注周天子的威权。齐桓公事实上是要兴兵北伐山戎，管仲却趁机教训燕国，要他们重整召公的政绩，表示齐国多么敬重周王朝的先贤。在柯地会盟后，桓公又想违反曹沫之约，管仲却趁机履行条约，树立齐国的威信。诸侯因此归顺齐国。因此说：“懂得给予就是索取，是政治操作的法宝。”

管仲的富裕比得上国君，他收取很多的租税，住处有诸侯的设施，但齐国人不认为他奢华。管仲过世后，齐国遵照他的治国之道，在诸侯中常常处于强势。在他之后一百多年，又出了个晏子。

晏婴，字平仲，是古莱国的夷维人。他服侍齐灵公、庄公、景公三朝，生活检朴，做事踏实肯干，得到齐国人的尊重。成为齐相以后，饮食不同时准备两样肉食，侍妾不穿丝帛衣服。他在朝廷上，国君有话问他，就正直地回答；国君无话问

《春秋五霸七雄列国志传》版画之管仲“长叹而卒”图，描绘了管仲去世时的情景。管仲，春秋时齐桓公宰相，助齐桓公成就霸业，但为人奢侈，故汲黯说“管仲相齐，有三归，侈拟于君，桓公以霸，亦上僭于君。”

他，就正直地做事。国家政治清明，就老老实实执行命令；国家政治昏暗，就考虑利弊严谨办事。倚靠着这些品德，他在灵公、庄公、景公三代都扬名诸侯。

越石父是一个贤人，但是被囚禁了。晏子出门，在路上遇到他，解下左边的骖马赎了他的罪，同他一起坐车回家。晏子没有礼让，就走入内室，良久不出来，越石父恳求断交。晏子吃了一惊，整肃衣冠表示道歉，说：“我尽管称不上仁德，总算了解除了您的厄运，您怎么这么快就要求断交呢？”石父说：“不是。我听说，君子在不知心的人那里受到委屈，在知心朋友那里得以伸展。当我被囚受辱时，他们并不理解我。您既然清楚我的冤屈而救出了我，就应该算是知己了；但知心人对我无礼，当然不如被关起来。”所以，晏子请他进来，奉为上宾。

晏子担任齐国宰相后，有一次出行，他车夫的妻子从门隙里窥看她的丈夫。她丈夫为宰相驾车，身边张着伞盖，鞭策四匹高头大马，意气风发，心里很得意。事后车夫回家，妻子就要求离他而去。丈夫问她为了什么，妻子说：“晏子身长不满六尺，却是齐国的宰相，名扬诸侯。现在我看他出门，意念深远，神情深沉，常有自居人下的心思。但您身长八尺，却跟从他人当了车夫，而您的神态却是一副自满自足的样子，所以，我想走了。”从那之后，做丈夫的就收敛多了。晏子感到诧异，问他怎么回事，车夫照实地作了回答。晏子举荐他做了大夫。

太史公说：我阅览了管子的《牧民》、《山高》、《乘马》、轻重》、《九府》和《晏子春秋》，思想言论都记叙得很详尽。看了他们所著的书，更想考察他们的作为，因此编写了他们的传记。他们的书世上流传很广泛，所以不再评论，只论及他们的轶事。

管仲是世人常提起的贤臣，然而孔子却鄙视他。这难道是因为周王室衰败了，齐桓公既然贤能，而管仲没有激励他更进一步地去促成王道大业，只是成就了霸业吗？有句话说：“随顺发展趋势而促成君主的美德，补救君主的过错，因此君臣上下能相亲。”指的就是管仲吧？

晏子爬在齐庄公尸体上痛哭流涕，尽到为臣之礼就离开了，莫非他是人们常说的“见义不为是懦夫”的那种人吗？至于他直言进谏，敢于当面冒犯国君，这就是人们常说的“在位时要想到对国君尽忠，退下来要想到自己补过”的那种人吧！如果晏子如今还活着，我即便给他执鞭服役，也是非常仰慕的事。

屈原列传

《史记》

【题解】

本篇是节选《史记·屈原贾生列传》中写屈原的一部分，删了《怀沙》。大概是因为屈原和贾谊都是怀才不遇的文学家，他们的为人和思想情绪比较接近，贾谊又写了一篇《吊屈原赋》，司马迁把他们两人合为一篇传。屈原是战国后期伟大的爱国诗人，是我国古代第一个积极浪漫主义诗人。司马迁在本篇中叙述了屈原的身世、才干和在楚国担负的职责，以及上官大夫进谗的过程，使人了解屈原的杰出才能，对屈原留下深刻的印象。司马迁又分析了《离骚》这部作品，展现了屈原在忠与奸、公与私、方正与邪曲的斗争中的鲜明立场和敢于抨击昏庸国君、黑暗政治的斗争精神，显示了屈原丰富的历史知识和深刻的政治见解，赞扬了屈原高超的艺术素养，实现了屈原这个政治家、文学家的形象。传记还历叙了屈原被诎以后楚国一系列的失败，借以说明排斥贤臣的恶果，也见出屈原“存君兴国”之志的可贵。司马迁的遭遇与屈原十分相似，所以本篇写得富于激情，令人回肠荡气。

屈原者，名平，楚之同姓也①。为楚怀王左徒②。博闻强志，明于治乱，娴于辞令。入则与王图议国事，以出号令；出则接遇宾客，应对诸侯。王甚任之。

①同姓：屈原的祖先熊瑕是楚武王之子，所以称同姓。因封于屈地，所以以封地为姓氏。

②左徒：官职，地位较高。

上官大夫与之同列③，争宠而心害其能。怀王使屈原造为宪令，屈平属草稿未定④。上官大夫见而欲夺之，屈平不与，因谗之曰：“王使屈平为令，众莫不知，每一令出，平伐其功⑤曰：以为‘非我莫能为’也。”王怒而疏屈平。

③上官：上官是复姓。

④属：编写。

⑤伐：夸耀。

屈平疾王听之不聪也，谗谄之蔽明也，邪曲之害公也，方正之不容也，故忧愁幽思而作《离骚》。离骚者，犹离忧也⑥。夫天者，人之始也；父母者，人之本也。人穷则反本，故劳苦倦极，未尝不呼天也；病痛惨怛⑦，未尝不呼父母也。屈平正道直行，竭忠尽智以事其君，谗人间之，可谓穷矣。信而见疑，忠而被谤，能无怨乎？屈平之作《离骚》，盖自怨生也。《国风》好色而不淫⑧，《小雅》怨诽而不乱⑨。若《离骚》者，可谓兼之矣。上称帝喾，下道齐桓，中述汤、武，以刺世事。明道德之广崇，治乱之条贯，靡不毕见。其文约，其辞微，其志洁，其行廉，其称文小而其指极大，举类迩而见义远。其志洁，故其称物芳。其行廉，故死而不容。自疏濯淖污泥之中，蝉蜕于浊秽，以浮游尘埃之外，不获世之滋垢⑩，皭然泥而不滓者也⑪。推此志也，虽与日月争光可也。

屈原像，图选自清·顾沅辑《古圣贤像传略》。

⑥离：通“罹”，遭受。
⑦惨怛（dá）：悲痛，忧伤。
⑧《国风》：《诗经》中的一部分，多属民间歌谣。
⑨《小雅》：《诗经》中的一部分，有的是对当时朝政的讽刺和批评。
⑩滋：黑色。
⑪皭（jiào）然：洁白干净的样子。

屈原既绌⑫，其后秦欲伐齐，齐与楚从亲⑬，惠王患之，乃令张仪详去秦，厚币委质事楚，曰：“秦甚憎齐，齐与楚从亲，楚诚能绝齐，秦愿献商、於之地六百里⑭。”楚怀王贪而信张仪，遂绝齐，使使如秦受地。张仪诈之曰：“仪与王约六里，不闻六百里。”楚使怒去，归告怀王。怀王怒，大兴师伐秦。秦发兵击之，大破楚师于丹、淅⑮，斩首八万，虏楚将屈匄，遂取楚之汉中地⑯。怀王乃悉发国中兵，以深入击秦，战于蓝田⑰。魏闻之，袭楚至邓⑱。楚兵惧，自秦归。而齐竟怒不救楚，楚大困。

⑫绌：通“黜”，罢免。
⑬从：同“纵。”

⑭商於（wū）：秦国之地，在今陕西商县至河南内乡一带。
⑮丹、淅：二河流名称。
⑯屈匄（gài）：楚国大将。
⑰蓝田：秦国地名，在今陕西蓝田县西。
⑱邓：楚国地名，在今河南。

明年，秦割汉中地与楚以和。楚王曰：“不愿得地，愿得张仪而甘心焉。”张仪闻，乃曰：“以一仪而当汉中地，臣请往如楚。”如楚，又因厚币用事者臣靳尚[19]，而设诡辩于怀王之宠姬郑袖。怀王竟听郑袖，复释去张仪。是时屈原既疏，不复在位，使于齐，顾反，谏怀王曰：“何不杀张仪？”怀王悔，追张仪不及。

⑲用事者：当权的人。

其后，诸侯共击楚，大破之，杀其将唐昧。

时秦昭王与楚婚，欲与怀王会。怀王欲行，屈平曰：“秦，虎狼之国，不可信，不如无行。”怀王稚子子兰劝王行：“奈何绝秦欢！”怀王卒行。入武关[20]，秦伏兵绝其后，因留怀王，以求割地。怀王怒，不听。亡走赵，赵不内。复之秦，竟死于秦而归葬。

⑳武关：秦国南部关塞，在今陕西商县。

长子顷襄王立，以其弟子兰为令尹[21]。楚人既咎子兰以劝怀王入秦而不反也。

㉑令尹：楚国最高行政长官，相当于宰相。

屈平既嫉之，虽放流，眷顾楚国，系心怀王，不忘欲反，冀幸君之一悟，俗之一改也。其存君兴国，而欲反覆之。一篇之中三致意焉。然终无可奈何，故不可以反，卒以此见怀王之终不悟也。人君无愚智、贤不肖，莫不欲求忠以自为，举贤以自佐，然亡国破家相随属，而圣君治国累世而不见者，其所谓忠者不忠，而所谓贤者不贤也。怀王以不知忠臣之分，故内惑于郑袖，外欺于张仪，疏屈平而信上官大夫、令君子兰。兵挫地削，亡其六郡，身客死于秦，为天下笑。此不知人之祸也。《易》曰：“井渫不食[22]，为我心恻，可以汲。王明，并受其福。”王之不明，岂足福哉！

㉒渫（xiè）：除去污泥。

令君子兰闻之大怒，卒使上官大夫短屈原于顷襄王。顷襄王怒而迁之。

屈原至于江滨，被发行吟泽畔，颜色憔悴，形容枯槁。渔父见而问之曰："子非三闾大夫欤[23]？何故而至此？"屈原曰："举世混浊而我独清，众人皆醉而我独醒，是以见放[24]。"渔父曰："夫圣人者，不凝滞于物而能与世推移。举世混浊，何不随其流而扬其波？众人皆醉，何不铺其糟而啜其醨[25]？何故怀瑾握瑜而自令见放为[26]？"屈原曰："吾闻之，新沐者必弹冠，新浴者必振衣，人又谁能以身之察察[27]，受物之汶汶者乎[28]！宁赴常流而葬乎江鱼腹中耳[29]，又安能以皓皓之白而蒙世之温蠖乎[30]！"乃作《怀沙》之赋。

㉓三闾大夫：楚国官名，掌管楚国王族事务。
㉔见：被。
㉕铺（bǔ）：吃。醨（lí）：薄酒。
㉖瑾、瑜：美玉。
㉗察察：洁白的样子。
㉘汶汶：昏暗不明。
㉙常流：即江水长流。
㉚温蠖（huò）：昏愦。《楚辞》作"尘埃"。

于是怀石遂自投汨罗以死[31]。

㉛汨（mì）罗：水名。

屈原既死之后，楚有宋玉、唐勒、景差之徒者[32]，皆好辞而以赋见称。然皆祖屈原之从容辞令，终莫敢直谏。其后，楚日以削，数十年竟为秦所灭。

㉜唐勒、景差：是与宋玉同时代的楚国人。唐勒曾作楚国大夫。

自屈原沉汨罗后百有余年，汉有贾生[33]，为长沙王太傅[34]，过湘水，投书以吊屈原。

㉝贾生：贾谊，著名的政治家、文学家。
㉞长沙王：汉朝开国功臣吴芮（ruì）的玄孙吴差。太傅：官名，辅佐或教导国君、太子。

三闾大夫卜居渔父图，出自清顺治年间刊本《离骚图》。

太史公曰：余读《离骚》、《天问》、《招魂》、《哀郢》[35]，悲其志。适长沙，观屈原所自沉渊，未尝不垂涕，想见其为人。及见贾生吊之，又怪屈原以彼其材，游诸侯，何国不容，而自令若是！读《鹏鸟赋》，同生死，轻去就，又爽然自失矣。

㉟《离骚》以上都是屈原的作品。

【译文】

屈原，名平，属于楚王的姓，祖先则是姓熊。担当楚怀王的左徒。他见识渊博，记性很好，明白国家所以治乱的缘故，善于外交辞令。进入朝廷，就跟国王商讨国家大事，以便发号施令；出了朝廷，就招待宾客，与诸侯交谈，回答问题。怀王非常仰重他。

上官大夫与他官阶相同，为争得宠信，心里十分妒嫉原的才能。怀王叫屈原草拟法令，他写了草稿还没有完成。上官大夫看到草稿就想夺走，屈原不给，上官大夫就向怀王进谗言说："大王叫屈平制定法令，众人没有不知道的，每一部法令颁布出来，屈平就炫耀自己的功劳，认为'除了我，没有人能写出来'。"怀王听了相当生气，从此就疏离他了。

屈原由于怀王听信谗言，不能明察，受到谗言和媚态的蒙蔽，以致邪恶之徒妨害了正直无私的人，忠贞正直之士没有容身的地方，感到非常痛心，所以忧伤烦闷，创作了《离骚》。《离骚》这个题目，就是遭到忧患的意思。苍天，这是人的起源；父母，这是人的根本。人处在困境当中就会想到向苍天和父母寻求帮助所以每当困苦疲倦的时候，没有不呼唤苍天的；每当痛苦哀伤的时候，没有不呼唤父母的。屈原遵守正道，坚持真理，品行端正，竭尽忠心，发挥才智，为国君效劳，可是却有好进谗言的小人从中离间，可以说是陷入困境了。信实却被怀疑，忠诚反遭诽谤，能不怨恨吗？屈原创作《离骚》，原来就是起因于怨恨呀。《国风》尽管大多表现男女爱情，但不过分；《小雅》尽管大多抒发怨恨不满的情绪，但并不是犯上作乱。至于《离骚》，可以说同时兼有二者的特点了。上古称述帝喾，近古称述齐桓，中古称述商汤王和周武王，借以讥讽时政。阐明道德的崇高伟大，国家治乱的规律，没有不充分体现出来的。他的文字精炼，他的措辞含蓄，他的志向纯洁，他的操行正直。他的文字所表达的尽管很小，可是宗旨却非常大，引用事例尽管浅近，可是喻义却深远。他的志向纯洁，所以他引用的草木大多是芬芳的；他的操行正直，所以到死不被奸臣权贵所容。自觉地远离污泥浊水之中，像金蝉蜕壳似的摆脱了污秽，飘荡在尘埃之外，不沾染尘世的泥垢，那样洁白，那样明亮，出离污泥，没有黑点污迹。分析一下屈原这样的志向节操，即便跟日月争辉，也是可以的。

屈原被贬黜之后秦国准备进攻齐国，齐国跟楚国结成联盟，关系甚密，秦惠王担心楚国会帮助齐国，便叫张仪伪装离开秦国，带着大量财物，献上进见的礼品，请求侍奉怀王，说："秦国非常憎恶齐国，齐国跟楚国结盟，关系亲密，楚圉如果真的能跟齐国断绝关系，秦国甘愿献上商邑、於邑一带六百里土地。"楚怀王贪心，相信了张仪，便跟齐国断交了关系，派遣使者前往秦国接受土地。在这时候，张仪居然改口说：“在下跟大王承诺的是六里地，没有听说有六百里。”楚国的使者非常生气，回去禀告怀王。怀王非常愤怒，出动大量兵力征伐秦国。秦国出兵还击，在丹江、浙水一带击败楚国军队，砍死了八万人，俘获了楚国大将屈匄，于是掠取了汉中一郡的土地。怀王便发动了全国的军队出击，攻入秦国，在蓝田交战。魏国听说之后，借机袭击楚国，攻到了邓地。楚国军队很担心，便从秦国撤回来。然而齐国居然恼恨楚国，不愿援助，楚国的处境相当窘迫。

《东周列国志》版画之张仪像

到了第二年，秦国把汉中土地分割给楚国议和。楚王说：“不愿得到土地，宁愿得到张仪这才甘心。”张仪听说这话以后，说：“用一个张仪能抵汉中土地，臣下请求前往楚国。”抵达楚国，又把贵重的礼物献给掌权管事的大臣靳尚，让他编造一套诡辩的语话，说通怀王的宠妃郑袖。怀王居然听信了郑袖的话，又放走了张仪。这时候屈原已经被怀王所疏远，不再担任左徒了，到齐国出使去了，等他回来，劝谏怀王说：“为什么不杀掉张仪?”怀王懊悔了，派人去追张仪，但是没有追到。

在此以后，四国诸侯一起发兵进攻楚国，击败了楚国军队，杀死了楚军爱将唐昧。

那个时候秦昭王要和楚国联姻，想跟怀王见面。怀王打算去秦国，屈原说：“秦国是虎豹般的国家，不可信赖。不如不去。”怀王幼子子兰劝他去，说：“怎么能推辞秦国的一片好心！”怀王最终还是去了。进了武关，秦国的伏兵就斩断他的后路，拘留怀王，要求退还割让的土地。怀王非常气愤，不顺从秦国。他逃到赵国，赵国不让他入境。他又返回秦国，最终死在秦国，运回尸首埋葬了。怀王长子顷襄王即位，任他的弟弟子兰为令尹。楚国人既责备子兰劝诫怀王到秦国去，结果一去就再也没有回来。

屈原同样怨恨子兰，尽管遭到放逐，仍旧眷恋国都，心里惦记怀王，始终没有抛开想回朝廷的念头。他期望国君完全醒悟过来，风气完全改变。他心里想着国君，要让国家复兴，想让国家的情形发生翻天覆地的变化，每篇作品当中，再三表露他的这种心情。但是终于无可奈何，所以他不可能回朝廷去了。由此可见，怀王到底没有醒悟过来。作为君主，不管愚昧或明智，贤明或不像样子，没有不想得到忠臣来辅助自己，提拔贤人来辅佐自己的，但是诸侯的封国灭亡，大夫的采邑破败，一个连着一个，圣明的君主、太平的国家接连几代也见不到，缘由在于他们所谓忠臣不忠，所谓贤人不贤呀。怀王由于不懂得忠臣的职责，所以在宫内被郑袖所迷惑，在宫外被张仪所欺骗，疏远屈原而听信上官大夫、令尹子兰。招致军队挫败，土地被割，丢掉了六个郡，自己被骗出去死在秦国，被天下人所嘲笑。这是不能知人善任所酿成的祸害呀。《周易》说："井淘净了，却没有人打水喝，让我心里难过。如今井水可以取用了。君王能够明察，大家都获得了幸福。"君王假如不能明察，哪里还会获得幸福呢？

令尹子兰听闻屈原怨恨自己，非常愤怒，最后让上官大夫在顷襄王跟前诽谤屈原，顷襄王发火了，便放逐了屈原。

屈原走到江边，披头散发，在湖畔一边走一边咏吟诗词。他的脸色憔悴，形体消瘦。一个打鱼的老汉看见他，问道："先生不是三闾大夫么？什么缘故到了这里？"屈原说："整个世间混乱，唯独我是干净的；众人都沉醉了，唯独我是清醒的；所以被放逐了。"打鱼的老汉说："圣人，他不受周围事物的约束牵绊，可以随着世俗转变。整个世间混浊，为什么不随波逐流，翻起波浪？众人都沉醉了，为什么不嚼那酒糟，喝那淡酒？为什么要怀抱美玉手拿宝石却让自己遭受放逐呢？"屈原说："我听说过这样的话：刚刚洗过头的，一定要掸掉礼帽上的灰尘；刚刚洗过澡的，一定要抖掉衣服上的尘土。真正的人又谁能让自己纯洁的品性，蒙受外界的污秽呢？宁愿跳入江水，葬身于鱼肚子里算了。又怎么能让纯洁闪光的贞操，蒙受世俗的污秽呢？"于是创作了《怀沙》这一篇赋。……不久便身抱石块，落进汨罗江里死了。

屈原去世了之后，楚国有宋玉、唐勒、景差等人，都喜好写作，以善于辞赋受人赞赏。但是他们都是学习屈原文辞委婉含蓄的风格，始终不肯直言劝谏。从此以后，楚国疆土一天比一天减少，过了几十年，最终被秦国灭亡了。

自屈原沉进汨罗江后一百多年，汉朝有位贾先生，任长沙王太傅。他上任途中路过湘水，把自己写的一篇赋投入水里祭吊屈原。

太史公说：我阅览了《离骚》、《天问》、《招魂》、《哀郢》，被他的志气节操所感动。抵达长沙，见到屈原投水的地方，未尝不流泪，想象出他的为人。等到看了贾谊祭吊他的赋，赋中又埋怨屈原，就凭屈原的才能游历诸侯国家，哪个国家不收留他，偏偏让自己落到这种地步？我阅览贾谊的《鹏鸟赋》，赋中说到应把生死视作同等，不管当官得利还是免官失利，都无所谓，却又使我默然无语，手足无措。

酷吏列传序

《史记》

【题解】

本文是《史记·酷吏列传》的序言，《酷吏列传》是汉朝残酷官吏的传记，司马迁共记叙了十人，其中九人为汉武帝时的官僚。作者在文中揭露了酷吏的残暴和当时专制统治的黑暗。在这篇序文中作者着重阐述了严刑酷法必将导致矛盾的激化，当政在于施行仁德，不在于严酷的观点，文章采用引用和对比的方式论证观点，富有说明力。

孔子曰："道之以政，齐之以刑，民免而无耻。道之以德，齐之以礼，有耻且格①。"老氏称："上德不德，是以有德；下德不失德，是以无德。法令滋章，盗贼多有②。"太史公曰：信哉是言也！法令者治之具，而非制治清浊之源也。昔天下之网尝密矣，然奸伪萌起，其极也，上下相遁，至于不振。当是之时，吏治若救火扬沸，非武健严酷，恶能胜其任而愉快乎？言道德者，溺其职矣③。故曰："听讼，吾犹人也，必也使无讼乎④！""下士闻道大笑之"⑤，非虚言也。汉兴，破觚而为圜⑥，斲雕而为朴⑦，网漏于吞舟之鱼，而吏治烝烝⑧，不至于奸，黎民艾安⑨。由是观之。在彼不在此。

老子像，图出自明·天然撰《历代古人像赞》。

①孔子曰：下文引自《论语·为政》。齐：统一，划一。格：至，引申为归服。

②老氏称：下文见《老子》第三十八章、五十七章。老氏，老子。章，严明，此处为严酷之意。

③溺其职：犹言失职。

④故曰：以下两句出自《论语·颜渊》。听讼，听理诉讼，审理案件。

⑤"下士"句：出自《老子》第四十一章。下士，愚下的人。

⑥觚（gū）：有棱角的酒器。圜：同

"圆"。

⑦斫雕：将物件上雕刻的纹饰削去，而使其回复原来的朴素之貌。

⑧烝烝：兴盛美好的样子，此处指政绩辉煌。

⑨艾安，治理安定，平安无事。艾：通"乂"，治理。

【译文】

孔子说"用政令指引，用刑罚限制，人民能够暂时免于罪过，却还不具有廉耻之心；用道德指引他们，用礼数来统一他们的行动，人民不但有耻廉之心而且行为规范。"老子说："有德的人不以有德自居，所以有德；无德的人天天要标榜自己是有德之人，所以没有德。""法令越细密严厉，盗贼反倒越多。"太史公说：这些话的确不假。法令是治理国家的工具，但不是政治清明与否的基准。从前天下的法网律令也曾是十分严密的，但是奸邪欺诈的事情频繁发生，达到顶点的时候，举国上下都互相包庇回避，以致于国家不能兴盛。那种时候，吏治就像负薪救火，于事无补，假如不采用刚猛严厉的手段，官吏们又怎能做到胜任其职而心情愉悦呢？主张以道德治理国家的，则时常是一筹莫展，无所适从。因此说："审理诉讼，我和别人差不多。假如说有什么不一样的，那就是要让人们不产生诉讼啊。""下愚之士听见了'道'就捧腹大笑，觉得空洞。"这些并不是空谈啊。

汉朝崛起之初，废弃了苛刻的法律，除去了繁琐的制度，使法制简洁易行，法网宽疏得能够漏掉能下船只的鱼，但是吏治却成绩斐然，社会秩序蒸蒸日上，人民没有歪邪的行为，生活相安无事。从此看来，整治的关键在于用德而不在于用苛刻的刑法啊。

游侠列传序[1]

《史记》

【题解】

“游侠”，是指那些轻生重义、勇敢救人于危难的人。由于他们往往触犯法令，故而为统治者所不容，也被正统人士所排斥，以致他们的事迹大多湮没无闻。司马迁却给他们立传，并予以很高的评价和极大的同情。本文是《游侠列传》的序言，对“乡曲闾巷布衣匹夫之徒”反复赞扬，认为他们大多品质高尚，锄暴安良，扶危济困，对社会有重大的贡献。这一论断，着眼于黎民百姓，一反当时的世俗之见，体现出司马迁非凡的胆识。文章第一层用儒、侠对比，以见侠义不可轻视；第二层用王者亲属之侠与闾巷之侠对比，以见后者之难能可贵；又以豪暴之徒与闾巷之侠对比，以见后者的可尊可敬。鲜明的对比，突出了各种人物的长短、得失。

韩子曰[2]：“儒以文乱法，而侠以武犯禁[3]。”二者皆讥，而学士多称于世云[4]。至如以术取宰相、卿大夫，辅翼其世主[5]，功名俱著于春秋[6]，固无可言者。及若季次、原宪[7]，闾巷人也[8]，读书怀独行君子之德[9]，义不苟合当世[10]，当世亦笑之。故季次、原宪终身空室蓬户[11]，褐衣疏食不厌[12]。死而已四百余年[13]，而弟子志之不倦[14]。今游侠，其行虽不轨于正义[15]，然其言必信[16]，其行必果[17]，已诺必诚[18]，不爱其躯，赴士之厄困[19]，既已存亡死生矣[20]，而不矜其能[21]，羞伐其德[22]，盖亦有足多者焉[23]。

①本篇是《游侠列传》的序文。文中作者热情地肯定和赞扬了游侠言必信，行必果，重言诺，轻生死，救人于患难，助人于困危的侠义行为和精神。

②韩子：即韩非，战国时韩国公子，喜刑名法术之学，是先秦法家思想的集大成者，著有《韩非子》。

③“儒以文”二句：意思是儒者用古礼来扰乱国家的法律，游侠以武勇来违犯国家的禁令。

④“二者”二句：谓儒、侠都受到韩非的讥刺，但儒者还是多被后人称道。学上，指儒者。

⑤术：权术，计谋。辅翼：辅佐扶助。世主：当世的君主。

⑥春秋：泛指史书，不专指鲁史《春秋》。

⑦及若：至如。季次：孔子弟子公皙哀，字季次，齐人。原宪：孔子弟子，字子思，鲁人。二人终身未仕。

⑧闾巷：里巷。这里泛指民间。

⑨独行：不苟合世俗的高尚志节。

仲宪，孔子的弟子原宪图。

⑩义：道义。这里指坚持道义。

⑪空室蓬户：形容家境贫寒。蓬户，用蓬草编成的门。

⑫褐衣：粗布衣服。疏食：以蔬菜为主的食物。疏，通蔬。厌：通“餍”，满足。

⑬“死而”句：司马迁写此文时，季次、原宪已死了四百馀年。

⑭志之不倦：铭记不忘。志，怀念。倦，这里是止的意思。

⑮轨：合。正义：这里指礼法。

⑯信：信用，守信。

⑰必果：一定做到。果，成。

⑱已诺必诚：已经答应的事，一定诚心诚意地做。

⑲厄困：危难。

⑳存亡死生：谓使亡者存，死者生。

㉑矜：夸耀。

㉒伐：自夸。

㉓多：赞美，称道。

且缓急㉔，人之所时有也。太史公曰：昔者虞舜窘于井廪㉕，伊尹负于鼎俎㉖，傅说匿于傅险㉗，吕尚困于棘津㉘，夷吾桎梏㉙，百里饭牛㉚，仲尼畏匡，菜色陈、蔡㉛。此皆学士所谓有道仁人也，犹然遭此菑，况以中材而涉乱世之末流乎㉜？其遇害何可胜道哉！

㉔缓急：危难，偏义复词。

㉕“昔者”句：舜的父亲宠爱后妻子象，欲害舜，让他修补粮仓，然后把梯子撤去，点火烧粮仓。又让他淘井，乘机推土填井，想活埋舜。见《孟子·万章》。廪，粮仓。

㉖“伊尹”句：相传伊尹曾为有莘氏奴仆，作过厨师。见《吕氏春秋·本味》、《墨子·尚贤》。伊尹，商汤的贤相，名阿衡。鼎，烹煮用的炊具。俎，切肉用的砧板。

㉗“傅说”句：相传傅说发迹前，曾在傅岩筑墙。见《吕氏春秋·求人》、《离骚》。傅说，殷高宗武丁的贤相。匿，隐藏。傅险，即傅岩，在今山西平陆东。

㉘“吕尚”句：相传吕尚发迹前，曾在棘津卖食。见《尉缭子》。棘津，一名石济津，在今河南延津东北，现已湮没。

㉙夷吾：即管仲。桎梏：刑具名，即脚镣手铐。管仲先事公子纠，公子纠争位失败后，管仲被齐桓公囚禁。

㉚百里：即百里奚，秦穆公的贤相。饭牛：喂牛。相传百里奚曾卖身为奴，为人喂牛。见《商君列传》。

㉛“仲尼”二句：孔子游说列国时，经过匡（卫地名，在今河南长垣西南）地，人误以为

是阳虎，被围，几乎遭害。后又经过陈、蔡，中途绝粮，饥而食菜。菜色，因饥饿而面带青黄色。

㉜中材：才能中等的人。涉：经历。末流：末世。

鄙人有言曰[33]："何知仁义，已飨其利者为有德[34]。"故伯夷丑周，饿死首阳山[35]，而文、武不以其故贬王[36]，跖跻暴戾[37]，其徒诵义无穷[38]。由此观之，"窃钩者诛，窃国者侯；侯之门，仁义存[39]"，非虚言也。"

㉝鄙人有言：即俗谚。鄙人，乡野之人。

㉞飨：通享。《史记》作飨。

㉟伯夷：殷末孤竹君长子。丑：耻。武王伐纣，伯夷认为是以暴易暴，深以为耻，遂逃隐首阳山，宁饿死也不食周粟。

㊱贬王：有损王号。

㊲跖：相传为春秋时的大盗。跻：相传为楚之大盗。

㊳诵：称颂，称赞。

㊴"窃钩"四句：引文见《庄子·胠箧》，文字稍异。钩，衣带钩。

今拘学或抱咫尺之义[40]，久孤于世，岂若卑论侪俗[41]，与世浮沉而取荣名哉[42]！而布衣之徒[43]，设取予、然诺[44]，千里诵义[45]，为死不顾世[46]，此亦有所长，非苟而已也[47]。故士穷窘而得委命[48]，此岂非人之所谓贤豪间者邪[49]？诚使乡曲之侠[50]，予季次、原宪比权量力[51]，效功于当世[52]，不同日而论矣。要以功见言信[53]，侠客之义又曷可少哉[54]！

㊵拘学：指拘泥的儒生。咫尺：形容微小。咫，古时八寸为一咫。

㊶岂若：何如。卑论：放低论调，即谓不要高谈阔论什么仁义道德。侪（chái）俗：随同世俗。

㊷荣名：犹功名。

㊸布衣之徒：没有官位的平民。这里指游侠。

㊹设：建立。予：给与。然诺：应允。引申为言而有信。

㊺诵义：伸张正义。

㊻"为死"句：谓为正义而死，不顾世人的非难。

㊼苟：随便，草率。

㊽委命：谓把性命托付于人。

㊾间者：才能杰出者。

㊿乡曲：民间。

51予：通与，和。比权量力：比较地位，衡量能力。

52效功：显功。

伊尹像，图出自明·天然撰《历代人物像赞》。

⑤③要：总之。功见：办事见成效。言信：说话守信用。

⑤④曷：何。少：轻视。

古布衣之侠，靡得而闻已。近世延陵、孟尝、春申、平原、信陵之徒[55]，皆因王者亲属，借于有土卿相之富厚[56]，招天下贤者，显名诸侯，不可谓不贤者矣。比如顺风而呼，声非加疾[57]，其势激也。至如闾巷之侠，修行砥名[58]，声施于天下[59]，莫不称贤，是为难耳。然儒、墨皆排摈不载[60]。自秦以前，匹夫之侠，湮灭不见，余甚恨之。以余所闻，汉兴有朱家、田仲、王公、剧孟、郭解之徒[61]，虽时扞当世之文罔[62]，然其私义，廉洁退让，有足称者。名不虚立，士不虚附。至如朋党宗强，比周[63]设财役贫[64]，豪暴侵凌孤弱，恣欲自快，游侠亦丑之。余悲世俗不察其意，而猥以朱家、郭解等令与豪暴之徒同类而共笑之也[65]。

⑤⑤延陵：春秋吴国公子季礼，因封于延陵，又称延陵季子。孟尝：齐国公子田文。春申：楚公子黄歇。平原：赵公子赵胜。信陵：魏公子无忌。

⑤⑥有土：指有封地。

⑤⑦疾：急速，猛烈。

⑤⑧修行砥名：意为修炼磨砺自己，使行为与名望相符。

⑤⑨施（yì）：及，传遍。

⑥⑩墨：墨家，指战国初年墨翟所创立的学派。排摈：排斥摈弃。

⑥①朱家、田仲、王公、剧孟、郭解：均为《游侠列传》传主。王公，即王孟。

⑥②扞：触犯。文罔：法网。罔，通网。

⑥③朋党：结党营私的人。宗强：豪强。比周：互相勾结。

⑥④设：依。役：役使。

⑥⑤猥：混杂。笑：设笑。

【译文】

韩非子说："儒生借用文学干扰法制，而游侠凭靠勇力来触犯国家的禁令。"这两种人都曾经遭到批评，而儒者大部分还是受到世人的称赞。至于像那些靠权术谋取宰相、卿、大夫等高官的人，辅佐当世的君主，功名都已载入史册，原本就不必多说什么。至于像季次、原宪二人，都居于民间没有出仕的人，一心读书，谨守独善其身不随波逐流的君子操守，坚持正义，不轻易地与世俗苟合，而当世的人们也嘲笑他们迂拙。因此季次、原宪一生都住在家徒四壁的蓬屋之中，连布衣粗食也得不到满足。他们死了已有四百多年了，但他们的弟子们仍旧不断地纪念他们也算成功。当今的游侠，他们的行为尽管不合乎当时的国家法制，但他们说出话来就必定讲守用，他们办事必定很果断，已经答应别人的事情竭尽忠诚去履行，不惜以自己的性命，去挽救别人的灾难，做到了使危难者获生、施暴者丧命，却从不显耀自己的才干，羞耻于自夸自己的恩惠，因此他们也有值得称颂的地方。

更何况危难之事是人们经常碰到的。太史公说：从前虞舜曾在修仓、掘井时受困，伊尹曾背着鼎锅、砧板当过厨师，傅说曾在傅险地方隐身筑墙，吕尚曾受困于棘津，管仲曾遭受囚禁，百里奚曾替人放过牛，孔子曾在匡地受惊吓，曾遭陈、蔡发兵围困而饿得脸色发黄。这些人都是儒者所说的有仁德的贤人，还要遭到如此祸害，况且一个只有中等才干的人又正处在乱世的末期呢？他们所遭到的祸难怎么能讲得完呢？

现在那些固执拘谨的学者死守着他们所认为的区区一点道义，长期地独立于世俗之外，这怎么比得上降低格调，混同于世俗，与世俗同沉浮去获取功名呢！而那些平民出身的游侠，重视财物的取舍并信守誓言，义气传诵千里，为急人所难而赴汤蹈火在所不辞，不顾世人的评论，这也是他们的优点，做游侠也不是轻意就能做到的。因此有道之士在贫困潦倒的时候，就把自己的身家性命托付给游侠了，那么这些游侠难道不是人们所说的贤人豪杰、杰出人材吗？假如将乡间的游侠与季次、原宪比较他们在社会上的威信和影响力，及他们对当世作出的现实贡献，那么儒者和游侠就不能相提并论。总之从做事要获得成功和说话要遵守信用做准则来说，侠客的正义行径又怎么可以鄙视呢！

《东周列国志》版画之春申君像。春申君名黄歇，战国末期楚国人，与赵国的平原君、魏国的信陵君、齐国的孟尝君并称为“四公子”。

古代百姓中的侠士，已经无从得知。近代的延陵季子、孟尝君、春申君、平原君、信陵君等人，都由于是国君的亲属，他们倚靠着有封地和卿相的地位等所以拥有大量财产，借此招揽天下贤能之士，在诸侯之中名声显赫，他们不能说不算贤能的人。但这就如同顺风呼叫，声音本没有加速，只是风势激荡自然使声音传向远方。至于民间的侠士，完全靠自己修养自身的品德，砥砺自己的节操，名扬天下，没有人不称颂他们的贤能，这是很不容易的。然而儒家、墨家都排斥游侠而不记录他们的事迹。秦代以前的民间的侠士们的事迹，都已埋没而无法找到，对此我十分遗憾。就我所知，汉朝建立以来有朱家、田仲、王公、剧孟、郭解等人，尽管时常违犯当世的法网，然而他们个人的品德廉洁谦让，有值得称赞的地方。他们的声望不是凭空获得的，士人也不是凭空归附他们的。至于像那些结党营私的人和强宗豪族互相狼狈为奸，凭借钱财奴役穷人，以野蛮的暴力侵害欺凌势单力薄之辈，放纵私欲只求自身快乐，则游侠也是很厌恶这些丑行的。我叹息一般人不明白游侠实际用心，却轻易地把朱家、郭解等人和那些恶棍看作同类而一同加以嘲笑。

滑稽列传

《史记》

【题解】

本文是《史记·滑稽列传》的节选。《滑稽列传》为专门记叙滑稽人物的传记，其中包括战国时齐国的淳于髡、楚国的优孟。本文只选了淳于髡传。司马迁所记载的滑稽人物，均属那些不随波逐流、不争夺权利，而以其幽默善讽的语言和无拘束的行为来谏喻君王的人物。司马迁将滑稽与“六艺”相提并论，高度评价了滑稽人物。

孔子曰：“六艺于治一也[①]。《礼》以节人[②]，《乐》以发和，《书》以导事，《诗》以达意，《易》以神化，《春秋》以道义。”太史公曰[③]：天道恢恢，岂不大哉！谈言微中[④]，亦可以解纷。

①“六艺”句：六艺，即下文的《礼》、《乐》、《书》、《诗》、《易》、《春秋》六经。于治一：对于统治所起的作用是一样的。

②“《礼》以节人”六句：节人，节制人们的行为。发和：发扬和谐之气。导：通“道”，叙说。达意：表达思想感情。神化：表现事物之间的奥秘。道义：阐明礼义。

③“太史公”二句：太史公，司马迁自称。恢恢：广阔无边的样子。

④微中：意即符合正道。

淳于髡者[⑤]，齐之赘婿也。长不满七尺，滑稽多辩[⑥]，数使诸侯，未尝屈辱。齐威王之时[⑦]，喜隐，好为淫乐长夜之饮，沉湎不治，委政卿大夫。百官荒乱，诸侯并侵，国且危亡，在于旦暮，左右莫敢谏。淳于髡说之以隐曰：“国中有大鸟，止王之庭，三年不蜚[⑧]又不鸣，王知此鸟何也？”王曰：“此鸟不蜚则已，一蜚冲天；不鸣则已，一鸣惊人。”于是乃朝诸县令长七十二人[⑨]，赏一人，诛一人，奋兵而出。诸侯振惊，皆还齐侵地。威行三十六年。语在《田完世家》[⑩]中。

⑤“淳于髡（kūn）”二句：淳于髡，人名，淳于是复姓。赘（zhuì）婿：男子到女家结婚。

⑥滑（gǔ）稽多辨：能言善辩，言词机智诙谐。辨：通“辩”，辩论。

⑦“齐威王”四句：隐，隐语，谜语的前身。沉湎（miǎn）：沉溺，此处指沉湎于饮酒之中。不治：不理朝政。

⑧蜚（fēi）：通“飞”。

⑨“于是”三句：朝，召见。县令长：即一县的长官。赏一人：“一人”，指墨大夫。诛一人：指阿大夫。

⑩《田完世家》：即《史记》第四十六卷中的《田敬仲完世家》。

威王八年⑪，楚大发兵加齐。齐王使淳于髡之赵请救兵⑫。赍金百斤，车马十驷。淳于髡仰天大笑，冠缨索绝⑬。王曰："先生少之乎？"髡曰："何敢！"王曰："笑岂有说乎？"髡曰："今者臣从东方来，见道旁有禳田者⑭，操一豚蹄，酒一盂，而祝曰：'瓯窭满篝，污邪满车，五谷蕃熟，穰穰满家。'臣见其所持者狭而所欲者奢⑮，故笑之。"于是齐威王乃益赍黄金千镒⑯，白璧十双，车马百驷。髡辞而行，至赵。赵王与之精兵十万，革车⑰千乘。楚闻之，夜引兵而去。

⑪威王八年：公元前349年。

⑫"齐王使"三句：之赵，到赵国去。赍（jī）：指以物送人，此处意即"携带"。驷（sì）：同驾一车的四匹马，称"驷"。

⑬冠缨索绝：冠缨，系在颌下的帽带。索绝：尽断。

⑭"见道旁"七句：禳田，为田地祈祷丰收。穰，指庄稼丰熟。豚蹄：小猪蹄。盂：壶。瓯窭（lǒu）：狭小的高坡地。篝（gōu）：竹笼。污邪（yé）：地势低洼的劣田。蕃熟：意即"丰登"。

⑮"臣见"句：狭：很少。奢：极多。

⑯镒（yì）：古代以三十两或二十四两为一镒。

⑰革车：古代的一种战车。

威王大说，置酒后宫，召髡赐之酒。问曰："先生能饮几何而醉？"对曰："臣饮一斗亦醉，一石亦醉。"威王曰："先生饮一斗而醉，恶能饮一石哉！其说可得闻乎？"髡曰："赐酒大王之前，执法在傍⑱，御史在后，髡恐惧俯伏而饮，不过一斗径醉矣。若亲有严客⑲，髡帣韝鞠䠞，侍酒于前，时赐余沥，奉觞上寿，数起，饮不过二斗径醉矣。若明友交游，久不相见，卒然相睹，欢然道故，私情相语，饮可五六斗径醉矣。若乃州闾之会⑳，男女杂坐，行酒稽留，六博投壶，相引为曹，握手无罚，目眙不禁，前有堕珥，后有遗簪，髡窃乐此，饮可八斗而醉二参。日暮酒阑㉑，合尊促坐，男女同席，履舄交错，杯盘狼藉，堂上烛灭，主人留髡而送客，罗襦襟解，微闻芗泽，当此之时，髡心最欢，能饮一石。故曰酒极则乱，乐极则悲。万事尽然，言不可极，极之而衰。"以讽谏焉。齐王曰："善！"乃罢长夜之炊，以髡为诸侯主客㉒。宗室置酒，髡尝在侧。

⑱"执法"二句：执法，指执行酒令的官员。御史：官名，此处也指执行酒令的官员。

⑲"若亲"六句：亲，指父母。严客：尊贵的客人。帣（juǎn）：通"卷"。韝（gōu）：臂套。鞠：弯曲。䠞（jì）：小跪。帣韝鞠䠞意即捋起袖子，弯腰跪下去。余沥：剩酒。觞（shāng）：古代酒器。奉觞上寿意即举杯祝寿。数起：多次起身应酬。

⑳"若乃"十一句：州闾，即乡里。稽留：停留。六博：古代一种赌博游戏。投壶：古代酒

宴之时，流行于士大夫中的一种游戏。方法为以箭投向壶中，以入壶多少决胜负，负者罚饮酒。相引为曹：结伴搭伙。曹，辈。握手无罚：男女授受不亲，但乡饮时可以互相握手而不受处罚。目眙（chì）不禁：相互注视也不禁止。眙：直视。珥：饰有珠玉的耳环。簪：发簪。醉二参：有二三分醉意，参：通“三”。

㉑“日暮酒阑（lán）”九句：酒阑：酒宴将散。合尊促坐：把剩酒合起来，促膝而坐。尊，古代酒器。履舄（xì）：鞋子。襦（rú）：短衣。芗泽：香泽。芗，通“香”，香气。

㉒诸侯主客：主持接待诸侯的官员。主客，官名。

【译文】

孔子说：“六经对于整治国家的作用是相同的。《礼》用以约束人的行为，《乐》用以引发人们和乐的情操，《书》用以记载史事，《诗》用以表达思想感情，《易》用以预示事物的变化，《春秋》用以申明大义。”太史公说：天道宽广无边，难道不广大吗？谈话含蓄微妙地言中道理，也能够排解争纷。

淳于髡，是齐国的一个赘婿，身高不到七尺，言语机敏，擅长辩论，屡次出使诸侯，不曾受到侮辱。齐威王在位时喜好隐语，喜好长夜达旦恣意作乐，痛饮狂欢。沉溺于酒色，不顾政事，将国家大事托付给卿大夫。百官荒淫乱为，诸侯都来进犯，国家危在旦夕，国王身边的人没有敢于劝告的。淳于髡用隐语的方式劝说道：“国中有只大鸟，栖息在大王的宫庭，三年不飞也不叫，大王知道这只鸟为什么像这样吗？”国王说：“此鸟不飞则已，一飞直冲云宵；不鸣则已，一鸣惊人。”于是就朝见各县长官七十二人，奖赏一人，杀死一人，带兵出击。诸侯震叹，全都把侵占齐国的土地归还。齐国的威严延续了三十六年。这些话记录在《田完世家》里。

齐威王八年，楚国大举兴攻打齐国。齐王派淳于髡去赵国请求援助，让他带上黄金一百斤，车马十辆。淳于髡仰天大笑，把帽带都笑断了。齐王说：“先生觉得太少吗？”淳于髡说：“怎么敢？”齐王说：“那你这样大笑又怎么解释呢？”淳于髡说：“今天我从东边来，看见路边有一个祈祷田神保佑丰收的人，拿着一只猪蹄，一盅酒，说：‘贫瘠的高地收获满篓。潮湿的低地收获满车，五谷丰收，装满粮仓。’我见他所拿的东西很少而所想得到的很多，因此笑他。”于是齐威王就让他多带了黄金一千镒，白璧十对，车马百辆。淳于髡告别威王走了，抵达赵国。赵王给他精兵十万，战车千辆。楚国听到后，连夜领军撤退。

齐威王非常高兴，在后宫摆设酒宴，召见淳于髡，赐给他酒。齐王问道“先生能喝多少才醉？”淳于髡答道“我喝一斗也醉，喝一石也醉。”威王说“先生饮一斗就醉了，又怎能饮一石呢？这其中的哲理能够说给我听听吗？”淳于髡说：“我在大王面前喝您赏赐的酒，执法官在身旁，御史在身后，我诚惶诚恐俯伏在地喝酒，不过一斗就醉了。假如父亲有尊贵的客人，我卷起袖子屈膝而跪，在面前陪伴饮酒，不时赏我一些剩余的酒，我捧起杯子祝他们长寿，这样来回几次，喝不过二斗就醉了。假如是朋友交游，好久不见，忽然相见，高高兴兴地叙旧，互相倾诉知心话，能够饮到五六斗就醉了。假如是乡里宴会，男女混坐在一起，长时间地行酒令，玩六博，投壶的游戏，互相招引，配对比赛，男女之间互相握手也不受处罚，眉目传情，也不制止，前面有坠落的耳环，后面有遗落的头簪，我心中暗自以此为乐，能够饮八斗，十次之中也只不过醉了二三次而已。天晚了酒宴将散，把余酒合盛一樽，大家促膝共饮，男女同坐一席，鞋子凌乱地堆在一起，杯盘狼籍，厅堂上的蜡烛也烧完了，主人留下我送走客人。这时女人的绸衫纽扣已松开。隐约能够闻到香汗之气，当这个时候，我心里最为高兴，能喝一石。因此说酒喝多了就会失去克制，乐极生悲；什么事都一样。也就是说任何事不可走向极端，盛极必衰。”淳于髡借此来委婉地劝告威王。齐威王说：“好。”于是就停止了通宵饮酒，委派淳于髡作招待诸侯的主管官员。王族宗室摆设宴席，淳于髡曾在身旁陪伴。

货殖列传序[1]

《史记》

【题解】

本篇是《货殖列传》的序言。货殖意为通过贸易来生财获利，《货殖列传》是《史记》中叙述经济发展情况的专文。文章指出，追求富裕安乐是人的本性，农、工、商等分工是人类社会自然形成的产物。文中举了姜太公治齐的例子，说明致富的要诀在于因地制宜、因势利导和加强贸易流通，同时探讨了世风与人民富裕程度的关系。

《老子》曰：“至治之极，邻国相望，鸡狗之声相闻，民各甘其食，美其服，安其俗，乐其业，至老死不相往来[2]。”必用此为务，輓近世涂民耳目[3]，则几无行矣。

①货殖：聚积财货，经营生利。

②“至治之极”句：杂引《老子·八十章》、《庄子·胠箧篇》之文而有所变化。至治之极，太平世界的极至。甘：形容词用作动词，以……为甘美。美：形容词用作动词，以……为美。

③輓近世：离开现在最近的时代。輓，通“晚”。涂：堵塞。

《二十一史通俗演义》版画之“神农氏教民稼穑”图

太史公曰：夫神农以前[4]，吾不知已。至若《诗》、《书》所述虞、夏以来，耳目欲极声色之好，口欲穷刍豢之味[5]，身安逸乐，而心夸矜势能之荣，使俗之渐民久矣[6]，虽户说以眇论[7]，终不能化。故善者因之，其次利道之，其次教诲之，其次整齐之，最下者与之争。

④神农：传说中的古帝名，又称炎帝、烈山氏，相传始教民为耒、耜以兴农业，并尝百草为医药以治疾病。

⑤刍豢：泛指各种牲畜的肉。

⑥渐（jiān）：沾染、浸润。

⑦眇论：精妙、微妙之论。眇，通"妙"，微妙。

夫山西饶材、竹、榖、纑、旄、玉石⑧，山东多鱼、盐、漆、丝、声色⑨，江南出楠、梓、姜、桂、金、锡、连、丹沙、犀、玳瑁、珠玑、齿、革⑩，龙门、碣石北多马、牛、羊、旃、裘、筋、角⑪，铜、铁则千里往往山出棋置。此其大较也。皆中国人民所喜好⑫，谣俗被服饮食、奉生送死之具也。故待农而食之，虞而出之⑬，工而成之，商而通之。此宁有政教发征期会哉？人各任其能，竭其力，以得所欲。故物贱之征贵，贵之征贱⑭，各劝其业，乐其事，若水之趋下，日夜无休时，不召而自来，不求而民出之。岂非道之所符而自然之验邪？

⑧山西：太行山以西，包括今陕西、山西、甘肃等省。榖（gǔ）：木名，树皮可造纸。纑（lú）：苎麻一类的植物，可以织布。旄：旄牛尾，可以为饰。

⑨山东：太行山以东。声色：音乐女色。

⑩楠：楠木，名贵木材，有浓香。梓（zǐ）：落叶乔木，一种贵重的建筑木材。桂：木名。可入药。连：通"链"，铅矿石。丹沙：即丹砂，俗称朱砂。犀：指犀牛角。玳瑁（dài mào）：一种热带和亚热带的爬行动物。玑：珠不圆谓玑。齿：指象牙。

⑪龙门：山名，在陕西韩城与山西河津县之间。碣石：山名，在今河北卢龙县。旃：通"毡"。裘：皮衣。筋角：兽筋、兽角，可为弓弩。

⑫中国：指中原地区。

⑬虞：掌管山泽的官，这里指开发山泽资源的人。

⑭物贱之征贵，贵之征贱：物贱就找贵的地方去卖，物贵就找贱的地方去买；征，寻求。一说，物贱极必贵，而贵极必贱，故贱者贵之征，贵者贱之征；征，迹象，用为动词。

《周书》曰："农不出则乏其食，工不出则乏其事，商不出则三宝绝，虞不出则财匮少⑮。"财匮少而山泽不辟矣。此四者，民所衣食之原也。原大则饶，原小则鲜。上则富国，下则富家。贫富之道，莫之夺予，而巧者有余，拙者不足。故太公望封于营丘⑯，地潟卤⑰，人民寡，于是太公劝其女功⑱，极技巧，通鱼盐，则人物归之，繦至而辐凑⑲。故齐冠带衣履天下，海岱之间敛袂而往朝焉⑳。其后齐中衰，管子修之，设轻重九府㉑，则桓公以霸，九合诸侯，一匡天下；而管氏亦有三归，位在陪臣㉒，富于列国之君。是以齐富强至于威、宣也㉓。

⑮《周书》：记载周代史实的书，引文已佚。三宝：指粮食、器物、财富。一说指珠、玉、金。

⑯营丘：地名，在今山东昌乐县东南。

⑰潟（xì）卤：盐碱地。

⑱女功：指纺织、刺绣、缝纫等工作。

⑲繦（qiǎng）至：繦，用绳索穿起的线串。辐凑：如车辐集中于毂一样地聚集在一起。

《东周列国志》版画之“会葵丘义戴周天子”图，讲齐桓公于葵丘大会诸侯、拥戴周天子，在诸侯国中确立霸权地位之事。

⑳海岱之间：指山东半岛。海，指渤海。岱，泰山。敛袂（mèi）：整理衣袖，表示敬服。

㉑轻重：古代以物价调节商品的办法。九府：周代掌管财物的九个官府。

㉒三归：台观名，管仲所筑。陪臣：春秋时，诸侯的大夫对周天子自称陪臣。

㉓威、宣：指齐威王田婴齐与齐宣王田辟疆。

故曰：“仓廪实而知礼节，衣食足而知荣辱㉔。”礼生于有而废于无。故君子富，好行其德；小人富，以适其力㉕。渊深而鱼生之，山深而兽往之，人富而仁义附焉。富者得势益彰，失势则客无所之，以而不乐㉖。谚曰：“千金之子，不死于市。”此非空言也。故曰：“天下熙熙，皆为利来；天下壤壤，皆为利往㉗。夫千乘之主、万家之侯、百室之君尚犹患贫，而况匹夫编户之民乎！

㉔“仓廪”句：见《管子·牧民》。

㉕适其力：适当地适用自己的劳动力。

㉖以而：因而。

㉗熙熙、壤壤：喧闹纷杂貌。壤壤，通“攘攘”。

【译文】

《老子》书中说：“太平盛世达到了顶点时，邻国的人互相看见，鸡鸣狗吠的声音相互听到，老百姓满足他们的饮食，喜欢他们的穿戴，安于他们的习俗，乐于从事他们的事业，到老到死也不相互往来。”假如一定把老子所说的作为要务，想要挽回近世的风俗，闭塞百姓的耳目，那么基本是没办法行得通的。

太史公说：神农之前的事，我不清楚。至于《诗》、《书》上所记载的，从虞、夏以来，人们的耳目都想尽量享受声色的美好，口里都想尽量享受各种肉类的味道，身体贪图安逸享乐，而且心里炫耀权势的光荣。这个习俗深入民心很久了，即便用老子讲的微妙道理去挨家挨户地劝说，也最终不能改变。所以，最好的办法是顺应形势的发展，其次是用利益去指引他们，再次是教导他们，再次就是制定法规去制约他们，最下等的方法是与他们争名夺利。

太行山的西面多产木材、竹子、楮树、野麻、牦牛尾、玉石；太行山的东面多产鱼、盐、漆、丝、声色；江南出产楠树、梓树、姜、桂、金、锡、铅矿、丹砂、犀牛角、玳瑁、珠玑、象牙、皮革；龙门、碣石向北多出产马、牛、羊、毡裘、筋角；出产铜铁的山，通常相隔不出千里，如同棋子那样密布。这是大致情形。所有这些，都是中原人民所喜爱的，各地的风俗习惯都拿它们做穿的、吃的，以及奉生送死的东西。因此说，靠农夫耕作，才有的吃；靠管山林川泽的人，才能把物品采集运送出来；靠工匠做工，才能制造器物；靠商贾贩卖，物资才能畅通。这难道有政令教条去征调限期聚集吗？人们各自发挥自己的才能，尽自己的力气，去获得所想要的东西。因此物价贱是贵的征兆，贵是贱的征兆。人们各自努力而愉快地从事他的职业，就如同水向低处流，日日夜夜没有停息的时候，不用呼唤就自愿到来，不用要求老百姓就自愿拿出东西。这难道不是合乎规律而且获得自然的证实吗？

《周书》中说："农夫不拿出粮食就缺乏吃的，工匠不造出器物就缺乏用具，商人不出来经营，吃、用、钱财就不能流通；虞人不运出物产就财源缺乏，财源缺乏山林泽地就不能开发。"这四个方面，是老百姓衣食的来源。来源广大就财富多，源泉狭小就财富少。在上能让国家富足；在下能让家庭富裕。贫富全靠自己，没有人可以夺走或者赐予，不过巧智的人有余，笨拙的人不足。从前太公望被封在营丘，地处海滨，土质盐碱，人口稀少，于是太公鼓励百姓努力养蚕纺织，着力钻研技术，贩运鱼盐。四方的人纷纷投奔齐国，像绳索相连似的络绎不绝于道，也好像车轮中辐条凑集到车毂上一样。所以，齐国的冠带衣履流传天下，渤海和泰山之间的诸侯，都整敛衣袖，谦恭地来齐国朝拜。这之后，齐国中途衰弱，管仲修复太公的遗业，建立轻重九府掌管财政，齐桓公因此称雄，多次会盟诸侯，匡正天下；管仲也有三归，尽管他的地位不过是诸侯下面的大夫，然而富裕比得上诸侯国的君主。所以齐国富强的局面，一直持续到齐威王、齐宣王的时代。

因此说："仓廪实而知礼节，衣食足而知荣辱。"礼节产生自富足，废弛自贫穷。因此君子富有，好行仁义；小人富有，可以尽力。水深，鱼就自然生长在那里；山深，野兽就自然去到那里；很富的人，仁义就自然依附在他身上。富贵的人得到权势就更加显赫；失掉权势，做客都无处可去，所以不愉快。谚语说："家有千金的人，不会犯法受刑，死在街市。"这并不是虚言啊。因此说："天下和乐融融，都为利益奔走。"有兵车千辆的王，食邑万家的侯，食邑百户的大夫，尚且害怕贫困，更何况是普通百姓呢。

太史公自序

《史记》

【题解】

本篇为《史记》最后一卷《太史公自序》的节选。原序分为三个部分：第一部分类似自传，历叙本族世系和家学渊源，并概述了自己前半生的经历；第二部分（即本文）以回答的方式表达了作者撰写《史记》的目的和其间的一系列遭遇；第三部分是《史记》一百三十篇的各篇小序。全序规模宏大，是《史记》的纲领。本文开头便揭示了作者的胸襟和使命，接着极力赞颂《春秋》"上明三王之道，下辨人事之纪"，"别嫌疑"，"明事非"，"拨乱世反之正"的作用，实际是阐述自己的写作宗旨。最后表明自己在撰写过程中，曾遭到了巨大的不幸，并因此一度灰心，但最终还是忍辱负重，发愤写作，终于完成了《史记》这部巨著。

司马迁像，图出自清·顾沅辑《古圣贤像传略》。

太史公曰："先人有言：'自周公[1]卒五百岁而生孔子。孔子卒后至于今五百岁，有能绍[2]明世，正《易传》，继《春秋》，本《诗》、《书》、《礼》、《乐》之际。'意在斯乎！意在斯乎！小子何敢让焉。"

①周公：周武王的弟弟姬旦，武王死后，成王年幼，周公摄政。相传是他制定了周朝的礼乐制度。

②绍：继续。

上大夫壶遂[3]曰："昔孔子何为而作《春秋》哉？"太史公曰："余闻董生[4]曰：'周道衰废，孔子为鲁司寇，诸侯害之，大夫壅之。孔子知言之不用、道之不行也，是非[5]二百四十二年之中，以为天下仪表，贬天子，退诸侯，讨大夫，以达王事而已矣。’子曰：‘我欲载之空言，不如见之于行事之深切著明也。’夫《春秋》，上明三王之道，下辨人事之纪，别嫌疑，明是非，定犹豫，善善恶恶，贤贤贱不肖，存亡国，继绝世，补敝起废，王道之大者也。《易》著天地、阴阳、四时、五行，故长于变。《礼》经纪[6]人伦，故长于行；《书》记先王之事，故长于政；《诗》记山川、溪谷、禽兽、草木、牝牡、雌雄，故长于风；《乐》乐所以立，故长于和；《春秋》辨是非，故长于治人。是故《礼》以节人，《乐》以发和，《书》以道事，《诗》以达意，《易》以道化，《春秋》以道义。拨乱世反之正，莫近于《春秋》。《春秋》文成数万，其指[7]数千，万物之散聚皆在《春秋》。《春秋》之中，弑君三十六，亡国五十二，诸侯奔走不得保其社稷者不可胜数。察其所以，皆失其本已。故《易》曰‘失之毫厘，差以千里。’故曰‘臣弑君，子弑父，非一旦一夕之故也，其渐[8]久矣。’故有国者不可以不知《春秋》，前有谗而弗见，后有贼而不知。为人臣者不可以不知《春秋》，守经事而不知其宜，遭变事而不知其权[9]。为人君父而不通于《春秋》之义者，必蒙首恶之名。为人臣子而不通于《春秋》之义者，必陷篡弑之诛，死罪之名。其实皆以为善，为之不知其义，被之空言而不敢辞。夫不通礼义之旨，至于君不君，臣不臣，父不父，子不子。君不君则犯，臣不臣则诛，父不父则无道，子不子则不孝。此四行者，天下之大过也。以天下之大过予之，则受而弗敢辞。故《春秋》者，礼义之大宗也。夫礼禁未然之前，法施已然之后；法之所为用者易见，而礼之所为禁者难知。”

周公像，图出自明·天然撰《历代人物像赞》。

③壶遂：人名，天文学家，官至詹事，因秩二千石，故称上大夫。
④董生：指董仲舒。生，对读书人尊称。
⑤是非：用作动词，褒贬。
⑥经纪：治理。
⑦指：同“旨”，意旨，意向。

⑧渐：浸润，发展由来。
⑨权：变“通”。

壶遂曰：“孔子之时，上无明君，下不得任用，故作《春秋》，垂空文以断礼义，当一王之法。今夫子上遇明天子，下得守职，万事既具，咸各序其宜，夫子所论，欲以何明？”太史公曰：“唯唯，否否[10]，不然。余闻之先人曰：‘伏羲至纯厚，作《易》八卦；尧、舜之盛，《尚书》载之，礼乐作焉；汤、武之隆，诗人歌之。《春秋》采善贬恶，推三代之德，褒周室，非独刺讥而已也。’汉兴以来，至明天子，获符瑞[11]，建封禅，改正朔，易服色，受命于穆清[12]，泽流罔极，海外殊俗，重译款塞[13]，请来献见者，不可胜道。臣下百官力诵圣德，犹不能宣尽其意。且士贤能而不用，有国者之耻；主上明圣而德不布闻，有司之过也。且余尝掌其官，废明圣盛德不载，灭功臣、世家、贤大夫之业不述，堕先人所言，罪莫大焉。余所谓述故事，整齐其世传，非所谓作也，而君比之于《春秋》，谬矣。”

⑩否否：不然。
⑪符瑞：吉祥的象征。
⑫穆清：指上天。天气清而和。
⑬重译：因言语不通而需辗转翻译。款塞，叩开关塞的大门，款：同“叩”。

于是论次其文。七年而太史公遭李陵之祸，幽于缧绁。乃喟然而叹曰：“是余之罪也夫！是余之罪也夫！身毁不用矣。”退而深惟[14]曰：“夫《诗》、《书》隐约者，欲遂其志之思也。昔西伯拘羑里[15]，演《周易》；孔子厄陈、蔡，作《春秋》；屈原放逐，著《离骚》；左丘失明，厥[16]有《国语》；孙子[17]膑脚，而论兵法；不韦迁蜀，世传《吕览》；韩非囚秦，《说难》、《孤愤》；《诗》三百篇，大抵贤圣发愤之所为作也。此人皆意有所郁结，不得通其道也，故述往事，思来者[18]。”于是卒述陶唐以来，至于麟[19]止，自黄帝始。

⑭惟：思。
⑮西伯：即周文王，羑（yǒu）里：今河南汤阴县北。
⑯厥：于是，就。
⑰孙子：指孙膑。
⑱思来者：使来者思。
⑲麟：指汉武帝猎获白麟的那一年，即元狩元年。

【译文】

太史公说：“先父曾说过：‘周公去世后五百年有了孔子。孔子去世后到现在五百年了，有谁能够继续记述太平盛世考定《易传》，续写《春秋》，探索《诗经》、

《尚书》、《礼记》、《乐经》的本质呢？’这含义就是在此时吧！我怎敢拒绝啊！”

上大夫壶遂说：“以前孔子为什么写《春秋》呢？”太史公说：“我听董仲舒说：‘周朝政治衰落，孔子做鲁国司寇，诸侯害怕他对自己造成危害，大夫排挤他，孔子明白自己的言论不能被接受，政治主张不能施行，于是就褒贬二百四十二年的历史，以此作为天下的基准，批评天子，斥责诸侯，声讨大夫，以表明王道罢了。’孔子说：‘我想发表空洞的言论，还不如体现在具体的事件中深切表明。’《春秋》这部书，上则阐明夏禹、商汤、周文王治世的道理，下则辨明人事的基准，区别嫌疑，明辨是非，消除犹豫，褒扬善行，谴责邪恶，推崇贤人，鄙视不肖，使亡国复兴，继续绝世，补救弊端，振兴衰业，这是王道的重大内容。《易》叙述天地、阴阳、四时、五行，善于演变。《礼》论述人伦纲常，因此擅长指导。《书》记录先王的史迹，因此擅长论述政治。《诗》记述山川、溪谷、禽兽、草木、男女，因此擅长于讲风俗。《乐》表达人的情感，因此擅长于讲和谐。《春秋》辨明是非，因此擅长治理民众。所以，《礼》用来约束人的行为，《乐》用来抒发和谐优美的感情，《书》用来指导政事，《诗》用来表情达意，《易》用来推演事物变化，《春秋》用来倡导道义。把乱世治理好使其回复正道，没有比《春秋》更切近的了。《春秋》文字几万，要义几千，万事万物的离散聚合，都汇聚在《春秋》之中。《春秋》这部书中，记录弑君的事件有三十六次，亡国的五十二个，诸侯逃跑流亡不能保全他的国家的更是多得不计其数，考察其中的原由，都是由于失去了根本。因此《易》说：‘失之毫厘，差以千里。’又说‘臣弑君，子弑父，不是一朝一夕的缘故，而是逐渐产生的。’因此一国之君不可以不知晓《春秋》，不然，前面有谗人而看不见，后面有国贼而不知道。做臣子的，不可以不通晓《春秋》，不然，墨守成规而不知道适当地处理，遭遇变故而不知道权衡轻重缓急。为君父的，假如不通晓《春秋》的意义，一定会蒙受首恶的罪名。为人子的，假如不通晓《春秋》的意义，一定会陷入篡位弑君弑父而受诛戮，落得个该当死罪的名声。其实他们都认为是“善”才去做，只是由于不懂得义理，结果做错了，受到言论的批评也不敢推脱。不通晓礼义的要旨，以至于君不像君，父亲不像父亲，儿子不像儿子。国君不像国君，就容易使臣子违法，臣子不像臣子就可能被杀，父亲不像父亲就没有道德规矩，儿子不像儿子就是不孝。这四种行为，是天下最大的罪名，用天下最大的罪名附加在他们身上，他们也只能承受而不能推脱。因此《春秋》是礼义的根源啊。

《春秋五霸七雄列国志传》版画之“孔子删诗述书”图，讲述孔子晚年退出政坛，编《诗经》、《春秋》之事。

礼，是坏事发生之前加以防备；法，是当坏事发生之后加以惩罚。法纪的效用容易被人看见，而礼教的防范作用却难以被人们明白。”

壶遂说：“孔子的年代，上面没有贤明的君主，下面的人才不得以重用，因此创作《春秋》，传下文章来断定礼义，作为一种法典。如今您上遇贤明的天子，下面的人能够坚守本职，万事都已具备，全都安排妥当。先生的著作，想用来论述什么呢？”

太史公说：“嗯，嗯，不正确，不正确，不是这样的。我听先父说：‘伏羲的年代极其纯朴厚道，著有《易经》的八卦；尧舜的年代最兴旺，《尚书》有记录，礼乐崛起于那时；商汤周武王的年代很兴盛，诗人为之作颂；《春秋》称颂好事，贬斥邪恶，推崇三代的盛德，褒扬周朝，并不只是讥讽而已。’汉朝崛起以来，到当今的圣明天子，得上天祥瑞，建坛祭神，改历法，变服色，受命于上天，恩惠无尽无穷，海外不同风俗不同语言的人，通过辗转翻译，入关请求进献参拜的不计其数。文武百官，竭力称颂圣德，还怕说不完对圣德的颂扬。士人贤能而不重用，是国君的耻辱；天子英明睿智而仁德不能广传天下，是官吏的罪过。并且我是现任官吏，丢弃明君圣德不记载，埋没功臣世家贤大夫的功绩不记述，丢弃先父的遗训，这是莫大的过错啊！我所说的是记述过去的事，整编史料传记，并不是创作，把它与《春秋》相比，是不正确的。”

于是整理编排这些文章，用了七年，太史公遭到李陵之祸，幽禁狱中。于是喟然唉叹道：“这是我的罪过啊！这是我的罪过啊！身体被摧残不中用了！”退一步认真沉思说：“《诗》、《书》言辞隐讳，是想表示他们的思想啊。从前西伯被囚禁在羑里，推演了《周易》；孔子在陈、蔡遭受被围困，作了《春秋》；屈原被流放，创作了《离骚》；左丘双目失明，才有《国语》；孙子受膑刑，才写了兵法；吕不韦贬迁到蜀国，才流传他的《吕览》；韩非监禁在秦国，著有《说难》、《孤愤》；《诗》三百篇，大都是圣贤之人为忧愤而著的。这些人都是志气被压制，不能实施自己的主张，因此记录往事，以供后人借鉴。”于是我记录了陶唐以来的事情，上自黄帝开始，下至当今天子捕获麒麟为止。

报任安书

司马迁

【题解】

任安，字少卿，荥阳人，曾是京城禁卫军的军官，后因事下狱，当斩，在获罪前曾写信给司马迁，要求他推举贤士，司马迁写了此信，回复他。在信中司马迁诉说了自己不能举荐贤士的苦衷及自己祸罪的始末，表明自己忍辱偷生地活在世上，是为了著书。全文基调悲愤沉郁，文笔跌宕起伏，是天下罕见的奇文。

太史公①牛马走②司马迁再拜言，少卿③足下④：曩⑤者辱赐书，教以慎于接物，推贤进士为务。意气勤勤恳恳，若望仆⑥不相师，而用流俗人之言。仆非敢如此也。仆虽罢⑦驽，亦尝侧闻长者之遗风矣。顾⑧自以为身残处秽，动而见尤⑨，欲益反损，是以独抑郁而谁与语。谚曰："谁为为之？孰令听之？"盖钟子期⑩死，伯牙⑪终身不复鼓琴。何则？士为知己者用，女为说⑫己者容。若仆大质已亏缺矣，虽才怀随、和⑬，行若由、夷⑭，终不可以为荣，适足以见笑而自点⑮耳。书辞宜答，会东从上来，又迫贱事，相见日浅，卒⑯卒无须臾之间得竭志意。今少卿抱不测之罪，涉旬月，迫季冬，仆又薄从上雍，恐卒然不可为讳。是仆终已不得舒愤懑以晓左右，则长逝者魂魄私恨无穷。请略陈固陋。阙然久不报，幸勿为过。

①太史公：司马迁自称。

②牛马走：像牛马那样奔走，一种自谦的说法。

③少卿：任安的字。任安为汉武帝时人，他任益州刺史时曾给司马迁写信，要司马迁利用在汉武帝身边的便利条件推荐贤能之士，司马迁没能及时回信。到了汉武帝太始四年（公元前93年）十一月，任安获罪当死，司马迁才写了这封信。

④足下：对人的敬称。

⑤曩：音 nǎng，过去。

⑥仆：我。

⑦罢：通"疲"，疲弱。

⑧顾：只是。

⑨尤：指责。

⑩钟子期：春秋时楚国人，最能欣赏伯牙的琴音。

⑪伯牙：春秋时楚国人，善于弹琴。

⑫说：通“悦”。
⑬随、和：指随侯珠、和氏璧。
⑭由、夷：指许由、伯夷。
⑮点：通“玷”，玷污。
⑯卒：通“猝”，突然。

仆闻之：修身者，智之符也；爱施者，仁之端也；取予者，义之表也；耻辱者，勇之决也；立名者，行之极也。士有此五者，然后可以托于世，而列于君子之林矣。故祸莫憯[17]于欲利，悲莫痛于伤心，行莫丑于辱先，诟[18]莫大于宫刑[19]。刑余之人，无所比数，非一世也，所从来远矣。昔卫灵公与雍渠同载，孔子适[20]陈；商鞅因景监见，赵良寒心；同子参乘，袁丝变色：自古而耻之。夫中材之人，事有关于宦竖，莫不伤气，而况于慷慨之士乎！如今朝廷虽乏人，奈何令刀锯之余荐天下之豪俊哉！仆赖先人绪业[21]，得待罪辇毂下，二十余年矣。所以自惟：上之，不能纳忠效信，有奇策材力之誉，自结明主；次之，又不能拾遗补阙，招贤进能，显岩穴之士[22]；外之，不能备行伍，攻城野战，有斩将搴旗之功；下之，不能积日累劳，取尊官厚禄，以为宗族交游光宠。四者无一遂，苟合取容，无所短长之效，可见于此矣。向者，仆亦尝厕[23]下大夫之列。陪奉外廷末议，不以此时引纲维，尽思虑，今已亏形为扫除之隶，在阘茸[24]之中，乃欲仰首伸眉，论列是非，不亦轻朝廷、羞当世之士邪！嗟乎！嗟乎！如仆尚何言哉！尚何言哉！

次乘灵公图。卫灵公与夫人同车，让孔子为次乘，孔子喟然长叹：“吾未见好德如好色者也”，于是孔子离开卫国。

且事本末未易明也。仆少负不羁之才，长无乡曲[25]之誉，主上幸以先人[26]之故，使得奏薄伎[27]，出入周卫之中。仆以为戴盆何以望天，故绝宾客之知，亡室家之业，日夜思竭其不肖之才力，务一心营职，以求亲媚于主上。而事乃有大谬不然者。

⑰憯：通“惨”。
⑱诟：耻辱。
⑲宫刑：古代割除男性生殖器官的一种刑法。
⑳适：到。
㉑绪业：先人未完成的事业。
㉒岩穴之士：指隐士。
㉓厕：夹杂。
㉔阘茸：卑贱。
㉕乡曲：乡里。
㉖先人：指司马迁的父亲司马谈。
㉗薄伎：微薄的才能。

夫仆与李陵㉘俱居门下，素非能相善也，趋舍㉙异路，未尝衔杯酒、接殷勤之馀欢。然仆观其为人自守奇士，事亲孝，与士信，临财廉，取与义，分别有让，恭俭下人，常思奋不顾身以殉㉚国家之急。其素所蓄积也，仆以为有国士之风。夫人臣出万死不顾一生之计，赴公家之难，斯已奇矣。今举事一不当，而全躯保妻子之臣随而媒糵㉛其短，仆诚私心痛之。且李陵提步卒不满五千，深践戎马之地，足历王庭，垂饵虎口，横挑强胡，仰亿万之师，与单于连战十有余日，所杀过当，虏救死扶伤不给。旃㉜裘之君长咸震怖，乃悉征其左右贤王，举引弓之人，一国共攻而围之。转斗千里，矢尽道穷，救兵不至，士卒死伤如积。然陵一呼劳军，士无不起，躬自流涕，沬血饮泣，更张空拳㉝，冒白刃，北向争死敌者。陵未没时，使有来报，汉公卿王侯皆奉觞上寿。后数日，陵败书闻，主上为之食不甘味，听朝不怡。大臣忧惧，不知所出。仆窃不自料其卑贱，见主上惨怆怛悼㉞，诚欲效其款款㉟之愚。以为李陵素与士大夫绝甘分少，能得人之死力，虽古之名将，不能过也。身虽陷败，彼观其意，且欲得其当而报于汉。事已无可奈何，其所摧败，功亦足以暴于天下矣。仆怀欲陈之，而未有路，适会召问，即以此指㊱推言陵之功，欲以广主上之意，塞睚眦㊲之辞。未能尽明，明主不晓，以为仆沮㊳贰师㊴，而为李陵游说，遂下于理㊵。拳拳之忠，终不能自列，因为诬上，卒从吏议。家贫，货赂不足以自赎，交游莫救视，左右亲近不为一言。身非木石，独与法吏为伍，深幽囹圄㊶之中，谁可告诉者！此真少卿所亲见，仆行事岂不然乎？李陵既生降，颓其家声，而仆又佴㊷之蚕室，重为天下观笑。悲夫！悲夫！事未易一二为俗人言也。

㉘李陵：汉代名将李广的孙子，汉武帝时的将领。曾率兵与匈奴作战，矢尽援绝而投降。
㉙趋舍：进退。
㉚徇：通“殉”，以身从物。
㉛媒糵：本意为酒麹，此处之意为酿成。

《昭君传》版画之李陵像。李陵为李广的孙子，汉武帝时期的将领。

㉜旃：通“毡”。
㉝沬：音 huì，洗脸。卷：音 quān，弩弓。
㉞惨怆怛悼：悲哀伤心之意。
㉟款款：忠实恳切的样子。
㊱指：意思。
㊲睚眦：音 yá zì，瞪眼怒视。
㊳沮：毁谤。
㊴贰师：指贰师将军李广利，他是汉武帝宠姬李夫人的哥哥。
㊵理：指大理，掌管刑狱的官。
㊶囹圄：音 língyǔ，监狱。
㊷佴：耻。

仆之先非有剖符、丹书之功，文、史、星、历[43]近乎卜、祝之间，固主上所戏弄，倡优所畜，流俗之所轻也。假令仆伏法受诛，若九牛亡一毛，与蝼蚁何以异？而世俗又不能与死节者次比，特以为智穷罪极，不能自免，卒就死耳。何也？素所自树立使然也。人固有一死，死或[44]重于泰山，或轻于鸿毛，用之所趣异也。太上不辱先，其次不辱身，其次不辱理色，其次不辱辞令，其次诎[45]体受辱，其次易服受辱，其次关[46]木索、被箠楚受辱，其次剔[47]毛发、婴金铁受辱，其次毁肌肤、断肢体受辱，最下腐刑极矣！传曰：“刑不上大夫。”此言士节不可不勉励也。猛虎在深山，百兽震恐，及在槛阱之中，摇尾而求食，积威约之渐也。故士有画地为牢，势不可入，削木为吏，议不可对，定计于鲜也。今交手足，受木索，暴肌肤，受榜箠，幽于圜墙之中，当此之时，见狱吏则头抢地，视徒隶则心惕息。何者？积威约之势也。及以至是，言不辱者，所谓强颜耳，曷足贵乎！且西伯，伯也，拘于羑里；李斯，相也，具于五刑；淮阴，王也，受械于陈；彭越、张敖，南面称孤，系狱抵罪；绛侯诛诸吕，权倾五伯，囚于请室；魏其，大将也，衣赭衣，关三木；季布为朱家钳奴；灌夫受辱于居室。此人皆身至王侯将相，声闻邻国，及罪至罔[48]加，不能引决自裁，在尘埃之中。古今一体，安在其不辱也？由此言之，勇怯，势也；强弱，形也。审矣，何足怪乎？夫人不能早自裁绳墨[49]之外，以稍陵迟，至于鞭箠之间，乃欲引节，斯不亦远乎！古人所以重施刑于大夫者，殆为此也。夫人情莫不贪生恶死，念父母，顾妻子，至激于义理者不然，乃有所不得已也。今仆不幸早失父母，无兄弟之亲，独身孤立，少卿视仆于妻子何如哉？且勇者不必死节，怯夫慕义，何处不勉焉！仆虽怯懦欲苟活，亦颇识去就之分矣，何至自沉溺缧绁[50]之辱哉！且夫臧获[51]婢妾犹能引决，况仆之不得已乎！所以隐忍苟活，幽于粪土之中而不辞者，恨私心有所不尽，鄙陋没世而文采不表于后世也。

㊸文史星历：指文献、史籍、天文、历法。
㊹或：有的。
㊺诎：通“屈”。
㊻关：套上。
㊼剔：通“剃”。
㊽罔：通“网”，法网。
㊾绳墨：指法律。
㊿缧绁（léi xiè）：捆绑犯人用的绳索。
51 臧获：古代对奴婢的贱称。

古者富贵而名磨灭，不可胜记，唯倜傥非常之人称焉。盖文王拘而演《周易》；仲尼厄[52]而作《春秋》；屈原放逐，乃赋《离骚》；左丘失明，厥有《国语》；孙子膑[53]脚，兵法修列[54]；不韦迁蜀，世传《吕览》；韩非囚秦，《说难》、《孤愤》；《诗》三百篇，大底[55]贤圣发愤之所为作也。此人皆意有所郁结，不得通其道，故述往事，思来者。乃如左丘无目，孙子断足，终不可用，退而论书策以舒其愤，思垂空文以自见。仆窃不逊，近自托于无能之辞，网罗天下放失旧闻，略考其事，综其终始，稽[56]其成败兴坏之纪[57]，上计轩辕，下至于兹，为十表、本纪十二、书八章、世家三十、列传七十，凡百三十篇。亦欲以究天地之际，通古今之变，成一家之言。

孙膑像，图出自《余姚朴树下孙氏宗谱》。孙膑是战国时期齐国人，孙武的后代，受庞涓陷害遭受膑刑，有《孙膑兵法》传世。

草创未就，会遭此祸，惜其不成，是以就极刑而无愠色。仆诚已[58]著此书，藏之名山，传之其人通邑大都，则仆偿前辱之责[59]，虽万被戮，岂有悔哉！然此可为智者道，难为俗人言也。

㊾厄：受困。

㊿膑：古代一种酷刑，挖去人的膝盖骨。

54修列：编写。

55大底：大抵、大都。

56稽：考察。

57纪：道。

58已：通“以”。

59责：通“债”。

且负下未易居，下流多谤议。仆以口语遇遭此祸，重为乡党[60]所戮笑，以污辱先人，亦何面目复上父母之丘墓乎？虽累百世，垢弥甚耳！是以肠一日而九回，居则忽忽若有所亡，出则不知其所往。每念斯耻，汗未尝不发背沾衣也！身直为闺阁之臣，宁得自引深藏岩穴邪！故且从俗浮沉，与时俯仰，以通其狂惑，今少卿乃教以推贤进士，无乃与仆私心刺谬[61]乎？今虽欲自彫琢，曼[62]辞以自饰，无益，于俗不信，适足取辱耳。要之[63]，死日然后是非乃定。书不能悉[64]意，略陈固陋。谨再拜。

60乡党：同一个乡里之人。

61刺谬：违背。刺：音là。

62曼：美。

63要之：总之。

64悉：详尽地。

【译文】

太史公之仆司马迁再拜禀告——

少卿足下：前些时候蒙您屈尊写信给我，教育我严谨地待人接物，并要着力于举荐贤者、招引良士，这情意是非常恳切的。您像是在埋怨我没有听信采用您的意见，而把它看作世俗庸人之言。事实上我是不敢抱这样态度的。我尽管拙笨，但也曾听闻到年高有德的人流传下来的风范。我只是认为自己遭受了宫刑，处在羞耻的地位，动辄就要受人斥责，本想做点有益于朝廷的事，结果导致被人看做有损于朝廷，所以我只能独自忧愁，这又和谁去讲呢？俗话说：“为谁做好事，让谁听从？”因此钟子期死后，伯牙破琴绝弦终生不再弹琴。为什么呢？士为知己者效忠，女为爱己者装扮。而我身体已有损伤了，即便怀着稀世之才，品行犹如许由、伯夷一样高尚，终究也不能看作光彩，反倒足以被人嘲笑而自惹污辱。来函本应及早答复，可是正值我跟随皇帝从东方到长安，又为琐事所迫，相见的日子很少，整天忙忙碌碌，没点闲空了结回信的心愿。如今您又遭受意料之外的大罪，再过半月二十天，就要接近冬末了，到那时我又要不得不跟随皇帝巡幸于雍，恐怕急促之间就要发生不能为您避讳的事。这样的话，我就终究不能有机会抒发我的愤懑之情来告诉您了，而您也将由于得不到我的复信而遗憾无穷。请容许我大概地叙述一下我的鄙陋之见。长时间没有回信，但愿您不要责备。

西汉将帅军戎服饰图

我听到过这样的话：修养自身是有智慧的代表，好施德于人是仁义的起点，谨慎对待获取与施予是守道义的表现，如何对待羞辱是判定一个人是否勇敢的标准，树立节操是修养品德的终极目的。士人具备了这五种德行，然后才能立足于世，列入君子的行列。因此，灾祸没有比贪图私利更悲惨的了，悲伤没有比心灵上受到创伤更痛苦的了，行为没有比使祖先受辱更丑恶的了，羞辱没有比宫刑更大的了。受过宫刑的人，没有什么人愿同他并排，这不只是一个朝代如此，由来已久了。以前卫灵公同孔子出游时由宦官雍渠陪同，孔子对此感到羞辱而离开了卫国；商鞅通过景监的推荐而得官，赵良为此感到寒心；赵谈做文帝的参乘，袁盎为此而慎重地规劝文帝：自古以来，人们就以做宦官为耻。即便才能很平庸的人，只要有了同宦官相牵扯的事，没有不灰心丧气的，何况是志向远大的士人呢？当今朝廷尽管缺少人才，但是怎么能让我这个受过刑的人来举荐天下的英豪贤士呢？

我凭借祖先的余荫，得以在京城任官，到现在已有二十多年了。所以我自己常想，以最高的标准来衡量，我不能进献忠信，博得有奇才大德的名声，以此来取得皇帝的信任；次之，又不能给皇帝拾掇遗漏，补救过失，引进举荐贤能之士，使山林隐士得以显名；对外又不能充数于伍，攻城野战，立下斩将拔旗之功；按最低的标准来衡量，又不能长期积聚微小的功绩，取得高官厚禄，以便为宗族、朋友增光。这四项中没有一项能办到，只好苟合迁就以取得皇帝的收容，也不可能立什么大的功勋，可见我这一辈子只能这样了。先前我曾列位于下大夫的行列里，陪同外朝官员发表点无关宏旨的言论，我没在那时按照国家法令，充分发表自己的见解，而现在身体已残废，做个洒扫殿阶的仆人，处在猥贱之人中间，居然想昂首扬眉，评论朝廷的是非曲直，这岂不是太轻视了朝廷，侮辱了当代的士人吗？哎呀！哎呀！像我这样的人还能说什么呢？还能说什么呢？

况且，事情的前后真不容易对人说清楚啊。我少年时就具有难以克制的脾性，而长大后在家乡也没什么声望。幸而皇上由于先人的原因，让我有机会奉献微不足道的技能，出入于宫禁之中。我觉得头上顶着盆子怎么能望天呢，我无暇他顾，因此断绝了宾客的来往，忘掉了家庭私事，昼夜想着竭尽自己的微薄之力，专心致志地在朝廷任职，以求赢得主上的倾心。但事情居然不像我先前所想的那样！

我和李陵都在朝中供职，向来并没有交好。相互的志趣抱负都不相同，从来没有在一起喝过一杯酒，没有什么私下交情。可是我观察他的为人，确是一个保持自己的操守的不凡之士，他侍奉双亲很孝敬，与人结交讲信用，对财物很廉洁，在取得和赠与之事上很义气，分别长幼尊卑讲谦让之礼，对人恭敬谦居人下，时刻想着奋勇当先，为国家的急难而献身。他平常所修养的品德，我认为具有闻名全国的贤豪之士的风度。作为一个臣子，能出生入死，不顾个人安危，奔赴国家的危难。这已够不凡的了。如今行事，一有不当之处，那些只知保全自己和老婆孩子的大臣，随即夸大他的缺点以便酿成大罪名，我确实为此而感到痛心！再说，李陵带领的步卒不足五千，远赴战场，抵达匈奴王廷之地，这无异于垂饵于虎口，可是他纵横挑战，迎击众多的敌人。同单于持续作战十几天，杀死的敌人超过了我军的数目。匈奴连救死扶伤也顾不及了。匈奴的首领都非常震惊害怕，于是悉数征发左右贤王的军队，并且发动全部的能拉弓射箭的人参战，全国共同攻击李陵的军队并包围了他们。李陵孤军转战千里，箭尽路绝，而救兵没有到达，士卒死伤的很多。可是李陵一说是慰劳将士，兵士们都起身流泪，抹去满脸的鲜血，强忍着悲痛，又拉开空弓抗敌，冒着敌军的刀刃，向北出击，争先恐后地为抗敌而献身。李陵的军队没有覆没时，有使者来朝廷禀告，朝廷的公卿王侯都捧觞祝捷。又过了几天，边塞把李陵战败的消息禀告给皇帝，皇帝为此而食不甘味，上朝听政时很不高兴，大臣们很忧虑，想不出什么办法来。我没估量自己的地位低下，看见皇上很是悲伤，确实想着献出自己的愚诚。我觉得李陵向来与官兵们同甘共苦，所以士卒都愿为他出死力，即使是古代的名将，也不能超过他啊。他尽管失败，但我观察他的意思，是想等待时机立下足以抵罪之功报答汉朝。他这样做，的确是出于无奈，但他以步卒五千人打败了匈奴八万人，功绩也满可以宣示于天下了。我心里想表述自己的看法，但是没有适当的机会。正赶上皇帝召问此事，我就按这个意思来陈说李陵的功绩。想着以此来抚慰主上的心，堵住怨家之口。可是还没有等我把话说明白，圣明的皇帝不省察我说这番话的用意，就觉得我是诋毁贰师将军，而为李陵游说。于是就交给法庭审判。我的一片忠心，最终没机会向皇帝表白，于是就落了个“欺骗皇上”的罪名，皇上最后遵从了法官的判决。我家里很穷。财产不够赎罪的；朋友没有一个出面相救的，皇上的近臣也不愿为我说句好话。人非木石，而我独与执法之吏为伍，囚禁在监狱之中，我的苦衷又能向谁倾诉呢！这些情况，是您所亲眼所见的，我的行事难道不是这样的吗？李陵既已活着投降匈奴，败坏了世代名将的家庭名誉，而我随后又被推置蚕室之中，更被天下人当笑柄来看待。悲哀啊！悲哀啊！事情的经过是很难对普通人一一讲明白的。

我的祖先没有为皇上立过什么特殊功绩，家里也没有皇上赏赐的写上红字的特权凭证，做个小小的太史令，不过是近乎卜官、巫祝一类的人，本来就是供皇上玩弄的。像对待乐师、优伶一样养活着，在社会上没人瞧得起。假如我犯了法被杀戮，真如同九牛一毛，与小小的蝼蚁死去有什么分别呢？社会上的人也不会把我同为名节而死的人一样看待，只是觉得我智虑穷尽而罪大恶极，又不能免除罪名，结果走上死路罢了。为什么这样说呢？是由于我平时所处的地位让我落到这个地步啊。是的，人总是要死的，有的人死得比泰山还重，有的人比鸿毛还轻，这是由于死的场合不一样啊。作为一个人，首要的是不使先人受辱，其次是不使自身受辱，其次不为别人的脸色所辱，其次不受别人的言语侮辱，其次屈身下跪受辱，其次穿上罪犯的衣服受辱，其次戴上刑具、遭鞭打受辱，其次剔去头发、用铁圈束颈而受辱，其次毁坏肌肤、砍断肌体受辱，最下作的是受腐刑，这算达到极点了！《礼记》上说："刑不加于大夫之身。"这是说对士人的尊严操守不可不加以勉励啊。猛虎在深山时，百兽都震惊害怕，及至关进笼子，掉进陷阱之后，就摇着尾巴要食吃，这是长期地威震它、限制它产生的结果啊。因此说，即便在地上画个圈当做牢狱，按情势说士人也不愿进去；即便削个木头人当狱吏，按情理说士人也不愿同它对案，这是因为士人早就打定了自杀的主意，不愿受这个侮辱。如今犯人手足都戴上刑具。颈项戴上木枷铁索，裸露着皮肤，遭受鞭打，囚禁在牢狱里。在这时候，看见狱吏就叩头，看见狱卒就胆战心惊喘粗气。为什么呢？这是长期施刑，进行管制所产生的必然情势啊。及至到了这步田地，要说没受屈辱，这真是厚脸皮罢了。这种人怎么值得尊重呢！再说，周文王，是西方诸侯之长，而被拘囚在羑里；李斯是宰相，受五刑而死；淮阴侯被封为楚王，在阵地被捕；彭越、张敖南面称王，却被监禁在监狱问罪法办；绛侯周勃平定了吕后的亲族的叛乱，权势超过了五霸，却被监禁在请室之中；魏其是大将，却穿上了罪人的衣服，戴上了颈枷、手铐和脚镣；季布剃去头发以铁刑具束颈卖于朱家为奴；灌夫在居室受屈辱。这些人都身至王侯将相，名声传扬到邻国，等到法网加身，而不下决心自杀，结果被囚禁在监狱里。从古到今都是一样的，只要不及早自杀，怎么能不受侮辱呢？由此说来，一个人的勇怯、强弱是由客观情形决定的。这是十分明白的道理，有什么值得奇怪的呢？人不能及早地自杀于法网加身之前，所以志气逐渐消磨光了，等到受鞭打的时候，才准备为节操而死，这不是差得太远了吗？古人之所以对大夫在施刑上很严谨，可能就

《前汉书续集》
版画之汉王游云梦擒韩信图

是为了这个吧。

照人的现实情况来说，没有不贪生怕死的，他们要思念父母，顾念老婆孩子。至于为义理所激发而死的人就不是这样了，他们都有不顾自身和家庭的原因。现在我很不幸，父母早已去世，又没有兄弟，我孑然一身独自生活，少卿您看我对老婆、孩子的态度又会怎样呢？再说，真正勇敢的人不一定为节操而死，怯懦的人假如仰慕节义，在什么情况下不能勉励自己为节操牺牲呢？我尽管承认自己是个怯懦的人，想苟且偷生，但我也很懂得舍生就义的道理，为什么自己要甘心遭受被囚禁的耻辱呢？再说，奴婢侍妾，还能够下决心自杀，何况我受辱的程度已使自己很难克制自杀的念头呢？我之所以勉力忍住自己的感情，苟活于世，监禁于监狱而不推辞，是由于我的志向还没完全实现，假如碌碌无为地了结此生，我的文采就不能扬名于后世。

古时候，富贵而埋没不闻的人不计其数，只有不被世俗所拘的卓越之士才能显扬于后世。周文王被拘禁而推演八卦为六十四卦，写成了《周易》；仲尼一生困顿不得志而作《春被》；屈原被放逐，就写成了《离骚》；左丘眼睛失明，就有《国语》传世；孙子受了膑刑，就编著了兵法书：吕不韦被流放到蜀地，《吕览》才流传于世；韩非被囚禁于秦，有《说难》、《孤愤》传世；《诗》三百篇，大都是圣人贤者抒发愤懑之情的作品。这些人思想上都有解不开的愁闷，不能实现其志愿，因此追述往事，希望将来的人了解他们的抱负。至于左丘眼睛失明，孙子受膑刑，终归不为当权者重用，他就不再抛头露面，而论列自己的见解著书立说，以抒发他的愤懑之情，想着让自己的著作传留后世以表达自己的理想志趣。我私下里近借助于自己粗劣的文笔，搜罗天下散失的文献，并对前人行事稍加考证，考察历史上成败兴衰的规律。上起轩辕氏，下至于今，写成十表、十二本纪、八书、三十世家、七十列传，总共一百三十篇。想借此来探索自然界和人类社会的关系，沟通古今历史的变革，而成为一家之言。草草创作还没有定稿，就正好遭遇此祸。书还没有写成，我非常惋惜，所以受了最重的刑罚而没有愠怒之色。我假如真的著成了此书，能藏之于名山，传给志同道合的人，以至广泛流传到社会上，就能够补偿，以前受屈辱的旧债，即便受更残酷的刑罚，哪里又会懊悔呢？可是这事只能给圣贤人说，难以给普通人言啊。

我在背负重罪的情况下确实不易生活，地位卑贱的人往往受到别人的毁谤非议。我因为口头发表意见遭受这样的灾难，更为家乡的人所嘲笑，以至于使先人受辱，我还有什么脸面再上父母的坟墓去呢？即便百世之后，耻辱也只会更加深重罢了！所以我忧思难当，整日愁肠百转，在家时就精神恍惚，出门就不知到什么地方去好。每当我想起遭受的这种耻辱，总是大汗淋漓，沾湿了衣裳！我居然成了一个宫闱之臣，难道还能再退居山林过隐居生活吗？因此我暂且随俗沉浮，与时俗周旋敷衍，以顺适自己的“狂”和“惑”。如今您居然教导我举荐贤士，这未免与我内心的想法相违背吧？现在即便我想美化自己，以美丽的词汇来开脱自己，也不会有什么益处。在世俗人中是不能获得信赖的，反倒正好招惹屈辱，总之，盖棺才能断定是非。这封信也不能充分表明出我的用意，只是稍略地叙述一下我的短浅的见识。谨再拜。

求贤①诏

刘 邦

【题解】

高帝，即汉高祖刘邦。刘邦（前256年－前195年），字季，沛县丰邑（今江苏丰县）人，西汉开国皇帝。本文是他称帝十一年（前196年）二月发布的诏书。文中与周文、齐桓比高，回顾任用贤能平定天下，显出一副唯我独尊的帝王气派，但所用“安利”一语，仍透露对时势危机的忧虑。当时社会还远未“安利”：前一年（前197年）九月，陈豨举兵反叛；当年，与陈豨、韩信等俱有战事，其他诏书中提及边境“数有胡寇”和百姓痛恨“赋多”，所以，急于求贤。表示“有肯从我游者，吾能尊显之”，是利诱；潜台词则是，不肯顺从而反叛者，我必剿灭之。其实还是恩威并用的。本文先写古人用贤成就功业，继之以自己用贤平定天下，再表欲安定天下继续求贤的诚意和急迫心情，环环紧扣，结构严密。此诏既显天子威严，又微露早年亭长的痞性，似是刘邦之作而非他人代笔。

盖闻王者莫高于周文②，伯者莫高于齐桓③，皆待贤人而成名。今天下贤者智能岂特④古之人乎？患在人主不交故也，士奚由进⑤！今吾以天之灵⑥、贤士大夫定有天下，以为一家，欲其长久，世世奉宗庙亡绝也⑦。贤人已与我共平⑧之矣，而不与吾共安利⑨之，可乎？贤士大夫有肯从我游者，吾能尊显⑩之。布告天下，使明知朕意。御史大夫昌下相国⑪，相国酂侯⑫下诸侯王，御史中执法下郡守⑬，其有意称明德者⑭，必身劝，为之驾⑮，遣诣⑯相国府，署行、义、年⑰。有而弗言，觉免⑱。年老癃⑲病，勿遣⑳。

①求贤：征求人才。

②周文：周文王。

③“伯者”句：伯，通“霸”，指春秋称霸的诸侯。齐恒，即齐恒公。

④岂特：难道仅仅。

⑤“患在”二句：患，怕，或解作“毛病”。奚，何。

⑥以天之灵：靠上天的英灵。

⑦“世世”句：世世，世世代代。奉，奉祀。宗庙，天子祭祖的地方，是国家的象征。亡，不。

⑧平：平定。

⑨安利：安宁它，改善它。

汉高祖刘邦像，图出自清·上官周绘《晚笑堂画传》。

⑩尊显：使……尊贵显赫。此处作动词用。

⑪“御史”句：昌，即周昌。下，下达。相国，即丞相。

⑫酂（zàn）侯：即萧何。

⑬“御史”句：中执法，中丞。郡守，郡的最高长官。

⑭“其有”句：意，名声。称，与……相称。

⑮“必身劝”二句：必，一定。身，亲自。驾，驾车。

⑯诣：到。

⑰署行、义、年：记录他的行状、容貌和年龄。义，通“仪”。象貌。

⑱觉免：一旦发觉，即行免职。

⑲癃（lóng）：驼背。这里泛指残疾。

⑳勿遣：不必送来。

【译文】

据说古代成就帝业的没有谁能和周文王相比，五霸中以齐桓公的功绩最大，他们都凭靠贤人的佐助而成名。如果论天下贤人的智慧和才能，难道只有古人才具备吗？只怕君主不去和他们结识，贤士怎能进身呢？现在我靠老天庇佑，凭借贤士大夫们平定天下，把天下统一为一家。想要使政权长久，世世不断地奉祠宗庙。贤士们已和我一起平定了天下，能够不来跟我一起享受太平吗？贤士们有肯和我交游的，我能使他们尊贵。所以布告天下，使大家明白我的意思。这诏书由御史大夫周昌下达给相国，相国酂侯萧何将它下达给诸侯王，御史中执法下达到各郡的郡守。地方上有确实具有才德的士人，地方官一定要亲自去游说，给他驾上马车，送到相国府，注明被推荐者的为人行状、容貌和年龄。地方上有贤才士人而郡守不推荐，被发现后立即革职。年老体弱不便行动的贤人，就不必送来。

议佐百姓诏

刘 恒

【题解】

汉文帝是封建社会中一位比较能体贴民间疾苦的皇帝。《议佐百姓诏》表达了这位封建帝王对百姓疾苦的关心。诏中探求民众疾苦的原因，反复设问，诚意跃然纸上。

间者[①]数年比不登[②]，又有水旱疾疫之灾，朕甚忧之。愚而不明，未达其咎[③]。意者[④]朕之政有所失[⑤]而行有过与？乃天道有不顺[⑥]、地利或不得、人事多失和、鬼神废不享与[⑦]？何以致此？将百官之奉养或费[⑧]，无用之事或多与？何其民食之寡乏也？夫度田非益寡[⑨]，而计民未加益，以口量地，其于古犹有余，而食之甚不足者，其咎安在？无乃百姓之从事于末[⑩]，以害农者蕃为酒醪以靡谷者多[⑪]，六畜之食焉者众与[⑫]，细大之义，吾未能得其中[⑬]。其与丞相、列侯、吏二千石、博士议之[⑭]，有可以佐百姓者，率意远思[⑮]，无有所隐！

汉文帝刘恒像，图出自明·天然撰《历代人物像赞》。

①间：近来。

②比：连续、屡屡。登：谷物成熟、丰收。

③达：通晓、明白。咎（jiù）：过失、罪过。

④意者：疑问词，置于句首表示猜想。

⑤朕（zhèn）：我。秦代以后用于皇帝的自称。

⑥乃：还是。用于选择句中表示疑问。

⑦废：停止。享：祭祀、祭献。与：通“欤”，下同。

⑧将：还是。

⑨或：也许，选择连词。

⑩末：指工商业。

⑪醪（láo）：酒酿。靡（mí）：耗费、浪费。

⑫食（sì）：通“饲”，喂养。

⑬中（zhòng）：指最确切的原因。

⑭其：语气词，表示命令。列侯：汉制，异姓封侯者称列侯。二千石：汉代对郡守和国相的通称，因为他们的俸禄都是二千石。

⑮博士：皇帝的顾问，掌管书籍文献。

【译文】

这几年农业每每歉收，又有水、旱、疾疫的灾难，我对此深感担忧。我愚笨不明，还没有明白发生这些灾难的原因。猜想是我的施政方针谋划不当、而行为又有过失呢？还是天道不顺从，地利没获得，人事多失去和谐，鬼神废弃不享受祭祀呢？为什么发展到这种田地呢？可能是现行百官的俸禄用财过多，还是没有社会效益的事办得过多呢？为什么老百姓吃的粮食那么缺乏呢？统计全国的田亩并不比过去少，而计算人口也并没有增加，照人口来计量土地，它跟古时相比还多出一些，可是百姓吃的粮食却很不足，这种过错在什么地方？是不是百姓的力量投入到工商中去而农业生产阻碍多了，普遍酿酒浪费粮食多了，还是饲养六畜的多了呢？大大小小的道理很多，我没能找出其中最关键的事，期望同丞相、列侯、俸禄二千石的官吏们、博士来商讨这件事。有能够帮助百姓得到益处的建议，可提出较长远的计策，不要有所保留。

令二千石修职诏

刘　启

【题解】

本篇选自《汉书·景帝纪》，是汉文帝之子汉景帝刘启为了整顿吏治，给诸侯国的国相和郡守下达的诏令。汉景帝刘启继承帝位以后，继续执行休养生息的政策，重农抑商，巩固中央集权。在这道诏令中，他尖锐地指出了人民饥寒困苦的原因，同时命令二千石的官吏各修其职，严禁贪赃枉法、侵夺百姓的事件发生。就这道诏令所产生的客观效果而言，还是具有积极意义的。

雕文刻镂，伤农事者也；锦绣纂组[①]，害女红者也[②]。农事伤，则饥之本也；女红害，则寒之原也。夫饥寒并至，而能无为非者寡矣。朕亲耕，后亲桑，以奉宗庙粢盛[③]、祭服，为天下先。不受献[④]，减太官[⑤]，省繇赋[⑥]，欲天下务农蚕，素有畜积，以备灾害。强毋攘弱，众毋暴寡，老耆以寿终[⑦]，幼孤得遂长。今岁或不登，民食颇寡，其咎安在？或诈伪为吏，吏以货赂为市，渔夺百姓，侵牟万民。县丞[⑧]，长吏也，奸法与盗盗，甚无谓也。其令二千石[⑨]各修其职；不事官职，耗乱者[⑩]，丞相以闻，请其罪。布告天下，使明知朕意。

①纂（zǔan）组：丝编织的红色带子。

②女红：指妇女的纺织刺锈。

③粢盛：祭器中所盛的谷物。

④献：汉朝的一种赋税。

⑤太官：掌管宫廷膳食的官员。

⑥繇：同“徭”。

⑦耆（qí）：古时称六十岁的人为耆，这里泛指老人。

⑧县丞：县令的佐吏，掌文书仓狱。

⑨二千石：汉代对郡守的统称。

⑩耗（mào）：同“眊”，昏乱不明。

汉景帝刘启像，图出自明·天然撰《历代人物像赞》。

【译文】

彩绘装饰，刻木镂金，乃是伤

害农业的事。刺绣花纹、编织绶带乃是损害女工纺织劳作的事。农业生产受到损害就是人民饥饿的本源，女工纺织受到损害就是人民受寒的本源。饥饿寒冷同时降临，而能够不为非作逮的人是很少的。如今我亲自耕种，皇后亲自采桑养蚕，以做奉祭宗庙用的粮食和祭服，为天下人带个头。我不接受进献，减少掌管皇帝饮食宴会的官员，减轻人民的徭役和赋税；期望天下人民尽力从事农桑，平时有了积累，用以预防灾害。强的不能侵夺弱的，人多的不能欺压人少的，老年人能够寿终，幼儿孤儿得到顺利成长。如今有的年头收成不好，百姓的粮食很少，这个失误在哪里呢？也许奸诈掠夺的人当了官吏，官吏用财货做买卖，侵害百姓的利益，掠夺万民。县丞，属于县中的长吏，居然违犯法令，助盗为盗，的确是失去职责应引以为戒的。如今命令郡守等二千石官员，每人都要整顿自己的职责。不尽力本职工作的，混乱胡行的，丞相把他们报上来，追究他们的罪过。并布告天下使全国人民清楚地明白我的想法。

求茂材异等诏

刘彻

【题解】

刘彻（前156一前87），汉武帝，汉景帝的儿子，是我国历史上有作为的皇帝，本文选自《汉书·武帝纪》，是征召人才的命令。它说明了惟才是举之意，表现了汉武帝的雄才大略，惟我独尊的气概，也隐隐流露出向外开拓、穷兵黩武的思想。

盖有非常之功，必待非常之人，故马或奔踶而致千里[1]，士或有负俗之累而立功名[2]。夫泛驾之马[3]，跅弛之士[4]，亦在御之而已。其令州郡察吏民有茂材异等可为将相及使绝国者[5]。

①奔踶（dì）：乘则疾奔，立则踢人，指勇烈难驯之马。踶：踢、蹋。

②负俗：被世俗嘲笑。累：毛病

③泛驾：马有逸气而不循轨辙。泛：通“覆”。

④跅（tuò）驰：不受礼俗约束而放纵。

⑤其：表命令语气词。茂才：即秀才，避东汉光武帝刘秀的名讳而改。茂，美，优秀。异等：超等轶群。绝国：极远地方的国家。

【译文】

要树立不凡的功绩，必须凭借不同寻常的贤人志士。所以马有的狂奔乱跑却能跑一千里，士有的犯有过错遭到世俗讥讽非议却能树立功名。对于狂奔乱跑、离开辙迹、经常翻车的马，放荡不羁、不合礼俗、不守规矩的士，只决定于怎么样监督和使用罢了。命令各个州郡视察发掘官吏民众中具有优秀才能、超凡出众、能够担当将相和出使远方国家的人。

过秦论（上）

贾谊

【题解】

贾谊（公元前200年－公元前168年），洛阳（今河南省洛阳东）人，西汉初年的政治家、文学家。年少即通诸子百家，文帝召为博士，后迁太中大夫。因多有制度改革建议遭当朝大臣嫉恨，贬为长沙王太傅。后改任梁怀王傅，怀王坠马死，自伤未能尽职，忧愤而死。散文有《过秦论》、《陈政事疏》（一称《治安策》）；辞赋有《吊屈原赋》、《鹏鸟赋》等。

《过秦论》原有上、中、下三篇，本篇为第一篇。此篇分析了秦日益强大及统一天下的形势，总结了秦灭亡的原因，目的在于批评秦的过失，为汉朝的统一提供借鉴。过秦，即议论秦的过失。

贾谊像，图选自清·顾沅辑《古圣贤像传略》。贾谊是西汉政治家、文学家。

秦孝公据殽函之固，拥雍州之地，君臣固守，以窥周室。有席卷天下、包举宇内、囊括四海之意，并吞八荒之心。当是时也，商君佐之，内立法度，务耕织，修守战之具；外连衡而斗诸侯。于是秦人拱手而取西河之外。

孝公既没[1]，惠文、武、昭蒙故业，因遗策，南取汉中，西举巴蜀，东割膏腴之地，收要害之郡。诸侯恐惧，会盟而谋弱秦，不爱珍器、重宝、肥饶之地，以致天下之士，合从缔交，相与为一。当此之时，齐有孟尝，赵有平原，楚有春申，魏有信陵。此四君者，皆明智而忠信，宽厚而爱人，尊贤而重士，约从离横，兼韩、魏、燕、赵、宋、卫、中山之众。于是六国之士，有宁越、徐尚、苏秦、杜赫之属为之谋，齐明、周最、陈轸、召滑、楼缓、翟景、苏厉、乐毅之徒通其意，吴起、孙膑、带佗、儿良、王廖、田忌、廉颇、赵奢之伦制其兵。尝以什倍之地，百万之众，叩关而攻秦。秦人开关而延敌，九国[②]之师逡逃而不敢进。秦无亡矢遗镞[③]之费，而天下诸侯已困矣。于是从散约解，争割地而赂秦。秦有馀力而制其弊，追亡逐北，伏尸百万，流血漂橹[④]。因利乘便，宰割天下，分裂河山。强国请服，弱国入朝。

①没：指死亡。
②九国：指魏、韩、赵、燕、楚、齐、宋、卫、中山九国。
③镞（zú）：箭头。
④橹（lǔ）：盾牌。

施[⑤]及孝文王、庄襄王，享国之日浅，国家无事。

⑤施（yì）：延续。

及至始皇，奋六世[⑥]之余烈，振长策而御宇内，吞二周而亡诸侯，履至尊而制六合[⑦]，执敲朴[⑧]以鞭笞天下，威振[⑨]四海。南取百越之地，以为桂林、象郡，百越之君俛首系颈，委命下吏。乃使蒙恬北筑长城而守藩篱，却匈奴七百余里，胡人不敢南下而牧马，士不敢弯弓而报怨。于是废先王之道，燔百家之言，以愚黔首。隳名城，杀豪俊，收天下之兵聚之咸阳，销锋镝[⑩]，铸以为金人[⑪]十二，以弱天下之民。然后践华为城，因河为池，据亿丈之城，临不测之溪以为固。良将劲弩，守要害之处；信臣精卒，陈利兵而谁何。天下已定，始皇之心，自以为关中之固，金城千里，子孙帝王万世之业也。始皇既没，余威震于殊俗。

⑥六世：指孝公、惠文王、武王、昭襄王、孝文王、庄襄王六代君主。
⑦六合：天地四方，带用来指天下。
⑧敲朴：棍棒。短的称“敲”，长的称“朴”。
⑨振：通“震”。
⑩镝（dí）：同“镝”，箭头。
⑪金人：指铜人。

然而陈涉，瓮牖绳枢之子，氓隶之人，而迁徙之徒也，材能不及中庸，非有仲尼、墨翟之贤，陶朱、猗顿之富，蹑足行伍之间，俛起阡陌之中，率罢弊之卒[⑫]，将数百之众，转而攻秦。斩木为兵，揭竿为旗，天下云集而响应，赢粮而景从，山东豪俊遂并起而亡秦族矣。

⑫赢：担负、肩挑。

且夫天下非小弱也，雍州之地，殽函之固，自若也；陈涉之位，不尊于齐、楚、燕、赵、韩、魏、宋、卫、中山之君也；锄耰[13]、棘矜[14]，不铦[15]于钩、戟、长铩[16]也；谪戍之众，非抗于九国之师也；深谋远虑，行军用兵之道，非及曩时[17]之士也。然而成败异变，功业相反。试使山东之国与陈涉度长絜大，比权量力，则不可同年而语矣。然秦以区区之地，致万乘之权，招八州而朝同列，百有余年矣。然后以六合为家，殽函为宫。一夫作难而七庙[18]隳[19]，身死人手，为天下笑者，何也？仁义不施，而攻守之势异也。

⑬耰（yōu）：使土地平整的一种农具。
⑭棘矜：枣木棍。
⑮铦（xián）：锋利。
⑯铩（shū）：矛。
⑰曩（nǎng）时：以前。
⑱七庙：天子的宗庙，因奉祀七代祖先而称七庙。
⑲隳：毁坏。

【译文】

秦孝公倚靠着殽山、函谷关的险要地势，拥有雍州的土地，君臣坚固地驻守着，窥看周王朝的政权。他们怀着席卷天下，征服列国，控制四海，吞并八方的野心。在这个时候，商鞅辅佐孝公，对内设立法规制度，努力发展农业和纺织业，整治攻守的器械；对外进行连横的政策，使其他诸侯互相争斗。这样，秦国轻而易举地获得了西河以外的大片疆土。

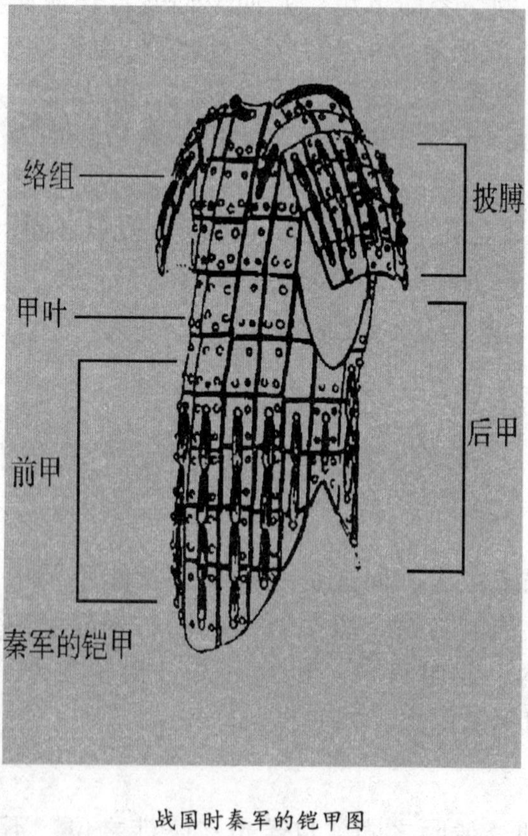

战国时秦军的铠甲图

秦孝公过世后，惠文王、武王、昭襄王继承旧业，继续推行孝公的政策，向南攻占了汉中，向西夺取了巴蜀，向东割取了肥沃的土地，向北征服了地势险要的州郡。各国诸侯畏惧起来，他们集会订立盟约，图谋削弱秦国。不惜用珍贵的器具、财宝和肥沃的土地来招纳天下的士人。他们缔结盟约，互相支持，结为一体。在这个时候，齐国有孟尝君，赵国有平原君，楚国有春申君，魏国有信陵君。这四个人，都很机

《秦并六国平话》版画之“秦始皇下令焚书”图

智，且正直有信义，宽厚又爱护百姓，尊重且重用贤人。他们相约“合纵”而破坏“连横”，聚合起韩、魏、燕、楚、齐、赵、宋、卫、中山等国的众多人力。这时，六国的士人中，有宁越、徐尚、苏秦、杜赫这一类人出谋划策，有齐明、周最、陈轸、召滑、楼缓、翟景、苏厉、乐毅等一群外交家往来沟通意见，有吴起、孙膑、带佗、兒良、王廖、田忌、廉颇、赵奢等一批人率领军队。他们曾经以十倍于秦国的土地和上百万的大军，直攻秦国的函谷关。秦国人开关迎敌，九国军队退的退、逃的逃，不敢前进。秦国没有一枝箭、一个箭头的损失，可是天下的诸侯已经窘迫不堪了。于是“合纵”拆散，盟约瓦解。各诸侯国争着割地贿赂秦国。秦国有了充分的力量利用诸侯的困难去制服他们，追逐败逃的敌人，击毙上百万的士兵，流的血多得可漂起大盾牌。秦国便凭借有利的条件，趁着大好时机，掌管天下，分裂各国的土地。这样，强国恳求归附，弱国则到秦国朝拜。

持续到孝文王、庄襄王的时候，他们在位的时间太短，国家没有发生重大事故。到了秦始皇，他发扬了六代祖先遗留下来的功业，挥动长鞭驾驭天下，吞并东、西二周，灭掉了各诸侯国，登上了至上的皇帝宝座，统治着上下四方，用酷刑镇压天下人民，声威震动四海。他向南攻取了百越的土地，设立桂林郡和象郡。百越的君主低着头，脖子上系着绳子，把性命交给秦国的下级官吏。于是派蒙恬在北方修建长城并坚守这道屏障，把匈奴击退七百多里。匈奴人不敢南下牧马，六国的勇士不敢张弓来报仇恨。

于是废除了先王的法规，焚毁了诸子百家的书物，让百姓愚笨无知；毁坏著名的城池，杀死六国的豪杰，收取天下的兵器，集中到咸阳，销熔刀箭，铸成十二个金人，用来削弱天下百姓的力量。然后以华山为城墙，以黄河为城壕，上据亿丈之高的城墙，下临深不可测的护城河，使它们成为坚固的屏障。派优秀的将领，用强劲的弓弩，守卫着要害的地方；让信赖的大臣，精锐的士兵，拿着锐利的武器，盘问来往路人。天下已经平定，秦始皇的心里认为关中地势险要，于是城郭像铜墙铁壁，已完成了子子孙孙称帝称王的万世不败伟业了。

秦始皇去世后，遗留下来的威风仍然威震着边远地区。然而，陈涉这个贫寒出身的子弟，是个没有土地的农民，而且是被征发去守边的士卒；论才能比不上一般人，没有孔子、墨翟那样的贤能，没有陶朱、猗顿那样的富有；夹杂在戍边队伍的中间，奋起于村野百姓里面，率领几百名疲倦不堪的士兵，却转过矛头向秦朝进攻。他们砍断树干当兵器，举起竹竿做旗帜，天下百姓像云彩一样聚集，像回声一样附和而起，农民们自己背着粮食如影随形。殽山以东六国的豪杰壮士便一同行动起来而灭亡了秦王朝。

况且，秦国的力量原本并不微弱，雍州的地势、殽函的险要，还是以前那样；陈涉的地位并不比齐、楚、燕、赵、韩、魏、宋、卫、中山等国的君主尊贵；锄、耙和木棍并不比钩、戟和长矛锋锐；被征调去戍边的士卒，也抵不上九国军队的强大；他们深谋远虑、指挥作战的本事，也比不上从前六国的将领，可是成功和失败却发生了异常的变化，成就了完全相反的功业。如果叫各诸侯国和陈涉比较长短粗细，比较一下权势力量，根本不能相提并论。秦国依靠它很小的一块地盘，夺取了帝王的权力，使其他八州的诸侯来朝拜，已经一百多年了。然后秦国以天下为一家，把殽、函地区变成宫殿。可是一个平常人发难，秦王朝就灭亡了，皇子皇孙也死在别人手里，成为天下的笑料。这是什么缘故呢？由于不施行仁义，因此攻守的形势不同了。

治安策（一）[1]

贾谊

【题解】

本文节选自《陈政事疏》。贾谊阐述了汉高祖刘邦大封诸侯王，又因为那些诸侯王威胁中央政权而将他们消灭。针对文帝时同姓诸侯势力逐渐膨胀，直至企图夺取皇位的情况，上书文帝，主张削弱诸侯王的势力。文章的主旨在于"众建诸侯而少其力"。它不仅从反面论述了如果不这样就难以长治久安，而且从正面论述了这样才容易实现长治久安，强调了削弱诸侯王的必要性和迫切性。他的这些意见，有利于巩固中央政权，但文帝没有采纳，以致到景帝时发生了吴、楚七国之乱。

夫树国固[2]，必相疑之势[3]，下数被其殃[4]，上数爽其忧[5]，甚非所以安上而全下也。今或亲弟谋为东帝[6]，亲兄之子西乡而击[7]，今吴又见告矣[8]。天子春秋鼎盛，行义未过[9]，德泽有加焉，犹尚如是，况莫大诸侯，权力且十此者乎[10]！然而天下少安[11]，何也？大国之王幼弱未壮，汉之所置傅、相方握其事[12]。数年之后，诸侯之王大抵皆冠，血气方刚，汉之傅、相称病而赐罢[13]，彼自丞尉以上遍置私人[14]，如此，有异淮南、济北之为邪？此时而欲为治安，虽尧、舜不治。

①本篇选自《汉书·贾谊传》，是《陈政事疏》的一部分。在这一部分中，贾谊集中阐述了削弱地方势力，加强中央集权的政治主张。

②国：指诸侯国。固：强大

③"必相疑"句：必然形成与中央政权相对抗的形势。疑，通拟，比。

④数（shuò）：屡次，常常。被：遭。

⑤爽：受伤害。

⑥亲弟：指淮南厉王长，汉文帝之弟。汉文帝六年（前174），刘长谋反，事败自杀。东帝：淮南国都于寿春（今安徽寿县），在长安东，故云。

⑦亲兄之子：指齐悼惠王子刘兴居，时为济北王。汉文帝三年（前177），刘兴居反，欲西向取荥阳，败死。乡：通"向"。

⑧吴：指吴王刘濞，刘邦之侄，诸侯王中实力较强。见告：被告发。

⑨春秋鼎盛：正当壮年。春秋，指年龄。行义：品行道义。未过：没有差错。

⑩十：十倍。此非确指，极言其强大。

⑪少：稍，略。

⑫傅：中央派到诸侯国的藩王辅弼之官。相：指中央派到诸侯国的国相。

⑬大抵：大都。冠：成年。罢：免去官职。
⑭丞尉：指县丞、县尉。

黄帝曰：“日中必熭[15]，操刀必割。”今令此道顺而全安[16]，甚易；不肯早为，已乃堕骨肉之属而抗刭之[17]，岂有异秦之季世乎[18]？夫以天下之位，乘今之时，因天之助，尚惮以危为安[19]，以乱为治，假设陛下居齐桓之处[20]，将不合诸侯而匡天下乎？臣又知陛下有所必不能矣。假设天下如曩时[21]，淮阴侯尚王楚[22]，黥布王淮南[23]，彭越王梁[24]，韩信王韩[25]，张敖王赵[26]，贯高为相[27]，卢绾王燕[28]，陈豨在代[29]，令此六、七公者皆亡恙[30]，当是时而陛下即天子位，能自安乎？臣有以知陛下之不能也。天下淆乱[31]，高皇帝与与诸公并起，非有仄室之势以豫席之也[32]。诸公幸者乃为中涓[33]，其次厪得舍人[34]，材之不逮至远也。高皇帝以明圣威武即天子位，割膏腴之地以王诸公，多者百余城，少者乃三四十县，惪至渥也[35]？然其后七年之间，反者九起[36]。陛下之与诸公，非亲角材而臣之也，又非身封王之也[37]，自高皇帝不能以是一岁为安，故臣知陛下之不能也。

淮阴侯韩信像，图出自清·上官周绘《晚笑堂画传》。

⑮日中必熭（wèi）：日当中午赶快晒东西，言机不可失。日中，日当中天。熭，曝晒。

⑯道顺：即导训，谓引导而使和顺。全安：言保全不属，安全君上。

⑰堕：毁。抗刭（jǐng）：杀头。

⑱季世：末世。

⑲惮：担心，畏难。指下不了决心采取抑制诸侯的措施。以危为安：转危为安。以，使。

⑳齐桓：齐桓公。他曾多次联合各诸侯，抗击戎狄的侵扰。

㉑曩时：从前，指汉高祖刘邦初定天下之时。

㉒淮阴侯：韩信，曾被封为楚王，人告其欲反被执，后赦，贬为淮阴侯。

㉓黥布：即英布，汉初封淮南王，后反被杀。

㉔彭越：汉初封梁王，后反被杀，夷三族。

㉕韩信：指韩王信，勾结匈奴反，兵败被杀。

㉖张敖：赵王张耳之子，高祖婿，张

耳死后袭承赵王，后与贯高谋害高祖，降为宣平侯。

㉗贯高：张敖的相，因谋害高祖被执，自杀。

㉘卢绾：汉初封燕王，后反，樊哙往击，绾败，投匈奴。

㉙陈豨：原为赵国相，汉高祖十年（前197），勾结匈奴，自立为代王，叛汉，高祖亲征，隔年，豨败被杀。

㉚亡恙：无病。这里是健在的意思。

㉛殽乱：错杂混乱。殽，同淆。

㉜仄室：同侧室，庶子。这里泛指亲戚。豫：通预，预先。席：藉，凭借。

㉝中涓：皇帝的亲近之官，如中谒者之类，主内舍事务。

㉞廑：同仅，只。舍人：汉初王公贵官的侍从亲近，通称舍人。

㉟渥：厚。

㊱"然其"二句：自高祖五年（前202）至高祖十二年（前195）初，前后七年间，藏荼、利几、张敖、陈豨、韩王信、韩信、彭越、黥布、卢绾等九人先后反。

㊲角材：考量才能。身：自己。

然尚有可诿者[38]，曰疏。臣请试言其亲者。假令悼惠王王齐[39]，元王王楚[40]，中子王赵[41]，幽王王淮阳[42]，共王王梁[43]，灵王王燕[44]，厉王王淮南[45]，六、七贵人皆亡恙，当是时陛下即位，能为治乎？臣又知陛下之不能也。若此诸王，虽名为臣，实皆有布衣昆弟之心[46]，虑亡不帝制而天子自为者[47]。擅爵人[48]，赦死辠，甚者或戴黄屋[49]，汉法令非行也。虽行，不轨如厉王者[50]，令之不肯听，召之安可致乎！幸而来至，法安可得加！动一亲戚，天下圜视而起[51]，陛下之臣虽有悍如冯敬者[52]，适启其口，匕首已陷其胸矣。陛下虽贤，谁与领此[53]？故疏者必危，亲者必乱，已然之效也。其异姓负强而动者，汉已幸胜之矣，又不易其所以然。同姓袭是迹而动，既有征矣[54]，其势尽又复然。殃祸之变，未知所移，明帝处之尚不能以安[55]，后世将如之何？

㊳诿：推诿。

㊴悼惠王：齐悼惠王，名肥，高祖长子。

㊵元王：楚元王，名交，高祖弟。

㊶中子：赵隐王如意，高祖第三子。

㊷幽王：名友，高祖子。原为淮阳王，后吕后杀赵王如意，移淮阳王为赵王。

㊸共（gōng）王：即梁王刘恢，高祖子。

㊹灵王：燕灵王，名建，高祖子。

㊺厉王：淮南厉王，名长，高祖子。

㊻布衣昆弟：意谓像平民百姓一样，关系只以兄弟论。

㊼虑：思。亡不：无不。帝制：皇帝的仪制。

㊽擅：专，擅自。爵人：授爵位于人。

㊾黄屋：天子坐的黄盖车，故称。这里泛指天子之制。

㊿不轨：不遵守法度。

51圜（yuán）视：惊视，由于惊愕眼睛瞪圆而视。

52冯敬：御史大夫，曾赴匈奴和亲，以"家人子"冒充长公主，嫁匈奴单于，曾建议迁六国

《前汉书续集》版画之“汉王辞吕后征陈豨（局部）”图，描绘了汉初陈豨反叛，汉高祖亲征，吕后送刘邦出征的场景。

豪强大族于汉中，后被刺身亡。

⑤③领：治理。此：指诸侯王。

⑤④征：证验，征兆。

⑤⑤明帝：圣明的帝王。

屠牛坦一朝解十二牛[56]，而芒刃不顿者[57]，所排击剥割[58]，皆众理解也[56]。至于髋髀之所[60]，非斤则斧[61]。夫仁义恩厚，人主之芒刃也；权势法制，人主之斤斧也。今诸侯王皆众髋髀也，释斤斧之用，而欲婴以芒刃[62]，臣以为不缺则折。胡不用之淮南、济北？势不可也。

⑤⑥屠牛坦：一作”屠牛吐“。春秋时著名的屠牛者。事见《淮南子·齐俗训》。

⑤⑦芒刃：谓刀刃之利如豪芒。顿：同“钝”。

⑤⑧排击剥割：解剖牛的各种刀法、动作。

⑤⑨众：集中。理解（xiè）：顺着肌肉纹理骨骼关节支解。

⑥⓪髋：胯骨。髀：大腿骨。

⑥①斤：斧头。

⑥②婴：加，引申为用。

臣窃迹前事[63]，大抵强者先反。淮阴王楚，最强，则最先反；韩信倚胡[64]，则又反；贯高因赵资，则又反；陈豨兵精，则又反；彭越用梁，则又反；黥布用淮南，则又反；卢绾最弱，最后反。长沙乃在二万五千户耳[65]，功少而最完，势疏而最忠，非独性异人也[66]，亦形势然也。曩令樊、郦、绛、灌据数十城而王[67]，今虽已残，亡可也；令信、越之伦列为彻侯而居[68]，虽至今存，可也。然则天下之大计可知已[69]。欲诸王之皆忠附，则莫若令如长沙王；欲臣子之勿菹醢[70]，则莫若令如樊、郦等；欲天下之治安，莫若众建诸侯而少其力[71]。力少则易使以义，国小则亡邪心。令海内之势如身之使臂，臂之使指，莫不制从[72]；诸侯之君不敢有异心，辐凑并进而归命天子[73]，虽在细民[74]，且知其安，故天下咸知陛下之明。割地定制，令齐、赵、楚各为若干国，使悼惠王、幽王、元王之子孙毕以次各受祖之分地，地尽而止，及燕、梁他国皆然。其分地众而子孙少者，建以为国，空而置之，须其子孙生者，举使君之。诸侯之地，其削颇入汉者，为徙其侯国及封其子孙也，所以数偿之[75]。一寸之地，一人之众，天子亡所利焉，诚以定治而已，故天下咸知陛下之廉。地制一定，宗室子孙莫虑不王，下无倍畔之心[76]，上无诛伐之志，故天下咸知陛下之仁。法立而不犯，令行而不逆，贯高、利几之谋不生[77]，柴奇、开章之计不萌[78]，细民乡善[79]，大臣致顺，故天下咸知陛下之义。卧赤子天下之上而安[80]，植遗腹[81]，朝委裘[82]，而天下不乱，当时大治，后世诵圣。一动而五业附[83]，陛下谁惮而久不为此？

63迹，追踪，考察。

64韩信：指韩王信。胡：指匈奴。

65长沙：指长沙王吴芮。

66异人：与人不同。

67樊：樊哙，汉初封舞阳侯。郦：郦商，封曲周侯。绛：周勃，封绛侯。灌：灌婴，封颍阴侯。王：封为诸侯王。

68彻侯：即列侯。爵位的最高一级。

69已：同矣，语词。

70菹醢（hǎi）：汉代的一种酷刑，把人杀死后，剁成肉酱。

71“莫若”句：言多封诸侯小国，削弱他们的势力。

72制从：服从

73辐凑：像车轮上的辐条一样聚集在一起。这里比喻各诸侯小国都听命于天子。

74细民：小民。

75颇：少量。徙：迁。这里是调整的意思。所以数偿之：意谓按原数归还。

76莫：没有人。虑：担心。倍畔：即背叛。

77利几：原项羽部下，降汉，后反汉被诛。

78柴奇、开章：都是淮南厉王的谋士，参与谋反。萌：生。

79乡：向。

80“卧赤子”句：言虽幼子在位，天下也会安定的。赤子，幼子。

81植遗腹：立遗腹子。遗腹，还没有出生的儿子。

82朝委裘：谓帝位虚设，惟置故君遗衣于座而受朝。

83五业：指上文说的明、廉、仁、义、圣。

天下之势方病大瘇[84]。一胫之大几如要[85]，一指之大几如股，平居不可屈信[86]，一二指搐，身虑无聊[87]。失今不治，必为锢疾[88]，后虽有扁鹊[89]，不能为已。病非徒瘇也，又苦𨂂盭[90]。元王之子，帝之从弟也；今之王者，从弟之子也。惠王之子，亲兄子也；今之王者，兄子之子也。亲者或亡分地以安天下，疏者或制大权以逼天子[91]。臣故曰非徒病瘇也，又苦𨂂盭。可痛哭者，此病是也。

84瘇（zhǒng）：脚肿。

85胫（jìng）：小腿。要：同“腰”。

㊽屈信：屈伸。信，通伸。

㊾搐：抽缩牵动。无聊：无所信赖。

㊿锢疾：锢，通“痼”，顽疾，难以治疗的疾病。

89扁鹊：战国时名医，又名卢医。

90跋盭：脚掌向反面弯曲。

91亡：无。偪：同“逼”。

【译文】

诸侯国的势力强盛，一定会形成与朝廷互相对立的情形，诸侯因此被怀疑就可能会遭殃，天子也多次担心这样的势态，这绝不是用来稳定君王统治，保全臣下不受灾祸的办法。现在，陛下的亲生弟弟中又有人图谋要当东方的皇帝；亲哥哥的儿子向西发动攻击，现在吴王谋反的事又报了上来。天子正值壮年，施行仁义，没有什么过错，对他们再三给予恩泽尚且如此，何况那些权力大于这类诸侯十倍的大诸侯呢？但是当前天下暂时安定，这是为什么？是由于诸侯大国的国王尚且年幼，汉朝安置在那里的太傅、丞相们正掌握着王国的政事。再过上几年，诸侯王大都要加冠成人了，血气方刚，汉朝委任的太傅、丞相们不得不主动称病辞官，诸侯王们也求之不得允许了他们，然后在丞、尉以上的官职当中普遍安派自己的人手，如此一来，他们与谋反的淮南王、济北王的行为又有什么区别呢？到这种时候再想做到天下安定，即便是唐尧、虞舜也是不能的。

黄帝说：“要晒东西就一定要趁太阳在正午的时候，要割东西就一定要趁刀子在手里的时候。”如今依照这个道理行事，能够顺利完成并且十分安稳，是非常容易的；假如不愿及早行动，过了这个时机，就会毁了骨肉之亲而使他们被杀头，这难道跟秦朝末年有什么不同吗？倚靠天子的地位，利用当今的有利时机，靠着上天的帮助，还对把危险转换为安定，把混乱转换为治理的举措有所顾忌；假设陛下处在齐桓公当年地位，恐怕就不肯集合诸侯而匡正天下的混乱了吧？我又清楚陛下一定不会这样做的。假设当今天下的形势就像从前高祖的时候一样，淮阴侯韩信尚在楚国为王，鲸布在淮南为王，彭越在梁国为王，韩王信在韩国为王，张敖在赵国为王，贯高在赵国做丞相，卢绾在燕国为王，陈豨封在代郡，假使这六七位王公都无病无灾，在这样的形势下陛下登上天子之位，自己能认为这位子坐得安稳了吗？我清楚陛下是不可能认为坐得很安稳了。秦末天下混乱，高皇帝与上述诸公一起议事，当时高皇帝没有亲族的势力可以凭借，这些王公中最幸运的当时也只不过是中涓的官职，其次的只不过得到舍人的职位。他们的才能不及高皇帝，而且相差遥远。高皇帝倚靠着明圣威武登上天子之位，划出肥沃富饶的土地来封这几位为王，多的有一百多个城邑，少的也有三四十个县，高皇帝对他们的恩泽确实是很优厚了。但是在此后的七年当中，反叛的事件就有九起。陛下您与当今的王公们，并非与他们亲自较量过才能后才使他们甘愿称臣的，又不是您亲自封他们为诸侯王的，高皇帝尚且不能得到一年的安稳，因此臣下我清楚陛下是不能觉得这皇位已经坐得安稳了。

但是还有能够推托的理由，说他们与刘氏的关系疏远，臣下我肯请试着说说关系亲近的同姓诸侯王。假设让悼惠王在齐国为王，元王在楚国为王，高皇帝的儿子如意在赵国为王，幽王在淮阳为王，共王在梁国为王，灵王在燕国为王，厉王在淮南为王，这六七位贵人假如都没病没灾的，在这样的时势下陛下登基即位，可以做到按自己的意愿治理天下吗？臣下我又清楚陛下是不能够按自己的意愿治理天下的。像这样的诸侯王们，尽管名义是上臣子，事实上都怀有把陛下当做普通兄弟看待的心思，他们没有不想在王国中实行帝制而自己做皇帝的。他们擅自封官赐爵，赦免死罪，更有甚者竟然乘坐皇帝才能坐的黄屋车，汉朝法令在他们的王国内不被执行。有的尽管被执行，但是对于行为不守法纪如厉王那样的人，命令他都不肯听从，一旦要召见他，他又怎么会来呢！侥幸被召来了，法令又怎么能够施加到他的身上？假如依法处置了一个亲戚，全国的诸侯王马上会瞪着眼睛愤怒地起来反抗，陛下的臣子中尽管有像冯敬这样勇敢的人，但刚要开口，刺客的匕首已经刺入他的胸膛了。陛下尽管圣明，但又有谁能与您一起治理这些诸侯王呢？因此被疏远的亲属一定是国家的威胁，亲近的也必定给国家造成混乱，这是已经被事实验证了的。那些异姓诸侯王自恃强大而发动叛变的，汉朝已经侥幸战胜他们了，但又不改变造成他们这种行为的因素与条件。同姓诸侯王沿袭着这样的先例而叛乱起来，已经有预兆了，他们的势力一时受到削弱了，但不久又是故态复萌。灾害的变化，还不知道要向什么方向转移，圣明的皇帝处在这样的情形下尚且不能让国家稳定，后代应对这些又能有什么办法呢！

屠夫坦一个上午能够分解掉十二头牛，但他的刀刃却不钝，是由于他所剖剥，切割的地方，全部是顺着肌肉纹理的部分，以及关节和骨缝处；至于髋骨，股骨这样的地方，他不是改用小斧，就是换了大斧。仁义恩德，如同君王手中的锋利的刀刃；权势法制，就像是君王的大小斧头。当今的诸侯王犹如髋骨、股骨一样坚硬难斫的势力，放弃大小斧头对他们的效用，而要用锋利的刀刃去对付他们，我们认为最后这把刀不缺口就是折断，为什么不能用这仁义恩德的刀锋去对付淮南王、济北王呢？由于形势不允许做这样的处置。

我暗地里考察从前事态发展的轨迹，大体是强大的诸侯王先反叛，淮阴侯在楚国为王，最强，就最先反叛；韩王信凭借匈奴的支持，则也反叛；贯高凭借赵国的支持和帮助，则也反叛；陈豨部队精良，则也反叛；彭越利用梁国的力量，则也反

《前汉书续集》版画之“吕后杀彭越”图

叛；黥布利用淮南的力量，则也反叛；卢绾的力量最弱小，就最后反叛。长沙王吴芮封地内人口才二万五千户，功绩很小，却保存得最完好，与汉室的关系疏远，却最为忠心，这不仅仅是长沙王的性格不同于别人，也是形势使然。从前假如让樊哙、郦商、周勃、绛侯、灌婴都占据几十个城邑而封为诸侯王，到今天即便他们的势力已经破败衰败了，也是不可以的。假如让韩信、彭越之流只居于彻侯的地位，即便他们到现在还存在，也是可以的。既然这样，那么天下的大计就能够知道了。想让诸要侯王们都忠心归附，那么就不如让他们都像长沙王那样；要想臣子们不至于被剁成肉酱，那就不如让他们像樊哙、郦商那样；要想天下能得到长治久发，就不如更多地建立诸侯而减弱他们的力量。力量弱小了，就容易使他们归于道义；封国小了，就不会有什么歪邪的念头。这就使得天下的形势，像身体指使手臂，手臂指使手指一样，无不受约束而服从的；诸侯王不敢有什么非分的念头，像辐条一齐凑向车轴一样地听从天子的命令。等于小民百姓也清楚国家已经太平稳定了，那么天下人也就都明白陛下的圣明了。分割诸侯国的土地，制定合理的分封制度，使齐、赵、楚、各自分为若干小国，使悼惠王、幽王、元王的子孙全部依照世系有家谱的次序各自接受祖上的封地，直到把这些封地分完为止；对于燕、梁和其他诸侯国也都一样地处理。那些分地多而子孙少的诸侯国，也先分建成若干个小诸侯国，可以先让王位空着，等他们又有了子孙，就让他们的子孙来统治这些封国。诸侯国的土地，由于犯罪而将封土削减和没收入朝廷的，要么把这个诸侯转移到另一个地方，要么把没收的土地封给他的子孙，把原先的封地如数偿还给他们。一寸土地，一个百姓，天子都不贪图他们的，这确实是为了使天下安定太平、四方皆得治理罢了，因此天下之人也就都明白了陛下的廉洁。分地制度一旦确定，宗室子孙没有一个会害怕自己是否能成为封国的国君，臣下不会产生反叛的念头，君上也没有诛杀讨伐的意思。因此天下之人就都明白了陛下的慈爱。法度确定而没有人敢触犯，法令推行而没有人敢违抗，贯高、利几之类阴谋不再会发生，柴奇、开章的诡计不再会出现，小民向善，大臣顺从，因此天下之人也就都明白了陛下的正义。这样，即便让幼主当政，天下也是稳定的；即便立遗腹子，让臣下只朝拜先帝的衣服，而天下也不会动乱。当代得到大治，后世赞颂陛下的贤明。这一项举措就能带来五个方面效用，陛下还顾忌什么而长期不这样做呢？

当今天下的形势正如同患了脚肿的疾病，一只小腿几乎肿得像腰粗，一只脚趾几乎肿得像大腿，就算像平常一样地起居都不能弯曲伸展，一两个脚趾抽搐，整个身体就疼得失去了依仗。假如错过了当今的时机而不进行治疗，势必成为不能治疗的顽症，以后即便有扁鹊那样的良医，也是无能为力的了。何况这病还不只是脚肿，又苦于脚掌扭折。元王的儿子是陛下的堂弟，当今继承王位的，是陛下堂弟的儿子；惠王的儿子是陛下亲哥哥的儿子，当今继承王位的，则是陛下的侄孙了。您的近亲当中还有没得到封地以使天下安定的，而远亲旁支中却有人掌控大权来逼迫天子。臣下我所以说：现在的形势是不但患了脚肿的疾病，又苦于脚掌扭折啊。令人悲伤的，就是由于患了这样的疾病啊！

论贵粟疏

晁　错

【题解】

本文作者晁错（前200－前154年），西汉颍川（今河南禹县）人。西汉初年著名的政治家，有谋略，被称为“智囊”。汉景帝即位后，他受到重用，任御史大夫。他力主“削藩”，加强中央集权，由此招致诸侯王的忌恨。公元前154年，吴、楚等七个诸侯国发动叛乱，要求朝廷诛杀晁错。景帝恐惧，斩晁错于东市。

本文是晁错上汉文帝的一篇奏疏。文中着重论证了农业的重要性，提出了劝农务本，奖励粮食生产，打击商人投机牟利，从而富民强国的主张。汉文帝采纳了他的建议，经过文帝和景帝两朝的推行，农业生产有了很大的发展，人民富足，国力强盛，为汉武帝发动大规模的抗击匈奴的战争奠定了雄厚的物质基础。文章围绕中心观点，用反复对比的手法进行论证，从历史和现实的不同角度加以说明，逻辑严密，具有极强的说服力。

圣王在上而民不冻饥者，非能耕而食之，织而衣之也①，为开其资财之道也。故尧、禹有九年之水，汤有七年之旱，而国无捐瘠者，以畜积多而备先具也②。今海内为一，土地人民之众不避禹、汤，加以亡天灾数年之水旱③，而畜积未及者，何也？地有余利，民有余力，生谷之土未尽垦，山泽之利未尽出也，游食之民未尽归农也④。民贫，则奸邪生。贫生于不足，不足生于不农，不农则不地著⑤，不地著则离乡轻家，民如鸟兽，虽有高城深池，严法重刑，犹不能禁也。

①食（sì）：用作动词，给人东西吃。衣（yì）：用作动词，给人衣穿。

②汤：成汤，商朝的建立者。捐瘠：被抛弃和病弱不堪的人。捐，捐弃，抛弃，即死的意思。瘠，瘦。畜：蓄的本字，储藏，积聚。

③不避：不让，不亚于。

④游食之民：游荡不事生产的人。

⑤地著（zhuó）：定居在一个地方不迁移。著，同“着”，附着，固定。

夫寒之于衣，不待轻暖；饥之于食，不待甘旨⑥；饥寒至身，不顾廉耻。人情，一日不再食则饥，终岁不制衣则寒。夫腹饥不得食，肤寒不得衣，虽慈母不能保其子，君安能以有其民哉！明主知其然也，故务民于农桑，⑦薄赋敛，广畜积，以实仓廪，备水旱，故民可得而有也。

成汤像，图出自明·天然撰《历代人物像赞》。汤是商朝的开国君主，中国历史上著名的仁君，相传汤主政时天下曾有七年大旱，但国内没有因饿死而被丢弃的尸骨。

⑥轻暖：指贵重的冬衣。甘旨：美味的食物。

⑦务：使……致力。

民者，在上所以牧之[8]，趋利如水走下，四方无择也。夫珠玉金银，饥不可食，寒不可衣，然而众贵之者，以上用之故也。其为物轻微易藏，在于把握，可以周海内而亡饥寒之患[9]。此令臣轻背其主，而民易去其乡，盗贼有所劝，亡逃者得轻资也[10]。粟米布帛，生于地，生于时，聚于力，非可一日成也。数石之重[11]，中人弗胜，不为奸邪所利，一日弗得而饥寒至。是故明君贵五谷而贱金玉。

⑧牧：养，引申为统治、管理。

⑨把握：用作名词，指手中。周海内：走遍全国。

⑩有所劝：被引诱，受感动。劝，勉励，鼓励，这里有引诱助长的意思。轻资：轻便的财物。

⑪石：古代容量单位。汉代一石相当于现在的两斗。

今农夫五口之家，有服役者不下二人，其能耕者不过百亩，百亩之收不过百石。春耕夏耘，秋获冬藏，伐薪樵，治官府，给徭役[12]；春不得避风尘，夏不得避暑热，秋不得避阴雨，冬不得避寒冻，四时之间无日休息；又私自送往迎来，吊死问疾，养孤长幼在其中。勤苦如此，尚复被水旱之灾，急政暴虐，赋敛不时[13]，朝令而暮改。当其有者半贾而卖，亡者取倍称之息[14]，于是有卖田宅、鬻子孙以偿债者矣。而商贾大者积贮倍息，小者坐列贩卖，操其奇赢[15]，日游都市，乘上之急，所卖必倍。故其男不耕耘，女不蚕织，衣必文采，食必粱肉，亡农夫之苦，有阡陌之得[16]。因其富厚，交通王侯，力过吏势，以利相倾[17]，千里游敖，冠盖相望，乘坚策肥，履丝曳缟[18]。此商人所以兼并农人，农人所以流亡者也。今法律贱商人，商人已富贵矣；尊农夫，农夫已贫贱矣。故俗之所贵，主之所贱也；吏之所卑，法之所尊也。上下相反，好恶乖迕[19]，而欲国富法立，不可得也。

⑫治官府：为官府修治房舍。治，修理。给徭役：供应劳役，出官差。

⑬急政暴虐：王念孙认为应作“急征暴赋”，也就是急迫、凶狠地征收赋税的意思。不时：不按时，即经常、随时的意思。

⑭当其：当那些。其，一作“具”。当具，该交纳赋税的时候。贾：同“价”。取：借。倍称（chèn）之息：加倍的利息。

⑮坐列：指开店或设摊。操：掌握。奇（jī）：余物。赢：赢利，余财。

⑯阡陌：这里指田地。一作“有仟佰之得”，意为有比农夫多千百倍的收获。

⑰交通：结交往来。吏势：官府的势力。相倾：互相竞争。

⑱游敖：游玩。敖，同“遨”。乘坚策肥：坐坚固的车，骑肥壮的马。履丝：穿丝鞋。曳缟（yè gǎo）：披着丝绸衣服。曳，拖着。缟，一种精致洁白的丝织品，这里指精致的绸衣。

⑲乖迕（wǔ）：违背，相反。

方今之务，莫若使民务农而已矣。欲民务农，在于贵粟。贵粟之道，在于使民以粟为赏罚。今募天下入粟县官⑳，得以拜爵，得以除罪。如此，富人有爵，农民有钱，粟有所渫㉑。夫能入粟以受爵，皆有余者也。取于有余，以供上用，则贫民之赋可损，所谓损有余、补不足，令出而民利者也。顺于民心，所补者三：一曰主用足，二曰民赋少，三曰劝农功。今令民有车骑马一匹者，复卒三人㉒。车骑者，天下武备也，故为复卒。神农之教曰：有石城十仞，汤池百步，带甲百万，而亡粟，弗能守也㉓。以是观之，粟者，王者大用，政之本务。令民入粟受爵至五大夫以上，乃复一人耳，此其与骑马之功相去远矣。爵者，上之所擅㉔，出于口而无穷。粟者，民之所种，生于地而不乏。夫得高爵与免罪，人之所甚欲也。使天下人入粟于边，以受爵免罪，不过三岁，塞下之粟必多矣㉕。

⑳入粟县官：向官府交纳粮食。

㉑渫（xiè）：分散，疏通。

㉒车骑马：装备齐全的战马。复卒：免除兵役。复，免除。

㉓神农：我国传说中的古代帝王。仞：古代以七尺或八尺为一仞。汤池：指护城河。

㉔擅：专有。

㉕塞下：边地，这里指长城一带。

【译文】

由贤明的帝王治理国家，百姓不饥寒交迫，并不是由于君主自己耕种粮食给他们吃，制作衣服给他们穿，而是由于他能为百姓开辟创造财富的道路。因此尽管唐尧、夏禹时代发生接连九年的水灾，商汤时代也有过持续七年的旱灾，但是国内却没有因为饿死而被抛弃的尸骨，这是由于国家有充足的储存，事先作了准备的原因。而今国家统一，国土之大百姓之多并不比夏禹、商汤的时代少，再加上没有发生连续多年的水旱灾害，然而国家的储存却比不上禹、汤之时，这是什么缘故呢？这是由于土地还有潜力没开发，百姓还有余力没有发挥，能生长谷物的土地还没有完全开垦，山林河川的资源还没有全部开发出来，游手好闲的人还没有全部回乡从事农业生产。百姓贫困了就会产生邪恶的念头。而贫困产生于不富足，不富足是由于不从事农业生产，不从事农业生产就不能安心定居乡村，就会离乡背井轻视家园。百姓们像鸟兽那样四处奔波，即便有高峻的城墙深险的护城河，严厉的法令酷重的刑罚，还是不能制止他们去做邪恶的事。人在寒冷时，对于衣着不会奢求轻暖舒适；在饥饿时也不会有了美味才吃；人在饥寒交迫的时候，就不顾廉耻了。人之常情，一天吃不上两顿饭就会感到饥饿，一年到头不添衣服就会受冻。肚子饿了得不到食物吃，身上寒冷得不到衣服穿，即便是慈母也不能保全他的儿子，国君又怎么能保有他的百姓呢？圣明的君主懂得这个道理，因此让百姓致力于从事农业生产，减轻赋税，增加储备，以充实粮仓，预防水旱灾害，所以就能获得民心而拥有人民。

对于平民百姓，在于君主怎么管理他们。他们追逐利益，就如同水往低处流，是不选择东南西北的。那些金银珠宝，饿了不能当食物吃，冷了不能当衣服穿，但是大家都看重它，这是由于君主需要它的原因。这些东西分量轻体积小，容易收藏，拿在手里，就可以周游天下而没有饥寒的威胁。这就使得臣子轻易地背叛他的君主，百姓轻易地离开自己的家乡，盗贼受到鼓励，犯法的逃亡者有了便于携带的资财。粮食和布匹的原料，生长在土地里，要按季节成长，又要花一定的人力，不是一天就能长成的。几担重的粮食，中等体力的是扛不动的，因此它不被奸诈邪恶的人所贪图。然而只要一天没有它，立刻就要挨饿受冻。所以圣明的君主重视五谷而轻贱金玉。

现在农民五口之家，家里劳作的不少于两人，能耕种的田地不多于一百亩。一百亩的收成不超过一百石粮食。他们春季耕种，夏季耘田，秋季收获，冬季储藏。还要砍柴伐薪，修缮官府的房屋，供给徭役。春天不能避风尘，夏天不能避暑热，秋天不能避阴雨，冬天不能避寒冻，一年四季，没有一天休息。在自身方面，又要交际往来，吊祭死者，探望病人，赡养孤老，养育幼儿一切费用都从这里开销。如此辛勤劳苦，还要遭遇水旱灾难，官府急征暴敛，随时征收赋税，早上的号令晚上就更改。当农民有粮食时，只能半价卖出以缴税；当没有粮食时，又只好以加倍的利息去借债纳税。于是就产生出卖田地房产、卖儿子孙子来还债的事情了。而那些商人，大的囤积货物牟取成倍的利益，小的开店设摊，牟取利润，成天在集市逛游，乘朝廷需用急迫，所卖货物必然加倍地抬高价格出售。所以他们男的不种田地，女的不养蚕织布，穿的一定是华丽的衣服，吃的一定是细粮和肉，没有农民的辛劳，却占有田地的收成。他们倚仗钱财富厚，交结王侯，势力超过官吏，利用资产相互倾轧，四处遨游，一路之上冠服和车盖相望不绝，乘着坚固的车，骑着壮实的马，脚穿丝鞋，身披绢制的长衣，上述就是商人兼并农民，农民破产流亡的缘故。如今的法律是轻贱商人，然而商人已经富贵了；法律尊崇农民，然而农民已经贫贱。因此世俗所尊贵的，正是君主所轻贱的；官吏所轻贱的，正是法律所尊贵的。朝廷和世俗的想法截然相反，喜好和厌恶黑白颠倒，在这种情形下，想要国家兴盛法律有效，是不可能的。

现在要做的紧迫事情，没有比促使百姓从事农业生产更重要的了。想让老百姓从事农业，关键是使粮食的价格高，提高粮食价格的办法，在于让百姓可以用粮食来用作得赏和免罚的手段。现在募集天下人向官府交纳粮食，交粮就能得到爵位，或是赎免罪行。这样一来，富人有爵位，农民可以得到钱财，粮食也能得到合理流通。那些可以交纳粮食得到爵位的人，都是资财富裕的人。从富人那里索取粮食供朝廷使用，那么贫苦农民的赋税就能降低，这就是人们所说的“损有馀补不足”的办法。此令一出，百姓就能得到益处。它符合了人民的心愿，对社会有三点补益：一是国君需用的物资充足，二是农民的赋税减少，三是鼓励人们从事农业生产。现在下令规定，凡百姓出一匹战马时，可以免除家中三个人的兵役。战马是国家的战备所必需的，因此可以免除兵役。神农氏训导说：“有十仞高的石头砌成城墙，有一百步宽充溢沸水的护城河，有一百万全副武装的士兵，但没有粮食，还是守不住城市。”由此看来，粮食，是治国的最重要的物资，国家政务的基本所在。让百姓交纳粮食得到爵位，封到五大夫爵以上，才免去一个人的兵役，这与献给国家一匹战马的功用相比相差得太远了。赐封爵位，是国君专有的权力，只要开口，就能够无穷无尽地封给百姓；而粮食，由农民耕种，在土地里生长也不会缺乏。得到高的爵位和赎免罪行，是人们十分向往的事。假如让全国百姓都向政府交纳粮食用于边塞，凭此获得爵位赎免罪行，那么，不超过三年，边塞的军粮就必定会很充足了。

狱中上梁王书

邹　阳

【题解】

本篇选自《汉书·邹阳传》。梁孝王的门客邹阳“为人有智略，慷慨不苟合”，遭到门客羊胜、公孙诡等人的嫉恨，受谗入狱。在狱中，邹阳写下书信给梁孝王，大量引征史实、运用比喻，论述“谗毁”之祸，表述自己忠信的心迹，最终获得释放，并被梁孝王待为上宾。

邹阳从梁孝王①游。阳为人有智略，忼慨不苟合，介于羊胜、公孙诡②之间。胜等疾阳，恶之孝王。孝王怒，下阳吏③，将杀之。阳乃从狱中上书曰：

①梁孝王：刘武，汉文帝的儿子，景帝的同母弟弟。
②羊胜、公孙诡：二人俱为梁孝王门客。
③下阳吏：即把邹阳交给掌司法的狱吏。

“臣闻‘忠无不报，信不见疑’，臣常以为然，徒虚语耳。昔荆轲慕燕丹之义④，白虹贯日，太子畏之；卫先生为秦画长平之事⑤，太白食昴，昭王疑之。夫精变天地，而信不谕两主，岂不哀哉！今臣尽忠竭诚，毕议愿知⑥，左右不明，卒从吏讯，为世所疑。是使荆轲、卫先生复起，而燕、秦不寤⑦也。愿大王熟察之。

④“昔荆轲”三句：荆轲，战国末卫国人。燕丹：燕太子丹。丹曾在秦国为人质，秦始皇对他很无礼，他逃回后，让荆轲去刺杀秦王。白虹贯日：白色长虹穿日而过。传说荆轲出发时，出现“白虹贯日”的现象，太子丹认为这很不吉利，因此畏惧。

《秦并六国平话》版画之荆轲刺秦王图

⑤“卫先生”三句：卫先生，秦国人。长平：赵邑，故址在今山西省高平县西北。秦将白起伐赵曾在此地大败赵军。太白：即金星。食：同“蚀”，意为“侵犯”。昴（mǎo）：星宿名。古人认为昴宿在赵国分野，太白星侵犯昴宿，预示赵国将受到军事打击。白起败赵军以后，派卫先生去见秦昭王，请求增兵，打算一举灭赵，但此时出现太白食昴的天象，本可以认为是赵国发生兵革的解释，但由于范雎说了坏话，昭王反而怀疑白起和卫先生，不发兵粮，灭赵最终不成功。

⑥毕议愿知：把计议的话说完，愿王知道。

⑦寤（wù）：通“悟”，觉悟。

“昔玉人献宝⑧，楚王诛之；李斯竭忠⑨，胡亥极刑。是以箕子阳狂⑩，接舆避世，恐遭此患也。愿大王察玉人、李斯之意，而后楚王、胡亥之听，毋使臣为箕子、接舆所笑。臣闻比干剖心⑪，子胥鸱夷，臣始不信，乃今知之。愿大王熟察，少加怜焉！

⑧“昔玉人”二句：玉人：指楚国人卞和，传说卞和得到一块未剖开的玉石，两次献给楚王，楚王都误认为是石头，竟受到刖（yuè）刑（割断脚的刑法）。

⑨“李斯”二句：秦始皇用李斯为丞相，李斯帮助秦始皇统一天下。秦始皇死，二世胡亥立，李斯被捕下狱，备受五种酷刑而死。

⑩“是以”二句：箕子，殷纣王的叔父，名胥余，封于箕，因谏被囚，假装疯狂。阳：通“佯”，服装。接舆：春秋时楚国的隐士。

⑪“臣闻”二句：比干，殷纣王的贤臣，因极谏纣王而被剖心。子胥：伍子胥，名员，春秋时吴国大臣。鸱（chī）夷：皮制的袋子。吴王想与越国和议，子胥强谏，吴王命他自杀，死后尸体被装进鸱夷，扔进江中。

“语曰：‘有白头如新⑫，倾盖如故。’何则？知与不知也。故樊于期逃秦之燕⑬，藉荆轲首以奉丹事；王奢去齐之魏⑭，临城自刭，以却齐而存魏。夫王奢、樊于期非新于齐、秦而故于燕、魏也，所以去二国死两君者，行合于志，慕义无穷也。是以苏秦不信于天下⑮，为燕尾生；白圭战亡六城⑯，为魏取中山。何则？诚有以相知也。苏秦相燕⑰，人恶之燕王，燕王按剑而怒，食以駃騠；白圭显于中山，人恶之于魏文侯，文侯赐以夜光之璧。何则？两主二臣，剖心析肝相信，岂移于浮辞哉！

⑫“有白头”二句：盖，车盖，形如伞。两车路上相遇，紧紧挨着，以致挤歪车盖，称倾盖。这两句话是说不相知的人，即便同处到老，依然等于陌生人；相知的人，即便是路上相遇，短时接触，也和旧朋友一样。

⑬“故樊於（wū）期”二句：樊於期，秦将，因得罪而逃到燕国，秦始皇灭其家，并重金购买他的头。燕太子丹派荆轲刺秦王，若于无见面礼，樊於期听说后，慨然自杀，让荆轲把他的头献给秦王。

⑭“王奢去齐”三句：王奢，齐国大臣，因得罪而逃亡到魏。魏国遭到齐国侵犯时，王奢登城对齐将说：“你们的到来，不过是为了我，我不愿意苟且偷生，连累魏国。”于是自杀。

⑮“是以苏秦”二句：苏秦，战国时纵横家。尾生：人名，传说他与一女子相约在桥下相见，女子尚未到来，洪水涨起，他仍守约不肯离开，竟抱桥柱被淹而死。古代常拿他作为极守信用的人的代称。这二句话意即：苏秦对天下不讲信义，但对燕国却极忠诚。

《东周列国志》版画之“桓公举火爵宁戚”图，讲述齐桓公不重出身，不论资历，不计较小节，注重大节，力排众议，擢用贤臣宁戚之事。

⑯白圭：战国时期中山国的将领，因战败失掉六城，要杀他，他逃到魏国，受到厚待，后帮助魏国攻灭了中山。

⑰“苏秦”四句：食（sì），给人吃。駃騠（jué tí）：良马。这四句意思是说：苏秦在燕国为相，有人在燕君面前说苏秦的坏话，燕君大怒，不仅不怀疑苏秦，还把良马宰了给他吃。

“故女无美恶，入宫见妒；士无贤不肖，入朝见嫉。昔司马喜膑脚于宋⑱，卒相中山；范雎拉胁折齿于魏⑲，卒为应侯。此二人者，皆信必然之画⑳，捐朋党之私，挟孤独之交，故不能自免于嫉妒之人也。是以申徒狄蹈雍之河㉑，徐衍负石入海。不容于世，义不苟取比周㉒于朝以移主上之心。故百里奚乞食于道路㉓，穆公委之以政；宁戚饭牛车下㉔，桓公任之以国。此二人者，岂素宦于朝，借誉于左右㉕，然后二主用之哉？感于心，合于行，坚如胶漆，昆弟不能离，岂惑于众口哉？故偏听生奸，独任成乱。昔鲁听季孙之说逐孔子㉖，宋任子冉之计囚墨翟。夫以孔、墨之辩，不能自免于谗谀，而二国以危。何则？众口铄金㉗，积毁销骨也。秦用戎人由余而伯中国㉘，齐用越人子臧而强威、宣。此二国岂系于俗，牵于世，系奇偏之浮辞㉙哉？公听并观㉚，垂明当世。故意合则胡越为兄弟，由余、子臧是矣；不合则骨肉为仇敌，朱、象、管、蔡㉛是矣。今人主诚能用齐、秦之明，后宋、鲁之听，则五伯不足侔㉜，而三王易为也。

⑱司马喜：宋国人，在宋受了膑刑（割去膝盖骨），逃到中山，三次作中山国的相。

⑲范雎：魏国人，曾随魏大夫须贾出使齐国，回国后为须贾所谗害，魏宰相使人痛打他，以至肋断齿脱。后来逃到秦国为相，封为应侯。拉（lā）：折断。

⑳画：计划。

㉑申徒狄：传说为殷末人，谏君不听，自投雍水而死。徐衍：周末人，因不满于乱世，负石沉于海。

㉒苟取：取不该取的东西。比周：结党。

㉓百里奚：春秋时虞国人，听说秦缪公贤明，就一路行乞去投奔，后为秦相。

㉔宁戚：春秋时卫国人，有德行而不被用。齐桓公在夜里听到宁戚敲着牛角唱歌，就知道他贤能，于是任他为大夫。饭：喂。

㉕借誉于左右：借国君左右的人替他说好话。

㉖季孙：鲁国的大夫。齐人送给季孙子女子歌舞队，季孙子接受了，并且三天不上朝，于是孔子离开了鲁国。鲁国君听信季孙子的话，就等于是逐孔子。“宋任子冉之计囚墨翟”之事不详。

㉗“众口”二句：铄、销：熔化。毁：毁谤。这二句的意思是说：大家传谣，虽是金石也可熔化；谗言久之，也可以伤人、致人于死地。

㉘由余：春秋时晋人，因事逃到西戎，后为秦穆公招致到秦国，帮助秦国征服西戎。伯：通“霸”。子臧：春秋时越国人，齐国任用他，国势强盛。强：动词。威、宣：齐威王和齐宣王，是春秋时齐国两位较有作为的君主。

㉙奇偏之浮辞：不符合实际的一面之辞。

㉚“公听”二句：意即公正地听取意见，全面地考察事情，在当代留下明察的好名声。

㉛朱、象、管、蔡：朱，丹朱，尧的儿子。象，舜的弟弟。管，管叔。蔡，蔡叔。管、蔡二人都是周武王的弟。丹不贤，尧不传位于他；象有意谋杀舜；管、蔡谋反，被周公所囚。

㉜侔：比拟，相等。

“是以圣王觉寤㉝，捐子之之心，而不说田常之贤，封比干之后，修孕妇之墓，故功业覆于天下。何则？欲善无厌也。夫晋文亲其仇㉞，强伯诸侯；齐桓用其仇㉟，而一匡天下。何则？慈仁殷勤，诚加于心，不可以虚辞借㊱也。至夫秦用商鞅之法㊲，东弱韩、魏，立强天下，卒车裂之。越用大夫种之谋㊳，禽劲吴而伯中国，遂诛其身。是以孙叔敖三去相而不悔㊴，於陵子仲辞三公为人灌园。今人主诚能去骄傲之心，怀可报之意，披心腹，见情素㊵，堕肝胆，施德厚，终与之穷达，无爱于士，则桀之犬可使吠尧，跖之客可使刺由，何况因万乘之权，假圣㊶王之资乎！然则荆轲湛七族㊷，要离燔妻子，岂足为大王道哉！

㉝“是以圣王”六句：捐，弃。子之：战国时燕王哙的相，曾骗燕王让位给他，结果燕国大乱。说：通“悦”。田常：春秋时齐简公的相，齐简公欣赏他的才干，他却杀了简公，夺取了齐国的王位。封：褒扬。修孕妇之墓：传说纣王曾剖孕妇之腹以观胎儿，武王灭纣后，为被害孕妇修墓。

㉞“夫晋文”二句：雠（chóu），仇敌。晋文公为公子时，晋献公派寺人披去杀他，他仓惶逃跑，被寺人披斩断衣袖。后来文公归国即位，吕甥、郤芮等要杀文公，幸好寺人披告密，使其免于难。

㉟“齐桓”二句：仇，指管仲。齐公子纠和公子小白争夺王位，管仲为公子纠狙击公子小白，射中小白带钩。后来小白即位，是为齐桓公。齐桓不记旧仇，用管仲为相，遂成霸主。

㊱借：假借，给予。

㊲“至夫”四句：秦孝公用商鞅变法，国家富强，秦孝公死，秦国贵族把商鞅车裂（用车分裂人的身体）。

㊳“越用”三句：大夫种，即文种，春秋时越国的大夫，曾辅佐越王句践战败吴国，后被越王所杀。禽：同“擒”。劲吴：强大的吴国。伯：通“霸”。

㊴“是以孙叔敖”二句：孙叔敖，楚国令尹。在楚庄王时，曾三次任相，并不喜欢；三次被免职，也不烦恼。於（wū）陵：战国齐地。子仲：即陈仲子。传说楚王要任他为相，使人去迎他，他举家逃走去为人家灌园。三公：秦汉时期指丞相、太尉、御史大夫。此处指丞相。

㊵“见（xiàn）情素”七句：见：通“现”，显露。情素：真实的情意。素通“愫”，堕肝胆：意即披肝沥胆。穷达：逆境和顺境。爱：吝啬。跖（zhí）：传说中的大盗。由：许由，据说尧打算要把天下让给他，他逃走了。

㊶假：凭借。

㊷“然则”二句：湛，同“沉”，沉没。七族：从曾祖到曾孙。“荆轲被沉七族”事不详。要离：春秋时吴人。要离曾为吴王去谋刺公子庆忌，为了取信庆忌，让吴王砍断其右手，烧死了他的妻子，他假装犯罪逃走。

“臣闻明月之珠，夜光之璧，以暗投人于道[43]，众莫不按剑相眄者。何则？无因而至前也。蟠木根柢[44]，轮囷离奇，而为万乘器者，以左右先为之容也。故无因而至前，虽出随珠[45]、和璧，只怨结而不见德。有人先游[46]，则枯木朽株，树功而不忘。今夫天下布衣穷居之士，身在贫羸，虽蒙尧、舜之术，挟伊、管之辩[47]，怀龙逢、比干之意，而素无根柢之容，虽竭精神，欲开忠于当世之君，则人主必袭按剑相眄之迹矣。是使布衣之士不得为枯木朽株之资也。是以圣王制世御俗[48]，独化于陶钧之上，而不牵乎卑乱之语，不夺乎众多之口。故秦皇帝任中庶子蒙嘉之言以信荆轲[49]，而匕首窃发；周文王猎泾、渭[50]，载吕尚归，以王天下。秦信左右而亡[51]，周用乌集而王。何则？以其能越挛拘之语[52]，驰域外之议，独观乎昭旷之道也。今人主沉谄谀之辞，牵帷廧[53]之制，使不羁之士与牛骥同皂[54]，此鲍焦所以愤于世也[55]。

《东周列国志》版画之“咸阳市五牛分商鞅”图，描绘了商鞅被车裂的情景。

㊸“以暗”二句：投人，向人投掷。道：道路。眄（miǎn）：顾视。二句意谓：在黑暗的道路，即使用夜光璧这样的宝贝去投掷人，人也是要戒备的。

㊹“蟠木”四句：蟠，盘曲。木：树木。根柢；树根。轮囷（qūn）：盘绕屈曲的样子。为万乘器：成为国君的贵重的器

具。容：雕刻装饰。

㊺随珠：随侯之珠。据说随侯救了一条受伤的蛇，蛇衔一颗明珠来报答他。

㊻游：宣扬。

㊼“挟伊”二句：伊，指伊尹，辅佐汤灭夏建殷商的功臣。管：管仲。龙逢（páng）：关龙逢，夏桀时贤臣，因谏诤被杀。

㊽“是以圣王”二句：制世御俗，统制、治理国家、社会。陶钧：陶工使用的转轮。此处用以比喻帝王要独自运用政权来教化天下。

㊾“故秦皇帝”二句：中庶子，官名，太子的属官。蒙嘉：人名。荆轲到秦国时先用财物贿赂了蒙嘉，因蒙嘉引见，得见秦王。匕首窃发：荆轲见到秦王，献上樊於期的头颅及燕国都亢地方的地图；地图展开时，他拿起藏在图中的匕首去刺秦王。

㊿“周文王”三句：泾渭，二水名，在今陕西省。相传周文王打猎于渭水上，遇见吕尚，载与同归，后吕尚辅助武王，灭商建周。

吕尚磻溪垂钓图，选自清·马骀《百将传图》，讲述周文王访求姜太公之事。

51“秦信”二句：左右，指蒙嘉。亡：指有危亡的可能。乌集：比喻偶合，指任用吕尚。

52能越挛拘之语：挛拘，拳曲。指能摆脱左右偏见的话语。

53帷廧：指妻妾宠臣。

54皂：皂枥，马槽。

55鲍焦：周朝时的隐士，传说他不满时政、廉洁自守，宁愿抱木而死。

“臣闻盛饰入朝者不以私污义，底厉[56]名号者不以利伤行。故里名‘胜母’[57]，曾子不入；邑号‘朝歌’[58]，墨子回车。今欲使天下寥廓之士[59]笼于威重之权，胁于位势之贵，回面污行，以事谄谀之人，而求亲近于左右，则士有伏死堀穴岩薮之中耳，安有尽忠信而趋阙下者哉！”

56底厉：通“砥砺”，磨练、修养。

57曾子：曾参，孔子弟子，传说极为孝顺。有个里巷，名为“胜母”，曾子嫌这名字违反孝道，不肯进入。

58朝歌：纣时都城（在今河南省汤阴县南）。墨子因有朝歌的名字与他“非乐”的主张不合，所以到了那里就回车不入。

59廖廓之士：指有远大志向的人。

【译文】

邹阳跟从梁孝王任官。邹阳为人有智谋伟略，胸怀大志，不轻易迎合别人，地位处于羊胜、公孙诡中间。公孙胜等妒嫉邹阳，在孝王面前邸毁他。梁孝王生气了，把邹阳交给狱吏，准备要杀他。邹阳就从狱中上奏说：

我听有人说："忠诚的人没有得不到好报的，讲信用的人就不被人猜疑。"我常认为就是这样，现在明白这不过只是空话罢了。以前荆轲羡慕燕国太子丹为人仁义，他为燕要去刺秦时，精诚感动得天上一道白虹穿日而过，太子丹反而怕他不去。卫先生给秦国谋画长平之战后灭赵之事，天上出现了金星侵犯昴星的现象（古人认为这表示赵国有战事），秦昭王却猜疑他的用心。他们的精诚已改变了天地，但忠诚却不能让两个主人明白，难道不悲哀吗？如今我尽忠竭诚，说尽计议，愿王明白。您不明真相，终于又相信狱吏的审讯，使我被世人猜疑。这样即便荆轲、卫先生再生，燕太子丹和秦王依旧不会明白。但愿大王认真地审察。以前有一个拿玉石的人献宝玉，楚王却砍了他的双脚。李斯竭尽忠心，胡亥却处他以极刑。所以可以清楚，箕子假扮疯狂，接舆隐居避世，都是怕遭受这种祸害。希望大王先明察玉人、李斯的心意，然后再取掉楚王、胡亥的处理，不要使我被箕子、接舆所讥笑。我听说比干被剖心，伍子胥被装进马皮做的口袋投入江中，开始还不相信，今天才明白了。希望大王认真考察，稍加怜惜呀。

俗语说："有的人尽管相处得头发都白了，但陌生得像第一次交往；有的人在路上刚碰面交往，却好像多年的老友。"为什么呢？这是由于相知不相知的原因。因此樊於期从秦国逃出来到了燕国，献头给荆轲用来奉行太子丹刺秦的事；王奢逃离齐国跑到魏国，因而齐国出兵伐魏，他便在城上自杀，用来退齐保魏。王奢、樊於期对于齐秦来说，不是才开始打交道；而对于燕魏来说，也没有旧交情。其所以离开秦齐两国为燕魏两个国君而死的缘故，是由于这两个国君的行为合乎他们的志趣，他们无穷地向慕正义。所以，苏秦对于天下不守信义，却是燕国的尾生（古代的守信义的贤士）。白圭（中山国将领）在战争中连丢六城，畏罪逃到魏国，魏文侯信任他，他帮魏国攻取了中山国。为什么呢？这的确是由于相知呀。苏秦在燕国做宰相，有人在燕王跟前中伤他，燕王握着剑发起脾气来，反而杀了殃骁（骏马）给苏秦吃马肉。白圭因攻取中山而显达，有人在魏文侯跟前毁谤他，魏文侯反而拿夜光璧赐给他。为什么呢？两个国君和二个大臣，肝胆相照，绝对相信，难道能被几句流言蜚语所摇摆不定吗？

因此女人不分美丑，进了皇宫就被人妒嫉；士人不分贤与不贤，到了朝廷就被人妒嫉。从前司马喜在宋国受到膑刑（割掉膝盖骨），最终却在中山国做了宰相。范雎在魏国被打断肋骨、打落牙齿，却在秦国被封为应侯。这两个人，都相信自己必定成功的计划，放弃了结党营私，靠与国君的孤独交往，因此不能使自己免于别人的忌妒。因此申徒狄跳到雍河而死，徐衍背着石头投海而亡，不被人世所容，他们坚持正义，不在朝中摄取结党营私的好处，动摇皇上的心意。所以百里奚在路上讨饭，秦穆公把政事托付给他；宁戚给别人在车下喂牛，齐桓公任他为国相。这两个人，难道是平素就在朝廷做官，借国君左右人的赞颂，然后二位国君才重用他们吗？他们是由于和国君在心灵上交感相应，在行动上处处相合，关系紧密得如胶似漆，兄弟也不能调拨，难道就能被众人之口迷惑吗？因此偏听偏信产生邪恶，一人担任酿成祸乱。从前鲁君听了季孙的话驱逐了孔子，宋君用了子冉的计策囚禁了墨子，以孔子墨子那样好的辩才、也不能使自己避免谗毁，而这二国因此受到危害。为什么呢？由于众口诽谤能够熔化美金，积累谤言能够销毁骨头。秦国重用西戎人由余而使自己称雄于中国，齐国重用越国人子臧而使威王宣王时期强盛。这两个国家难道被世俗所约束牵绊，被奇偏的假话谤辞所制约吗？他们公正地听取意见并观察事物，圣明流传于当世。因此，意见相合，像吴、越那样的敌国都能够成为兄弟，由余、子臧就是这样。意见不合，那么骨肉之情也能够成为仇敌，朱、象、管、蔡就是这样的人。如今，君主的确能先像齐、秦两国那样明察，后弃宋、鲁的处理，那么您的恩德春秋五霸不足比，即便古代三王（夏禹王、商汤王、周文王）也容易做了。

因此贤明君主醒悟，抛开子之的奸心，不喜欢田常的所说的“贤”，分封比干臣相的后代，修缮被纣王剖腹观胎的孕妇的坟墓，所以功业覆盖天下。为什么呢？因为求善的心是永远不会满足的。晋文公亲近仇敌寺人披，称霸于诸侯。齐桓公任用仇人管仲，从而匡救了天下。为什么呢？由于慈善仁义，情意恳切深厚，真诚装在心里，不用虚言假托。到秦国用商鞅的新法，往东削弱韩国魏国，马上强盛于天下，商鞅却终于被车裂；越国用大夫文种的计谋，破灭劲敌吴国而称霸中国，文种却被诛杀。所以孙叔敖三次离开相位却并不后悔，於陵人陈子仲辞去三公的大官职，却给别人浇灌园子。如今君主的确可以戒除骄傲之心，胸怀有功必报的意愿，剖心腹，现情愫，披肝沥胆，施行深厚的恩德，始终与士人同甘共苦，对士人毫不吝惜，那么，能够教夏桀的狗去咬唐尧，教盗跖的门客去刺许由，何况凭借着万乘大国的权势，倚仗着圣王庞大的资财呢？这样，荆轲被灭门了七族，要离被焚死了妻子儿女，哪里值得给大王讲呢？

我听闻：把如同明月一样的宝珠和夜里发光的宝玉，夜晚抛扔到路上，众人没有一个不持剑柄斜眼相望的。为什么呢？因为没有理由

《东周列国志》版画之“穷百里饲牛拜相”图，讲述秦穆公用五张羊皮赎回在楚国牧牛的百里奚，并拜其为相之事。

而无故落到跟前的原因。弯曲树根，使它盘绕奇特，最终成为国君贵重器具的原因，因国君身边近臣先给它雕饰过。因此说无故落到跟前，即便扔出的是随侯珠、和氏璧，只能结下仇恨而不会被看作恩泽。假如有人先说情，那么，即便枯木朽株都能树立功勋，使人不忘。现在天下平民穷居的士人，处于贫苦冻饿之中，即便承有尧舜统治之术，有伊尹、管仲的才能，怀龙逢、比干的忠心，却平时没有近臣像树根那样雕饰，尽管用尽精力，想在当世国君面前表示忠心，那么国君必定袭用握剑柄斜眼相视的老样子。这使出身平民士人甚至于不能发挥出枯木朽株的作用。因此圣王治理天下，要像制陶器的人运转模轮那样，独自运转政权，不被胡言乱语牵制，不被众人的嘴所动摇。因此秦始皇听信了中庶子蒙嘉的话而相信荆轲，结果图穷匕见。周文王在泾、渭流域狩猎，带回吕尚，靠他成为天下之王。秦始皇听信周围近臣而亡国，周文王任用偶然发现的人才而称王于天下，为什么呢？由于他能超越庸俗无用的言论，神往境外的金玉议论，独自看到光明大道。假如现在皇上沉溺于阿谀奉承的话，受左右约束，使学识显卓的士人与牛马同槽，这就是鲍焦愤世嫉俗的缘故。

我听闻穿戴整齐上朝的人，办理政务不因私情而污毁道义；注意磨炼声望的人，不因私利败坏德行。因此有里巷名叫“胜母”，曾子就不进这巷子；城邑名叫“朝歌”，墨子就回车离开。如今要让天下胸襟开阔的士人，被威重的权力所笼囚，被高贵的势位所威胁，改变脸色，玷污德行，来侍奉那些谄媚奉承的人，而求得与国君亲近并服侍于其周围，那么，士人只有老死在洞水泽之中了，哪里还有尽忠诚而趋向朝廷的人呢？

上书谏猎①

司马相如

【题解】

司马相如（公元前179年－公元前117年），字长卿，蜀郡成都（今四川成都）人。景帝时，他作武骑常侍。由于景帝不喜欢辞赋，他前往梁国。他在梁国写了《子虚赋》。梁孝王死后，司马相如又回到蜀郡的临邛。汉武帝读了他的《子虚赋》很叹赏，他的同乡杨得意把相如推荐给汉武帝，他受到武帝召见，并在朝廷中获得一个不显要的官职。

汉武帝使唐蒙通夜郎、僰中（今贵州、四川省境内），唐蒙在西南大肆骚扰百姓，汉武帝派司马相如责唐蒙，叫相如写《喻巴蜀檄》，一方面解释唐蒙的骚扰不是汉武帝的意旨，一方面又威胁巴蜀人服从汉朝的命令。后来武帝又派相如“略定西南夷”，各部落的酋长都来降汉。他还写了一篇《难蜀父老》，假托蜀人的非难，说明了通西南夷的意义。

司马相如的赋文以讽喻著称，铺张皇帝打猎和观赏歌舞的享乐生活，以及游仙故事，作品的文字华丽雕琢，成为汉魏文人作品模仿的对象。

司马相如这篇上书，对武帝不顾安危迷恋射猎进行劝谏。其行文与他大肆铺张渲染的大赋不同，比较质朴简洁，辞气恳切委婉，武帝看了也极口称善。

相如从上至长杨猎②。是时天子方好自击熊豕，驰逐壄兽。相如因上疏谏曰：

①司马相如（公元前179年－公元前117年）：西汉辞赋家，所作《子虚赋》、《上林赋》为武帝看重，用为郎。曾奉使西南，后为孝文园令。原集散佚，明人辑有《司马文园集》。

②长杨：秦宫苑名，据说宫内有长杨树，故名。故址在今陕西周至。

“臣闻物有同类而殊能者，故力称乌获③，捷言庆忌④，勇期贲、育⑤。臣之愚，窃以为人诚有之，兽亦宜然。今陛下好陵阻险，射猛兽，卒然遇逸材之兽⑥，骇不存之地⑦，犯属车之清尘⑧，舆不及还辕⑨，人不暇施巧，虽有乌获、逢蒙之技不得用⑩，枯木朽株尽为难矣。是胡、越起于毂下，而羌、夷接轸也⑪，岂不殆哉！虽万全而无患，然本非天子之所宜近也。

③乌获：战国时秦国的大力士。据说他能举千钧之重，为秦武王宠用。

④庆忌：吴王僚的儿子。阖闾刺杀僚夺得王位后，想杀庆忌，骑马也没追到他，说明他跑得

司马相如像，图出自《大汉三合明珠宝剑全传》。

快。

⑤贲、育：指孟贲和夏育。孟贲（bēn），战国时勇士。据说他水行不避蛟龙，陆行不避狼虎，能生拔牛角。夏育，战国时勇士，卫人，传说能力举千钧。

⑥卒然：即“猝然”，突然。

⑦骇不存之地：指野兽被逼惊骇，到了不能容身的地方，必然竭力反扑。

⑧属车：从车。古代帝王出行时有属车相从，大驾属车八十一乘。清尘：尘，指车马行动时扬起的尘土；清，尊贵之意。后来人们用“清尘”称代尊贵的人。文中因不便直说汉武帝，故说“犯属车之清尘”。

⑨舆：车厢。因代指车。辕：驾车用的直木或曲木。汉代的车，左右各有一辕，伸在车的前端。

⑩逢（páng）蒙：夏代善射者。

⑪“是胡越”二句：这里的意思是说，当时遇到的危险情景，犹如外患发生在身旁。胡、越、羌、夷：当时四方的少数民族，胡主要指匈奴。毂（gǔ）：车轮中心的圆木。轸（zhěn）：车后横木。毂、轸这里代指车。

“且夫清道而后行，中路而驰，犹时有衔橛之变⑫。况乎涉丰莫，骋邱墟，前有利兽之乐⑬，而内无存变之意，其为害也不亦难矣⑭！夫轻万乘之重不以为安，乐出万有一危之涂以为娱，臣窃为陛下不取。

⑫衔：马勒口。橛（jué）：车钩心。变：事故。

⑬利：贪图。

⑭“其为”句：一本作“其为祸也不亦难乎”？

“盖明者远见于未萌，而知⑮者避危于无形，祸固多藏于隐微而发于人之所忽者也。故鄙谚曰：‘家累千金，坐不垂堂⑯’。此言虽小，可以喻大。臣愿陛下留意幸察。”

⑮知：通“智”。

⑯“家累”二句：累，积累。垂：堂边。坐不垂堂，是说怕檐瓦坠地伤人，形容富家子弟，非常自爱。

【译文】

司马相如随从汉武帝到长杨宫涉猎，当时武帝王喜好亲自射击熊、野猪，驱车追赶野兽。相如因此上书劝止说：

“我听闻事物有同类而能力特殊的，因此力气大的要数乌获，善于奔跑的要数庆忌，勇猛的要数孟贲、夏育。以我愚见，私下认为人类中的确有这样情况，野兽中也应该是如此。如今陛下喜好登上险峻的地方，射击猛兽，假如忽然遇到了异常凶猛的野兽，它被逼上绝路，必然咆哮反扑，侵犯陛下的车驾，这时车辆来不及转头，人也来不及施展驾车的技巧，即便有乌获、逢蒙的本事也用不上，哪怕有一段枯木朽树挡道，都可能招致祸害啊。这等于是胡越的士兵从车底下钻出来，而羌夷的部队紧随在其后，难道不危险吗？即便万分安全，没有一点祸患，这种处境也原本不是天子所应该接近的。天子外出时，先扫清道路然后出行，在道路中央奔驰，尚且有时会发生马橛子脱落、车马倾覆的意外事故，何况是在茂密的草丛中行走，在山丘废墟中奔跑，眼前有获得野兽的快乐，胸中却没有防备事故的考虑，遭遇祸害是很容易的啊！轻易放弃天子的尊贵，不顾自己的安全，喜欢到那万分里有一分危险的道路上奔驰，觉得是快乐，我私下觉得陛下是不该这样做的。贤明的人能预测未来的事情，聪明的人在祸患没有形迹之前就能躲避。祸患原本就大多隐藏在看不到的地方，而发生在人们没有重视的时候。因此俗话说：‘家中积有千金的人，不坐在堂屋的屋檐下’，这话尽管指的是小事情，但却能够拿来比喻大事。我期望陛下留心并请考察。”

答苏武书

李 陵

【题解】

李陵（？一前74年），字少卿，西汉陇西成纪（今甘肃泰安）人。是汉代名将李广的孙子，天汉二年（公元前99年），率五千步兵与匈奴主力作战，战败投降。苏武（公元前140年－公元前60年），字子卿，西汉杜陵（陕西西安东南）人，天汉元年（前100年）出使匈奴，被扣留十九年，因他坚贞不屈，最终获释回汉。本文是他回汉后曾写信给李陵，劝他回汉，李陵以此信作答，文中表达了他对故国的眷恋，抒发了负屈含冤的感慨，指出汉武帝任人唯亲以致造成此种结果。全文感情激愤，文笔凄楚委婉。后人对此文是否为李陵所作提出质疑，多认为是伪作。

苏武像，图出自清·顾沅辑《古圣贤像传略》。汉武帝时，苏武奉旨出使匈奴，结果被扣留十九年。

子卿足下：

勤[①]宣[②]令德[③]，策名清时[④]，荣问休畅[⑤]，幸甚，幸甚！

①勤：努力。

②宣：发扬。

③令德：美德。

④清时：太平时代。

⑤荣问休畅：美好的名声广泛传布。问，同“闻”。休，美。畅，畅通。

远托异国，昔人所悲，望风怀想，能不依依！昔者不遗，远辱还答，慰诲勤勤，有逾骨肉，陵虽不敏，能不慨然！

自从初降，以至今日，身之贫困，独坐愁苦。终日无睹，但见异类；韦韝毳幕[⑥]，以御风雨；膻肉酪浆，以充饥渴；举目言笑，谁与为欢？胡地玄[⑦]

冰，边士惨裂，但闻悲风萧条之声；凉秋九月，塞外草衰，夜不能寐，侧耳远听，胡笳互动，牧马悲鸣，吟啸成群，边声四起。晨坐听之，不觉泪下。嗟乎，子卿！陵独何心，能不悲哉！

⑥韦韝（gōu）毳（cuì）幕：着皮臂套，住毡帐幕。韦韝，皮革，臂套。毳，鸟兽的细毛。幕，帐幕。

⑦玄：黑色。

与子别后，益复无聊，上念老母，临年[8]被戮，妻子无辜，并为鲸鲵[9]。身负国恩，为世所悲，子归受荣，我留受辱，命也何如！身出礼义之乡，而入无知之俗，违弃君亲之恩，长为蛮夷[10]之域，伤已！令先君之嗣，更成戎狄[11]之族，又自悲矣！功大罪小，不蒙明察，孤负陵心区区之意。每一念至，忽然忘生[12]。陵不难刺心以自明，刎颈以见志，顾国家于我已矣，杀身无益，适足增羞，故每攘臂[13]忍辱，辄复苟活。左右之人，见陵如此，以为不入耳之欢，来相劝勉，异方之乐，秖[14]令人悲，增忉怛[15]耳。

⑧临年：临到老年。

⑨鲸鲵（ní）：鲸鱼。这里用作动词，像鲸鲵一样被杀戮。

⑩蛮夷：古代对居东南一带少数民族的蔑称。

⑪戎狄：古代对居西北一带少数民族的蔑称。

⑫忽然忘生：立刻不想活着。忽然，立时。

⑬攘臂：奋臂，捋袖伸臂，振奋或发怒的样子。

⑭秖：只。

⑮忉（dāo）怛（dá）：悲痛伤心的样子。

嗟乎，子卿！人之相知，贵相知心。前书仓卒[16]未尽所怀，故复略而言之。昔先帝授陵步卒五千，出征绝域，五将失道，陵独遇战，而裹万里之粮，帅徒步之师，出天汉之外，入强胡之域，以五千之众，对十万之军，策疲乏之兵，当新羁之马。然犹斩将搴[17]旗，追奔逐北，灭迹扫尘，斩其枭帅[18]，使三军之士视死如归。陵也不才，希当大任，意谓此时，功难堪矣。

⑯仓卒：匆忙，急迫。卒，通“猝”。

⑰搴（qiān）：拔取。

⑱枭帅：勇将。

匈奴既败，举国兴师，更练精兵，强逾十万，单于临陈，亲自合围。客主之形，既不相如[19]；步马之势，又甚悬绝[20]。疲兵再战，一以当千，然犹扶乘创痛，决命争首[21]。死伤积野，余不满百，而皆扶病，不任干戈。然陵振臂一呼，创病皆起，举刃指虏，胡马奔走；兵尽矢穷，人无

"带图求和"图，讲述汉高祖与匈奴作战，结果被困于平城，用陈平计打发一个使者带着美女图与珠宝去见匈奴阏氏求和的故事。

尺铁，犹复徒首奋呼，争为先登。当此时也，天地为陵震怒，战士为陵饮血。单于谓陵不可复得，便欲引还，而贼臣教之，遂使复战，故陵不免耳。

⑲相如：相同，相类。
⑳悬绝：相差极为悬殊。
㉑争首：争先。

昔高皇帝[22]以三十万众，困于平城[23]。当此之时，猛将如云，谋臣如雨，然犹七日不食，仅乃得免。况当陵者，岂易为力哉？而执事者云云，苟怨陵以不死。然陵不死，罪也。子卿视陵，岂偷生之士而惜死之人哉？宁有背君亲、捐妻子，而反为利者乎？然陵不死，有所为也。故欲如前书之言，报恩于国主耳。诚以虚死不如立节，灭名不如报德也。昔范蠡不殉会稽之耻，曹沫[24]不死三败之辱，卒复勾践之雠[25]，报鲁国之羞。区区之心，窃慕此耳。何图志未立而怨已成，计未从而骨肉受刑。此陵所以仰天椎心而泣血也！

㉒高皇帝：汉高祖刘邦。
㉓平城：古县名，在今山西大同东。
㉔曹沫：即曹刿，春秋鲁国武士。
㉕雠：同"仇"。

足下又云："汉与[26]功臣不薄。"子为汉臣，安得不云尔乎！昔萧、樊囚絷，韩、彭菹醢[27]，晁错受戮，周、魏见辜[28]；其余佐命立功之士，贾谊、亚夫之徒，皆信命世之才，抱将相之具，而受小人之谗，并受祸败之辱，卒使怀才受谤，能不得展，彼二子之遐举[29]，谁不为之痛心哉！陵先将军[30]，功略盖天地，义勇冠三军，徒失贵臣之意，到[31]身绝域之表。此功臣义士所以负戟而长叹者也！何谓"不薄"哉？

㉖与：对待。

㉗菹（zū）醢（hǎi）：古代一种酷刑，把人杀死后剁成肉酱。
㉘辜：罪。
㉙遐举：死的讳称。
㉚陵先将军：指李广、李陵的祖父。
㉛刭：用刀割脖。

且足下昔以单车之使，适万乘之虏，遭时不遇，至于伏剑不顾，流离辛苦，几死朔北之野。丁年奉使，皓首而归，老母终堂㉜，生妻去帷㉝，此天下所希闻，古今所未有也。蛮貊㉞之人尚犹嘉子之节，况为天下之主乎？陵谓足下当享茅土之荐，受千乘之赏，闻子之归，赐不过二百万，位不过典属国，无尺土之封，加子之勤；而妨功害能之臣尽为万户侯，亲戚贪佞之类悉为廊庙㉟宰。子尚如此，陵复何望哉？

㉜终堂：死在堂上，死的讳称。
㉝去帷：离开内帏，指改嫁。
㉞蛮貊（mò）：古时称南方少数民族为蛮，东方少数民族为貊。这里都是代指匈奴。
㉟廊庙：祖庙朝堂。这里指朝廷。

且汉厚诛陵以不死，薄赏子以守节，欲使远听之臣望风驰命，此实难矣，所以每顾而不悔者也。陵虽孤恩，汉亦负德。昔人有言："虽忠不烈，视死如归。"陵诚能安，而主岂复能眷眷乎？男儿生以不成名，死则葬蛮夷中，谁复能屈身稽颡㊱，还向北阙，使刀笔之吏弄其文墨耶！愿足下勿复望陵。

嗟乎，子卿！夫复何言？相去万里，人绝路殊，生为别世之人，死为异域之鬼，长与足下，生死辞矣。幸谢故人，勉事圣君。足下胤子㊲无恙，勿以为念。努力自爱。时因北风，复惠德音。李陵顿首。

"李陵与苏武在塞外相见"图，讲述李陵与匈奴作战兵败被俘投降匈奴，苏武出使匈奴被扣留的故事。此图描绘了二人在匈奴相见时的情景。

㊱稽（qǐ）颡（sǎng）：叩头。
㊲胤子：苏武在匈奴娶妻生子，名苏通国。

【译文】

子卿足下：您勤勤恳恳地颂扬美德，在太平盛世任官，美好的声誉到处传扬，实在是太好了，太好了。寄处异国他乡，这是前人悲哀的事，遥望家乡，怀念亲人，怎能不令人留恋。此前承您不弃。从很远的地方给我回信，抚慰教导亲切诚恳，超过了至亲骨肉，我尽管愚昧，又怎么能不感动！

自从那时候投降，直到现在，我独处困境，愁闷忧虑。整天满眼所见只是怪族异物，皮衣毡帐用来抵抗风雨，羊肉乳酪用来充饥解渴，环看四周，想和别人说笑，又能与谁一同为欢？塞外的冰，厚得发黑，边外大地，凄惨地冻裂，只听悲风萧瑟的声音。凉秋九月的时候，塞外的草木枯黄了，夜不成眠，侧耳倾听胡笳此起彼伏，牧马悲鸣，两者交融在一起，边地特有的声音从四方传来。早晨起来听到这些声音，不觉泪如雨下。唉，子卿！我李陵的心与别人有什么区别，又怎么能不忧伤啊！

我与您告别以后，备感无聊，想念我老母，临晚年遭杀戮；妻儿无罪，也遭杀害；我辜负了朝廷的恩惠，为世人所悲。您回国接受荣誉，我在匈奴蒙受羞耻，这是怎样的命运啊！我出身礼义之乡，却落入愚昧无知的社会，背弃君主和父母的恩情，永远流落蛮夷之地，悲哀啊！使先父的后代，成为匈奴的族人，就更感到悲伤！我功大罪小，没有得到君主明察，辜负了我的诚意。每想到此，便忘记了自己还活着。我不难刺心来表示心迹，刎颈自杀表现志向，但想到国家对我已是恩断义绝，自杀无济于事，反倒增加耻辱，因此总是勉强振作精神，忍受屈辱，于是又苟且活下来。劝勉我。异国的快乐，只能让人悲哀，增加内心的悲伤痛苦罢了。矣，子卿！彼此相知，贵在知心。前一封信写得仓促，没尽述我的情怀，因此再大概地说说。

以前先帝给我五千兵马，远征匈奴。其余将军因迷失方向，没能按时会合，只有我独自与匈奴军队交战。携带征战万里的粮草，带领步兵，出征到汉土之外，进入强大的匈奴地域，凭靠着五千步兵，对抗十万大军，指挥疲备之师，抵御装备精良的匈奴骑兵。虽然如此，我们仍能斩将拔旗，追赶逃敌，像打扫灰尘一样干净利落地斩杀他们的勇将，全军的将士视死如归。我尽管没有才干，却期望担当重任，我觉得这时的功绩别人难以胜过。

匈奴溃败之后，全国动员，又挑选出十万精兵，单于亲自到战场指挥应战。两军力量本来就无法相比；步兵和骑兵的力量更是相差甚远。我们疲备的士兵再次投入战斗时仍旧能以一当十，大家忍住痛苦，拼死相争。死伤的士卒积满了荒野，剩下的不满百人，而且都伤痛在身，甚至拿不动武器。但是我振臂一呼，伤员、病号无不奋起，举刀杀向敌人，匈奴的骑兵四散逃走，兵器没有了，箭已用光了，手无寸铁，仍旧高呼杀敌，争先恐后地向前冲去。在当时，天地为我动容，战士为我饮泣。单于觉得不可能战胜我，打算领兵撤回，然而贼臣告密，于是使得单于再来交战，因此我的失败是不可避免的。

以前高祖皇帝率领三十万人马被匈奴人围困在平城，当时猛将众多，谋臣如雨，还断粮七日，最后勉强脱身。何况我要面对十万大军，难道容易对付吗？然而执政的人议论纷纷，抱怨我不以死报国。我没有死，固然是有罪的，可子卿你看我是苟且偷生，贪生怕死的人吗？又哪里会有背弃君主父母，抛弃妻子儿女，反倒为

“吕后杀韩信”图。李陵在答苏武书中曾举韩信被冤杀之例来反驳苏武的汉朝待功臣不薄之说。

自己求利的人吗？我李陵不死，是要有所作为，正如我给您的前一封信所说，是想等待将来对国君报恩。我觉得白白地死去不如建立名节，销声匿迹不如报答恩德。以前范蠡不为会稽之耻而殉身，曹沫不为三次打败的耻辱而死去，终于报了勾践的仇，雪了鲁国的耻。我发自内心敬仰他们的作为。哪不料壮志未酬反而结怨，策略没有实现亲人反遭杀害，这是我李陵仰天捶胸悲伤的缘故啊。

足下又说：“汉朝待功臣很宽厚。”您是汉朝的臣子，哪能不这样说呢？以前萧何、樊哙被监禁，韩信、彭越被剁成肉酱，晁错被杀，周勃、窦婴被判罪。其余辅佐天子建立功勋的人，像贾谊、周亚夫等人都是当时的杰出人才，怀有将相的才能却受小人的谗言，都遭祸受辱，终于怀才受谤，没能得以施展。对这两个人的死，谁不为之痛心啊？我的祖父，功绩才略笼盖天地，忠义勇冠三军，只是失去权贵欢心，自杀于偏远的异域，这是功臣义士负戟长叹的缘故啊。怎么能称作不薄呢？

您以前用单车使臣，出使拥有强兵的匈奴，正逢时机不好，居然到要拔剑自杀，后来颠沛流离，历尽艰苦，差点死在北方的荒野。您壮年奉命出使，年老白发而归，老母去世，妻子改嫁，这是天下少闻从古至今所不曾有的事。就连匈奴人都称赞您的节操，何况天下的君主呢？我觉得您应当享受封侯之赏，受千乘之赐。但是我听说您回国后，受赏不过二百万，官位仅仅是典属国，没有一尺土地的封赏来嘉奖你效忠国家的功勋。而那些嫉贤妒能的臣子却封为万户侯，皇帝贵戚和贪墨之徒却成了朝廷重臣。您尚且如此，我还能盼什么呢？朝廷因为我不能为节操而死严加惩罚，对您坚守节操却赏赐鄙薄，想让在外的臣子能为此奔走效命，这确实太不容易了！因此我每当想到这些就不懊悔。

尽管我有负皇恩，然而汉朝也有负于我。古人有句话说：“尽管不是忠烈之人，但也能视死如归。”我假如能为国献身，皇上难道还能顾念我吗？男子活着不能成名，葬身蛮夷中算了。谁还可以屈身叩头，回来让那些刀笔吏罗织罪名呀？但愿您别再对我抱有什么期盼了。

唉，子卿！还有什么好说呢？相隔万里，往来断绝，道路不同，生为别世之人，死为异域之鬼，永远与您生死相别了，向我的老朋友致意，希望你们努力事奉圣君。您的儿子很好，不必挂念。原您珍重自己，时常借着北风，带来好消息。李陵顿首。

尚德缓刑书

路温舒

【题解】

路温舒，字长君，西汉巨鹿（今河北平乡）人。出身贫寒，其父为乡间小吏里门监，幼时，他让温舒牧羊，路温舒拿湖泽中的蒲叶练习写字，后来做了监狱小吏，于是，他用心学习律令，官升至守廷尉史。宣帝时，他做临淮太守，深受百姓欢迎。

这封上书写于汉宣帝刘询即位之初。主旨是劝宣帝广开言路，崇尚道德教化，减省刑罚，让老百姓生活在一个比较宽松的社会环境中。文中指出，“夫狱者，天下之大命也”，秦朝灭亡的一个重要原因，就是对老百姓实行严刑苛法，他把司法问题提到关系国家存亡的高度。由于路温舒是狱吏出身，所以对前代和当朝在司法刑狱方面存在的种种弊端了如指掌，他把狱吏为保全自己而草菅人命的心理活动，刻画得入木三分，对人们了解封建社会刑法和监狱的黑暗，很有帮助。文章写得“辞顺而意笃”（《汉书·路温舒传赞》），所以刘询读后非常欣赏他的才气，立即提升他为广阳私府长。

昭帝崩①，昌邑王贺②废，宣帝③初即位，路温舒上书，言宜尚德缓刑。其辞曰：

①昭帝：即汉昭帝刘弗陵。崩：特指帝王之死。

②昌邑王贺：即汉武帝的孙子刘贺，昭帝死后无嗣，由刘贺继位。但不久，刘贺又因淫乱被废。

③宣帝：即汉宣帝刘询。

“臣闻齐有无知之祸④，而桓公⑤以兴；晋有骊姬⑥之难，而文公用伯⑦。近世赵王⑧不终，诸吕作乱，而孝文⑨为太宗⑩。由是观之，祸乱之作，将以开圣人也。故桓、文扶微兴坏，尊文、武之业，泽加百姓，功润诸侯，虽不及三王⑪，天下归仁焉。文帝永思至德，以承天心，崇仁义，省刑罚，通关梁，一⑫远近，敬贤如大宾，爱民如赤子，内恕情之所安，而施之于海内，是以囹圄⑬空虚，天下太平。夫继变化之后，必有异旧之恩，此贤圣所以昭天命也。往者，昭帝即世而无嗣，大臣忧戚⑭，焦心合谋，皆以昌邑尊亲，援⑮而立之。然天不授命，淫乱其心，遂以自亡。深察祸变之故，乃皇天之所以开至圣也。故大将军受命武帝，股肱⑯汉国，披肝⑰胆，决大计，黜亡义，立有德，辅天而行，然后宗庙以安，天下咸宁。

④无知之祸：指春秋时齐国人公孙无知杀齐襄公自立之事。
⑤恒公：即齐恒公姜小白，春秋五霸之一。
⑥骊姬：春秋时晋献公的宠妃。
⑦文公：即晋文公重耳，春秋五霸之一。伯：通“霸”。
⑧赵王：即刘邦之子赵王如意。
⑨孝文：汉文帝的谥号。
⑩太宗：汉文帝的庙号。
⑪三王：指夏禹、商汤、周文王。
⑫一：统一。
⑬图圄：监狱。
⑭戚：忧愁。
⑮援：引进。
⑯股肱：辅佐。
⑰披：披露。

“臣闻《春秋》正即位，大一统而慎始也。陛下初登至尊⑱，与天合符，宜改前世之失，正始受命之统，涤⑲烦文，除民疾，存亡继绝，以应天意。

⑱至尊：指皇位。
⑲涤：除去。

“臣闻秦有十失⑳，其一尚存，治狱㉑之吏是也。秦之时，羞㉒文学，好武勇，贱仁义之士，贵治狱之吏，正言者谓之诽谤，遏过者谓之妖言，故盛服先生㉓不用于世，忠良切言皆郁于胸，誉谀之声日满于耳，虚美熏心，实祸蔽塞。此乃秦之所以亡天下也。方今天下赖陛下恩厚，亡㉔金革之危、饥寒之患，父子夫妻勠力㉕安家，然太平未洽者，狱乱之也。夫狱者，天下之大命也，死者不可复生，繿者不可复属㉖。《书》曰：‘与其杀不辜，宁失不经。’

汉宣帝刘询像，图选自明万历刻本《三才图会》。

今治狱吏则不然，上下相驱，以刻为明，深者获公名，平者多后患。故治狱之吏皆欲人死，非憎人也，自安之道在人之死。是以死人之血流离于市，被刑之徒比肩而立，大辟[27]之计岁以万数，此仁圣之所以伤也。太平之未洽，凡以此也。夫人情安则乐生，痛则思死。棰楚[28]之下，何求而不得？故囚人不胜痛，则饰辞以视[29]之；吏治者利其然，则指道以明之，上奏畏却，则锻炼而周内[30]之。盖奏当之成，虽咎繇[31]听之，犹以为死有余辜。何则？成练者众，文致之罪[32]明也。是以狱吏专为深刻[33]，残贼而亡极，婾[34]为一切，不顾国患，此世之大贼也。故俗语曰：'画地为狱，议不入；刻木为吏，期不对。'此皆疾吏之风，悲痛之辞也。故天下之患，莫深于狱；败法乱正，离亲塞道，莫甚乎治狱之吏。此所谓一尚存者也。

⑳失：过去。
㉑治狱：管理，监狱。
㉒羞：轻视。
㉓盛服先生：尽忠于国事的大臣。
㉔亡：通"无"。
㉕戮力：合力。
㉖属：连续。
㉗大辟：死刑。
㉘棰楚：杖刑的通称。棰，木杖。楚，荆条鞭子。
㉙视：通"示"招供
㉚内：通"纳"。使陷入。
㉛咎繇：(gāo yáo)：即皋陶，音 gāo yáo，相传是舜时掌管刑法的官吏。
㉜文致之罪：玩弄法律条文而构成的罪行。
㉝深刻：苛刻严峻。
㉞婾：通"偷"，苟且。

"臣闻乌鸢[35]之卵不毁，而后凤皇[36]集；诽谤之罪不诛，而后良言进。故古人有言：'山薮藏疾，川泽纳污，瑾瑜匿恶，国君含诟。'唯陛下除诽谤以招切言，开天下之口，广箴谏之路，扫亡秦之失，尊文、武之德，省法制，宽刑罚，以废治狱，则太平之风可兴于世，永履和乐，与天亡极。天下幸甚！"

上善其言。

㉟乌鸢：乌鸦和鹞鹰。
㊱凤皇：即凤凰。

【译文】

昭帝过世，昌邑王被废黜，宣帝刚刚登基，路温舒上了一道奏折，主张应当推崇仁义，放宽责罚。他的奏折说：

“我听闻齐国有公孙无知的祸乱，而桓公由此崛起；晋国有骊姬的祸殃，而文公就此称雄。近世由于赵王不能善终，吕氏家族作乱，而使孝文皇帝得以称为太宗。由此看来，祸乱的产生，是预先为圣明的君王开辟道路的。因此，齐桓公、晋文公扶持衰弱的王室，振兴了死亡的国家，尊崇文王、武王的功业，恩德施及百姓，功勋沾溉诸侯，尽管还比不上三王，但天下的人都称颂他们是仁人。文帝始终向往最好的德治，以顺应天意，他提倡仁义，减车刑罚，取消出入关卡的限制，安抚远近的地方，尊敬贤者如贵宾，爱护百姓如爱护赤子，自己认为心安的事情，才推行于海内，所以监狱里没有在押犯，天下太平无事。在政局变动之后继位的国君，一定要有不同于往日的仁德，这是贤明的君王用来昭示自己受天命而帝的措施。从前，昭帝去世而没有嗣君，大臣们为此而担忧，费尽心思地共同商讨，都认为昌邑王是昭帝的至亲中适合做皇帝的人，就拥立他为皇帝。可是上天不授命，使他思想淫乱，终于因此而丢了帝位。我深入地考察了祸乱产生的缘故，原来是上天要用这种方式扶植贤明的帝王。因此大将军受命于武帝，辅佐汉室，他竭尽忠心，做出了重要决策，废黜品行不端的昌邑王，拥戴有德的陛下，遵从上天的旨意行事，王室这才平定下来，国家也安稳了。

皋陶像，图出自清·顾沅辑《古圣贤像传略》。

“我听闻《春秋》上说，帝王受天命登基就要改变历法，这是要重视大一统，谨慎对待新的开端啊。如今，陛下刚登上至尊之位，与上天的意志相符，应该纠正前代的过失，端正开始受命为帝的国家纲纪，消除繁琐的律令，排除老百姓疾苦，存亡继绝，以便顺从天意。

“我听闻秦有十条错误，其中的一条到现在还存在。那就是治狱的官吏。秦朝的时候，鄙视礼乐教化，爱好勇武，贱视仁义之士，敬重治狱的官吏；讲真话的人说他是诽谤，劝谏过失的人说他是妖言惑众，穿着儒服的先生不为当世所用，忠良恳切之言都闷在心里，吹捧颂扬的声音每天都如雷贯耳，被虚荣迷住了心窍，而实际存在的祸乱被遮盖了。这就是秦之所以亡国的缘故。现在天下倚靠陛下的恩德深厚，没有战争的危险、饥寒的威胁，父子、夫妻同心协力安置家庭，但是过太平日子的还不是非常普遍，这就是由于狱吏扰乱了人们的生活。

“审办讼案是牵扯到天下人命运的大事，死了的不能再活过来，断了的不能再接起来。《尚书》说：“与其错杀无罪之人，宁愿犯不按常规办事的过错。”现在治狱之吏却不是这样，他们上下互相督促，以苛刻为明智；恶毒的人取得了公平之名，公平的人反倒多有后患。所以，治狱的官吏都喜欢置人于死地，这并不是由于他们厌恶别人，而是由于自我保全的方法在于定别人的死罪。因此死人的鲜血在市场上流，受过酷刑的人并肩而立，每年处死的人数以万计，这就是仁人圣君所以伤心的原因。过太平日子的不十分普遍，原因就在于此啊。按人的实情而论，安乐则愿意活着，痛苦就想着死去。在鞭打之下，要什么样的供词不能得到呢？因此在押的人受不了那痛苦，就拿编造的话告诉狱吏；狱吏觉得这些供词正是自己所需要的，于是就引导他把情节再说得具体明白一些，以便符合作案的实际情况；狱吏又担心上报时驳回，就对供词进行加工，使之不露破绽，足以陷人于罪。上报的判决书言辞很细密，即便断狱专家皋陶听了，也会认为罪犯死有余辜。为什么呢？由于参与罗织罪状的狱吏很多，经过他们的修饰而定下的罪名没什么疑问。所以，狱吏专门做恶毒的事，残害良民无所不用其极，随随便便地干尽坏事，不顾国家的患难，这些人是社会上的最大毒害。俗语说：“在地上画个圈当做牢狱，人们也不愿进去；刻个木头人当做狱吏，人们也不愿和他对案。”这都是厌恶狱吏的民谚，是流露人们的悲痛感情的言论。因此说天下的祸害没有比刑讯更大的了；败坏法律，扰乱正道，调拨亲人之间的关系，雍蔽公理，没有比狱吏更严重的了。这就是我所指的还有一条错误没有纠正的含义。

“我听闻乌鸦、老鹰的卵假如不被毁掉，那凤凰便不愿飞来了；犯有毁谤之罪的人不被处死，就会有人向国君进献良言了。因此古代有句俗话：“深山密林隐藏着毒物、害虫，大河大泽会容纳着浊水，美玉也会有缺点，国君自然要容忍羞辱。”希望陛下废除诽谤之罪，以便接受恳切之言，广开进谏之路，清除灭亡了的秦朝所犯过的错误，尊崇周文王、武王的德政，精简法律条文，放宽刑罚，废除刑讯，那样太平之风就能够在社会上盛行起来，国泰民安，与上天同在，永无休止，天下的人将是非常幸运的。”

皇上觉得路温舒的奏章非常正确。

报孙会宗书

杨　恽

【题解】

这封信辞气怨激，表现了对朝廷的不满，因此遭到杀身之祸。这是一次文字狱。这封书信内容远不能同司马迁的《报任安书》相比，但文气流畅，有一定的感染力。

恽既失爵位家居[1]，治产业，起室宅，以财自娱。岁余，其友人安定太守西河孙会宗[2]，知略士也，与恽书谏戒之，为言大臣废退，当阖门惶惧，为可怜之意，不当治产业，通宾客，有称誉。恽宰相子，少显朝廷，一朝晻昧语言见废[3]，内怀不服，报会宗书曰：

①恽（yùn）：杨恽，（？－前54年）字子幼，西汉华阴（今陕西华阴市）人，其父杨敞官至丞相。杨恽在宣帝时封平通侯，升中郎将，官至光禄勋，因遭陷害，削职为民，后又因故下狱治罪，并搜到他写给孙会宗的这封信，被腰斩处死。

②孙会宗：西汉西河郡（今山西汾州）人，曾任安定（今宁夏固原县）太守。

③晻：同“暗”。语言见废：杨恽与宣帝宠臣太仆戴长乐不和，戴借故告发杨恽言语不敬，杨恽因此被罢官。

“恽材朽行秽，文质无所底，幸赖先人余业，得备宿卫；遭遇时变[4]，以获爵位，终非其任，卒与祸会。足下哀其愚蒙，赐书教督以所不及，殷勤甚厚。然窃恨足下不深惟其终始，而猥随俗之毁誉也[5]。言鄙陋之愚心，若逆指而文过[6]；默而息乎，恐违孔氏‘各言尔志’之义，故敢略陈其愚，唯君子察焉。

④时变：指霍光子孙谋反之事。

⑤猥（wěi）：随便。

⑥逆指：违背好意。

“恽家方隆盛时，乘朱轮者十人[7]，位在列卿，爵为通侯[8]，总领从官，与闻政事，曾不能以此时有所建明，以宣德化，又不能与群僚同心并力，陪辅朝廷之遗忘，已负窃位素餐之责之矣。怀禄贪势，不能自退，遭遇变故，横被口语，身幽北阙[9]，妻子满狱。当此之时，自以夷灭不足以塞责，岂意得全首领，复奉先人之丘墓乎？伏惟圣主之恩，不可胜量。君子游道，乐以忘忧；小人全躯，说以忘罪。窃自私念，过已大矣，行已亏矣，长为农夫以没世矣。是故身率妻子，戮力耕桑，灌园治产，以给公上，不意当复用此为讥议也。

⑦朱轮：漆成红色的车轮。汉朝规定，公卿列侯和二千石以上的官员才可乘坐朱轮。
⑧通侯：按汉制，异姓功臣封侯称为列侯，又称彻侯，因避汉武帝讳，改称通侯。
⑨北阙：本指宫殿北面的门楼，这里指皇宫。

“夫人情所不能止者，圣人弗禁，故君父至尊亲，送其终也，有时而既[10]。臣之得罪，已三年矣。田家作苦，岁时伏腊[11]，烹羊炰羔[12]，斗酒自劳。家本秦也，能为秦声，妇赵女也，雅善鼓瑟，奴婢歌者数人，酒后耳热，仰天拊缶[13]，而呼乌乌。其诗曰：‘田彼南山，芜秽不治，种一顷豆，落而为萁[14]。人生行乐耳，须富贵何时！’是日也，拂衣而喜，奋袖低昂，顿足起舞，诚淫荒无度，不知其不可也。恽幸有余禄，方籴贱贩贵，逐什一之利，此贾竖之事，污辱之处，恽亲行之。下流之人，众毁所归，不寒而栗。虽雅知恽者，犹随风而靡，尚何称誉之有？董生不云乎[15]：‘明明求仁义，常恐不能化民者，卿大夫意也；明明求财利，尚恐困乏者，庶人之事也。’故‘道不同，不相为谋’。今子尚安得以卿大夫之制而责仆哉！

⑩既：尽。
⑪伏腊：一年中的两个节日，分别在夏至、冬至之后。
⑫炰（páo）：裹起来烤。
⑬拊：击，敲。缶：古代秦地的一种陶制乐器。
⑭“落而为萁”以上四句：暗指朝廷荒乱，贤人放逐。萁（jī），豆茎。
⑮董生：西汉大儒董仲舒，今文经学大师。

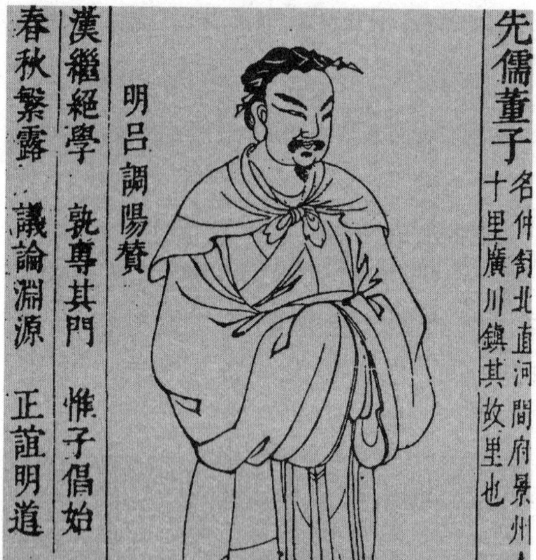

董仲舒像，图出自明·吕维祺《圣贤像赞》。董仲舒为西汉大儒，时人称其为“董生”。

“夫西河魏土[16]，文侯所兴，有段干木、田子方之遗风[17]，漂然皆有节概[18]，知去就之分。顷者，足下离旧土，临安定，安定山谷之间[19]，昆戎旧壤[20]，子弟贪鄙，岂习俗之移人哉？于今乃睹子之志矣。方当盛汉之隆，愿勉旃，毋多谈。”

⑯西河魏土：战国时的西河属魏国，

与汉代西河郡不同。

⑰段干木、田子方：战国时期贤人，魏文侯师事二人。

⑱漂然：也作“飘然”，形容高远。

⑲安定：汉代所设的郡，治所在今宁夏固原县。孙会宗任安定太守。

⑳昆戎：古代西北少数民族。

【译文】

杨恽被免了官位住在家里，治理产业、建筑房屋、经营家财，自娱其乐，度过了一年多，他的朋友安定太守、西河人孙会宗，一位有知识韬略的士人，给杨恽写了一封信加以劝告，说大臣免职之后，应当关起门来惶然悔过，获取同情，而不该治理产业，结交宾客，得到赞赏。杨恽是丞相之子，年轻时就在朝廷中崭露头角，一时不知道说了错话，而被罢免官职，内心却不服气，他回孙会宗的信里说：

“我杨恽生来不是块好材料，操行也无所取，文与质两方面又没有什么成就，侥幸凭借先人遗下的功绩，可以到宫廷里充当侍卫之职，恰巧遇到那一次朝中变故，我因此得以封爵。不过到底不配其位，终于遭到了这次灾祸。足下您怜悯我愚蠢胡涂，赐给我书信，对我没办好的事给予指教，关心爱护我的心意深厚。但是，我内心却很遗憾足下您没有深入调查事情原委，而是随着世俗舆论来褒贬我。我想对您讲出我鄙陋的心里话，却好像是在违逆您的意思而文过饰非；把自己的想法憋在肚里，又恐怕有背于孔夫子要弟子‘各言尔志’的教导，因此斗胆讲一下愚意，希望君子能给予体察。

“起初我杨恽家势兴旺之际，够资格坐红漆轮子车的就有十人，他们任着卿的官，封着侯的爵位，统领侍从官员，参与政治事务，可惜没能借此时机提出好主张，来宣扬道德教化，又不能与同僚们一起努力，辅佐朝廷做些补缺拾遗的工作，所以就早有了尸位素餐的责斥了。再加上留恋禄位、贪享权贵，不能自己引退，于是遭遇变故，被人横加诬灭，我自己被关在北阙，妻儿们也都进了牢狱。这时候，自己认为即便被诛灭了，也不能全部抵消自己的责任，哪里还想到保住一条性命，再到祖先坟墓上去祭祀呢？那贤明天子的恩德，真是不可计量。君子沉溺在道中，愉快得忘掉忧愁，小人则只要保全性命，就高兴得忘记罪过。我私下里想，自己的过错是够大了，德行已经有了亏缺，那就去当农夫以度过余生算了。因此带领着妻儿，努力耕田养蚕，浇灌菜地，治理产业，用来供给官家的赋税。想不到为此居然又遭受一些人的挑剔非议了。

“凡是从人的本质上说不能制止的事，圣人是不会加以禁止的。因此，君和父尽管是最尊贵最亲近的，而给他们送终服丧，满了一定时间也就结束了。从臣我得罪算起，到今天也有三年了。种田人家劳作辛苦，每逢伏天或腊月时节，要烹制些羊肉，饮酒自慰。我本是秦地人，能唱秦声，妻是赵地女子，善于弹琴，又有几个能唱的奴婢，喝了酒耳朵根发热，就拍着瓦盆仰天唱出呜呜的秦声来，唱的歌词是：‘种田在南山，荒芜不去管，种下一顷豆，豆落为秸秆。人生不过行乐呵，富贵等到哪一天！’那天的情形，高兴得我撂开衣服，甩起袖子高低挥动，踏着步点子跳起了舞，的确是荒淫无度，不清楚这是不可以的。杨恽我侥幸有些余财，正在做贱买贵卖，赚个十分之一的利钱。这是小商贩们干的事，有辱于身份的活计，可我杨恽亲自去做了。我身处卑微地位，成了众人的攻击对象，感到不寒而栗。即便是明白我杨恽的人，也随风倒来攻击我，哪里还会有人替我说好话呢？董仲舒不是说过吗：‘急迫地追求仁义，常担忧不能教化老百姓的，那是卿大夫的想法；急迫地追求财利，常担忧受穷的，那是老百姓的事情。’因此，‘走不同道路的人，就不在一起商谈事儿’。如今您怎么用卿大夫的规定来要求我呢？

“那西河地区原来属于魏地，从魏文侯时就兴旺了，有古代贤人段干木、田子方遗留下来的风范，那里的人都凛然有气概，清楚什么该干什么不该干的界线。近来，您离开这一块旧地，去到安定，安定位于山谷之间，过去是昆夷族的地界，那里的人脾性贪鄙，难道是被昆夷习俗干扰所致吗？如今我能够看清您的志向了。现在正值大汉鼎盛之时，希望您努力，我就不多说了。”

光武帝临淄劳耿弇

《后汉书》

【题解】

《后汉书》，南朝宋范晔撰，九十卷，其中包括纪十纪、传八十卷。现存于书中的志三十卷，是西晋司马彪撰。南朝梁刘昭作注时，以范书无志，乃取司马彪《续汉书》之志以补之，北宋真宗乾兴元年（公元1022年）将其合刊为一书，共一百二十卷。记载了东汉自光武帝至汉献帝将近二百年的历史，属于纪传体。在范晔之前，已有《东观汉记》、《续汉记》等多种记载东汉事迹的史书，但范晔认为均不能令人满意。于是，他以《东观汉记》为主要依据，参考众家之长，删繁补缺，自订体例，撰写《后汉书》。范晔原定写十纪、十志、八十列传，合为百卷，但他还没有完成十志便被杀害了。范晔在《后汉书》中增加了《党锢》、《宦者》、《文苑》、《独行》、《方术》、《逸民》、《列女》、《孝子》等传，又仿华峤《汉后书》写有《皇后纪》。除此而外，范晔在每篇之末，《论》后又附以《赞》。《后汉书》问世之后，博得好评，深受学者重视，以致于其他各家纪传体东汉史书逐渐湮没无闻。

范晔（公元398年－公元445年）：字蔚宗，南朝宋顺阳（今河南淅川东）人。博览经史，善为文章，精于音乐。历任冠军参军、兵部员外郎、荆州别驾从事等官。宋文帝元嘉元年（公元424年），因事触怒彭城王刘义康，左迁宣城太守，并开始撰写《后汉书》。之后，经过几次升迁，官至左卫将军、太子詹事、参与机要。宋文帝元嘉二十二年（公元445年），有人告发范晔与孔熙先等密谋拥立刘义康，于是以谋反的罪名被处以死刑。

本篇选自《后汉书·耿弇传》，是光武帝刘秀慰劳耿弇时所讲的一段话。公元29年冬天，光

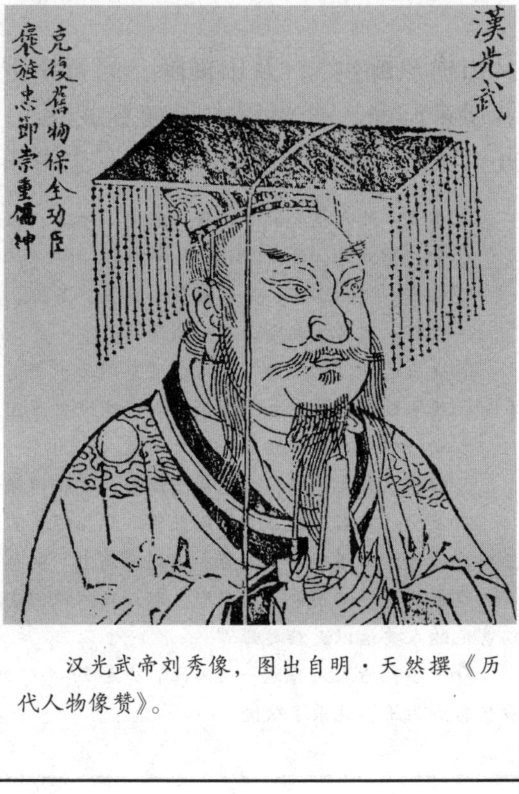

汉光武帝刘秀像，图出自明·天然撰《历代人物像赞》。

东汉大将耿弇像，图出自清·张士保绘《云台三十二将图》。

武帝刘秀命建威将军耿弇讨代割据青州的张步，耿弇指挥有方，大获全胜。光武帝刘秀亲赴临淄慰劳军队，并讲了这段话。在讲话中，光武帝刘秀以韩信与耿弇相比，以自己处理张步与汉高祖刘邦处理田横相比，既表彰了耿弇的功劳，同是又对在逃的敌军讲明了政策，鼓励他们尽快投降，以此达到瓦解敌军的目的。全篇不过百余字，但却恰当地阐明了观点，使文章生动有力，而且文末的“有志者事竟成”也成了克服困难取得成功的习惯用语。

车驾至临淄①，自劳军，群臣大会。帝谓弇曰②：“昔韩信破历下以开基③，今将军攻祝阿以发迹④，此皆齐之西界，功足相方。而韩信袭击已降⑤，将军独拔勍敌⑥，其功乃难于信也。又田横烹郦生⑦，及田横降，高帝诏卫尉不听为仇⑧，张步前亦杀伏隆⑨，若步来归命，吾当诏大司徒释其怨⑩，又事尤相类也。将军前在南阳建此大策⑪，常以为落落难合，有志者事竟成也！”

①车驾：此代指光武帝刘秀。临淄：地名，在今山东淄博市西北。

②帝：指刘秀，公元25至57年在位。弇（yǎn）：指耿弇，字伯昭，光武帝的功臣。

③韩信：汉初名将，先后被封为齐王、楚王、淮阴侯。历下：地名，在今山东济南市东。

④祝阿：地名，在今山东历城西南。

⑤袭击已降（xiáng）：韩信攻破齐国历下之前，齐王已接受郦食（yì）其的游说，同意与汉和好，故不设防。韩信知道此事，却仍然进攻齐国。

⑥勍（qíng）敌：劲敌，强大的敌人。

⑦田横烹郦生：韩信攻克历下以后，齐相田横认为郦食其欺骗他，就烹杀了他。

⑧卫尉：官名。统领宫廷屯卫兵。此指郦食其的弟弟郦商。不听为仇：齐国被袭破之后，齐王田广被俘，田横率部下五百人逃到海岛上。刘邦召他回来，他说：“我烹死了陛下的使者郦食其，现在听说他的弟弟身居卫尉之职，我不敢回去。”刘邦就告诉郦商，说：“田横如果回来，敢伤害他的人要治以灭族之罪。”

⑨张步：为汉末齐地一大军阀。公元27年，刘秀派使者伏隆使齐，拜张步为东海太守，张步想自立为王，就杀了伏隆。

⑩大司徒：官名，地位相当于汉初的丞相。此指伏隆的父亲伏湛。

⑪南阳：汉郡名，治所在宛县（今河南南阳）。大策：庞大的军事部署。

【译文】

光武帝抵达临淄，亲自犒劳军队，群臣都来大集会。光武帝对耿弇说：“以前韩信攻破历下，所以开创汉家基业，如今将军攻占祝阿，因此立功扬名。这些地方都是齐国的西部疆土，功勋足以相比。但是韩信袭击的是已降的军队，将军却独自战胜强大的敌人，这功勋是比韩信更难得的。还有，田横煮杀了郦生，等到田横投降，高帝下诏告诫卫尉郦商，不听任他去复仇。张步以前也杀了伏隆，如果张步前来归附，我也应下诏告诫大司徒化解这个仇怨，这件事情就更相相似了。将军以前在南阳，建议这个宏大的策略，我曾经以为疏阔迂远而难以履行；如今看来，有志者事竟成啊。”

马援诫兄子严敦书

马 援

【题解】

马援（公元前14年–公元49年），字文渊，茂陵（今陕西兴平）人，曾任职于新莽之际，后归顺刘秀，封伏波将军、新息侯。他们这封信针对侄子的缺点，作了谆谆教诲，告诫他们要忠厚谨慎而不要学那些华而不实的东西。文中列举了现实人物，运用了当时生动的俗语，语意表达生动形象。本文节录于《后汉书·马援传》。

援兄子严、敦①并喜讥议，而通轻侠客。援前在交阯②，还书诫之曰：

①援兄：马援的哥哥马余。 严、敦：马严、马敦，马余的儿子。

②交阯：郡名，又作交趾，辖境在今越南北部。公元42年，光武帝派马援远征交阯。

马援像，图出自清·顾沅辑《古圣贤像传略》。

"吾欲汝曹闻人过失③如闻父母之名，耳可得闻，口不可得言也。好议论人长短，妄是非正法，此吾所大恶也，宁死不愿闻子孙有此行也。汝曹知吾恶之甚矣，所以复言者，施衿结缡④，申父母之戒，欲使汝曹不忘之耳。"

③汝曹：你们。曹，辈。多用于以尊长称小辈。

④衿（jīn）：系衣服的带子。 缡（lí）：妇女用的佩巾。古代女子出嫁，临行前父母要给她系上带子，结好佩巾，嘱咐她到夫家要当好媳妇。

"龙伯高敦厚周慎⑤，口无

择言，谦约节俭，廉公有威，吾爱之重之，愿汝曹效之。杜季良豪侠好义⑥，忧人之忧，乐人之乐，清浊无所失，父丧致客，数郡毕至。吾爱之重之，不愿汝曹效也。效伯高不得，犹为谨敕之士，所谓刻鹄不成尚类鹜者也⑦。效季良不得，陷为天下轻薄子，所谓画虎不成反类狗者也。讫今季良尚未可知，郡将下车辄切齿⑧，州郡以为言，吾常为寒心，是以不愿子孙效也。”

⑤龙伯高：名述，字伯高，京兆（今陕西西安）人。初为山都长，后刘秀看到马援的这封信，提升他为零陵太守。

⑥杜季良：名保，字季良，京兆人。官越骑校尉，后仇人上书告他“为行浮薄，乱群惑众”，被刘秀罢官。

⑦鹄（hú）：天鹅。鹜（wù）：鸭子。

⑧郡将：即郡守。

【译文】

马援的侄儿马严、马敦都好指责谈论别人，而又和轻狂、任性的客人交往。马援先前在交阯的时候，寄回信来劝导他们说：

“我但愿你们听到别人的过错，就如同听到父母的名字一样，耳朵可以听听，嘴里却不能谈论。爱讨论别人的长短，毫无依据地评论政治法令的是非，这是我最厌恶的事情，宁肯死了也不愿听说子孙有这种行为。你们已经清楚我对这种行为厌恶得很了，今天之所以再说到，就像母亲给女儿系上香袋、栓上佩巾，表明父母的训诫那样，想叫你们不要忘记而已。

“龙伯高为人忠厚老实，办事周密谨慎，口里没有叫人指摘的言语，谦虚恭敬，生活俭朴，廉洁公道，很有威信。我喜爱他尊重他，期望你们仿效他。杜季良为人强悍，行侠仗义，把别人的忧虑当作自己的忧虑，把别人的快乐当作自己的快乐，不管品德清高还是人格卑污，没有他不交往的，给父亲办丧事，邀请客人，几郡的人都来到了。我喜爱他敬仰他，但不期望你们仿效他。效法伯高达不到，还能够成为严谨自律的人，正是所谓‘刻天鹅不像还像鸭子’；效法季良达不到，沦为天下轻薄狂妄之辈，正是所谓‘画老虎不像倒像狗’了。到今天季良到底怎样还不清楚，郡守到任之后往往咬牙切齿地痛恨他，州郡拿他当作议论的话柄，我常为他感到寒心，因此不希望子孙仿效他。”

前出师表

诸葛亮

【题解】

诸葛亮（公元181年–234年），字孔明，琅琊阳都（今山东省沂南县）人。三国时的政治家、军事家。因战乱避居荆州，后隐居隆中。27岁出山辅佐刘备。公元221年刘备称帝，国号汉，诸葛亮任丞相。两年后刘备病死，刘禅即位，封诸葛亮为武乡侯。诸葛亮执掌军政大权，先后六次进攻曹魏，终因各种原因未能成功。蜀汉建兴十二年（公元234年）八月死于军中，谥号忠武。本篇是公元227年诸葛亮出师北伐前给刘禅的奏表，是他对朝廷的建议和出师前所作的保证。表中先陈述蜀汉当前正处于形势危险之际，再反复劝勉刘禅继承先主遗志，“亲贤臣远小人”，特别强调顾全大局，不偏私左右亲信。末尾陈述自己对蜀汉的忠诚与北取中原的决心。

臣亮言：“先帝创业未半而中道崩殂[1]，今天下三分，益州疲敝[2]，此诚危急存亡之秋也。然侍卫之臣不懈于内，忠志之士忘身于外者，盖追先帝之殊遇，欲报之于陛下也。诚宜开张圣听，以光先帝遗德，恢宏志士之气，不宜妄自菲薄，引喻失义，以塞忠谏之路也。宫中府中，俱为一体，陟罚臧否[3]，不宜异同。若有作奸犯科及为忠善者，宜付有司论其刑赏，以昭陛下平明之治，不宜偏私，使内外异法也。

诸葛亮像，图出自明·天然撰《历代人物像赞》。

①殂：死亡。

②疲敝：疲乏，衰败。

③陟罚臧否（pǐ）：即陟臧罚否，也就是赏善罚恶。陟：升迁、奖赏。臧：善。否：恶。

“侍中[4]、侍郎[5]郭攸之、费祎、董允等，此皆良实，志虑忠纯，是以先帝简拔以遗陛下。愚以为宫中之事，事无大小，悉以咨之，然后施行，必能裨补阙漏，有所广益。将军向宠，性行淑均，晓畅军事，试用于昔日，先帝称之曰能，是以众议举宠以为督[6]。愚以为营中[7]之事，事无大小，悉以咨之，必能使行阵和穆，优劣得所也。亲贤臣，远小人，此先汉所以兴隆也；亲小人，远贤臣，此后汉所以倾颓也。先帝在时，每与臣论此事，未尝不叹息痛恨于桓、灵也。侍中、尚书[8]、长史[9]、参军[10]，此悉贞亮死节之臣也，愿陛下亲之信之，则汉室之隆，可计日而待也。

④侍中：官名，皇帝的侍从顾问。

⑤侍郎：官名，皇帝的近侍，又称黄门侍郎。

⑥督：即中部督。

⑦营中：指军队。

⑧尚书：协助皇帝处理政务的官员。

⑨长（zhǎng）史：丞相府中辅助丞相管理政务的官员。

⑩参军：汉末至南北朝丞相及诸王府内的属官。

“臣本布衣[11]，躬耕于南阳，苟全性命于乱世，不求闻达于诸侯。先帝不以臣卑鄙[12]，猥自枉屈，三顾臣于草庐之中，谘臣以当世之事，由是感激，遂许先帝以驱驰。后值倾覆，受任于败军之际，奉命于危难之间，尔来二十有一年矣。先帝知臣谨慎，故临崩寄臣以大事也。受命以来，夙夜忧叹，恐托付不效，以伤先帝之明，故五月渡泸，深入不毛。今南方已定，兵甲已足，当奖帅三军，北定中原，庶竭驽钝，攘除奸凶，兴复汉室，还于旧都[13]。此臣之所以报先帝，而忠陛下之职分也。至于斟酌损益，进尽忠言，则攸之、祎、允之任也。愿陛下托臣以讨贼兴复之效；不效，则治臣之罪，以告先帝之灵。若无兴德之言，则责攸之、祎、允之咎，以彰其慢。陛下亦宜自谋，以咨诹[14]善道，察纳雅言，深追先帝遗诏，臣不胜受恩感激。今当远离，临表涕泣，不知所云。”

⑪布衣：百姓。

⑫卑鄙：卑贱浅陋。

⑬旧都：指东汉的首都洛阳。

⑭咨诹（zōu）：询问。

【译文】

臣诸葛亮说：先帝创立统一天下的伟业还没履行一半，就中途驾崩了。如今天下分成三国，我们益州人疲物乏，这的确到了危急存亡的紧要时刻了。但是侍卫陛下的大臣在内毫不松懈，忠心耿耿的将士在外奋不顾身，这是大家追念先帝对他们特别优厚的待遇，想要在陛下身上来报答啊。陛下的确应该广泛听取意见，弘扬先

《三国志通俗演义》版画之“孔明初上《出师表》”图，描绘了诸葛亮欲出师讨伐魏国，出师前向后主上表的情景。

帝遗留下来的仁德，激发将士们的志气，不应该轻易轻视自己，说话不恰当，从而阻塞忠臣劝谏的道路。

“不管宫中的侍臣和府中官吏，都是蜀汉之臣，没有亲疏分别，对他们的提升、惩罚、表扬、批评不应该有所区别。假如有人作奸犯法，或有人忠诚善良，有了建树，都应该交给负责管理的部门，评定对他们的赏罚，以显示陛下公平而英明的法治，不应该有偏护，使官中、府中有不同的赏罚办法。侍中、侍郎郭攸之、费祎、董允等人，都是忠良笃实的人，善良诚实，忠诚专一，因此先帝把他们挑选出来，留给陛下。我觉得官廷中的事务，不管大小，都去跟他们商谈，然后施行，就一定能补救缺点和疏忽之处，获取更大的成效。将军向宠，和善公正，通晓军事，从前试用过，先帝赞扬他能干，因此大家建议推荐他担任中部都督。我觉得军营中的大小事情，都去征求他的意见，那一定可以使军队内部协调一致，才能大小之人都得到合理使用。亲近贤臣，疏远小人，这就是西汉兴盛发达的缘故；亲近小人，疏远贤臣，这是东汉覆亡衰败的缘故。先帝健在时，每当跟我谈到这些事情，没有一次不对桓帝、灵帝的所作所为感到惋惜和痛心的。侍中郎攸之，尚书陈震，长史张裔、参军蒋琬，这都是坚贞忠臣能以身报国的大臣，但愿陛下亲近、信赖他们，那么汉朝王室的兴盛，就屈指可数了。

“我原本是个平民，在南阳耕种，只想在乱世中保住性命，不想向诸侯谋求显达。先帝不因为我见识浅陋、地位低微，不惜降低身份，委屈自己，三次到我的茅庐里访问我，拿当时天下大事来征询我的意见。我为此很感动并受到鼓舞，就答应为先帝奔波效劳。后来遭遇军事失利，在战败之际我接受了重任，在危难的时刻奉命出使，从那时以来已经二十一年了。先帝清楚我遇事谨慎，因此临终时把国家大事委托给我。自我接受遗命以来，日夜担忧，唯恐托付的事情不能办好，以致损伤先帝的贤明。因此五月渡过泸水，深入到草木不生的荒凉之地。如今南方已经平定，武器盔甲都已经备足，应当奖励并统领全军，北上平定中原。但愿能竭尽我的平庸才能，清除奸诈凶恶的曹魏，复兴汉朝王室，回到原来的国都。这是我用来报答先帝，向陛下尽忠心的份内职责啊！至于对政事的斟酌办理，掌握分寸，提出忠直诚恳的建议，那是郭攸之，费祎、董允等人的职责。

“但愿陛下把征讨曹贼、复兴汉室的任务托付给我，假如不见成效，就治我的罪，以告先帝在天之灵。假如没有向您提出发扬德行的意见，就要责怪郭攸之、费祎、董允等人的过失，披露他们的懈怠。陛下自己也应多加考虑国家大事，征求正确的意见，审察采纳人们的建议，深切追念先帝的遗言。这样我对陛下的恩德就感恩不尽了。我如今就要远离陛下，对着这篇表文痛哭流涕，不清楚说了些什么。”

后出师表

诸葛亮

【题解】

本篇选自《三国志·蜀志·诸葛亮传》，裴松之注。文中的史实多有矛盾，至少不完全是出于诸葛亮之手，但它一向受到传诵。当时，魏将曹休被东吴打败，魏国主力东进，诸葛亮想趁魏国内虚弱出兵攻魏。但是，许多大臣对诸葛亮这种想法表示疑虑，后主刘禅也犹豫不决。在这一篇表文中，诸葛亮主要是分析当时的形势，表示“鞠躬尽力，死而后已”。

先帝虑汉、贼不两立①，王业不偏安②，故托臣以讨贼也。以先帝之明，量臣之才，固知臣伐贼才弱敌强也；然不伐贼，王业亦亡，惟坐而待亡，孰与伐之？是故托臣而弗疑也。臣受命之日，寝不安席，食不甘味，思惟北征，宜先入南③，故五月渡泸，深入不毛，并日而食④。臣非不自惜也，顾王业不可偏安于蜀都⑤，故冒危难以奉先帝之遗意，而议者谓为非计⑥。今贼适疲于西，又务于东⑦，兵法乘劳⑧，此进趋之时也。谨陈其事如下：

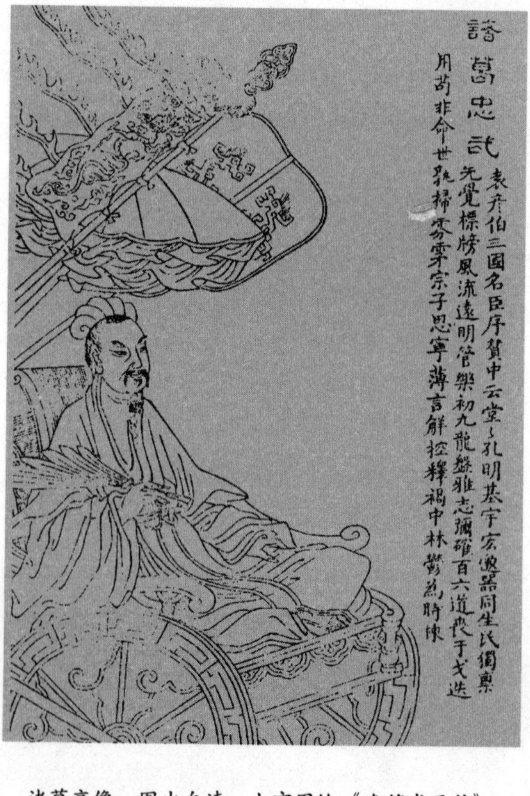

诸葛亮像，图出自清·上官周绘《晚笑堂画传》。

①汉：指蜀汉。蜀汉自认为是西汉、东汉一脉相传的继承者。贼：此处指曹魏。

②偏安：偏处于一方之地以自安。

③入南：指诸葛亮深入南中，平定四郡事。

④并日而食：两天仅吃一日的食粮。

⑤蜀都：此指蜀汉之境。

⑥议者：朝廷中发表议论的官员。

⑦“今贼”二句：指建安六年（公元228年）年初，诸葛亮初出祁山，魏西部西安、天水、安定三郡，叛魏降汉，关中震动，故称“贼疲于西”。同年八月，东吴大将陆逊击败魏将曹休，斩获万余，故

称“又务于东”。

⑧兵法乘劳：兵书上说要趁敌人疲劳时去进攻。

高帝明并日月[9]，谋臣渊深，然涉险被创[10]，危然后安。今陛下未及高帝，谋臣不如良、平[11]，而欲以长策取胜，坐定天下，此臣之未解一也。刘繇、王朗各据州郡[12]，论安言计，动引圣人，群疑满腹，众难塞胸，今岁不战，明年不征，使孙策坐大，遂并江东[13]，此臣之未解二也。曹操智计殊绝于人，其用兵也，仿佛孙、吴[14]，然困于南阳[15]，险于乌巢[16]，危于祁连[17]，逼于黎阳[18]，几败北山[19]，殆死潼关[20]，然后伪定一时尔[21]，况臣才弱，而欲以不危而定之，此臣之未解三也。曹操五攻昌霸不下[22]，四越巢湖不成[23]，任用李服而李服图之[24]，委任夏侯而夏侯败亡[25]。先帝每称操为能，犹有此失，况臣驽下，何能必胜？此臣之未解四也。自臣到汉中[26]，中间期年耳[27]，然丧赵云、阳群、马玉、阎芝、丁立、白寿、刘郃、邓铜等及曲长、屯将七十余人[28]，突将无前赍、叟、青羌[29]散骑、武骑[30]一千余人，此皆数十年之内所纠合四方之精锐，非一州之所有；若复数年，则损三分之二也，当何以图敌？此臣之未解五也。今民穷兵疲，而事不可息；事不可息，则住与行劳费正等[31]，而不及早图之，欲以一州之地与贼持久，此臣之未解六也。

⑨高帝：汉高祖刘邦。

⑩涉险被创：刘邦曾在同项羽的一次战斗中被流矢所中。

⑪良、平：刘邦的重要谋臣张良、陈平。

⑫刘繇（yáo）：东汉末扬州刺史，后徙曲阿（今江苏省丹阳）。王朗：东汉末会稽太守。二人均被孙策击败。

⑬孙策：字伯符，孙权之兄。东汉兴平二年（公元195年），孙策率兵击破刘繇，据有江东。后又入据会稽。孙策的征战，为吴国打下了根基。江东：长江中下游地区。

⑭孙、吴：孙，指孙子，中国历史上著名军事家，春秋时吴国将领，善用兵，著有《孙子兵法》十三篇。吴，指吴起，战国时魏大将。

⑮南阳：东汉郡名，治所在宛城（今河南南阳）。建安二年（公元197年），曹操与张绣战于宛城，军败，身中流矢，操之长子曹昂战死。

⑯乌巢：地在今河南延津东南。建安五年（公元200年），袁绍重兵攻曹操，兵临官渡，在乌巢聚积大量军粮，准备与操相持。其时操军粮少兵疲，幸曹操率奇兵夜袭乌巢，继而在官渡大败袁军，才转危为安。

⑰祁连：似指邺（今河北省磁县东南）附近的祁山。建安九年（公元204年），曹操围邺，袁绍少子袁尚引兵还救，操击破之；袁尚败守祁山，操再破之，复引兵围邺，险被袁将审配的伏兵所射中。

⑱逼于黎阳：建安七年（公元202年），袁绍病死，其子袁谭、袁尚固守黎阳（今河南浚县东），操征之，战不克。

⑲几败北山：建安二十四年（公元219年），曹操大将夏侯渊被蜀军所杀，操从长安出斜谷，与刘备争汉中，运粮经北山，被蜀将赵云袭击，曹军损失重大。

《三国志通俗演义》版画之“黄忠斩夏侯渊”图

⑳殆死潼关：建安十六年（公元 211 年），曹操讨马超、韩遂于潼关，在黄河边与马超军相遇，曹操避入舟中，马超骑兵沿河追射，矢如雨下。

㉑伪定：诸葛亮以蜀汉为正统，因此指曹魏为“伪”。此句意为：曹操经历了许多危险，然后才得以僭称国号于一时罢了。

㉒昌霸：又称昌豨。建安四年（公元 199 年），刘备袭取徐州，东海昌霸叛曹附刘备，曹操屡攻不下，后命于禁击杀之。

㉓四越巢湖：曹魏以合肥为军事重镇，相邻的巢湖与吴接界，其时孙权经常派遣军队包围合肥，曹操多次从巢湖进攻孙权，多无功而返。

㉔李服：即王服。建安四年（公元 199 年），汉献帝的亲信车骑将军董承带了密诏，与将军吴子兰和刘备等计划杀害曹操。五年（公元 200 年）春，计划泄露，曹操捕杀董承、王服二人。

㉕夏侯：指夏侯渊。曹操留夏侯渊守汉中，建安二十四年（公元 219 年），被刘备部将黄忠杀于定军山（今陕西省沔县东南）。

㉖汉中：郡名，从汉水上流的沔水流经而得名。

㉗期（jī）年：一周年。诸葛亮从建兴五年（公元 227 年）率军北驻汉中，至此已经一年多了。

㉘赵云、阳群等：均为蜀汉名将。

㉙无前：先锋战士。賨（cóng）叟、青羌：蜀军中两个西南少数民族的将士。

㉚散骑、武骑：均为骑兵分部的名称。

㉛劳费正等：劳力和费用正好相等。

夫难平者，事也。昔先帝败军于楚[32]，当此时，曹操拊手，谓天下已定[33]。然后先帝东连吴、越[34]，西取巴、蜀[35]，举兵北征，夏侯授首[36]，此操之失计而汉事将成也。然后吴更违盟，关羽毁败，秭归蹉跌[37]，曹丕称帝[38]。凡事如是，难可逆料。臣鞠躬尽力，死而后已，至于成败利钝[39]，非臣之明所能逆睹[40]也。

㉜平：同“评”，评论断定。败军于楚：指刘备曾败于当阳长坂事。当阳属古楚地。

㉝拊手：拍手，谓拍手称快。以定：已定。以，同“已”。

㉞东连吴越：指建安十三年（公元208年）联合孙吴，在赤壁之战破曹兵事。

㉟西取巴蜀：指建安十六年（公元211年），刘备率师入益州，攻下成都，益州牧刘璋投降，取得巴蜀地区。

㊱授首：交出头颅。指蜀将黄忠于定军山攻杀夏侯渊之事。

㊲关羽毁败：建安二十四年（公元219年），孙权用吕蒙计袭荆州，打败关羽父子。秭（zǐ）归：在今湖北省宜昌北。蹉跌：失坠，比喻失败。指章武二年（公元222年），刘备因孙权背弃盟约，袭取荆州，杀害关羽，亲率兵伐吴，在秭归被吴军所败。

㊳曹丕称帝：汉献帝元康元年（公元220年），曹操之子曹丕废去汉献帝，称尊号，即为魏文帝。

㊴利钝：顺利或困难。

㊵逆睹：预见预料。

【译文】

先帝考虑到汉室和逆贼势不两立，帝王的基业不能偏安于一州之地，因此临终时委托我征讨奸贼，凭借先帝的英明，揣摩我的才干，原本就明白我带兵讨贼，是我的才能薄弱而敌人强大啊。然而不去征伐，帝王的事业也会毁灭，与其坐等灭亡，何不去征伐他们呢？因此把这事委托给我而不再踌躇。我自受命的那天起，就每日睡眠不安，吃饭也是没有味道，思虑着要北伐中原，应该先平定南方。因此五月率兵渡过泸水，深入草木不生的荒凉地带，两天只吃一顿饭。我并非不知自我珍惜，但考虑到王业不能偏安于蜀地，因此冒着艰难险阻，来奉行先帝的遗命，而议论朝政的人却说这并不是上计。现在曹贼正在西方疲于奔命，又忙着对付东方的战事，兵法说攻击敌人要趁他疲乏的时候，而如今应该正是前去攻击的时候。如今我把讨贼的事谦恭地叙述如下：

魏太祖曹操像，图出自明·天然撰《历代人物像赞》。

高帝贤明可与日月争光，周围的谋臣足智多谋，但仍旧是经历艰险、身受创伤、度过难关以后才得到平安。现在陛下不及高帝，身边的谋臣比不上张良、陈平，而想用长久与敌对峙的谋略获得胜利，坐着不动就平定天下，这是我不明白的第一点。

刘繇、王朗各自占据州郡，在那里空谈安危之道，言说计略策划，动不动就引用圣人的话，大家肚子里满是疑惑，众多的难题堆积在胸中；今年不作战，明年不出征，结果让孙策没有任何干扰地强大起来，兼并了江东土地，这是我不能明白的第二点。

曹操的谋划心计超乎常人。他在用兵方面，能与古代的孙膑、吴起相提并论；但是还曾被困于南阳，遇险于乌巢，危难于祁连，在黎阳受到逼迫，几乎战败于北山，差点丧命在潼关，然后才取得了暂时的稳定。更何况像我这样的才疏学浅，而想要不冒危险就能稳定天下，这是我不能明白的第三点。

曹操曾五次攻击昌霸而不能获胜，四次越过巢湖进攻孙吴而没能成功。任用李服，而李服却谋害他；委任夏侯渊，夏侯渊却落得个战败身亡。先帝常常赞颂曹操是个有才干的人，他尚且有这些失误，何况我才能低下，又怎能保证一定获胜呢？这是我不能明白的第四点。

自打我来到汉中，已经整整一年了，在此期间死了赵云、阳群、马玉、阎芝、丁立、白寿、刘郃、邓铜等人，还有曲长、屯将七十余人，这些都是冲锋陷阵、所向披靡的猛将；还丧失了賨、叟、青羌的散骑、武骑一千多人。这些都是几十年间从四方召集来的精兵，不是益州一州所能有的。假如再经过几年，就会耗损三分之二了，到那时还拿什么来抵抗敌人呢？这是我不能明白的第五点。

当今人民穷困，士兵疲乏，而战事却不能停息。战事不能停息，那么坐着等候敌人的进攻和主动出击，在劳务和费用上事实上是相同的，假如不趁早筹划去攻打敌人，想用一州的地方与贼人长久对峙，这是我不能明白的第六点。

最难预测的是战事。过去先帝在楚地战败，那时候，曹操高兴得拍手，说是天下已经安定了。但是后来先帝东面联合孙吴，西面攻占了巴蜀，举兵北伐，斩了夏侯渊的头，这是曹操没有预想到的；而当汉室大业的复兴眼看就要成功了的时候，又有了孙吴的背叛盟约，关羽的战败身死，先帝在秭归的挫败，曹丕的篡汉称帝。所有事情就是如此，难以预测。我只有鞠躬尽瘁，死而后已，至于成功还是失败，顺利还是困难，就绝不是我的聪慧所能够预料到的了。

陈情表①

李　密

【题解】

本文作者李密（公元224年－287年），又名虔，字令伯，西晋初年犍为武阳（今四川彭山县东）人。曾任蜀汉，屡次出使东吴。蜀亡后，晋武帝征他为太子洗马，他以祖母年迈多病、无人奉养为由，上《陈情表》辞谢，武帝看后很是感动，遂嘉其孝行。刘氏去世后，李密出任太子洗马，官至汉中太守。后遭谗怀怨，被免官，卒于家中。

本文以奏章的形式向晋武帝“陈情”，详尽地说明屡次辞谢征召的原因，既表达了对晋朝皇帝的感激之情，又申述了终养祖母以尽孝道的决心。文章围绕中心从不同的方面反复陈述，以“忠孝”贯穿始终，行文流畅委婉，感情至真至深，具有强烈的感染力。其遣词造句，生动形象，如“茕茕孑立、形影相吊”、“日薄西山、气息奄奄”等，都化为成语，被后世广为引用。

臣密言：臣以险衅②，夙遭闵凶③。生孩六月，慈父见背④；行年四岁，舅夺母志⑤。祖母刘，愍臣孤弱⑥，躬亲抚养⑦。臣少多疾病，九岁不行⑧，零丁孤苦，至于成立⑨。既无叔伯，终鲜兄弟⑩。门衰祚薄⑪，晚有儿息⑫。外无期功强近之亲⑬，内无应门五尺之童，茕茕孑立⑭，形影相吊⑮。而刘夙婴疾病⑯，常在床蓐，臣侍汤药，未尝废离⑰。

①《陈情事表》：选自《文选》卷三十七．也简称《陈情表》。表，古代章奏的一种，为臣子上书给帝王的一种文书。作者李密（公元224年－287年），字令伯，三国时为武阳（今四川省彭山县）人。曾在蜀国时任尚书郎，曾出使吴国。晋武帝立太子，召聘他为太子洗马，写《陈情表》以辞。武帝给他奴婢二人，并予赡养祖母的费用。后祖母死，出为河内温县令，有政绩。

②险衅：此指坎坷多难的命运。

③夙遭闵凶：夙，早。闵，同“悯”，忧愁。凶，此处指不幸之事。

④见背：犹言“弃我”。见，指代性副词。背，背弃。本句谓慈父弃我而逝。

⑤舅夺母志：舅父逼母改嫁。志，古时妇女夫死不嫁为“守志”。

⑥愍：怜悯。

⑦躬亲：亲身。

⑧不行：不能行走。

⑨成立：成人自立。

⑩鲜：少。

⑪祚（zuò）：福。

⑫儿息：儿子。息，儿子。

“李密上陈情表”图

⑬期功强近之亲：指比较近的亲属。古代以亲属关系的远近制定服丧长短。期，周年，指穿一年丧服。功有大小，大功服丧九个月，小功服丧五个月。强近，比较近。

⑭茕茕：孤独的样子。

⑮形影相吊：自己的身体和影子互相安慰，形容孤单。吊，安慰。

⑯婴：缠绕。

⑰废离：废止、离开。

逮奉圣朝⑱，沐浴清化⑲。前太守臣逵，察臣孝廉⑳；后刺史臣荣，举臣秀才。臣以供养无主，辞不赴命。诏书特下，拜臣郎中；寻蒙国恩㉑，除臣洗马㉒。猥以微贱㉓，当侍东宫㉔，非臣陨首所能上报㉕。臣具以表闻，辞不就职。诏书切峻㉖，责臣逋慢㉗；郡县逼迫，催臣上道；州司临门，急于星火。臣欲奉诏奔驰，则以刘病日笃；欲苟顺私情，则告诉不许㉘。臣之进退，实为狼狈。

⑱圣朝：此处指晋朝。

⑲沐浴清化：蒙受清明政治教化。沐浴，比喻蒙受，身受。

⑳察臣孝廉：察，荐举。孝廉，与后文的“秀才”同为汉以后选拔人才的科目之一。

㉑寻：不久。

㉒除臣洗马：除，过去有除旧官封新官之意，后通用为授官。洗马，官名，太子的属官。

㉓猥：谦辞。指卑微。

㉔东宫：太子居处，也以代称太子。

㉕陨首：指杀身。陨，掉落。

㉖切峻：严厉急切。

㉗逋慢：逃避命令态度傲慢。逋，迟缓，拖延。

㉘告诉不许：告诉，指陈诉衷曲。不许，不被许可。

伏惟圣朝以孝治天下㉙，凡在故老，犹蒙矜育㉚，况臣孤苦，特为尤甚。且臣少事伪朝㉛，历职郎署，本图宦达，不矜名节㉜。今臣亡国贱俘，至微至陋，过蒙拔擢㉝，宠命优渥㉞，岂敢盘桓㉟，有所希冀？但以刘日薄西山㊱，气息奄奄㊲，人命危浅㊳，朝不虑夕㊴。臣无祖母，无以至今日；祖母无臣，无以终余年。母孙二人，更相为命㊵，是以区区不能废远㊶。臣密今年四十有四，祖母刘今年九十有六，是臣尽节于陛下之日长，报养刘之日短也。乌鸟私情[42]，愿乞终养。

㉙伏惟：伏首自思，为古时下级对尊长的敬语。

㉚矜育：哀怜抚育。

㉛伪朝：指被晋所灭的蜀汉。

㉜矜：自尊、自夸。

㉝拔擢（zhuó）：提拔。

㉞优渥：优厚。渥，厚。

㉟盘桓：停止不前的样子。

㊱日薄西山：太阳接近西山，意谓太阳将要落山，以比喻刘氏临近死亡。

㊲气息奄奄：没有生机生气。

㊳危浅：危弱，不能长久。

㊴朝不虑夕：早上不能预料晚上的事情，表示危急情形。

㊵更相为命：相依为命的意思。

㊶“是以”句：区区，谦辞，感情恳切之状。废远，废止而远离。

㊷乌鸟私情：乌鸟，乌鸦。传乌雅有反哺（幼鸟喂养老鸟）之举，故以比喻人的孝道。

臣之辛苦[43]，非独蜀之人士及二州牧伯所见明知，皇天后土[44]，实所共鉴。愿陛下矜愍愚诚，听臣微志。庶刘侥幸，卒保余年[45]，臣生当陨首，死当结草[46]。臣不胜犬马怖惧之情[47]，谨拜表以闻。

㊸辛苦：这里指处境的困难。

㊹皇天后土：指天神、地神。

㊺卒：终。

㊻结草：春秋时魏武子病时，嘱咐儿子他死后遣妾再嫁，但临终时，又说令妾殉葬。死后，其子魏颗把父妾嫁出去，后在与秦将杜回作战，见一老人结草绊倒杜回，因此捉住杜回。夜间梦老人自言为魏武子妾之父，结草为报答他下令女儿殉葬的恩德。

㊼犬马：谦称，表示自己为犬为马，身份低贱。

【译文】

臣李密禀告：我由于命运坎坷，幼年遭遇不幸。生下只有六个月，父亲就过世了。四岁的时候，舅舅就胁迫母亲抛开了守节的志向改嫁了。祖母刘氏怜悯我孤苦幼弱，就亲自加以抚育。臣幼时经常生病，九岁还不能走路，一直孤独无依，直到长大成人。既没有叔叔伯伯，也没有哥哥弟弟。家门衰败福分之浅，很晚才有了儿子。外面缺乏关系比较密切的亲威，家里也没有看管门户的僮仆。孤身一人，只有影子陪伴。而祖母刘氏很久前就身患疾病，时常躺在床上不能起来。我服侍汤药，不曾离开半步。

直到尊奉贤明朝代的时候，臣身受清明的教诲。起先有太守逵推荐臣为孝廉，后来刺史荣又推举臣为秀才。我由于祖母无人赡养，谢绝而没有遵命。朝廷便特发布诏书，任臣为郎中。不久又蒙受国恩，任我为洗马官。以我这样卑贱的人去服侍太子，这样的恩典实在是我杀身捐躯也无法报答的。对此我都用表备述上陈，辞谢不去就职。不料诏书严厉急切，责备我回避怠慢；郡县长官催促逼迫，令我马上动身；而州的长官也登门督促，就像如星火一样紧迫。臣想手捧诏书即刻赶路，但因刘氏的疾病却日重一日，就想姑且迁就自己的私情，但被告知不得允许。我的境地进退两难，确实狼狈不堪。

贤明的朝代是以孝道来治理天下的，旦凡老年人，都受到朝廷的怜惜抚养。何况臣的孤苦，又十分严重呢。而且臣年轻时曾在伪朝做官，供职于朗官衙署，原来就期望仕途显贵，不计较名声节操。如今我是败亡之国的俘虏，身分卑贱鄙陋，却受到过分的提拔，恩惠的任命十分优厚，怎么还敢犹豫徬徨，有别的奢求呢？只是由于祖母刘氏已像迫近西山的落日，只剩一缕将断的气息，生命将不长久，到了早晨不知傍晚的境地。我没有祖母的抚育，也不会有今天；祖母没有我的侍奉，也就不能安度余生。我与祖母祖孙二人，此时更是相依为命，正是出于这种内心的恳切之情才无法离开祖母去远行。我李密今年四十四岁，祖母刘氏今年已九十六岁，所以我为陛下效劳尽节的时间还长，而报答刘氏的日子已经不长了。所以我以这种乌鸟反哺的私情，期望陛下能允许我为刘氏养老送终的请求。

臣的辛酸困苦，不仅是蜀地人士和梁益二州的长官所耳闻目睹，就是天地神灵，也能明察秋毫。恳请陛下能体谅臣的愚诚，俯允臣细小的恳求，使祖母刘氏侥幸得以安享余年。臣活着愿捐献生命，死后也应结草图报。臣怀着犬马般不胜畏惧的心情，专门写成表章奉闻陛下。

兰亭集序

王羲之

【题解】

晋穆帝永和九年（公元353年）三月三日，王羲之与当时名士谢安、孙绰以及本家子侄凝之、献之等四十余人宴集于兰亭，饮酒赋诗，各抒怀抱。羲之除赋诗二首外，又为诗集写了这篇序。序文生动而形象地记叙了这次集会的盛况和乐趣，抒发了盛事不常、人生短暂的感慨。

永和九年[1]，岁在癸丑，暮春之初[2]，会于会稽山阴之兰亭。修禊事也。群贤毕至[3]，少长咸集。此地有崇山峻岭，茂林修竹，又有清流激湍，映带左右，引以为流觞曲水[4]，列坐其次[5]，虽无丝竹管弦之盛，一觞一咏，亦足以畅叙幽情。是日也，天朗气清，惠风和畅[6]。仰观宇宙之大，俯察品类之盛[7]，所以游目骋怀[8]，足以极视听之娱，信可乐也。

①“永和”二句：永和九年，公元353年，永和为晋穆帝年号。癸丑：古人以天干地支纪年，永和九年属癸丑年。

②“暮春”三句：暮春，晚春、春季的第三个月。会稽（kuài jī）：郡名，治所在今浙江省绍兴市。山阴：县名，治所在今浙江省绍兴市。兰亭：在绍兴西南，其地名兰渚，其上有亭名兰亭。修禊（xì）：即祓禊。古代风俗，人们到水边嬉游洗濯，以消除不祥，因为是在春天，故也叫春禊。日子定在三月上旬的巳日，曹魏以后定为三月三日。

③“群贤”二句：群贤，指当时参与兰亭之会的名人孙绰、谢安等四十一人。毕、咸：都，全部。

④“引以为”句：流觞曲水，修禊时的一种活动。有耳杯盛酒放在环曲的溪水上，任其顺流飘浮，停在谁面前，谁就取饮。

⑤“列坐”四句：次，处所，此指水边。丝竹管弦：泛指音乐。畅叙幽情：畅快的抒发内心的深情。

王羲之像，图出自明·天然撰《历代古人像赞》。

⑥惠风和畅：惠风，和风。和畅：舒适快意。

⑦品类之盛：品类，物类，指万物。盛：繁盛。

⑧“所以”三句：游目骋怀，放眼远望，舒展怀抱。视听之娱：耳目的观娱。信：确实，实在。

夫人之相与[9]，俯仰一世，或取诸怀抱[10]，晤言一室之内；或因寄所托[11]，放浪形骸之外，虽取舍万殊[12]，静躁不同，当其欣于所遇，暂得于己，快然自足，曾不知老之将至。及其所之既倦[13]，情随事迁，感慨系之矣！向之所欣，俯仰之间，已为陈迹，犹不能不以之兴怀，况修短随化[14]，终期于尽！古人云：“死生亦大矣[15]”，岂不痛哉！

⑨“夫人”二句：相与：相互交往。俯仰一世：一低头一抬头之间一生就过去了，比喻时间非常短暂。

⑩“或取诸”二句：取诸怀抱：敞开胸怀，畅所欲言。晤言一室：在一室之中当面交谈。

⑪“或因寄”二句：因寄所托：寄托自己遨游美景，抒发胸臆的愿望。放浪形骸之外：放纵形体，摆脱身外礼法的束缚。放浪，放纵；形骸，形体。

⑫“虽取舍”六句：取舍万殊：指人们对事物的爱好（取）和嫌恶（舍）千差万别。静躁：性格的安静和急躁。欣于所遇：对自己遇到的事情感到愉快。曾：简直。

⑬“及其”三句：之，到，引申为“经历”之意。倦：厌倦。系：随着。

⑭“况修短”二句：修短随化，人的生命长短顺随自然造化。化：造化，指自然规律。终期于尽：终归有死亡的时候。期，期限。

⑮“古人云”二句：死生亦大，意为死生也是人生的大事。出自《庄子·德充符》篇中引孔子的话。

每览昔人兴感之由[16]，若合一契，未尝不临文嗟悼，不能喻之于怀。固知一死生为虚诞[17]，齐彭殇为妄作，后之视今，亦犹今之视昔，悲夫！故列叙时人，录其所述，虽世殊事异[18]，所以兴怀，其致一也。后之览者，亦将有感于斯文。

⑯“每览”四句：兴感之由，指发生感慨的原因。若合一契：意为都很一致。古代的契有左右两半，各执其一，相合为信。嗟悼：感叹悲伤。喻之于怀：自己心里通晓明白。

⑰“固知”二句：一死生，《庄子·齐物论》中有“方生方死，方死方生”的说法，认为生死同时存在于一体，生死没有区别。一，用如动词。齐彭殇：《庄子·齐物论》中有“莫寿于殇子，而彭祖为夭”的说法，认为长寿与短命没有区别。齐：等同。彭：彭祖，传说中长寿者，活到八百岁。殇：短命而死的人。虚诞：荒谬。妄作：虚妄。

⑱“虽世殊”三句：世殊事异，意为所处的时代不同，所见的事物各异。致：情趣。

【译文】

永和九年，正赶上癸丑之年，暮春三月的上旬，我们聚会在会稽郡山阴县的兰亭，举行修禊活动。许多贤名人士都来了，老老少少全都聚集在一起。这里有高山峻岭，茂盛的丛林，修长的翠竹。还有清澈激荡的水流，辉映环绕左右，大家利用这流水作为流觞的曲水。大家依次坐在岸边，尽管没有美妙的音乐盛况，但饮酒作赋，也可尽兴地抒发内心情怀。这一天，天气晴朗，空气清新，和风温煦。抬头看那天宇广阔，低头看这大地万物繁多，借此纵目观览，畅舒胸怀，足以使耳目享受到极大的乐趣，真是高兴啊！

人与人相处，转眼就是百年。有的人喜欢直抒情怀，聚于一间房子里畅谈；有的人则借物托志，旷达放纵地生活。虽各人好恶千差万别，性格的恬静与浮躁各有不同，但他们都为自己的境遇感到高兴，对自己暂时所得，也觉愉快和满足，是不会觉察到时光流逝，衰老即将到来的。等到他们对自己所取得和谋求的事物厌倦了，情怀会随着事物的变化而转移，感慨也随之而来了。过去所喜爱的，转眼之间，已成旧事，依然不能不因此而感伤。何况寿命长短，是随着自然变化，终有尽时。古人说："死生也是大事啊！"岂不令人悲痛吗！

每当我看到古人产生感慨的缘故，好像不谋而合，未尝不对着前人的文感然感叹，而内心又不知道为何会这样。因此知道把死生等同的言辞是虚妄的，把长寿与短命划一的论调是荒诞的。后代看现在，也就像我们看从前一样，真是伤悲啊！所以，我才把与会者逐一地记下来，收录了他们的诗，虽时代不同，人事各异，但使人感慨的原因，总是一致的。后辈读这诗集的人，也会从这些诗文产生感慨吧！

归去来辞

陶渊明[1]

【题解】

陶渊明（公元365年－427年），东晋著名诗人，辞赋家、散文家。字元亮，或名潜，字渊明，世号靖节先生。浔阳柴桑（今江西九江西南）人，早年曾几次出仕，于四十一岁时弃官归隐，后来一直过着躬耕隐居的生活。

他的诗文多描写农村日常生活，质朴自然，形象鲜明，韵味隽永，具有独特的风格特色，在中国文学史上产生了深远的影响。陶渊明的诗文现存一百三十余篇。有《陶渊明集》行世，注本较多。

他的《归去来辞》作于义熙元年（公元405年）十一月，正是辞去彭泽令、实现由仕至隐的人生转折时期。这篇作品原由序和辞两部分组成。在序文中，他以简洁的笔墨陈述了出仕和归隐的原因，其中"时风波未解"和"违己交病"是症结所在。这里登录的，是辞的部分，它用辞赋的形式，集中抒写了对归隐生活的热切向往。

辞以"归去"开门见山，直抒胸臆，把过去为官的经历总括为"心为形役"，点出"觉今是而昨非"的人生感悟；接着想象归家时家人的欣喜之状和自我满足的安适，拄杖观景的悠闲；然后表示从此断绝世俗的交游，既有亲情书琴之乐又有回归自然之趣；末以顺情适意总结，在乐天知命以尽余年中透出处世立身的哲理。全文一气贯注，纯真自然，意味淳厚。

陶渊明像，图选自清·上官周绘《晚笑堂画传》。

归去来兮[2]，田园将芜，胡不归！既自以心为形役[3]，奚惆怅而独悲！悟已往之不谏[4]，知来者之可追；实迷途其未远，觉今是而昨非。舟摇摇以轻扬[5]，风飘飘而吹衣。问征夫以前路，恨晨光之熹微[6]，乃瞻衡宇[7]，载欣载奔[8]。僮仆欢迎，稚子候门。三径就荒[9]，松菊犹存。携幼入室，有酒盈樽。引壶觞以自酌，眄庭柯以怡颜[10]。倚南窗以寄傲，审容膝之易安[11]。园日涉以成趣，门虽设而常关。策扶老以流憩[12]，时矫首而遐观[13]。云无心以出岫[14]，鸟倦飞而知还。景翳翳以将入[15]，抚孤松而盘桓[16]。

①陶渊明（公元 365 年 – 427 年）：一名潜，字元亮，浔阳柴桑（今江西九江县西南）人，做过江州祭酒、镇军参军、彭泽令等小官。他生当晋、宋易代之际，政治腐败，门阀制度森严，他对此极为不满，四十一岁时即弃官归隐田园，躬耕终生。死后，友人私谥为“靖节”，世称靖节先生。他是我国中古时期著名诗人，诗文传世的有《陶渊明集》。

②去来：偏义复词，即去。

③心为形役：心灵受形体的奴役。指违背自己的心愿去做官。形，形体。

④谏：规劝，挽救。

⑤轻飏（yáng）：形容船在水面上很轻快地前进。飏，“扬”的异体字。

⑥熹（xī）微：光线微弱，熹，通“熙”，光明。

⑦衡宇：横木为门的简陋房屋。衡，横。

⑧载：又，且，语助词。

⑨三径：庭院里的小路。西汉末年，王莽篡夺政权，蒋诩（xǔ 许）免官回家，在院子里的竹林下开了三条小路，只同几个高雅的人往来。

⑩眄（miǎn）：斜视。柯（kē）：树枝。

⑪容膝：形容屋子狭小，仅能容纳两膝。

⑫策：拄着。扶老：拐杖。流憩（qì 气）：随时随地休息。

⑬矫首：举首，抬头。遐观：远望。

⑭岫（xiù）：山峰。

⑮景：日光。翳（yì）翳：昏暗的样子。

⑯盘桓：徘徊，流动。

归去来兮，请息交以绝游。世与我而相遗[17]，复驾言兮焉求[18]？悦亲戚之情话，乐琴书以消忧。农人告余以春及，将有事于西畴[19]。或命巾车[20]，或棹孤舟[21]。既窈窕以寻壑[22]，亦崎岖而经丘。木欣欣以向荣，泉涓涓而始流。善万事之得时，感吾生之行休。

⑰相遗：相弃。形容自己不合世俗。“遗”一作“违”。

⑱驾：驾车。言：语助词。焉求：何求，追求什么。

⑲畴（chóu）：田地。

⑳巾车：有帷幕的车子。

㉑棹（zhào）：船桨。这里用作动词。

㉒窈窕（yǎo tiǎo）：幽暗的样子。壑（hè）：山谷。

已矣乎！寓形宇内复几时，曷不委心任去留？胡为遑遑欲何之？富贵非吾愿，帝乡不可期[23]。怀良辰以孤往，或植杖而耘耔[24]。登东皋以舒啸[25]，临清流而赋诗。聊乘化以归尽，乐夫天命复奚疑！

㉓帝乡：天帝所住的地方，即仙境。

㉔植杖：把杖直插在田边。耘：除草。耔：培土。

㉕皋（gāo）：水边高地；山岗。

陶渊明像，图选自清·顾沅辑《古圣贤像传略》。

【译文】

回去吧！田园快要荒芜了，为什么还不回去呢？既然自己让心灵受形体的奴役，为什么还要惆怅而独自悲伤呢？认识到过去做错的事已不能改正，但知道未来的事还可以补救。实在是步入迷途还不很远，觉察到现在走的道路正确而过去走的道路不对。

船摇而轻轻地缓行，微风徐徐吹拂着衣衫。向行人打听前面的道路，恨清晨天色还只是微明。终于望见了自家简陋的房门，就高兴地奔跑过去。仆人们欢欢喜喜出来迎接，孩子们等候在门旁。院中的小路已经快要荒芜了，松树和菊花还活着。牵着孩子走进屋里，酒杯中已经斟满了酒。端起酒壶酒杯自斟自饮，观赏庭院中的树木枝条心旷神怡。靠着南面的窗户，寄托傲然的情怀；深知这仅能容膝的小屋也可使人安居。每天都在园中散步，也很有情趣；虽然有门，却常常关闭着。拄着手杖漫游歇息，不时抬头向远方眺望。白云自由自在地从山峰里飘出，鸟儿飞累了也知道返回。日色昏暗，夕阳快要落山。我抚摸着孤傲的青松而徘徊。

回去吧，让我谢绝与世俗的交游。这世道既然与我的意愿不合，我还驾着车出去追求什么？亲戚们谈的知心话使我高兴，从弹琴读书中寻找快乐来消除忧愁。农夫们告诉我春天到了，将去耕种西边的田亩。有时坐着有帷幕的小车，有时划着一叶小船。既沿着曲折幽深的路途去寻访山谷，有时也经过高低不平的山丘。树木生机勃勃地发荣生长，泉水从源头细细地往下流。羡慕那万物正得其时，感慨自己一生将要休止。

算了吧！形体寄身在世间又有多少时候，何不抛弃名利随着自己的心愿自由行动？为何要这样匆忙不安，还想到哪里去呢？富贵不是我的心愿，神仙境界也没有希望。爱惜这美好的时光就独自出去游玩，或者把手杖插在田边，去除草培苗。登上东边的山冈放声长啸，面对着清澈的流水吟诵诗篇。姑且顺着自然的变化直到生命的尽头，乐于顺从天命还有什么疑虑！

桃花源记

陶渊明

【题解】

本篇文章是陶渊明《桃花源诗并记》中的序言，本附属于诗，却因结构完整、形式完美而独立成篇。生活在军阀混战、民不聊生的晋宋交替时代的作者用虚构的方式和想象的笔墨为后人描写了一个没有压迫、没有战争、安静宁和与世隔绝的世外桃源，表达了作者对美好生活的向往憧憬和对现实社会的批判。文章语言精炼简洁，描摹生动，使人如身临其境，令人无限神往。

晋太元中①，武陵②人捕鱼为业；缘③溪行，忘路之远近。忽逢桃花林。夹岸数百步，中无杂树，芳草鲜美，落英缤纷。渔人甚异之，复前行，欲穷其林。

①太元：晋孝武帝年号。
②武陵：郡名，在今湖南常德。
③缘：沿着

林尽水源④，便得一山。山有小口，仿佛若有光。便舍船从口入。初极狭，才通人。复行数十步，豁然开朗。土地平旷，屋舍俨然⑤，有良田、美池、桑竹之属，阡陌交通⑥，鸡犬相闻。其中往来种作，男女衣著，悉如外人。黄发垂髫⑦，并怡然自乐。见渔人，乃大惊，问所从来，具答之。便要⑧还家，设酒杀鸡作食。村中闻有此人，咸来问讯。自云先世避秦时乱，率妻子邑人，来此绝境⑨，不复出焉，遂与外人间隔。问今是何世，乃不知有汉，无论⑩魏、晋。此人一一为具言

《唐诗画谱》插图，描绘了《桃花源记》中的武陵人误入桃花源的情景。

所闻，皆叹惋。余人各复延⑪至其家，皆出酒食。停数日，辞去。此中人语云："不足为外人道也。"

④水源：溪水的源头。

⑤俨然：整齐的样子。

⑥阡陌交通：田间小路，其中南北叫"阡"，东西叫"陌"。交通：互相通达。

⑦黄发垂髫：老人孩童。黄发，指老人、老人的头发由黑变白，又会由白转黄。垂髫，儿童头上垂的短发，这里指儿童。

⑧要：同"邀"，邀请。

⑨绝境：与外界隔绝的地方。

⑩无论：更不用说。

⑪延：邀请。

既出，得其船，便扶向路⑫，处处志⑬之。及郡下，诣太守说如此。太守即遣人随其往，寻向所志，遂迷不复得路。

⑫便扶向路：扶，沿着。向路，先前来时的水路。

⑬志：标记。

南阳⑭刘子骥，高尚士也。闻之，欣然规往⑮，未果，寻病终。后遂无问津⑯者。

⑭南阳：郡名，在今河南一带。

⑮规往：计划前往。

⑯问津：这里是询问，访求的意思。津，渡口。

【译文】

晋太元年间，有位以捕鱼为业的武陵人。他沿着溪水行船，忘记走了多远。忽然遇到一片夹在溪流两岸有几百步的桃花林，没有别的树，芳草鲜美，落花满地皆是。渔人非常诧异。又往前走，打算走完这片桃林看个明白。

桃林尽头是溪水的源头，那里有一座山。山有一个洞口，好像有光亮，渔夫便离船登岸从洞口进去。起初洞口很狭窄，只能容纳一个人通行。再向前行几十步，豁然开朗。土地平坦开阔，房屋整齐，有田间小道纵横交错，时而传来鸡鸣狗吠之声。人们往来耕作，男女的衣着装饰，都与外界相同，老人孩子欢乐而安逸。

这里的人看见渔人，非常吃惊，问渔人从哪里而来，渔人原原本本回答了他们。人们邀请渔人到家里摆酒杀鸡款待渔人。村子里的人听说来了一个人，都来打探消息。他们说是祖先为了逃避秦朝的祸乱，带着妻子儿女和乡人来到这个与世隔绝的地方，没再出去，于是与外边断绝来往。询问现在是什么朝代，竟然不知道有汉朝，更不必说魏、晋了。渔人把所知道的事情详尽地告诉他们，他们听了都很惊奇，其余的人也都相继邀请渔人到他们的家里作客，用酒饭来款待。渔人住了几天便告辞离去。临走叮咛他说："不要把这里的事情告诉外面的人。"

渔人出了洞口，找到了他的船，沿着来时的路，处处作了标记。回到了武陵郡，向太守报告这件事情。太守立即派人随渔人前往，他们寻找以前作的记号竟迷了路。再没找到那条路径。南阳的刘子骥，是个品德高尚的读书人，听说这件事，打算亲身去寻访，但没有去成，不久就病死了。以后就再没有去寻找的人了。

五柳先生传

陶渊明

【题解】

“五柳先生”是作者自拟的称号，萧统《陶渊明传》称其“少有高趣”，“曾著《五柳先生传》以自况，时人谓之实录”，即可见其为己立传存照的意趣。至其作时，则有太元十七年（公元 392 年）以前和永初元年（公元 420 年）前后二说。

大凡立传皆须署名，本文却以“不知何许人”、“不详其姓字”导入，风致潇洒；又以读书不求甚解、嗜酒辄醉、安贫却以文章自娱三者见其性情，可谓脱略形迹，胸怀超然；末赞以“不戚戚于贫贱，不汲汲于富贵”，更见志趣不凡，有如上古先民。前人称此为“一片神行之文”，不谓无见。

先生不知何许人也，亦不详其姓字。宅边有五柳树，因以为号焉。闲静少言，不慕荣利。好读书，不求甚解①；每有会意，便欣然忘食。性嗜酒，家贫不能常得。亲旧知其如此，或置酒而招之。造②饮辄尽，期③在必醉；既醉而退，曾不吝情去留。环堵④萧然⑤，不蔽风日，短褐穿结⑥，箪瓢⑦屡空，晏如⑧也。常著文章自娱，颇示己志。忘怀得失，以此自终。

①不求甚解：谓读书只求领会要旨，不刻意在字句上花工夫。
②造：到，去
③期：希望。
④环堵：房屋的四壁。
⑤萧然：空空的样子。
⑥短褐：粗布短衣。穿：破损。结：打结。
⑦箪瓢：指食器和饮器。
⑧晏如：安然自得。

赞⑨曰：黔娄⑩有言：“不戚戚⑪于贫贱，不汲汲⑫于富贵。”其言兹若人之俦⑬乎？衔觞赋诗，以乐其志，无怀氏⑭之民欤？葛天氏⑮之民欤？

⑨赞：纪传体史书在人物传记末尾所附的评论文字。
⑩黔娄：春秋时鲁国的一个清高名士。
⑪戚戚：忧伤悲戚的样子。
⑫汲汲：竭力求取。

⑬俦：类。
⑭无怀氏：传说中古代的氏族首领。
⑮葛天氏：传说中古代的氏族首领。

陶渊明像，图出自明·天然撰《历代古人像赞》。陶渊明自号五柳先生，曾作《五柳先生传》。

【译文】

这位先生不知是什么样的人，也不清楚他的姓名和字号。他的住宅旁边有五棵柳树，因此就称为五柳先生。他喜欢闲散安静、寡言少语，不羡慕荣誉和利禄。他喜好读书，但并不拘泥穿凿，强自为解。每当读书有了心得，便十分得意，甚至忘了吃饭。他喜好喝酒，但家里贫穷，不能经常得到酒喝，亲戚朋友知道他这种情况，常常便准备了酒邀请他。他每次到亲朋那儿喝酒，总是一饮而尽，一定大醉方才尽兴。醉了便告辞，从来也不顾惜亲朋诚挚的挽留。

他家里四壁空空，不能挡风遮雨。衣服破旧粗劣，满是补丁，经常没吃没喝，而他却十分自在。他经常撰文赋诗来陶冶性情，表述自己的志向。他忘却了世间的得失宠辱，愿意就这样来安度自己的一生。

赞云：黔娄的妻子曾这样说过："不为贫贱忧愁，不为富贵奔走"。仔细体会，他的话便是指的五柳先生这一类的人吧！饮酒赋诗，自娱自乐，是无怀氏时代的人呢？还是葛天氏时代的人呢？

北山移文

孔稚珪

【题解】

移文，古代文体中的一种，与檄文相似，是一种声讨、揭露性的文字。北山，又名钟山，即今南京紫金山。本文用拟人手法，假托钟山写移文，以讽刺贪图高官厚禄的假隐士。文章从表彰真隐士开始，树立榜样，接着点出假隐士周颙的名，并把他隐居时和出仕后判若两人的行为作了鲜明的对比，层层揭露其虚伪，描绘其丑恶。这是一篇骈体文，对仗工稳灵活，声调铿锵和谐。

钟山之英①，草堂不灵，驰烟驿路②，勒移山庭③。

①钟山：即标题中的北山，今名紫金山，在南京东北。
②驿路：为传递公文而开辟的大道。
③勒：铭，刻。山庭：山居的庭院，此指山的空旷大。

夫以耿介拔俗之标，潇洒出尘之想，度白雪以方洁④，干青云而直上，吾方知之矣。若其亭亭物表，皎皎霞外，芥千金而不盼，屣万乘其如脱，闻凤吹于洛浦⑤，值薪歌于延濑，固亦有焉。岂期终始参差，苍黄反复⑥，泪翟子之悲，恸朱公之哭，乍回迹以心染⑦，或先贞而后黩⑧，何其谬哉！呜呼！尚生不存⑨，仲氏既往⑩，山阿寂寥，千载谁赏？

④度：忖度。方：比。
⑤”闻凤吹“句：意思是这种人常能和神仙相遇。洛浦：洛水边。
⑥苍黄：指变化。
⑦回迹：躲避形迹，指隐居。
⑧黩：污浊。
⑨尚生：指尚长，也称向长，字子平。东汉初年隐士。
⑩仲氏：指仲长统。

世有周子⑪，俊俗之士⑫；既文既博，亦玄亦史。然而学遁东鲁⑬，习隐南郭⑭，窃吹草堂⑮，滥巾北岳⑯。诱我松桂，欺我云壑。虽假容于江皋，乃缨情于好爵⑰。

⑪周子：指周颙，汝南人。
⑫俊俗：高出一般人。

⑬东鲁：指鲁国的颜阖，相传颜阖为得道高士。
⑭南郭：指南郭子綦，相传他能做到精神脱离躯体。
⑮窃吹：即像南郭先生一样滥竽充数。
⑯滥：失实。北岳：即北山。
⑰缨：系。

其始至也，将欲排巢父⑱，拉许由，傲百氏⑲，蔑王侯，风情张日，霜气横秋。或叹幽人长往，或怨王孙不游⑳。谈空空于释部，核玄玄于道流。务光何足比，涓子不能俦㉑。

⑱巢父、许由：相传都是唐尧时人，尧曾想把天下让给他们，都隐居不受。
⑲百氏：指诸子百家。
⑳王孙：指隐士。
㉑涓子：齐人，隐于宕山。

及其鸣驺入谷㉒，鹤书赴陇㉓；形驰魄散，志变神动。尔乃眉轩席次，袂耸筵上，焚芰制而裂荷衣，抗尘容而走俗状㉔。风云凄其带愤，石泉咽而下怆，望林峦而有失，顾草木而如丧。

㉒鸣：指喝道声。驺（zōu）：帝王的骑侍。
㉓鹤书：即鹤头书，书体名。古代写诏书常用鹤头字体，所以也称诏书为鹤书。
㉔抗、走：这里都是显露的意思。

至其纽金章㉕，绾墨绶，跨属城之雄，冠百里之首，张英风于海甸，驰妙誉于浙右。道帙长摈㉖，法筵久埋㉗。敲扑喧嚣犯其虑，牒诉倥偬装其怀㉘。琴歌既断，酒赋无续。常绸缪于结课，每纷纶于折狱。笼张赵于往图㉙，架卓鲁于前录㉚。希踪三辅豪㉛，驰声九州牧。使其高霞孤映，明月独举，青松落荫，白云谁侣？磵户摧绝无与归，石径荒凉徒延伫。至于还飙入幕㉜，写雾出楹㉝，蕙帐空兮夜鹤怨，山人去兮晓猿惊。昔闻投簪逸海岸㉞，今见解兰缚尘缨。

㉕金章：铜印。
㉖道帙：指道家书籍。帙，书套。
㉗法筵：佛家的讲席。
㉘牒：文牒。诉：诉状。倥偬（kǒng zǒng）：繁忙。
㉙张赵：指张敞、赵广汉，两人都曾做过京兆尹，是西汉名臣。
㉚卓鲁：卓指卓茂，东汉人，做过密县县令，鲁指鲁恭，也是东汉人，做过中牟县令。
㉛三辅：汉代将京城附近分成京兆、左冯翊、右扶风，以辅卫京城，称三辅。
㉜还飙：旋风。
㉝写雾：吐雾，流动的雾。写，同“泻”。楹：堂前柱。
㉞投簪：抛弃冠簪，这里指弃官。簪，连接官帽和头发的用具。逸：隐遁。指西汉人疏广弃官回老家东海南陵。

于是南岳献嘲，北陇腾笑，列壑争讥，攒峰竦诮。慨游子之我欺，悲无人以赴吊。故其林惭无尽，涧愧不歇，秋桂遣风，春萝罢月，骋西山之逸议[35]，驰东皋之素谒[36]。

㉟西山：指首阳山。

㊱东皋：东面水边的高地，指隐士所居住的地方。

今又促装下邑，浪栧上京[37]。虽情投于魏阙[38]，或假步于山扃[39]。岂可使芳杜厚颜，薜荔蒙耻，碧岭再辱，丹崖重滓，尘游躅于蕙路[40]，污渌池以洗耳[41]。宜扃岫幌，掩云关，敛轻雾，藏鸣湍，截来辕于谷口，杜妄辔于郊端。于是丛条瞋胆，叠颖怒魄，或飞柯以折轮，乍低枝而扫迹。请回俗士驾，为君谢逋客。

㊲栧（yì）：桨。

㊳魏阙：这里指朝廷。

㊴扃（jiōng）：门

㊵游躅（zhuó）：游踪，指隐者的足迹。

㊶渌池：清水池。

【译文】

钟山的英灵，草堂的守护女神，一路似腾云驾雾在驿道上奔驰，在山前刻下移文。

有着耿直磊落，超凡脱俗的风度，纯洁的品格可以和白雪媲美，高尚的志向凌跨云霄的人，才是我所知道的隐士。至于那种卓然挺立于世俗之外，光洁灿烂胜过云霞，视千金如草芥，弃帝位如弊屣，吹笙作凤鸣而游于伊、洛之间，在长河畔悠然采薪作歌的人，原来也是有的。但有谁能想到还会有前后不一，反复无常，让见过染丝的墨翟悲痛得流泪（因为白丝可以染黄，也可以染黑），让途经贫路的杨朱感慨至于流涕（因为岔路可以通向南方，也可以通向北方）的人呢？他们暂时潜迹于山林，但身心早已被世俗所污染，也许有的人开始时还曾洁身自好，但后来也与世俗同流合污了，这些人是何等荒唐可笑啊！唉，隐居不仕的尚生已不在人世，称病不出的仲长统也已死去，山谷寂静冷落，还会有谁欣赏呢？

时下有位周先生，是世俗中的一个俊杰，能文博学，通晓老庄之道，也通史学。可是他却要仿效东鲁颜阖的遁世，学习南郭子綦的隐居，在草堂滥竽充数，在北山伪装清高。他诱惑我山中的青松丹桂，欺侮我山中的白云幽壑。尽管他在这座长江岸边的山里装模作样，而其内心向往高官厚禄。

他刚到北山来的时候，其态度之坚定好像要推倒巢父，压垮许由，傲视诸子百家，轻蔑将相王侯，豪情如狂风蔽天盖日，气势似秋霜横扫一切。时而感叹隐士幽人一去不返，时而怨恨公子王孙再不到山林游处。整日里讲论四大皆空的佛教经典，研讨玄之又玄的道家学说。就连逃避禅让的务光也不足以和他相比，食术求仙的涓子更不能与他同列。

朝廷车马前呼后拥进入山谷，诏书送到北山，他便得意忘形，神飞魄散，马上改变了初衷。于是在筵席上眉飞色舞，指手举袖，焚毁了隐士的兰佩荷衣，表现出一副庸俗的嘴脸和趋炎附势的举止。风云因为他的离去而哀凄含恨，泉石因为他的出山而呜咽悲怆，遥望林壑峰峦茫然若有所失，峰峦花木也都若有所失。

等到他身佩铜印，印上系着墨色绶带，管辖一个郡中的大县，成为威风百里的县令时，英名传扬到东海之滨，美誉远播于浙江右岸。从此道家的典籍被长期抛在一边，论佛说法的讲席则永久尘封埋没。鞭笞拷问的喧嚣干扰着他的思虑，烦冗急迫的文牍堵塞了他的胸怀。抚琴作歌的雅事早已中断，饮酒赋诗的闲情也已无法接续。日常总为考核官吏的事物所纠缠，在审案断狱中忙忙碌碌。一心想兼有从前张敞、赵广汉的干才，超过卓茂、鲁恭的政绩。希望追随三辅贤豪的足迹，驰名天下。他的离去使我山中的霞光明月孤单自照，青松白云无伴可依。山涧门户已经坍塌败坏，仍不见有人回还；溪流石径一片荒凉，依然空等着斯人归来。旋风卷进了帐幔，堂前吞吐着云雾，夜空中的鹤唳好像是怨愤人去帐空，破晓时的猿啼也像是惊诧隐者出山。从前听说有人投簪弃官而逃往海边隐居，如今却看到有人解下隐士的兰佩而戴上俗世的冠缨。

于是引来南山嘲讽，北岭哄笑，条条沟壑争相讥刺，聚集的山峰挺身斥责。既感慨出山远行的人欺骗了自己，又悲伤没有人为此前来慰问。因而山中的林木羞惭不已，溪涧愧悔莫及，桂树不再要秋风传播花香，女萝不再要明月增添春色，西山提出了对于隐逸的评论，东皋传扬着隐者的清议和贫贱。

如今的周君，又在县里急整行装，准备赶赴京城。虽然他向往的是朝廷官阙，但也许会借路经的机会再次走进山门。岂能让芳洁的杜若含羞，让薜荔蒙耻，让碧岭再受侮辱，让丹崖重遭玷污，让芳草路留下俗子的印迹，让洗耳池破坏了往日的清澈？应该关闭山间的窗帷，紧锁云中的门户，收起飘拂的轻雾，掩藏潺湲的湍流，在山谷口就挡住他的行辕，把乱窜的车马拦在远远的山脚之下。丛生的枝条瞋目而视，繁茂的野草也怒火中烧，忽而高扬枝柯打断车驾的轮毂，突然垂下枝条扫除他的车迹。让我们把这副俗人的车驾赶回去，为北山之神拒绝曾经从山中逃跑的那个人。

谏太宗十思疏

魏　徵[1]

【题解】

魏徵（公元580年－公元643年）：字玄成，魏州曲城（今河北巨鹿）人。少孤贫，曾为道士。隋末参加李密的农民起义军，失败后归唐。先辅佐太子建成，“玄武门之变”后归李世民帐下，成为李世民的重要辅臣之一。为人鲠直，能言敢谏，以“诤臣”著称于世。历官尚书左丞、秘书监、侍中、左光禄大夫、太子太师等，封爵郑国公。曾主编《群书治要》、《隋书》等。

本篇是魏徵于贞观十一年（公元637年）所写的一篇奏议，主要是针对唐太宗在其晚年逐渐滋生骄奢享乐思想而写的。文中十分尖锐地提醒唐太宗应当“居安思危，戒奢以俭”，并十分具体地提出了十个要经常考虑的问题。文中所讲道理，在今天仍然具有十分重要的借鉴作用。通篇文句骈散相间，富于变化，深寓哲理，词锋犀利，读来发人深省。

魏徵像，图选自清·刘源《凌烟阁功臣图》。魏徵，唐太宗时名臣。

臣闻求木之长者，必固其根本；欲流之远者，必浚其泉源[2]；思国之安者，必积其德义。源不深而望流之远，根不固而求木之长，德不厚而思国之安，臣虽下愚，知其不可，而况于明哲乎！人君当神器之重[3]，居域中之大[4]，不念居安思危，戒奢以俭，斯亦伐根以求木茂，塞源而欲流长也。

①魏徵：征字玄成，公元580年至643年。魏州曲城（今河北臣鹿人。早年参加李密起义国，后投奔唐高祖李渊，先依附李建成，建成败后归李世民。太宗即位，拜谏议大夫、秘书监，寻晋检校侍中，封郑国公。直言极谏，为唐初贞观之治作出了重要的贡献。

②浚（jùn）：疏通、深挖水道。

③神器：指帝位。

④域中之大：域中，宇内、国内。“域中之大”即国君。语出《老子》“域中有四大，而王居其一”。

凡昔元首⑤，承天景命⑥，善始者实繁，克终者盖寡⑦。岂取之易、守之难乎？盖在殷忧⑧必竭诚以待下，既得志则纵情以傲物⑨。竭诚则吴越为一体⑩，傲物则骨肉为行路⑪。虽董之以严刑⑫，振之以威怒⑬，终苟免而不怀仁⑭，貌恭而不心服。怨不在大，可畏惟人⑮。载舟覆舟⑯，所宜深慎。

⑤元首：君主。

⑥景命：上天授君位于帝王的大命。

⑦克：能够。

⑧殷忧：深忧。

⑨傲物：轻慢人物。

⑩吴越：春秋时期吴越两国争战，先是越国被吴所败，后越王句践卧薪尝胆，厉精图治。终于灭亡吴国。此处以吴越指仇恨很深的双方。

⑪骨肉：亲属。行路：过路人。

⑫董：监督。

⑬振：能“震”，镇压。

⑭苟免：苟且得免于触犯君主威命。

⑮人：即“民”。因避唐太宗李世民的名讳，改为“人”。

⑯载舟覆舟：这里用船和水的关系比喻统治者和人民的关系。水能承载船，也能颠覆船。

诚能见可欲则思知足以自戒，将有作⑰则思知止以安人，念高危则思谦冲而自牧⑱，惧满盈⑲则思江海下百川，乐盘游⑳则思三驱以为度㉑，忧懈怠则思慎始而敬终㉒，虑壅蔽㉓则思虚心以纳下，惧谗邪则思正身以黜恶㉔，恩所加则思无因喜以谬赏，罚所及则思无以怒而滥刑。总此十思，宏兹九德㉕，简能而任之㉖，择善而从之。则智者尽其谋，勇者竭其力，仁者播其惠，信者效其忠㉗。文武并用，垂拱而治㉘。何必劳神苦思，代百司之职役哉㉙！

⑰作：兴作，如建造宫室之类。

⑱冲：谦和。自牧：自加修养，约束。

⑲满、盈：都是溢出的意思，比喻骄傲自满。

⑳盘游：游乐，这里指打猎等。

㉑三驱：一年打猎三次。因为打猎时必须驱赶禽兽，所以称打猎为“驱”。一说，网开一面，由三面围合驱捕禽兽。

㉒敬：慎。

㉓壅：堵塞。蔽：蒙蔽。

㉔黜：罢斥。

㉕宏：发扬。兹：此。九德：古代的九种道德标准，即“宽而栗、柔而立、愿而恭、乱而

唐太宗李世民像，图出自明·天然撰《历代人物像赞》。

敬、扰而毅、直而温、简而廉、刚而塞、强而义。”德原作“得”，据《贞观政要》改。

㉖简：简拔选择。

㉗信：诚实。

㉘垂拱：天子垂衣拱手，表示无为而治。

㉙百司：百官。

【译文】

我听说想要树木长得好，一定要加固它的根基；想要江河流得远，必须疏通它的源头；希望国家安定太平，必须德才兼备。源头不深远却希望水流长，根本不巩固却要求树木高，恩德不深厚却期望国家安，臣虽然很愚昧，也知道这是不可能实现的，何况聪明智慧的人呢！人君承当帝位的重任，处在国家最高的权位，假如不考虑居安思危，用节俭来警戒奢侈，这也就是和伐断树根却想要树木茂盛，堵塞源头却希望河流长远一样啊！

过去所有的帝王，承受上天之命，开始好的确实很多，能善终的实在很少。难道是因为获取容易保守困难吗？原来是在艰苦忧虑的创业时期，他们必定会竭尽诚心对待部下；既已得志，就放纵情性傲视事物。竭尽诚心，就是吴越那样的敌国也可以成为一体；傲视部下，就是骨肉至亲也会变为陌路相逢的人。虽然用严酷的刑罚监督他们，用威严的愤怒震吓他们，结果只能使人勉强服从，却不会感激仁惠；外貌恭顺，却心中不服。怨恨不在于大小，可怕的就是百姓。百姓像水，可以载舟，也能覆舟，这是应当特别慎重对待的。

假如能做到看见喜爱的东西就想到满足，来警惕自我；将要有所制作、建造，就想到停止，来使百姓安定；思虑位置高会招致危险，就想到要谦虚平和，自我修养；惧怕自满自封，就想到应当像江海那样处在百川的下游；喜好游乐，就想到以三次为限度；担忧自己懈怠，就想到应当谨慎地开始慎重地结束；忧虑视听闭塞，就想到应当虚心地容纳下属的意见；惧怕谗邪，就想到端正自己斥逐奸佞；恩惠加给臣下时，不要因高兴就乱赏；刑罚加给臣下时，就想到不要因为生气而滥用惩处。全部履行这十个想到，宏扬那九种德行。选拔贤能的人任用他，选择正确的意见听从它，这样，聪明的人全部献出他的智谋，勇敢的人竭尽他的力气，仁德的人遍施他的恩惠，诚实的人献出他的忠心。文武并用，垂衣拱手地治理，何必劳神费思，代替百官的职事呢？

为徐敬业讨武曌檄

骆宾王

【题解】

檄文是古代的一种文体，以公布于世的方式来晓喻、声讨对方。本文是唐睿宗光宅元年（公元684年），英国公李勣之孙徐敬业以扬州为根据地，起兵讨伐武则天，任命骆宾王为艺文令，起兵时骆宾王代徐敬业起草的。骆宾王（约公元640年－684年），婺州义乌（今浙江义乌）人，是“初唐四杰”之一，著有《骆临海集》。这篇文章从维护李唐正统的角度出发，反对武则天临朝称制。文中列举的武则天的罪刑不完全符合史实，但文章写得锋芒犀利，气势磅礴，具有很强的宣传鼓动性。

伪临朝武氏者，性非和顺，地实寒微。昔充太宗下陈，曾以更衣入侍。洎[1]乎晚节，秽乱春宫。潜隐先帝之私，阴图后房之嬖。入门见嫉[2]，蛾眉不肯让人；掩袖工谗，狐媚偏能惑主[3]。践元后于翚翟[4]，陷吾君于聚麀[5]。加以虺[6]蜴为心，豺狼成性。近狎邪僻，残害忠良；杀姊屠兄，弑君鸩[7]母。人神之所同嫉，天地之所不容。犹复包藏祸心，窥窃神器。君之爱子，幽之于别宫；贼之宗盟，委之以重任。呜呼！霍子孟之不作，朱虚侯之已亡。燕啄皇孙[8]，知汉祚之将尽；龙漦帝后[9]，识夏庭之遽衰。

武则天像，图出自明·天然撰《历代人物像赞》。武则天，名曌，唐高宗李治的皇后，后来称帝，是中国历史上唯一的女皇帝。

①洎（jì）：及，到。

②私：爱。嬖：宠幸。入门见嫉：选进后宫的妃嫔，都遭到她的嫉妒。见：表示视动。

③蛾眉：眉细长，如蚕蛾之眉。掩袖：以袖掩面，本为少女害羞之态，此处用来

形容武氏矫作以邀宠的心计。

④翚翟：有彩色羽毛的野鸡。

⑤聚麀（yōu）：是指多头公鹿共有一母鹿。

⑥虺（huǐ）：毒蛇。

⑦鸩（zhèn）：鸟名，羽毛有毒，浸酒饮之即死。

⑧燕啄皇孙：西汉成帝，赵飞燕入宫为皇后，自己无子而妒嫉别人，暗害了许多皇子，使成帝无嗣。

⑨龙漦（lí）帝后：传说夏朝有二龙落于宫廷，留下涎沫，夏帝用木盒收藏之。到周后王末年，涎沫流出，变成黑鼋，一个宫女遇上而怀孕，生下一女即褒姒。褒姒后为周幽王妃子，周幽王宠爱她，于是废申后及太子，申后的父亲引犬戎入侵，杀死幽王灭亡西周。此以褒姒喻武则天。

敬业皇唐旧臣，公侯冢子。奉先君之成业，荷本朝之厚恩。宋微子之兴悲，良有以也；袁君山之流涕，岂徒然哉！是用气愤风云，志安社稷。因天下之失望，顺宇内之推心，爰举义旗，以清妖孽。南连百越，北尽三河，铁骑成群，玉轴相接。海陵红粟，仓储之积靡穷；江浦黄旗，匡复之功何远。班声动而北风起，剑气冲而南斗平。暗呜则山岳崩颓，叱咤则风云变色。以此制敌，何敌不摧！以此图功，何功不克！

公等或居汉地，或叶⑩周亲，或膺重寄于话言，或受顾命于宣室⑪。言犹在耳，忠岂忘心！一抔之土未干，六尺之孤何托⑫？倘能转祸为福，送往事居，共立勤王之勋，无废大君之命，凡诸爵赏，同指山河⑬。若其眷恋穷城，徘徊歧路，坐昧先几之兆，必贻后至之诛⑭。请看今日之域中，竟是谁家之天下！

⑩叶（xiē）：合于。

⑪膺：接受。话言：即爪牙之臣。顾命：皇帝临死的遗令。宣室：指受顾命的地方。

⑫抔：捧。六尺之孤：指中宗李显，当时已被废，软禁在房州。

⑬往：死者，指高宗。居：生者：指中宗。勤王：古代天子有难，臣下起兵救援，叫做勤王。大君：即天子，指高宗。

⑭坐：白白地，徒然。昧：看不清楚。几：同“机”。贻（yí）：遗留。这里有招致的意思。

【译文】

当朝掌权的武氏，本性不良，出身贫寒低微。以前在太宗手下只是个一般才人，曾经利用打杂的机会得以入宫侍奉太宗。到了后来年纪稍大，又在太子宫中淫秽荒乱。暗自隐瞒了与先帝的私情，私下图谋获得后宫的宠爱。一入宫门她就显露妒嫉之心，依靠她的貌美不肯容纳别的官人；善于阴谋诡计巧于谗言，施展媚人的姿色就能把君主迷惑。窃居了皇后的位置，使我们的君主陷于乱伦的不妙境况。再加上她的心如同蛇蝎，生性好似豺狼，亲近奸邪小人，残害忠良之士，杀死姐姐与哥哥，谋害国君与母亲，真是让人与鬼神都憎恶，天与地也都不能原谅她的做法。此外，她还另外包藏有险恶的用心，阴谋窃夺帝位，把君王的爱子，囚禁在其他官室，却对贼人自己的宗亲，委以重任。唉！像霍子孟那样辅佐幼主的忠臣不得伸张，像朱虚侯那样诛剿外戚的良将也已没有了。正是有了赵飞燕杀害皇孙，预示着汉朝将要灭亡，有了龙涎化为帝后褒姒，就可以认定夏朝就要衰败啊。

骆宾王像，图出自清·上官周《晚笑堂画传》。骆宾王是“初唐四杰”之一，武则天称帝后，他曾随徐敬业起兵征讨武则天，并写下《为徐敬业讨武曌檄》。

徐敬业是大唐的旧臣，公侯的长子，他继承先辈的功业，蒙受本朝的深厚恩德。深知宋微子过殷墟而产生的悲叹，确实有道理；桓君山谈到外戚专权而痛哭流涕，哪能没有原因！因此，我们的义气使风云奋激，我们的目的在于使社稷安定。天下百姓对武氏失望，海内民众则对我们怀有希望，于是，我们高举正义的旗帜，准备来清除妖孽。向南我们与百越相连，向北我们直抵三河；我们的铁甲骑兵成群结队，我们的玉轴战车远近相接。海陵的陈米，存储堆积在仓库之中无穷无尽；江浦一带遍插黄旗，我们匡复正义光复国家的功业又哪有多远？斑马嘶鸣恰如北风骤起，剑气冲天正似南斗光耀。大军激愤仿佛山岳崩毁坍塌，士卒怒吼犹使风云翻卷变色。利用这样的气势克制敌人，什么样的敌人都能摧败！利用这样的力量建立功业，什么样的功业不能完成！

诸位有的目前正为国家管理地方的事务，有的是唐朝宗室，有的肩负着先帝的亲口重托，有的领受了皇帝的临终遗命。先帝的嘱言还在耳边回响，应有的忠诚又怎能在心中遗忘！先帝新坟的泥土还没有干，他幼小的孤子将托付何人？如果能把祸事变成福泽，慰送先君，拥立幼主，共同创立起兵救援王朝的奇勋，不使先帝的遗命落空，那么，所有一切的封爵奖赏，一定会与国家的山河一样重大并且永存。如果还想眷恋困窘的孤城，在误入的歧路上徘徊观望犹豫不决，坐在那里白白错过事先显露的吉祥征兆，那就一定会招致后来的惩罚。请看现今究竟是谁的天下！

古文观止

卷三

[清] 吴楚材 吴调侯 编
郑达 译注

吉林出版集团有限责任公司

古文苑 上

滕王阁序

王 勃

【题解】

王勃（公元650年－公元676年），唐代文学家。字子安，绛州龙门（今山西河津）人。他出生于书香世家，七岁即善作文，人称“神童”。九岁读《汉书》，就能指出注文中错误。十四岁中举，后任沛王的王府修撰，因作游戏文章触怒唐高宗，被逐出王府。在虢州参军任中，又擅杀逃奴，获罪革职。公元676年，往交趾（今越南北部）探亲，渡海时落水，受惊而死，年仅二十八岁。他文辞出众，与杨炯、卢照邻、骆宾王齐名，人称“初唐四杰”。他的作品大多是抒情、写景之作，风格自然清新，有不少传诵名作。名篇有《咏风》、《山中》、《送杜少府之任蜀州》等。他的散文意境开阔、情文并茂，《滕王阁序》是千古名篇。明人辑有《王子安集》。

《滕王阁序》全称《秋日登洪府滕王阁饯别序》，或称《滕王阁诗序》。滕王阁在洪州（今江西南昌），为当时名胜。王勃二十七岁时去交趾探望父亲，途经洪州，参与阎都督宴会，触席作成此文。文中描绘滕王阁四周景物的华美壮丽，宴饮游娱的豪华场面，同时触景生情，抒发了作者的羁旅之情和怀才不遇的愤懑与感叹，是王勃骈文的代表作。滕王阁为高祖之子李元婴在贞观十三年（公元639年）受封为滕王后，任洪州都督时所建，故称洪州滕王阁。

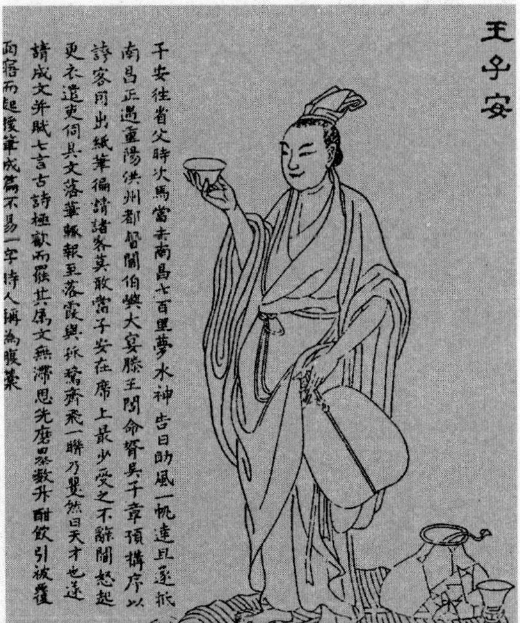

王勃像，图选自清·上官周绘《晚笑堂画传》。王勃是唐初著名的文学家，“初唐四杰”之一。

南昌故郡，洪都新府①。星分翼轸②，地接衡庐。襟三江而带五湖③，控蛮荆而引瓯越④。

物华天宝，龙光射牛斗之墟[⑤]；人杰地灵，徐孺下陈蕃之榻[⑥]。雄州雾列，俊彩星驰。台隍枕夷夏之交，宾主尽东南之美。都督阎公之雅望，棨戟遥临[⑦]；宇文新州之懿范，襜帷暂驻[⑧]。十旬休暇，胜友如云；千里逢迎，高朋满座。腾蛟起凤，孟学士之词宗；紫电清霜，王将军之武库。家君作宰[⑨]，路出名区；童子何知[⑩]，躬逢胜饯。

①南昌：一作“豫章”。汉代豫章郡治所南昌（今江西南昌），唐代改为江南道洪州中都督府治所。

②翼轸（zhěn）：二星宿名。古人用天上二十八星宿的位置来划分地面上相应的区域。

③三江：说法不一，一般认为指荆江、松江、浙江。　五湖：指太湖、鄱阳湖、青草湖、丹阳湖和洞庭湖。

④蛮荆：指楚地。荆即楚。　瓯（ōu）越：泛指今浙江南部及福建一带。

⑤牛斗之墟：据《晋书·张华传》记载：张华见牛、斗二星之间有紫气，便问精通天象的雷焕，雷焕说这是由于丰城有宝剑的精气上通于天的缘故。丰城属洪城。

⑥徐孺：徐稚字孺子，南昌人，东汉名士。据《后汉书·徐稚传》说：豫章太守陈蕃素不待客，只有徐稚来才招待，并特为他设一榻，以示尊敬。

⑦棨（qǐ）戟：有衣套的戟，用作官吏出行时的仪仗。

⑧襜（chān）帷：车的帷幔。

⑨家君作宰：指王勃的父亲当时在交趾任职。

⑩童子：王勃自指。

时维九月，序属三秋。潦水尽而寒潭清，烟光凝而暮山紫。俨骖騑于上路[⑪]，访风景于崇阿；临帝子之长洲[⑫]，得仙人之旧馆。层峦耸翠，上出重霄；飞阁流丹，下临无地。鹤汀凫渚[⑬]，穷岛屿之萦回；桂殿兰宫，列冈峦之体势。披绣闼，俯雕甍[⑭]，山原旷其盈视，川泽盱其骇瞩[⑮]。闾阎扑地，钟鸣鼎食之家[⑯]；舸舰迷津，青雀黄龙之轴[⑰]。虹销雨霁[⑱]，彩彻云衢。落霞与孤鹜齐飞，秋水共长天一色。渔舟唱晚，响穷彭蠡之滨；雁阵惊寒，声断衡阳之浦。

⑪俨：整齐的样子。　骖（cān）騑（fēi）：驾车的马，左称骖，右称騑。

⑫帝子：指滕王李元婴。

⑬汀：水中平地。　凫（fú）：野鸭。　渚（zhǔ）：小洲。

⑭甍（méng）：屋脊。

⑮盱（xū）：张大眼睛。　骇瞩：看了感到吃惊。

⑯闾阎：里巷的门。　钟鸣鼎食：古时贵族吃饭要奏乐列鼎，所以它常用来指富贵人家。

⑰轴：通“舳”，船尾。这里指整个船。

⑱霁（jì）：雨雪停止。

遥吟俯畅，逸兴遄飞[⑲]。爽籁发而清风生[⑳]，纤歌凝而白云遏。睢园绿竹[㉑]，气凌彭泽之樽[㉒]；邺水朱华[㉓]，光照临川之笔[㉔]。四美具，二难并。穷睇眄于中天[㉕]，极娱游于暇日。天高地迥，觉宇宙之无穷；兴尽悲来，识盈虚之有数。望长安于日下，指吴会于云间[26]。地势极而南溟深，天柱高而北辰远。关山难越，谁悲失路之人？萍水相逢，尽是他乡之客。怀帝阍而不见[27]，奉宣室以何年[28]？

⑲遄（chuán）：快速。

⑳籁：箫管一类乐器。

㉑睢（suī）园：汉梁孝王在睢水旁修建的竹园，他常与文人在此聚会。

㉒彭泽：指东晋末诗人陶渊明，他曾做过彭泽令。

㉓邺水：邺是曹魏兴起的地方，曹氏父子常在此招集文人聚会。当时诗人经常写到这里的荷花，如曹操《公讌诗》：“朱华冒绿池。”

㉔临川：指南朝诗人谢灵运，他曾做过临川内史。

㉕睇（dì）眄（miǎn）：斜视，这里作目光上下左右浏览讲。

㉖吴会（kuài）：指今苏州。

㉗帝阍（hūn）：原是传说中天帝的守门人，这里指朝廷。

㉘宣室：汉未央宫前殿正室。

李广像，图出自清·顾沅辑《古圣贤像传略》。李广是西汉名将，曾屡立战功，但终生不得封侯，因此《滕王阁序》中有“李广难封”之语。

鸣呼！时运不齐，命途多舛。冯唐易老[29]，李广难封[30]。屈贾谊于长沙[31]，非无圣主；窜梁鸿于海曲[32]，岂乏明时？所赖君子安贫，达人知命。老当益壮，宁知白首之心；穷且益坚，不坠青云之志。酌贪泉而觉爽[33]，处涸辙以犹欢[34]。北海虽赊，扶摇可接；东隅已逝[35]，桑榆非晚[36]。孟尝高洁[37]，空怀报国之心；阮籍猖狂[38]，岂效穷途之哭？

㉙冯唐：西汉人，有才干而不受重用，到老了还是个职位很低的官。

㉚李广：西汉名将，但终身未得封侯。

㉛贾谊：西汉著名政论家，曾任博士、太中大夫，后贬为长沙王太傅。

㉜梁鸿：东汉人，因受汉章帝猜忌，曾隐名埋姓于齐鲁一带。

㉝贪泉：传说广州有贪泉，人喝了会贪婪。

㉞涸辙：干涸的车辙。《庄子·外物篇》有一则寓言说，一条鱼在涸辙里奄奄待毙，哀求过路人给一瓢水，而那人却说要引西江水来救它。鱼便说，那就只好到卖鱼干的地方找我了。鱼处涸辙比喻处境困难。

㉟东隅：东方日出的地方。

㊱桑榆：指日落时余光照在桑树和榆树顶梢，比喻黄昏。

㊲孟尝：东汉时一个贤能的官吏。

㊳阮籍：魏晋时放荡不拘礼法的文人。

勃，三尺微命，一介书生。无路请缨，等终军之弱冠[39]；有怀投笔[40]，慕宗悫之长风[41]。舍簪笏于百龄[42]，奉晨昏于万里[43]。非谢家之宝树[44]，接孟氏之芳邻[45]。他日趋庭，叨陪鲤对[46]；今晨捧袂[47]，喜托龙门。杨意不逢[48]，抚凌云而自惜；钟期既遇[49]，奏流水以何惭[50]？

㊴终军：西汉人。二十多岁时曾请缨抓回南越王。

㊵投笔：指弃文从武。《后汉书·班超传》说班超先在官府抄文书，后掷笔于地，要“立功异域，以取封侯”。

㊶宗悫（què）：南朝宋人，年轻时有“愿乘长风，破万里浪”的志向。

㊷簪笏（hù）：古代官员用的冠簪、手版。　百龄：百年，一生。

㊸晨昏：古代礼节规定早晚向父母请安。

㊹谢家之宝树：东晋谢安曾称其侄谢玄是“吾家之宝树”。见《晋书·谢安传》。

㊺孟氏之芳邻：传说孟母为了找好邻居曾三次搬家，以使孟子有个好环境。

㊻叨（tāo）：惭愧，表示自谦。　鲤对：孔子曾在儿子孔鲤走过庭前时对他进行教育。见《论语·季氏》。

㊼捧袂（mèi）：捧着衣袖的恭敬样子。

㊽杨意：即杨得意，汉武帝时宫廷狗监。司马相如便是由他引荐的。

㊾钟期：钟子期，琴师伯牙的知音。

㊿流水：伯牙奏琴，志在流水。

呜呼！胜地不常，盛筵难再。兰亭已矣[51]，梓泽丘墟[52]。临别赠言，幸承恩于伟饯；登高作赋，是所望于群公。敢竭鄙诚，恭疏短引。一言均赋，四韵俱成：

(51)兰亭：东晋王羲之等文人的聚会之地。

(52)梓泽：又名金谷园，西晋石崇所建。

滕王高阁临江渚，佩玉鸣鸾罢歌舞。画栋朝飞南浦云，朱帘暮卷西山雨。闲云潭影日悠悠，物换星移几度秋。阁中帝子今何在？槛外长江空自流。

【译文】

滕王阁在旧时候的南昌郡，现在称洪都府。它正处在翼轸二宿的分野，土地相连着衡山、匡庐。处在三江之上，居五湖之中；占据着蛮荆地区，牵制着远方的瓯越。这里有器物中的精华，也是天然的珍宝，宝剑的光芒照射着斗牛二宿之间；这里有人群中的俊杰，生于灵秀的土地，陈蕃为来访的徐稚放下坐榻。雄伟的洪州，房屋罗列，远远望去就像一片云雾；优秀的人才，个个出色，就像众多流星闪烁飞过。城池位于中原和蛮夷交界的地方，宾主都是东南一带的优秀人物。都督阎公名望很高，带着仪仗远道来到这里就职；宇文大人堪称新州楷模，经过这里短暂停留。这天正当旬休的日子，卓越的朋友汇集如云；路途遥远有上千里，尊贵的宾朋座无虚席。蛟龙腾飞；彩凤起舞，这是文坛领袖孟学士的文采；紫电闪光，青霜耀眼，这是三军统帅王将军的武库。家父做交趾县宰，我去探亲途经这个有名的州城；我这个晚辈见识浅薄，竟遇上如此盛大的宴会。

时至九月，秋高气爽，地上积水已经干涸，深潭清澈凄寒，天空凝聚着霞光，夕照中望见紫色的山峦。整齐的车马走在越来越高的山路上，在悬崖峭壁间探寻风景。到了皇子昔日游玩的长洲上，登上仙人驻足的旧官。层层山峦泛着绿色，耸立在云霄上；楼阁飞檐闪着红光，闪耀在高空中。白鹤栖息的岸边，野鸭聚集的沙洲，岛屿极其萦回曲折；桂木作梁的殿堂，木兰作柱的宫室，迎合着山峦起伏。

推开华丽的阁门，俯视雕刻的屋脊，山峰平原尽收眼底，看到江河湖泊迂曲令人惊奇。楼宇住宅遍地排列，都是钟鸣鼎食的富豪人家；大船巨舰填满渡口，有的形似青雀有的状如黄龙。云雾消散，雨后放晴，灿烂的阳光照耀着大地。落霞跟孤雁一起飞，秋水跟万里长空一样蓝。渔舟晚上归来，唱起歌声，一直传到彭蠡湖畔；大雁排队飞过，因天寒发出惊叫，回荡在衡山南面的水滨。

远望山川，吟诵诗赋，俯视下方，胸怀舒畅，豪情兴致又勃然而生。清爽的秋声随着风儿传响，细弱拖长的歌声让白云停下来。使人想起睢园竹荫的宴会，人们的酒兴超过了陶彭泽；又想起那邺都公宴吟咏水中荷花的诗歌，人们的文采跟谢临川一样光芒四射。良辰、美景、赏心、乐事四美俱全，贤主、嘉宾二难齐备。纵目向天空四周远望，乘着闲暇尽情娱乐游逛。天无比高，地无比远，让人感到宇宙没有穷尽；游兴尽了，悲伤涌来，我才知道人生在世贵贱贫富都是有定数的。望着西方的长安，指着东南的吴会。地势极远，南海极深，天柱极高，北斗极远。关山难越，谁为怀才不遇的人悲伤？萍水相逢，都是羁旅异乡的客人。怀念官门，却再也看不见了；像贾谊那样在宣室殿中接受召见，不知何时才能实现？

梁鸿像，图出自清·孔继尧《吴郡名贤图传赞》。梁鸿，东汉时人，因受汉章帝猜忌，曾隐居于齐鲁一带。

唉！时机命运不同，仕途坎坷。

冯唐容易衰老，李广难以封侯。贾谊受屈，贬往长沙，并非因为没有英明的君主；梁鸿遇祸，逃到海边，难道因为没有政治清明的时代？所仰仗的是，君子能够预料未来的动向，达观的人乐天知命。年老了应当意志更加坚强，人们岂能了解白发人的心怀？穷困时应当信心更加坚定，决不失掉远大的目标。即使喝了贪泉的水，只会感到清爽；即使落到涸辙之鱼那样的处境，仍然心情乐观。北海虽然遥远，乘着旋风也能达到；早晨已经逝去，赶在日落之前还不算晚。孟尝品行高洁，白白怀着报国的情愫；阮籍这样疯狂，我怎么会效法他穷途末路时的哭泣？

我地位卑微，一介书生。没有请缨报国的机会，却到了终军一样的青春年华；有心投笔从戎，羡慕宗悫乘风破浪的宏伟抱负。我已抛弃了一生的功名，到万里外去朝夕尽孝。虽然没有谢家玉树的才学，却能结交当代的名贤志士。来日见到父亲，我要学习孔鲤回答垂询聆听教诲；今晨拜谒阎公，我非常高兴能够依托龙门。司马相如没有遇到杨得意前，只能拿着《大人赋》自我叹惜；伯牙既然遇到钟子期这样的知音，弹奏一曲高山流水又有什么不可以的？

唉！名胜之地不会常有，盛大的宴会难以再遇。兰亭聚会已经过去了，梓泽也成了一堆废墟。临近分别写下这篇赠言，承蒙邀请参加这次盛大的宴会深感荣幸；登上高处吟诗作赋，这是对诸位大人的希望。在下不揣冒昧竭尽诚意，恭敬地写下一篇短序。每人分到一个韵字，写一首诗，我已把四韵八句都写出来。

高高的滕王阁临近大江岸边，
佩玉响吟，鸾铃哗啦，歌停舞止宴会散。
早晨，从雕梁画栋间飞过南浦的白云，
傍晚，卷起朱帘看见雨落西山。
随风飘浮的云影映入深潭，岁月悠闲来去，
物换星移，寒来暑往，经历了多少春秋。
当年阁里的公子王孙，如今在哪里呢？
只见栏杆外长江浩荡，空自奔流向东。

与韩荆州书

李 白

【题解】

李白（公元701年－公元762年），字太白，号青莲居士，祖籍陇西成纪（今甘肃秦安）。幼年随父居住绵州（今四川绵阳），青年时期出川漫游，足迹几遍中国。四十二岁时被唐玄宗召为供奉翰林，不到三年即遭谗去职。安史之乱时为永王李璘的幕僚，因受牵连而被流放夜郎（今贵州正安），中途遇赦而还。晚年投靠族叔李阳冰，病死于安徽当涂县。他是唐代杰出的浪漫主义大诗人，有《李太白集》。

本文是唐玄宗开元二十二年（公元724年）李白给荆州都督府长史韩朝宗写的一封请求引荐的信。信中从韩氏名声写起，再借引毛遂以比自己，尽述其才华抱负。然后从韩氏荐士归结到“愿委身国士”的上书主旨。此文虽然对韩朝宗也有奉承之语，但始终将自己放在英杰的位置，而文字又气势宏伟，豪情逼人，所以毫无穷寒乞态和谀颜媚骨，表现出李白非凡的个性。

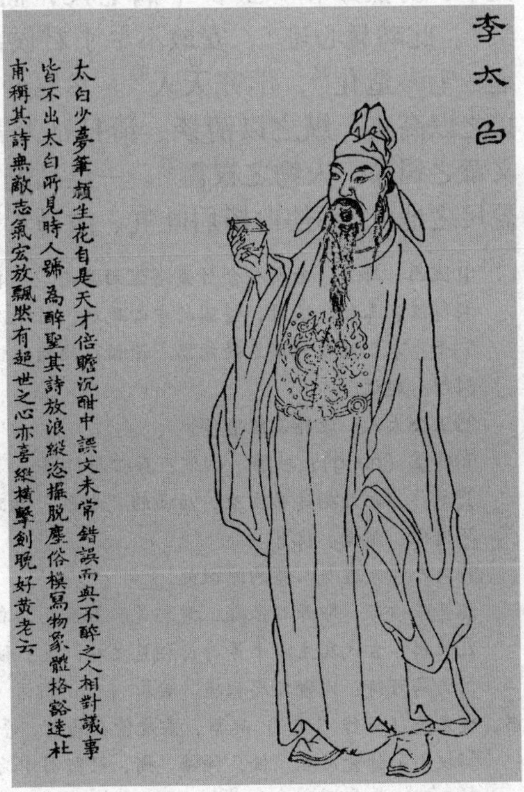

李白像，图选自清·上官周绘《晚笑堂画传》。

白闻天下谈士相聚而言曰[①]：“生不用封万户侯[②]，但愿一识韩荆州[③]。”何令人之景慕一至于此！岂不以周公之风[④]，躬吐握之事[⑤]，使海内豪俊，奔走而归之，一登龙门[⑥]，则声价十倍！所以龙蟠凤逸之士[⑦]，皆欲收名定价于君侯[⑧]。君侯不以富贵而骄之，寒贱而忽之，则三千之中有毛遂[⑨]，使白得颖脱而出[⑩]，即其人焉。

①白：李白自称。古人写信，自称其名以表恭敬。谈士：谈论世事的士人。

②万户侯：汉代制度，列侯食邑，大

者万户。小者五六百户。

③韩荆州：韩朝宗。古时用某人任官的地方来称呼，以示尊重。

④周公：周文王之子姬旦，辅助武王灭纣，建立周王朝，封于鲁。武王死，成王年幼，周公摄政。

⑤吐握：吐哺和握发的省略说法。《史记·鲁周公世家》记载说，周公“一沐三握发，一饭三吐哺（bǔ 口里嚼着食物），起以待士，犹恐失天下之贤人”。说明他对荐拔人才十分尽心，对人才极为尊重，后人常用吐哺握发代荐人才之事。

⑥登龙门：传说鲤鱼跃龙门，就会变化成龙，故用龙门比喻德高望重的人。得其接引，而提高声誉，叫做登龙门。

⑦龙蟠凤逸之士：像龙那样蟠踞未起，凤那样飞逸高渺。意指那些志趣高洁，等待时机，不轻易出来应世的奇逸非凡的才士。

⑧君侯：古时候称列侯为君侯。唐时刺史一类的官，位置相当于列侯。所以也以君侯尊称。

⑨毛遂：战国时平原君的食客。最初不被平原君所知。后来赵国派平原君出使楚国谈判，毛遂自荐随行，并对这次谈判作出了决定性的贡献。

⑩颖脱而出：毛遂向平原君自荐随行时，平原君表示不信任他的才能。说“贤士之处世也，譬若锥之处囊中，其未立见”。意即在他的门下，从来未有所表现。毛遂回答说：“臣乃会日请处囊中耳。使遂得早处囊中，乃颖脱而出，非特其未见而已。”颖，锋端。

白，陇西布衣⑪，流落楚、汉⑫。十五好剑术，遍干诸侯⑬。三十成文章，历抵卿相。虽长不满七尺，而心雄万夫⑭。皆王公大人许与气义⑮。此畴曩心迹⑯，安敢不尽于君侯哉！君侯制作侔神明⑰，德行动天地，笔参造化⑱，学究天人⑲。幸愿开张心颜⑳，不以长揖见拒㉑。必若接之以高宴，纵之以清谈，请日试万言，倚马可待㉒。今天下以君侯为文章之司命，人物之权衡㉓，一经品题㉔，便作佳士。而今君侯何惜阶前盈尺之地㉕，不使白扬眉吐气、激昂青云耶？

⑪陇西：郡名，治所在今甘肃省陇西县南。布衣：平民。

⑫楚汉：春秋战国时，楚国的中心地域，位于汉水流域。即今湖北省。

⑬干：求，此处为谒见的意思。诸侯：此指出镇地方的高官。下文的“卿相”指在朝高官。

⑭雄：超过。

⑮王公大人：泛指高级官僚。

⑯畴曩（nǎng）：往昔。心迹：存心与行事。

⑰制作：此处指建功立业，后面的“制作”指文章。侔（móu）：相等。

⑱造化：制造、化育。

⑲天人：天道与人事的深微处。

⑳开张心颜：即开心张颜，意思是和颜悦色，真诚相待。

㉑长揖：古代宾主以平等身份相见之礼。见：被。

㉒倚马可待：比喻文思敏捷。典出《世说新语·文学》：东晋桓温北征，因立即要写一份文书，唤袁虎（一作“宏”）起草，袁虎倚在马前，手不停笔，一下就写了七张纸，又快又好。

㉓权衡：称量用具。权，秤锤。衡，秤杆引申为衡量的标准。

㉔品题：品评人物，定其高下。

㉕盈尺之地：满一尺之地，言其小。

昔王子师为豫州[26]，未下车即辟荀慈明[27]，既下车又辟孔文举[28]。山涛作冀州[29]，甄拔三十余人，或为侍中[30]、尚书[31]，先代所美。而君侯亦一荐严协律[32]，入为秘书郎[33]；中间崔宗之[34]、房习祖、黎昕、许莹之徒[35]，或以才名见知，或以清白见赏。白每观其衔恩抚躬[36]，忠义奋发，白以此感激，知君侯推赤心于诸贤之腹中[37]，所以不归他人而愿委身国士[38]。倘急难有用，敢效微躯[39]。

王允像，图出自《图像三国志》。王允为东汉末年大臣，官至司徒，曾设计除掉董卓。

㉖王子师（公元 137 年－公元 192 年）：名允，东汉太原祁县（今属山东省）人。灵帝时任豫州刺史，东汉献帝即位，任司徒，后与吕布谋诛杀董卓，不久被董卓部将李傕、郭汜所杀。

㉗未下车：这里指未到任；下句“既下车”意思是上任后。辟：任用。荀慈明：东汉人，名爽，一名谞，官至司空。

㉘孔文举：孔融，东汉名士，与另一名士祢衡友善。汉献帝时为北海相，立学校，后为太中大夫，因声望过高，并反对曹操，被曹所杀。

㉙山涛：字巨源，西晋名士，“竹林七贤”之一，曾任冀州刺史。冀州原本风俗薄劣，人才之间不互相推重。山涛甄拔隐沦，搜访贤才，旌表了三十余人，均能显名当时，从而改变了冀州的薄俗。

㉚侍中：官名，汉代为加官，在皇帝左右侍应杂事。后汉权力逐渐增大，到南北朝以后，实际上就是宰相，唐代一度为左相。

㉛尚书：官名，隋唐置尚书省，下设吏、户、礼、兵、刑、工六部，六部长官为尚书。

㉜严协律：据说即严武，但史记并没有记载他做过协律郎。

㉝秘书郎：官名，掌管图书经籍。

㉞崔宗之：唐代人，名成辅。袭封齐国公，历任左司郎中等职，李白重要交游之一，杜甫《饮诗中八仙歌》称之为潇洒美少年。

㉟房习祖、黎昕、许莹：事迹皆不详。

㊱衔恩：感恩。抚躬：省察自己。

㊲推赤心于诸贤腹中：谓以至诚对待贤人。

㊳委身：把身命付托给。

㊴敢效微躯：愿意贡献微贱之身。

且人非尧、舜[40]，谁能尽善？白谟猷筹画[41]，安能自矜[42]？至于制作[43]，积成卷轴[44]，则欲尘秽视听[45]，恐雕虫小技[46]，不合大人。若赐观刍荛[47]，请给纸笔，兼之书人，然后退扫闲轩[48]，缮写呈上[49]。庶青萍、结绿[50]，长价于薛[51]、卞之门[52]。幸推下流，大开奖饰[53]；唯君侯图之。

㊵尧舜：上古帝王，此处指圣人。

㊶谟猷筹画：谋划打算。政治上的才能。

㊷矜：矜持。此处为自负才能之意。

㊸制作：此处指诗文创作。

㊹卷轴：古代在纸或帛上写作诗文，然后卷在轴上，就是一卷。

㊺尘秽视听：玷污了您的耳目，此乃请别人看自己文章的自谦说法。

㊻雕虫小技：微不足道的技能。此指诗赋作文。

㊼刍荛：原意割草、采薪者。此指自己诗文，自谦不佳。

㊽轩：小屋。

㊾缮：誊抄。

㊿青萍：宝剑名。结绿：美玉名。

51薛：薛烛，春秋时越国人，善相剑。

52卞：卞和，善相玉。

53奖饰；称誉。

【译文】

我听一些读书人在一起闲谈时说："人活着不一定要被封作万户侯，只希望能够结识一下韩荆州。"为什么令人景仰爱慕到这种地步呢？还不是因为您有周公的风范，亲身力行"吐哺""握发"那样的善举，才使得天下的豪杰才俊之士，都愿意前来投奔在您的门下；就好像鲤鱼一旦跃上龙门，身价便陡然大增。所以，那些才华饱学之士，都渴望在您那里得到名声，得到您的评价。您既不因为自己地位尊贵而傲视他们，也不因为他们的寒酸贫贱而轻视他们，那么，在您的三千门客之中，必然会有毛遂，假如给我展示才华的机会，我就是毛遂那种人。

李白像，图出自明·天然撰《历代古人像赞》。

我是陇西的平民，流落楚汉之地。十五岁爱好剑术，到处谒见各地方长官；三十岁时文章四方有名气，屡次拜访过公卿相国。我身高虽不足七尺，却有超越万夫的雄心。王公大臣都很赞许我的节操和义气。这是我平素的思想和行迹，怎能不全部向君侯倾吐呢！君侯的功绩可与神明相比，德行感动天地，文章合造化之功，学识穷天人之理。但愿您能心情舒畅，舒展容颜，不因为我礼节不周而拒见。假若一定要待我以盛大的筵席，容我高谈阔论，那就请您以日作万言之文的题目来考察我，我想我是可以在很短的时间内完成的。如今，天下人都把您看做是品评文章的权威和标准，只要得到您的称赞，那么这个人马上就会成为声名远扬的优秀人才，您又何必舍不得阶前一尺的地方，不接见我，不让我李白扬眉吐气，壮志凌云呢？

以前，王子师在豫州作刺史，赴任时还没下车就征用了荀慈明，到任后又聘用了孔文举；山涛任冀州刺史时，选拔了三十多人，有的被任命为侍史，有的被任命为尚书，这都是古人称赞的美事。您也曾推荐过严武做秘书郎，又引荐过崔宗之、房习祖、黎昕、许莹等人，他们或者因为才华出众而为您所知，或者因为品行高洁而为您赏识，我常常看到他们感谢您的恩德，确实是发自肺腑，而后这感激之情又变成了忠义之心奋发而出。我也时常因此而感动，知道您对这些贤人是推心置腹，以赤诚相待的，这就是我因而不去依附他人，而愿意把自己托付给您，倘若危难之中有用我的地方，我愿意贡献出我微薄的力量。

况且，人不是尧舜，有谁能十全十美呢？我在运筹谋划方面，又怎么敢妄自夸耀？至于写诗撰文，我倒是写过一些，想烦劳您过目。只恐这些雕虫小技不能受到您的赏识。如若您愿意给山野之人一个机会，那么，请赐给我纸笔，然后回去打扫闲舍，仔细誊写了呈献给您。以便这些诗赋像青萍宝剑和结绿宝石一样，能通过薛烛、卞和的举荐提升价值。我这个地位低下的人希望能得到您的推举和褒扬，请您考虑！

春夜宴桃李园序[1]

李 白

【题解】

这篇文章在《全唐文》里题作《春夜宴从弟桃花园序》。写作年代不详。李白另有《秋夜宿龙门香山寺，奉寄王方城十七丈奉，国莹上人，从弟幼成、令问》一诗，作于唐玄宗开元二十三年（公元735年），据此，或可推知文中“从弟”是指李幼成、李令问等。这首诗开头说：“朝发汝海东，暮栖龙门中。”汝海，即汝州（今河南临汝，在洛阳龙门东南）。道光《汝州全志》卷一山川八景之一有“春日桃园”，卷九古迹又记“桃园在城东北圣王里”。从上引诗句看，本文所写的桃李园（或称桃花园）可能是汝州的桃园。

全文仅一百多字，写了赏美景、叙天伦、清言高论、饮酒赋诗，抒发了热爱自然、热爱生活的豪情雅兴，也夹杂着人生若梦、及时行乐的思想，紧扣文题，句无虚设。

李白像，图选自《吴郡名贤图传赞》。

夫天地者，万物之逆旅[2]；光阴者，百代之过客[3]。而浮生若梦[4]，为欢几何？古人秉烛夜游[5]，良有以也。况阳春召我以烟景[6]，大块假我以文章[7]。会桃李之芳园，序于伦之乐事[8]。群季俊秀[9]，皆为惠连[10]；吾人咏歌，独惭康乐[11]。幽赏未已，高谈转清。开琼筵以坐花[12]，飞羽觞而醉月[13]。不有佳作，何伸雅怀[14]？如诗不成，罚依金谷酒数[15]。

①文题一作《春夜宴诸从弟桃李园序》，记叙了李白和众兄弟欢会畅饮的情景，虽间或流露出“浮生若梦”的感伤情绪，但总的基调是积极向上的。

②逆旅：客舍。

③过客：过往的客人。

④浮生：人生。短促，飘浮无定的人世生命。

⑤秉烛夜游：指人生短暂，应该及时行乐。《古诗十九首》："昼短苦夜长，何不秉烛游。"

⑥烟景：指春天烟雾朦胧的秀丽景色。

⑦大块：谓大地，大自然。文章：指自然美景。

⑧天伦：兄弟。

⑨群季：诸弟。

⑩惠连：谢惠连，谢灵运族弟，工诗文。这里喻指诸弟有才华。

⑪康乐：谢灵运，袭康乐公，世称谢康乐。此句作者自谦无谢灵运之才。

⑫琼筵：华贵珍美的筵席。坐花：坐在花丛中，即在花丛中开宴。

⑬飞羽觞：谓杯盏频传。羽觞，两侧有耳的酒杯。这里泛指酒杯。醉月：谓醉酒月下。

⑭伸：抒发。雅怀：高雅的情怀。

⑮"罚依"句"晋石崇宴客金谷园中，当席赋诗，不成者罚酒三杯。见《世说新语·品藻》注引石崇《金谷诗序》。

【译文】

天地是万物的房舍，光阴是百代的过客。人生在世，似梦境一般，其中能有多少欢乐？古人拿着灯烛，连夜游乐，确实有他的道理啊！

况且和煦的春天用秀美的景色吸引我们，大自然把万物斑烂缤纷的图案呈现给我们。我们相聚在桃李芬芳的园中，叙说着天伦乐事。各位弟弟人才英俊，个个好像谢惠连；而我们吟咏歌诗，连谢康乐也会羞愧。对幽雅景色的欣赏情趣未了，高超议论却转入了玄远清妙。摆开盛筵，坐在花间；举杯如飞，沉醉于月下。如果没有好诗，如何抒发高雅情怀？如果赋诗不成，就按照金谷园的惯例，罚酒三杯。

吊古战场文

李　华

【题解】

李华（约公元715年－约公元744年），字遐叔，唐赵州赞皇（今属河北）人。唐玄宗开元二十三年（公元735年）进士及第，天宝二年（公元743年）又举博学宏词科。他曾弹劾杨国忠亲属，为权幸所嫉。安禄山叛军陷两京，逃避不及，被迫受伪职。安史之乱平，被贬杭州司户参军。自恨不能完节，遂屏居江南。李华以文名世。

《吊古战场文》为《李遐叔文集》中的名篇。作者借吊古战场来批评唐代统治者不行王道，不善于任人，造成边境战争连年不断，百姓死亡、尸骨遍野的局面。表现了作者反战、厌战的思想，以及宣文教，施仁义，"戎夏"团结，"守在四夷"，保证边疆安定的主张。

浩浩乎平沙无垠[①]，敻不见人，河水萦带[②]，群山纠纷。黯兮惨悴[③]，风悲日曛。蓬[④]断草枯，凛若霜晨。鸟飞不下，兽铤亡群[⑤]，亭长[⑥]告余曰："此古战场也。常覆三军[⑦]。往往鬼哭，天阴则闻。"伤心哉！秦欤？汉欤？将近代欤？

①"浩浩"二句：浩浩，广大的样子。垠（yín），边际。敻（xiòng），通"炯"空旷。

②"河水"二句：萦带，像带子一样弯曲地环绕。纠纷，纠结杂乱的样子。

③"黯兮"二句：黯，昏黑无光。惨悴，凄凉忧伤。曛（xūn），落日的余光，此处指天色昏黑。

④蓬：草名，又名飞蓬，枯后根断，随风飞舞。

⑤兽铤（tǐng）亡群：铤，快跑的样子。亡群，失群。

⑥亭长：秦汉制度，十里一亭，设亭长一人。掌管捕劾盗贼。唐代亭长是地方上掌管治安和传达上司禁令的小吏。

⑦三军：春秋时诸侯大国多设左、中、右三军，此处为军队的通称。

吾闻夫齐、魏徭戍[⑧]，荆、韩召募。万里奔走，连年暴露[⑨]。沙草晨牧[⑩]，河冰夜渡。地阔天长，不知归路。寄身锋刃，腷臆[⑪]谁诉？秦、汉而还，多事四夷[⑫]。中州耗斁[⑬]，无世无之。古称戎、夏[⑭]，不抗王师。文教失宣[⑮]，武臣用奇。奇兵有异于仁义，王道迂阔而莫为[⑯]。呜呼噫嘻！

⑧"吾闻"二句：齐魏、荆韩都是战国时期大国，此处代指战国。徭戍，劳役与守边。

⑨暴（pù）露：日晒与野外露宿。暴，今作“曝”。

⑩“沙草”二句：清晨在沙漠草原放牧战马，深夜度过结冰的河流。二句极言劳役守边的艰辛。

⑪腷臆（bìyì）：郁闷的心情。

⑫多事四夷：事，指征战之事。夷，指边疆少数民族。

⑬中州耗斁（dù）：中州，中原地区。斁，败坏。

⑭戎夏：指中原及四境各族人民。

⑮“文教”二句：文教，指用以统治天下的礼乐等典章制度。失宣，不提倡。用奇，以奇用兵。奇指奇诡的计谋。

⑯“王道”句：王道，儒家所宣扬的用礼义来统治天下的法则。迂阔，不切合实际。

吾想夫北风振漠，胡兵伺便⑰，主将骄敌，期门⑱受战。野竖旄旗⑲，川回组练。法重心骇⑳，威尊命贱。利镞穿骨㉑，惊沙入面。主客相搏㉒，山川震眩，声析㉓江河，势崩雷电。至若穷阴凝闭㉔，凛冽海隅，积雪没胫㉕，坚冰在须，鸷鸟休巢㉖，征马踟蹰，缯纩无温㉗，堕指裂肤。当此苦寒，天假强胡，凭陵杀气㉘，以相剪屠。径截辎重㉙，横攻士卒。都尉㉚新降，将军覆没。尸填巨港之岸㉛，血满长城之窟。无贵无贱，同为枯骨。可胜言哉！鼓衰兮力尽，矢竭兮弦绝，白刃交兮宝刀折，两军蹙㉜兮生死决。降矣哉？终身夷狄。战矣哉？骨暴沙砾㉝。鸟无声兮山寂寂，夜正长兮风淅淅㉞。魂魄结兮天沉沉㉟，鬼神聚兮云幂幂。日光寒兮草短，月色苦兮霜白。伤心惨目，有如是耶？

⑰伺便：乘北风振漠之便入侵。

⑱期门：军门，即兵营的大门。

⑲“野竖”二句：野，原野。竖，竖立。旄（máo）旗，用旄牛尾装饰的旗子，此处泛指军旗。川回，在河岸边来回奔跑。组练，原指战士所穿的两种衣甲，引申为军队。

⑳“法重”二句：法重，军法严厉。威尊，军威严峻。二句意谓，军法、军威的苛严不得不使战士心里害怕，而轻贱生命以奉军法。

㉑“利镞（zú）”二句：镞，箭头。入面，扑面。

㉒“主客”二句：主客，敌我双方。眩，眼花而迷乱。

㉓析：崩析，崩裂。

㉔“至若”二句：至若，至于。穷阴，天色极为阴沉。凝闭，浓云密布。海隅，海边，此处指边塞。

㉕“积雪”二句：胫（jìng）小腿。须，胡须。

㉖“鸷（zhì）鸟”二句：鸷鸟，凶猛的鸟。休巢，停歇在巢中不出来。踟蹰，徘徊不前。此指畏寒而不前。

㉗“缯纩（zēng kuàng）”二句：缯纩，指丝和棉做成的衣服。堕指，指手指头为之冻断。

㉘“凭陵”二句：凭陵，依凭，凭借。杀气，肃杀之气，指严寒的天气。剪，剪径，抢掠。

㉙径截辎重：径截，恣意截击。辎重，军用物资的统称。

㉚都尉：武官名。此处泛指武官。

㉛“尸填”二句：港，河。窟，孔穴。

“李牧雁门纵牧”图，图选自清·马骀《百将传图》。此图描绘了战国时赵国名将李牧在雁门抵御匈奴的情景。

㉜蹙（cù）：迫近，此处指两军相接。

㉝砾（lì）：碎石。

㉞淅淅：指风声萧瑟凄凉。

㉟“魂魄”二句：沉沉，昏暗无光。幂幂（mì），阴森凄惨的样子。

吾闻之：牧用赵卒[36]，大破林胡，开地千里，遁逃匈奴。汉倾天下[37]，财殚力痡。任人而已，其在多乎？周逐猃狁[38]，北至太原，既城朔方，全师而还。饮至策勋[39]，和乐且闲，穆穆棣棣，君臣之间。秦起长城，竟海为关，荼毒生灵[40]，万里朱殷。汉击匈奴[41]，虽得阴山，枕骸遍野，功不补患。

㊱“牧用”二句：牧，指战国时抗击匈奴的名将李牧。据史书记载，李牧破匈奴，杀十余万骑。林胡：匈奴的一支。

㊲“汉倾”二句：汉倾天下：指汉朝从文帝到武帝时，积蓄全国力量，发动三次大规模抗击匈奴入侵的战争。殚（dān）：竭尽。痡（pū）：病。此处指疲劳。

㊳“周逐”四句：猃狁（xiǎn yǔn），是我国古代北方的一个民族，也作“玁狁”。大原：在今山西省西南部。《许经·小雅·六月》：“薄伐玁狁，至于太原”。既城朔方；语出《诗经·小雅·出车》：“天子命我，城彼朔方。”城，筑城；朔方，北方。

㊴“饮至”四句：饮至，古代诸侯在朝见、会盟、征伐回来之后都要到宗庙告祭祖先，饮酒庆贺，称“饮至”。策勋：把功勋记在简策上。穆穆：面部表情端庄恭敬，多用以称颂帝王。棣棣（dì dì）：仪态娴雅和顺。

㊵“荼（tú）毒”二句：荼毒：残害。朱殷：指血。朱，红色；殷，赤黑色。

㊶“汉击”四句：阴山，山名。汉武帝时卫青、霍去病出击匈奴，控制了现在河套平原以北阴山山脉一带。匈奴从此衰落，但汉朝损失也惨重。枕骸：尸骨相枕，形容死人很多。功不补患：犹言得不偿失。

苍苍蒸民[42]，谁无父母？提携捧负[43]，畏其不寿。谁无兄弟，如足如手？谁无夫妇，如宾如友？生也何恩？杀之何咎[44]？其存其没，家莫闻知。人或有言，将信将疑。悁悁心目[45]，寝寐见之。布奠倾觞[46]，哭望天涯。天地为愁，草木凄悲。吊祭不至，精魂何依[47]？必有凶年[48]，人其流离。呜呼噫嘻！时耶？命耶？从古如斯。为之奈何？守在四夷[49]。

㊷苍苍：盛多的样子。蒸：通“烝”，众。

㊸提携：搀扶。棒：两手承托。负：以背载物。此指尽心奉养父母。不寿：不长寿。

㊹咎：罪过。

㊺“悁悁（juān）”二句：悁悁，指忧闷的样子。寝寐见之：睡觉梦见亲人。

㊻“布奠”二句：布奠，指陈列祭品。倾觞：把酒杯里的酒洒在地上。天涯：因不知亲人死所，所以祭奠之时只能哭望天涯。

㊼精魂：战死者的灵魂。何依：依归在何处？

㊽凶年：指灾荒之年。《老子》第三十章：“大军之后，必有凶年。”

㊾守在四夷：意为只有实行“王道”，四夷才能各为帝王守土。这是作者在本文所要阐明的主题思想。

【译文】

广阔的沙漠无边无际，荒凉得不见人迹。河水婉蜒如带，群山交错耸立。昏暗荒凉，风悲号而目光暗。蓬草折而杂草枯，寒气凛列似落霜的秋晨。鸟禽惊飞不落，野兽狂奔离群。亭长告拆我说：“这是古时候的战场，从前常有大军在这里溃败被歼。故往往有鬼哭之声，天阴时就可以听见。”伤心啊！不知这是秦时战场呢？还是汉朝的呢？或是近代的战场呢？

我听说从前齐国和魏国征兵守边，楚国和韩国召兵去打仗。兵士们长途奔波；连年受风吹受日晒。早上在沙漠的草地上放牧，晚上渡过冰冻的黄河。地阔天高，不知归路。置身枪刀的锋刃之中，心里的郁闷向谁诉说？秦汉以来，边境战事连连。中原遭到破坏，没有哪一朝不是如此。古人说不管外族还是中原，都不抗拒帝王之师。到后来礼乐教化不再提倡，武将便主张出奇制胜。用奇兵取胜与仁义不同，他们认为王道不合时宜而不再实行。唉！

我想北风撼动沙漠时，胡兵就趁机进犯。主将大意轻敌，兵犯营门才仓皇迎战。旷野里竖起牛尾战旗，兵卒们沿河岸来回争战奔驰。军法严而兵士惧，主将尊严而战士轻贱生命。锋利的箭头射穿骨头，飞扬的黄沙扑面迎来。敌我搏斗拼杀，山川震动，使人头晕目眩。喊杀声似江河崩裂，冲杀之势犹如雷电轰鸣。等到天气阴沉，边塞寒气凛冽。积雪没过小腿，冰凌挂在胡须。猛禽缩卧巢中，战马徘徊不前。丝绵衣服冷冰，手指冻断，皮肤冻裂。在这严寒之时，天助胡兵。他们凭仗着

《秦并六国平话》版画之“赵将杀匈奴”图，描绘了战国时期赵国与匈奴作战的情景。

这肃杀的天气，凶狠地抢劫屠杀。拦路抢劫军用物资，横行疆场攻杀士兵。都尉新近投降，将军也已牺牲。死尸堆积大河岸边，鲜血流满了长城的洞窟。无论高贵低贱，都变成枯骨。这惨状怎能尽述呢？鼓声低弱啊战士力竭。箭已射完啊弓弦断，白刃相击啊宝刀折，两军肉搏啊生死决。降了吧，终身为异族；奋战吧，只落个白骨露黄沙。飞鸟无声啊群山肃静，黑夜漫长啊冷风淅淅。冤魂不散啊胡天昏沉，鬼神聚集啊乌云密布。日光寒冷啊荒草短，月色凄苦啊严霜白。世间伤心惨目之事，有像这样的吗？

我听说："李牧率领赵国士兵，大破北方林胡，开辟了千里疆土，赶走匈奴。而汉朝动用了全国所有力量，却落得财尽力疲。成败在于用人得当，岂能在于军队的多少！周朝驱逐猃狁，北征直到太原，在朔方筑了城墙，才全军凯旋，祭告宗庙宴饮记功，和乐安娴，盛美雍容的气氛，感染着君王和臣民。秦筑长城，东至海边的关，残害百姓，血染万里河山汉朝攻打匈奴，虽然夺取了阴山，却尸骸遍野，得不偿失！

众生百姓，谁没有父母？从小拉扯，只恐不能长寿。谁没有兄弟？亲密如同手足。谁没有夫妻？相敬如宾。他们活着，帝王给予什么恩德？危害他们是他们犯了什么罪吗？他们或生或死，家里都不知道；有时听到一些消息，使人将信将疑。心忧眼愁，只在梦里相见。设祭洒酒，痛哭着遥望天涯。天地为之悲愁，草木为之衰伤。凭祭奠路远难至，亲人灵魂当归？战后必有荒年，百姓又将逃亡流离。唉！唉呀！这是时运造成的，还是命中注定的呢？自古以来一直如此！对这种情况又有什么办法呢？只有推行仁德使四方各族为天子守卫疆域。

陋室铭

刘禹锡①

【题解】

刘禹锡（公元772—842年），字梦得，唐洛阳（今属河南）人，唐德宗贞元年中进士，后辅佐王叔文革新朝政失败，被贬为郎州司马，晚年被召回朝，官至太子宾客，故世称“刘宾客”，是中唐著名文学家思想家。铭是古代一种文体，用于规戒，多为戒勉自己而作。本文通过对陋室的描写，表现了作者不慕富贵，不与世俗同流合污的思想，文字简洁而意味深长。

山不在高，有仙则名；水不在深，有龙则灵。斯是陋室，唯吾得馨②。苔痕上阶绿，草色入帘青。谈笑有鸿儒，往来无白丁③。可以调素琴，阅金经④。无丝竹之乱耳，无案牍之劳形⑤。南阳诸葛庐⑥，西蜀子云亭⑦。孔子云；“何陋之有⑧？”

刘禹锡像，图选自《吴郡名贤图传赞》。

①刘禹锡（公元772年－公元842年）：字梦得。洛阳（今属河南省）人。唐顺宗永贞元年（公元805年），参加了以王叔文为首的政治集团，反对宦官专权和藩镇割据。不久失败，被贬为朗州（今湖南常德一带）司马，九年之后才迁连州（今广东连县一带）刺史，历任夔、和、苏、汝、同等州刺史，最后做到太子宾客，加检校礼部尚书。后人因称他为“刘宾客”。他是唐代有名的文学家，也是一位具有唯物主义思想的哲学家，与柳宗元齐名。并称“柳刘”。他的著作现传《刘宾客集》。

②馨（xīn）：芳香。

③鸿儒：鸿，大；儒，学者，文士。白丁：无官职的平民。这里指无知识的俗人。

④调（tiáo）：抚弄。金经：指用金泥书写的佛经。

⑤丝竹：丝，指弦乐器；竹，指管乐器。这里是泛指各种音乐。案牍（dú）：公文案卷。这里是泛指官署公务。形：指身体。

⑥诸葛庐：汉末诸葛亮隐居南阳郡的邓县隆中（今湖北襄阳西），住的是茅庐。后来他辅佐刘备，建立了蜀汉政权，形成三国鼎立的局势。

⑦子云亭：子云，汉代学者杨雄的字。杨雄是蜀郡成都人，他曾在成都专心著述《太玄经》，名其住室为“草玄亭”。

⑧何陋之有：语出《论语·子罕》。孔子在政治上失意，想到九夷去住，有人说那里太简陋了，孔子说：“君子居之，何陋之有！”九夷，泛指边远的地方。

【译文】

山，不在于高，只要有神仙就有名气；水，不在于深，有蛟龙就会有灵气。这是一间简陋的住室，只因我的美德而远近闻名。碧绿的苔藓爬上台阶，青翠的草色映入窗帘。在屋内谈笑的是学问渊博的儒者，往来的没有无知识的俗人。可以弹奏素雅的古琴，安静地阅览佛经。没有嘈杂的音乐，扰乱听觉，也没有案卷公文劳累身心。它如同南阳诸葛亮的草庐，像西蜀子云亭。孔子说：“这有什么简陋的呢？”

阿房宫赋

杜　牧

【题解】

杜牧（公元 803 年－公元 852 年），字牧之，唐京兆万年（今陕西西安）人。文宗大和二年（公元 828 年）进士，复举贤良方正，授弘文馆校书郎。历任黄州（今属湖北）、池州（今安徽贵池）、睦州（今浙江建德）、湖州（今属浙江）刺史。唐武宗会昌年间迁中书舍人。《新唐书·杜牧传》称他“刚直有奇节，不为龊龊小谨，敢论列大事，指陈病利尤切至”。他知兵法，曾为曹操所定《孙子》十三篇作注。他是晚唐著名诗人之一，与李商隐齐名，人称“小杜”，以别于杜甫。有《樊川集》。

杜牧主张文章应“以意为主，以气为辅，以辞彩章句为之兵卫”，把思想内容放在首要地位。他在《上知己文章启》中说：“宝历（唐敬宗年号）间大起宫室，广声色，故作《阿房宫赋》。”可见他写这篇赋是讽谏时弊，有其现实意义的。

杜牧像，图出自清·上官周绘《晚笑堂画传》。

关于阿房宫，《史记·秦始皇本纪》记载：秦始皇三十五年（公元前 212 年），因为秦都咸阳人多，嫌原先的宫廷小，就在渭南上林苑中营建朝宫。先造前殿阿房，东西五百步，南北五十丈，上可以坐万人，下可以建五丈旗。周驰为阁道，自殿下直抵南山。由阿房宫通过复道，与咸阳连接，象征天上的阁道渡过银河直达营室（阁道、营室都是星名）。

这篇赋是杜牧成名之作，撰写时约二十三、四岁。前半篇铺陈阿房宫建筑之壮丽，宫女之姣美，珍宝之众多，大半出于想象；后半篇畅论秦朝以暴取民财终致覆亡，并反复阐明这个道理，以昭鉴戒。语言上骈散兼行，韵律鲜明，辞采瑰丽，是唐人文赋中的佳作。

六王毕[①]，四海一[②]，蜀山兀，阿房出。覆压[③]三百余里，隔离天日。骊山[④]北构而西折，直走咸阳[⑤]。二川溶溶，流入宫墙。五步一楼，十步一阁；廊腰缦回，檐牙高啄；各抱地势，钩心斗角[⑥]。盘盘焉，囷囷[⑦]焉，蜂房水涡[⑧]，矗不知其几千万落。长桥卧波，未云何龙？复道[⑨]行空，不霁何虹？高低冥迷，不知西东。歌台暖响，春光融融；舞殿冷袖，风雨凄凄。一日之内，一宫之间，而气候不齐。

①毕：完毕。这里指六王统治的结束。
②四海一：统一了中国。四海，指全中国。一，统一。
③覆压：覆盖。
④骊山：山名，在今陕西临潼东南。
⑤咸阳：秦都，在今陕西咸阳东。
⑥钩心斗角：建筑向中心集中，互相争雄斗势。
⑦囷（qūn）囷：曲折回旋的样子。
⑧蜂房水涡：建筑如蜂房般密集，其布局如水涡般的曲折回旋。
⑨复道：楼阁之间往复的通道。

妃嫔媵嫱[⑩]，王子皇孙，辞楼下殿，辇来于秦，朝歌夜弦，为秦宫人。明星荧荧，开妆镜也；绿云扰扰，梳晓鬟也；渭流涨腻，弃脂水也；烟斜雾横，焚椒兰也；雷霆乍惊，宫车过也；辘辘远听，杳[⑪]不知其所之也。一肌一容，尽态极妍，缦立[⑫]远视，而望幸焉。有不得见者，三十六年。燕、赵之收藏[⑬]，韩、魏之经营，齐、楚之精英，几世几年，取掠其人，倚叠如山。一旦不能有，输来其间。鼎铛玉石，金块珠砾[⑭]，弃掷逦迤[⑮]，秦人视之，亦不甚惜。

⑩妃嫔媵（yìng）嫱（qiáng）：指六国的宫妃嫔人。媵。随嫁的宫女。嫔、嫱、宫中的女官。
⑪杳：远。
⑫缦立：舒徐而立的样子。
⑬收藏：与下文的经营、精英都是指六国搜刮的珍宝。
⑭鼎铛（chēng）玉石，金块珠砾：把鼎视为锅，把玉视为石头，把金子看做土块，把珍珠看做沙砾。铛，平底锅。
⑮逦（lì）迤（yǐ）绵延不断的样子。

嗟乎，一人之心，千万人之心也。秦爱纷奢，人亦念其家。奈何取之尽锱铢[⑯]，用之如泥沙？使负栋之柱，多于南亩之农夫；架梁之椽，多于机上之工女；钉头磷磷，多于在庾[⑰]之粟粒；瓦缝参差，多于周身之帛缕；直栏横槛，多于九土之城郭；管弦呕哑，多于市人之言语。使天下之人，不敢言而敢怒，独夫之心，日益骄固。戍卒叫[18]，函谷举，楚人[19]一炬，可怜焦土。

⑯锱铢：古代极小的重量单位用来比喻轻微。

⑰庾：露天的谷仓。

⑱戍卒叫：指陈胜，吴广起义。他俩原被征发戍守渔阳。

⑲楚人：指项羽。

呜呼！灭六国者，六国也，非秦也。族[20]秦者，秦也，非天下也。嗟夫！使六国各爱其人，则足以拒秦。秦复爱六国之人，则递三世，可至万世而为君，谁得而族灭也？秦人不暇自哀，而后人哀之；后人哀之而不鉴之，亦使后人而复哀后人也！

⑳族：灭族。

大营宫室图。选自明·张居正《帝鉴图说》，讲述秦始皇修阿房宫之事。

【译文】

六国灭亡，天下统一；蜀中树木砍伐一空，才得以建成阿房宫。占地三百多里，遮天蔽日。从骊山北开始起建一直向西延伸，直到咸阳。渭水、樊川两河波光荡漾流入了宫墙之中，五步一楼，十步一阁；走廊如绸带婉延曲折，檐角突起，好像一只只鸟儿向空中高啄；楼阁密集依地势起伏，回廊钩连，飞檐如飞龙。回环曲折，像蜂房一样密集，套挺如漩涡，高高耸立，不知有几千几万座。长桥梁横卧水波之上，没有云彩哪来的游龙？不是雨后初晴，怎么会有彩虹？幽冥迷离，辨不清南北西东。歌台上歌声柔美，似和煦春风；舞殿中长袖清浚，拂动凄凄雨和风，一天之内，一宫之中，气候竟然如此不同。

六国的嫔妃宫娥，王子王孙，辞别故国的宫殿楼阁，乘车到秦国，清晨歌舞，暮时弹琴，成了秦国宫人。星光闪耀，是她们打开了妆台的镜子；好像碧云缭绕，是她们清晨梳理发髻；渭河中涨起一层油腻，是她们丢掉胭脂水粉；烟雾迷漫，是她们在焚烧椒兰。突然骤起一阵雷霆声，是宫车驶过；车轮声渐渐远去，不知驶往何处。宫女的肌肤容颜各显妩媚娇妍，久久伫立凝视着远方，盼望能得到皇帝的爱宠。有些宫女，三十六年了，连皇帝的一面都没见过。

燕国赵国收藏的奇珍异宝，韩国魏国聚敛的异宝，齐国楚国搜集的精品，世世代代，从老百姓那里掠夺得来，堆积如山。一旦国破家亡，都被运送到秦国。宫中把宝鼎当作铁锅，把美玉当作石头，把黄金视为土块，把珍珠当作砂砾，四处抛弃，秦人见了，一点也不觉得可惜。

唉！一个人的心，同时也是千万人的心啊。秦始皇奢侈浮华，百姓也顾念自己的家庭；为什么向他们索取时不留颗粒，使用起来又像泥沙一样？阿房宫中架梁的柱子，比田里耕种的农夫还多；架梁的椽木，比织布机上的织布女还多；钉头像仓库里的谷粒；瓦缝参差错落，比衣服上的丝缕还多。栏槛纵横交错，比九州的城郭还多；管弦的声音，比闹市上说话的声音还杂乱。但天下的人敢怒而不敢言，秦始皇的独夫之心，越来越骄横。陈胜振臂一呼天下纷纷响应，刘邦攻破函谷关，项羽一把大火，把阿房宫化作一片灰烬。

唉！灭六国的是六国本身，而不是秦国。灭秦国的是秦国自己，而不是天下的百姓。唉！如果六国国君能爱护他们的百姓，就完全有能力抵抗秦国的侵略。假使秦始皇也能爱护六国百姓，那么就能有足够的力量传到三世，甚至传到万世，谁能消灭它呢？秦人不知道哀叹自己的灭亡，而后人替他们哀叹；后人为秦朝的灭亡哀叹而不引以为戒，又要使后来的人再为他们而悲叹了。

原　道

韩　愈

【题解】

韩愈（公元 768—824 年），唐代文学家、哲学家，字退之，河南河阳（今河南孟州南）人。自谓郡望昌黎，世称韩昌黎。政治上反对藩镇割据，思想上尊儒排佛。力反六朝以来的骈偶文风，提倡散体，与柳宗元同为古文运动的倡导者。散文在继承先秦、两汉古文的基础上，加以创新和发展，气势雄健，被列为"唐宋八大家"之首。

此文是体现韩愈政治思想和文风特点的代表作之一。原道，探求道的本原。这本原就是篇中所说的儒家"仁义"之道，用以排斥佛老之说。唐代统治者同时用儒、释、道三种思想治理国家，即篇中所谓"今之教者处其三"；在古来士农工商之外又增加释道两家信徒，即篇中所谓"今之为民者六"。到了中唐，佛道两教更为盛行，不仅清净寂灭、返于太古之说干扰封建正统思想的统治，而且形成起来的僧侣地主阶层加重了人民的负担。倡道统，辟佛老，便成了韩愈一生志行。此文系统地阐述所谓"先王之教"，即封建的伦理、教化和等级制度，以与道家去仁与义、返于"太古无事"，佛家治心而"外天下国家"之说进行斗争，并指出僧侣寄生阶层严重地影响到国计民生。这对社会危机深刻发展的中唐有其现实意义。但是，圣人创造历史的唯心史观，人民"出粟米麻丝，作器皿，通货财，以事其上"的阶级偏见，严夷夏之辨的大汉族主义等，也是很突出的。行文波澜曲折，句式错综变化，气势磅礴，表现出韩文雄健宏伟、浑浩流转的特色。

博爱之谓仁，行而宜之之谓义，由是而之[①]焉之谓道，足乎己无待于外之谓德。仁与义为定名，道与德为虚位。故道有君子小人，而德有凶有吉。老子之小仁义，非毁之也，其见者小也。坐井而观天，曰"天小"者，非天小也。彼以煦煦[②]为仁，孑孑[③]为义，其小之也则宜。其所谓道，道其所道，非吾所谓道也；其所谓德，德其所德，非吾所谓德也。凡吾所谓道德云者，合仁与义言之也，天下之公言也；老子之所谓道德云者，去仁与义言之也，一人之私言也。

①之：到。

②煦煦：言词和顺，颜色和顺的样子。小恩小惠。

③孑孑：音 jié jié，谨小慎微琐碎细小。

周道衰，孔子没[④]，火于秦[⑤]。黄、老于汉，佛于晋、魏、梁、隋之间。其言道德仁义者，不入于杨，则入于墨，不入于老，则入于佛。入于彼，必出于此。入者主之，出者奴之；入者附之，出者污之。噫！后之人其欲闻仁义道德之说，孰[⑥]从而听之？老者曰："孔子，吾师之弟子也。"佛者曰："孔子，吾师之弟子也。"为孔子者，习闻其说，乐其诞而自小也，亦曰："吾师亦尝师之云尔[⑦]。"不惟举之于其口，而又笔之于其书。噫！后之人虽欲闻仁义道德之说，其孰从而求之？甚矣！人之好怪也！不求其端[⑧]，不讯其末，惟怪之欲闻。

④没：通"殁"，死。
⑤火于秦：指秦始皇焚书。
⑥孰：谁。
⑦云尔：等等。
⑧端：开始。

古之为民者四[⑨]，今之为民者六[⑩]；古之教者处其一，今之教者处其三。农之家一，而食粟之家六；工之家一，而用器之家六；贾[⑪]之家一，而资[⑫]焉之家六。奈之何民不穷且盗也！

韩愈像，图出自明·天然撰《历代古人像赞》。韩愈是唐代著名文学家，唐宋八大家之一。

⑨为民者四：指士、农、工、商。
⑩为民者六：指士、农、工、商、僧、道。
⑪贾：音 gǔ，经商。
⑫资：依赖。

古之时，人之害[⑬]多矣。有圣人者立，然后教之以相生相养之道，为之君，为之师。驱其虫蛇禽兽，而处之中土[⑭]。寒然后为之衣，饥然后为之食。木处而颠[⑮]，土处而病也，然后为之宫室。为之工以赡[⑯]其器用，为之贾以通其有无，为之医药以济[⑰]其夭死，为之葬埋、祭祀以长其恩爱，为之礼以次[⑱]其先后，为之乐以宣其湮郁[⑲]，为之政以率[⑳]其怠倦，为之刑以锄其强梗。相欺也，为之符玺、斗斛、权衡以信之；相夺也，为之城郭、甲兵以守之。害至而为之备，患生而为之防。今其言曰：“圣人不死，大盗不止；剖斗折衡，而民不争。”呜呼！其亦不思而已矣！如古之无圣人，人之类灭久矣。何也？无羽毛鳞介[21]以居寒热也，无爪牙以争食也。

⑬害：灾害。
⑭中土：中原。
⑮颠：坠落。
⑯赡：供给。
⑰济：拯救。
⑱次：规定。
⑲湮郁：心中的郁闷。
⑳率：通“律”。
㉑介：通“甲”。

《二十一史通俗演义》版画之尧舜揖让图，描绘了远古帝王禅让的情景。

是故君者，出令者也；臣者，行君之令而致之民者也；民者，出粟米麻丝、作器皿、通货财以事其上者也。君不出令，则失其所以为君；臣不行君之令而致之民，则失其所以为臣；民不出粟米麻丝、作器皿、通货财以事其上，则诛。今其法曰：“必弃而[22]君臣，去而父子，禁而相生相养之道。”以求其所谓“清净”“寂灭”[23]者。呜呼！其亦幸而出于三代之后，不见黜于禹、汤、文、武、周公、孔子也；其亦不幸而不出于三代之前，不见正于禹、汤、文、武、周公、孔子也。

㉒而：通“尔”，你们。
㉓清静寂灭：佛教和道教修行的理想境界，指一切欲念和念头以及现实世界都是虚幻的。

帝之与王，其号虽殊，其所以为圣一也。夏葛[24]而冬裘[25]，渴饮而饥食，其事虽殊，其所以为智一也。今其言曰：“曷不为太古之无事？”是亦责冬之裘者曰：“曷[26]不为葛之之易也？”责饥之食者曰：“曷不为饮之之易也？”传曰：“古之欲明明德于天下者，先治其国；欲治其国者，先齐[27]其家；欲齐其家者，先修其身；欲修其身者，先正其心；欲正其心者，先诚其意。”然则古之所谓正心而诚意者，将以有为也。今也欲治其心，而外天下国家，灭其天常[28]，子焉而不父其父，臣焉而不君其君，民焉而不事其事。孔子之作《春秋》也，诸侯用夷礼则夷之，进于中国则中国之。经曰："夷狄之有君，不如诸夏之亡[29]。"《诗》曰："戎狄是膺[30]，荆舒是惩。"今也举夷狄之法，而加之先王之教之上，几何其不胥[31]而为夷也！

㉔葛：本为一种多年生藤本植物，可以织葛布，古时候一般用作夏衣。此处用为动词，穿夏衣之意。

㉕裘：皮衣。此处用为动词，穿皮衣之意。

㉖曷：为什么。

㉗齐：整治。

㉘天常：这里指天伦，即君臣，父子等封建伦理关系。

㉙亡：通"无"。

㉚膺：攻击。

㉛胥：都。

夫所谓先王之教者，何也？博爱之谓仁，行而宜之之谓义，由是而之焉之谓道，足乎己无待于外之谓德。其文，《诗》、《书》、《易》、《春秋》；其法，礼、乐、刑、政；其民，士、农、工、贾；其位，君臣、父子、师友、宾主、昆弟、夫妇；其服，麻、丝；其居，宫、室；其食，粟米、果蔬、鱼肉。其为道易明，而其为教易行也。是故以之为己，则顺而祥；以之为人，则爱而公；以之为心，则和而平；以之为天下国家，无所处而不当。是故生则得其情，死则尽其常；郊[32]焉而天神假[33]，庙焉而人鬼飨[34]。曰："斯道也，何道也？"曰："斯吾所谓道也，非向[35]所谓老与佛之道也。尧以是传之舜，舜以是传之禹，禹以是传之汤，汤以是传之文、武、周公，文、武、周公传之孔子，孔子传之孟轲；轲之死，不得其传焉。荀与扬也，择焉而不精，语焉而不详。由周公而上，上而为君，故其事行；由周公而下，下而为臣，故其说长。"然则如之何而可也？曰："不塞不流，不止不行。人其人，火其书，庐其居，明先王之道以道[36]之，鳏寡孤独废疾者有养也。其亦庶乎其[37]可也。"

㉜郊：祭祀天。

㉝假：能"格"，到

㉞飨：通"享"，享用。

㉟向：以前。

㊱道：通"导"。

㊲庶乎：差不多。

【译文】

博爱叫做"仁"，做事有分寸叫做"义"，从仁义出发立身行事叫做"道"，使自己具备极高的修养，而不去依靠外界的力量就是“德”。“仁”与“义”，是有着确切含义的“定名”，“道”与“德”，是可做不同解释的“虚位”。所以，“道”便可有“君子之道”与“小人之道”之分，而“德”也可分作所谓“吉德”和“凶德”。老子轻视“仁”、“义”，并非有意诋毁“仁”、“义”，而是因为他自己的见识太短浅了。这就好像坐井观天，而说天很小一样，其实并不是天小啊！他认为待人和顺就是“仁”，小恩小惠就是“义”，基于这种理解，他轻视“仁义”是必然的。他所说的“道”，说明了他自己信奉遵循的原理，并不是我这里所指的“道”啊；他所说的“德”，奉行他自己认为是高尚的品德，也不是我这里所讲的“德”啊。凡是我阐述的“道”“德”，都是与“仁”“义”一致的理论，是为天下所公认的大道理；老子所说的“道”“道”由于偏离了“仁”“义”，这只是他个人的说法。

周朝衰落，孔子去世，诗书史籍被秦焚毁，道家的学说盛行于汉代，佛教又在晋、北魏、南朝及隋代流传开来。这期间那些讲“道”、“德”、“仁”、“义”的学者，不是流于杨朱的“为我”之说，就是归附墨翟的“兼爱”之论；不是采纳道家的宗旨，就是尊奉佛教的经义。信奉杨、墨、佛、老，必然背离儒家之道。信奉的邪说成了主宰，离弃的正道则变为奴仆；信奉邪说必然要遵循它，而离弃正道则必然对它加以诋毁。唉！后代的学者要想了解“仁义道德”的学说，跟谁去学习呢？老子的信徒说：孔子，是我们祖师老聃的学生；佛教的信徒们说：孔子，是我们祖师释迦牟尼的弟子。而研究孔子学说的儒生们，听惯了他们的宣传，就接受了他们的谣言而自轻自贱，也说什么我们的祖师曾经以老、佛为师之类的话，不仅口中这样说，而且还写在书里。唉！后代的学者要想了解“仁”、“义”、“道”、“德”的学说，能向谁学习而加以探求呢？

人们喜好言论怪诞的风气也太厉害了！既不研究事务的本源，也不考查它的结果，就是愿意听那些怪诞的言辞。古时候人民分为士、农、工、商四类，现在又加上僧、道成了六类。古时候担负教化任务

“有巢氏构木为巢”图，讲述有巢氏教民搭建房屋之事。图出自《二十一史通俗演义》。

的“士”只居其一，而现今的“教育者”却占三类。务农的有一家，而吃粮的就有六家；工匠一家，而使用器皿的就有六家；经商的一家，而花钱的就有六家；人民又怎么可能不贫困破产而沦为盗贼呢？

古代，人们遇到的灾害很多。圣人出现了，教给他们互相依附、共同生存繁育的本领。做他们的君主，做他们的领导，带领他们逐毒虫、长蛇、怪禽、猛兽而使他们在中原定居下来。冷了教他们做衣服；饿了教他们种庄稼；住在树上容易跌伤，睡在野地里容易生病，便教他们盖起房屋。教他们做工，以使他们的器皿充足；教他们经商，使他们的财物能互通有无；教他们寻医问药，使他们不致于年轻时就死掉；教他们葬埋死者、祭祀先人，使他们之间增长恩爱之情；给他们制定礼仪，使他们懂得贵贱老幼的次序；为他们创造音乐，来抒发他们郁积在心中的感情；对他们实行政治教化，以督导那些懒惰松懈的人；为他们确定刑法，以铲锄他们之中的凶横顽固之徒。发生了欺骗行为，就用符契、印章、斗斛、权衡等物来使他们诚信；出现争夺时，就设置城郭、军队来保护他们的生命财产。祸害来了使他们早做准备，灾患发生带领他们提前预防。而现今道家却说：“圣人不死，盗贼便不会消灭；劈了斗，折了秤，老百姓就不会互相争夺了。”唉！这不过是不动脑子罢了！假如古代没有圣人，人类早就绝种了。为什么呢？因为人类没有羽毛、鳞片、介壳来抵御寒冷和炎热，没有尖爪利牙来猎取食物啊。

所以，君王是发布命令的；臣僚是将君主的命令有效传达贯彻到人民中去的；而民众，则是生产粮食、麻布、丝绸，制造器皿，流通财物，以此来服务于自己的君主长官的。君主如果不发布命令，就丧失了作为君主的资格；臣僚如果不将君主的命令传达贯彻，就怠忽了作为臣僚的职责；民众如果不生产粮食、麻布、丝绸，制造器皿，流通财货，来侍奉自己的君主长官，就要受到责罚。而现今佛法却说：必须抛弃你们的君臣之份，除去你们的父子之情，禁绝互相依附、共同生存和发展的规则，以追求所谓的清静闲适，孤寂无欲的境界。唉！这些佛、道的信徒有幸生在夏、商、周三代之后，才免无遭到禹、汤、文王、武王、周公、孔子这些先圣的斥责贬黜；然而，他们没有生在三代之前也是他们的不幸，使他们不能得到禹、汤、文王、武王、周公、孔子教导和纠正。

称帝和称王，名称虽然不一样，但是他们成为圣人的原因却是相同的。夏天穿葛布，冬天穿皮裘，渴了要饮水，饿了就吃饭，行为方式虽然有别，但是人类智慧的体现。现今他们却说：为什么不效法上古时期的清静无为呢？这就像责备冬天穿皮裘的人说：葛布衣服多么轻便，你为什么不穿呢？指责饿了吃饭的人说：为什么不饮水，那样多容易？

《礼记·大学》篇说：“古代想要在天下显扬他的德行，一定要先治理好自己的封国；要想治理好自己的封国，一定要先整顿好自己的家族；想治理自己的家族，必须加强自身的品行修养；想加强自身的修养，必须要先端正自己的思想；想端正自己的思想，就要先确立诚挚而坚定的意念。”这就说明古代所说的端正思想、确定诚意，是要对国家、天下有所作为啊。而如今那种想陶冶情操的人却置国家于不顾，背弃伦理纲常，作为儿子但不孝敬父亲，作为臣僚而不忠于君主，作为庶民而不致力于自己的本业。孔子写《春秋》，凡国君采用异族的礼仪风俗的就把他们当作异族来记载，效法中国的礼仪风俗的就将他们看做中国的王侯。《论语·八佾》篇说："异族虽有君主，也不如中国没有君主。"《诗经》中说："北方的戎伙要抵御，南方的荆舒要打击。"而现在却把异族的佛法，置于古代圣王的教导之上，这和让大家都做夷狄又有什么区别呢？

所谓先王的教化是指什么呢？这就是所说的博爱叫做"仁"，做事有分寸叫做"义"，沿着"仁义"之途前进便是"道"，使自己具备很高的修养，而不去依凭外界的力量就叫做"德"。先王的著作是《诗》、《书》、《易》、《春秋》。他们的方法是制礼、作乐、定刑、施政。他们治理的百姓分为士、农、工、商。他们确立的地位次序是君臣、父子、师友、宾主、弟兄和夫妇。他们让人们穿的衣服是麻布、丝绸。他们教人们建造的住处是宫室、房舍。他们给人们吃的食物是粮食、果料。菜蔬和鱼肉。他们传布的道理容易明白，他们实施的教导便于实施。所以，自己遵奉先王之教，境遇便会顺利而吉祥。用以对待他人，就会博爱而无私。用以陶冶心灵，思想便会和穆而端正。用以整治天下，便没有一项措置而不得当。因而活着情满意足，死时得到善终，祭祀天神而天神降临，祭奠祖庙而先人的魂灵也会乐于享用供品。若问："这种'道'，是什么'道'呢？"答曰："这就是我所说的'道'，并非前面说的黄老和佛教所崇尚的'道'啊！"尧将这种"道"传给了舜，舜以此传给禹，禹以此传给汤，汤以此传给文王、武王和周公，文王、武王和周公又传给了孔子，孔子传给孟轲，孟轲死后，就没再得到流传了。荀况和杨雄，有所择取然而并不精当，有所论述然而并不周详。自周公以前，禹、汤、文、武身居上位而为君主，所以他们的政绩为人颂扬；自周公以后，孔子、孟轲处于下位而为臣民，所以他们主要以言论来传播先王之道了。那么，怎样做才合适呢？答曰：不禁止佛道之说，儒家的主张便难于流传；不禁止佛道之说，先王之教便难于施行。让他们的信徒还俗为民，将他们的经籍著述全部焚毁，把他们的庵观寺院交给平民居住。昌明发扬先王之道作为治理天下的标准，使鳏寡孤独残废以及长年患病的人得到照料。这样做就差不多可以了！

原　毁

韩　愈

【题解】

原毁是探求毁谤的根源。韩愈所处的中唐正是朋党纷争，世人倾轧之时，他本人屡遭排挤和贬斥。文章以“古之君子”和“今之君子”作为对比，从“责己”和“待人”两种不同的态度分析了毁谤的根源在于懒惰与嫉妒，呼吁社会改变风气，通篇排比，层层深入，使观点鲜明，说理透彻。

古之君子，其责己也重以周①，其待人也轻以约②。重以周，故不怠③；轻以约，故人乐为善。闻古之人有舜者，其为人也，仁义人也。求其所以为舜者，责于己曰：“彼，人也；予④，人也。彼能是⑤，而我乃不能是！”早夜以思，去其不如舜者，就其⑥如舜者。闻古之人有周公者，其为人也，多才与艺人也。⑦求其所以为周公者，责于己曰：“彼，人也；予，人也。彼能是，而我乃不能是！”早夜以思，去其不如周公者，就其如周公者。舜，大圣人也，后世无及⑧焉；周公，大圣人也，后世无及焉。是人也，乃曰：“不如舜，不如周公，吾之病⑨也。”是不亦责于身者重以周乎？其于人也，曰：“彼人也，能有是，是足为良人⑩矣。能善是，是足为艺人矣。”取其一，不责其二；即其新，不究其旧⑪。恐恐然惟惧其人之不得为

帝尧像。帝尧是中国上古的贤君，史称唐尧。

善之利。一善，易修也。一艺，易能也。其于人也，乃曰：“能有是，是亦足矣。”曰：“能善是，是亦足矣。”不亦待于人者轻以约乎？

①重以周：严格而全面。

②轻以约：宽松而简明。

③怠：懈怠。

④予：我。

⑤是：这样。

⑥就其：趋向那些。

⑦“多才”句：多才多艺的人。

⑧无及：赶不上。及，达到。

⑨病：缺点。

⑩良人：善良的人。

⑪不究其旧：不追究他以前的事情。

今之君子则不然。其责人也详⑫，其待己也廉⑬。详，故人难于为善；廉，故自取⑭也少。己未有善，曰：“我善是，是亦足矣。”己未有能，曰：“我能是，是亦足矣⑮。”外以欺于人，内以欺于心，未少有得而止矣⑯。不亦待其身者已廉乎？其于人也，曰：“彼虽能是，其人不足称也。彼虽善是，其用不足称也。”举其一，不计其十；究其旧，不图其新⑰。恐恐然惟惧其人之有闻也⑱。是不亦责于人者已详乎？夫是之谓不以众人待其身，而以圣人望于人，吾未见其尊己⑲也。

⑫详：指求全责备，要求苛细。

⑬廉：少，疏略，不严格。

⑭自取：自己得到的。

⑮是亦足矣：这也就足够了。

⑯“未少”句：还没有一点收获就停止了。

⑰“究其旧”二句：追究他的过去，不看他的现在。

⑱“恐恐然”句：惶惶然，就怕人家有名声。

⑲尊己：尊重自己。

虽然，为是者，有本有原，怠与忌之谓也⑳。怠者不能修，而忌者畏人修。吾尝试之矣。尝试语㉑于众曰：“某良士，某良士。㉒”其应者，必其人之与㉓也；不然，则其所疏远不与同其利者也；不然，则其畏也㉔。不若是，强者必怒于言，懦者必怒于色矣。又尝语于众曰：“某非良士，某非良士。”其不应者，必其人之与也；不然，则其所疏远不与同其利者也；不然，则其畏也。不若是，强者必说㉕于言，懦者必说于色矣。是故事修而谤兴㉖，德高而毁来。呜呼！士之处此世，而望名誉之光㉗、道德之行，难已！㉘

周公旦像，图出自清·顾沅辑《古圣贤像传略》。周公是周武王之弟，武王去世后由他辅佐年幼的周成王。他被儒家认为是有道德的圣人。

⑳“怠与”句：怠，懈怠，懒惰。忌，嫉妒。之谓，这就是。倒装句。

㉑尝试：尝，曾经。试，试过。

㉒良士：好人。

㉓与：朋友。

㉔则其畏也：那就是怕他的人。

㉕说（yuè）：通“悦”，高兴。

㉖“是故”句：是故，因此。事修，事情成功。兴，起。

㉗光：放出光辉，显示。

㉘已：通“矣”。

将有作于上者[29]，得吾说而存之[30]，其国家可几而理欤！[31]

㉙“将有”句：有在上位而希望有所作为的人。

㉚存：记在心里。

㉛“其国家”句：其，或许。几，差不多。理，治理。

【译文】

古代的君子，要求自己严格而全面，对待别人宽厚而简约，因为对己要求严格全面，所以不松懈怠惰；因为对别人宽厚简约，所以人家都愿虚心向善。听说古时候有个叫舜的人，从为人行事看，是个仁义之士。周围的人于是探求舜所以为舜的缘故，对自己说：“舜是个人，我也是个人。他能做到的，我怎么就不能呢！”早也想，晚也想，去掉自己不如舜的方面，而学着舜的样子办事。又听说古代有个周公，从为人行事看，是个多才多艺的人。周围的人于是探求周公所以为周公的缘由，对照着要求自己说：“周公是人，我也是人。他能做到的，我怎么就做不到呢！”早也想，晚也想，去除自己不如周公的方面，而学着周公的样子办事。舜是个著名的圣人，后代人无人能及；周公也是个贤名的圣人，后代人没法赶上他。所以古人就说：“我不如舜，不如周公，这就是我的缺陷啊！”不就是要求自己严格又全面吗？可是对别人却不是这样，而总是说：“那个人能做到这个，就够得上是个良善之人了；能擅长这个，就称得上是个有才艺的人了。”肯定人家一个方面，而不苛求其他；只看人家今日的进步，而不计较他的过去。小心翼翼地惟恐人家得不着做好事应得的好处。做一件好事，是容易办到的；精熟一种技能，也是容易办到的。而古人对于这样的人，就说：“能做到这样，也就足够了。”又说：“能有这种长处，也就足够了。”这不是他对待别人宽容而简约吗？

如今的君子却不是这样。对别人很苛刻，对待自己却很宽容。要求得既多又细，所以别人就难以做成好事；要求得又少又低，所以取得的收获就很小。自己并没有做什么好事，却说："我做好了那个，也就够了。"自己并没有什么本领，却说："我有这点才能，也就够了。"对外欺骗别人，对己欺骗良心，还没有取得多少进步就停止不前。这不是现今君子要求自己很少很低的表现吗？可是他对别人却这样说："那个人虽然能做这种事，但人品不值得称道。那个人虽然善于做这个，但这事儿本身没有什么价值。"抓住人家某个方面的问题，根本不考虑他多方面的长处；追究人家以往的缺点，完全不管他现在的变化。担惊受怕地惟恐人家得到好的名声。这不是现今君子要求别人又多又细的表现吗？这就叫不拿普通人的标准来要求自己，却用圣人的标准去要求别人，我看不出来他对自己的尊重。

然而，这样做的人是有他自身的原因的。那就是怠惰和妒忌。怠惰，就不能提高修养；妒忌，就害怕人家修养的提高。我曾经试着对众人说："某某是个贤良之士，某某是个贤良之士。"那与我应和表示赞同的，必定是这个人的伙伴好友；要不，便是跟他疏远没有利害关系的人；再不，就是畏惧他的人。倘不是这三种情况，那么，性格强硬的人必定用言语表示出来，懦弱的人只反应在神色上。我又曾试着在众人面前说："某某不是好人，某某不是好人。"那些不附和我的话的人，就必定是某某的伙伴好友；否则，便是跟他疏远没有利害冲突的人；再者，就是畏惧他的人。假如不是这三种情况，那么，性格刚硬的人必定用言语表示他的高兴，懦弱的人也必定满脸喜色。正因为这样，随着事业成功，诽谤也就产生，随着德望提高，攻讦也就来到。唉，一个读书人生活在这种年代，竟还希望能光大名誉，推广道德，实在太难了。

位居显赫而想有所作为的人，要记住我所说的话，那么，国家就差不多治理好了。

获麟解[1]

韩　愈

【题解】

本篇是作者借物喻己的短文，他认为麒麟之所以称为仁兽，是由于出现在圣人在位的时候；如果不等待圣人在位的时候出现，就是不祥之兽了。表达了自己生不逢时，怀才不遇的感慨，反映出作者盼望有圣明之主出而治世的幻想。文章虽短，但写得曲折反复，富于变化，寓意深远。

麟之为灵[2]，昭昭也[3]。咏于《诗》[4]，书于《春秋》[5]，杂出于传记百家之书，虽妇人小子皆知其为祥也。

①解：解说。议论文的一种文体。

②麟：麒麟，古代传说中的一种动物。状如鹿，牛尾，狼额，马蹄，腹有五彩。雄为麒，雌为麟。其性柔和。古人把它当作仁兽，作为吉祥的象征。

③昭昭：明白。

④《诗》：即《诗经》，我国最早的诗歌总集，其中有《周南·麟之趾》篇。

⑤《春秋》：鲁哀公十三年（前482年）有“西狩获麟”的记载。

麟，古代传说中的一种动物。

然麟之为物，不畜于家，不恒有于天下。其为形也不类[6]，非若马、牛、犬、豕、豺、狼、麋、鹿然[7]。然则虽有麟，不可知其为麟也。角者，吾知其为牛；鬣者[8]，吾知其为马；犬、豕、豺、狼、麋、鹿，吾知其为犬、豕、豺、狼、麋、鹿；惟麟也不可知。不可知，则其谓之不祥也亦宜。虽然，麟之出，必有圣人在乎位，麟为圣人出也。圣人者，必知麟。麟之果不为不祥也[9]。

⑥类：相似。

⑦麇（mí）：也叫“驼鹿”或“犴”（hān）。然：那样。

⑧鬣：（liè）：马脖上的长毛。

⑨果：确实，果然。

又曰：“麟之所以为麟者，以德不以形。”若麟之出不待圣人，则谓之不祥也亦宜。

【译文】

麒麟是神灵的动物，这一点谁都清楚。《诗经》中吟咏过它，《春秋》里也有记载，也频频出现在各家传记和诸子百家书籍中。即便是妇女和小孩，也都晓得它是一种吉祥的象征。

但是麟这种动物，不是家养的，也不常见于世；它的形状不伦不类，并不像马、牛、狗、猪、豺、狼、麇鹿一样。所以，虽然麒麟存在，一般人却往往不知道它是麒麟啊。头上有两个角的我们认得它是牛，颈上有鬃的我们知道它是马，狗、猪、豺、狼、麇鹿，我们能认出它们是狗、猪、豺、狼和麇鹿，只有麒麟没有人能辨别出来，既然不认识，就把它视为不祥之物也是自然的。

虽然这样，麒麟的出现，一定有圣人在位掌权，因为麒麟是为圣人而出现的。圣人肯定是认识麒麟的。麒麟毕竟不是不祥之物啊。

有人说，“麒麟之所以称为吉祥动物，在于它的德行，并不是根据它的形状。”假若麒麟出现不逢圣人盛世，说它是不祥之物也是可以的。

杂说（一）

韩　愈

【题解】

《韩昌黎集》中共有四篇《杂说》，是一组杂感式的小品文，也可以说是古代的杂文。本文为四篇《杂说》的第一篇。此文以龙和云比喻君和臣，阐明了君臣遇合，才能有所作为的道理。

龙嘘气成云，云固弗灵于龙也。然龙乘是气，茫洋穷乎玄间，薄日月，伏光景①，感②震电，神变化③，水下土④，汩⑤陵谷。云亦灵怪矣哉！

①薄：同“迫”，靠近。伏光景：指龙驾着云常常可以遮蔽日月的光亮。

②感：同“撼”，摇动。

③神变化：神奇变化。

④水：降雨。下土：大地。

⑤汩（gǔ）：水奔流的样子，这里指淹没。

韩愈像，图出自明·吕维祺《圣贤像赞》。

云，龙之所能使为灵也。若龙之灵，则非云之所能使为灵也。然龙弗得云，无以神其灵矣。失其所凭依，信不可欤！异哉！其所凭依，乃其所自为也。《易》曰：“云从龙。”既曰龙，云从之矣。

【译文】

龙吐出气化做云，云不会比龙更神灵。然而，龙可以乘着它吐出的云气，游遍浩瀚无垠的天空，靠近日月，遮挡光辉，使雷电震撼，使变化神奇，雨滋润大地，淹没了山谷。云也实在很神灵，很奇异了啊！

云，是因了龙的缘故才使它有灵异。但是，像龙那样的灵异，却绝不是云所能做得到的。然而龙如果不借助云，也难以使它的灵异变得更加神秘莫测。如果龙失去了它所依靠的东西，显然不行！太奇怪了！它所依靠的东西，其实就是它自己创造的。《易经》说："云跟着龙产生。"可见，既然叫做龙，云自然会跟从它了。

杂说（四）

韩　愈

【题解】

本文系《杂说》的第四篇，后人亦题为《马说》。这是一篇托物寓意之作，作者借千里马不被人所识来比喻奇才异能之士沉沦下僚，慨叹封建统治者不能加以识别和任用。同时，也抒发自己怀才不遇，受到压抑和委屈、郁郁不得志的思想感情。

世有伯乐①，然后有千里马。千里马常有②，而伯乐不常有，故虽有名马，只辱于奴隶人之手，骈死于槽枥之间③，不以千里称也。

①伯乐：孙阳，字伯乐，春秋时秦人，善相马。伯乐识千里马事，见《战国策·楚策四》、《列子·说符》、《庄子·马蹄》诸篇，历来作为善于识拔人才的典故。

②千里马：指具有日行千里之能而尚未被发现的好马。

③骈（pián）死：相比连而死。　槽：盛饲料喂马的器具。　枥：马棚。

马之千里者，一食或尽粟一石④，食马者不知其能千里而食也⑤。是马也，虽有千里之能，食不饱，力不足，才美不外见⑥，且欲与常马等不可得，安求其能千里也？

④一食：吃一顿。　尽粟一石：吃完一石粟，意为好马食量大。

⑤食（sì）马者：饲养马的人。食，通“饲”，喂养。下文“食之不能尽其材”中“食”同。

⑥才美：才具、长处。　见：同“现”，呈现。

策之不以其道⑦，食之不能尽其材，鸣之而不能通其意⑧，执策而临之曰：“天下无马。”呜呼！其真无马邪？其真不知马也！

⑦策：马鞭，此处用为动词，鞭策、驾驭的意思。　不以其道：不按照千里马的习性。

⑧鸣之：马鸣叫。　不能通其意：养马人不懂马鸣叫的意思。

【译文】

世上有了像伯乐这样的人，然后才会有千里马。千里马经常有，可是伯乐这样的人却不常在。因此，即使有出色的好马，也只能在奴仆、下吏手下遭受屈辱，在马槽、马桩之间一个接一个地死去，不会以日行千里而闻名。

能日行千里的好马，一顿要吃一石粮食，养马的人不知道它能日行千里，按一般马的方法喂养他。这样的马呀，虽然有日行千里的本领，可是由于吃得不饱，力气不够，以致它的才能和雄姿显现不出来，就是想跟平常的马一样驾车奔跑尚且不可能，又如何能要求它日行千里呢？

驾驭它，不能掌握它的能力脾性；饲养它，不能供养它足够的食粮；当它受了委屈嘶鸣起来，又不能理解它的意思，却拿着鞭子对它不满地说："天下没有好马！"唉！是人们原来就没有好马吗？还是人们原来就不能识别好马呢？

师　　说

韩　愈

【题解】

这篇文章从理论上阐述了老师的作用和从师的重要性，是针对当时士大夫阶层耻于从师的不良社会风气而发的。文章主张从师学习，且不拘年龄和地位，“道之所存，师之所存也。”这些真知灼见在今天仍然具有积极意义。文中对师道的议论，思想明确，取事恰当，有很强的逻辑性和说明力。

古之学者必有师[1]。师者，所以传道、受业、解惑也[2]。人非生而知之者[3]，孰能无惑？惑而不从师，其为惑也，终不解矣。

①学者：指求学的人。

②传道：传授道理。韩愈所说的道乃儒家之道。受业：教授学业。受，同“授”。解惑：解释疑难。

③生而知之者：生下来就懂得道理、有知识。韩愈在此处不承认有生而知之者。

“学琴师襄”图，讲述孔子向师襄学琴之事。

生乎吾前，其闻道也，固先乎吾，吾从而师之；生乎吾后，其闻道也，亦先乎吾，吾从而师之。吾师道也，夫庸知其年之先后生于吾乎[4]？是故无贵无贱，无长无少，道之所存，师之所存也。

④庸知其：哪管它。庸：即“用”，这里作“岂”用。

嗟呼！师道之不传也久矣，欲人之无惑也难矣。古之圣人，其出人也远矣，犹且从师而问焉；今之众人，其下圣人也亦远矣，而耻学于师。是故圣益圣[5]，愚益愚。圣人之所以为圣，愚人之所以为愚，其皆出于此乎？

⑤圣益圣：前一个“圣”，指古代圣人；后一个“圣”，指聪明、懂道理。下一句中前一个“愚”，指今之愚人，后一个“愚”，指愚昧而不明事理。

爱其子，择师而教之。于其身也，则耻师焉，惑矣！彼童子之师，授之书而习其句读者也⑥，非吾所谓传其道、解其惑者也。句读之不知，惑之不解，或师焉，或不焉，小学而大遗，吾未见其明也。

⑥授之书：教他书本上知识。习其句读（dòu）：学习书上的文句。读，文章中不是一句，但念起来要停顿之处。古书没有标点，故老师教学时，要教断句，句用小圈，读用圆点，也写作“逗”。

巫医、乐师、百工之人，不耻相师⑦。士大夫之族，曰师、曰弟子云者，则群聚而笑之。问之，则曰：“彼之彼年相若也⑧，道相似也。”位卑则足羞，官盛则近谀。呜呼！师道之不复，可知矣。巫医、乐师、百工之人，君子不齿，今其智乃反不能及，其可怪也欤！

⑦巫医：巫师和医师。古人为了治病，常常同时接受巫术和医术治疗。并且古代的医术中，也杂和巫术的部分，所以巫医并称。百工：各种工艺匠人。相师：指师徒代代传授。相，相互。

⑧相若：相似，相近。

圣人无常师⑨。孔子师郯子、苌宏、师襄、老聃⑩。郯子之徒，其贤不及孔子。孔子曰：“三人行，则必有我师⑪。”是故弟子不必不如师，师不必贤于弟子，闻道有先后，术业有专攻⑫，如是而已。

⑨常师：固定的老师。

⑩郯（tán）子：郯国国君，子爵，故称。孔子曾向郯子请教关于官名的事。见《左传·昭公十七年》。苌弘：周敬王时大夫。孔子曾向他请教关于音乐的问题。见《孔子家语·观周》。师襄：春秋时鲁乐官，名襄。孔子曾向他学弹琴。见《史记·孔子世家》。

⑪“三人行”二句：语出《论语·述而》：“三人行，必有我师焉，择其善者而从之，其不善者而改之。”

⑫术业：技术业务。专攻：专门研究。

李氏之蟠，年十七，好古文，六艺经传皆通习之，不拘于时⑬，学于余。余嘉其能行古道⑭，作《师说》以贻之⑮。

⑬不拘于时：不为时俗所拘束。拘：拘泥，束缚。时：时俗，指当时耻于从师的不良风气。

⑭嘉：赞许。

⑮贻（yí）：赠。

【译文】

古代求学的人一定要有老师。老师，就是传授道理、教授学业和解答疑难问题的。人不是生下来就什么都懂得的，谁能没有疑难问题呢？有了疑难问题不向老师

“孔子问礼老聃”图

求教，那些问题就永远不能解决。

在我之前出生的，他懂得道理本来就比我早，我向他学习，拜他为师；出生在我之后的，如果懂得道理要是也比我早，我也向他学习，拜他为师。我是为了从师学道，何必在意他的年纪是比我大还是比我小呢？所以不论高贵与卑贱，不分老少，道理在哪里，老师就在哪里。

唉！很长时间没有流传从师问道的风尚了！想要使人们没有疑难是很难的。古时候的圣人，他们比一般人懂得多，尚且还向老师求教；现在的一般人，他们比圣人差得是很多了，反而以向老师学习为羞耻。所以圣人越来越圣明，愚人也越来越无知。圣人之所以为圣人，愚人之所以为愚人，原因也许就是这样的吧！

人们爱护自己的孩子，就选择老师来教他，可是对于自己，却以向老师求教为耻，这太糊涂了！那孩子们的老师，是教孩子们读书，教他们如何断句的人，并非我所说的传授道理、教授学业、解答疑难问题的人。读书不能断句，有疑难的问题不能解决，不能断句就向老师请教，有疑难问题却不向老师请教，小的事情学习了，大的事情反而遗弃了，我看不出他的明智。

巫、医、乐师和各种手工工人，不以互相学习为耻。士大夫这一类的人，一旦有以“老师”、“弟子”相称的，就凑在一起嘲笑人家。问他们为什么笑，他们就说：“他跟他年岁差不多呀，懂得的道理也不相上下呀。”以地位低的人为师，就感到羞耻，以官职高的人为师，就认为是谄媚。唉！从师学道的风尚不能恢复的原因，由此可以明白了。巫、医、乐师、各种手工工人这些人，是士大夫们所看不起的，如今士大夫们的才智反而不如他们，这难道不是怪事吗！

圣人没有固定的老师。孔子曾向郯子、苌宏、师襄、老聃求教。他们的学问道德并不如孔子。孔子说：“三个人一起行走，其中一定有可以做我老师的人。”因此学生不一定样样不如老师，老师也不一定样样都比学生高明，懂得道理有先有后，学术、技能也各有所长，如此而已。

李家有个孩子名叫蟠的，十七岁了，爱好古文，对六经的经文和传注都做了全面的研习，他不受当时耻于从师的不良风气影响，跟从我学习。我赞许他能够遵循古人从师学习的做法，故作了这篇《师说》赠给他。

进学解①

韩 愈

【题解】

韩愈于唐宪宗元和元年（公元806年）曾任国子博士，后迁升都官员外郎，因事牵累，于元和七年（公元812年）复为国子博士。《旧唐书·韩愈传》说："愈自以才高，屡被摈黜，作《进学解》以自喻。"本文当作于元和八年（公元813年），正复为国子博士之时。全文假设国子先生和学生的对话，说明进德修业的道理，同时抒发自己遭贬斥不得重用的牢骚。"业精"要"勤"，"行成"须"思"，这意见迄今还值得重视。

"进学"，即是使学有进益。这里的"学"，兼有"业"和"行"两个方面；"解"，对疑难的解析。题意是对于进学这一问题的辩解剖析。这篇文章模仿汉代东方朔的《答客难》和杨雄的《解嘲》，篇中用韵，韵又多变，句多对偶，句法多奇。韩愈是散文大家，但也推崇汉代的辞赋。这篇文章其实是一篇散文赋。文中有许多语句，成为后代沿用的成语。

国子先生晨入太学②，招诸生立馆下③，诲之曰："业精于勤，荒于嬉④；行成为思，毁于随⑤。方今圣贤相逢⑥，治具毕张⑦，拔去凶邪，登崇俊良⑧。占小善者率以录⑨，名一艺者无不庸⑩。爬罗剔抉⑪，刮垢磨光⑫。盖有幸而获选，孰云多而不扬⑬。诸生业患不能精，无患有司之不明⑭；行患不能成，无患有司之不公。"

①本文作于元和八年（公元813年）。文章假托国子先生和生徒的对话，抒发作者有才不被重用，而反遭贬斥的牢骚不平，文章全篇用韵，属于赋体一类。进学，增进学业。

②国子先生：即国子博士，此为作者自称。韩愈于元和七年春再为国子博士。太学：即国子监，是唐代主管教育的官署和最高学府。

③馆：指国子馆，国子监中师生讲习的地方。

④业：学业。嬉：玩乐。

⑤行：德行，品德。随：不加思考，随俗因循。

⑥圣贤：指圣君贤相。

⑦治具：法令。毕张：全部得以实施。张，举。

⑧登崇俊良：提拔才德优秀的人。登，升。崇，尊崇。

⑨"占小善"句：意谓凡有一点长处的人，朝廷无不加以录用。率，大都。

⑩"名一艺"句：意谓精通一种经书而著称于世的人无不任用。庸，任用。

⑪爬罗剔抉：指努力地去发现、选择人才。爬，搜罗。罗，搜罗。剔，剔除。抉，挑选。

⑫刮垢磨光：刮去尘垢，使之光亮，指精心造就人才。刮垢，刮除污垢。磨光，磨研使之光洁。

⑬“盖有”二句：意谓只有靠侥幸而被选录的，哪有贤才而不被选用呢？多，贤。扬，提举。

⑭有司：指主管用人的官吏。

言未既⑮，有笑于列者曰：“先生欺余哉！弟子事先生⑯，于兹有年矣⑰。先生口不绝吟⑱于六艺之文，手不停披⑲于百家之编；纪事者⑳必提其要，纂言者㉑必钩其玄；贪多务得，细大不捐㉒；焚膏油以继晷㉓，恒兀兀以穷年㉔。先生之业，可谓勤矣。觝排异端㉕，攘斥佛老㉖；补苴罅漏㉗，张皇幽眇㉘；寻坠绪之茫茫㉙，独旁搜而远绍㉚；障百川而东之㉛，回狂澜于既倒。先生之于儒，可谓劳矣。沉浸酞郁㉜，含英咀华㉝。作为文章，其书满家㉞。上规姚姒㉟，浑浑无涯㊱，周《诰》殷《盘》㊲，佶屈聱牙㊳，《春秋》谨严㊴，《左氏》浮夸㊵，《易》奇而法㊶，《诗》正而葩㊷；下逮《庄》、《骚》，太史所录㊸，子云、相如㊹，同工异曲。先生之于文，可谓闳其中而肆其外矣㊺。少始知学，勇于敢为；长通于方㊻，左右具宜㊼。先生之于人，可谓成㊽矣。然而公不见信于人，私不见助于友，跋前疐后㊾，动辄得咎㊿。暂为御史，遂窜南夷[51]。三年博士[52]，冗不见治[53]。命与仇谋[54]，取败几时[55]。冬暖而儿号寒，年丰而妻啼饥。头童齿豁[56]，竟死何裨[57]？不知虑此，反教人为[58]？

⑮言未既：话没说完。

⑯事：侍奉。这里指随从学习。

⑰于兹有年：至今多年。

⑱吟：诵读。六艺：六经。

⑲披：翻阅。编：著作。

⑳记事者：指史传类著作。提其要：提炼出其要点。

㉑纂言者：指说理立言类著作。纂，同“撰”。钩其玄：把深奥的道理揭发出来。玄，幽深。

㉒捐：弃。

㉓焚膏油：点燃灯烛。晷（guǐ）：日影。

㉔恒：长久。兀兀：劳苦的样子。穷年：终年。

㉕觝（dǐ）排：抵制排斥。异端：非儒家学说。这里指佛老之说。

㉖攘斥：排斥。

㉗补苴：缝补。罅（xià）漏：裂缝，缺漏。

㉘张皇：发扬光大。幽眇：深微隐奥之处。

㉙坠绪：指衰落的儒学。绪，前人未竟的功业。茫茫：茫然无头绪的样子。

㉚远绍，即绍远，指继承古贤的儒学道统。

㉛“障百川”：障，一作“亭”，调节，疏导。只有疏导百川，才能使之入海，如作障，则是筑堤堵水，久之必决堤横流。此句以百川东流入海喻指使各派学说都归于儒学正统。

㉜沉浸酞郁：谓醉心于儒家经典。酞郁，浓郁的香气。这里喻指儒家经典。

㉝含英咀华：谓对儒学的精华仔细咀嚼体味。英、华，都是花的意思。这里喻指儒学精华。

㉞满家：满屋，形容很多。

㉟规：取法。姚：虞舜的姓。姒：夏禹的姓。这里以二姓指《尚书》中的《虞书》和《夏书》。

㊱浑浑无涯：广大无边。这里指《虞书》、《夏书》内容精深博大。

㊲周《诰》：指《尚书》中的《周书》，《周书》有《大诰》、《康诰》、《酒诰》、《召诰》等篇。殷《盘》：指《尚书》中的《商书》，《商书》有《盘庚》上中下三篇。

㊳佶屈聱牙：指文辞艰涩难读。

㊴《春秋》谨严：《春秋》相传为孔子所作的一部以鲁国世次系年的春秋时代史，记事言简意赅，寓褒贬于一字之中，后人不能增减改易一字，故谓谨严。

㊵《左氏》浮夸：《左氏》，指《左传》。浮夸，谓《左传》记事详赡，有藻饰夸大之处。

㊶《易》奇而法：谓《易》取象万物，多奇突变化，但总不脱阴阳变化法则。

㊷《诗》正而葩：意谓《诗经》思想纯正，文辞华美。葩，花。这里指华美。

㊸逮：及，到。《庄》：庄周的《庄子》。《骚》：屈原的《离骚》。太史所录：指司马迁的《史记》。

㊹子云、相如：指杨雄和司马相如的著作。杨雄字子云。

㊺闳其中：指内容深广。肆其外：文辞奔放。

㊻长：指年长。方：指礼法。

㊼左右具宜：谓处处得心应手，处理得当。

㊽成：完备。

㊾跋前疐（zhì）后：进退两难。语本《诗经·豳风·狼跋》："狼跋其胡，载疐其尾。"意思是说狼往前走要踏到颔下的悬肉，后退则被尾巴绊住。跋，踏。疐，绊倒。

㊿辄：每每，总是。咎：罪过。

(51)"暂为"二句：韩愈于贞元十九年（公元 803 年）由监察御史贬为阳山（今广东阳山东）令。阳山地处南方荒蛮地区，故称南夷。窜，放逐。

(52)三年博士：韩愈于元和元年（公元 806 年）二入国子监为博士，至元和四年，共三年。一说，年一作为，此句言韩愈三次为博士。

(53)冗：闲散。治：治绩。

(54)命与仇谋：命运与仇敌相伴，意谓命运多舛。谋，会合。

(55)取败：受挫折。几时：不时，谓屡次。

(56)头童齿豁：头秃齿落。童，山无草

庄子像，图选自清·顾沅辑《古圣贤像传略》。

木叫童。

⑰竟：终。裨：益。

⑱为：语尾助词。

先生曰："吁！子来前！夫大木为㝩[59]，细木为桷[60]，欂栌，侏儒[61]，椳、闑、扂、楔[62]，各得其宜，施以成室者，匠氏之工也。玉札、丹砂，赤箭、青芝[63]，牛溲、马勃，败鼓之皮[64]，俱收并蓄，待用无遗者，医师之良也。登明选公[65]，杂进巧拙，纡余为妍[66]，卓荦为杰[67]，校短量长，惟器是适者[68]，宰相之方也[69]。昔者孟轲好辩[70]，孔道以明[71]，辙环天下[72]，卒老于行[73]；荀卿守正[74]，大论是弘[75]，逃谗于楚，废死兰陵[76]。是二儒者[77]，吐辞为经，举足为法[78]，绝类离伦[79]，优入圣域[80]，其遇于世何如也？今先生学虽勤而不由其统[81]，言虽多而不要其中[82]，文虽奇而不济于用，行虽修而不显于众。犹且月费俸钱，岁縻廪粟[83]，子不知耕，妇不知织，乘马从徒[84]，安坐而食，踵常途之役役[85]，窥陈编以盗窃[86]，然而圣主不加诛[87]，宰臣不见斥[88]，非其幸欤！动而得谤，名亦随之[89]。投闲置散，乃分之宜[90]。若夫商财贿之有亡[91]，计班资之崇庳[92]，忘己量之所称[93]，指前人之瑕疵[94]，是所谓诘匠氏之不以杙为楹[95]，而訾医师以昌阳引年[96]，欲进其豨苓也[97]。"

⑲㝩（máng）：房梁。

⑳桷（jué）：椽子。

㉑欂（bó）栌（lú）：斗拱，柱上承托栋梁的方形短木。侏儒：梁上短柱。

㉒椳（wēi）：门臼，置门轴的臼巢。闑（niè）：门橛，门中间的用以挡门扇的短木。扂（diàn）：门闩。楔：竖在门两侧的短木，用以阻止车辆进出。

㉓"玉札"二句：玉札，玉屑。丹砂，朱砂。赤箭，天麻。青芝，又名龙芝，相传生于泰山。以上四物，均为贵重的中药材。

㉔"牛溲"二句：牛溲，牛尿，一说车前草。马勃，菌类。败鼓之皮，破烂的鼓皮。以上三物，均可入药。

㉕登明选公：谓用人明智，选拔公正。登，升，升用。

㉖纡馀：形容人有才气，从容不迫。妍：美。

㉗卓荦：超绝出众。

㉘惟器是适：意谓根据人的才能合理使用。器，才能，能力。

㉙方：此谓用人之道。

㉚孟轲：即孟子，名轲。好辩：孟子为维护儒家学说，同各派进行论战，以申儒道。

㉛孔道以明：孔子的学说因此得以被阐明。

㉜辙环天下：谓周游列国。辙，车辙，车轮痕迹。

㉝卒老于行：意谓终于老死在周游途中。

㉞荀卿：即荀子，名况。守正：谓持守儒家之正道。

㉟大论是宏：谓荀子发扬光大了儒家学说。大论，指儒家学说。

㊱"逃谗"二句：有人谗陷荀子，荀子为避谗遂去齐适楚，春申君黄歇以为兰陵令。后春

申君死，荀子被废，最后死于兰陵。见《史记·孟子荀卿列传》。

⑦二儒者：指孟子和荀子。

⑱“吐辞”二句：意谓孟、荀的言论著作成为后人的经典，他们的行为成为后人的法则。

⑲绝类离伦：超越了一般学者的造诣。

⑳优入圣域：意为足以进入圣人境界。优，绰绰有馀之意。

㉑先生：韩愈自称。不由其统：意谓对儒家学说还没系统把握。由，达到。

㉒不要其中：意为还没有把握住儒家学说的要害。要，求。中，要害。

㉓縻：同靡，耗费。廪粟：国库的粮食，即禄米。唐国子博士，官阶正五品上，月俸四十贯，岁禄米二百斛。

㉔从徒：有奴仆跟随。

㉕踵常途：意谓跟着世俗常人行事。常途，平常的道路。役役：辛劳的样子。

㉖陈编：古籍。

㉗诛：责罚。

㉘宰臣：宰相。斥：贬斥。

㉙随之：随之破坏。

亚圣孟子像，图出自明·吕维祺《圣贤像赞》。

⑳“投闲”二句：意为把我安置在闲散的位置（指为国子博士）上，正是理所当然的。

㉑若夫：至于。商：谋算。财贿：财货，指俸禄。亡：通无。

㉒计：计较。班资：品秩。崇庳：高低。庳，通卑，低下。

㉓己量：自己的能力。称：相称。

㉔前人：暗指执政的人。

㉕诘：责问杙（yì）：小木桩。楹：柱子。

㉖訾：诋毁，指责。昌阳：即昌蒲，据说久服身轻，耳聪目明，益寿延年。引年：延年。

㉗豨苓（xī líng）：即猪苓，菌类植物，食之利尿。

【译文】

国子先生清晨来到太学，召集学生站在学舍前面，教导他们说：“学业由于玩乐而荒废；德行的完善是归功于善于思考，德行的败坏则是由于因循。现今圣君贤臣相会，法律政令健全完备，驱赶了凶险邪恶之人，提拔重用才智贤良之辈。具有一点好的品行的人都被录取，有一技之长的人全部录用。搜罗鉴别人才，刮除蒙在他们身上的污垢，使他们德才发出夺目光辉。大概有无才无德自己的学业不能精通，无须顾虑主管长官眼目不明；只须考虑自己的德行不能养成，不必担心主管官员不公正。”

话还没说完，有个学生就在队列里笑着说：“先生是在骗我们啊！学生我侍奉先生，到如今已经很多年了。先生口中不停止吟诵‘六经’的文章，手头从不停止翻检诸子百家的著述。对记事的书必定列出提纲要领，研究立论的撰著必定探索深奥宗旨。贪恋广博的知识，力争更大的收获，无论大小都不放过。夜以继日，一年到头；先生治学，可真称得上勤奋啊！抨击异端邪说，驳斥佛家道家；补正儒学的缺漏，阐发精深微妙的奥秘；探寻那漫无头绪的失传的正道，独自去广泛搜寻，远承那先哲的遗教；拦堵众多的河川引导它东流大海，挽回那泛滥的狂涛使它复归故道；先生对于发扬儒家的道统，真可谓辛劳。沉湎陶醉在典籍浓郁的芳香气味中，咀嚼体会那名著精湛的内容和文采；创作文章，书稿摆满了屋子。以上取法《虞书》、《夏书》的典章，深远博大，无边无涯，《周诰》、《盘庚》的拗口艰涩，《春秋》的谨严精当，《左传》的夸饰铺排，《易经》的富有变化而具定则，《诗经》的内容端正，辞藻华美；下面直到《庄子》、《离骚》，太史公的撰著，还有那异曲同工的司马相如和杨雄的辞赋，先生的文章，可以称得上有宏大内容和奔放雄奇的笔触。少年时刚开始读书，就敢于大胆实践；长大以后深明大义，一切行动都合情合理；先生的为人，可以说具备了高尚的品质。然而仗义为公不能得到人们的信任，在私事上也没有朋友相帮，进退两难，一动就会获罪。才当了几天的监察御史，使获罪贬谪到荒远的南方；做了三年的国子博士，闲散的职务表现不出您治国的才干。命运啊似乎和仇敌早已商定，使您不时遭到挫败摧残。冬天虽然温暖，儿女衣单却不住地喊冷，年成尽管丰收，老妻啼哭饥饿。只落得头秃齿落，就是到死也难有什么益处。您不知考虑个人的遭际，反而教导别人也跟着这样做。这是何苦呢？

先生说：“唉！请你站到前面，粗大的木料用来做梁，细小的木料便做成椽”，还有那托梁的斗拱，梁上的短柱，门窗的竖木，门栓门枢，各自得到适当的用处，用以造成的房屋，这便是土木工匠的高明的技术。贵重的地榆朱砂，天麻青芝，粗贱的车前草、马屁菌，还有那破败的鼓皮，全都收存，一并蓄积，等到需用时就不会缺漏，这便是精良的医理。提拔人材能明辨贤愚，选择良士能居心公正，有巧有拙量材使用用；沉稳而有修养的是佳士，刚直不阿附的是俊材；比较人才的长处和短处，各种人才都做出合理安排；这就是宰相治国的原则。古代孟轲能言善辩，孔子的学说由他而得到发展，他游历的车辙遍布天下的道路，周游列国一生消耗在奔

杨雄像，图出自明·天然撰《历代人物像传》。杨雄为西汉著名文学家，以擅赋著称。

波之中；荀况坚守儒学的正道，孔子的博大理论在他这里得到发扬，逃避谗言逃到楚国，最后被免掉了职务，老死在兰陵。这两位儒家学者，他们的言论成为经典，他们的行为便是准则，远远超出了一般人士，高明到足以进入圣人的境界，然而他们在世上的遭遇又是怎么样的呢？现今先生我学习虽然勤奋，但并不能完全遵循儒学的正统，言论著述虽然很多，但却不能切中要害，文章虽然奇诡绚丽，却不实用，品行虽然有一定修养，却并未超凡脱俗；尚且月月耗费朝廷的俸钱，年年耗费官仓的粟米，儿子不懂耕种，妻子不知纺织，出门乘坐马车，身后有随从，安坐于家中，不劳而得食。走的是寻常道路因循拘谨，剽窃前人著作毫无创新。然而圣明的君主不加惩罚，贤能的宰相不予斥逐，这难道不很幸运？一有行动便受到诽谤，名声也就随之败坏，安置到闲散的职务上，这是理所应当。至于算计利禄财物的有无，较量官位的高低，忘掉自己的能力可以胜任什么职务，一味去指责上级的过失，这好比人们所说的责备工匠不用短小的木橛去做房柱，批评医师用昌蒲使人延年益寿一样！”

圬者王承福传

韩　愈

【题解】

圬者，就是泥瓦匠。韩愈此文为泥瓦匠王承福作传，实际上是借王承福的身世和其所具有的观点，来阐释他本人对于社会的分工，处世的哲学，做人的原则等问题的一些看法。

圬之为技①，贱且劳②者也。有业之③，其色若自得者。听其言，约而尽④。问之，王其姓，承福其名，世为京兆⑤长安⑥农夫。天宝之乱⑦，发人为兵，持弓矢十三年，有官勋，弃之来归，丧其土田，手镘衣食⑧。馀三十年，舍于⑨市之主人，而归其屋食之当⑩焉。视时屋食之贵贱⑪，而上下⑫其圬之佣以偿之⑬。有余，则以与道路之废疾饿者焉。

①圬（wū）之：圬，涂抹、粉刷墙壁。圬者，即泥瓦匠。

②贱且劳：卑贱而且劳苦。

③“有业之”：有一位操这一职业而摸样看起来很自我满足的人。

④约而尽：简约而又周全。

⑤京兆：京兆，京师。长安属于京兆尹管理，所以说京兆长安。

⑥长安：在今陕西省西安市附近地区。

⑦天宝之乱：天宝，唐玄宗李隆基年号。天宝十四年（755年）十一月，安禄山起兵叛唐，玄宗曾命其第六子李琬在京师招兵十一万以讨之，即“安史之乱”。

⑧手镘（màn）衣食：镘，泥瓦匠抹墙的工具，也称“圬”。衣、食，此处指获取衣食。全句意谓：拿着“镘”做工来养活自己。

⑨舍于：居住。

⑩屋食之当：指房饭钱的价格。当，相当。

⑪视时屋食之贵贱：随着房饭钱价格的高低，来增减自己的工价。

⑫上下：犹言增减。

⑬偿之：指付房饭钱。

又曰：粟，稼而生者也；若布与帛，必蚕绩而后成者也；其他所以养生之具，皆待人力而后完也，吾皆赖之。然人不可遍为，宜乎各致其能以相生也⑭。故君者，理我所以生者也，而百官者，承君之化者⑮也。任有小大，惟其所能，若器皿焉⑯。食焉而怠其事，必有天殃⑰，故吾不敢一日舍镘以嬉。夫镘易能，可力焉，又诚有功，取其直⑱，虽劳无愧，吾心安焉。夫力易强而有功也[19]，心难强而有智也[20]；用力者使于人，用心者使人[21]，亦其宜也。吾特择其易为而无愧者取焉。嘻！吾操镘以入富贵之家有年矣。有一至者焉，又往过之，则为墟[22]矣；有再[23]至、三至者焉，而往过之，则为墟矣。问之其邻，或曰：噫！刑戮也。或曰：身既死而其子孙不能有也。或曰：死而归之官[24]也。吾以是观之，非所谓食焉怠其事而得天殃者邪？非强心以智而不足、不择其才[25]之称[26]否而冒之者邪？非多行可愧[27]、知其不可而强为之者邪？将富贵难守、薄功而厚飨[28]之者邪？抑丰悴有时、一去一来而不可常者邪[29]？吾之心悯焉，是故择其力之可能者行焉。乐富贵而悲贫贱，我岂异于人哉？

唐玄宗李隆基像，图出自明·天然撰《历代人物像赞》。唐玄宗天宝十四年（公元756年）爆发了安史之乱。

⑭宜乎各致其能以相生也：至，极尽。各人尽自己的能力去劳动，互通有无，以图生存。

⑮承君之化：奉行国君的教化政策。

⑯“任有”三句意谓所担任的事情大小不同，按其能力去做，就好像器皿，形状不一，但各有各的用途。

⑰“食焉”二句意谓勤吃混做，一定会遭受上天的惩罚。

⑱直：通“值”，这里指工钱。

⑲夫力易强而有功也：体力劳动这东西，勉力去做，能收到功效。

⑳心难强而有智也：脑力劳动（心）的事，却难以勉强做得好。

㉑用力者使于人，用心者使人：使于人，被人利用。使人，使用别人。二句出自《孟子》：“劳心者治人，劳力者治于人。”

㉒墟：废墟。

㉓再：两次。

㉔死而归之官：死后因种种关系，财产收归官有。

㉕“不择其才”：不管自己才干和能力是否配得上，一味硬干。

㉖称（chèn）：适合。

㉗多行可愧：尽做着对不起自己良心的事。

㉘薄功而厚飨：功劳微薄，享受丰厚。飨：享用。享受。

㉙“抑丰悴”：抑，还是。丰，丰满、昌盛。悴，憔悴、衰落。丰悴指家境的兴盛衰落。

又曰：功大者，其所以自奉也博。妻与子，皆养于我者也，吾能薄而功小，不有之可也。又吾所谓劳力者，若立吾家而力不足，则心之劳也。一身而二任[30]焉，虽圣者不可为也。

㉚二任：指劳心与劳力。

愈始闻而惑之，又从而思之，盖贤者也，盖所谓独善其身者也。然吾有讥[31]焉，谓其自为也过多，其为人也过少，其学杨朱之道[32]者邪？杨之道，不肯拔我一毛而利天下。而夫人以有家为劳心，不肯一动其心以畜其妻子[33]，其肯劳其心以为人乎哉！虽然，其贤于世之患不得之而患失之者[34]，以济其生之欲、贪邪而亡道、以丧其身者。其亦远矣！又其言有可以警余者，故余为之传，而自鉴焉。

㉛讥：批评。

㉜杨朱之道：杨朱，战国时期的思想家，主张“为我”学说，反对墨子的“兼爱”和儒家的伦理。

㉝畜其妻子：养活其妻子、儿女。

㉞“其贤于”句：意即“患得患失”，语出《论语》。

【译文】

泥瓦匠这种手艺，是低贱而辛苦的。有一个以此为业的人，神色安然，好像很满足。听他讲话，简要而透彻。问他姓名，叫王承福。祖祖辈辈是长安的农民。天宝之乱时，朝廷招兵，他手持弓矢十三年，立功受勋，他却放弃了，回到家乡。家里的田地已经丧失，就拿起泥瓦刀来维持生活。三十多年来，他住在雇佣他干活的主人那里，付给主人房租与饭钱。根据当地房租饭钱的贵贱，以增减自己的工价来偿付他。若有剩余送给路上那些病贱饥饿的人。

王承福又说：“谷米，是经过播种才生长的。至于布匹与丝绸，一定要养蚕纺织才能得到。其他用来维持生活的物品，都是要经过劳动才能完成。我依赖这一切而生活。但一个人不可能什么都做，应各尽其能以便共同生存。所以君主，由于治理我们，使我们得以生存；而各级官吏，是辅佐君主施行教化的。责任有大小，只是各尽所能，就像各种器皿作用不同一样。饱食终日而又懒于做事，一定会天降大灾！所以我不敢放泥瓦刀一天去闲游。那抹灰刷墙是容易掌握的技能，只要出力就行。又的确干出了成绩、取得了报酬，虽劳累却无愧于心，我心是坦然的。那体力活是容易通过强化劳动来取得成绩的，而心灵就难以强行使它有才智了。劳心者治人，劳力者治于人，也是应该的。我拣那些容易做而又于心无愧的事来取得报酬。

唉！我手拿瓦刀进出富贵人家做工已有多年了。有去过一次的，再一次去那里，已变成废墟了，有去过两次三次的，后来经过那里，已变成废墟了。问他们的邻居，有的说：‘唉！坐牢杀头了！’有的说：‘主人死后，子孙们不能保住家业了。'有的说：'主人死后家产没人管了。'我从此看到：这不就是只吃不做而遭了天灾的事例吗？不就是强迫使脑子聪明而达不到，不选择自己才能与职务相称的工作去做的结果吗？不就是老干那于心有愧的事，明知做不到而硬要勉强去干的下场吗？也许是由于富贵难以守住，功劳小而俸禄厚的缘故吧？或者是兴旺与衰败有一定期限，不能长久呢？我心里怜惜他们，因此就选择力所能及的事来做。为富贵高兴，为贫贱忧愁，我哪里与别人不一样呢？"又说："功劳大的，他供养自己的物资就多。妻子儿女都靠我养活，我能力弱而功劳小，不要老婆孩子也是可以的。再说我是劳力之人，如果成了家而力量不够，那么心就又要操劳了。一个人负担劳力又负担劳心，即使是圣人也办不到。"

我刚听到这话不太理解，接着根据他的言行再思量，他可能是一个贤人，大概是人们所说的"独善其身"的人。然而我要指责他，认为他为自己考虑得太多，为他人考虑太少。他莫非是位信奉杨朱学说的人？杨朱学说，不愿拔自己一根毫毛以有益于天下。而此人认为有家是劳神费心，不愿花费一点心思来养活妻儿，难道还肯劳心去为别人服务吗？既使这样，他比世上那些患得患失，为了满足个人生活中的欲望，贪图不义之财而不走正道，因此而丧命的人，要强出许多。另外他的话有许多可以警戒的地方，因此我写了这篇传记，作为自己的借鉴。

讳辩

韩愈

【题解】

李贺是中唐时期著名诗人，父早逝，但因其父名晋肃与进士音近，嫉妒他才能的人以应避“家讳”为理由，制造舆论，阻挠他应试。韩愈特地写此文为李贺辩护，文章引用律令、经籍、典章，然后层层设问，层层批驳，阐明李贺应试合情合理合法，文章雄辩有力。

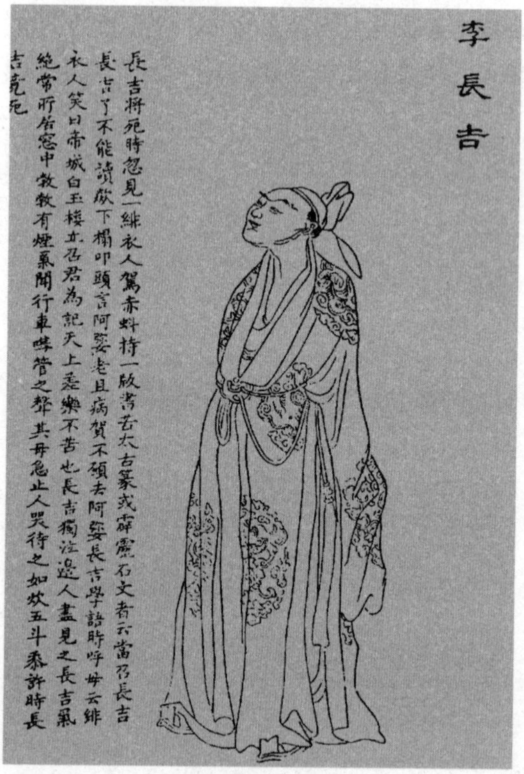

李贺像，图选自清·上官周绘《晚笑堂画传》。李贺字长吉，唐代著名诗人，因父名“晋肃”之“晋”与“进士”之“进”同音，“肃”与“士”音近，李贺便以有讳父名而被人议论攻击，不得参加进士考试。

愈与李贺书[①]，劝贺举进士。贺举进士有名[②]，与贺争名者毁之，曰：“贺父名晋肃，贺不举进士为是，劝之举者为非。”听者不察也，和而倡之，同然一辞。皇甫湜曰[③]：“若不明白，子与贺且得罪。”愈曰：“然。”

①李贺（公元 791 年 – 公元 817 年）：字长吉，唐代杰出诗人，十几岁即工诗，得到韩愈、皇甫湜等人的赏识。死时年仅二十七岁。

②有名：荐举的名单里有名字。

③皇甫湜（约公元 773 年 – 公元 830 年）：字持正，唐代文学家，元和进士，官至工部郎中。从韩愈学古文。文才敏捷，在古文运动中起过积极作用。

律曰：“二名不偏讳[④]。”释之者曰：“谓若言‘征’不称‘在’，言‘在’不称‘征’是也[⑤]。”律曰：“不讳嫌名[⑥]。”释之者曰：“谓若‘禹’与‘雨’、‘丘’与‘蓲’之类是也[⑦]。”今贺父名晋肃，贺举进士，为犯二名律乎？为犯嫌名律乎？父名晋肃，子不得举进士。若父名仁，子不得为人乎？

④二名不偏讳：名字是两个字时，只讳其中一字。讳，旧时对帝王及尊长不敢称其名，叫避讳。因亦以指所讳者的名字。偏，本作“徧”，普遍，全部。

⑤“谓若”句：《礼记·檀弓》：“二名不偏讳。夫子之母名徵在，言在不称徵，言徵不称在。”

⑥嫌名：嫌其与名音相近的字。

⑦禹与雨：禹和雨同音，只讳禹而不讳雨。禹，远古时代传说中的治水专家，相传受舜禅让而为天子，是夏朝的第一个帝王。丘与蓲：丘与蓲音同，只讳丘而不讳蓲。丘，孔丘，春秋末大思想家，封建时代尊为圣人。

夫讳始于何时？作法制以教天下者，非周公、孔子欤[⑧]？周公作诗不讳[⑨]、孔子不偏讳二名[⑩]，《春秋》不讥不讳嫌名[⑪]。康王钊之孙，实为昭王[⑫]。曾参之父名皙，曾子不讳“昔”[⑬]。周之时有骐期[⑭]，汉之时有杜度[⑮]，此其子宜如何讳？将讳其嫌，遂讳其姓乎？将不讳其嫌乎？汉讳武帝名“彻”为“通”[⑯]，不闻又讳车辙之“辙”为某字也。讳吕后名“雉”为“野鸡”[⑰]，不闻又讳治天下之“治”为某字也。今上章及诏[⑱]，不闻讳“浒”、“势”、“秉”、“机”也[⑲]。惟宦官宫妾，乃不敢言“谕”及“机”[⑳]，以为触犯。士君子立言行事，宜何所法守也？今考之于经，质之于律，稽之以国家之典，贺举进士为可邪[㉑]？为不可邪？

⑧周公：姓姬，名旦，西周初年的著名政治家。孔子：即孔丘。

⑨周公作诗不讳：周公之父周文王名昌，其兄周武王名发，而《诗经》中不讳“昌”“发”二字，如《周颂·臣工·雍》有“克昌阙后”，《噫嘻》中有“骏发尔私”等。按：据孔颖达疏，上引二诗皆作于周公成王之时，但皆非周公作。韩愈说“周公作诗不讳”，应是推测之辞。

⑩孔子不偏讳二名：如孔子母名徵在，但《论语·八佾》有“宋不足徵也”，《卫灵公》有“某在斯”。

⑪《春秋》：春秋时鲁国的史书，据说经过孔丘删订。不讥不讳嫌名：不以为犯讳而加讽刺。

⑫康王钊：周康王，名钊，公元前1026年－公元前1000年在位。昭王：周昭王，名瑕，周康王之子（韩愈误记为孙）。钊、昭同音，不为犯讳。

⑬曾子不讳昔：如《论语·泰伯》：“曾子曰：……昔者吾友。”皙、昔同音，曾子不以为犯讳。曾子，名参，孔子弟子。

⑭骐期：周人，不详。

⑮杜度：字伯度，后汉人，工草书。东汉章帝时齐国的相。

⑯武帝：汉武帝，名彻，公元前140年－公元前87年在位。名彻为通：汉人为避武帝讳，把“彻”字改为“通”字，把“彻侯”叫“通侯”，改蒯彻为蒯通之类。

⑰吕后：汉高祖刘邦的妻子，名雉。

⑱章：奏章。诏：诏书，皇帝的命令。

⑲浒、势、秉、机：唐高祖李渊的祖父名虎，后追尊为景皇帝，庙号太祖，虎与浒同音。唐

太宗李世民，世与势同音，李渊的父亲名昞，昞与秉同音。唐玄宗名隆基，基与机同音。

⑳谕：唐代宗名豫，豫同谕同音。

㉑邪：同“耶”，表疑问的语气词，下同。

凡事父母，得知曾参，可以无讥矣。作人得知周公、孔子，亦可以止矣。今世之士，不务行曾参、周公、孔子之行㉒，而讳亲之名则务胜于曾参、周公、孔子，亦见其惑也。夫周公、孔子、曾参，卒不可胜㉓。胜周公、孔子、曾参，乃比于宦官宫妾。则是宦官宫妾之孝于其亲，贤于周公、孔子、曾参者邪㉔？

㉒务：致力。

㉓夫（fú）发语词。卒：终于。

㉔贤：超过。

【译文】

我给李贺写信，劝他去考进士。李贺考在被举荐之列，与李贺争名的人就诋谤他，说：“李贺的父亲名晋肃，他不参加进士考试是对的，劝他参加考试的人错了。”听的人不加分辨，于是随声附和，众口一辞。皇甫湜说：“如果不把事情讲清楚，你和李贺都要获罪。”我说：“是的。”

律令上说：“两个字的名字不必都避讳。”解释律文的人说：比如孔子的母亲名“徵在”，孔子在说“徵”时不说“在”，说“在”时不说“徵”，就属于这种情况。律文上说：“不避讳声音相近的字。”解释律文的人说：这就好比“禹”和“雨”，“邱”和“莒”这一类的字。现在李贺的父亲晋肃，李贺去参加进士考试，是犯了“二名律”呢？还是犯了“嫌名律”呢？父亲名叫晋肃，儿子就不能参加进士考试；如果父亲名叫仁，儿子就不能叫人了吗？

夏禹像，图出自明·天然撰《历代人物像赞》。

避讳是从什么时候开始出现的？创立礼法制度来教化天下人的，不是周公、孔子吗？周公作诗没有避讳，孔子不避讳母亲双名中的一个字，《春秋》对不避讳声音相近的字的现象也不批评；周康王钊的孙子，谥号为昭王；曾参的父名叫皙，曾子并不避讳“昔”字。周朝时有个叫骐期的人，汉代时有个叫杜度的人，这样他们的儿子应该怎样避讳呢？是避讳那声音相近的字，于是连姓也要避讳么？还是不避讳那声音相近的字？汉朝为了避讳汉武帝的名字，改"彻"为"通"，但没有听说又为了避讳，改车辙的"辙"为什么字；为了避讳吕后的名"雉"，就改"雉"为"野鸡"，但没有听说又为了避讳，改"治天下"的"治"为什么字。现在上奏章和下诏书，没有听说避讳"浒"、"势"、"秉"、"机"这些字。只有太监和宫女才不敢说"谕"字和"机"字，认为说了就是触犯皇帝的名讳。读书人著书做事，应该遵守怎样的礼法呢？现在考证经典，对照律文，查核国家的典章，李贺参加进士考试是可以呢，还是不可以呢？

凡是侍奉父母能够像曾参那样的，就无可指责了；做人能够像周公、孔子那样，也可以说到顶了。现在的读书人，不努力学习曾参、周公、孔子的品行，却在避讳亲人的名字上力求超过曾参、周公、孔子，可见他们糊涂啊，周公、孔子、曾参毕竟是不能超越的；要是在避讳上超过周公、孔子、曾参，就跟太监、宫妃是一类了，如果那样，岂不是太监宫妃对亲人的孝顺，比周公、孔子、曾参还要好么？

争臣论

韩　愈

【题解】

争臣，指能向君主诤谏之臣。韩愈曾在贞元二年（公元786年）所作《条山苍》诗中称当时稳居山林的阳城为“松柏在高冈”，表示仰慕之意。至贞元八年，阳城出山为谏官已有五年而未见有所作为，韩愈遂作本文进行讽谕。清吴楚材、吴调侯评云：“是箴规攻击体，文亦擅世之奇，截然四问四答而首尾关应如一线。”后三年，在裴延龄诬陷陆贽事件中阳城奋起直谏，一举声震朝野。研究者或谓阳城平时对琐碎之事不加论说而遇到关键时刻对重大问题据理力争是“知大计”的表现，如此则韩愈的撰作此文是对阳城的不理解；然二吴之评最后指出：阳城的终于奋起抗争，“抑公有以激之欤”？吴说有其识见。本文中逐层驳斥各种逃避“官守”、“言责”的错误论调，辨析透辟，气势雄盛，提倡关心现实、为国家和民众而勇于向统治者提批评的精神，确是很有积极意义与激励力量的。由于期望高，故议论发至，可谓“箴规”之力作，而谓之“攻击”则未必然。

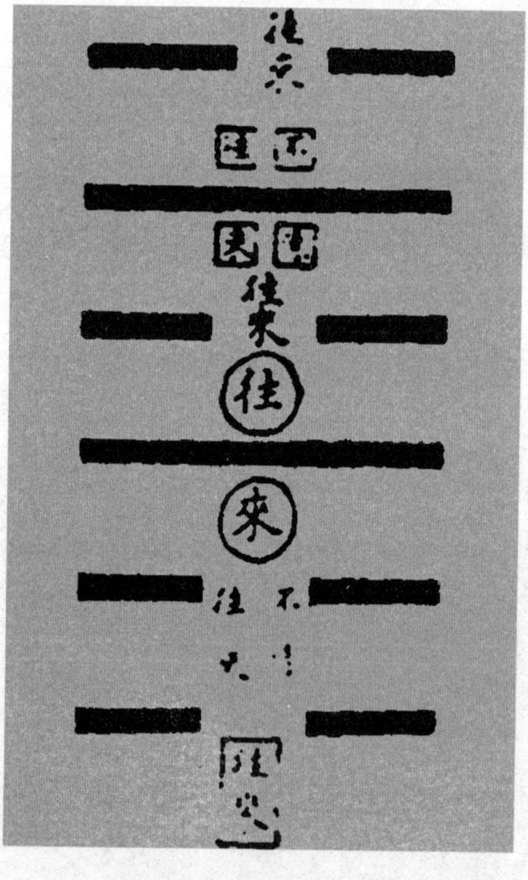

“蹇往来”图，出自宋·佚名《周易图》，描绘了《易经·蹇卦》的卦象。

或[1]问谏议大夫阳城[2]于愈：“可以为有道之士乎哉？学广而闻多，不求闻于人也。行古人之道，居于晋之鄙[3]。晋之鄙人熏其德[4]而善良者几千人。大臣闻而荐之，天子以为谏议大夫。人皆以为华[5]，阳子不色喜。居于位五年矣，视其德如在野。彼岂以富贵移易其心哉！”

①或：有人。

②阳城：字亢宗，唐代北平人，曾隐居中条山，后徙居陕州夏县，有贤德之名。唐德宗召为谏议大夫。开头几年，每天和弟弟在家喝酒，一直没有履行劝谏的职责，所以韩愈写这篇文章促进他。

③鄙：边境。

④薰其德：受他高尚品德的熏陶。

⑤华：荣耀，荣华。

愈应之曰："是《易》所谓恒其德贞而夫子凶者也⑥。恶得为有道之士乎哉？在《易·蛊》之上九云：'不事王侯，高尚其事⑦。'《蹇》之六二则曰：'王臣蹇蹇，匪躬之故⑧。'夫亦以所居之时不一，而所蹈之德不同也。若《蛊》之上九，居无用之地，而致匪躬之节；以《蹇》之六二，在王臣之位，而高不事之心，则冒进⑨之患生，旷官⑩之刺⑪兴。志不可则，而尤不终无也。今阳子在位不为不久矣，闻天下之得失不为不熟矣，天子待之不为不加矣，而未尝一言及于政。视政之得失，若越人视秦人之肥瘠，忽焉⑫不加喜戚于其心。问其官，则曰：'谏议也'；问其禄，则曰：'下大夫之秩也'；问其政，则曰：'我不知也。'有道之士，固如是乎哉？且吾闻之：'有官守者，不得其职则去；有言责者，不得其言则去。'今阳子以为得其言乎哉？得其言而不言，与不得其言而不去，无一可者也。阳子将为禄仕乎？古之人有云：'仕不为贫，而有时乎为贫'，谓禄仕者也。宜乎辞尊而居卑，辞富而居贫，若抱关击柝⑬者可也。盖孔子尝为委吏⑭矣，尝为乘田⑮矣，亦不敢旷其职，必曰：'会计当而已矣'，必曰：'牛羊遂而已矣。'若阳子之秩禄，不为卑且贫，章章明矣，而如此其可乎哉？"

⑥"恒其"一句：意思是长久保持一种节操，不能顺时变通，对于男子来说是不可取的。

⑦不事王侯，高尚其事：不为王侯所役使，使自己的行为高尚。

⑧王臣蹇蹇，匪躬之故：意思是臣子不避艰险，辅助国君，是由于他能不顾惜自己的缘故。蹇蹇，尽忠的样子。匪，非。躬，自己。

⑨冒进：指贪求仕进。

⑩旷官：放弃职守。

⑪刺：指责。

⑫忽焉：不经意的样子。

⑬抱关击柝（tuò）：看守城门，巡夜打更。抱关，守卫关门。击柝，打更。

⑭委吏：古代掌管粮仓的小官。

⑮乘田：春秋时鲁国掌畜牧的小官。

或曰："否，非若此也。夫阳子恶讪上者，恶为人臣招其君之过而以为名者。故虽谏且议，使人不得而知焉。《书》曰：'尔有嘉谟嘉猷，则入告尔后于内，尔乃顺之于外，曰："斯谟斯猷⑯，惟我后之德⑰。"'

夫阳子之用心，亦若此者。”

⑯嘉谟嘉猷（yóu）：好的谋划和好的主意。
⑰后：天子。

愈应之曰：“若阳子之用心如此，滋所谓惑者矣。入则谏其君，出不使人知者，大臣宰相者之事，非阳子之所宜行也。夫阳子本以布衣隐于蓬蒿之下，主上嘉其行谊，擢在此位。官以谏为名，诚宜有以奉其职，使四方后代知朝廷有直言骨鲠[18]之臣，天子有不僭赏[19]从谏如流之美。庶岩穴之士，闻而慕之，束带结发，愿进于阙下而伸其辞说，致吾君于尧舜，熙鸿号[20]于无穷也。若《书》所谓，则大臣宰相之事，非阳子之所宜行也。且阳子之心将使君人者恶闻其过乎？是启之也。”

⑱骨鲠：喻刚直。
⑲僭赏：滥赏。
⑳熙鸿号：熙，明显。鸿号，伟大的名声。

或曰：“阳子之不求闻而人闻之，不求用而君用之，不得已而起，守其道而不变，何子过[21]之深也？”

㉑过：指责，责备。

愈曰：“自古圣人贤士皆非有求于闻、用也。闵其时之不平，人之不乂[22]，得其道，不敢独善其身，而必以兼济天下也。孜孜矻矻[23]，死而后已。故禹过家门不入[24]，孔席不暇暖[25]，而墨突不得黔[26]。彼二圣一贤[27]者，岂不知自安佚[28]之为乐哉？诚畏天命而悲人穷也。夫天授人以贤圣才能，岂使自有余而已？诚欲以补其不足者也。耳目之于身也，耳司闻而目司见。听其是非，视其险易，然后身得安焉。圣贤者，时人之耳目也。时人者，圣贤之身也。且阳子之不贤，则将役于贤以奉其上矣。若果贤，则固畏天命而闵人穷也，恶得以自暇逸乎哉？”

㉒乂（yì）：治理。
㉓孜孜矻（kū）矻：勤奋不懈的样子。
㉔禹过家门不入：相传大禹治水多次路过家门而不入。
㉕孔席不暇暖：孔子回家，连席子还没坐暖就离开了。
㉖墨突不得黔：墨子回来，烟囱还没烧黑就走了。突，烟囱。黔，黑色。
㉗二圣一贤：儒家尊禹和孔子为圣人，而认为墨子只能算贤人。
㉘佚：同“逸”。

或曰：“吾闻君子不欲加诸人，而恶讦[29]以为直者。若吾子之论，直则直矣，无乃伤于德而费于辞乎？好尽言以招人过，国武子[30]之所以见杀于齐也，吾子其亦闻乎？”

㉙讦（jié）：攻击、揭发别人的短处。

㉚国武子：春秋时齐国的卿士。因为直谏，被灵公杀害。

愈曰："君子居其位，则思死其官；未得位，则思修其辞以明其道。我将以明道也，非以为直而加人也。且国武子不能得善人，而好尽言于乱国，是以见杀。《传》曰：'惟善人能受尽言㉛。'谓其闻而能改之也。子告我曰：'阳子可以为有道之士也。'今虽不能及已，阳子将不得为善人乎哉？"

㉛惟善人能受尽言：唯有德的人才能采纳直言。

【译文】

有人问我："谏议大夫阳城可算是有高尚道德的人吗？他见多识广，不求功名。他遵循古人之道隐居在晋的乡野，那儿附近的人，受到他品德的感化而变好的有几千人。他被朝中一些大臣推举做官，他被天子任命为谏议大夫。大家都认为很高尚，阳城的脸上没现出喜色。他在这个职位上做了五年了，看他的品行就同在乡野的时候一样，他难道会因为富贵而改变本性吗？"

我回答说："这是《易经》所说的始终保持柔顺的品德，对男子来说是不祥的。怎能算是有道之士呢？《易经·蛊卦》《上九》爻辞说：'不为官时，要保持高尚的节操。'《蹇卦》《六二》爻辞说：'朝臣进谏并不是为了自身利益的缘故。'这是因为所处的时间不同，而所实行的原则也不一样。如果像《蛊卦》《上九》爻辞所说的处在闲散之位时，却履行尽终职守的原则；而处在《蹇卦》《六二》爻辞所说的在职时，却以不侍奉王侯为荣耀，那么前者就会产生贪求仕禄的忧患，后者就会招来玩忽职守的责难，这种志向不宜效仿，而过失不可避免。现在阳城身居官职的时间不算短了，听到的天下的得失，不能算不熟悉了。天子对待他不能算不厚了，但是他没说一句涉及朝政的话题。他看待政务的得失，就像越国人看秦国人的肥瘦，十分淡漠，无动于衷。问他的官职，说是谏议大夫；问他的俸禄，说是下大夫的品级；问他朝政，却说我不知道。有道德修养的人，就是这个样子？

"我又听说：'没有尽责的官员应辞，有进言责任的人，不能向君王进言也要辞职，如今阳子是有进言责任的人吧？应该进言而不进言，与不能进言而又不辞职，二者都是不对的。'阳子难道是为了俸禄而作官的吗？古人说：'为官不是因为穷，但有时也有因为穷的。'这里说的就是为俸禄而作官的人。这种人应该辞掉高位而身居卑职，弃富贵而居贫寒就像守门打更之类的差使就可以了。据说孔子曾经做过仓库管理员，还曾经做过牧场小吏，他也不敢玩忽职守，说一定使账目清楚，一定要使牛羊肥壮，像阳子那样的官级俸禄，不算低下卑贱，这十分明了，而他这样做不太合适吧？"

有人却说：不，不是这样的。阳子厌恶说上司坏话的人，不喜欢做臣子的揭露君主的过失而为自己博取名声的人，所以即便进谏、议论，但是也不让人知道。《尚书》说：'假如你有好的谋略，进去告诉你的君主，在公开场合应附和说："这

《二十一史通俗演义》版画之夏禹治水图。相传大禹治水，三过家门而不入。

些好的计划，建议是出于我们君主的圣明”。’那阳城的用心，也是如此吧。”

我回答说：“如果阳城的用心是这样的，那就更令人怀疑了！进宫奉劝君主，回来不让别人知道，这是大臣宰相应该做事情，不是阳城所应该做的。阳城本是一个平民，隐居草莽，皇上赞赏他的品行道德，提拔到这个官位上，官名为谏议大夫，就确实应该履行自己的职责，使世人和子孙后代，知道朝廷有刚正敢于直言进谏的臣子，天子有不滥赏，从谏如流的品德，使那些隐居的贤士会心生羡慕，于是整理衣冠，结好头发，愿意到期廷阐述自己的见解，使我们的君主成为尧、舜那样的圣主，留名千秋万代。象《尚书》所说的，那是大臣宰相的事，不是阳城所应该做的。况且阳城的用心，是要使君主讨厌听到自己的过失吧？这是诱导君主文过饰非啊。”

有人说：“阳城不想出名而出了名，不求任用而君主任用他，是不得已才出来的，坚持不改变作风。为什么你对他如此苛刻？”

我说：“自古以来的圣贤能，都不是追求名利而被任用的，只由于忧虑世道，百姓的疾苦，懂得了圣明的道德学说，不敢仅仅修养自身，而一定要为大众谋利，勤恳劳碌，到死方休。所以大禹过家门三次而不入，孔子周游列国坐席都不曾坐热过，墨子的烟囱也没有烧黑过。这两个圣人难道不知道享受安逸快乐吗？他们的确是畏惧天命而又理解百姓的疾苦，上天授给人的圣贤才智，难道只是使自己这方面有余就算了吗？实在是要用此种方式去弥补他人的不足。耳朵、眼睛对身体来说，耳朵管听而眼睛管看，听辨是非，看出安危，这样身体才能够得到安全。圣贤是世人的耳目；世人是圣贤的身体。假使阳城不贤明，那么他就应该被人奴役去侍奉君主；假使阳城果真是贤人，那么本来就应该畏惧天命而同情百姓的疾苦。岂能贪图自己的闲适生活呢？”

有人说：“我听说君子不想凌驾于他人之上，厌恶以指责别人来表现自己的正直。至于您的言论，已经直率了，未免有些损伤德行、浪费口舌吧？直言揭露别人的过失，这正是国武子被齐国杀死的原因啊，您也许也听说过吧？”

我说：“君子在他的权位上，就做好了以身殉职的准备；君子不在其位，就应著书阐明自己的理论。我就是要阐明道理，不是要强加于人。国武子没有遇到好人，却在纷乱腐败的国家直言不讳，所以被杀。《国语》说：‘只有好人才能够采纳直言。’意思是说他听到批评后能够改正。您告诉我说：‘阳城算得上是有道之士’。虽然阳城现在还够不上有道之士的标准，难道阳城先生还算不得一位勇于更正的善人吗？”

后十九日复上宰相书

韩 愈

【题解】

唐德宗贞元十一年，韩愈二十八岁，已经考取进士四年，但被阻于吏部的博学宏词科，一直没有得到官职。其间，他曾向一些达官贵人上书，希望得到荐举，都毫无结果。这年年初，他在一个多月内，连续三次给宰相们上书陈诉，本文是第二次上书。当时高居相位的是赵憬、贾耽、卢迈等一班庸人，韩愈自然不会得到任何好的结果。

文章首先陈述自己的窘迫之状，然后举出一般官员犹有举荐的事实，说明是否擢拔后进之士并不因时而异，人才得用的时机是在位的人所造成的。全文紧扣“势”、“时”二字着笔，步步深入，“文势如奔湍激箭”（何焯语）；又善于设事立言，语言婉曲而深沉。本文在客观上反映了当时统治集团不能举贤授能和社会的人情冷暖；但同时也体现出封建文人庸俗的一面，表露了“俯首贴耳，摇尾而乞怜”的丑态。

二月十六日①，前乡贡进士②韩愈，谨再拜言相公阁下。

①二月十六日：即唐德宗贞元十一年（公元795年）二月十六日。古人书信格式，多将时间、写信人姓名、收信人姓名写在信的最前面。

②乡贡进士：指唐代由州县荐举出来参加科举考试而考中进士的人。

向③上书及所著文后，待命凡④十有⑤九日，不得命。恐惧不敢逃遁，不知所为。乃复敢自纳于不测之诛⑥，以求毕其说，而请命于左右⑦。

③向：以前。

④凡：共。

⑤有；又。

⑥诛：责备。

⑦左右：过去书信中对对方的称呼。

愈闻之，蹈水火者之求免于人也，不惟⑧其父兄子弟之慈爱，然后呼而望之也。将有介⑨于其侧者，虽其所憎怨，苟⑩不至乎欲其死者，则将大其声疾呼而望其仁之也。彼介于其侧者，闻其声而见其事，不惟其父兄子弟之慈爱然后往而全之也。虽有所憎怨，苟不至乎欲其死者，则将狂奔尽气，濡⑪手足，焦⑫毛发，救之而不辞也。若是者何哉？其势诚急，而其情诚可悲也。

⑧惟：只有。
⑨介：原指处于两者之间，这里是挨近，靠近的意思。
⑩苟：但是。
⑪濡：音 rú，沾湿。
⑫焦：烧焦。

愈之强学力行有年矣。愚不惟[13]道之险夷[14]，行且不息，以蹈于穷饿之水火，其既危且亟[15]矣，大其声而疾呼矣，阁下其亦闻而见之矣。其将往而全之欤，抑将安而不救欤？有来言于阁下者曰："有观溺于水而爇[16]于火者，有可救之道，而终莫之救也。"阁下且以为仁人乎哉？不然，若愈者，亦君子之所宜动心者也。

⑬惟：想。
⑭夷：平坦。
⑮亟：音 jí，急迫。
⑯爇：音 ruò，焚烧。

或谓愈，子言则然矣，宰相则知子矣，如时不可何？愈窃谓之不知言者，诚其材能不足当吾贤相之举耳。若所谓时者，固在上位者之为耳，非天之所为也。前五六年时，宰相荐闻[17]，尚有自布衣[18]蒙抽擢[19]者，与今岂异时哉？且今节度、观察使及防御、营田诸小使等，尚得自举判官[20]，无间[21]于已仕未仕者，况在宰相，吾君所尊敬者，而曰不可乎？古之进人者，或取于盗[22]，或举于管库[23]，今布衣虽贱，犹足以方[24]于此。情隘[25]辞蹙[26]，不知所裁[27]，亦惟少[28]垂怜[29]焉。愈再拜。

⑰荐闻：向上举荐。
⑱布衣：平民。
⑲抽擢：选拔，提升。
⑳判官：官名，唐代时节度、观察、防御使等的属官。
㉑间：区别。
㉒取于盗：指管仲曾在盗贼中提拔两人为官。
㉓举于管库：指春秋时晋国的赵文子在管仓库的人中提拔人才之事。
㉔方：比拟。
㉕隘：窘迫。
㉖蹙：急促。
㉗裁：裁剪，此处意为安排取舍。
㉘少：稍微。
㉙垂怜，爱惜。

【译文】

二月十六日，前科乡贡进士韩愈，再次拜谒上书宰相。

前不久奉上书信及所撰写的文章之后，恭候您的佳音共计十九天，没有得到回复。心中惶恐而不敢躲避，不知道怎么办好。便再次甘冒无法预料的惩罚，以求能说明自己的心腹之言，而恳请阁下指示。

我听说，遭到水火之灾的人向别人呼救，不只是考虑父母、兄弟、子女的慈爱之情，才呼唤而盼望他们来拯救。如果有他人在旁，虽然曾经讨厌和怨恨他，但还不至于是盼着他死的人，便要放开喉咙，急切呼唤而期待他们能怜惜救助自己。那些站在旁边的人，听到他的喊叫，看到他危险的处境，不只是因为顾念父母、兄弟、子女的慈爱之情，而上前去救他。虽然是对他有所厌恶和怨恨，但还不至于盼他死的人，都会一口气飞奔过去，弄湿了身体，烧焦了头发胡须，也要拯救他而不会辞避。为什么会这样呢？正是因为他的处境确实危急而令人可怜啊。

我勤学苦读、勉力实践已经多年了。我生性愚鲁不知考虑道路的艰险或平易，不停地往前走，以至于坠入穷愁饥饿的水火中，处境既困危又紧急，放开喉咙而急切呼喊，阁下大概也听到并看到了。您是走过来帮助我呢，还是安坐在一旁不予救援呢？有人禀告阁下说："有的人看见别人掉到水里或为火焚烧，有援救的办法而最终没去救。"阁下将会认为他是仁德的人吗？如果不这样认为，像我这种情况，也是君子应该为之动心的。

有人告诉我说，你的话是对的，宰相也了解你，但是时机不恰当，有什么办法呢？我说那些言论不为宰相所了解、重视的人，确实是因为他们的才能不足以得到我们贤明的宰相的举荐。假如说到时机，本来就是身居要职的贵人提供的，不是苍天造成的。五、六年前，由于宰相推荐，尚且有从平民百姓中得到提拔的人，当时和现在难道世道有什么变化吗？况且现在的节度使、观察使，以及防御使、营田使等，尚且可以自己任用判官，对曾做过官和未做过官的同样看待；何况对于宰相，我们的君主所尊敬的人，怎么好说不能做到呢？古时候荐举人才，有的从盗贼中选取，有的从管理仓库的人中录用，现今我这个平民虽然身份低微，还是能和那些人相比的。情况窘迫，言辞急迫，不知道写了些什么，还希望阁下稍加怜惜。韩愈再次拜上。

后廿九日复上宰相书

韩　愈

【题解】

韩愈在给宰相上第二封信后，一直没有回音，过了二十九天，他第三次给宰相写信。本文作者引典析理以求"垂察"，重在以理服人。将周公"吐哺握发"求贤若渴的态度与宰相的置之不理的冷漠态度进行对比，抒发了自己报国无门的愤慨和心中对统治阶级的不满。文章观点鲜明、言辞恳切。

三月十六日，前乡贡进士[①]韩愈，谨再拜言相公阁下。

①乡贡进士：由州县考试推选中的进士。

愈闻周公之为辅相[②]，其急于见贤也，方一食三吐其哺，方一沐三握其发[③]，当是时，天下之贤才皆已举用，奸邪谗佞欺负之徒皆已除去，四海皆已无虞[④]，九夷、八蛮之在荒服之外者皆已宾贡[⑤]，天灾时变、昆虫草木之妖皆已销息[⑥]，天下之所谓礼、乐、刑、政教化之具皆已修理[⑦]，风俗皆已敦厚，动植之物、风雨霜露之所霑被[⑧]者皆已得宜，休征嘉瑞、麟凤龟龙之属皆已备至[⑨]，而周公以圣人之才，凭叔父之亲[⑩]，其所辅理承化之功又尽章章如是[⑪]。其所求进见之士，岂复有贤于周公者哉？不惟不贤于周公而已，岂复有贤于时百执事[⑫]者哉？岂复有所计议、能补于周公之化者哉？然而周公求之如此其急，惟恐耳目有所不闻见，思虑有所未及，以负[⑬]成王托周公之意，不得于天下

周公像。周武王去世后，其子成王年幼，由其弟周公旦代理国政。

之心。如周公之心，设使其时辅理承化之功未尽章章如是，而非圣人之才，而无叔父之亲，则将不暇食与沐矣⑭，岂特吐哺握发为勤而止哉⑮？维其如是⑯，故于今颂成王之德，而称周公之功不衰⑰。

②“愈闻”句：周公，即周公旦的叔父，周成王的叔叔，成王年幼时，辅佐成王。

③“方一食”二句：意为吃一顿要几次吐出口中的饭菜，洗一次头，要好几次用手握住湿漉漉的头发，形容人非常忙。

④无虞：没有忧虑。

⑤“九夷”句：九夷，泛指东方的民族。八蛮，指南方少数民族的泛称。荒服，京畿之外，分地为五等，名称五服，离京畿二千至二千五百里的地方称作荒服。荒，荒远。宾，此处为归顺意。贡，向朝廷进献物品。

⑥销息：消失。

⑦“天下”句：礼，各种制度和规范。具，设施，设置。修理，整治。

⑧霑被：霑，通“沾”，滋润。

⑨“休征”句：休征嘉瑞，吉祥的征兆。休、嘉均为美善意。麟、凤、龟、龙，古人皆视为吉祥之物。备，全。至，到，出现。

⑩凭叔父之亲：周公是成王的叔父。

⑪“其所”句：辅理，辅佐治理。承化，承行教化。章章，即彰彰，明显。

⑫执事：古时指侍从左右供使令的人这里指周公手下的官吏。

⑬负：辜负。

⑭“则将”句：不暇，没有时间。食，吃饭。沐，洗头。

⑮“岂特”句：岂，哪里。特，只是。而止，而已。

⑯维其如是：维，通“唯”，因为。如是，这样。

⑰不衰：不止。

今阁下为辅相亦近⑱耳。天下之贤才岂尽举用？奸邪谗佞欺负之徒岂尽除去？四海岂尽无虞？九夷、八蛮之在荒服之外者岂尽宾贡？天灾时变、昆虫草木之妖岂尽销息？天下之所谓礼、乐、刑、政教化之具岂尽修理？风俗岂尽敦厚？动植之物、风雨霜露之所霑被者岂尽得宜？休征嘉瑞、麟凤龟龙之属岂尽备至？其所求进见之士，虽不足以希望盛德，至比于百执事，岂尽出其下哉⑲？其所称说，岂尽无所补哉⑳？今虽不能如周公吐哺握发，亦宜引而进之，察其㉑所以而去就之，不宜默默而已也。

⑱近：相似。

⑲“至比于”二句：至于和您身边办事的人相比，难道全都在他们之下吗？百，泛指其多。

⑳“其所”二句：称说，陈述的意见。补，补益。

㉑“察其”句：所以，所作所为。去就，任用与否。

㉒再：两次。

愈之待命，四十余日矣。书再上㉒，而志不得通。足三及门㉓，而阍人㉔辞焉。惟其昏愚，不知逃遁，故复有周公之说焉㉕。阁下其㉖亦察之。

古之士三月不仕则相吊[27]，故出疆必载质[28]。然所以重于自进者，以其于周不可则去之鲁[29]，于鲁不可则去之齐，于齐不可则去之宋，之郑，之秦，之楚也。今天下一君，四海一国，舍乎此则夷狄[30]矣，去父母之邦矣[31]。故士之行道者，不得于朝，则山林而已矣。山林者，士之所独善自养，而不忧天下者之所能安也[32]。如有忧天下之心，则不能矣。故愈每自进而不知愧焉，书亟[33]上，足数及门，而不知止焉。宁独[34]如此而已，惴惴焉惟不得出大贤之门下是惧[35]。亦惟少垂察焉[36]。渎冒威尊[37]，惶恐无已[38]。愈再拜。

㉓及门：到门上。

㉔阍（hūn）人：看门人。

㉕“惟其”三句：惟，因为。昏愚，昏庸愚蠢，谦词。周公之说，有关周公的一番话。

㉖其：语气词，表示希望。

㉗相吊：互相安慰。

㉘“故出疆”句：疆，国境。质，通“贽”，初次见面时送给人家的礼物。

㉙“以其”句：不可，不被任用。去，离开周。之，往，到。以下五句的“之”字皆如此。作动词用。

㉚夷狄：对少数民族的蔑称。

㉛“去父母”句：离开生养自己的祖国。

㉜“士之”二句：自养，自我修养。不忧天下，不为国家民众的事忧虑。安，安心呆着。

㉝亟：（qì）屡次。

㉞宁独：哪里只是。

㉟“惴（zhuì）惴”句：惴惴，惶恐不安的样子。惟……是惧，倒装句，只惧……。

㊱“亦惟”句：惟，希望。少，稍微。垂，低头，敬词。

㊲渎冒威尊：渎，轻慢无礼。冒，冒犯。威尊，威严和尊贵，敬词。

㊳无已：不已，不止。

【译文】

三月十六日，前科乡贡进士韩愈，恭谨地再次上书宰相阁下：

我听说周公当时做宰相时，急于接见贤人，以致于吃一餐饭，要好几次吐出口中的饭菜；正在洗头，要好几次用手握住湿漉漉的头发。那个时候，天下的贤才，都已经被选拔任用了，奸诈邪恶、好进谗言、巧言献媚、欺上负恩之类的坏人，都已经清除出去了，四海之内都已经太平无事了，那些荒远地区的众多少数民族，都已经归顺、纳贡了，天灾水祸、时世的变化，由此而产生的昆虫草木的妖异现象，都已经不见了，天下的所为礼仪、音乐、刑法、政令等教育感化人的工具，都已经完备了，民风习俗都已朴实敦厚，凡蒙受风雨霜露的滋润养育的动植物，都已经得到了合适的生存环境，吉祥的征兆，诸如麒麟、凤凰、灵龟、神龙之类，都已经出现，而周公以他圣人的才智、凭着他是君王的叔叔的亲近关系，他那辅佐君王、治理国家、让百姓接受教化的功绩，又都如此显著。那些求见的人中，难道还有比周公更贤明的吗？非但不可能比周公更贤明，难道还有比当时执掌各部门政务的官员更贤明的吗？难道他们还有什么策略、议论能够补周公教化之不足吗？然而周公求贤之心是如此急迫，惟恐有自己耳朵、眼睛所没有听到、看到的，头脑所没有考虑到的，从而辜负了周成王委托他治国的一番心意，不能得到天下百姓的一致拥戴。像周公这样的心思，假设他当时辅佐治理、实行教化的功绩，没有能够如此昭彰卓著，而他本人也并没有圣人的才智，没有作为君王叔叔的亲近关系，那么，恐怕连吃饭、洗头的功夫都没有了，哪里还只是以吃饭时吐食、洗头时握发为勤劳就算了呢？正因为如此，所以直到今天，大家还不断地歌颂成王的德行，而称赞周公的功劳啊！

如今阁下当宰相的时间并没有多久。天下的贤才，难道都已提拔重用了？奸诈邪恶，好进谗言，巧言谄媚，欺君负恩之流，难道都已清除干净了？四海之内难道都已安定无事了？各方荒远地区的异族，难道都已归顺、纳贡了？天灾人祸，昆虫草木的妖异，难道都已绝迹了？天下的所谓礼仪、音乐、刑法、政令等进行教化的工具，难道都已完善了？社会风气习俗，难道都已朴实敦厚了？受风雨霜露滋养的动植物，难道都已得到了适宜的生存环境？吉祥的征兆，诸如麒麟、凤凰、灵龟、神龙之类，难道都已出现了？那些请求进见的人，虽然不足以得到有崇高道德的阁下的青睐，至于和朝廷的官员比较，难道他们的才能全都在百官们之下吗？他们所提出的见解、所发的言论，难道对朝廷都是无稽之谈吗？现在即使不能像周公那样为求贤而吐食、握发，也应该召见他们并加以推荐，考察他们的实际德才而决定辞退或任用，不应该不予理睬就算了的。我等待回音，已有四十多天了，呈了两次书信而我的心意却不能被理解。脚，多次去登门拜访，但被房门拒绝。只是因为生性糊涂愚笨，不知逃避，所以才又说了一通周公的事，希望阁下也能明察的吧！古时候的读书人，三个月没有做官，便要相互慰问，所以一出国界，一定要带着进见的礼物。但他们重视自荐的原因，是因为如果周朝不用他们，他们就去往鲁国，鲁国不用他们，就去往齐国，齐国不用他们，就去往宋国，去往郑国，去往秦国，去往楚国。如今天下只有一个君主，四海之内只有一个国家，除此以外，就是异族的土地了，也就是离开父母之邦了。所以读书人所走的道路，不是被朝廷任用，就只有去山林隐居一条路了。山林是读书人中那些只求独善其身、保养自我，而对天下大事都不再忧虑的人才能够安心居住的，如果还有忧虑天下之心，就不能隐居了。所以我才多次自我推荐而不知羞愧，信一再地奉上，脚不断地登门而不知休止了。哪里仅仅如此而已，还惴惴不安地惟恐不能出自大贤的门下，也希望您能对我稍稍有所谅解。冒犯了阁下的威望尊严，惶恐不已。韩愈再拜。

与于襄阳书

韩　愈

【题解】

本篇是韩愈所写的一封请求引荐的信，当时韩愈任国子监四门博士。于襄阳、河南人，名頔，字允元，因做过襄州大都督，故称于襄阳。文中论证了先达之士和后进之士的利害关系，基于这一点，韩愈才向于襄阳毛遂自荐，写下此信，并认为这是堂堂正正的事情。文章写得不卑不亢，委婉得体。

七月三日①，将仕郎守国子四门博士韩愈②，谨奉书尚书阁下③。

①七月三日：当指贞元十八年（公元802年）七月三日。韩愈在这一年做了国子监四门学博士。

②将仕郎：官名，文散官。守：唐代品级较低的人担任较高的官叫守。国子：即国子监。西门：即四门学，国子监统辖的六个部门之一，掌教七品以上官吏和一般地主子弟。其中设博士官若干人。

③尚书：原为官名，这里用于对于襄阳的称呼。于頔做过工部尚书，故称尚书。阁下：对人的尊称。

上之能享大名、显当世者，莫不有先达之士④、负天下之望者为之前焉⑤。士之能垂休光⑥、照后世者，亦莫不有后进之士、负天下之望者为之后焉⑦。莫为之前，虽美而不彰；莫为之后，虽盛而不传。是二人者⑧，未始不相须也⑨，然而千百载乃一相遇焉。岂上之人无可援⑩、下之人无可推欤⑪？何其相须之殷而相遇之疏也⑫？其故在下之人负其能不肯谄其上⑬，上之人负其位不肯顾其下。故高材多戚戚之穷⑭，盛位无赫赫之光⑮。是二人者之所为皆过也。未尝干之⑯，不可谓上无其人；未尝求之，不可谓下无其人。愈之诵此言久矣⑰，未尝敢以闻于人⑱。

④莫不：无不，没有不。先达：有地位，有名望的先辈。

⑤为之前：为他做前导，援引他。

⑥垂：流传。休光：美好的影响，美好的名声。

⑦为之后：在他的背后、身后为他宣扬。

⑧是二人者：这样的两种人，即“先达之士”与“后进之士”。

⑨未始：未尝。须：等待，需要。

⑩援：援引，荐引。

⑪推：推崇，宣扬。

《春秋五霸七雄列国志传》版画之“燕昭王立黄金台招贤”图

⑫殷：殷切，恳切。
⑬负：倚恃，凭恃。谄：巴结，奉承，此处意为“请示”。
⑭戚戚：忧愁的样子。穷：困窘，不得志。
⑮盛位无赫赫之光：虽然处于高贵的位置，但却没有美名盛誉的流传。
⑯干：干谒，干求。
⑰诵：在这里含有思考、琢磨、念叨等义。
⑱敢：表示谦敬，这里有“冒昧地”的意思。

侧闻⑲阁下抱不世之才，特立而独行⑳，道方而事实㉑，卷舒㉒不随乎时㉓，文武唯其所用，岂愈所谓其人哉？抑㉔未闻后进之士，有遇知于左右㉕、获礼㉖于门下者，岂求之而未得邪？将志存乎立功，而事专乎报主，虽遇其人，未暇礼邪？何其宜闻而久不闻也？

⑲侧闻：从旁边听说，“曾有所闻”的谦敬说法。
⑳特立而独行：有独立的见地和操守，不随波逐流。
㉑道方而事实：道德行为方正而行事踏实。
㉒卷舒：弯曲和伸直。这里指行动、地位的变化、进退。
㉓时：时俗，这里指当时的潮流。
㉔抑：然而。
㉕左右：指于襄阳。旧时书信称对方，不称其本人，而称其左右执事人，以示尊敬。
㉖获礼：获得礼遇。

愈虽不材，其自处不敢后于恒人。阁下将求之而未得欤？古人有言：“请自隗始㉗。”愈今者惟朝夕刍米仆赁之资是急㉘，不过费阁下一朝之享而足也㉙。如曰：“吾志存乎立功，而事专乎报主。虽遇其人，未暇礼焉。”则非愈之所敢知也。世之龊龊者㉚既不足以语之㉛，磊落奇伟之人又不能听焉，则信乎命之穷也㉜！谨献旧所为文一十八首㉝，如赐览观，亦足知其志之所存。愈恐惧再拜。

㉗请自隗始：燕昭王为了拯救战败的燕国，去向郭隗请教求贤的方法，郭隗为他讲说古代明君求贤的方法，最后说：“王必欲致士，先从隗始，况贤于隗者，岂远千里哉。”燕昭王依郭隗的话去做，果然各国的贤士源源而来。“请自隗始”，意思是请对方拿自己做一个榜样，来吸引其

他贤者。

㉘刍：喂牲口的草料。赁（lìn）：租用。

㉙一朝（zhāo）之享：一顿早饭的费用。比喻要求非常低。享，或作宴。

㉚龊龊（chuò）：器量狭小，拘谨于小节。

㉛语（yù）：告诉。

㉜信：确实，真是。

㉝首：篇。

【译文】

七月三日，将仕郎任国子四门博士韩愈，恭敬地呈信给尚书阁下：

读书人能让人享有盛名、显荣于当世，没有哪个不是靠德高望重的先辈做引导的。读书人之所以能美誉流传，光耀后世的，也没有哪个不是靠后辈、靠有声望的人做他的后继者。没有人引导，即使德才兼备也不能扬名；没有人继承，虽然有盛德也不会流传。这两种人，未尝不互相依赖。但是，要千百年才能相遇一次啊。难道上面没有可为依靠，下面没有可以推荐的人吗？为何他们相互期待帮助的心情如此殷切，而相遇的机会又那样稀少呢？原因在于居下的人依仗他的才能，不肯谄媚上司请求推荐；居于上面的人凭着他们的权位，又不肯照顾他下面的人。所以，有才能的人多为不得志而烦恼，位尊的人也没有显赫的声誉。这两种人的做法都是不对的，不曾去请求，不能说上面没有可依靠的人；不曾去寻求，不能说下面没有可以推荐的人。我思考这样的话已经很久了，还没敢把它讲给别人听。

我听说阁下有非凡的才能，人品出众而操行独立，道德端正而重视实际，进退不随时俗，文武官员能依才而用。难道我所说的先达之士就是您吗？但是，我还没听说有被您赏识而蒙以礼相待的后辈，难道是求而未得吗？或许是您怀抱立功之志，专心于报答君主，虽遇到后进之士，却没有时间以礼相待吧？不然，为什么应该听说却长久没有听说呢？

我虽然没有才能，但对自己的要求从不在一般人的后面。您要寻求人才不是还没得到吗？古人说过："请从我郭隗开始。"我现在正为着每天的柴米和雇用仆役的费用着急，不过花费您一天的享受就足够了。如果您说："我怀抱立功之志，专一报答君主之心，哪怕遇到后进之士，我也没有时间以礼相待他"，那就是我所不敢想象的了。社会上那些平庸无远见之辈，既不足以同他们谈这些话；心胸坦白、光明正大的人，又不能听我的话。确实相信是命中注定该穷困的了！谨献上以前写的文章十八篇，如蒙阅览，也就可以理解我的志向所在。

韩愈诚惶诚恐，再拜。

与陈给事书

韩　愈

【题解】

陈给事，名京，字庆复，唐代宗大历元年（公元766年）进士，德宗贞元十九年（公元803年）由考功员外郎晋升为给事中。给事，官名，即给事中。唐代的给事中，乃中央机构门下省的重要官员，仅次于门下首的长官侍中、副长官侍郎，掌管驳正政令的得失。本文为韩愈给陈京的一封信。信中述写了与陈京旧时曾有过交往和后来疏远的原因，婉言表述了对陈给事的不满。同时也表示疑虑消除，希望陈京重新了解自己，恢复友谊。

愈再拜。愈之获见于阁下有年矣。始者亦尝辱一言之誉。贫贱也，衣食于奔走①，不得朝夕继见②。其后阁下位益尊，伺候于门墙者日益进③。夫位益尊，则贱者日隔；伺候于门墙者日益进，则爱博而情不专。愈也道不加修，而文日益有名。夫道不加修，则贤者不与④；文日益有名，则同进者忌。始之以日隔之疏，加之以不专之望⑤，以不与者之心，而听忌者之说，由是阁下之庭无愈之迹矣。

①衣食于奔走：是“奔走于衣食”的倒装句。

②继：连续。

③伺候；等候，这里有“依附”的意思。门墙：旧时指师长之门。这里泛指尊者的门下。

④贤者：这里指陈给事。与：赏识，赞赏。

⑤望：抱怨，不满。

去年春，亦尝一进谒于左右矣⑥。温乎其容，若加其新也⑦；属乎其言⑧，若闵其穷也⑨。退而喜也，以告于人。其后如东京取妻子⑩，又不得朝夕继见。及其还也，亦尝一进谒于左右矣。邈乎其容⑪，若不察其愚也⑫；悄乎其言⑬，若不接其情也。退而惧也，不敢复进。

⑥谒：拜见。

⑦加：附于……之上，这里是对待的意思。新：新交。

⑧属（zhǔ）：连续不断。这里形容话很多，很热情。

⑨闵（mǐn）：同“悯”，怜惜。

⑩如：到。东京：指今河南洛阳。唐时首都在长安（今陕西西安），而以洛阳为东都，也称东京。

⑪邈：远。这里指表情疏而冷淡的样子。

⑫愚：谦词，这里指自己的心情。

⑬悄（qiǎo）：沉默，冷淡。

今则释然悟[14]、翻然悔曰[15]：其邈也，乃所以怒其来之不继也；其悄也，乃所以示其意也。不敏之诛[16]，无所逃避[17]。不敢遂进，辄自疏其所以[18]，并献近所为《复志赋》以下十首为一卷，卷有标轴[19]。《送孟郊序》一首[20]，生纸写[21]，不加装饰，皆有揩字、注字处[22]，急于自解而谢[23]，不能竢更写[24]。阁下取其意，而略其礼可也。

愈恐惧再拜。

⑭释然：形容疑虑消除。

⑮翻然：也作“幡然”，形容很快转变。

⑯诛：责备。

⑰无所：没有什么地方、处所。

⑱辄：即，就。疏：分条陈述。

⑲标轴：标签和卷轴。书画卷之端有棍杆为轴。

⑳孟郊：字东野，唐代诗人，韩愈的朋友。参看本书所选《送孟东野序》。

㉑生纸：未经煮捶或涂蜡的纸。宋邵博《邵氏闻见后录》卷二十八载：“唐人有熟纸，有生纸。熟纸，所谓妍妙辉光者。其法不一。生纸非有丧故不用，退之与陈京书云《送孟郊序》用生纸写，言急于自解，不暇择耳。”

㉒揩字：涂去的字。注字：添加的字。

㉓谢：道歉。

㉔竢（sì）：等待。

【译文】

韩愈再拜：我想获得见进阁下已经多年了。起初也曾蒙阁下的称赞，因为在下生活贫困，地位低贱，不得不为衣食而奔走，不能常去拜见您。从这以后，大人地位更加尊贵，在老师门下伺候的人进见一天天多远来。地位更加尊贵，那么，地位低贱的人就一天天疏远了；在老师门下依附的人进见一天天多起来，那么，关爱的范围广泛，感情不能专注某一人。在下道德没有更进一步修养，可是文章日渐出名。道德没有更进一步修养，那么，贤士就不肯跟我交往；文章日益有名气，那么，一同上进的人就会嫉妒。

孟郊像，图出自明·天然撰《历代古人像赞》。

开始一天天隔绝，关系就疏远了，加上感情不能专一使我产生怨恨，听信那些小人谗言，因此大人的门庭就没有我韩愈的足迹了。

去年春天，我也曾拜见过您。您的态度温和，似乎是称赞我弃旧图新；您的言语不断，似乎是怜悯我处境困难。回来以后心里欢喜，并把这些告诉别人。后来在下前往东京接妻子儿女，又不能早晨夜晚连续进见。等到回来的时候，也曾拜见大人一次。您的神情轻蔑，似乎是对我的愚昧无知无所了解；您的不言不语，好像是不能理解我的思想感情。回来以后心里一直不安，不敢再进见了。如今，我是彻底醒悟过来，立即悔恨自己，说："神情轻蔑，那是恼恨自己进见不能连续呀；言语很少，那是用来表示你的意向。"

在下不能尽快悔悟，应受责备，没有地方可以逃避，不敢进见。便自己陈述一下原因，并献上近日所作《复志赋》以下十篇：写成一卷，有标志和卷轴；《送孟郊序》一篇，生纸抄写，不加装饰；都有涂抹、加注文字的地方。急于为自己解释并且谢罪，不能等待重抄一遍，大人只看意思不必要求礼节就可以了。韩愈恐惧再拜。

应科目时与人书

韩　愈

【题解】

本篇题一作《应科目时与韦舍人书》，是贞元九年（公元793年）韩愈参加博学宏词科考度时写给当权者的一封信，目的是希望身居上位者“怜察之”。文章以水中“怪物”为喻，表现了一个怀才不遇之士的困窘、忧愤和渴望有人救助、一展才能的急切心情。虽为请托求荐，但作者态度不卑不亢，很有分寸。

月、日，愈再拜。天池之滨[①]，大江之濆[②]，曰有怪物焉，盖非常鳞凡介之品汇匹俦也[③]。其得水，变化风雨，上下于天不难也。其不及水，盖寻常尺寸之间耳[④]。无高山、大陵、旷途、绝险为之关隔也[⑤]，然其穷涸[⑥]，不能自致乎水，为猵獭之笑者[⑦]，盖十八九矣。如有力者，哀其穷而运转之，盖一举手、一投足之劳也。然是物也，负其异于众也，且曰：“烂死于沙泥，吾宁乐之。若俯首帖耳[⑧]，摇尾而乞怜者，非我之志也。”是以有力者遇之，熟视之若无睹也。其死其生，固不可知也。

①天池：寓言中所说的南方大海。又称“南溟”。《庄子·逍遥游》：“南冥者，天池也。”

②濆（fén）：水边。

③“曰有”二句：怪物，根据文中所形容，大概是蛟龙一类的兽物。常鳞凡介：指普通的水生动物。鳞，有鳞的水族，如鱼、龙之类。介，有介甲的水族，如龟、鳖之类。匹俦：对手。

④寻常尺寸：此指距离很近。古时以八尺为寻，二寻为常。

⑤绝险：极险而不可逾越。关隔：关禁障碍。

⑥涸（hé）：水干、枯竭。

⑦猵獭（biān tǎ）：猵：即猵，水獭。獭：生活在水边的小兽，善游泳，捕鱼为食。

⑧俯首帖耳：形容卑屈、驯服的样子。

今又有有力者当其前矣，聊试仰首一鸣号焉，庸讵知有力者不哀其穷[⑨]而忘一举手、一投足之劳，而转之清波乎？其哀之，命也。其不哀之，命也。知其在命，而且鸣号之者，亦命也。愈今者实有类于是。是以忘其疏愚之罪，而有是说焉。阁下其亦怜察之。

⑨庸讵：哪里，怎么。

【译文】

某月某日，韩愈叩首致敬。南海之滨，长江岸边，据说有一种怪物，它不是一般的鳞甲类动物所能相比的。它得到水，即使呼风唤雨，上天下地都不成问题。如果没有得到水，恐怕只能在很小的范围内活动。即使没有高高的山脉、巨大的丘陵、宽广的道路、特别的险阻成为阻碍，然而它也只能在干涸的水泽里挣扎，不能使自己到达有水的地方，十有八九会成为水獭所嘲笑的对象。这时候假如有一位有力气的人，因为可怜它的困顿而帮它移动迁徙，也许只是举手投足之劳就可以完成了。但此物却因其与众不同而自负，还说："烂死在泥沙中，我宁愿这样，但要我俯首帖耳，摇尾乞怜，就绝非我的本愿。"因此即使是有力气的人看到它，也是熟视无睹。这怪物到底是死是活，真是无从知晓。

现在又有一位有力者出现在它的面前，它试着抬头号叫一次，怎知道这位有力量的人不会哀怜它的困顿，而不计较一举手、一投足的劳动，把它转移到水中去呢？有力量的人哀怜它，是命运的安排；不哀怜它，也是命运的安排。明白一切都是命中注定的，但还是想号叫一声的，这也是命运所致吧。我目前的处境，实在与它有类似处。因此也就不顾自己的疏忽与愚笨的罪过，说出以上的言论，近望阁下同情体察。

送孟东野序[1]

韩　愈

【题解】

著名诗人孟郊一生穷困潦倒，他四十二岁中进士，五十岁才被选为溧阳县尉，一生郁郁不得志。韩愈同情他的遭遇，作此序送他。文中一方面为孟郊的处境而忧愤，流露出对朝廷用人不当的不满，同时列举出大量事实，指出不幸的处境，反而激励人写出更优秀的作品，以此宽慰孟郊。

本文也表现了韩愈的文艺观点。指出文学与生活、与时代有着密切的联系。这种观点对文学创作有一定的指导意义，在中国文学批评史上占有重要的地位。

大凡物不得其平则鸣[2]。草木之无声，风挠之鸣[3]。水之无声，风荡之鸣。其跃也或激之[4]，其趋也或梗之[5]，其沸也或炙之[6]。金石之无声，或击之鸣。人之于言也亦然，有不得已者而后言，其谲也有思[7]，其哭也有怀。凡出乎口而为声者，其皆有弗平者乎[8]？

①本文是孟郊赴溧阳尉任时，韩愈写给他的临别赠言。孟郊，字东野，中唐诗人，韩愈的学生。他一生坎坷，四十六岁始中进士，五十岁出任溧阳尉，仕途不顺，终生贫困。文中表达了对孟郊怀才不遇的同情，对执政者不重用人才的不满，这是一篇为孟郊鸣不平的作品。序，文体名，唐人把送别赠言一类文章称为序。

②平：指平衡、公平、安定等。鸣：鸣叫，这里泛指有所抒发或表示，是鸣叫之意的广义使用。

③风挠之鸣：风吹动草木而发声。挠，扰动。

孟郊像，图出自清·顾沅《古圣贤像传略》。

④跃：指浪花飞溅。激：阻遏水势。

⑤趋：疾行，指水快流。梗：阻塞。

⑥炙：烧。

⑦思：与下句的“怀”，都指思想感情。

⑧弗：不。

乐也者⑨，郁于中而泄于外者也⑩，择其善鸣者而假之鸣⑪。金、石、丝、竹、匏、土、革、木八者⑫，物之善鸣者也。维天之于时也亦然，择其善鸣者而假之鸣。是故以鸟鸣春，以雷鸣夏，以虫鸣秋，以风鸣冬。四时之相推夺⑬，其必有不得其平者乎！

⑨乐：音乐。

⑩郁：郁结。中：内心。

⑪假：借。

⑫金、石、丝、竹、匏（páo）、土、革、木：指古代的各种乐器，即钟镈、磬、琴瑟、箫管、笙竽、埙、鼓、柷敔等。

⑬四时：指春夏秋冬四季。推敚：推移变化。敚，同夺。

其于人也亦然。人声之精者为言，文辞之于言⑭，又其精也，尤择其善鸣者而假之鸣。其在唐、虞⑮，咎陶、禹，其善鸣者也⑯，而假以鸣。夔弗能以文辞鸣⑰，又自假于《韶》以鸣⑱。夏之时，五子以其歌鸣⑲。伊尹鸣殷⑳，周公鸣周。凡载于《诗》、《书》六艺，皆鸣之善者也。周之衰，孔子之徒鸣之，其声大而远。传曰：“天将以夫子为木铎㉑。”其弗信矣乎？其末也，庄周以其荒唐之辞鸣㉒。楚，大国也，其亡也，以屈原鸣㉓。臧孙辰、孟轲、荀卿㉔，以道鸣者也。杨朱、墨翟、管夷吾、晏婴、老聃、申不害、韩非、慎到、田骈、邹衍、尸佼、孙武、张仪、苏秦之属㉕，皆以其术鸣。秦之兴，李斯鸣之㉖。汉之时，司马迁、相如、扬雄㉗，最其善鸣也。其下魏、晋氏，鸣者不及于古，然亦未尝绝也。就其善者，其声清以浮㉘，其节数以急㉙，其辞淫以哀㉚，其志弛以肆㉛，其为言也，乱杂而无章㉜。将天丑其德莫之顾邪㉝？何为乎不鸣其善鸣者也？

⑭文辞：经过修饰的语言，此指文章等作品。

⑮唐：尧的国号。虞：舜的国号。

⑯咎（gāo）陶（yáo）：亦作皋陶，相传为尧舜时的法官。禹：舜臣。今文《尚书》有《皋陶谟》，伪古文《尚书》有《大禹谟》，所记据说是皋陶、大禹的言论。

⑰夔（kuí）：人名，相传舜时的乐官。

⑱《韶》：乐曲名。传说为夔所作。

⑲五子：传说为帝启的五个儿子，一说即武观，启的少子。《尚书》载《五子之歌》，为后人伪托。

⑳伊尹：名挚，商汤的贤相，曾佐汤灭夏。他曾作《咸有一德》、《伊训》、《太甲》等文，

已佚，《尚书》所载为后人伪托。

㉑《传》：这里指《论语》。下面的引文见《论语·八佾》。木铎：舌为木制的铃。古时发布政令，摇木铎以引起百姓的注意。这里是喻孔子著书立说，其影响如同帝王发布号令。

㉒庄周：战国时宋国蒙城（今河南商丘东北）人。荒唐之辞：指《庄子》一书，原书五十二篇，现存三十三篇。荒唐，广大无边际。

㉓屈原：名平，字原，楚怀王时人。著有《离骚》、《九歌》、《天问》、《哀郢》等光辉诗篇。

㉔臧孙辰：复姓臧孙，名辰，即臧文仲（文是谥号，仲是字），鲁国大夫。他的言论，见《国语·鲁语》、《左传》。孟轲：字子舆，战国时邹（今山东邹县）人。受业孔子的孙子子思，是先秦儒家学派的代表人物，著有《孟子》七篇，主张行仁政。荀卿：名况，战国末期赵国人，先秦儒家学派的集大成者，著有《荀子》三十二篇。

伊尹像。图出自清·顾沅辑《古圣贤像传略》。伊尹是商代名臣。

㉕杨朱：字子居，战国初期卫人。他的著作没有留存下来，其言论散见于《孟子》、《庄子》、《韩非子》、《吕氏春秋》、《列子》等书中。墨翟：宋大夫，墨家学派创始人。有《墨子》七十一篇，现存五十三篇。管夷吾：字仲，春秋时齐国贤相。有《管子》八十六篇，今存七十六篇。晏婴：字平仲，齐国贤相。有《晏子春秋》八篇，为后人根据他的言行轶事编辑而成。老聃：即老子，一说名耳，李姓，楚人，曾为周柱史，著有《老子》一书。申不害：战国时韩人，相韩昭侯十五年，主刑名之说，有《申子》六篇。原书已佚，今存马国翰辑本。韩非：韩国公子，先秦法家代表人物，著有《韩非子》五十五篇。慎到：战国时赵人，著有《慎子》四十二篇，原书已佚，今存马国翰辑本。田骈：战国时齐人，著有《田子》二十五篇，《汉书·艺文志》列入道家，原书已佚，今存马国翰辑本。邹衍：战国时齐人，先秦阴阳家代表人物，著有《终始》、《大圣》等。尸佼：战国时鲁人，著有《尸子》二十篇，《汉书·艺文志》列入杂家，原书已佚，今有孙星衍辑本。孙武：春秋时齐人，兵法家，著有《孙子》十三篇。张仪：战国时魏人，纵横家代表人物，仕秦，为秦惠文王相。苏秦：战国时洛阳人，纵横家，先主连横，后主合纵，挂六国相印。

㉖李斯：楚国上蔡（今河南上蔡）人，曾任秦丞相，著有《谏逐客书》、《苍颉篇》等。

㉗相如：即司马相如，字长卿，蜀郡成都（今四川成都）人。西汉辞赋家。扬雄：字子云，成都（今属四川）人。长于辞赋，著有《羽猎赋》、《甘泉赋》、《太玄》、《法言》等。

㉘清以浮：清丽而浮华。

㉙节：节拍，音节。数（shuò）以急：细密而急促。数，烦，频。

㉚淫以哀：淫靡而哀婉。淫：靡丽。

㉛志：指文章的思想内容。弛以肆：空疏而放肆。

㉜无章：没有章法，没有法度。这里是说不能宣扬儒道。

㉝将：大概。天：上天。丑：厌恶。顾：眷顾，顾惜。

唐之有天下，陈子昂、苏源明、元结、李白、杜甫、李观[34]，皆以其所能鸣。其存而在下者[35]，孟郊东野始以其诗鸣。其高出魏、晋，不懈而及于古[36]，其他浸淫乎汉氏矣[37]。从吾游者[38]，李翱、张籍其尤也[39]。三子者之鸣信善矣。抑不知天将和其声而使鸣国家之盛邪[40]？抑将穷饿其身、思愁其心肠而使自鸣其不幸邪？三子者之命，则悬于天矣[41]。其在上也[42]，奚以喜？其在下也，奚以悲？东野之役于江南也[43]，有若不释然者[44]，故吾道其命于天者以解之。

㉞陈子昂：字伯玉，梓州射洪（今四川射洪）人。提倡诗歌创作要继承汉魏“风骨”、“兴寄”传统，反对六朝以来的绮靡诗风。有《陈伯玉集》传世。苏源明：字弱夫，武功（今属陕西）人。善文辞，盛名于天宝间。著有《苏源明前集》二十卷，已佚。今仅存文五篇，诗二首。元结：字次山，先世为鲜卑拓拔氏，北魏时改姓元，居鲁山（今属河南）。诗文兼擅，有《元次山集》传世。杜甫：字子美，原籍襄阳，迁居巩县（今河南巩县），杰出的现实主义诗人。李观：字元宾，郡望陇西（今甘肃临洮），家于吴（今江苏苏州）。擅文，韩愈称其“文高乎当世”，有《李观集》三卷传世。

㉟存：指活在世上。下：指时间在后。

㊱“不懈”句：言其诗中精品可以与上古诗歌媲美。不懈，无懈可击。指孟诗中的精品。

㊲其他：指孟诗中的其他作品。浸淫：渐渐渗入。汉氏：这里指汉代作家。

杜甫像，图出自明·天然撰《历代古人像赞》。

㊳游：交游、交往。

㊴李翱：字习之，郡望陇西成纪（今甘肃天水），后世居陈留（今河南开封东南）。从韩愈学古文，为中唐重要古文家。张籍：字久昌，祖籍吴郡（今江苏苏州），后移居和州（今安徽和县）。曾从学韩愈，诗工于乐府，与王建齐名，并称“张王乐府”。尤：特出。

㊵和其声：谓使其声音和谐。

㊶悬于天：谓决定于天意。

㊷在上：在高位。下文的“在下”，指在低位。

㊸“东野”句：指孟郊就任溧阳尉。溧阳，唐属江南道。

㊹释然：开心的样子。

【译文】

大凡事物不平衡时，便要发出声音。草木本无声音，风吹动它才发出声音。水本身并没有声音，风摇荡它才发出声音。它奋跃，是因为激动；它水急速奔流，是因为它受到了塞阻；水沸腾，是因为有火在烧它。钟、磬本没有声音，是因为击打它才发出声音。人讲话也如此，在迫不得已时才要表达出来，人们唱歌是因为有所思念，人们痛哭是因为有所怀想。从口里发出而成声音的，大概都是有所不平吧！

《东周列国志》版画之孙武像。孙武又称孙子，是春秋时代兵家的代表人物，著有《孙子兵法》。

音乐这东西，是要把郁结心中的情感抒发出来的东西，它要选择那些善于发声的器物、凭借这些器物来鸣泄出来。金、石、丝、竹、匏、土、革、木这八种乐器，就是万物中善于发声的东西。自然界的四季更替也是这样，选择那些善于鸣响的东西、凭借这些东西来鸣。因此，让鸟来为春天鸣响，让雷为夏天鸣响，让虫为秋天鸣，让风为冬天鸣。四季的推移变化，其中必定会有不安定的因素吧。

对人来说也是如此。人类声音的精华是语言，文辞又是言语的精华，所以，更要选择那些善于辞令的人发表议论。在唐尧、虞舜时代，谷序咎陶、大禹是善鸣的人，因而，就凭借他们来鸣泄。夔不能文辞来鸣泄，就自己借助《韶》乐来鸣。夏代，太康的五个弟弟用他们的歌来鸣泄。伊尹为商朝鸣，周公为周朝鸣。凡是在《诗》、《书》六艺中记载的，都鸣得不错的。周王朝衰败时，孔子等人就鸣了起来，他们的鸣声宏亮而又久远。经传上记载道："上天要让孔子当木铎。"难道这不是真的吗？周王朝末年，庄周用他那玄虚的言辞来鸣。楚国是个大国，到它衰落时，由屈原用《楚辞》而鸣。臧孙辰、孟轲、荀卿用他们的学说鸣。杨朱、墨翟、管夷吾、晏婴、老聃、申不害、韩非、慎到、田骈、邹衍、尸佼、孙武、张仪、苏秦之类的人，都用他们的主张来鸣。秦王朝兴起时，李斯为它鸣。汉王朝时，司马迁、司马相如、扬雄，是其中鸣得最好的人。其后魏晋时，鸣的人赶不上古代，但是，鸣并没有中断过。就其中鸣得好的来说，他们的声音清扬浮华，音节繁密而急促，文辞靡丽而哀忧，心智空洞而放纵，他们表达出来的言论也是杂乱没有章法的。这是否因为上天厌恶他们的德行而不肯顾全他们呢？为什么不让那些善于言辞的人来出声呢？

唐朝统治天下后，陈子昂、苏源明、元结、李白、杜甫、李观，都用他们自己所特长吟诗咏唱。那些活着在却位卑的人，有孟郊，即孟东野，他开始用自己的诗来表达情感。他的诗超过魏晋，精巧得赶得上古人，其他的作品也接近汉代水平了。和我交游的人中，李翱、张籍是最出色的。他们三位的鸣的的确是很好的。但却不知道上天是要使他们的声音和谐、共同为国家的昌盛鸣唱呢，还是要让他们备受饥苦、内心悲愁而为自身的不幸悲歌呢？他们三人的命运就完全取决于上天了。那么，在高位的有什么可洋洋自得的呢？在卑位的，又有什么可悲愁哀苦的呢？东野到江南任职，好象有些闷闷不乐，因此，我讲些命运由上天来决定的道理来宽解他。

送李愿归盘谷序

韩　愈

【题解】

韩愈在贞元十六年（公元800年）失官以后，闲居洛阳，郁郁不得志。本篇是友人李愿归隐盘谷时他为之写下的送归之作。文章的大半篇幅虽然是在复述李愿之语，实则寄托着作者寻富贵不得时，不愿再为名利苦心应付、四处奔走，而想要隐居山林，自由自在地去生活的心意。

太行之阳有盘谷①。盘谷之间，泉甘而土肥，草木丛茂②，居民鲜少。或曰："谓其环两山之间，故曰盘。"或曰："是谷也，宅幽而势阻③，隐者之所盘旋④。"友人李愿居之。

①太行：太行山，在山西高原和河南、河北平原之间。阳：山的南面。盘谷：在今河南济源北。

②藂：同"丛"。

③宅：位置。

④盘旋：栖息盘游。

愿之言曰："人之称大丈夫者，我知之矣。利泽施于人，名声昭于时。坐于庙朝⑤，进退百官，而佐天子出令。其在外，则树旗旄⑥，罗弓矢，武夫前呵，从者塞途，供给之人，各执其物，夹道而疾驰。喜有赏，怒有刑。才俊满前⑦，道古今而誉盛德，人耳而不烦。曲眉丰颊，清声而便体⑧，秀外而惠中⑨，飘轻裾⑩，翳长袖⑪，粉白黛绿者⑫，列屋而闲居，妒宠而负恃，争妍而取怜。大丈夫之遇知于天子，用力于当世者之所为也。吾非恶此而逃之，是有命焉，不可幸而致也。

⑤庙朝：宗庙和朝廷，指中央政府。

⑥旄（máo）：古代的一种旗，旗杆头用牛尾装饰。

⑦畯：同"俊"。

⑧便（pián）：形容体态轻盈、合宜。

⑨惠中：内心聪慧。惠，通"慧"。

⑩裾（jū）：衣服的前襟。

⑪翳（yì）：遮蔽、掩蔽。

⑫黛：青黑色颜料，古代用以画眉。

"穷居而野处，升高而望远，坐茂树以终日，濯清泉以自洁。采于山，美可茹[13]；钓于水，鲜可食。起居无时，惟适之安。与其有誉于前，孰若无毁于其后；与其有乐于身，孰若无忧于其心。车服不维[14]，刀锯不加[15]，理乱不知，黜陟不闻[16]。大丈夫不遇于时者之所为也，我则行之。

⑬茹：吃。

⑭车服：车马和服饰。古代君主对有功之臣，赐以车服。官吏所用车服因职位高低而不同。车服代指官职。维：维系。

⑮刀锯：刑具指刑罚。

⑯黜陟（chù zhì）：降职和升官。《尚书·舜典》“黜陟幽明”句注：“黜退其幽者，升进其明者。”

“伺候于公卿之门，奔走于形势之途，足将进而趑趄[17]，口将言而嗫嚅[18]，处污秽而不羞，触刑辟而诛戮[19]，侥幸于万一，老死而后止者，其于为人贤不肖何如也？”

⑰趑趄（zījū）：要走又不敢走的样子。

⑱嗫嚅（rú）：想说又不敢说的样子。

⑲辟：法。诛：惩罚，杀戮。

昌黎[20]韩愈，闻其言而壮之，与之酒而为之歌曰：“盘之中，维子之宫。盘之土，可以稼[21]。盘之泉，可濯可沿[22]。盘之阻，谁争子所？窈而深[23]，廓其有容[24]；缭而曲[25]，如往而复。嗟盘之乐兮，乐且无央。虎豹远迹兮，蛟龙遁藏。鬼神守护兮，呵禁不祥。饮且食兮寿而康，无不足兮奚所望？膏吾车兮秣吾马[26]，从子于盘兮，终吾生以徜徉[27]。”

⑳昌黎：韩愈自称郡望昌黎（今河北卢龙）。

㉑稼（gǔ）：播种五谷。“稼”与上句“土”押韵。顾炎武《诗本音》：“稼，古音‘古’。”

㉒沿：顺着水边散步。

㉓窈（yǎo）：幽远。

㉔廓：广阔的样子。

㉕缭：曲折迂回。

㉖膏：油脂，用做车辆的润滑剂。这里用做动词，上油、涂油。

㉗徜徉（cháng yáng）：自由自在地来往游荡。

【译文】

太行山的南面有一个盘谷。盘谷中泉水甘甜，土地肥沃，草木繁密茂盛，人烟稀少。有人说：“因为它环绕在两座山之间，所以称作“盘”；有人说：“这山谷啊，位置幽深而地势险阻，是隐士盘桓居留的地方。”我的朋友李愿就住在那里。

李愿说：“人们称为大丈夫的人，我是知晓的了。他把利益恩惠像雨露那样赐给别人，他的名誉声望显赫传播于当时。坐在朝廷上参与政事，任免百官，并辅助天子发号施令。他们出巡，旗帜高竖，罗列弓箭，武夫在前面吆喝开道，侍从的人们塞满了道路，从事供给的人，各自拿着物品，在道路两边飞快地奔跑。他高兴的时候就给奖赏，他发怒的时候就施刑罚。许多才俊之士聚集在他面前，说古道今赞美他的大德，这些话听了也不会觉得厌烦。那些眉毛弯弯而脸庞丰腴的美人，声音清脆而体态轻盈，外貌秀丽而内心巧慧，飘动着薄薄衣襟，掩饰着长长衣袖，脸搽白粉、眉画黛绿，在一排排房屋中闲住着，妒忌别人得宠而又自己的色艺自恃，争妍斗艳来搏取主人的怜爱。这就是受到皇帝信任重用，而替当世效力的当代大丈夫的所作所为啊。我并不是厌恶这些而躲开它，这是由命中注定的，不能侥幸得到的啊。处于困穷的境地，住在山林草野，登上高处眺望远方，闲坐在茂盛的树下度过整天，在清澈的泉水中洗涤使得自身净洁。从山上采摘果蔬，甜美可知；从水中钓获鱼虾，新鲜可食。日常作息没有规定时间觉得怎样舒适就可以怎样。与其当面受到赞誉，怎比得上背后不被谤毁；与其身体享受快乐，怎比得上心中没有忧虑。既不受职官用车与服饰的约束，也不遭刑法刀锯的处分，既不去了解政局的治乱盛衰，也不听百官升降进退的消息，这就是遭遇不合于时世的大丈夫所作所为啊，我就这样去做。那些伺候在公卿大官的门下，奔走在权势竞逐的路上，将要举足前进又踟蹰畏缩，想要开口说话又吞吐犹豫，身处卑贱污辱而不感觉惭愧羞耻，触犯刑律法制就要受到处罚杀戮，为了侥幸得到一个机会，一直到老死方才罢休的人，这样的做人好不好呢？”

昌黎韩愈听了李愿的话而佩服他的豪放，向他献酒，并为他写了一首歌：“盘谷的中间，就是您的居室。盘谷的土地，可以种五谷。盘谷的泉水，可以洗涤也可以沿着散步。盘谷地势险阻，有谁来争夺您的居所？幽远而又深邃，旷阔而有涵容。山谷回环曲折，像是走了过去却又回复到原处。叹息盘谷中的快乐啊，而且乐趣无尽无穷。虎豹远远离开啊，蛟龙逃避躲藏；鬼神守卫保护这儿啊，呵斥禁止不祥事物的来往；饭食无忧，长寿健康，没有什么不满足，还有什么奢望？润滑我的车轮，喂饱我的马匹，我要跟随您到盘谷中去啊，让我终身逍遥漫游。”

送董邵南序

韩 愈

【题解】

董邵南，寿州安丰（今安徽寿县西南）人。韩愈于贞元十五年（公元799年）在徐州任节度推官期间，有《嗟哉董生行》，极力赞叹了他的隐居行为。大约唐宪宗元和年间（公元806年－公元820年），董生因屡次在京参加进士考试不第，拟去河北托身藩镇割据势力，可能是投奔魏博节度使田季安。当时藩镇喜招揽人才，增强实力，以对抗朝廷；而失意之士也多投奔于彼，谋求个人出路。韩愈是十分爱惜人才、坚决维护国家统一而反对地方割据的，对董邵南的不得志于朝廷非常同情并深抱不平，对他的投往河北又是很不赞成并深致惋惜的。因而文中勉励他到那边去考察在割据统治下人情风俗的变化，与忠义豪杰之士相结合，动员他们出来为国家效力。文章篇幅短小而寄寓遥深，措辞委婉而态度鲜明，唱出一曲无韵的慷慨悲歌。

燕①赵②古称多感慨悲歌之士③。董生④举进士，连不得志于有司⑤，怀抱利器⑥，郁郁⑦适⑧兹土⑨，吾知其必有合⑩也。董生勉乎哉！

①燕：相当于今河北省北部。
②赵：相当于今河北省南部一带地区。
③感慨悲歌之士：慷慨激昂的豪侠之士。
④董生：董邵南，韩愈的朋友，多次投考不中，抑郁不得志，想离开京城前往河北投靠藩镇，寻找进身之处。
⑤有司：古时设官分职，各有所司，因称官吏为有司，此处指掌管考试的官员。
⑥利器：比喻杰出的学识才干。
⑦郁郁：忧伤、烦闷的样子。
⑧适：往。
⑨兹土：这块地方，指燕赵之地。
⑩有合：有所遇合。

夫以子之不遇时⑪，苟慕义强仁⑫者，皆爱惜焉，矧⑬燕、赵之士出乎其性者哉！然吾尝闻风俗与化⑭移易⑮，吾恶⑯知其今不异于古所云邪？聊⑰以吾子之行卜⑱之也。董生勉乎哉！

⑪时：指时机、时运。
⑫慕义强仁：身慕道义，以仁自勉。
⑬矧（shěn）：连词，况且，何况。

⑭化：教化。

⑮移易：改变。

⑯恶（wū）：怎么。

⑰聊：姑且。

⑱卜：猜测，此处意为验证。此句意谓：（燕赵现在有没有变化），姑且以董生此行去验证一下吧。

吾因之有所感矣。为我吊望诸君之墓⑲，而观于其市，复有昔时屠狗者⑳乎？为我谢曰㉑："明天子㉒在上，可以出而仕㉓矣！"

⑲望诸君：即乐毅。战国时燕国人，后因被谗，逃奔赵国，赵封于观津（今河北省武邑县），号称"望诸君"。

⑳屠狗者：指隐于市井的豪侠之士，如为荆轲报仇的高渐离之流。

㉑"为我谢"为"致意"。

㉒明天子：圣明的天子。

㉓仕：古称做官为仕。

【译文】

自古以来燕赵一带有许多感慨悲歌的豪侠之士。董生接连几次考进士，都没有被主考官选中，怀着卓越的才智，沉闷地到这个地方去。我预料他一定会有可意的遇合，董生得努力啊！

你生不逢时，只要是仰慕正义、力行仁德的人都会同情爱护你的。何况燕赵侠义之人本来就具有慷慨豪放的性格呢？然而我曾经听说风俗是随着教化而发展变化的，我怎么能料到那里的风俗现今与古代所说的没有差异呢？姑且您这次燕赵之行验证一下吧。董生，努力吧！

我为此有些感想。请为我吊祭望诸君的坟墓，并到那儿的市镇上去观察观察，还有没有从前那隐没于屠夫中的豪侠壮士呢？替我向他们恳切致意："圣明的天子在位，可以出来任职！"

送杨少尹序

韩　愈

【题解】

本文是作者送杨少尹告老还乡的赠序，杨少尹，名巨源，字景山，官至国子监司业，年老辞官回乡后又任河中少尹。文中将杨少尹与名留青史的汉代疏广、疏受相提并论，赞扬了杨少尹年老致仕，功成身退，不贪恋权势富贵的行为。文章抒发了作者的惜别与仰慕之情，用词含蓄委婉，是送别佳作。

昔疏广、受二子①，以年老，一朝辞位而去。于时公卿设供张②，祖道③都门外，车数百两④。道路观者，多叹息泣下，共言其贤。汉史⑤既传其事，而后世工画者又图其迹，至今照人耳目，赫赫⑥若前日事。

①疏广、受二子：指疏广、疏受，两人是西汉兰陵（今山东省枣庄市）人；广为太子太傅，其侄受也同时为太子少傅。

②供张（gòng zhàng）：也作“供帐”，陈设帷帐等用具。张也作“帐”。

③祖道：古时在路旁设宴饯行的仪式。

④两：即“辆”。

⑤汉史：指《汉书》，其中有《疏广传》。

⑥赫赫：声名显赫的样子。

国子⑦司业⑧杨君巨源⑨，方⑩以能《诗》⑪训⑫后进，一旦以年满七十，亦白⑬丞相去归其乡。世常说古今人不相及，今杨与二疏，其意岂异也？

⑦国子：国子监，中央朝廷的最高教育机构。

⑧司业：官名，国子监的副主管官。

⑨杨君巨源：即题目中的“杨少尹”，名巨源。官至国子监司业，辞官回乡后又曾任河东郡少尹。

⑩方：始。

⑪《诗》：《诗经》。

⑫训：教诲。

⑬白：禀告。

予忝⑭在公卿后，遇病不能出。不知杨侯去时，城门外送者几人、车几两、马几匹，道边观者亦有叹息知其为贤与否，而太史氏⑮又能张大其事⑯，为传继二疏踪迹事，不落莫⑰否。见今世无工画者，而画与不画，固[18]不论也。然吾闻杨侯之去，丞相有爱而惜之者，白以为其都少尹[19]，不绝其禄。又为歌诗以劝之，京师之长于诗者，亦属[20]而和之。又不知当时二疏之去，有是事否。古今人同不同未可知也。

⑭予忝（tiǎn）：忝，谦词，有愧于处在某官、某位。作者其时任吏部侍郎，故说“忝在公卿后”。

⑮太史氏：指史官。

⑯张大其事：即对此事大加宣扬。

⑰落莫：冷落。莫，通“寞”。

⑱固：通“姑”，姑且。

⑲少尹：唐代官名，相当于郡守的副手。

⑳属（zhǔ）：写作文章。

中世士大夫[21]以官为家，罢则无所于[22]归。杨侯始冠[23]，举于其乡[24]，歌《鹿鸣》[25]而来也。今之归，指其树曰：“某树吾先人之所种也。某水某丘，吾童子时所钓游也。”乡人莫不加敬，诫子孙以杨侯不去其乡为法[26]。古之所谓乡先生[27]，没[28]而可祭于社[29]者，其在斯人欤[30]？其在斯人欤？

㉑中世：中古时候。

㉒于：动词词头，无义。

㉓“杨侯”始冠（guàn）：古时男子成年时行加冠礼，故常以“冠”表示成年。

㉔举于其乡：即通过乡试而中举。

㉕《鹿鸣》：《诗经·小雅》的一篇。唐代乡举考试后，地方长官摆宴请中举士子，宴会上吟唱《鹿鸣》之诗。

㉖“诫子孙”句：意即告诫子孙要把杨先生做官不忘故里的行为当作楷模。

㉗乡先生：古代称辞官乡居或在乡教读的老年人。

㉘没：通“殁”，死亡。

㉙社：土地神，此处指祭祀社神之处。

㉚欤：带推测、猜度的疑问语气词。

【译文】

从前疏广，疏受两先生，因为年老，告老还乡。当时朝中的高官摆设帷帐，在都城的城门外为他们饯行，有几百辆车子，很多旁观看的人大多感叹落泪，全都称赞他们的贤明。汉代的史书已经记下了这件事，而且后代善于绘画的人又画了这个动人的场面，到现在还光彩照耀人们的耳目，清清楚楚，仿佛是前几天发生的事情。国子监司业杨君巨源先生，正以擅长诗歌的本领教导晚辈，有一天因为年满七十岁，也禀告丞相辞职回自己的家乡去。世人常说现在的人和古代的人不能相比，现在杨君和二疏，他们的心志有什么差异吗？

我惭愧地列于公卿后面，恰逢生病不能前去送行。不知道杨君离京的时候，到城门外送行的有多少人？车有几辆？马有几匹？路旁观看的人，是不是也有赞叹，知道他是贤人的？史官是不是也能大力张扬他的事迹，为他立传来继续二疏的事迹，不让他感到冷落寂寞呢？现在世上没有善于绘画的人，但画与不画，姑且不去管它。但我听说杨君离开的时候，有位丞相受护宛惜他，奏明皇帝让他但任家乡河中府的少尹，不停止他的俸禄，还写了诗歌来劝勉他。京城中擅长作诗的人，也接连着和了诗。不知道当时二疏离去的时候，是否有这样的事？古人和今人归宿之处是否相同，就不得而知了。

中世的士大夫以官府为家，辞官后就没有归宿之处了。杨君刚刚成年的时候，就在乡试中被录取，参加了鹿鸣宴，然后前来做官。现在回去，可以指着家乡的树说："那棵树是我的祖先种的，那条河，那座山，是我小时候钓鱼游乐的地方。"家乡的人没有谁不加倍尊敬他，告诫子孙们要把杨君不离开故乡的行为作为榜样。古时候所说的"乡先生，死后能够在社庙享受祭祀"的，大概就是杨君这样的人吧？大概就是这样的人吧？

送石处士序

韩　愈

【题解】

本文作于元和五年（公元810年）六月间。石处士，名洪，古称有才德而不做官的知识分子为处士。元和四年，河北桓州成德军节度使王士真死，其子王承宗统军不从朝廷诏命，唐宪宗令吐突承璀率兵讨伐。乌重胤于元和五年四月就任河阳军节度使，其地处转运要道，责任重大。乌上任不久即访问贤才，渴望共济国事。石洪，洛阳人，德高望重，颇具才略，一度为黄州录事参军后，归隐洛北十年之久。当乌氏以国之大事相邀，石洪便欣然出山就任其幕府参谋。东都人士作诗饯别，并请韩愈为序以赠之。序中期望乌氏与石洪以道义为依归，并祝两人合作成功，兼寓箴规之意，具有丰富的现实与理想意义。韩文不苟作，每篇皆有所为而发，艺术上也各有独到之处。正如吴楚材、吴调侯评本文云："纯以议论行序事，序之变也。看前面大夫、从事，四转反复；又看后面四转祝辞，有无限曲折变态，愈转愈佳。"该年韩愈在洛阳为都官员外郎分司东都，冬，改为河南令。

河阳军节度、御史大夫乌公[①]为节度之三月，求士于从事之贤者。有荐石先生者。公曰："先生何如？"曰："先生居嵩、邙、瀍、谷[②]之间，冬一裘，夏一葛；食，朝夕饭一盂[③]、蔬一盘。人与之钱，则辞；请与出游，未尝以事免；劝之仕，不应；坐一室，左右图书。与之语道理，辨古今事当否，论人高下，事后当成败，若河决下流而东注，若驷马驾轻车、就熟路，而王良、造父[④]为之先后也，若烛照数计[⑤]而龟卜[⑥]也。"大夫曰："先生有以自老，无求于人，其肯为某来邪？"从事曰："大夫文武忠孝，求士为国，不私于家。方今寇聚于恒，师环其疆[⑦]，农不耕收，财粟殚亡[⑧]。吾所处地，归输之涂[⑨]，治法征谋，宜有所出。先生仁且勇，若以义请而强委重焉，其何说之辞？"于是撰书词，具马币[⑩]，卜日以授使者，求先生之庐而请焉。

①乌公：即乌重胤，曾任河阳军节度使。

②嵩、邙（máng）、瀍（chán）、谷：嵩，嵩山，在今河南登封。邙，邙山，在今河南洛阳附近。瀍，谷，为二水名，源出河南陕县，在洛阳西南与洛水会合。

③盂（yú）：古代一种圆口器皿。

④王良，造父：古代的善御者。

唐宪宗李纯像，图出自明·天然撰《历代人物像赞》。

⑤数计：用蓍草记数算卦。

⑥龟卜：古人用火灼龟甲，依据裂纹以推测吉凶。

⑦寇聚于恒，师环其疆：盗贼聚集在恒州，乱军围住了恒州的边境。恒，恒州。环，聚集。疆，边境。

⑧殚（dān）亡：殚：尽竭。亡，失去。

⑨涂：同“途”，道路。

⑩具马币：准备了马匹和布帛。此指厚礼。

先生不告于妻子，不谋于朋友，冠带出见客，拜受书礼于门内。宵则沐浴，戒[11]行李，载书册，问道所由，告行于常所来往。晨则毕至张[12]上东门外，酒三行，且起，有执爵而言者曰：“大夫真能以义取人，先生真能以道自任，决去就。为先生别。”又酌而祝曰：“凡去就出处何常？惟义之归。遂以为先生寿。”又酌而祝曰：“使大夫恒无变其初，无务富其家而饥其师，无甘受佞人而外敬正士，无昧于谄言，惟先生是听，以能有成功，保天子之宠命。”又祝曰：“使先生无图利于大夫，而私便其身图。”先生起拜祝辞曰：“敢不敬蚤[13]夜以求从祝规！”于是东都[14]之人士咸知大夫与先生果能相与以有成也。遂各为歌诗六韵，遣愈为之序云。

⑪戒：准备。

⑫张：供张。为饯别在郊野设置的宴席。

⑬蚤：通“早”。

⑭东都：唐时曾以洛阳为东都。

【译文】

河阳军节度史、御史大夫乌公，担任节度史的第三个月，就在幕僚中的贤士访求贤才，有人推荐石先生。乌公问：“石先生为人如何？”那幕僚说：“石先生在嵩邙三山和瀍谷二水之间，冬天一件皮衣，夏天一件粗布衣，早晚两餐饭，一碗饭，一盘菜。人家送他钱，他辞谢不受；请他外出游玩，也没有借故推辞；劝他做官，他不答应。他独居一室，左右都是图书。同他谈论道理，分辨古今之事是否处理得当，评论人物优劣、预卜日后成败，如大江大河涛涛不绝，奔流而下，又像识途的骏马驰骋在道路上，由王良、造父这样的高手驾驭，似烛光明照暗处，像占卜那样准确。”大夫说：“石先生有意颐养天年，没有什么期求，他肯为我出山吗？”那幕僚说：“乌大夫文武双全，忠孝具备，为国家求人才，不是为私利。叛贼集结在恒州，军队将那里包围，农民不能耕田收获，财物粮食已经消耗。我们所处的地方，是转运军需的要冲。治理的办法，征讨的谋略，应该有高人出谋划策。石先生仁义而且勇敢，以治国安邦请他并委以重任，他有什么理由推辞呢？”于是写了书信，准备马匹、礼物，选择吉日交给使者，到石先生住所请他。

石先生没有告诉妻子，没有和朋友商议，穿戴好衣帽出来会见客人，在家中接受书信和礼物。晚上沐浴一番。准备好行装，把书籍装在车上，问明去向，并向他经常来往的朋友辞行。第二天早晨，这些朋友都到东门外为他设宴饯行。

酒过三巡，就要动身，有人拿着酒杯说：“乌大夫凭义求人才，石先生以道为己任，来决定去留，为先生干了这杯。”又斟了酒祝贺说：“出仕、隐退无一定之规，只要合于道义，因此为了义再敬先生一杯。”又斟了酒祝贺说：“希望乌大夫永远不变初衷，不要中饱私囊而让士兵挨饿，不要听信阿谀奉承而仅在表面上尊敬正直之士，不要被污言蒙蔽，而听取先生的意见，以确保成功，完成天子的任命。”又祝贺说：“希望先生不要从乌大夫那里图谋利益，为自身行方便。”石先生起身拜谢祝酒词，说：“我怎敢不恭敬按诸位的规劝行事！”

由此，东都的人士，都知晓乌大夫和石先生融洽相处并有所成就，于是各人写了一首六韵的诗歌，叫我为诗歌作序。

送温处士赴河阳军序

韩　愈

【题解】

本篇是《送石处士序》的姊妹篇。但两篇文章的立意、构思都迥然有别。本篇围绕着“伯乐一过冀北之野而马群遂空”这个新奇的譬喻展开论述，以伯乐比喻河阳军节度使乌重胤善于荐拔人才，以良马比喻温造才德出众，并以石洪作为陪衬。文章虽名《送温处士赴河阳军序》，歌颂的重点却是乌重胤爱惜人才；在歌颂时，又从“空”字引申出“怨”字，而这反面的“怨”比正面的颂更有力量。人们都说韩愈善写赠序，翻空出奇，不落欲套，从本文可见一斑。

伯乐一过冀北之野[①]，而马群遂空。夫冀北马多天下，伯乐虽善知马，安能空其群邪？解之者曰：吾所谓空，非无马也，无良马也。伯乐知马，遇其良，辄取之，群无留良焉。苟无良[②]，虽谓无马，不为虚语矣。

①伯乐：传说是春秋中期秦穆公时人，以善相马著称。冀北：冀州的北部，今河北、山西一带地方，《左传·昭公四年》载：“司马侯曰：冀之北土，马之所生。”

②苟：如果，假使。

东都[③]，固士大夫之冀北也。恃才能深藏而不市者[④]，洛之北涯曰石生[⑤]，其南涯曰温生。大夫乌公以铁钺镇河阳之三月[⑥]，以石生为才，以礼为罗[⑦]，罗而致之幕下[⑧]。未数月也，以温生为才，于是以石生为媒[⑨]，以礼为罗，又罗而致之幕下。东都虽信多才士，朝取一人焉，拔其尤；暮取一人焉，拔其尤。自居守、河南尹[⑩]以及百司之执事，与吾辈二县之大夫[⑪]，政有所不通，事有所可疑，奚所谘而处焉[⑫]？士大夫之去位而巷处者，谁与嬉游？小子后生，于何考德而问业焉？缙绅之东西行过是都者[⑬]，无所礼于其庐[⑭]。若是而称曰：大夫乌公一镇河阳，而东都处士之庐无人焉，岂不可也？

③东都：指洛阳。唐代首都长安，以洛阳为东都。

④市：买卖，这里指求官。

⑤洛：即洛河。涯：边际。石生：即石洪，生，知识分子的通称，是“先生”两字的简省称呼。

⑥乌公：乌重胤，元和五年（公元810年）任河阳军节度使、御史大夫。参看前选《送石处士序》注解。铁（fǔ）钺（yuè）：同"斧钺"，本是古代的两种兵器，后成为象征道义、具有刑罚、杀戮之权的标志。这里指节度使的仪仗。

⑦罗：罗网，原为鸟罗，捕鸟用具，这里用来比喻招聘贤士的手段。

⑧幕下：即幕府中。军队出征，施用帐幕，所以古代将帅的官署叫"幕府"。

⑨媒：媒介，中介。也有诱致的意思。

⑩居守：留守，这里指东都留守。河南尹：河南府的长官。

⑪二县：指东都所属的洛阳、河南二县。大夫：这里指县官。韩愈当时为河南县令。

⑫奚所：哪里，什么地方。

⑬缙绅：也作"搢绅"。古代官员插笏于绅带间。这里指官员。

⑭礼：这里指谒见，拜访。

夫南面而听天下⑮，其所托重而恃力者惟相与将耳。相为天子得人于朝廷，将为天子得文武士于幕下，求内外无治，不可得也。愈縻于兹⑯，不能自引去，资二生以待老⑰。今皆为有力者夺之，其何能无介然于怀邪⑱？生既至，拜公子军门，其为吾以前所称，为天下贺；以后所称，为吾致私怨于尽取也。留守相公首为四韵诗歌其事⑲，愈因推其意而序之。

⑮南面：这里指皇帝。古代以坐北朝南为尊位，所以皇帝见群臣时面向南而坐。听：决断，处理。

⑯縻（mí）：束缚，羁留，是官居于此的含蓄说法。

⑰资：依赖，借助。

⑱介然：耿耿于心。

⑲留守相公：指当时的东都留守郑馀庆。相公，指宰相。郑馀庆曾两次做过宰相。四韵：四个韵脚，即八句的律诗。

【译文】

伯乐一经过冀北的效野，马群就空了。天下数冀北的马最多，伯乐虽然善于相马，怎能使马群都空了呢？有人解释说："我所谓的'空'，并不是没有马，而是说没有好马了。"伯乐擅长识马，遇见良马就挑走它，马群里没有再留下良马。假如没有好马了，那么说成是没有马了也并不是虚夸啊。

东都洛阳，本来是士大夫集中的地方，就好比良马的"冀北"。怀才而不愿出仕为官的人，洛水北岸的叫石洪；南岸的叫温生。御史大夫乌公以节度使的仪仗镇守河阳的第三个月，认为石生有才能，便以礼网罗，将石生罗致在幕府中。没过几个月，认为温生有才能，于是就让石生做媒介，以礼网罗，又将温生罗致在幕府。东都洛阳虽然的确有很多才智之士，早晨录用一个而且选拔其中杰出的，晚上录用一个而且选拔其中杰出的；这样下去，从东都留守、河南尹直到各部门的官员，以及像我们这洛阳、河南二县的官员，施政有不能畅通之处，事情有疑难不解之处，向哪里去咨询而加以处置呢？士大夫中的辞去官位归居里巷的，谁和他们嬉戏交游呢？年轻的晚辈到哪里去研讨德行、领教学业呢？达官贵人由四方经过这个都城的，也不能到他们居处拜访他们。人们称赞说：乌公一旦镇守河阳，而东都的处士住宅里便没有人了，难道不可以吗？

天子治理天下，他委以重任依靠的人，只有宰相和将军罢了。宰相为天子选拔人才到朝廷为官，将军为天子选拔文才武略之士到幕府供职，这样就是想使国家得不到治理，也不能办到啊。我韩愈羁留在这里，不能靠自己的力量离去，全仗与石、温二人的交游来度过余年，现在都被有力量的人夺走了，我怎能没有怨意呢？温生到河阳之后，在军门之前拜见了乌公，那正像我前面所说的那样，要为天下祝贺；像我后面所说那样，乌公将人才搜罗净尽而招致了我个人的私怨啊。洛阳留守郑余庆相公首先写了四韵的诗来赞颂这件事，我便按他的意思为之写了“序”。

祭十二郎[1]文

韩　愈

【题解】

这篇祭文作于贞元十九年（公元803年）在京师长安（今陕西西安）任监察御史时，是韩愈悼念亡侄韩老成的祭文。韩愈长兄名会，次兄名介，老成本韩介子，出嗣给韩会，在族中排行第十二，“郎”为唐时对年轻男子的通称。韩愈年幼丧父，由韩会夫妇抚养，与老成从小生活在一起，感情特别亲密。哀祭文历来多用韵语，或四言，或辞赋，或骈俪；而本文则纯出以散体，连用四十个“汝”字，以和死者对话口吻，追叙幼年往事和生离死别的悲痛，倾吐衷情真挚而深沉，不假雕饰而无限凄怆。清沈德潜云：“是祭文变体，亦是祭文绝调。”吴楚材、吴调侯评云：“情之至者，自然流为至文。读此等文，须想其一面哭、一面写，字字是血，字字是泪。未尝有意为文而文无不工，祭文中千年绝调也。”说明本文确是一篇至性流露而又有极强感染力的不朽之作。

年、月、日[2]，季父[3]愈闻汝丧之七日，乃能衔哀致诚[4]，使建中远具时羞之奠[5]，告汝十二郎之灵：

①十二郎：名老成。十二是他在同辈中的排行。

②年、月、日：某年某月某日。或曰是贞元十九年五月二十六日。

③季父：最小的叔父。兄弟排行则伯、仲、叔、季，季列最后。

④“乃能”句：乃，才。衔，含着。致，表达。

⑤“使建中”句：建中，人名，一般认为是韩愈的家人。远具，从远方备好了。时羞，时鲜的美味。奠，祭品，此处作名词用。

呜呼！吾少孤[6]，及长，不省所怙[7]，惟兄嫂是依[8]。中年，兄殁[9]南方，吾与汝俱幼，从嫂归葬河阳[10]。既又与汝就食江南[11]，零丁[12]孤苦，未尝[13]一日相离也。吾上有三兄，皆不幸早世，承先人后者[14]，在孙惟汝，在子惟吾[15]，两世一身[16]，形单影只。嫂尝抚汝指吾而言曰：“韩氏两世，惟此而已[17]！”汝时尤小，当不复记忆；吾时虽能记忆，亦未知其言之悲也。

⑥少孤：从小失去父亲。

⑦“及长”二句：直到长大，不知道父亲是什么样子。省，认识。所怙（hù），所依靠的，指父亲。

⑧“惟兄嫂”句：即“惟依兄嫂”，所依靠的只有兄嫂。

⑨殁（mò）：死。

⑩“从嫂”句：跟着嫂子归来将哥哥安葬河阳。

⑪“既又”句：既，后来。就食，谋生。江南，指（随嫂移居）宣州（今安徽）。

⑫零丁：即伶仃，孤独无依的样子。

⑬未尝：未曾。

⑭承先人后者：能继承先辈后代的。

⑮“在孙”二句：在孙，在孙子一辈。在子，在儿子一辈。

⑯两世一身：两代单传。

⑰“韩氏”二句：韩姓两代的继承人，只有这两个了！

吾年十九，始来京城。其后四年，而归视汝。又四年，吾往河阳省[18]坟墓，遇汝从嫂丧来葬[19]。又二年，吾佐董丞相于汴州[20]，汝来省吾，止[21]一岁，请归取其孥[22]。明年，丞相薨[23]，吾去汴州，汝不果来[24]。是年，吾佐戎徐州[25]，使取汝者始行，吾又罢去[26]，汝又不果来。吾念汝从于东，东亦客也，不可以久[27]，图久远者，莫如西归，将成家而致汝[28]。呜呼！孰谓汝遽去吾而殁乎[29]！吾与汝俱少年[30]，以为虽暂相别，终当久相与处，故舍汝而旅食京师，以求斗斛之禄[31]。诚知其如此，虽万乘之公相，吾不以一日辍汝而就也[32]！

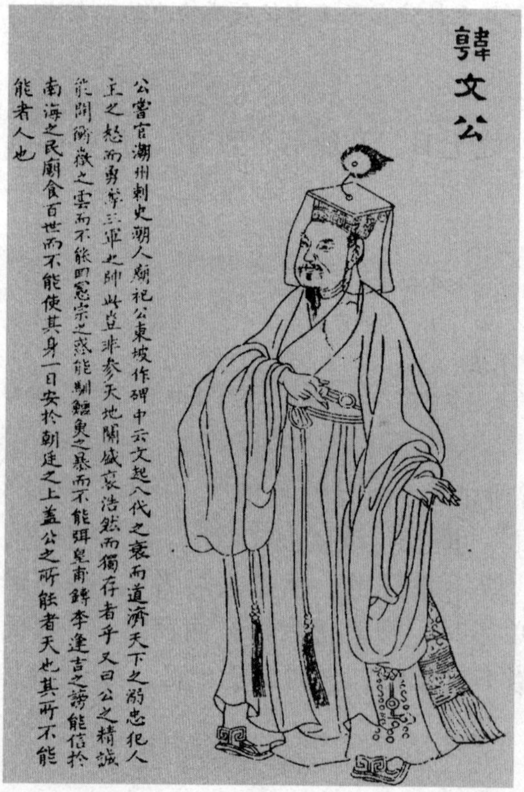

韩愈像，图选自清·上官周绘《晚笑堂画传》。

⑱省：探望，这里指祭扫。

⑲“遇汝”句：汝，你。从嫂丧，随着嫂子的灵柩。

⑳“吾佐”句：佐，辅佐。董丞相，即董晋，字混成。贞元十三年，董晋任汴州刺史，辟韩愈为节度推官。

㉑止：仅。

㉒孥（nú）：妻子儿女的统称，即家属。

㉓薨（hōng）：唐朝二品以上的官死了都叫“薨”。

㉔汝（rú）不果来：汝，你。果，实现。

㉕“吾佐戎”句：佐戎，佐理军务。徐州，宁武节度使张建封辟韩愈为徐州节度推官。

㉖“使取”二句：取汝者，接你的人。罢去，离职。时韩愈调任四门博士。

㉗“吾念”三句：从，跟从。客，客

居。久，长久。

㉘“图久远”三句：图，谋求。莫如，不如。西归，指河阳。成家，把家安顿好。致，招致，接。

㉙“孰（shú）谓”句：孰，谁。遽（jù 拒），突然。殁，死。

㉚少年：年轻。

㉛斗斛（hú）之禄：斗、斛，皆容器，指微薄的薪俸。

㉜“诚知”三句：诚，果真。万乘（shèng 剩），四马一车为乘。万乘，此处指地位极高。辍（chuò），停止，舍弃这里指离开。就，就职。

去年，孟东野[33]往，吾书与汝曰：“吾年未四十，而视茫茫[34]，而发苍苍[35]，而齿牙动摇。念诸父[36]与诸兄，皆康强而早世[37]，如吾之衰者，其能久存乎？吾不可去，汝不肯来，恐旦暮死[38]，而汝抱无涯之戚也。”孰谓少者殁而长者存，强者夭而病者全乎！呜呼！其信然邪[39]？其[40]梦邪？其传之非其真邪[41]？信也，吾兄之盛德而夭其嗣乎？汝之纯明而不克蒙其泽乎[42]？少者强者而夭殁、长者衰者而存全乎？未可以为信也！梦也，传之非其真也，东野之书，耿兰之报[43]，何为而在吾侧也[44]？呜呼！其信然矣！吾兄之盛德而夭其嗣矣！汝之纯明宜业其家[45]者，不克蒙其泽矣！所谓天者诚[46]难测，而神者诚难明矣！所谓理者不可推[47]，而寿[48]者不可知矣！

㉝孟东野：即孟郊。

㉞“而视”句：而，表示转折。视，目力。茫茫，模糊。

㉟苍苍：花白。

㊱诸父：诸位父辈。

㊲早世：很早就过世。

㊳恐旦暮死：恐怕早晚就死去。

㊴其信然邪：难道这是真的吗？

㊵其：还是。

㊶“其传”句：传，消息。非其真，不确实。

㊷“汝之”句：纯明，纯真聪明。克，能。蒙，承受。泽，福泽。

㊸耿兰之报：耿兰，十二郎的家人。报，报告。

㊹“何为”句：何为，即“为何”。侧，旁边。

㊺业其家：成就你的家。业，此处作动词用。

㊻诚：实在。

㊼推：推求。

㊽寿：寿命。

虽然，吾自今年来，苍苍者或化而为白矣，动摇者或脱而落矣，毛血[49]日益衰，志气日益微[50]，几何[51]不从汝而死也！死而有知，其几何离[52]？其无知，悲不几时，而不悲者无穷期矣[53]。汝之子始十岁，吾之子始五岁，少而强者不可保，如此孩提者，又可冀[54]其成立邪？呜呼哀哉！

呜呼哀哉！

㊾毛血：体质。

㊿“志气”句：精神一天比一天的衰弱。

51几何：多少时候。

52“死而”二句：而，如果。有知，有知觉。其几何离，那么我们分离的日子还有多久呢？

53“其无知”三句：如果人死了没知觉，那么我为你悲伤的日子也不多了，而不悲伤的日子将没有穷尽了。

54冀：希冀，期望：

汝去年书云：“比[55]得软脚病，往往而剧[56]。”吾曰：“是疾也，江南之人常常有之。”未始以为忧也。呜呼！其竟以此而殒其生[57]乎？抑别有疾而致斯乎[58]？汝之书，六月十七日也；东野云，汝殁以六月二日；耿兰之报无月日[59]。盖东野之使者，不知问家人以月日[60]；如耿兰之报，不知当言月日；东野与吾书，乃问使者，使者妄称以应之耳[61]。其然乎？其不然乎[62]？

55比：近来。

56往往而剧：往往，常常。剧，厉害。

57殒（yǔn）其生：死，丧失。

58“抑别有”句：抑，还是。致，招致，造成。斯，这。

59无月日：没有说明月日。

60“不知”句：即“不知以月日问家人”。

61“使者”句：妄称，乱说。应，应付。

62“其然乎”二句：是这样呢，还是不是这样呢？

今吾使建中祭汝，吊汝之孤与汝之乳母[63]。彼有食可守以待终丧，则待终丧而取以来；如不能守以终丧，则遂取以来[64]。其余奴婢，并令守汝丧。吾力能改葬，终葬汝于先人之兆，然后惟其所愿[65]。呜呼！汝病吾不知时，汝殁吾不知日，生不能相养以共居[66]，殁不能抚汝以尽哀[67]，敛不凭其棺[68]，窆不临其穴[69]，吾行负神明[70]，而使汝夭，不孝不慈，而不得与汝相养以生、相守以死，一在天之涯，一在地之角，生而影不与吾形相依[71]，死而魂不与吾梦相接[72]，吾实为之，其又何尤[73]！“彼苍者天”，“曷其有极”[74]。

63“吊汝”句：吊，慰问。孤，孤儿。

64“彼有”二句：他们如果有吃的可以守完丧期，那就守完丧期再接他们过来。

65“吾力”三句：前二句意为能改葬，能承担改葬的费用。先人，指已故的祖先。兆，墓地。末句意思是这样才算了却了我的心愿。

66“生不能”句：生，活着的时候。共居，住在一起。

67“殁不能”句：殁，死，你死了以后。抚，安慰。尽哀，充分表达我的哀痛。

68“敛不”句：敛，通“殓”，指装入棺材。凭，靠着，意即不能站在棺材的旁边。

⑥⑨“窆（biān）不”句：窆，下棺。临，亲临。穴，墓穴。

⑦⓪“吾行”句：行，行为。负，对不起。

⑦①“生而”句；生，你活着的时候。影，指十二郎。

⑦②“死而”句：你死了以后，你的魂魄也不曾来和我梦中相遇。

⑦③“吾实”二句：我确实如此，又怨什么呢？其，反诘语气词。尤，埋怨。

⑦④“彼苍者”二句：前句见于《诗经·秦风·黄鸟》，意谓上苍啊！后句见于《诗经·唐风·鸨羽》，意谓什么时候是尽头呢？曷（hé 禾），通“何”。

自今以往，吾其无意于人世矣[75]！当求数顷之田于伊、颍之上，以待余年[76]。教吾子与汝子，幸其成；长吾女与汝女，待其嫁[77]。如此而已。呜呼！言有穷而情不可终[78]，汝其知也邪？其不知也邪[79]？呜呼哀哉！尚飨[80]！

⑦⑤“吾其”句：我也没有兴趣再活在人世了！

⑦⑥“当求”二句：顷，一百亩。伊，水名。颍，水名。皆在河南。余年，剩下的岁月。

⑦⑦“长吾女”二句：长，使……长大，即哺育，此处作动词用。待，直至。

⑦⑧终：终了。

⑦⑨“汝其”二句：其，疑问语气词。邪，呢。

⑧⓪尚飨（xiǎng）：希望死者来享用祭品，是祭文结尾常用的话。语出《仪礼·士虞礼》。

【译文】

某年、某月、某日，叔父韩愈听到你去世消息的第七天，才能向你表达悲痛心意，派遣建中打老远赶去，备办些时鲜食品，祭告于十二郎的灵魂。

唉！我从小就做了孤儿——等到长大，连父亲是什么样子都记不清，全依仗哥哥和嫂嫂。哥哥才到中年，又死于南方，我和你都年幼，跟随嫂嫂把哥哥的灵柩送回河阳安葬。后来又和你跑到江南宣州找饭吃，虽然零丁孤苦，但没有一天和你分离过。我上面有三位兄长，都不幸早亡，继承先人后嗣的，在孙子辈中只有一个你，在儿子辈中只有一个我，两代都是独苗苗，身子孤单，影子也孤单。嫂嫂曾经一手抚你、一手指我说：“韩家两代人，就只有你们了！”你当时更小，大概没有留下什么记忆；我当时虽然能记住，但也体会不到话中的悲痛啊！

我十九岁，初次来到京城。过了四年，我到宣州去看你。又过了四年，我往河阳扫墓，碰上你送我嫂嫂的灵柩前来安葬。又过了两年，我在汴州做董丞相的助手，你来看我，住了一年，要求回去接妻子。第二年，董丞相去世，我离开汴州，你接家眷来与我同住的事儿便化为泡影。这一年，我在徐州参佐军务，派去接你的人刚动身，我又辞职，你又没有来得成。我想就算你跟我到徐州，那还是异乡作客，不是长久之计。作长远打算，不如回到西边的故乡去，等我先安好家，然后接你来。唉！谁能料到你突然离开我去世了呢？我和你都年轻，满以为尽管暂时分离，终于会长久团聚的，所以才丢下你跑到京城求官做，企图挣几斗禄粮。如果早知道会弄出这么个结局，即便有万乘之国的宰相职位等着我，我也不会离开你一天而去上任！

去年，孟东野到江南，我给你写信说：“我论年纪虽然还不到四十岁，可是两眼已经昏花，两鬓已经斑白，牙齿也摇摇晃晃。想到我的几位叔伯和几位兄长都身体健康、却都过早地逝世，像我这样衰弱小人，哪能长命呢？我离不开这儿，你又不肯来，生怕我早晚死去，使你陷入无边无际的悲哀啊！”谁料年轻的先死而年长的还活着、强壮的夭折而病弱的却保全了呢？唉！这是真的呢？还是做梦呢？还是传信的弄错了真实情况呢？如果是真的，我哥哥的美好品德反而会使他的儿子短命吗？你这样纯洁聪明却不应该承受先人的恩泽吗？年轻的强壮的反而夭亡，年长的衰弱的反而全活，这是万万不能相信的啊！这是在做梦，这是传错了消息。可是，东野报丧的信件，耿兰述哀的讣文，为什么又分明放在我身边呢？唉！这是真的啊！我哥哥的美好品德反而早早死去了后代啊！你纯洁聪明最适于继承家业，却不能承受先人的恩泽了啊！所谓“天”，实在测不透；所谓“神”，的确弄不清啊！所谓“理”，简直没法推；寿命不可预知啊！

尽管如此，我从今年以来，花白的头发有的已经全白了，松动的牙齿有的已经脱落了，体质一天天衰弱，精神一天天衰退，用不了多久也会随你而去了。死后如果有知觉，那我们的分离还能有多久？如果没有知觉，那我哀伤的时间也就不会长，而不哀伤的日子倒是无穷无尽啊！你的儿子才十岁，我的儿子才五岁。年富力强的都保不住，这样的小孩儿，又能期望他们长大成人吗？唉！悲痛啊！实在悲痛啊！

你去年信中说：“近来得了脚气病，时常犯得很厉害。”我回信说：“这种病，江南人多数有。”并不曾为此而发愁。唉！难道这种病竟然夺去了你的生命吗？还是另患重病而无法挽救呢？你的信，是六月十七日写的；东野来信说，你死于六月二日；耿兰报丧的信没有说明你死于哪月哪日。大约东野的使者没有向家人问明死期；耿兰报丧的信不懂得应当说明死期；东野给我写信时向使者询问死期，使者不过信口胡答罢了。是这样呢？或者不是这样呢？

现在我派遣建中祭奠你，慰问你的儿子和你的乳母，他们如果有粮食可以维持到三年丧满，就等到服丧期满以后接他们来；如果生活困难而无法守满丧期，现在就把他们接来。其余的奴婢，都让他们为你守丧。等到我有力量改葬的时候，一定把你的灵柩从宣州迁回，安葬于祖先的坟地，这样才算了却我的心愿。唉！你生病我不知道时间；你去世我不知道日期；你活着我们不能互相照顾，同住一起；你死后我又不能抚摸你的遗体，尽情痛哭；入敛之时不曾紧靠你的棺材；下葬之时不曾俯视你的墓穴；我的德行有负于神灵，因而使你夭亡；我不孝顺、不慈爱，因而既不能和你互相照顾，一同生活，又不能和你互相依傍，一起死去。一个在天涯，一个在地角。活着的时候，你的影子不能和我的身子靠拢；去世以后，你的灵魂不能和我的梦魂亲近。这都是我自己造成的，还能怨谁呢！苍天啊，我的悲哀何时才有尽头！

从今以后，我对世间没什么兴趣。不如回到故乡去，在伊水、颍水旁边买几顷田，打发我剩余的岁月。教育我的儿子和你的儿子，希望他们成才；抚养我的女儿和你的女儿，等待她们出嫁。我想要做的，不过如此罢了。唉！话有说尽的时候，而悲痛的心情却是没完没了的，你是能够理解呢？还是什么都不知道了呢？唉！伤心啊！期望你的灵魂能来享用我的祭品啊！

祭鳄鱼文

韩　愈

【题解】

本篇是韩愈在元和十四年（公元819年）因谏迎佛骨被贬潮州刺史之后而写。当时，潮州一带鳄鱼为患，韩愈到任后听说此事，便令下属官员抬一羊一猪当作祭品投入水中，他自己则写下此文劝诫鳄鱼，也和祭品一样投入水中。文中对鳄鱼危害百姓的罪行严加斥责，寄托了作者对恶势力的满腔愤慨，并表达了同它斗争到底的决心。文章写得气魄宏大，堂堂正正，如问罪之师。如皇皇檄文。同时，行文也富于变化，显示出作者驾驭语言的非凡华才。

维年月日①，潮州刺史韩愈②，使军事衙推秦济，以羊一、猪一，投恶溪之潭水③，以与鳄鱼食④，而告之曰：昔先王既有天下⑤，列山泽⑥，罔绳擉刃⑦，以除虫蛇恶物为民害者⑧，驱而出之四海之外⑨。及后王德薄⑩，不能远有，则江、汉之间⑪，尚皆弃之，以与蛮、夷、楚越⑫。况潮，岭海之间⑬，去京师万里哉？⑭鳄鱼之涵淹卵育于此⑮，亦固其所。今天子嗣唐位，神圣慈武，四海之外，六合之内⑯，皆抚而有之，况禹迹所掩⑰，扬州之近地⑱，刺史、县令之所治，出贡赋以供天地宗庙百神之祀之壤者哉⑲？鳄鱼其不可与刺史杂处此土也⑳！

①维：句首语气词，祭文篇首常用此词，以便引出年月日。年月日：实际年月日是宪宗元和十四年（公元819年）四月二十四日。

②潮州：州名，唐时属岭南道。辖境相当于今广东平远、梅县、丰顺、普宁、惠来以东地区，旧治在今潮安。刺史：官名。唐代全国行政区域分州、县二级，刺史为州一级的行政长官。军事衙推：官名。唐时节度、观察、团练诸使的下属官吏。

③恶溪：水名。指今广东的韩江及其上游梅江。

④鳄鱼：指湾鳄，长约七、八米，是鳄类中最大的一种，性凶猛，常袭击人畜。

⑤先王：对以往帝王的称呼。

⑥列：同迾“（liè）”。遮挡、阻遏。

⑦网：名词用作动词。擉（chuō）：刺。

⑧虫蛇恶物为民害者：“为……者”，定语后置。

⑨四海之外：即中国之外，九州之外。

⑩后王德薄：后王王道衰微。

⑪江：长江。汉：汉水，长江最大的支流。

⑫蛮夷：古代对南方和东方少数民族的蔑称。
⑬岭海：岭，指五岭。海，指南海。潮州地处五岭以南，南海以北，所以说是“岭海之间”。
⑭去京师万里：离京师万里。
⑮涵淹：意为潜藏栖息。
⑯六合：等于说普天之下。古代称天、地、四方为六合。
⑰禹迹：禹治水足迹遍天下。后世以禹迹代称中国。掩（yǎn）：覆盖，这里指履践。
⑱扬州之近地：古代分天下为九州，扬州是其中之一。潮州古属扬州。所以称是“扬州之近地”。
⑲贡赋：封建时代地方上交朝廷的物产和赋税。
⑳其：语气词，这里表示命令的语气。

刺史受天子命，守此土，治此民，而鳄鱼睅然不安溪潭[21]，据处食民畜、熊、豕、鹿、獐[22]，以肥其身，以种其子孙[23]，与刺史亢拒[24]，争为长雄[25]。刺史虽驽弱，亦安肯为鳄鱼低首下心[26]，伈伈睍睍[27]，为民吏羞，以偷活于此邪[28]？且承天子命以来为吏，固其势不得不与鳄鱼辨。

㉑睅（hàn）然：形容凶狠的样子。睅，眼睛突出。不安：不老实。
㉒豕：这里指野猪。獐（zhāng）：野兽名，像鹿，但比鹿小。
㉓种其子孙：繁殖其子孙，以延其种。种，名词作动词。
㉔亢拒：通“抗拒”。
㉕争为长雄：（与刺史）争雄争强。
㉖下心：指甘心屈服。
㉗伈伈（xǐn）：恐惧的样子。睍睍（xiàn），不敢正视的样子。
㉘以：意同“而”。

鳄鱼有知，其听刺史言：潮之州，大海在其南。鲸、鹏之大，虾、蟹之细，无不容归[29]，以生以食[30]。鳄鱼朝发而夕至也。今与鳄鱼约，尽三日，其率丑类南徙于海，以避天子之命吏。三日不能，至五日；五日不能，至七日；七日不能，是终不肯徙也，是不有刺史、听从其言也。不然，则是鳄鱼冥顽不灵，刺史虽有言，不闻不知也。夫傲天子之命吏，不听其言，不徙以避之，与冥顽不灵而为民物害者，皆可杀。刺史则选材技吏民[31]，操强弓毒矢，以与鳄鱼从事[32]，必尽杀乃止。其无悔！

㉙容归：容纳，归藏。
㉚以生以食：“以”后省略宾语，意为“以之生，以之食”。
㉛材技吏民：有武艺和捕杀技术的吏民。
㉜从事：本来是管理、处置的意思。此处引申为“见个输赢”。

【译文】

某年某月某日，潮州刺史韩愈派军事衙推官秦济，把一只羊，一头猪，投到恶溪的深水里，给鳄鱼吃，并告诉它说：从前先王统治天下，封闭山林湖泽，用网罗利刃来消灭危害人民的虫蛇之类的恶物，把它们赶到四海之外去。到后代帝王，德泽微薄，不能保住边远地区，就是长江、汉水一带，也被丢弃，给了蛮、夷、楚、越等族。何况潮州在五岭和南海之间，离开京城万里之远呢？鳄鱼在这里潜藏繁生，是它们最适宜的地方。但是，现在皇上继承大唐帝位，神圣慈武，四海之外，宇宙之内，都在唐朝治理之下。何况潮州是大禹足迹所到，又处于古扬州境内，刺史县令管辖之地，出贡品、赋税来供给天地、宗庙、百神祭祀所用的地方呢？鳄鱼是不可以和刺史同住在这个地方啊！

刺史奉天子的命令，守卫这块地方，管理此处百姓，可是鳄鱼竟大胆地不肯在潭内安居，盘踞在这里吃百姓的家畜和熊、猪、鹿、獐，用来养肥自己，来繁生它的后代，同刺史对抗争雄。刺史虽然平庸懦弱，又怎肯向鳄鱼低声下气，小心害怕，不敢正视，让百姓和官吏耻笑，在这里苟安偷生呢？再说，既奉皇上的命令来此任职，在这种情势下，就不能不同鳄鱼争个高低。

若鳄鱼通晓人意，就听刺史话，潮州这个地方，大海就在它的南边，庞大的鲸鱼和鲲鱼，细小的虾子和螃蟹，统统都被容纳，在那里生活繁殖、鳄鱼早晨出发，晚上就可到达。现在，我同鳄鱼约定：限你在三天之内，带领你的丑类搬迁到南边的大海里去，来回避皇上任命的官吏。三天不行，延至五天，五天不行，延至七天；七天不能搬走，就是存心不愿搬迁了，这就是鳄鱼心目中没有刺史，不肯听从他的话了。不然，就是鳄鱼愚蠢无知，刺史虽然有言在先，它不会听也无法理解。鳄鱼傲视皇上的命官，不听他的话，不肯搬走回避他，和愚蠢无知而成为百姓的大害的，都该杀掉。刺史就要挑选有才能和武艺的官吏、民丁，持强弓毒箭，同鳄鱼较量，定要斩尽杀绝才肯罢休。可别后悔！

柳子厚墓志铭

韩　愈

【题解】

柳宗元，字子厚，与韩愈同为唐代古文运动的倡导者，友谊颇为深笃。韩愈为他写的墓志铭，曾被誉为“昌黎墓志第一，亦古今墓志第一”（清储欣《唐宋八大家类选》）。文中突出表彰柳宗元的政治才能以及他在柳州的政绩，特书其帮助奴婢解放之举，反映出作者的仁道精神，韩愈自己在袁州也采取过同样措施。他对柳氏的长期被贬官既深表同情，又极力推崇他由此而在文学创作上取得的巨大成绩。对柳的重友谊、尚节操的热烈歌颂则更是韩愈对其自身处世准则的阐说。由此可见韩柳的生死情谊是建立在志同道合的基础上的。但两人的政治见解并不相同，柳宗元早年曾参加王叔文集团进行政治革新，后该集团被唐宪宗明令定罪，韩愈本人也是不赞成柳宗元在这件事上的做法的，然而韩文中对柳氏却处处回护。如说柳“遇用事得罪”，即认为他本人无辜；又说柳“少年勇于为人”云云，说明他为建功立业而奋不顾身，志亦可原，只是对政途艰险缺乏审慎而已：最后慨叹柳的“材而世不用，道而不行于时”，更表现出作者对当时压抑贤才的不满和对柳的“材”与“道”的肯定。本文作于元和十五年（公元820年）唐宪宗去世前后，韩愈正被贬官为袁州刺史，而能为柳树碑立传，何其难能可贵。

子厚，讳①宗元。七世祖庆，为拓跋魏侍中，封济阴公。曾伯祖奭，为唐宰相，与褚遂良、韩瑗俱得罪武后，死高宗朝。皇考②讳镇，以事母弃太常博士，求为县令江南；其后以不能媚权贵，失御史；权贵人死，乃复拜侍御史；号为刚直，所与游③皆当世名人。

①讳：古人尊敬死者，不直呼其名，故在其名前加一“讳”字以表示不得已而称之。

②皇考：对亡父的尊称。皇，显。

③游：交游。

子厚少精敏，无不通达。逮④其父时，虽少年，已自成人，能取进士第，崭然见头角，众谓柳氏有子矣。其后以博学宏词授集贤殿正字俊杰廉悍，议论证据今古，出入经史百子，踔厉风发⑤，率常屈其座人，名声大振，一时皆慕与之交。诸公要人，争欲令出我门下，交口荐誉之。

④逮：到。

⑤踔厉风发：形容议论，纵横，言辞滔滔不绝。踔，音 chuō。

贞元十九年，由蓝田尉拜监察御史。顺宗即位，拜礼部员外郎。遇用事者得罪，例出[6]为刺史。未至，又例贬州司马。居闲益自刻苦，务[7]记览，为词章，泛滥停蓄[8]，为深博无涯涘[9]，而自肆[10]于山水间。元和中，尝例召至京师，又偕出为刺史，而子厚得柳州。既至，叹曰："是岂不足为政邪?"因[11]其土俗，为设教禁[12]，州人顺赖。其俗以男女质[13]钱，约不时赎，子本相侔[14]，则没为奴婢。子厚与设方计，悉令赎归。其尤贫力不能者，令书其佣[15]，足相当，则使归其质。观察使下[16]其法于他州，比[17]一岁，免而归者且千人。衡、湘以南为进士者，皆以子厚为师。其经承子厚口讲指画为文词者，悉有法度可观。

柳宗元像，图出自明·天然撰《历代古人像赞》。柳宗元，字子厚，唐代著名文学家，唐宋八大家之一。

⑥例出：一道被遣出。

⑦务：勉力从事。

⑧泛滥：比喻文章广博。停蓄：停止积蓄，比喻文章凝炼。

⑨涯涘：水的边际。涘，音 sì。

⑩肆：任意放纵。

⑪因：顺着。

⑫教禁：教化和禁令。

⑬质：抵押。

⑭子本相侔：利息与本钱相等。子，利息。本，本钱。侔，相等。

⑮佣：报酬。

⑯下：推广。

⑰比：将近。

其召至京师而复为刺史也，中山刘梦得禹锡亦在遣[18]中，当诣[19]播州[20]。子厚泣曰；"播州非人所居，而梦得亲在堂，吾不忍梦得之穷，无辞以白其大人，且万无母子俱往理。"请于朝，将拜疏，愿以柳易[21]播，虽重得罪，死不恨[22]。遇有以梦得事白[23]上者，梦得于是改刺连州[24]。呜呼！士穷[25]乃见节义。今夫平居里巷相慕悦，酒食游戏相征逐[26]，诩诩[27]强笑语以相取下，握手出肺肝相示，指天日涕泣，誓生死不相背负，真若可信。一旦临小利害，仅如毛发比，反眼[28]若不相识；落陷阱，不一引[29]手救，反挤之，又下石焉者，皆是也。此宜禽兽夷狄所不忍为，而其人自视以为得计，闻子厚之风，亦可以少[30]愧矣。

⑱遣：遣放。
⑲诣：到。
⑳播州：今贵州遵义。
㉑易：交换。
㉒恨：遗憾。
㉓白：报告。
㉔连州：今广东连县。
㉕穷：困窘。
㉖征逐：朋友相互邀请过从宴饮。
㉗诩诩：融洽地集合在一起。
㉘反眼：翻脸。
㉙引：伸。
㉚少：稍微。

子厚前时少年，勇于为人，不自贵重顾藉，谓功业可立就，故坐废退[31]。既退，又无相知有气力得位者推挽，故卒[32]死于穷裔[33]，材不为世用，道不行于时也。使子厚在台、省[34]时，自持其身，已能如司马、刺史时，亦自不斥[35]；斥时，有人力能举之，且必复用不穷[36]。然子厚斥不久，穷不极，虽有出于人，其文学辞章，必不能自力以致必传于后，如今，无疑也。虽使子厚得所愿，为将相于一时，以彼易此，孰得孰失，必有能辨[37]之者。

㉛坐废退：因获罪被贬黜。
㉜卒：终于。
㉝穷裔：穷困的边远地方。
㉞台省：御史台和尚书省。
㉟斥：贬斥。
㊱穷：潦倒。
㊲辨：判断。

子厚以元和十四年十一月八日卒，年四十七。以十五年七月十日归葬万年先人墓侧。子厚有子男二人，长曰周六，始四岁；季曰周七，子厚卒乃生。女子二人，皆幼。其得归葬也，费皆出观察使河东裴君行立。行立有节概，重然诺[38]，与子厚结交，子厚亦为之尽，竟赖其力。葬子厚于万年之墓者，舅弟[39]卢遵。遵涿人，性谨慎，学问不厌[40]。自子厚之斥，遵从而家焉，逮其死不去。既往葬子厚，又将经纪[41]其家，庶几[42]有始终者。

㊳重然诺：重信用。然和诺都是答应的声音。
㊴舅弟：表弟。
㊵厌：满足。
㊶经纪：安排料理。
㊷庶几：大概。

铭曰：是惟子厚之室[43]，既固既安，以利其嗣人[44]。

㊸室：指坟墓。
㊹嗣人：后代。

【译文】

子厚，名叫宗元。他的七世祖柳庆，做过北魏的侍中，封为济阴公。曾伯祖柳奭担任过唐朝的宰相，同褚遂良、韩瑗都因为得罪武皇后，在唐高宗朝时被处死。他已故的父亲名叫镇，因为要侍奉母亲而放弃太常博士的职位，请求到江南去做县官。以后又因为不能讨好权贵人物，丢掉了御史的官职。权贵之人死了，再次被任命为侍御史。人们称赞他刚毅正直，和他结交的都是当时的名人。

子厚小时候就非常精明，没有不明白的事。当他父亲还在世的时候，他虽然年轻，但已自立成才，能考取进士等次，显露了出众的才能；大家都说柳家有个好儿子了。后来，他因为考取博学宏词科，被任命为集贤殿正字。他才智杰出，端正勇敢，讨论起问题来能以古今事理为依据，融会贯通经籍、史书和诸子百家的著述，见识高超敏锐而辩说气势纵横，经常驳倒在座的人。子厚名声大振，当时人们都希慕和他交往。许多显要的大人物争着要招致子厚做自己的门生，众口一词地推荐他。

贞元十九年，他从蓝田县尉升任监察御史。顺宗登上皇帝位，任命他为礼部员外郎。遭逢有关的当权人物犯了罪而受到连累，他也按例被外放为州刺史。还没到任，又与其他同时被外放者一律再贬为州司马。处在闲散职位的他更加刻苦用功，专心地记诵和阅览，写作诗文像大水那样汪洋浩荡、汇集积蓄，深广渊博，同时尽情地自我消遣于大自然的山光水色之间。

元和年间，他与同时被贬的人曾按例被召回京城，又一起外放为刺史，子厚被派到柳州。到任之后，他感叹道："这里难道不值得做出政绩吗！"于是他按照当地人们的风俗，来替他们设置教化措施并制定禁令，柳州人民都遵从信服他。当地的风俗是以儿子、女儿作抵押去借钱，约定到期限不去赎回，利息和本金相等时，人质就被没入收为奴婢。子厚替欠债人想方设法，让他们把质押出去的子女全部赎回来。那些特别贫困无力去赎的，就命令记下子女在质押时期做工的工钱，等到工钱和借的钱数相等时，就责令债主归还那些人质。观察使把这办法推广到所属其他的州，实行到一年，获得解免而回家的将近一千人。衡山、湘江以南准备参加进士考试的人，都把子厚当做老师。那些受过子厚亲自讲授指点的人所写的文章，文章章法技巧，值得观览。

当他被召回京城而又外派为刺史的时候，中山人刘梦得（禹锡）也在被派遣之列，应当到播州去上任。子厚流着泪说：“播州不是中原人所能居住的地方，况且刘梦得家中还有母亲，我不忍心看到梦得的困苦，他无法把这事来告诉他的老母，再说绝没有将母子一起贬放到蛮荒之地的道理。”他向朝廷请求，准备递呈奏章，情愿拿柳州来换播州，即使再次获罪，死也不感遗憾。恰巧有人把刘梦得的情况告诉了皇上，梦得因此改任为连州刺史。唉！士人在穷困中才显现出高尚的气节道义。如今那些平日无事共居街坊相互称慕悦爱的人，一起吃喝玩乐相互邀请应酬，相互吹捧讨好并且各自强作笑语表示愿处在对方之下，手拉手互相倾吐肺腑之言，指着苍天白日痛哭流涕，发誓不论生死都不相背弃。简直像真的一样可信，然而一旦碰到小小的利害冲突，仅仅像汗毛头发那样微不足道，便翻脸白眼相看如同相互不认识；对方落入陷阱之中，不仅不伸一下手救援，反倒推挤对方并往下扔石头的人，到处都有。这些事情实在连禽兽动物和夷狄人都不忍心做的，然而那些人却自以为很有办法呢。他们听到子厚的风范，也应该知道惭愧了吧。

子厚年轻时候，勇于帮助别人，自己不珍重爱惜自己，认为功业可以立刻成就，因此受到牵连而遭到废弃贬谪。被贬退以后，又没有熟识而有力量和权位的人加以援引和推荐，所以终于死在荒僻边远地方，才能不能被社会所用，政治主张不能在当时推行。假使子厚在御史台、尚书省任职时，能够约束自身，像在做司马、刺史的时候那样，也自然不会被贬斥。贬斥之后如有个有力量的人能推举他，将必定会重新重用。然而子厚的贬斥不长久，穷困不到极端，即使会出人头地，他的文学辞作，一定不会下苦功夫，达到今天这样流传后世的水平，这是毫无疑问的啊。即使让子厚实现他的愿望，在一个时期内做到将军宰相的职务，拿那个来换这个，什么算得，什么算失，一定有人能够明辨的。

子厚在元和十四年十一月八日去世，年仅四十七岁。在元和十五年七月十日，灵柩运回万年县安葬在祖先坟墓的旁边。子厚有两个儿子：大的叫周六，才四岁；小的叫周七，子厚死后才出生。两个女儿，都还年幼。他的灵柩能够回乡落葬，费用都是观察使河东人裴行立先生资助的。行立为人有气节风概，重视诺言，和子厚结为朋友，子厚也为他极尽心力，最终竟靠他帮助办理后事。把子厚落葬在万年墓地的是他的表弟卢遵。卢遵是涿州人，性格谨慎，学习起来从不知疲倦和厌烦。自从子厚被贬斥，卢遵就跟着他住在一起并移家在那里，一直到他去世后也不离去。他安葬好子厚，还安排料理子厚的家属，可以说是一位有始有终的人了。

铭文是：这就是子厚安息之地，既牢固又安稳，而必然有利于他的后代人。

驳《复仇议》

柳宗元

【题解】

柳宗元（公元773年－公元819年），字子厚，河东（今山西永济县）人，唐代唯物主义思想家和杰出的文学家。他二十一岁考取进士，在政治上有理想，有抱负，参加了主张革新政治的王叔文集团，革新失败后，被贬为永州司马，后改任柳州刺史，四十七岁死于柳州。在文学上他与韩愈一道倡导了中唐的古文运动，在文艺理论和创作实践上都有卓越贡献。柳文各体兼长，其散文内容丰富，形式多样。山水游记清新优美，富有诗情画意；寓言小品简洁生动，辛辣锋利；论说文缜密谨严，峭拔劲健。著有《柳河东集》。

《驳复仇议》是柳宗元针对初唐陈子昂的《复仇议》所作的奏议。本文反驳了陈子昂对徐元庆为报父仇而杀县尉事应"诛而后旌"的矛盾主张，认为礼和法是不矛盾的，关键在于"穷理以定赏罚，本情以正褒贬"，辨明报仇杀人的是非曲直。他指出如果官吏仗其权势，挟私怨违法杀人，而又没有得到惩处，受害者的子弟在含冤莫伸时可以复仇，这是合乎礼义的，也就不应受到惩处。这种主张在当时对人民反抗官府的黑暗政治是有利的。文章引经据典，文字简练，有一定说服力。

臣伏见天后时①，有同州下邽人徐元庆者②，父爽为县尉赵师韫所杀③，卒能手刃父仇，束身归罪。当时谏臣陈子昂建议诛之而旌其闾④，且请"编之于令，永为国典"。臣窃独过之⑤。

①伏见：看到。"伏"是俯伏在地之意，和下文的"窃"都是旧时下对上书面所用的敬词。天后：武曌（zhào）。

②同州：唐州名，辖区相当今陕西渭水以北、洛水以东、黄梁河以南地区。下邽（guī）：今陕西渭南县东北，当时是同州属县。

③县尉：主管一县军事、治安的长官。赵师韫杀徐爽时任下邽县尉，被徐元庆刺死时已升任为御史。

④谏臣：陈子昂在武则天时曾任右拾遗之职，其职责是向皇帝提出批评建议，进行劝谏，故称谏臣。陈子昂（公元661年－公元701年）：字伯玉，梓州射洪（今四川射洪）人。唐初著名文学家、诗人。旌：表彰。闾：（lǘ）里巷的大门。此指乡里。

⑤过：过错，不合适这里作动词用。

臣闻礼之大本，以防乱也，若曰无为贼虐⑥，凡为子者杀无赦⑦；刑之大本，亦以防乱也，若曰无为贼虐，凡为治者杀无赦⑧。其本则合，其用则异，旌与诛莫得而并焉。诛其可旌，兹谓滥，黩刑甚矣[9]，旌其可诛，兹谓僭[10]，坏礼甚矣。果以是示于天下，传于后代，趋义者不知所向，违害者不知所立，以是为典可乎？

⑥贼虐：逞凶害人。

⑦“凡为子者”句：意为凡是做儿子的不应报仇却为双亲报仇而杀人的不可赦罪。

⑧“凡为治者”句：意为凡是治理人民的官吏无辜杀人的不能赦罪。

⑨黩刑：滥用刑罚。

⑩僭（jiàn）：过分。这里的僭指僭礼，即指在不该中用礼的地方用了礼。

盖圣人之制，穷理以定赏罚，本情以正褒贬，统于一而已矣[11]。向使刺谳其诚伪[12]，考正其曲直，原始而求其端[13]，则刑、礼之用，判然离矣[14]。何者？若元庆之父，不陷于公罪，师韫之诛，独以其私怨，奋其吏气[15]，虐于非辜[16]，州牧不知罪，刑官不知问，上下蒙冒，吁号不闻；而元庆能以戴天为大耻[17]，枕戈为得礼[18]，处心积虑，以冲仇人之胸，介然自克[19]，即死无憾，是守礼而行义也。执事者宜有惭色，将谢之不暇，而又何诛焉？其或元庆之父，不免于罪，师韫之诛，不愆于法[20]，是非死于吏也，是死于法也。法其可仇乎？仇天子之法，而戕奉法之吏[21]，是悖骜而凌上也[22]。执而诛之，所以正邦典，而又何旌焉？

武则天像，图出自《百美新咏》。武则天临朝称帝前被称为“天后”。

⑪统于一：指使礼和刑的目的与效果归于一致。

⑫向使：假使。刺谳（yàn）：侦查审讯定罪。诚伪：真假。

⑬原始：推究。端：头绪、缘由。

⑭判然：明白地。离：区别。

⑮奋：施展。吏气：当官的气焰。

⑯非辜：无辜。

⑰以戴天为大耻：把和仇人共同生活在一片天底下视为奇耻大辱，即不共戴天之意。

⑱枕戈：睡觉时头下枕着兵器。指时刻不忘报仇。

⑲介然：坚定不移的样子。自克：自我实现、自己能完成。

⑳愆（qiān）：失误。

㉑戕（qiāng）：杀害。

㉒悖骜：桀骜不驯。

且其议曰[23]："人必有子，子必有亲，亲亲相仇[24]，其乱谁救？"是惑于礼也甚矣。礼之所谓仇者，盖其冤抑沉痛，而号无告也；非谓抵罪触法，陷于大戮[25]。而曰"彼杀之，我乃杀之"，不议曲直，暴寡胁弱而已[26]。其非经背圣，不亦甚哉！《周礼》："调人[27]，掌司万人之仇。""凡杀人而义者，令勿仇，仇之则死。""有反杀者[28]，邦国交仇之。"又安得亲亲相仇也？《春秋公羊传》曰："父不受诛[29]，子复仇可也。父受诛，子复仇，此推刃之道[30]，复仇不除害[31]。"今若取此以断两下相杀，则合于礼矣。且夫不忘仇，孝也；不爱死[32]，义也。元庆能不越于礼，服孝死义，是必达理而闻道者也。夫达理闻道之人，岂其以王法为敌仇者哉？议者反以为戮，黩刑坏礼，其不可以为典，明矣。

㉓议：指陈子昂写的《复仇议》。

㉔亲亲相仇：指各人为爱自己的双亲而相互报仇。前一"亲"字是动词，亲近爱护之意。后一"亲"指双亲或亲人。

㉕大戮：指死刑。

㉖暴寡胁弱：侵害孤寡威胁弱小。

㉗调人：周代官名，主管司法。

㉘反杀：指别人有正当的理由杀死自己的亲人，自己还要反过来去杀死别人。

㉙不受诛：未犯死罪却被处死。

㉚推刃：冤冤相报，杀来杀去。

㉛复仇不除害：指这样的复仇行为并不能消祸除害。

㉜爱：吝惜。

请下臣议，附于令[33]，有断斯狱者，不宜以前议从事。谨议。

㉝附于令：附在法令之后。

【译文】

臣从记载上看到，武后时，同州下邽有个名叫徐元庆的，他的父亲徐爽被县尉赵师韫杀死，他最终能够亲手杀掉父亲的仇人，然后把自己捆绑起来，自首认罪。当时谏官陈子昂建议处死他，再在他家乡予以表彰，并且把这种做法"编人法令，永远作为国法的典范"。我个人认为这样做是错误的。

臣听说礼的根本作用是防止暴乱。比如说不允许杀人者逞凶肆虐，那么凡是作儿子的杀了不是仇人的人，都应当处死而不赦免。刑法的根本目的，也是为了防止社会暴乱。如果说不允许杀人者逞凶肆虐，那么凡是作官的杀了不该杀的人，也应当处死而不赦免。它们的根本目的是一致的，但采用的手法却不相同。因此，表彰与处死是不能同时并举的。杀掉应当表彰的人，这叫做乱杀，滥用刑法太过分了。

表彰应当杀掉的人，这叫做违规，破坏礼制太严重了。果真拿这些做法示范天下，传给后代，那么追求正义的人就会迷失方向，躲避祸害的人就会不知道怎样立身行事。把这作为典范行吗？大凡圣人的典章制度，是深究事理来规定赏罚，根据事实来确定奖惩，把礼制和刑法结合在一起就达到目的了。

假使能明查、审定这个案情的真伪状况，研究、确定它的是非曲直，推究案件的发端，追查它的原因，那么刑法和礼制的作用就会明确地区别开了。为什么呢？假若徐元庆的父亲并未陷入违法犯罪，那么赵师韫杀人就只是出于个人恩怨，发泄他做官的嚣张气焰，对无辜者施加暴虐。州官不去治他的罪，法官也不去过问这件事，上下都互相蒙骗包庇，对喊冤叫屈的呼声充耳不闻。然而徐元庆却能把与仇人共存于天下作为奇耻大辱，把头枕兵器随时报仇作为合乎礼制，处心积虑，伺机戳穿仇人的胸膛，坚定不移地以礼制约束自己，虽死无憾。这正是遵守礼制而实行正义的表现。执政的官员应当对此感到脸红，去道歉都怕来不及，又怎能杀他呢？

如果是徐元庆的父亲真的逃脱不了死罪，赵师韫处死他并不违法。这就不是死于官吏的私怨，而是由于犯法而死。法律难道可以仇视吗？仇视天子的法律，而又杀害执法的官员，这是叛逆犯上的行为。应当把他抓起来处以死刑，以此来严肃国法，还表扬他做什么呢？

并且陈子昂的奏议中说："人们都有儿子，儿子都有父母，如果因为各爱其亲人而互相仇杀，这种混乱局面谁来解救呢？"这是对礼制的意义太迷惑不解了。礼制所说的"仇"，原来是指蒙冤受屈、悲痛难忍而又哭诉无门啊，并不是指触犯法律。以身抵罪而被判处死刑。如果不考虑这种情况，只说他杀了人，我就要把他杀掉，这就是不论是非曲直，欺负少数威胁弱者罢了。这种违反经典，背离圣人教诲，不是太过分了吗？

《周礼》上说："调人负责调解众人的仇怨。凡是合乎正义的杀人，规定不许报仇，报仇者要判处死刑。违反正义而杀人者，全国要把他看作共同仇敌。"这样又怎么会发生因为各爱其亲人而互相仇杀的现象呢？《春秋公羊传》上说："父亲蒙冤而被处死，儿子复仇是可以的。父亲犯死罪而被处死，儿子再去复仇，这样你来我往的仇杀，并不能免除互相复仇的祸害。"假如现在以此来判定徐元庆和赵师韫双方的互相杀人，那就会合乎礼制了。况且不忘父仇，这是孝；不惜生命，这是义。徐元庆能不越出礼制的范围，遵守孝道，为义而死，他一定是一位通晓事理而明白道义的人。通晓事理、明白道义的人，难道会视王法为敌吗？然而，上奏议的人反而认为应当处死刑。这种滥用刑法、破坏礼制的意见，不可以作为法律典范，是很显明的。

请求朝廷颁发臣下的提议。今后凡是审理这类案件的人，不应当再按照从前的意见处理。谨提出我的意见。

桐叶封弟辨

柳宗元

【题解】

本文是针对成王“桐叶封弟”一事进行的辩理论证。辨，是古代论说文的一种，相当于“质疑”，即对传统的或流行的说法提出异议。柳宗元在文中提出自己独到的见解，认为此事不可信但反对“君无戏言”，认为君主德行的好坏，应依据帝王言行的实际效果，确有实效即照办，没有实效或效果不好都应改正。实际上本文是为作者实行政治革新制造舆论。文章结构严谨，论述有力，具有说服力。

古之传者有言，成王以桐叶与小弱弟①，戏曰：“以封汝。”周公入贺。王曰：“戏也。”周公曰：“天子不可戏。”乃封小弱弟于唐②。

①成王：名姬诵，周朝的一个君主，周武王之子。他即位时因年幼无法理政，由其叔父姬旦（周公）摄政。

②唐：古国名，今山西翼城县西有古唐城。

吾意不然。王之弟当封邪，周公宜以时言于王，不待其戏而贺以成之也；不当封邪，周公乃成其不中之戏，以地以人与小弱弟者为之主，其得为圣乎③？且周公以王之言不可苟焉而已，必从而成之邪？设有不幸，王以桐叶戏妇、寺，亦将举而从之乎？凡王者之德，在行之何若。设未得其当，虽十易之不为病；要于其当，不可使易也，而况以其戏乎！若戏而必行之，是周公教王遂过也。

③圣：圣人。儒家典籍中多以此泛指尧、舜、禹、汤、周文王、周武王、周公、孔子等。

吾意周公辅成王，宜以道④，从容优乐，要归之大中而已，必不逢其失而为之辞。又不当束缚之，驰骤之，使若牛马然，急则败矣。且家人父子尚不能以此自克，况号为君臣者邪？是直小丈夫缺缺者之事⑤，非周公所宜用，故不可信。

④道：圣人之道。这里着重指的是中庸之道，即以一种不偏不倚的合理态度看待自己和万物，也即所谓“中不偏，庸不易”，与下文“大中”同义。

⑤缺（quē）缺：耍小聪明的样子。缺，同“缺”。

或曰：封唐叔，史佚成之⑥。

⑥史佚：周武王时太史尹佚。

周成王像，图出自《三才图会》。

【译文】

古书上有这样一种说法：周成王拿着一片桐叶和年幼的弟弟开玩笑，说："拿这个封赏你"。周公跑进来祝贺，成王说："只是个玩笑。"周公说："天子是不可以随便开玩笑的。"于是成王把唐城封给了这个幼小的弟弟。

我并不这样认为。成王的弟弟如果得到封地的话，周公就应该及时地向成王进言，不应当等到成王开玩笑的时候才去祝贺和促成这件事；如果不该受封，周公就是成全了一句不恰当的戏言，把土地和人民交给年幼的弟弟去主宰，还能称之为圣贤吗？大概周公只是认为君王说话不能随随便便罢了，为什么一定去顺从促成成王的戏言呢？万一不凑巧，成王拿着桐叶跟妃嫔太监开玩笑，也打算表示赞同并且完全照办吗？一般说到君王的德行，在于他行事的方向是什么样的。如果行事的方向并不恰当，即使更改十次也不为过；务必要使行为得当，得当之后便不再更改，何况桐叶封弟这个行为只是一个玩笑呢？倘若玩笑也一定要奉行，那就是周公唆使成王成全自己的过失了。

我认为周公辅佐成王，应该用正道，从容不迫，让他的休闲娱乐也都能归于正大适中之道就行了，一定不要迎合他的错误并且为他遮掩，也不应当束缚他、迫使他，使他像牛马一样终日忙碌；催逼得太紧，恐怕坏事。再说家人父子之间尚且不能用这种方式来加以约束，何况是君主和臣子呢？这不过是庸人和耍小聪明的人干的事，不是周公应当采用的办法，因此不可相信。

也有人说："成王封唐地给叔虞这件事，是太史尹佚促成的。"

箕子碑[1]

柳宗元

【题解】

本文是为箕子庙所作的碑记。箕子处在乱世，又遭受迫害，却能忍辱负重，建立功业，作者对他表示了极大的推崇和深切的同情。文章一开头便提出伟大人物的三个标准，以下依次展开论述，使箕子的人品、功业卓然兀立，立意壮阔，史眼如炬。“於乎”一段再发抒感慨，收束有力，余味深长。

凡大人之道有三[2]：一曰正蒙难[3]，二曰法授圣[4]，三曰化及民[5]。殷有仁人曰箕子，实具兹道，以立于世。故孔子述六经之旨，尤殷勤焉[6]。

①箕子名胥馀，纣王叔父，封国于箕，故称箕子。纣王无道，箕子劝谏不从，便佯装疯癫，被囚禁为奴。周武王灭商后被释放。本篇是柳宗元为箕子庙碑写的碑文。

②大人：圣贤明哲的人。

③正蒙难：谓坚持正道，不惜遭难。

④法授圣：将道法授于圣明的君主。

⑤化及民：教化遍及广大的民众。

⑥尤殷勤焉：特别恳切地提到他。焉，于此，于是。指对箕子。

当纣之时，大道悖乱[7]，天威之动不能戒[8]，圣人之言无所用。进死以并命[9]，诚仁矣，无益吾祀[10]，故不为；委身以存祀[11]，诚仁矣，与亡吾国[12]，故不忍。具是二道[13]，有行之者矣。是用保其明哲[14]，与之俯仰[15]，晦是谟范[16]，辱于囚奴，昏而无邪，隤而不息[17]。故在《易》曰：

《武王伐纣书》版画之“周武王拜姜太公为将”图，讲述商末纣王失德，周武王任姜太公为将出兵伐纣之事。

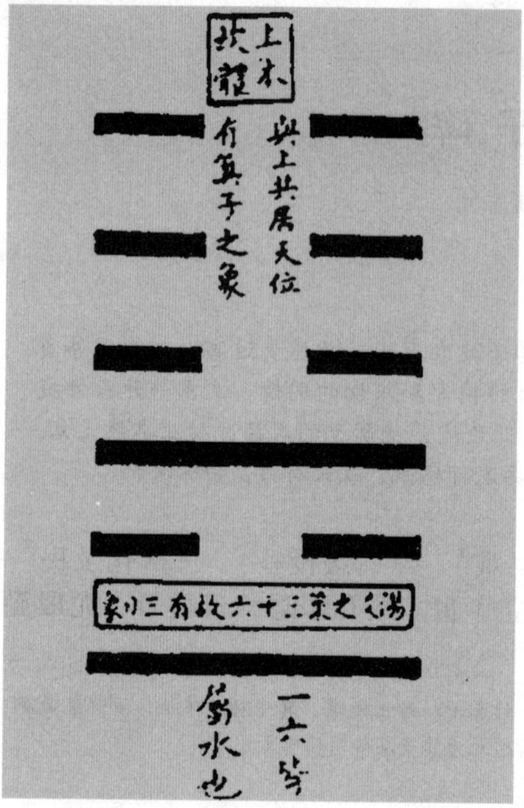

明夷箕子图，出自宋·佚名《周易图》。

"箕子之明夷[18]。"正蒙难也。及天命既改，生人以正[19]，乃出大法[20]，用为圣师，周人得以序彝伦而立大典[21]。故在《书》曰："以箕子归，作《洪范》[22]。"法授圣也。及封朝鲜[23]，推道训俗[24]，惟德无陋，惟人无远[25]，用广殷祀[26]，俾夷为华[27]，化及民也。率是大道[28]，丛于厥躬[29]，天地变化，我得其正，其大人欤？

⑦悖乱：颠倒混乱。

⑧天威：上天的威怒。古人认为反常的自然现象是因天怒引起。戒：警戒。

⑨"进死"句：舍命入死。以，而。并，通拼，舍弃，豁出。这里指比干，因直谏纣王，被剖心而死。

⑩祀：这里是保有宗族的意思。

⑪"委身"句：脱身以保存宗族。此指纣王庶兄微子，因谏纣王不听，去国。周灭商后，封于宋，致使商不绝祀。

⑫与：同预，预先。亡：出逃。

⑬二道：指杀身存义和去国存义。

⑭是用：因此，明哲：明智。

⑮俯仰：应付，对付。

⑯晦：隐晦。这里是隐藏的意思。谟范：谋略原则。

⑰昏：黑暗。指处于乱世。隤（tuí）：跌倒。此指遇到挫折。

⑱"箕子"句：语出《易·明夷·六五》。明夷，卦名，封象离下坤上，离有明象，坤有暗象，明入地中，意思是明受到暗的伤害。后常以比喻昏君在上，贤人遭难。此句是说箕子晦藏其明。

⑲生人：即生民，避唐太宗李世民讳，改民为人。谓抚育百姓。

⑳大法：指《洪范》。

㉑彝伦：常道，指伦理纲常。

㉒《洪范》：《尚书》篇名。相传周武王克商后，向箕子请教治国安邦之道，箕子就把九类大法传授给武王，这就是《洪范》，并称这九类大法是禹留下来的。

㉓及封朝鲜：《史记》谓武王伐纣，封箕子于朝鲜。《汉书·地理志》谓箕子见殷道衰微，遂去殷往朝鲜，教其民以礼义，田桑织作，并制定八条大法。

㉔推道训俗：推行圣道，教化民俗。

㉕"惟德"二句：言恩德广布远施，卑微的人、住在边远的人都蒙受恩惠。陋，微贱。

㉖用：以。殷祀：殷族。此指殷族的礼仪文化。

㉗俾：使。

㉘率：遵循。

㉙丛：聚集。厥躬：其身。

於虖[30]！当其周时未至，殷祀未殄[31]，比干已死，微子已去，向使纣恶未稔而自毙[32]，武庚念乱以图存[33]，国无其人，谁与兴理？是固人事之或然者也。然则先生隐忍而为此[34]，其有志于斯乎？

㉚於虖：同"呜呼"。

㉛殄：灭。

㉜向使：假使。稔（rěn）：谷物成熟。这里用的是引申义，指罪恶发展到了极点。自毙：指纣王自己寿尽而亡。

㉝"武庚"句：谓武庚继纣王位，考虑到国家混乱的情况而谋求生存大计。此为假设之词。武庚，名禄父，纣王子。武王灭纣，封武庚以续殷祀。武王死，与管叔、蔡叔叛，为周公所杀。

㉞隐忍：克制忍制。为此：指佯狂受辱，既不死节，也不逃亡。

唐某年，作庙汲郡[35]，岁时致祀。嘉先生独列于《易·象》，作是颂云[36]。

㉟汲郡：治所在今河南汲县。

㊱颂：文体名，用于颂赞。本篇颂文这里未录。

【译文】

大凡伟人处世之道有三种：一是坚持正义甘愿蒙难，二是能把治国大法传授给圣王，三是将教化普及到普通百姓。商朝有个仁人叫箕子，确实具务了这些德行，并因此得到世人的尊重。所以孔子在阐述六经大义的时候，多次提到他。

在纣王的时代，正道常理颠倒混乱，上天的震怒没有引起纣王的警戒，圣人的劝导不被采用。不顾性命冒死进谏，确实是仁义的行为，但对保存自己的宗族不利，所以箕子不这样做；委曲身体来保存宗族，的确也做到了仁，但先要离都出走，所以箕子不这样做。上述两条道路，都有人走过了。因此，箕子才利用自己的明智，与时起伏周旋，把自己高明的谋略暂且掩藏起来，混在囚奴之间受辱，处在昏暗的环境之中而不改变正道，跌倒了仍然爬起来。因此《易经》上说："箕子处世很明智。"这就是持守正道甘愿蒙难。等到周朝灭了殷商以后，为了用正道教养人民，箕子便拿出自己增订的《洪范》大法，把它作为圣人的老师，周人才得以整顿伦常纲纪并制定出国家法典。所以《尚书》中说："因为箕子归附周朝才产生了《洪范》这样的大法。"这就是能把治国大道传授给圣王。后来把箕子封到朝鲜，他又推行大道诱导风俗，恩惠施及到卑微小人，仁爱施及到边远之处，以此来扩大殷商的影响，使边远地区的少数民族逐渐被华夏族所同化。这就是将教化施及人民。持守着这样高尚的品德，而且把众多美德集于一身，天地变化无常，自己始终坚守正道，这应该算伟大的人物吧！

唉！当周王的时运还没有到来，殷王朝的末路还没有走到头，比干已经被杀，微子已经出走，如果纣王的罪恶没有发展到极点就死了，纣王武庚能够拨乱反正使国家复兴，国家没有箕子这样的人物，又能与谁一起来振兴国家呢？这本来是人情事理中可能出现的情况。箕子含垢忍辱地这样做，大概正有志于此吧？

唐朝某年，在河南汲郡建造祠堂，可以按照年节进行祭祀。我敬佩先生独能列名在《易经》的卦象之中，所以便写了这篇颂文。

捕蛇者说[①]

柳宗元

【题解】

本篇是柳宗元被贬到永州以后所作。文章通过一个捕蛇者的诉说，深刻地反映了当时吏治的黑暗，赋税的苛毒，展现了中唐时期苦难深重的社会画面，表达了作者对处于水深火热之中的广大民众的深切同情。

永州之野产异蛇，黑质而白章，触草木尽死，以啮人，无御之者。然得而腊之以为饵[②]，可以已大风、挛踠、瘘、疠[③]，去死肌[④]，杀三虫[⑤]。其始，太医以王命聚之[⑥]，岁赋其二，募有能捕之者，当其租入，永之人争奔走焉。

有蒋氏者，专其利三世矣[⑦]。问之，则曰：“吾祖死于是，吾父死于是，今吾嗣为之

①本文通过记述捕蛇人和作者的对话，揭露了沉重的赋役带给农民的巨大灾难，表现出作者对民情的关心。文章主要用对比手法来证明赋敛之毒胜于毒蛇之害。构思虽受到孔子“苛政猛于虎”的影响，但所述内容却是当时现实的概括。

②黑质：黑色的底子。白章：白色花纹。腊（xī）：干肉，这里作动词用，把肉晾干。饵，药饵。

③已：治愈。大风：麻疯病。挛（luán）踠（wǎn）：手脚蜷曲不能伸展的疾病。瘘（lòu）：颈子肿的疾病。疠（lì）：恶疮。

④去死肌：消除腐烂的肌肉。

⑤三虫：三尸虫，道家称脑、胸、腹为三尸，使三尸生病的虫称为三虫。一说三虫指寄生虫，如蛔虫、赤虫、蛲虫等。

⑥太医：给皇帝治病的医师。以：用，这里是“奉”的意思。聚：收集。

柳宗元像，图选自清·上官周绘《晚笑堂画传》。

十二年[8]，几死者数矣。”言之，貌若甚戚者。

⑦专其利：独自得到捕蛇而不纳税的好处。
⑧嗣：继续。

余悲之，且曰：“若毒之乎[9]？余将告于莅事者[10]，更若役，复若赋，则何如？”蒋氏大戚，汪然出涕曰[11]：“君将哀而生之乎？则吾斯役之不幸，未若复吾赋不幸之甚也。向吾不为斯役，则久已病矣[12]。自吾氏三世居是乡，积于今六十岁矣，而乡邻之生日蹙[13]，殚其地之出[14]，竭其庐之入[15]，号呼而转徙，饥渴而顿踣[16]，触风雨，犯寒暑，呼嘘毒疠[17]，往往而死者相藉也[18]。曩与吾祖居者[19]，今其室十无一焉；与吾父居者，今其室十无二三焉；与吾居十二年者，今其室十无四五焉。非死则徙尔[20]，而吾以捕蛇独存。悍吏之来吾乡[21]，叫嚣乎东西，隳突乎南北[22]，哗然而骇者，虽鸡狗不得宁焉。吾恂恂而起[23]，视其缶[24]，而吾蛇尚存，则弛然而卧[25]。谨食之[26]，时而献焉。退而甘食其土之有，以尽吾齿[27]。盖一岁之犯死者二焉，其余则熙熙而乐[28]，岂若吾乡邻之旦旦有是哉[29]！今虽死乎此，比吾乡邻之死则已后矣，又安敢毒邪？”

⑨若：汝，你。毒：痛恨，怨恨。
⑩莅（lì）事者：主管官员，指地方官。莅，临，视。
⑪大戚：十分悲伤。汪然：眼泪盈眶的样子。涕：眼泪。
⑫向：假使。斯役：这个差使。病：困苦不堪。
⑬生：生活。日蹙（cù）：日益窘迫。
⑭殚（dān）：竭尽。地之出：田里出产的物品。
⑮庐之入：家里的收入。
⑯转徙：辗转迁移。顿踣（bó）：困顿跌倒。踣，向前仆倒。
⑰呼嘘毒疠：呼吸毒气。嘘：吐气。疠，指疫气。
⑱相藉（jiè）：互相枕藉。形容死者很多。
⑲曩（nǎng）：以往，从前。
⑳非死而徙：不是死了就是搬到别处去了。而，《全唐文》作“即”。
㉑悍吏：凶狠的官吏，这里指下乡抓人逼租的差役。
㉒隳（huī）突：破坏奔突形容骚扰的样子。
㉓恂（xún）恂：小心的样子。
㉔缶（fǒu）：瓦罐。
㉕弛然：放心的样子。弛，松懈，放松。
㉖谨食（sì）之：小心地喂养它。食，同“饲”。
㉗尽吾齿：度完我的天年。齿，年岁。
㉘熙熙：快乐的样子。
㉙旦旦有是：意谓天天有这种死亡的威胁。

余闻而愈悲。孔子曰：“苛政猛于虎也[30]。”吾尝疑乎是，今以蒋氏观之，犹信。呜呼！孰知赋敛之毒，有甚是蛇者乎[31]！故为之说，以俟夫观人风者得焉[32]。

㉚苛政猛于虎：暴虐的政令比老虎还凶猛。语出《礼记·檀弓下》。

㉛赋敛：搜刮赋税。敛，征收。

㉜俟（sì）：等待。观人风者：考察民情的官吏。人风，民风。

【译文】

永州的山野中出产一种奇异的蛇，黑底白花。这种蛇碰到草木，草木都要死亡、如被这种蛇咬伤，则无药可治，非死不可。但把它抓住晒干做成药品，却可以治好麻风病、手足弯曲不直的手病，还可以治好脖子肿、恶疮，去除坏死的肌肉，杀死身体内的寄生虫。当初，太医以皇帝的命令去收集这种毒蛇，每年征收两次。招募那些有能力捕到这种蛇的人，充当他们的租税。永州的人争先恐后地去做这件事。

有一个姓蒋的人，他家三代以捕蛇为生。我问他，便说："我祖父被这种蛇咬死，我父母也被这种蛇咬死，如今我继承捕蛇这种职业已经有十二年了，有好几次都差点没命了。"说着，脸上显示出悲伤的神色。

我同情他，于是说："你讨厌做这件事吗？我将告诉管这事的官员，更换你的差使，恢复你的赋税，怎么样？"

姓蒋的听后，更加悲伤，眼泪汪汪地哭着说："您想可怜我，让我活下去吗？那么，我这差事上遭到不幸，还远远不及赋税不幸呀！如果我不做这差事，那我早就困苦不堪了。自从我们家三代住在这儿，到如今已经有六十年了，而乡邻们的生活一天比一天窘迫。用尽了他们田中生产出的物品，花完了家中的收入，哭号着四处迁徙，由于饥渴倒地而死。人们受到狂风暴雨、严寒酷暑的摧残，呼吸着毒气，常常可见到死者的尸体互相叠压。从前和我祖父住在一起的人，如今是十家剩不下一家了；和我父亲住在一起的人，如今是十家没有二三家存在了；和我同住十二年的人，如今是十家没有四、五家存在了。不是死了就是搬走了，但我却因为捕蛇而侥幸活了下来。

"凶横的官吏来到我们乡里，到处狂吼叫骂，冲撞骚扰，因此受惊骇而呼喊的，不仅是百姓，连鸡犬都不得安宁。我提心吊胆地爬起来，看看那个装蛇的罐子，如果蛇还在那里面，那我就可以放心地去睡觉。我细心地喂养它，到时候了就交上去。回来之后就可以香甜地吃着自己田里收获的东西，来度过我的余年。一年之中冒生命危险的时候不过两次，其余的日子就可以快快乐乐地度过了，怎么会像我的乡邻一样，天天都面临死亡的威胁呢？如今我就是被蛇咬死，也死在我乡邻的后面了，又怎么敢怨恨这个职业呢？"

我听后更加悲痛。孔子说："暴政比老虎还凶猛。"我曾经怀疑过这个说法。今天从蒋氏的遭遇看来，才相信了。唉！谁能想到赋敛的毒害比这种蛇更厉害呢？因此我写下这篇文章，等待那些考察民情的官员对这给予明查。

种树郭橐驼传

柳宗元

【题解】

这是一篇带有寓言性质的传记文学作品，富有深刻的哲理，是柳宗元在长安任监察御史里行时所作。本文从郭橐驼种树的经验谈起，引申到治国治民的根本方针。作者认为，治理百姓应该像郭橐驼种树一样，要顺应人心习俗，注重清静无为，与民休养生息，才能使百姓安居乐业，国家发达兴旺。为此，作者借橐驼之口，揭露谴责了当时政令烦苛、骚扰百姓的弊端，表明柳宗元要求革新政治的强烈意愿。

郭橐驼①，不知始何名，病偻②，隆然伏行③，有类橐驼者，故乡人号之“驼”。驼闻之曰：“甚善，名我固当。”因舍其名，亦自谓“橐驼”云。其乡曰丰乐乡，在长安西。驼业种树，凡长安豪家富人为观游及卖果者④，皆争迎取养。视驼所种树，或迁徙，无不活，且硕茂，蚤实以蕃⑤。他植者虽窥伺效慕，莫能如也。

①橐（tuó）驼：骆驼。这里指驼背。

②偻（lóu）：背脊弯曲。

③隆然：突起的样子。形容驼背。伏行：面朝下走路。

④观游：观赏游乐的园林。

⑤硕（shuò）：大。蚤：同“早”。实：结果实。蕃：多。

有问之，对曰：“橐驼非能使木寿且孳也⑥，能顺木之天，以致其性焉尔⑦。凡植木之性，其本欲舒，其培欲平，其土欲故⑧，其筑欲密。既然已，勿动勿虑，去不复顾。其莳也若子⑨，其置也若弃，则其天者全而其性得矣。故吾不害其长而已，非有能硕茂之也；不抑耗其实而已，非有能蚤而蕃之也。他植者则不然，根拳而土易⑩，其培之也，若不过焉则不及。苟有能反是者，则又爱之太殷，忧之太勤，旦视而暮抚，已去而复顾，甚者爪其肤以验其生枯，摇其本以观其疏密，而木之性日以离矣⑪。虽曰爱之，其实害之；虽曰忧之，其实仇之。故不我若也。吾又何能为哉！”

⑥孳（zī）：繁殖得多。

⑦天：自然规律。性：本性。

⑧本：树根。故：旧，指原有的土。
⑨莳（shì）：栽种。
⑩根拳：根部弯曲。土易：泥土更换。
⑪离：违背。

问者曰："以子之道，移之官理[12]可乎？"驼曰："我知种树而已，官理非吾业也。然吾居乡，见长人者好烦其令[13]，若甚怜焉，而卒以祸。旦暮吏来而呼曰：'官命促尔耕，勖尔植，督尔获，蚤缫而绪[14]，蚤织而缕[15]，字而幼孩[16]，遂而鸡豚[17]。'鸡鼓而聚之，击木而召之。吾小人辍飧饔以劳吏者[18]，且不得暇，又何以蕃吾生而安吾性邪？故病且怠。若是，则与吾业者其亦有类乎？"

问者嘻曰："不亦善夫！吾问养树，得养人术。"传其事以为官戒也。

⑫官理：做官治民。理，治。唐人避高宗李治讳，以"理"代"治"。
⑬长（zhǎng）人者：指官吏。长，官长。用作动词，等于说管辖。烦其令：烦琐地发布命令。意即乱发命令。
⑭缫（sāo）：抽茧出丝。而：同"尔"。你们。绪：丝头。
⑮缕（lǚ）：纱。
⑯字：养育。
⑰遂：成长。豚（tún）：小猪。
⑱辍（chuò）：中止。飧（sūn）：晚饭。饔（yōng）：早饭。劳（lào）：慰劳。这里有招待、应付之意。

【译文】

郭橐驼，不知原来叫什么名字。他患病成了驼背，弯腰走路，像驼背一样，所以同乡的人叫他郭橐驼。他听了说："很好，这样叫很合适。"于是放弃了原来的姓名，也自称其橐驼来。

所住的乡叫丰乐乡，在长安的西边。驼以种树为业，凡是长安豪门人家以树木为观赏的，以及卖水果为营生的，都争着迎他来供养。驼栽种的树木，移植到别的地方，没有不成活的，而且枝繁叶茂，早生果实，果子结得又大又多。别的种树人，虽然窥伺着百般仿效他，但没有能比得上他的。有人去问他的诀窍，他回答说："橐驼并不是能使树木常活而且繁茂，只不过顺应树木自然的生长规律罢了。凡种植树木的方法是：树的根要松舒，对其的培养要平缓，树底及周围的泥土要陈旧，对土要捣得密实。树既种好，就不要再动，也不必考虑它，走时不要再回顾。种时好像交给了土地，植在那里就像抛弃了一样，顺其自然，适应其本来的天性，所以我从不去妨害它的生长发育，不过如此，并非是我能使它高大繁茂起来，不抑制损毁它的果实，并非是我能使它早结果多结果。别的种树人却不是这样，使树根卷曲，不培旧土。培育树不是太过分，就是很不够。即便不这样，便因爱护过度，忧虑过分，早晨看晚上摸，走时又不放心，转回来又看几次。更有性急的人，竟剥下一块块树皮来看它的生死，用力摇动树干看它枝叶的疏密，这样树木的本性一天天被背离了，虽说是爱它，其实是害它；虽说是忧虑它，其实是仇视它。所以他们种树都比不上我，我哪里又有什么能力作为呢?”

问他的人说：“以你种树的道理，转移到为官治民上，可以吗?”郭橐驼说：“我只知道种树，官府政治不是我的职业。但我居住在乡间，见官吏喜欢发布繁琐的政令，好像是怜惜百姓似的，但还是祸害了百姓。天天都有人来的叫喊：‘长官命令你耕田，勉励你种庄稼，督促你收获，早些缫丝，早些织布，养育你的幼孩，喂你的鸡和猪。’鸣鼓聚集他们，敲着木梆子召集他们，我们小民顾不得吃早晚饭，忙着接待这些官吏，不得闲暇，又怎样去治家立业，安身立命呢？所以才患病疲惫不堪。像这种情形，就和我种树的道理有些相似之处吧!”

问的人赞叹说：“这不就很好吗？我问如何栽树，却得到了治民的方法。”我把这事记载下来，以使做官的作为警戒。

梓人传

柳宗元

【题解】

梓人，据《考工记·总序》说，是古代木工的一种。文中所记叙的梓人是一位建筑师，文章前半部分细写了梓人精湛娴熟的技艺和运筹帷幄的才能，后半部分阐发了为相之道。为相者应辅佐天子，统筹全局，并且应坚守其道，不贪图富贵，使国泰民安。文章描写生动，议论透彻，语言精炼。

裴封叔之第①，在光德里②。有梓人③款④其门，愿佣⑤隙宇⑥而处焉。所职⑦寻引⑧、规矩⑨、绳墨⑩，家不居⑪砻斫⑫之器。问其能，曰："吾善度材⑬，视栋宇之制，高深、圆方、短长之宜，吾指使而群工役焉。舍我，众莫能就一宇。故食于官府⑭，吾受禄三倍⑮；作于私家，吾收其直大半⑯焉。"他日，入其室，其床阙足⑰而不能理⑱，曰："将求他工。"余甚笑之，谓其无能而贪禄嗜货⑲者。

①裴封叔：名墐，柳宗元的姊夫，闻喜（今山西省闻喜县）人，曾任长安县令。

②光德里：地名，旧址在今西安市西南郊。

③梓人：本为小器作的工匠，此处指建筑房屋的设计人员。

④款：通"叩"。

⑤佣：原义为受人雇用，这里作租借解。

⑥隙宇：空闲的房屋。

⑦职：掌握，此处有"随身携带"之意。

⑧寻引：古代长度单位，八尺为"寻"，十丈为"引"，此处指测量长度的工具。

柳宗元像，图出自清·顾沅《古圣贤像传略》。

⑨规矩：木工工具，校正圆形者称“规”，校正方形者为“矩”。
⑩绳墨：木匠画直线的工具。
⑪居：积存。
⑫砻（lóng）磨：斫（zhuó）：砍，削。砻刨子、斧头等工具。
⑬度（duó）材：度量并合理地使用材料，也指对做工者能量材使用。
⑭食于官府：受官府雇用，从官府处得到生活资料。
⑮受禄三倍：意指比普通工人多得到三倍的工资。
⑯收其直大半：收取总的工钱的大半。直，通“值”，报酬，工钱。
⑰阙足：缺了腿。阙，通“缺”。
⑱理：修理。
⑲贪禄嗜货：贪图财物。货：钱币，财货。

其后，京兆尹[20]将饰[21]官署，余往过焉。委群材[22]，会众工[23]。或执斧斤，或执刀锯，皆环立向之。梓人左持引，右执杖，而中处焉。量栋宇之任[24]，视木之能，举[25]挥其杖曰：“斧！”彼执斧者奔而右；顾而指曰：“锯！”彼执锯者趋而左。俄而斤者斫，刀者削，皆视其色，俟其言，莫敢自断者。其不胜任者，怒而退之，亦莫敢愠[26]焉。画宫于堵[27]，盈尺而曲尽其制[28]，计其毫厘而构大厦，无进退焉。既成，书于上栋曰：“某年某月某日某建”，则其姓字也。凡执用之工不在列。余圜视大骇，然后知其术之工大[29]矣。

⑳京兆尹：官名，都城的长官。
㉑饰：修理。
㉒委群材：委，堆积。群材，好多木材。意为堆积好多木材。
㉓会众工：会集众多工人。
㉔栋宇之任：指房屋的规模。
㉕举：承担。
㉖愠（yùn）：怨怒。
㉗宫：房屋，此处指房屋的设计图。堵：墙壁。盈尺：一尺见方（的图样）。
㉘曲尽其制：详尽地描绘了房屋的规模、规格。进退：犹言：“出入”。
㉙工大：技术精深博大。

继而叹曰：彼将[30]舍其手艺[31]，专其心智[32]，而能各体要者欤？吾闻劳心者役人，劳力者役于人[33]。彼其劳心者欤？能者用而智者谋，彼其智考欤？是足为佐天子相天下法矣[34]！物莫近乎此也。彼为天下者本于人。其执役者，为徒隶[35]，为乡师[36]、里胥[37]；其上为下士[38]，又其上为中士、为上士；又其上为大夫、为卿、为公。离而为六职[39]，判而为百役[40]。外薄四海[41]，有方伯[42]、连率[43]。郡在守[44]，邑有宰[45]，皆有佐政[46]。其下有胥吏[47]，又其下皆有啬夫[48]、版尹[49]，以就役[50]焉，犹众工之各有执技以食力也。彼佐天子相天下者，举而加焉[51]，指而使焉，条其纲纪[52]

而盈缩焉[53]，齐其法制[54]而整顿焉，犹梓人之有规矩、绳墨以定制也。择天下之士，使称其职；居[55]天下之人，使安其业。视[56]都知野，视野知国，视国知天下，其远迩细大[57]，可手据其图而究焉，犹梓人画宫于堵而绩于成[58]也。能者进而由之[59]，使无所德[60]；不能者退而休之，亦莫敢愠。不衒能[61]，不矜名[62]，不亲小劳[63]，不侵[64]众官，日与天下之英才讨论其大经[65]，犹梓人之善运众工而不伐艺[66]也。夫然后相道得而万国理矣[67]。相道既得，万国既理，天下举首而望曰："吾相之功也。"后之人循迹[68]而慕曰："彼相之才也。"士或谈殷、周之理者[69]，曰伊、傅、周、召，其百执事之勤劳而不得纪焉，犹梓人自名其功而执用者不列也。大哉相乎！通是道者，所谓相而已矣。其不知体要者反此[70]。以恪勤为公[71]，以簿书为尊，衒能矜保，亲小劳，侵众官，窃取六职百役之事，听听于府庭，而遗其大者、远者焉，所谓不通是道者也。犹梓人而不知绳墨之曲直、规矩之方圆、寻引之短长，姑夺众工之斧斤刀锯以佐其艺，又不能备其工[72]，以至败绩、用而无所成也。不亦谬欤？

㉚将：大概，大约。

㉛手艺：指木工手艺。

㉜专其心智：意即专门动脑筋。体要：大体与纲要，即事物的关键所在。

㉝役于人：受人役使。

㉞是足为佐天子相天下法矣：这就足以值得让辅助天子治理天下的人所效法了。相：此处意为"治理"。法：效法。

㉟徒隶：原指服役罪犯，此处统称处于社会底层从事各种体力的劳动的人。

㊱乡师：一乡之长。

㊲里胥：一里之长。

㊳下士：指西周时期统治阶级中最低等级的官员；下士之上有中士、上士、大夫、卿、公等。此处借指各级官员。

㊴"离而"为六职：离，大致划分。六职，指王公、士大夫、百工、商旅、农夫、妇功六种职别。

㊵判：仔细划分。百役：多种职业。

㊶外薄四海：此处指四方边境。薄：迫近。

㊷方伯：殷周时期一方诸侯中的首领。

㊸连率：即"连帅"，古代指统辖十国的诸侯。

㊹郡有守：守，太守，一郡之中最高长官。

㊺邑有宰：邑，指县。宰，一县的最高长官。

㊻佐政：指郡、县等的副长官。

㊼其下有胥吏：在官府中处理文书的小吏。

㊽啬（sè）夫：乡官，为县令管理赋税、诉讼等。

㊾版尹：主管户籍的官吏。

㊿就役：担任职役。

51焉：代指各级官吏。

傅说像，图出自明·天然《历代古人像赞》。傅说是商朝武丁时期的贤臣，相传曾为傅岩地方筑墙的奴隶。

52条其纲纪：使纲纪条款有条理。

53盈缩：增减。

54齐：统一。法制：法度。

55居：安置。

56视：考察。

57视都知野……其远迩细大此四句意谓：考察都城就可了解都城外的情况，考察都城外的情况就可以了解一个封国的情况，考察一个封国的情况就可以了解整个天下的情况，远近大小之事，都可以凭着手中的地图去推究他。

58绩于成：完成工程。绩：业绩，用如动词。

59能者进而由之：由之，使用他。

60使无所德：意谓不必要让他们来感恩戴德。

61不衒（xuàn）：衒，通炫，炫耀、卖弄，意为不炫耀。

62矜名：自夸名声。

63不亲小劳：意谓不必亲自去做无足轻重的小事。

64侵：侵犯。

65大经：大原则。

66伐艺：自夸其才能。伐：夸耀。

67“夫然后”句：相道，担任宰相的方法。万国：此处指全国。理：治。

68循迹：遵循其足迹，此处意为模仿、学习。

69“士或谈”四句：士，指读书人。伊：伊尹，商朝的功臣，辅助商汤攻灭夏桀。傅：傅说（yuè），相传原为傅岩地方筑墙的奴隶，后被商王武丁任为大臣，治理朝政。周：周公，周武王之弟，武王死，辅佐武王之子成王。召（shào）：召公，曾佐武王灭商，后与周公一起辅助成王。百执事：指众多执行具体事务的人。纪：记载。

70反此：与此相反。

71“以恪（kè）勤”七句：恪勤，意为谨慎勤恳，此处指忙于细小事务。簿书：文书，用如动词；以簿书为尊，意谓把处理文书等事当作尊荣。听听（yín）：通“龂”；笑的样子。这里是形容劣相以小为能，自鸣得意的样子。

72备其工：完成他的工作。备：完备，完成。

或曰：“彼主为室者，傥或发其私智[73]，牵制梓人之虑，夺其世守而道谋而用，虽不能成功，岂其罪邪？亦在任之而已。”余曰：不然。夫绳墨诚陈[74]，规矩诚设，高者不可抑而下也，狭者不可张而广也。由我则固，不由我则圮。彼将乐去固而就圮也，则卷其术，默其智，悠尔而去[75]，不屈吾道，是诚良梓人耳。其或嗜其货利[76]，忍而不能舍也，丧其制量[77]，屈而不能守也，栋桡屋坏，则曰：“非我罪也。”可乎哉？可乎哉？

⑬“倘或”三句：发其私智，意即实行自己的主张。虑：谋划。世守：指原有的经验、意见。道谋是用：向过路人商量并采用他们的意见。

⑭“夫绳墨”六句：诚陈，意为确实已经完备。诚设：确实已定下来。由我则固：按照我的设计安排房屋就能坚固。圮（pǐ）：倒塌。

⑮“悠尔”二句：悠尔而去，意即远远离开。尔，词尾，无义。不屈吾道：意即不改变自己的主张。

⑯嗜其货利：意即贪图他的钱财。

⑰“丧其”三句：丧其制量，意即抛弃自己的法式。桡（náo）：弯曲变形。

余谓梓人之道类于相，故书而藏之。梓人，盖古之审曲面势[78]者，今谓之“都料匠”云。余所遇者，杨氏，潜其名。

⑱审曲面势：审察各种材料的曲直和向背的形势。

【译文】

裴封叔的住宅在光德里。有个建筑师来敲他的门，想租一间空房子居住。他随身带的工具只有测量具、圆规、矩尺、墨斗，家里并不放磨砺和砍削的工具。我问他有什么本领，他说：“我善于计量木料，观察那房屋的规模，根据高深、方圆、长短的情况，我指挥调度工匠们施工。离开我，他们就造不成一间房屋。所以在官府做工，我得到三倍的俸禄；在私人家做工，我收取工钱的一大半。”有一天，我走进他的屋子，见他床铺缺了腿，他却不会修理，说要请另外的工匠。我很轻视他，觉得他是一个没有本领却贪图钱财的人。

后来，京兆尹要整修官衙，我去探望。只见满地堆着木料，聚集着许多工匠，有的拿着斧头，有的拿着刀锯，都向着那位建筑师围在一圈。建筑师左手拿着引尺，右手拿着手杖，站在人群中间。他估量房屋的规模，观察木材的承受能力，挥动着他的手杖说：“砍！”那些拿着斧头的工匠就跑到右边；回过头来又指挥道：“锯！”那些拿着锯子的工匠就跑到左边。一会儿，拿斧的人砍，拿刀的人削，都看他的脸色，等待他的吩咐，没有人敢自作主张。那些不能胜任的人，建筑师就恼火地将他撤换下来，也没有人敢出怨言。他把房子的图纸画在墙壁上，不过一尺见方，却详细地绘出了建筑的要求，一毫一厘都计算了出来，根据它来建筑大厦，没有出入。房子建成后，在上面的屋柱上写道：“某年某月某日某建”，就是建筑的名字。所有干活的工匠没有列上姓名。我大吃一惊，这才明白他的技术的作用是很大的。我接着感叹说：他大概是一个放弃了手艺，专门运用智慧，能够掌握事物的根本和关键的人吧？

我听说，劳心的人指使别人，用体力的人受人指使，他大概属于劳心的人吧？有技能的人被人使用，有智慧的人出谋划策，他大概就是有智慧的人吧？这种做法完全可以作为辅佐天子治理天下的法则了，没有什么东西比这更接近了。治理天下，要以人为本。那此办事人员是差役，是乡长和乡吏；他们的上面是下士，再上面是中士，是上士；士的上面是大夫，是卿，是公。其中又分出六种官职，形成百姓差役。国都以外，直到四周边境，有方伯、连帅；每个郡有郡守，每个县有县令，他们都有副职。下面有胥吏，再下面有啬夫的版尹，供奔走役使。他们就好比工匠们各掌握一门手艺来养活自己一样。那辅佐天子治理天下的人，推荐别人并授予官职，指挥和使用他们，整理纲常法令并加以增减，依法治理，整顿社会秩序，好比建筑师用圆规、矩尺和墨斗来确定建筑规模一样。选拔天下有才能的人，让他们各自的能力与职务相称；使天下人都能安居乐业。看了国都便了解郊野，看了郊野便了解各诸侯国，看了各诸侯国便了解天下，那远处、近处、小事、大事，都可以拿着地图推究出来，就好像建筑师把房屋的图样画在墙上，便可指挥各种工匠建成房屋一样。有才能的人，按正道来提拔他，使他不感恩戴德；没有能力的人，把他免掉，也没有谁敢埋怨。不夸大自己的名声，不抬高自己的名声，不亲自做琐碎的事务，不侵犯各类官员的职权，天天与天下的杰出人物商讨管理国家的大政方针，就好比建筑师善于指挥各类工匠却不夸耀自己的手艺一样。这样做了以后，就符合宰相的职责，天下各地就能得到治理。符合宰相的法则，使天下得到了治理，于是天下人都抬头仰望着说："这是我们宰相的功劳啊。"后世的人会遵循他的事迹，羡慕地说："这是那个宰相的才能啊。"士大夫有的谈起商代和周代的政绩，称道伊尹、傅说、周公、召公，那些做具体事务的官吏，虽然很勤劳却不会被提到，就像建筑刻下自己的名字，而做活的工匠们都不列名。宰相的功劳很大啊！懂得以上道理的人，便是人们所说的宰相了。那些不能掌握事物的主体与关键的人与这种情况相反，他们把恭敬勤劳当作公务，把处理公文当作至高无上的事情，炫耀自己的能力，抬高自己的名声，亲自做琐碎的事，侵夺各类官员的职权，代替官员和差役们行事，在大堂上为小事与人争论不休，却放弃了重大和长远的事务。这就是我们所说的不懂宰相职责的人。就好比建筑师不懂得绳墨的曲直、规矩的方圆、寻引的长短，胡乱地夺过工匠们的斧头刀锯，帮助干活，又不能样样都干得好，以致失败，因而没有什么成就。这不是太荒谬了吗？

召公像，图出自清·顾沅《古圣贤像传略》。召公曾助武王灭商，后与周公共同辅佐周成王。

有人说："那负责建房的人，倘

若要个人的小聪明，牵制建筑师的计划，违背累代相传的建筑原则，却采用过路人随便说的意见，虽然不能成功，难道是建筑师的过错吗？不过看用人者怎么任用罢了。”我说不是这样。如果绳墨和规矩确实定下来了。应该高的地方就不能压低，应该窄的地方就不能扩宽。按照我的方法建造就坚固，不按照我的方法建造就会倒塌。房主如果乐意不要坚固而要倒塌，那么建筑师就应该收藏起他的技术和智慧，远远地离开。在原则方面不妥协退让，这才是一个好建筑师！如果贪图财物，一味忍让，舍不得抛弃，丧失了自己的设计方案，妥协退让，不能坚持自己的立场，等到梁柱断裂，房屋倒塌，却说：“这不是我的过错。”可以吗？可以吗？

我认为建筑师的工作道理与宰相治国手法类似，所以记下来并保存着。建筑师大概就是古书上所说的“审曲面势者”，现在被称为“都料匠”。我所碰到的这位建筑师姓杨，名潜。

愚溪诗序

柳宗元

【题解】

元和五年（公元810年），柳宗元被贬斥在永州（今湖南零陵），他在永州近郊发现了景色秀丽的冉溪，即在溪边结茅屋、筑亭堂、开池沼，安家住下。他将冉溪改名为愚溪，加上附近的丘、泉、沟、池、堂、亭、岛均题名为“愚”，并写了一首《八愚诗》，诗前附有序文。后来《八愚诗》失传，只有这篇序文流传至今。

本文表面上是在描写愚溪的景色，说明以“愚”命名各个景点的原由，实际上是借景自喻，抒发自己有志不获逞的愤懑与牢骚，讥刺当时贤愚不分、是非颠倒的社会现实。

文章用一“愚”字统贯全篇，时而写景，时而抒情，时而议论，富于变化，但都紧紧围绕着一个“愚”字展开，显示了作者卓越的艺术技巧。

灌水①之阳有溪焉，东流入于潇水②。或曰：“冉氏尝居也，故姓是溪为冉溪。”或曰：“可以染也，名之以其能，故谓之染溪。”余以愚触罪③，谪潇水上，爱是溪，入二三里，得其尤绝者家焉。古有愚公谷，今余家是溪，而名莫能定，土之居者犹断断然④，不可以不更也，故更之为愚溪。

①灌水：水名，在今广西境内。源出灌阳西南，流经全州进入湘江。

②潇水：水名，源出湖南道县的潇山，流经零陵进入湘江。

③余以愚触罪：指柳宗元因参加王叔文变革集团而被贬官流放。

④土之居者犹断（yín）断然：当地人仍在那里争论不休。土居者，当地的土著居民。断断然，争论不休的样子。

愚溪之上，买小丘，为愚丘。自愚丘东北行六十步，得泉焉，又买居之，为愚泉。愚泉凡六穴，皆出山下平地，盖上出也。合流屈曲而南，为愚沟。遂负土累石，塞其隘，为愚池。愚池之东为愚堂，其南为愚亭，池之中为愚岛。嘉木异石错置，皆山水之奇堵，以余故，咸以愚辱焉。

夫水，智者乐也。今是溪独见辱于愚，何哉？盖其流甚下，不可以灌溉，又峻急，多坻石，大舟不可入也；幽邃浅狭，蛟龙不屑，不能兴云雨。不以利世，以适⑤类于余，然则虽辱而愚之，可也。

⑤适：恰好。

宁武子[6]“邦无道则愚”，智而为愚者也；颜子[7]“终日不违如愚”，睿而为愚者也。皆不得为真愚。今余遭有道，而违于理，悖于事，故凡为愚者莫我若也。夫然，则天下莫能争是溪，余得专而名焉。

⑥宁武子：名俞，谥武，春秋时卫国大夫。

⑦颜子：颜回，字子渊。孔子的学生。

颜回像，图出自明·吕维祺《圣贤像赞》。颜回是孔子的弟子，又称颜渊、颜子。

溪虽莫利于世，而善鉴[8]万类，清莹秀澈，锵鸣金石，能使愚者喜笑眷慕，乐而不能去也。余虽不合于俗，亦颇以文墨自慰，漱涤万物，牢笼百态，而无所避之。以愚辞歌愚溪，则茫然而不违，昏然而同归，超鸿蒙[9]，混希夷[10]，寂寥而莫我知也。于是作《八愚诗》，记于石溪上。

⑧鉴：照。

⑨鸿蒙：指宇宙形成之前的混沌状态，也指一种气。

⑩希夷：指无声无色，空虚寂静的境界，语出《老子》。

【译文】

灌水的北面有一条小河，向东流入潇水。有人说：“姓冉的人在这里住过，所以将这条溪冠称冉溪。”有人说：“这条溪可以染色，所以以它的功能来命名，因此称它为染溪。”我因为愚昧而触犯律法，被贬到潇水边上。我喜欢这条溪水，沿着它走两三里，找个风景优雅的地方居住下来。古代有愚公谷，如今我住在这条溪边，但是溪水的名字却不能确定，当地的人还争论不休，看来不能不改名了，所以把它改叫做愚溪。

我在愚溪上游，买了座小山丘，叫做愚丘。从愚丘向东北方向走六十步，在那里发现了一处清泉，又买下来居住，叫愚泉。愚泉共有六个泉眼，都是从山下平地上涌出的。泉水汇聚后弯弯曲曲地向南流，叫愚沟。挑来泥土，累起石头，在狭窄的地方堵塞成一个水池，成为愚池。愚池东边是愚堂。它的南边是愚亭。池塘中的小岛叫愚岛。秀美的树木、奇异的石头，交错排列着，都是山水中的奇景，因为我的缘故，都用愚字玷辱了他们。

水，是聪明人所喜欢的，现在这条河却被称为愚河，为什么呢？是由于它的水位很低，不能用来灌溉；水流又湍急，有很多礁石，大船不能进来，又地处偏僻的地方，水浅得蛟龙不屑住在这里，不能兴起云雨，对世间没有什么好处，恰好和我相似，既使玷辱它，叫它愚，也是可以的。

宁武子在国家混乱动荡时，显得很愚蠢，那是明智人故意装傻。颜回从不发表不同意见，好像很愚蠢的样子，这是睿智的人貌似迟钝。他们都不是真正的愚蠢。现在我遇到政治清明的时代，却违背常规，做错了事，所以凡被说成愚蠢的人都比不上我。这样，天下没有人能够和我争这条小溪了，我能够独自占有它并为它命名。

这条小溪虽然对世上没有什么用处，可是它却能映照万物，清亮晶莹秀美澄澈，水流能发出铿锵的声音；能够使愚笨的人高兴眷恋、倾慕得不愿走开。我虽然与世俗不合，还能用诗文来自我安慰。净化万物，把握世间百态，没有什么可回避的。我用愚辞来颂愚溪，茫茫然同愚溪没有差别，昏昏然地和这溪水有一样的归宿，超脱尘俗之外，溶于苍穹，寂寞空旷，而忘记自我！于是我写了《八愚诗》，刻在溪边的石上。

永州韦使君新堂记

柳宗元

【题解】

本文作于元和七年（公元812年），又名《永州新堂记》。它的思想特点是在赞美新刺史和新堂时发表自己的政治见解，希望新刺史能够做到：因俗成化，除残佑仁，废贪立廉，抚恤百姓。

文章开头先发一段名胜难得与休息民力的议论，笼罩全文，为后面的描述与议论定下基调。中间两段，一写新堂修筑前的荒芜境界，一写新堂筑成后的美妙天然，取景典型，历历如画；并通过对比突出了新堂之美与修筑新堂之功。最后一段发表政治见解，处处紧扣前文，在立意、结构上都颇费匠心。

将为穹谷、嵁岩、渊池于郊邑之中[1]，则必辇山石[2]，沟涧壑[3]，陵绝险阻[4]，疲极人力，乃可以有为也。然而求天作地生之状，咸无得焉。逸其人，因其他，全其天，昔之所难，今于是乎在。

①穹谷：深谷。嵁（kān）岩：峭壁。

②辇（niǎn）：用车载物。

③沟：动词，沟通。

④陵绝：动词，跨越。

永州实惟九疑之麓[5]。其始度土者[6]，环山为城。有石焉，翳于奥草[7]；有泉焉，伏于土涂[8]。蛇虺之所蟠[9]，狸鼠之所游，茂树恶木，嘉葩毒卉，乱杂而争植，号为秽墟。

⑤九疑：九疑山，又名苍梧山，在湖南宁远县南。

⑥度（duó）：计量、测算。

⑦翳（yì）：遮蔽。奥：深。

⑧涂：泥。

⑨虺（huǐ）：毒蛇、毒虫。蟠：盘踞。

韦公之来既逾月，理甚无事。望其他，且异之，始命芟其芜[10]，行其涂，积之丘如，蠲之浏如[11]。既焚既酾[12]，奇势迭出，清浊辨质，美恶异位。视其植，则清秀敷舒；视其蓄，则溶漾纡余。怪石森然，周于四隅，或列或跪，或立或仆，窍穴逶邃[13]，堆阜突怒。乃作栋宇，以为观游。凡其物类，无不合形辅势，效伎于堂庑之下[14]。外之连山高原，林麓之崖，间厕隐显[15]；迩延野绿，远混天碧，咸会于谯门之内[16]。

⑩芟（shān）：铲除杂草。
⑪蠲（juān）：通“涓”，清洁。浏如：水流清澈的样子。
⑫釃（shī）：分流、疏导。
⑬逶邃：曲折幽深。
⑭庑：堂下四周的屋子。
⑮间厕：参加，这里是交错的意思。
⑯谯门：城楼。

已乃延客入观，继以宴娱。或赞且贺曰：“见公之作，知公之志。公之因土而得胜，岂不欲因俗以成化？公之择恶而取美，岂不欲除残而佑仁？公之蠲浊而流清，岂不欲废贪而立廉？公之居高以望远，岂不欲家抚而户晓？夫然，则是堂也，岂独草木、土石、水泉之适欤？山、原、林麓之观欤？将使继公之理者，视其细，知其大也。”

宗元请志诸石，措诸壁[17]，编以为二千石楷法[18]。

⑰措：安置。
⑱二千石：这里指刺史。汉代郡守的年俸为粮食二千石。后即以二千石作为郡太守的代称。唐代州刺史相当于郡守，所以也用二千石称之。楷法：典范，楷模。

【译文】

如果要在城市或郊野人工营造幽谷、高崖、深池，就一定用车来搬运来山石，填平沟壑，历经险阻，耗尽人力，才可以建成。然而，这样要达到天造地设的自然景致一般，那是根本办不到的。让人轻松安逸，依照这里的地形，保全它的天然原貌，这在过去很难做到的事情，如今却在永州出现了。

永州处于九疑山下。最初在这里测量的人，沿着周围的山麓修建了城池。这里有奇石，却被荒草掩没；有清泉，却被污泥遮掩。是毒蛇盘踞之处，是狐鼠游荡之地。好树坏树，香花毒草，杂乱丛聚，争生竞长，故而被称为荒芜之地。

韦公来到这儿已经一个多月了，政治清明太平无事。观察周围环境，感到它很不平凡。便派人铲除荒草杂树，清理秽土污泥，堆积土石成为山丘，疏浚泉源使之清澈。烧杂草，通溪流，奇异的景致层出迭现，清泉浊泥被分开，美树恶草不相杂。看看树木，是那样清秀而舒展；看看池潭，是那样碧波荡漾而萦回曲折。怪石林立，布满四周，有的排列成行，有的躬身下跪，有的挺立，有的匍匐，洞穴迂回而幽深，山丘突兀而孤拔。于是便在这儿建造厅堂，以供观赏游览。所有的景物，无不适合天然地形而烘托出其优美的态势，使之在厅堂两堂之前呈献它们的美丽的特色。外面连绵高耸的峰峦，丛林密布的山崖，交互错杂，时隐时现；眼前绿野平展，和远方碧蓝的天色融为一体，所有美景都汇聚到城门里来。

建成后，请宾客进去观览，接着宴饮娱乐。有人赞美并祝贺说：“看到您的行事，便知道您心志。您能因应地形而获得美景，难道不愿意顺应民俗来教化百姓？您能除掉恶木而选留嘉树，怎能不想铲除残暴而保佑仁德？您能疏浚浊泥而使清泉畅流，哪能不打算废除贪婪而提倡廉洁？您喜欢登高眺望远方景致，何尝不愿意安抚和教导所有的百姓？这样的话，那么修建这所庭堂，难道仅只是为了草木土石、溪流泉源得到适当的安置吗？只是为了观赏峰峦原野、丛林山麓的美景吗？更主要的是为了能使继您之后治理永州的人，从细小之处可看到韦公的大志啊。”

我请求把这一切记录在石碑上，嵌放在墙壁上，以资编入典册作为刺史们学习的楷模。

钴鉧潭[①]西小丘记

柳宗元

【题解】

本篇是柳宗元被贬到永州后所写的山水游记中的一篇。柳宗元贬到永州后，寄情山水，写下了许多寓意深远的山水游记，其中《永州八记》尤其为人称道，本文即为其中的第三篇。文章描绘了钴鉧潭西小丘的奇山异石，记叙了发现和整修小丘的经过。同时，作者借小丘的被弃置，来抒发他本人怀才不遇、遭放逐的抑郁之情。在写法上能够将抒情和写景紧密结合，达到了寄情于景，情景交融的境界。

得西山后八日，寻山口西北道[②]十百步，又得钴鉧潭。西二十五步，当湍而浚者为鱼梁[③]。梁之上有丘焉，生竹树。其石之突怒偃蹇，负土而出[④]，争为奇状者，殆[⑤]不可数。其嵚然相累而下者[⑥]，若牛马之饮于溪；其冲然角列而上者，若熊罴之登于山[⑦]。

①钴（gǔ）鉧（mǔ）潭：钴鉧，熨斗，潭以形似钴鉧而得名，在今湖南永州市西。

②道：走，此处作动词用。

③“当湍（tuān）”句：湍，水流迅急。浚（jùn），水深。鱼梁，阻水筑堰，中间留缺口，用来放置捕鱼的工具，从捕捉顺流而来的鱼，用来捕鱼，叫鱼梁。

④“其石”二句：偃（yǎn）蹇（jiǎn），高耸的样子。负，背负。

⑤殆（dài）：几乎。

⑥“其嵚（qīn）然”句：嵚然，高峻的样子。相累，互相重叠。

⑦“其冲然”二句：冲然，直上的样子。角列，如犄角对立。罴（pí），即马熊，或叫人熊。

丘之小不能[⑧]一亩，可以笼而有之[⑨]。问其主，曰：“唐氏之弃地[⑩]，货而不售[⑪]。”问其价，曰：“止四百。”余怜而售之。李深源、元克己时同游，皆大喜，出自喜外。即更取器用，铲刈秽草[⑫]，伐去恶木[⑬]，烈火而焚之。嘉木立，美竹露，奇石显。由其中以望，则山之高，云之浮，溪之流，鸟兽之遨游，举熙熙然回巧献技[⑭]，以效兹丘之下[⑮]。枕席而卧，则清泠之状与目谋[⑯]，瀯瀯[⑰]之声与耳谋，悠然而虚者与神[⑱]谋，渊然而静者与心谋[⑲]。不匝旬而得异地者二[⑳]，虽古好事之士[㉑]，或未能至焉。

⑧不能：不足。

⑨“可以笼”：好像可以用一个小笼子把它装起来。

⑩弃地：废弃的地方。

⑪货而不售：要出卖而没卖出去。

⑫铲刈（yì）秽（huì）草：铲除杂草。

⑬恶木：难看的树。

⑭“举熙熙然”句：举，全。熙熙然，和悦的样子。回巧，报答以巧艺。

⑮“以效”句：效，效力。兹，这。

⑯“则清泠（líng 灵）”句：清泠，清凉。谋，商量，这里指交流。

⑰潆（yíng）潆：象声词。

⑱神：精神。

⑲“渊然”句：深沉而安静的气氛和心灵相通。

⑳“不匝（zā）旬”句：不到十天就能找到两处风景奇异的地方。匝，周，满。旬，十天。

㉑好事之士：此处指喜欢游山玩水的人。

噫！以兹丘之胜，致之沣、镐、鄠、杜㉒，则贵游之士㉓争买者，日增千金而愈不可得。今弃是州也，农夫渔父过而陋之㉔，价四百，连岁㉕不能售。而我与深源、克己独㉖喜得之，是其果有遭㉗乎！书㉘于石，所以贺兹丘之遭也。

㉒“致之”句：致之，把它放到。沣（fēng），水名，流经长安。镐（hào），地名，在今西安西。户，地名，即今陕西户县。杜，地名，在今陕西长安县东南。四处皆当时贵族聚居之地。

㉓贵游之士：富贵而又爱好游玩的人。

㉔陋之：轻视它。陋，此处作动词用。

㉕连岁：连年。

㉖独：偏偏。

㉗遭：遭遇，机遇。

㉘书：这里是刻的意思。

【译文】

在发现西山后的第八天，沿着山口向西北探行二百步，又发现了钴锅潭。潭西二十五步，正当流急水深处筑有垒土阻水，开缺张网的鱼梁。梁上有个小土丘，丘上生长着竹子树木，丘石或骤然突起、或兀然高耸，破土而起，争相形成奇奇怪怪形状的，几乎数都数不清；有的倾侧推垒而趋下，就像牛马在溪边饮水；那突起像兽角向上的石头，就像熊在山上攀登。

小丘面积不足一亩，似乎可以装进袖子里去一般。我向小丘的主人打听情况，他回答说：“这是唐姓某家废弃的土地，标价出售却卖不出去。”我又问地价多少，答道：“仅仅四百两银子。”我很喜欢这个地方，就买下它。当时，李深源、元克己与我同游，都非常高兴，以为是意想不到的收获。于是就又取来了一应用具，铲除败草，砍掉杂树，燃起了熊熊大火焚烧去一切荒秽。（顿时），佳好的树木似乎挺立起来，秀美的竹林也因而浮露，奇峭的山石更分外显突。由竹木山石间望出去，只见远山高峙，云气飘浮，溪水流淙，鸟兽在自由自在地游玩；万物都和乐怡畅地运技献能，而呈现在这小丘之下。铺席展枕躺在丘上，山水清凉明爽的景状来与双目相亲，潽潽的流水之声又传入耳际，悠远空阔的天空与精神相通。深沉至静的大道与心灵相合。不到十天，却得到了二处胜景，即使是爱好山水的人，也未必能有此幸运啊！

唉，如果把这小丘的美景，放到长安附近沣、镐、鄠杜等地，那么爱好游玩山水的富贵子弟，都会争相购买，将逐日增价一千两，也愈来愈不能购得。现在弃置在这永州，农人渔夫相经过而看不起它，求价仅四百两，却多年卖不出去，而我与深源、克己偏偏喜爱并获得了它。这难道是确实有所谓遭际遇合吗？我把这篇短文刻在石上，用来庆贺与小丘的遇合。

小石城山记[①]

柳宗元

【题解】

本文是《永州八记》中的最后一篇。文中表达了作者对小石城山偏处荒郊僻壤之处而产生的感叹之情，对造物之神表示出怀疑的态度。同时，抒发了贤者不被重用的愤懑心情。

自西山道口径北[②]，逾黄茅岭而下[③]，有二道。其一西出，寻之无所得；其一少北而东，不过四十丈，土断而川分，有积石横当其垠[④]。其上为睥睨梁欐之形[⑤]，其旁出堡坞[⑥]，有若门焉。窥之正黑，投以小石，洞然有水声，其响之激越，良久乃已。环之可上，望甚远，无土壤而生嘉树美箭[⑦]，益奇而坚，其疏数偃仰[⑧]，类智者所施设也。

①这是“永州八记”的最后一篇。小石城山在零陵县西。《零陵县志》载：“小石城山在黄茅岭之北，视石城（山名）差小而结构天巧过之。望若列墉，入若幽谷。”

②西山：在永州（今湖南零陵）西面潇江边。径北：一直往北。

③逾：越过，翻过。

④垠：边界

⑤睥睨（bì nì）：城上的矮墙。梁欐（lì）：栋梁，这里借指房屋。

⑥堡（bǎo）：小城。坞（wù）：小城墙，用作防卫用的小城墙。

⑦箭：一种竹名。因质地坚韧可作箭杆，故名。

⑧疏数（cù）偃仰：疏密高低。

噫！吾疑造物者之有无久矣[⑨]。及是，愈以为诚有。又怪其不为之于中州[⑩]，而列是夷狄[⑪]，更千百年不得一售其伎[⑫]，是固劳而无用。神者傥不宜如是，则其果无乎？或曰：“以慰夫贤而辱于此者。”或曰：“其气之灵[⑬]，不为伟人，而独为是物。故楚之南[⑭]少人而多石。”是二者，余未信之。

⑨造物者：造物主，这里是指有神论意义上的造物主。

⑩中州：中原，黄河中下游文化发达地区。

⑪夷狄：永州地处僻远，作者从中原角度来看，称为夷狄。

⑫更：经历。一售其伎：指向有欣赏自然景物能力的人显示其美景。

⑬气之灵：古人认为天地间有一种灵秀之气，赋予某些人物与事物之上，使其超凡出群。

⑭楚之南：指包括永州在内的南方各地。楚在战国时南部疆域到今湖南南部。

【译文】

从西山路口一直向北，翻过黄茅岭有两条路：一条向西延伸，找不到什么美景；一条偏北向东，往前走不过四十丈，道路被中断，被一条河水分流，有一座由石头堆成的小山横立在路边。小石山上，有的石头堆成城墙上的矮墙形状，有的堆成栋梁的模样；小石山的旁边，有一座天然石堡凸出来，中间像有一道门。往门里看黑洞洞的，投进一块小石头，咚的一声，发出了好像是以石击水的声音，那回声久久回响许久才消失。环绕着石堡可以登上山顶，站在山顶可以看得很远。山顶上没有泥土，石缝里却生长出一些美好的树木和箭竹，长得特别奇异结实，这些竹木的疏密高低、倒伏挺拔组合得很适宜，好像是有心人精心布置的。

啊！我怀疑是否有创造万物的神灵已经很久了，等看到这些，更相信确实是有的。但是，我又责怪那创造万物的神灵没有把这种美景设置在中原地区，却安排在这边远偏僻的地方，以致于千百年来一次也不能向人们呈献自己的优美，这实在是劳而无功，倘若作为神灵，它就不应当这样做，那么，人间果真没有造物主吗？有人说："将这样的美景设置在这里是为了安慰那些贤能而被贬黜到这里的人。"又有人说："这天地的灵气不孕育卓越的人物，而只是创造这样的自然美景，所以楚国的南部，贤能的人少而奇石多。"这两种说法，我都不相信。

贺进士王参元失火书

柳宗元

【题解】

本文是作者为安慰遭受火灾的友人而写的。文章不是像常人那样表示怜惜同情，而是“火喜”、道贺，作者用辩证的眼光，说出一番坏事可能转化成好事的道理；构思新颖奇特，出人意料却又入情入理，令人信服。文章先总写“闻而骇”、“中而疑”到“终乃大喜”的情绪变化，接着分论产生这三种情绪的缘由，其重点是论“喜”，既抨击了当地疑忌人才的社会风气，又阐明火焚积货，去其物累，有所作为的道理。本文奇情恣笔，快语惊人，表现出柳宗元作为哲学家思想的深邃。

得杨八①书，知足下②遇火灾，家无余储。仆③始闻而骇，中而疑，终乃大喜，盖将吊而更以贺也。道远言略，犹未能究知其状，若果荡焉泯焉而悉④无有，乃吾所以尤贺者也。

①杨八：人名，名敬之，柳宗元的亲戚，王参元的好朋友。

②足下：对别人的敬称。

③仆：我。

④悉：全，都。

足下勤奉养，乐朝夕，惟恬安无事是望也。今乃有焚炀赫烈⑤之虞⑥，以震骇左右，而脂膏滫瀡⑦之具，或以不给，吾是以始而骇也。

⑤焚炀：焚烧。赫然：火热猛烈的样子。

⑥虞：忧虑。

⑦滫瀡：音 xiū suǐ，类似粉面的一类调料，拌和使食物光滑。

凡人之言皆曰：盈虚倚伏，去来之不可常。或将大有为也，乃始厄困震悸，于是有水火之孽⑧，有群小之愠⑨，劳苦变动，而后能光明，古之人皆然。斯道辽阔诞漫⑩，虽圣人不能以是必信，是故中而疑也。

⑧孽：灾祸。

⑨愠：毁谤。

⑩诞漫：荒诞。

以足下读古人书，为文章，善小学⑪，其为多能若是，而进不能出群士之上，以取显贵者，盖无他焉，京城人多言足下家有积货，士之好廉名者，皆畏忌不敢道足下之善，独自得之，心蓄之，衔[12]忍而不出诸口，以公道之难明，而世之多嫌也。一出口，则嗤嗤[13]者以为得重赂[14]。

⑪小学：古代人对文字学、音韵学、训诂学的总称。

⑫衔：含。

⑬嗤嗤：讥笑，嘲笑。

⑭赂：贿赂。

仆自贞元十五年见足下之文章，蓄之者盖六、七年未尝言。是仆私一身而负公道久矣，非特[15]负足下也。及为御史尚书郎，自以幸为天子近臣，得奋其舌[16]，思以发明[17]足下之郁塞，然时称道于行列[18]，犹有顾视而窃笑者，仆良恨[19]修己之不亮，素誉之不立，而为世嫌之所加，常与孟几道[20]言而痛之。

⑮特：只，仅仅。

⑯奋其舌：指给皇帝上书等。奋：鼓动。

⑰发明：使……开朗。

⑱行列：同僚。

⑲恨：遗憾。

⑳孟几道：人名，名简，字几道，柳宗元的好朋友。

乃今幸为天火之所涤荡，凡众之疑虑，举为灰埃。黔[21]其庐，赭[22]其垣，以示其无有。而足下之才能，乃可以显白而不污，其实出矣，是祝融、回禄[23]之相吾子[24]也。则仆与几道十年之相知，不若兹火一夕之为足下誉也。宥而彰之，使夫蓄于心者，咸得开其喙[25]，发策[26]决科者，授予而不栗。虽欲如向之蓄缩受侮，其可得乎？于兹吾有望于子！是以终乃大喜也。

㉑黔：使……烧成黑色。

㉒赭：使……烧成红色。

㉓祝融、回禄：都是传说中火神的名字。

㉔相：帮助。吾子：您。

㉕喙：嘴。

㉖策：策问。

古者列国有灾，同位者皆相吊。许不吊灾，君子恶之。今吾之所陈若是，有以异乎古，故将吊而更以贺也。颜、曾[27]之养，其为乐也大矣，又何阙[28]焉？

㉗颜曾：即孔子的弟子颜回、曾参。

㉘阙：通“缺”。

【译文】

收到杨八的信，得知你家遇到火灾，家中没剩下什么东西。我开始听到这消息时吃了一惊，接着产生怀疑，最后却感到非常高兴，于是把向你表示慰问改为向你祝贺。我与杨八相隔遥远，信中所谈的火灾情况又很简略，还不了解具体灾情，如果真是家中财产全部荡然无存，那我就更要向你祝贺了。

你尽心侍奉父母，享受着天伦之乐，只希望平安无事。一场大火灾，使你受到惊吓，而且日常生活用品也许都很缺乏，因此我开始听到你家失火的消息感到吃惊。人们都说，盈余和亏损灾祸和幸福都不是固定不变而是互相依存、互相转化的。或许将会大有作为，开始反而遭受困苦，担惊受怕，于是便有了水火带来的灾害，有小人们的怨怒，操劳辛苦，流离颠沛，然后就能出现光明，古代的人都是这样的。这种说法不着边际，荒诞不经，即使是圣人，也不能断定它完全可靠，所以我接着产生了怀疑。

你读古人的书，会写文章，通晓文字学、音韵学、训诂学等学问，有如此多方面的才能，而进取不能超过一般士人，得到显贵的地位，这没有别的原因。京城里许多人都说你家很有钱，那些爱好廉洁名声的士大夫都害怕、忌讳和你交往，不敢称道你的优点，只是自己知道藏在心中，不敢说出来，因为公理难以申张，而社会上又有很多人爱猜疑。话一出口，那么那些爱讥笑别人的人便以为是受了你丰厚的贿赂。

我从贞元十五年就看到了你写的文章，一直把对你的看法放在心中，大概有六七年都没有说过。这是我为了替自己打算而长久有亏于公道，不仅仅是对不起你。等到我担任监察御史、尚书礼部员外郎时，自以为有幸成了皇帝身边的臣子，有向皇帝畅所欲言的机会，便想趁此机会申明您被压抑阻塞的境况。然而当我有时在同事中称道你时，还有一些人会相互使眼色并暗暗发笑的。我深恨自己的品德修养不够，声誉还没有树立起来，因而遭到社会上疑心重的人的猜忌，我常和孟几道说起这事并且对这种情况感到痛心。

现在幸好你家被天火烧得一无所剩，凡是众人所疑虑的东西，全部变成了灰尘。房子烧得焦黑，墙壁烧得红赤，这说明你家里什么都没有了，而你的才能才可以明白地显露出来而不被辱没。火灾的出现，是火神祝融、回禄在帮助你啊！由此来说，我和孟几道与你相知十年，还不如这把火一个晚上帮你造成了声誉。这样人们就可以放心地表彰你的才学，使那些把话藏在心底里的人，都能够开口说话，主持科举考试的人，也能把官职授于你而不再有所顾虑，到了这种时候，即使要想像从前那样躲避和被人侮辱，还能做得到吗？从此我对你的前程就充满希望了！因此最后我感到非常高兴。

古时候各国如果发生火灾，其他诸侯国都要相互慰问。一次许国不去慰问，君子都厌恶它。现在我所讲的这些话，是因为情况和古时候有所不同，所以把本要慰问的却改为祝贺了。你现在和颜回、曾参一样清贫自处，却其乐无穷，你还缺什么呢？

待漏院记

王禹偁

【题解】

待漏院是宰相等待早朝的地方，本篇名为《待漏院记》，所写主要是不同类型的宰相于早朝之前在待漏院中思忖的不同心事。作者写此篇的目的意在为宰相提出鉴戒。

天道不言[1]，而品物亨、岁功成者[2]，何谓也？四时之吏[3]，五行之佐[4]，宣其气矣[5]。圣人不言[6]，而百姓亲、万邦宁者，何谓也？三公论道[7]，六卿分职[8]，张其教矣[9]。是知君逸于上，臣劳于下，法乎天也[10]。古之善相天下者[11]，自皋、夔至房、魏[12]，可数也。是不独有其德，亦皆务于勤耳。况夙兴夜寐[13]，以事一人[14]，卿大夫犹然[15]，况宰相乎！

房玄龄像，图出自明·天然撰《历代人物像传》。房玄龄是唐太宗时名臣，为人以深谋远虑著称。

①天道：天之道，这里指天，即大自然。

②品物：万物。亨：通达，这里指万物的顺利成长。岁功：得到好的收成。

③四时之吏：掌管四季的天神。上古设官，以四时为名，有春官、夏官、秋官、冬官，分掌教育、军事、司法、财政等。

④五行之佐：掌管五行（金、木、水、火、土）的天神。佐，辅助。古代阴阳家认为四时的变化是由于五行"相生"的结果。

⑤宣其气矣：古人认为万物的成长、四时的运转都由于一种内在的"气"的促动。这里是说，使万物、四时顺乎自然的规律成长和运转。宣，疏导。

⑥圣人：指皇帝。

⑦三公：泛指中央政府的最高长官。论道：讨论治国的大道。

⑧六卿：中央各部的长官。

⑨张其教：发扬教化。

⑩法乎天：取法于天道。

⑪相天下：辅助（国君）治理天下。

⑫皋、夔：皋陶和后夔，舜时贤臣。　房、魏：房玄龄和魏徵，唐朝名相。他们都是封建时代奉为典范的杰出政治家。

⑬夙兴夜寐：早起晚睡。

⑭一人：指皇帝。

⑮卿大夫：即指上言“三公”、“六卿”等朝廷大臣。

朝廷自国初因旧制⑯，设宰相待漏院于丹凤门之右⑰，示勤政也。乃若北阙向曙⑱，东方未明，相君启行⑲，煌煌火城⑳。相君至止，哕哕鸾声㉑。金门未辟㉒，玉漏犹滴㉓。撤盖下车㉔，于焉以息㉕。待漏之际，相君其有思乎㉖！

⑯因旧制：沿袭唐朝的旧制（待漏院是唐朝开始设置的）。

⑰待漏院：百官早晨到皇宫等候上朝休息的地方。漏，古代计时工具。此代称时间。丹凤门：宋朝皇城的正南门。

⑱北阙：指皇帝接见群臣议政的宫殿。阙，宫门前的望楼。向曙：天快亮了。

⑲相君：宰相。

⑳煌煌：光亮的样子。火城：封建时代每次朝会，百官先集，宰相后到，列烛达数百柱，叫做火城。

㉑哕哕：形容铃声。鸾声：铃声。

㉒金门：宫门。未辟：还没有开。

㉓玉漏犹滴：指夜还没过去，漏壶中水仍在漏滴。

㉔盖：车篷。

㉕于焉：在此。

㉖其：大概。

其或兆民未安㉗，思所泰之㉘；四夷未附㉙，思所来之㉚；兵革未息㉛，何以弭之㉜；田畴多芜㉝，何以辟之㉞；贤人在野，我将进之；佞人立朝㉟，我将斥之；六气不和㊱，灾眚荐至㊲，愿避位以禳之㊳；五刑未措㊴；欺诈日生，请修德以厘之㊵。忧心忡忡㊶，待旦而入。九门既启㊷，四聪甚迩㊸。相君言焉，时君纳焉㊹。皇风于是乎清夷㊺，苍生以之而富庶。若然，则总百官㊻，食万钱，非幸也㊼，宜也。

㉗兆民：百姓。

㉘泰之：使（百姓）安泰。

㉙四夷：四方少数民族。

㉚来：招徕、安抚。

㉛兵革：指战争。兵，兵器；革，盔甲。

㉜弭：平息。

王禹偁像，图出自清·孔继尧《吴郡名贤图传赞》。王禹偁是中国北宋诗人，散文家。

㉝田畴：田地。

㉞辟：开辟垦殖。

㉟佞人：奸邪小人。

㊱六气：阴、阳（晴）、风、雨、晦（昏暗）、明六种自然现象。

㊲灾眚（shěng）：灾祸。荐至：一次又一次地发生。

㊳愿避位以禳之：愿意解去官职来祈求上天消除灾殃。

㊴五刑：轻重不等的五种刑法。措：废止。

㊵厘：整理，矫正。

㊶忡忡：忧虑不安的样子。

㊷九门：泛指宫门。

㊸四聪：指能听到四面八方反映的人（这里是指国君）。迩：近。

㊹纳：接受。

㊺皇风：国家的政治风气。清夷：清明平静。

㊻总：统辖。

㊼幸：侥幸。

其或私仇未复，思所逐之；旧恩未报，思所荣之；子女玉帛，何以致之[48]；车马玩器，何以取之，奸人附势，我将陟之[49]；直士抗言[50]，我将黜之；三时告灾[51]，上有忧色，构巧词以悦之；群吏弄法，群闻怨言，进谄容以媚之。私心慆慆[52]，假寐而坐[53]。九门既开，重瞳屡回[54]。相君言焉，时君惑焉[55]。政柄于是乎隳哉[56]，帝位以之而危矣。若然，则死下狱，投远方，非不幸也，亦宜也。

㊽致之：取得这些东西（美女、宝玉、丝绸）。

㊾陟之：使（奸人）能爬到高位。陟：提升。

㊿直士抗言：正直的人直言指谪。

51三时：指春、夏、秋三个农忙季节。

52私心慆慆：个人打算没完。慆慆，纷乱不息的样子。

53假寐：打盹儿。

54重瞳：相传舜的眼睛有两个瞳子，这里泛指皇帝的眼睛。屡回：屡屡顾视。

55惑：被（宰相之言）迷惑。

56政柄：指国家政权。隳：毁坏。

是知一国之政，万人之命，悬于宰相，可不慎欤？复有无毁无誉，旅进旅退[57]，窃位而苟禄[58]，备员而全身者[59]，亦无所取焉。

57旅进旅退：随众人进退，无所建树。

58窃位而苟禄：窃取高位，苟求厚禄。

59备员而全身：虚充职位，保全身家。

棘寺小吏王禹偁为文[60]，请志院壁，用规于执政者[61]。

60棘寺：大理寺（管理司法的中央机关）的别称。小吏：谦词，王禹偁的自称。

61用：以。规：劝诫。

【译文】

大自然不说话，可是万物却依然能顺利生长，庄稼却能年年丰收，这是什么原因呢？这是因为掌管四时和五行的天官们，使天气变化正常通达呀。帝王并不发话，而百姓却能和睦相处，各地都能平安无事，这是什么原因呢？这是因为宰相们商定了治国方略，大臣们各负其责，推广了圣人的教化呀。由此可知，君主在上清闲安逸，臣子在下辛勤劳苦，是取法于上天规律的缘故。古代善于做宰相治理天下的人，从皋陶、夔到房玄龄、魏徵，屈指可数，他们不止是有高尚的品德，工作也是十分辛勤的。而且每天早起晚睡，为皇帝一人效劳，连文武百官都是如此，何况是宰相呢？

朝廷从建国初期就一直沿用唐朝的旧制，在丹风门的右边设立了宰相待漏院，用以表示勤于政务。每当北面的皇城楼上映出一线曙光，东方还没有放亮的时候，宰相便动身上朝，随行的烛光灿烂辉煌，把都城照耀得像一座火城。宰相到了宫外停下车马，阵阵车铃声还在回响。这时宫门尚未打开，玉漏还在滴水。于是撤下车上的帷盖，到待漏院去稍事休息。在等待上朝的时候，宰相应该有许多要考虑的事情吧？

他也许想的是亿万百姓尚未安居乐业，想着怎样才能使他们安定。四方民族尚未归附，想着怎样才能使他们归顺朝廷。战争尚未平息，怎样才能使它停止。田野还有许多荒芜的，怎样才能把它开辟出来。贤能的人才还没有得到任用，我将把他们推荐上来。奸诈的小人还混在朝廷里，我将把他斥退下去。天气不和顺，灾害不断出现，我甘愿辞去相位，向上天祷告来消除灾难。各种刑法还没有废除，欺诈事件还时有发生，我请求加强道德修养，加以整顿。满怀深深的忧虑，等待天亮入宫。当宫门打开以后，四方的消息便传到了皇帝的耳中。宰相诉说了他的想法，君主采纳了他的意见。国家风气由此而清平，百姓生活由此而富裕。如果能这样，那么宰相总领百官，享受优厚的俸禄，便不是侥幸受宠，而是应该的了。

也许有人想的是私仇还没有报复，考虑怎样排挤仇人。旧恩还没有报答，想着怎样才能使恩人得到荣华富贵。金钱美女，怎样才能得到。车马玩物，怎样才能取得它。邪诈小人依附我的权势，我将把他提拔起来。正直之士直言抗争，我将把他贬斥下去。春、夏、秋各地都来报告灾情，皇上显得很忧虑，我就编造花言巧语使他高兴。各级官吏玩弄法令，皇上听到怨恨的言论，我就拿出谄媚的样子来讨好他。满腹私心纷乱不止，坐在那里假装睡觉。当宫门打开以后，皇上的目光便被这种宰相迷惑得游移不定。宰相陈述了他的邪说，君主受了蒙蔽。政权由此而毁坏了，皇位由此而危险了！如果像这样，那么这种宰相被下狱处死，流放远方，就不是遭遇不幸，也是应该的。

由此可知，一国的政事，万民的命运，都挂在宰相身上，难道宰相能不谨慎对待吗？还有那种既无人指责，也无人赞扬，随大流进，随大流退，窃居高位而贪图利禄，在朝廷充数而惟图保全自身的人，也没有什么可取的。

大理寺小官王禹偁写下这篇文章，请求把它写在待漏院的墙壁上，拿它来劝诫执政的人。

黄冈竹楼记

王禹偁

【题解】

宋真宗咸平元年（公元998年），王禹偁被贬为黄州刺史，第二年修建了黄冈竹楼。本文是楼建成后写的。这是一篇出色的散文作品，描绘了竹楼的景致以及登楼赏玩的种种乐趣，抒发谪居的情怀，反映了作者潇洒淡泊的生活情趣。

黄冈之地多竹[1]，大者如椽，竹工破之，刳去其节[2]，用代陶瓦，比屋皆然，以其价廉而工省也。

①黄冈：今湖北黄冈县。

②刳（kū）：刮掉。

子城西北隅[3]，雉堞圮毁，蓁莽荒秽[4]，因作小楼二间，与月波楼通。远吞山光，平挹江濑[5]，幽阒辽敻[6]，不可具状。夏宜急雨，有瀑布声；冬宜密雪，有碎玉声。宜鼓琴，琴调和畅；宜咏诗，诗韵清绝；宜围棋，子声丁丁然；宜投壶[7]，矢声铮铮然。皆竹楼之所助也。

③子城：大城外用来障蔽城门的半圆形小城，即甕城，又称月城。

④蓁（zhēn）莽：密集的野草杂树。

⑤濑（lài）：沙滩上的浅水。

⑥幽阒（qù）：寂静的环境。敻（xiòng）：远。

⑦投壶：古代的一种技艺。向长颈壶中投箭，以投中多少分胜负，具体要求今已失传。

公退之暇，被鹤氅衣[8]，戴华阳巾[9]，手执《周易》一卷[10]，焚香默坐，消遣世虑。江山之外，第见风帆沙鸟，烟云竹树而已。待其酒力醒，茶烟歇，送夕阳，迎素月，亦谪居之胜概也。

⑧鹤氅衣：用鸟羽制成的裘衣。用作外套。鹤在这里只是一种美称，并非专用鹤羽制成。

⑨华阳巾：指隐士所戴的帽子。

⑩《周易》：即《易经》，为儒家的重要经典之一，内容具有深邃的哲学思想。

彼齐云、落星[10]，高则高矣；井幹、丽谯[12]，华则华矣。止于贮妓女，藏歌舞，非骚人之事，吾所不取。

⑪齐云：楼名，古名月华楼，唐曹恭王造，故址在今江苏吴县子城上。落星：楼名，三国时

孙权所建，故址在今南京落星山。

⑫井幹：楼名，汉武帝建于长安。丽谯：楼名，三国时曹操所建。

吾闻竹工云："竹之为瓦，仅十稔⑬，若重覆之，得二十稔。"噫！吾以至道乙未岁，自翰林出滁上⑭；丙申，移广陵⑮，丁酉，又入西掖⑯；戊戌岁除日，有齐安之命⑰；己亥闰三月，到郡。四年之间，奔走不暇，未知明年又在何处，岂惧竹楼之易朽乎？后之人与我同志，嗣而葺之，庶斯楼之不朽也。

⑬稔：谷子一熟叫一稔，故称一年为一稔。

⑭"吾以至道"句：宋太宗至道元年（995年）孝章皇后死，朝廷不以后礼丧，王禹偁提出异议，因此从翰林学士贬到滁州。

⑮移广陵：广陵，今扬州。至道二年（996）有人诬作者买马舞弊，太宗未信，只将他由滁州调任广陵。

⑯西掖：中书省，中央的行政机构，因位于皇宫之西，故称。

⑰齐安：即黄州，治所在黄冈。

【译文】

黄冈这个地方，盛产竹子，大的竹子像椽子那样粗。竹工破开它，削掉竹节，用来代替陶瓦。家家户户都用它盖房子，因为它即便宜又省工。

在子城西北角，上面的矮墙都倒塌毁掉了，杂草丛生，荒芜污秽。我清理了那里，盖了两间小竹楼，与月波楼互相连通。登上竹楼，远山的风光尽收眼底，平望出去，能看到江中的浅水流沙。那幽静寂寥、高远空阔的景致，实在无法一一描绘出来。夏天适宜听急雨，雨声有如瀑布之飞流直下；冬天适宜听密雪，雪花坠落发出玉碎的响声；适宜抚琴，琴声和畅悠扬；适宜吟诗，诗韵清新绝俗；适宜下棋，棋子落盘有丁丁清响；适宜投壶，箭入壶中铮铮动听。这些雅趣，都是竹楼给予的。

办完公事后的闲暇时间里，披着鹤氅，戴着华阳巾，手持《周易》一卷，焚香默坐，驱散掉尘世中的种种杂念。除了水色山光之外，只见到风帆沙鸟、烟云竹树罢了。等到酒意退去，煮茶的烟火熄灭，便送走夕阳，迎来皓月，这正是贬居生活的欢愉之处啊。

那齐云楼、落星楼，高是够高了；井幹楼、丽谯楼，华丽是很华丽了。但它们只不过是用来蓄养乐妓和舞女的人罢了，不是文人墨客做的事，我也不屑去做。

我听竹工说，竹片做屋瓦，只能用十年，如果覆盖两层竹瓦，可以支持二十年。唉！我在至道乙未那一年，由翰林学士而贬到滁州，丙申年又调到扬州，丁酉年又到中书省任职，戊戌年的除夕，奉命调到齐安，己亥年闰三月才到了齐安郡城；四年之中，奔走不停，还不知道明年又在什么地方，难道还会怕竹楼容易朽坏吗？希望后来的人跟我志趣相同，能继我之后继续修整它。那么这座竹楼就可能不朽坏吧！

书《洛阳名园记》后①

李格非

【题解】

李格非，字文叔，济南（今山东）人。生卒年不详。曾任校书郎、著作佐郎、礼部员外郎等职，是著名女词人李清照的父亲。《洛阳名园记》是李格非所作，记载了北宋盛时十九处名园，他在文章后重写了这篇短跋告诫当时的公卿大夫不可放纵自己于享乐，而忘记天下兴亡的职责。文章由小见大，议论中充满感情，有很强的说服力和感染力。

洛阳处天下之中，挟殽、黾之阻②，当秦、陇之襟喉③，而赵、魏之走集④，盖四方必争之地也。天下当无事则已，有事则洛阳必先受兵。予故尝曰："洛阳之盛衰，天下治乱之候也。⑤"

①《洛阳名园记》记述了北宋兴盛时期洛阳的十九处名园的盛况，本文是其跋。

②殽：殽山，在今河南洛宁北。山分东西二崤，形势险阻。黾：即渑池，县名。战国时为渑池邑，在洛阳西。一说指渑河，出渑池县西北广阳山，南流入谷水。地势险厄。

③秦：古秦地，即今陕西一带。陇：今陕西西部和甘肃东南部一带。襟喉：衣襟和咽喉，比喻要害之处。襟，衣襟。

④赵：指今河北、山西一带。魏：指今山西东南、河南北部一带。走集：边境之要冲。

⑤候：征候。

唐贞观、开元之间⑥，公卿贵戚开馆列第于东都者⑦，号千有余邸⑧。及其乱离，继以五季之酷⑨，其池塘竹树，兵车蹂蹴⑩，废而为丘墟⑪；高亭大榭⑫，烟火焚燎，化而为灰烬，与唐共灭而俱亡，无余处矣。予故尝曰："园囿之兴废，洛阳盛衰之候也。"

⑥贞观：唐太宗年号（公元627年－公元649年）。开元：唐玄宗年号（公元713年－公元741年）。

⑦东都：即洛阳。唐以洛阳为陪都。

⑧邸：泛指官僚贵族的第宅。

⑨五季：指五代时期，即后梁、后唐、后晋、后汉、后周时期。酷：灾难。此指战乱。

⑩蹂蹴：犹言践踏。蹴，用脚踢。

⑪丘墟：废墟，荒地。

⑫榭：在台上建的高屋。

且天下之治乱，候于洛阳之盛衰而知；洛阳之盛衰，候于园囿之兴废而得。则《名园记》之作，予岂徒然哉[13]？

⑬徒然：枉然，白费。

呜呼！公卿大夫方进于朝，放乎一己之私[14]，自为之，而忘天下之治忽[15]，欲退享此，得乎？唐之末路是已。

⑭放：放纵。

⑮治忽：治乱。忽，灭绝。

【译文】

洛阳处于全国中心，挟崤山和渑塞的险阻，正好位于秦、陇两地的咽喉，是赵、魏之间的必经之路。因此，它就成为各方势力必争之地。天下太平时则罢，要是发生变乱，洛阳首当其冲必遭兵灾。所以，我曾经说："洛阳的盛衰，是天下治乱的征兆。"

唐代贞观、开元年间，皇亲国戚在东都洛阳设置楼馆、府邸，有一千多座。唐末发生战乱，五代时又遭受严重破坏。那些池塘、竹树，在战车的蹂躏下，成了废墟。高大的亭台楼阁，也被战火焚为灰烬，同唐朝一同灭亡，一处也没留下。所以我又曾说过："园圃的兴废是洛阳盛衰的征兆。"

既然天下的治乱，看洛阳的盛衰可以得知；洛阳的盛衰，又能从园圃的兴建和废毁中得知。那么，我写《洛阳名园记》，哪能是毫无意义的呢？

唉！公卿大夫正在朝廷做官时，如果放纵自己的私欲，为自己谋利，而忘却天下的治乱，只想着不办公务终日享受亭园建筑的快乐，能行吗？唐朝就是例证。

严先生祠堂记

范仲淹

【题解】

范仲淹[1]（公元989年－公元1052年），字希文，苏州吴县（现在江苏省苏州市）人。北宋政治家。幼年生活贫困，刻苦好学，对下层社会生活有一定的了解，立志“以天下国家为己任”。后历任右司谏、吏部员外郎、知州、枢密副使、参知政事等职。在统治阶级内部，他努力改革弊政。在率兵镇守延安时，抵御了西夏贵族统治者的侵扰，保卫了我国西北地区的和平生产。

严光，字子陵，余姚（今属浙江）人，是东汉光武帝刘秀微贱时的同学。后来刘秀做了皇帝，想念当年的朋友，几次三番请他出山做官，他都拒绝了，仍然在富春江畔垂钓，过着清苦的隐居生活，留下了一段千古传颂的佳话。

范仲淹虽然在仕途上历尽坎坷，但他却从不消极遁世。本文写于谪居睦州（治所在今浙江淳安西南）任上，当时作者正处于政治上不得志时期。他在当地建严光祠，并为之撰记，固然是因为严光曾在当地的富春江畔隐居垂钓，作者有责任颂扬乡邦先贤；更主要的是作者旨在通过建祠和撰记来弘扬严光身上体现出来的不慕富贵、耿介清高的品格。全文语言凝练，句式对称，具有音韵之美。写严光而处处带出光武帝，凸现两者互相依存的关系，显示了作者独到的眼光。

范仲淹像，图选自《吴郡名贤图传赞》。

先生[2]，光武之故人也[3]。相尚以道。及帝握《赤符》，乘六龙[4]，得圣人之时[5]，臣妾亿兆[6]，天下孰加焉？惟先生以节高之。既而动星象[7]，归江湖[8]，得圣人之清，泥涂轩冕[9]，天下孰加焉？惟光武以礼下之。在《蛊》之上九[10]，众方有为，而独“不事王候，高尚其事”，先生以之。在《屯》之初九[11]，阳德之亨，而能“以贵下贱，大得民也”，光武以之。盖先生之心，出乎日月之上；光武之量，包乎天地之外。微先生[12]不能成光武之大，微光武岂能遂先生之高哉？而使贪夫廉，懦夫立，是大有功于名教也。

严光像，图出自明·天然撰《历代人物像赞》。严光，字子陵，是汉光武帝刘秀的老同学，却拒不出仕，甘作渔夫。他的行为为后世人所敬仰，至今富春江畔尚有严子陵钓鱼台。

①范仲淹（公元 989 年－公元 1052 年）：北宋著名政治家、文学家。字希文，苏州吴县（今属江苏）人。宋真宗祥符八年中进士，官至枢密副使，参知政事（副宰相）。他为官清正，关心人民疾苦，在巩固边防、改革政治方面，多所建树。工诗词散文，所作文章富于政治内容，有《范文正公集》。

②先生：即严子陵，名光，东汉初会稽余姚（今属浙江）人。字子陵，曾与刘秀同学。刘秀即位后，他改名隐居。后被召到京师洛阳，任为谏议大夫，他不肯受，归隐于富春山。

③光武（公元前 6 年—公元 57 年）：即刘秀。东汉王朝的建立者。

④握赤符：光武行至鄗（gǎo），有微贱时长安同舍儒生强华，从关中奉赤符奏上，光武因而即帝位。乘六龙：古代天子之车驾六马，因以“六龙”作为天子车驾的代称（上古传说六龙为太阳驾车）。

⑤圣人之时：适合时代潮流的圣人。《孟子·万章下》：“伯夷，圣之清者也；伊尹，圣之任者也；柳下惠，圣之和者也；孔子，圣之时者也。”

⑥臣妾亿兆：统治天下成千上万的民众。

⑦动星象：传说光武与严子陵共卧，子陵把脚放在光武腹上。次日，太史奏客星犯帝座甚急，光武笑道：“我不过与故人严子陵同卧而已。”

⑧归江湖：光武任严子陵为谏议大夫，子陵不受，隐居耕钓于富春山（今浙江桐庐县）。

⑨泥涂轩冕：把轩冕看得像泥巴一样。泥涂，比喻污浊；轩冕，显贵者的冠服。

⑩《蛊》（gǔ）：《易》卦名。该卦的上九爻辞是：“不事王侯，高尚其事。”

⑪《屯》：《易》卦名。该卦的初九爻辞是：“以贵下贱，大得民也。”

⑫微：如果不是。

仲淹来守是邦[13]，始构堂而奠焉。乃复为其后者四家[14]，以奉祠事。

又从而歌曰：云山苍苍，江水泱泱。先生之风，山高水长⑮。

⑬是邦：指严州，今浙江桐庐县。

⑭复：免除其赋役。

⑮山高水长：指能够世代相传，与山水并存。

【译文】

严先生是光武帝的老朋友，彼此以道义结交，等到光武帝握赤符、驾六龙，登帝位，得圣人的时命，统治亿兆臣民天下的人，谁能超过他呢？惟有先生以节操高于他。后来和光武帝同榻而卧，以致太史公夜观天象，看到客星侵犯帝星，忙去奏告光武帝。先生归隐江湖，得到圣人的清名，视荣华富贵为粪土，天下谁能超过先生呢？只有光武帝用礼节去屈让先生。

《易经》蛊卦的“上九”爻说：“大家正在有所作为，唯独我不从事王侯的事业，把逍遥自在的行为看得至高无上。”先生的行为合乎这句话。在“屯卦”的“初九”爻词说：“阳刚的德行正亨通，身分尊贵却下居卑位，深得民心。”光武帝合乎这句话。先生的心思，能高出日月；光武帝的气量，能包容天地。没有先生，不能成就光武帝的伟大；没有光武帝，怎能显出先生道德的高尚呢？从而使贪心的人廉洁，懦夫奋发有为，这对礼教有很大的功劳。

我到这里当官，才建庙堂祭奠先生，又找到先生的后代子孙四家人，免除他们的赋税，叫他们奉祭先生。又因此作歌道：“云山苍苍，江水浩荡；先生的风范，山高水长。

岳阳楼记

范仲淹

【题解】

岳阳楼，在今湖南岳阳城西，相传是唐朝初年建造的，文人墨客，多有题咏。本文是范仲淹贬官为邓州（今河南邓县）知州时所作。文章突破了一般文人局限于个人狭窄圈子的局限，提出了“先天下之忧而忧，后天下之乐而乐”的政治抱负，把高远的情怀和洞庭湖壮丽的景色相表里，文章用语凝炼，感情充沛，气势宏大

庆历四年春①，滕子京谪守巴陵郡。越明年②，政通人和，百废具兴。乃重修岳阳楼，增其旧制③，刻唐贤、今人诗赋于其上，属予作文以记之。

①“庆历”二句：庆历，宋仁宗（赵祯）的年号。四年：即公元 1044 年。滕子京：名宗谅，与作者是同年进士，曾任泾州知州，受人诬害，被贬到岳州（今湖南省岳阳市）。守：做州郡的长官。巴陵郡：即岳州。

②“越明年”三句：越，及，到。百废俱兴：各种废置的事情，都兴办起来。

③旧制：旧时的规模。

范仲淹像，图出自《群英杰》。

予观夫巴陵胜状④，在洞庭一湖。衔远山，吞长江，浩浩汤汤⑤，横无际涯；朝晖夕阴⑥，气象万千。此则岳阳楼之大观也。前人之述备矣。然则北通巫峡⑦，南极潇湘，迁客骚人，多会于此，览物之情，得无异乎？

④“予观夫”二句：胜状：美好的景致，洞庭：洞庭湖。

⑤汤汤（shāng）：水势盛大的样子。

⑥朝晖夕阴：早上阳光灿烂，黄昏天

气阴暗。

⑦“然则”三句：巫峡，长江三峡之一，在四川省巫山县东，当洞庭湖的西北面。极：尽，直通。潇湘：湖南省两条水名，都流进洞庭湖。迁客：被贬官的人。骚人：诗人。

若夫霪雨霏霏⑧，连月不开，阴风怒号，浊浪排空，日星隐曜，山岳潜形，商旅不行，樯倾楫摧，薄暮冥冥，虎啸猿啼。登斯楼也，则有去国⑨怀乡，忧谗畏讥，满目萧然，感极而悲者矣。

⑧“若夫”句：淫雨，连绵不断的雨。霏霏：雨点细密的样子。

⑨去国：离开国都。

至若春和景明⑩，波澜不惊，上下天光，一碧万顷，沙鸥翔集，锦鳞游泳，岸芷汀兰，郁郁青青。而或长烟一空⑪，皓月千里，浮光耀金，静影沉璧，渔歌互答，此乐何极！登斯楼也，则有心旷神怡，宠辱皆忘，把酒临风，其喜洋洋者矣。

⑩“至若”八句：景，此处指阳光。翔集：或飞翔或栖止。锦鳞：指鱼。岸芷汀兰：岸上的香芷和岸边沙滩的兰草。郁郁：形容香气浓郁。

⑪“而或”四句：烟，烟雾。浮光耀金：月光浮在水面，如金色的光辉随着水波跳跃。静影沉璧：月影映入静水，宛如玉璧沉在水里。

嗟夫！予尝求古仁人之心，或异二者之为⑫。何哉？不以物喜⑬，不以己悲。居庙堂之高⑭，则忧其民；处江湖之远，则忧其君。是进亦忧，退亦忧。然则何时而乐耶？其必曰：“先天下之忧而忧⑮、后天下之乐而乐”欤！噫！微斯人⑯，吾谁与归！

⑫“或异”句：二者，指上述去国怀乡之愁和心旷神怡之乐两种情感。此句意谓，或者有和上面两种情感有所不同的。

⑬“不以”二句：物，外物，自身以外的事情。己，自身的遭遇。

⑭庙堂之高：庙堂，指朝廷。高，指居高官之位。

⑮“先天下”二句：意为先于天下人的忧愁而忧愁，后天下人的安乐而安乐。

⑯“微斯人”二句：微，非，没有。斯人：这样的人，指古仁人。与：语助词；谁与归，归心于谁？

【译文】

庆历四年的春天，滕子京被谪贬任岳州知州。到第二年，政通人和，各种废置的事都兴办起来。于是重修岳阳楼，扩大它原来的规模，把唐朝贤士和今代名人的诗赋刻在上面，嘱咐我写文章记述这件事。

我看那巴陵的美景，集中在一个洞庭湖上。湖面衔接着远山，吞吐长江，浩浩荡荡，宽广无边；早晚或晴或阴，气象千变万化。这就是岳阳楼上所看到的雄伟景象，前人的描述已经很详尽了。既然这样，那么这个地方向北通到巫峡。向南直达潇水和湘江，被贬谪的官员和诗人雅士，多在这里聚会，他们观赏景物的心情，难道有什么不同吗？

若是阴雨连绵，一连几个月不放晴；寒风怒吼，浑浊的浪头冲向天空；太阳和星星隐去了光辉，高山藏起了外形；商人和旅客们不能行路，船上的桅杆倾斜，船桨折断了；一到傍晚，天色昏暗，老虎长声吼叫，猿猴在哀啼。此时登上这岳阳楼，就会产生离开国都、怀念家乡的情怀，担心谗言，害怕被别人讥笑，满眼凄凉，令人感慨万分。

至于春光和煦，阳光明媚的时候，湖上波平浪静，水天一色，碧波万倾水鸟飞翔栖落，美丽的鱼群游来游去；岸上的芷草和小洲上的兰花，香气浓郁，颜色青翠。有时大片的烟云完全消散，明月照耀着大地；浮动在水波上的月光，闪动着金色的光泽，静静的月影像一块沉在水中的玉璧；渔人的歌声互相应答，这种快乐哪有尽头！登上这岳阳楼，就会心情开朗，精神愉快，过去的荣耀和屈辱全都忘记了，端起酒杯临风畅饮，心中充满无限喜悦。

唉！我曾经研究过古代仁人志士的情怀，或许和上面说的两种情绪不同。为什么呢？他们不因外物的好坏和自己的得失而或喜或悲。在朝廷做官，就替老百姓着想；在偏远的江湖隐居，就为君主担忧。这样做官时也担忧，退位后也担忧，那么什么时候才会快乐呢？他一定会说“在天下人担忧之前先担忧，在天下人安乐之后再享乐”吧。唉！除了这种人，我和谁志同道合呢？

谏院题名记

司马光

【题解】

司马光（公元 1019 年 - 公元 1086 年），字君实，宋陕州夏县（今属山西）涑水乡人。仁宗宝元元年进士，历仕仁宗、英宗、神宗三朝。因反对王安石变法，离开朝廷居洛阳，十五年间绝口不谈政事，倾全力编《资治通鉴》。哲宗即位，召为门下侍郎，拜尚书左仆射，悉除新法为民害者。当政八月卒，赠太师温国公，谥正文。除《通鉴》外著有《司马文正集》、《涑水纪闻》。

谏院是谏官的官署。司马光为了引起谏官们的责任感、荣誉感和敬惧感，在谏院立了一块石碑，上刻所有谏官的姓名，并撰此文记述其事。文章着重强调谏官身负重任，必须抓住大事，忽略小节，分清缓急，大公无私。抓得住大事，一是要有眼光，二是要有勇气。要达到以上要求，还必须有谏官个人品德的保证，这就是要“专利国家而不为身谋”。文章虽然只有百余字，但笔锋犀利，正气浩然。谏院题名，原本是光荣之事，可是经作者一番安排和阐述，却成了令人惧怕之事，这便令汲汲於名利者望谏院而生畏了。

古者谏无官，自公、卿、大夫至于工、商，无不得谏者。汉兴以来始置官。夫以天下之政，四海之众，得失利病，萃①于一官使言之，其为任亦重矣。居是官者，当志其大，舍其细，先其急，后其缓，专利国家，而不为身谋。彼汲汲②于名者，犹汲汲于利也，其间相去何远哉！

司马光像，图出自明·天然撰《历代古人像赞》。

①萃：集。

②汲汲：心情迫切的样子。

天禧③初，真宗诏置谏官六员，责其职事。庆历中，钱君④始书其名于版。光恐久而漫灭，嘉祐⑤八年，刻著于石。后之人将历指其名而议之曰：某也忠，某也诈，某也直，某也曲。呜呼！可不惧哉？

③天禧：宋真宗赵恒的年号。

④钱君：一说政治家、文学家钱惟演，一说其侄钱明逸。

⑤禧祐：宋仁宗的最末一个年号。

【译文】

古时候进谏不设专门官员，从公卿大夫到工匠商人，都能进谏。汉以后，才设置专门的谏官，将国家的政事，万方民众得失利弊集中在一个官职上，并要向君主进言，他的责任太重大了！担任这一官职的人，应当注意重要的事情，舍弃微不足道的小节；先处理紧急的事，后办理不急的事。以国事为重不谋私利。那种贪求名声的人，就像贪求利益的人，他们之间相距又有多远呢！

天禧初年间，真宗颁布命令设置六名谏官，命令他们掌管进谏的事。庆历年间，谏议大夫钱君开始将谏官的名字题写在壁板上。我担心天长日久会模糊消失，于嘉祐八年将谏官的名字刻在碑石上。后人会指着那些名字议论说：“某人忠诚，某人奸诈，某人正直，某人圆滑。”啊！这能不使人警惕吗？

义田记

钱公辅

【题解】

这篇文章表扬范仲淹设置“义田”，救济亲族与贤人的高尚行为。通篇运用了三个方面的对照比较：一是范仲淹自身的贫困与族人受到救济而生活安定相对照；二是与晏子相对照，从正面衬托，三是与一毛不拔的士大夫相比较，从反面衬托。通过三方面的对照比较，范仲淹的高尚品德便卓然自见。

范文正公①，苏人也。平生好施与，择其亲而贫、疏而贤者，咸施之。方贵显时，置负郭常稔之田千亩②，号曰“义田”，以养济群族之人。日有食，岁有衣，嫁娶凶葬皆有赡③。择族之长而贤者主其计，而时共出纳焉④。日食，人一升；岁衣，人一缣⑤；嫁女者五十千⑥，再嫁者三十千；娶妇者三十千，再娶者十五千；葬者如再嫁之数，葬幼者十千。族之聚者九十口，岁入给稻八百斛⑦，以其所入，给其所聚，沛然有余而无穷⑧。屏而家居俟代者与焉⑨，仕而居官者罢莫给。

此其大较也。

①范文正公：范仲淹，字希文，卒谥文正。

②负郭：靠近城郭。负，背倚。常稔之田：常熟之田，良田。稔，谷熟。

③赡：补助。

④出纳：指收付财物。

⑤缣（jiān）：细绢，古代经常作为实物货币。升：容量单位。

⑥千：犹言贯。古代一千钱为一贯。

⑦斛：古代量器名，以十斗为一斛。

⑧沛然：丰裕充沛的样子。

⑨屏：指失官或离职。

初，公之未贵显也，尝有志于是矣⑩，而力未逮者二十年⑪。既而为西帅⑫，及参大政⑬，于是始有禄赐之入，而终其志。公既殁，后世子孙修其业⑭，承其志，如公之存也。公虽位充禄厚，而贫终其身。殁之日，身无以为敛⑮，子无以为丧。惟以施贫活族之义，遗其子而已。

⑩是：指“养济群族之人”。

⑪逮：及。

范仲淹像。范仲淹为北宋名臣，著名的政治家、文学家，卒谥文正。

⑫西帅：宋仁宗庆历二年，西夏元昊谋逆，范仲淹为陕西路安抚经略招讨副和使，参政知事。

⑬参大政：指范仲淹任枢密副使、参知政事。

⑭修其业：指主持义田之事。修：遵循。

⑮敛：为死者易衣为小敛，死者入棺为大敛。敛，与殓同。

昔晏平仲敝车羸马[16]，桓子曰[17]："是隐君之赐也。"晏子曰："自臣之贵，父之族，无不乘车者；母之族，无不足于衣食者；妻之族，无冻馁者；齐国之士，待臣而举火者三百余人。如此，而为隐君之赐乎？彰君之赐乎[18]？"于是齐侯以晏子之觞，而觞桓子[19]。予尝爱晏子好仁，齐侯知贤，而桓子服义也[20]。又爱晏子之仁有等级，而言有次第也。先父族，次母族，次妻族，而后及其疏远之贤。孟子曰："亲亲而仁民，仁民而爱物。"晏子为近之。今观文正公之义田，贤于平仲。其规模远举，又疑过之。

⑯晏平仲：即晏婴，春秋时齐国大夫。羸马：瘦马。
⑰桓子：田（陈）无宇，齐景公时大夫，卒谥桓。
⑱彰：彰显。
⑲"于是"句：谓齐侯罚桓子酒。觞，古代酒器，这里指罚酒。齐侯，齐景公。
⑳服义：指桓子受觞不辞，乃心服于义。

呜呼！世之都三公位[21]，享万钟禄[22]，其邸第之雄、车舆之饰、声色之多、妻孥之富[23]，止乎一己而已，而族之人不得其门者，岂少也哉？况于施贤乎！其下为卿，为大夫，为士，廪稍之充[24]、奉养之厚，止乎一己而已，而族之人，操壶瓢为沟中瘠者[25]，又岂少哉？况于它人乎！是皆公之罪人也。

㉑都：居。三公：汉时以丞相、大尉、御史大夫为三公。此泛指居高位的官吏。
㉒万钟禄：优厚的俸禄。钟，量器名。
㉓孥：子女。

㉔廪稍：公家发给的粮米。

㉕沟中瘠者：因贫穷而饿死在荒野的人。

公之忠义满朝廷，事业满边隅，功名满天下，后世必有史官书之者，予可无录也。独高其义，因以遗其世云。

【译文】

范文正公是苏州人，生来喜欢施舍，选择那些关系亲近而贫穷、关系疏远而贤能的人，都给予救济。在他贵重显达之时，购置靠近城边的良田一千亩，称做“义田”，用来养育、救济本家族的人们。使他们天天有饭吃，年年有衣穿，嫁女、娶妻、生病、丧葬都给予资助。选择族中年长辈高而且贤德的人主管账目，经常总计收入和支出。每天的饭，一人供给一升米；每年的衣服，一人分给一匹细绢。嫁闺女的发给五十千钱，闺女改嫁的发给三十千钱；娶儿媳妇的发给三十千钱，再娶的发给十五千钱；办丧事发给的费用和闺女再嫁的数目相同，孩子的丧事发钱十千。聚居的族人共有九十多口，义田每年收入供分配用的稻子八百斛，用它所收入的粮食，来供应在这里聚居的族人，充裕有余而无枯竭之时。退居在家、等待职务的人予以供给，出仕为官的人则停止供给。

这是他的一般情况。

起初，范公还没做官时，就曾经有过这种愿望，但是力不从心，搁置了二十年。后来做了西部边境的统帅，又参与主持朝政，于是开始有了俸禄赏赐的收入，而终于完成了自己的心愿。他去世以后，后代的子孙修明他的事业，继承他的志向，和他在世的时候一样。他虽位高禄多，却终生过着清贫的生活。逝世的时候，甚至没有钱财装敛，子孙们也没有钱财为他举办像样的丧事。他只是把救济贫寒、养活家族的道义，留传给了儿子。

从前齐国的晏子驾破车、乘瘦马，陈桓子见后说：“这是隐瞒君主的赏赐。”晏子说：“从我显贵之后，父系的亲族，外出没有不坐车的；母系的亲族，没有衣食不足的；妻子的亲族，没有挨饿受冻的；齐国的士子，等着我的接济而点火做饭的有三百多人。像这样，是隐瞒君主的赏赐呢？还是彰明君主的赏赐呢？”于是齐君便用晏子的酒杯，罚桓子喝酒。我仰慕晏子好行仁德，齐君了解贤者，而桓子能认错服义。又仰慕晏子的仁德有亲疏之分，而言辞又井然有序。先说父系亲族，后说母系亲族，再说妻子的亲族，最后才提到关系疏远的贤者。孟子说：“由爱自己的亲人而施仁德于民众，由对民众仁德而爱惜世间万物。”晏子的作为接近于这一点啊。现在从范文正公的购置义田这件事来看，是比晏子还贤明啊。他的规划长远，似乎也要超过晏子的。

唉！当今世上那些身居“三公”高位，享受万钟禄米的人，他们宅第的宏伟，车驾的华丽，歌伎的众多，妻儿的富有，仅是为满足自己一个人的享用而已，本族的亲人不能登门的，难道还少吗？何况说帮助疏远的贤者呢？地位在他们以下的是卿，是大夫，是士，禄米的充裕，享用的丰富，也仅是为满足自己一个人的私欲而已，本族的亲人，拿着破碗讨饭，成为沟中的饿殍的，难道少吗？何况对其他的人呢？这些人都是文正公的罪人啊。

文正公的忠义誉满朝廷，功业流传边境，功名传遍天下，后代必定有史官记载他的事迹，我可以不记述了。我只是推崇他的道义，因此记叙“义田”之事留给后世。

袁州州学记[①]

李　觏

【题解】

李觏[②]（公元1009年－公元1059年）：字泰伯，建昌军南城（今江西南城）人。他是北宋时期著名学者，具有朴素的唯物主义思想。家贫好学，一生以教学为主。因南城在盱江边，所以人称他“盱江先生”。被范仲淹推荐为太学助教，后任直讲等职。著有《盱江文集》，亦称《直讲先生文集》。

本篇记叙了祖无泽任袁州知州后修建州学的经过，称赞了袁州知州和通判大力办学的行动，并通过历史来说明兴办儒学的重要性。文章立论警切，胆识过人，但文字比较古奥典重。

皇帝二十有三年[③]，制诏州县立学。惟时守令有哲有愚[④]。有屈力殚虑，祗顺德意[⑤]；有假官借师，苟具文书[⑥]。或连数城，亡诵弦声[⑦]。倡而不和[⑧]，教尼[⑨]不行。

宋仁宗赵祯像，图出自明·天然撰《历代人物像赞》。

①袁州：治所在今江西宜春。州学，州府办的学校。

②李觏（gòu）：字泰伯，南城（今江西人，官至太学助教）。

③“皇帝”句：皇帝，指宋仁宗。二十有三年，即庆历五年。

④“惟时”句：惟，只是。时，当时。守令，泛指太守、县令。哲，明智。

⑤“有屈（jué）力”二句：屈力，竭力。殚（dān）虑，尽心。祗（zhī 枝）顺，恭顺。德意，天子的美意。

⑥“有假官”二句：有假借官府教师的名义，徒具公文。

⑦亡（wú）诵弦声：亡，没，听不到。诵弦声，读书奏乐的声音。

⑧倡而不和：有人提倡，但没有响应。

⑨教尼（nǐ）：教，教化。尼，滞涩，受阻。

三十有二年，范阳祖君无

泽知袁州[⑩]。始至，讲诸生，知学宫阙状[⑪]，大惧人材放失[⑫]，儒效阔疏[⑬]，亡以称上意旨[⑭]。通判颍川陈君侁[⑮]，闻而是之[⑯]，议以克合[⑰]。相旧夫子庙狭隘不足改为[⑱]，乃营治之东[⑲]。厥土燥刚[⑳]，厥位面阳[㉑]，厥材孔良[㉒]。殿堂门庑[㉓]，黝垩丹漆[㉔]，举以法[㉕]。故生师有舍[㉖]，庖廪有次[㉗]。百尔器备，并手偕作[㉘]。工善吏勤[㉙]，晨夜展力[㉚]，越[㉛]明年成。

⑩“范阳”句：范阳，郡名，在今河北涿州一带，这里是指祖无择的郡望。祖君无择，既祖无择，字择之，上蔡（今河南）人。进士，累官知制诰，历典大州。知，主管。

⑪“进诸生”二句：进，召集。诸生，读书人。阙状，破败的情况。

⑫放失：散失。

⑬阔疏：久疏，疏远。

⑭“亡以”句：亡以，无法。称（chèn），符合。

⑮“通判”句：通判，州府的副职。颍川，郡名，在今河南禹州一带。陈君侁（shēn），陈侁，字复之，福州长乐人。

⑯是之：同意这种意见。

⑰克合：克，能。合，吻合。

⑱“相旧”句：相，察看。夫子，孔子。改为，改建。

⑲“乃营治”句：于是就在它的东面营建。

⑳厥土燥刚：那里土地干燥坚实。

㉑面阳：面，朝着。阳，阳面，南面。

㉒厥材孔良：材，材料。孔，很。

㉓殿堂门庑：(wǔ)：殿、堂、门、廊。

㉔黝（yǒu）垩（è）丹漆：黝，青黑色。垩，白土。皆涂墙的材料。丹漆，涂木材的红漆。

㉕举以法：全按照规格来做。举，全。

㉖舍：宿舍。

㉗庖（páo）廪（lǐn）有次：厨房、库房。

㉘“百尔”二句：百尔，一切。器备，器材。后句指通力合作。

㉙工善吏勤：工人有技艺，官吏很勤勉。

㉚展力：尽力。

㉛越：到。

舍菜[㉜]且有日。盱江李觏谂于众曰[㉝]：惟四代之学，考诸经可见已[㉞]。秦以山西鏖六国[㉟]，欲帝[㊱]万世，刘氏一呼而关门不守[㊲]，武夫健将卖降恐后[㊳]，何耶？《诗》、《书》之道废[㊴]，人惟见利而不闻义焉耳。孝武乘丰富[㊵]，世祖出戎行[㊶]，皆孳孳学术[㊷]。俗化之厚，延于灵、献[㊸]。草茅危言者，折首而不悔[㊹]。功烈震主者，闻命而释兵[㊺]。群雄相视[㊻]，不敢去臣位[㊼]，尚数十年。教道之结人心如此[㊽]。今代遭圣神[㊾]，尔袁得圣君[㊿]，俾尔由庠序践古人之迹[51]。天下治，则谭礼乐以陶吾民[52]；一有不幸，尤当仗大节[53]；为臣死忠[54]，为子死孝[55]。使人有所赖，且有所法[56]，是惟朝家教学之意[57]。若其弄笔墨以侥利达[58]而已，岂徒二三子之羞，抑亦为国者之忧[59]。

㉜舍菜：即释菜，是入学时祭奠孔子的仪式。

㉝“盱（xū）江”句：盱江，一称抚河，又名汝水，在今江西省东部。谂（shěn 审），规谏。

㉞“惟四代”二句：惟，发语词。四代，指虞舜、夏禹、商、周。考，查考。诸，之于。

㉟“秦以”句：山西，殽山以西。鏖（áo），激战。指秦以激战消灭了六国。

㊱帝：称帝，此处作动词用。

㊲“刘氏”句：刘氏，指汉高祖刘邦。关门不守，函谷关的门就守不住了。

㊳卖降恐后：卖关投降，生怕落后。

㊴“《诗》、《书》”句：《诗》，指《诗经》。《书》，指《尚书》。废，遭到废弃。

㊵“孝武”句：孝武，指西汉武帝。丰富，充足的财力。

㊶“世祖”句：世祖，指东汉光武帝。出，出身。戎行，军队。

㊷“皆孳（zī）孳”句：孳孳，努力的样子。学术，指儒学。

㊸“俗化”二句：风俗教化的深厚，一直延续到灵帝和献帝。

“蒲轮征贤”图，选自明·张居正《帝鉴图说》，讲述汉武帝喜好儒术、任用名儒之事。

㊹“草茅”二句：民间直言的人，被斩首也不后悔。

㊺“功烈”二句：功绩巨大而使君主不安的，听到命令就交出兵权。释，舍。

㊻相视：互相观望。

㊼“不敢”句：不敢离开为臣之道。

㊽“教道”句：即“教道如此结人心”。

㊾圣神：神圣的君主。

㊿“尔袁”句：你们袁州得到了贤明的长官。尔，你们。

51“俾（bī）尔”句：俾，使。尔，你们。庠（xiáng）序，学校。践……迹，继承了……的传统。

52“则谭”句：谭，通“谈”，谈论。陶，陶冶。

53仗大节：依靠高尚的气节。

54死忠：为忠而死。

55死孝：为孝而死。

56法：取法。

57“是惟”句：这就是朝廷办学的意旨。

㊳以侥利达：为了谋求富贵。侥，通“邀”，谋求。

㊴“岂徒”二句：岂，难道。徒，只是。二三子，几个人。抑亦，也是。为国者，执政者。

【译文】

宋仁宗继位二十三年的时候，颁下诏书，命令每州每县都要设立学馆。当时的太守和县令，有的贤能，有的愚昧，对于立学这件事，有人尽心竭力，恭恭敬敬地顺从皇帝的旨意；有人却只是假官借师，随便写个奉诏文书，敷衍塞责。以致有些地区一连几座城邑，都听不到读书的声音。上面倡导得不到回应，教化阻塞难以推行。

到仁宗三十年，范阳人祖无泽担任袁州知州。刚上任，他就召开当地儒生，了解到州里学馆残阙破败的情况。他非常担心长此以往会使人才散失，儒学成效不大，这样就不符合皇帝的旨意。本州通判颍川人陈侁听说后，很赞同祖无泽的见解，两人商议，意见很一致。他们一起察看了旧有的孔庙，觉得那儿地方狭窄，不能改建，于是使商定在它的东面营造新的学馆。那里的土质干燥坚硬，地势向阳，使用的材料也非常好。学馆的殿堂、大门、走廊，涂上淡青色的粉和红色的漆，都按照前代的规矩。因为这样，儒生和老师都有了自己的屋舍厨房和库房也排列整齐，百种器具都准备齐全，大家便协力动工兴建学馆。由于工匠技术娴熟，官吏操作勤快，白天黑夜不停地施工，过了一年，学馆便建成了。

“夜分讲经”图，出自明·张居正《帝鉴图说》，描绘了汉光武帝常于退朝后召公卿郎将通经者讲经之事。

将要进行开学典礼，盱江的李觏劝勉大家说：“虞、夏、商、周四代兴建学馆、教化百姓的事，只要考查一下经书，就可以知道了。秦国凭借殽山以西的实力，以激烈的战斗战败关东六国，一统天下，还想万代称帝。但是，刘邦率领军队振臂一呼，函谷关的关门便守不住，秦国的许多武臣勇将，都争着投降，惟恐落后，这是为什么呢？是因为废弃了诗书的道理，使得人们只贪图私利却不顾仁义道德的缘故。汉武帝刘彻在国富民丰的时代登基，汉光武帝刘秀出身在军队里，他们都认真地提倡学术，不倦地推行儒道。风俗、教化淳厚，一直延续到汉灵帝、汉献帝的时代。当时，那些身处草莽而敢大胆直言向皇帝进谏的人，即使招来杀身之祸也不悔恨；那些功绩显赫、威镇在下的人，一听到皇帝的命令就放下武器。到了汉末，群雄相争，但谁也不改称帝，这种现状尚且维持了数十年。儒家教化道德能维系人心的威力竟然如此巨大。如今遇到了圣明的皇帝，你们袁州地方又得到这样一位贤明的长官，使你们能够通过学馆的教诲追随先哲前贤的踪迹。天下太平的时候，要光大礼乐，陶冶我们百姓的情操。一旦遇到社会动荡，那就更应该依靠道义节操，作为臣子，为效忠而献身，作为儿子，为尽孝而死。要使百姓有所信奉，有所效法，这便是朝廷和家庭重视教化的根本用意。假使有人只是为了谋求功名富贵而已，这不仅是你们读书人的耻辱，这也是治理国家的人的忧患。

朋党论

欧阳修

【题解】

欧阳修（公元1007年－公元1072年），字永叔，号醉翁，六一居士，吉州永丰（今江西）人，进士及第，官至枢密副使，参知政事。是北宋文坛领袖，著名诗人、散文家。庆历三年，范仲淹等革新派上台执政，引起保守派人物的攻击，欧阳修在本文中驳斥了保守派的污蔑，列举了各个朝代事例，论述兴亡治乱和朋党的关系，提出只有用君子之真朋才能治理好国家。文章采用对比法，条理清晰，说服力强。

臣闻朋党之说，自古有之，惟幸人君辨其君子小人而已[①]。大凡君子与君子，以同道为朋；小人与小人，以同利为朋。此自然之理也。

①幸：希望。以……为幸。君子：这里指道德高尚的人。小人：这里指道德低下的人。

然臣谓小人无朋，惟君子则有之。其故何哉？小人所好者，利禄也；所贪者，货财也。当其同利之时，暂相党引以为朋者[②]，伪也。及其见利而争先，或利尽而交疏，则反相贼害[③]，虽其兄弟亲戚，不能相保。故臣谓小人无朋，其暂为朋者，伪也。君子则不然。所守者道义，所行者忠信，所惜者名节。以之修身[④]，则同道而相益；以之事国，则同心而共济[⑤]。终始如一，此君子之朋也。故为人君者，但当退小人之伪朋，用君子之真朋，则天下治矣。

欧阳修像，图出自明·吕维祺《圣贤像赞》。

②党引：相互勾结同党、且相互援引。

③贼害：残害。

④修身：用来修养个人的思想品德。

⑤济：救助。

尧之时，小人共工，驩兜等四人为一朋[⑥]，君子八元、八恺十六人为一朋[⑦]。舜佐尧，退四凶小人之朋，而进元、恺君子之朋，尧之天下大治。及舜自为天子，而皋、夔、稷、契等二十二人[⑧]并列于朝，更相称美，更相推让，凡二十二人为一朋，而舜皆用之，天下亦大治。《书》曰："纣有臣亿万，惟亿万心；周有臣三千，惟一心[⑨]。"纣之时，亿万人各异心，可谓不为朋矣，然纣以亡国。周武王之臣三千人为一大朋，而周用[⑩]以兴。后汉献帝时[⑪]，尽取天下名士囚禁之，目为党人[⑫]。及黄巾贼起[⑬]，汉室大乱，后方悔悟，尽解党人而释之，然已无救矣。唐之晚年，渐起朋党之论[⑭]。及昭宗时[⑮]，尽杀朝之名士，或投之黄河，曰："此辈清流，可投浊流[⑯]。"而唐遂亡矣[⑰]。

⑥共工、驩兜（huān dōu）等四人：《尚书·尧典》记载尧放逐共工、驩兜、鲧（gǔn）、三苗部落首领，后人称为"四凶"。

⑦君子八元、八恺十六人：八元，《左传》文公十六年记载，上古高辛氏有八个有德才的臣子：伯奋、仲堪、叔献、季仲、伯虎、仲熊、叔豹、季狸。高辛氏，就是帝喾，传说中的古代部落首领。八恺，《左传》文公十六年记载，上古高阳氏有八个有德才的臣子：苍舒、隤敳（tuí ái）、梼戭（chóu yǐn）、大临、尨（máng）降、庭坚、仲容、叔达。高阳氏，即颛顼（zhuān xū），传说中的古代部族首领。元、恺、干都是善良、能干的意思。

⑧皋（gāo）、夔（kuí）稷（jì）、契（xiè）：传说都是舜时的贤臣，分别被舜委任为管理刑法，音乐，农事和教育的长官。

⑨书：即《尚书》，是上古时期文献的汇编。引文见《尚书·周书·泰誓》篇。原文为"受有臣亿万，惟亿万心；予有臣三千，惟一心。"受，即纣，亦称帝辛，商代最后一个帝王。惟：语气词，这里表判断语气。亿万和下文的三千，都是泛指。

⑩用：因，因此。

⑪汉献帝：名协，公元189年至220年在位，东汉最后一个皇帝。

⑫尽取天下名士囚禁之：东汉桓帝（147－167年在位）时，宦官专权，一些名士，如李膺、杜密、陈实等人因反对宦官而被诬为结党营私的党人，逮捕下狱。后赦免，但终身不许做官。到了灵帝（168－189年在位）时，李膺、陈蕃等一百多人被杀，全国有六、七百人受到株连，历史上称为"党锢之祸"。按：本文说是汉献帝时事，系作者误记。

⑬黄巾贼：公元184年，巨鹿人张角聚众数万人起义，因用黄巾裹头作为标志，故称为黄巾军。贼，是封建统治阶级对农民起义军的蔑称。

⑭朋党之论：晚唐时期牛僧儒、李德裕，各树朋党，互相斗争，历时四十余年，史称"牛李党争"。

⑮昭宗：唐昭宗名李晔，公元889年至904年在位。

⑯"此辈清流，可投浊流"：唐哀帝天佑二年（905年），权臣朱温在白马驿（今河　南洛阳附近）杀大臣裴枢等人，朱温手下谋士李振多次考进士不中，深恨进士及第的朝臣，因此向朱

温建议："此辈常自谓清流，宜投之黄河，使为浊流"，于是将裴枢等人投尸黄河。文中说是昭宗时事，系作者误记，清流，原指门阀社会中的士族，后用以指称那些有声望，不肯与权贵同流合污的士大夫。浊流，原指门阀社会中的庶族，这里指品格卑污的人。是双关语。

⑰唐遂亡矣：唐哀帝天祐四年（907年），朱温取代唐朝，立国号为"梁"。

后梁太祖朱温像，图出自《残唐五代史演义》。

夫前世之主，能使人人异心不为朋，莫如纣；能禁绝善人为朋，莫如汉献帝；能诛戮清流之朋，莫如唐昭宗之世。然皆乱亡其国。更相称美、推让而不自疑，莫如舜之二十二臣；舜亦不疑而皆用之。然而后世不诮[18]舜为二十二人朋党所欺，而称舜为聪明之圣者，以能辨君子与小人也。周武之世，举其国之臣三千人共为一朋，自古为朋之多且大莫如周，然周用此以兴者，善人虽多而不厌也[19]。

⑱诮（qiào）：嘲讽。

⑲厌：满足。

嗟呼！治乱兴亡之迹[20]，为人君者可以鉴矣！

⑳迹：事迹。

【译文】

我听说朋党的说法，自古以来就有。只是希望君主能辨别他们是君子还是小人罢了。大凡君子与君子因道义结为朋党；小人与小人因私利结为朋党。这是自然的道理。

但是，我认为小人没有朋党，只有君子才有。为什么呢？小人所喜爱的是利禄，所贪图的是财物。当他们私利相同时，就暂时互相勾结成了朋党，这是虚的。等看到有利可图的事就抢先争夺，无利可图时就互相疏远，甚至反目成仇互相伤害，即使是兄弟亲戚，也不能互相保全。因此，臣认为小人没有朋党，他们暂时结为明党，那也是假的。君子就不是这样。他们所遵守的是道义，所奉行的是忠信，所珍惜的是名誉和气节。用这些来修养自身，他们就会志同道合互相得益；用这些来服务国家，他们就会思想一致互相帮助。始终如一这样做，这就是君子的朋党。所以做皇帝的，只要斥退小人的假朋党，重用君子的真朋党，天下一定能治理好了。

尧的时候，共工、驩兜等四个小人结成朋党，八元、八恺等十六位君子结为朋党。舜辅佐尧，逐退了四凶小人的朋党，进用了八元、八恺等君子的朋党，尧的天下就得到了很好的治理。到舜做天子时，皋、夔、稷、契等二十二人并列在朝做官，互相赞美，互相谦让，这二十二人结为朋党，舜都任用他们，在下也得到了很好的治理。《尚书》说："商纣王有数个臣子，就有无数条心；周武王有三千多臣子，只有一条心。"纣王的时候，无数的人各怀异心，可以说没有结为朋党，然而纣王却因此亡国。周武王的三千臣子结为一个大朋党，周朝因此建立起来了。后来，东汉献帝把全国著名人物全部囚禁起来，把他们看作党人，直到黄巾起义，汉朝大乱，才醒悟过来并感到后悔，解除囚禁，释放了他们，可是国家已无可挽救了。唐朝末年，渐渐有了对于朋党的议论。昭宗又杀尽了朝廷里的著名人士，有的还被投进了黄河，说："这些人自称清流，可以投进浊流。"唐朝也就灭亡了。

前代的君主中，能使人人各怀异心不结成朋党的，没有谁比得上商纣王；能够完全禁止善良的人结成朋党的，没有哪个比得上汉献帝；能杀戮"清流"结成朋党的，没有哪一朝能比得上唐昭宗的时代。可是他们的国家都发生了变乱而被灭亡了。互相赞美、谦让而不自相猜疑，没有谁能比得上舜的二十二个臣子；舜也不猜疑并全部任用他们。可是后代人并没有讥笑舜被二十二人结成的朋党所欺骗，而称赞舜是聪明的圣人，是因为舜能辨别君子与小人。周武王时代，让全国的三千个臣子结为一个朋党。自古以来，结成朋党的人数多、规模之大，没有哪个朝代像周朝，然而周朝却因此而兴盛起来，是由于贤能的人再多都不嫌多啊。

唉！前代治乱兴亡的经验做君主的可以借鉴。

纵囚论

欧阳修

【题解】

本文就唐太宗纵囚一事提出了质疑，认为此事不足为训，并明确地提出了“三王之治，必本于人情，不立异以为高，不逆情以干誉”这一论点。这是一篇对传统见解进行辩驳的议论文。

信义行于君子①，而刑戮②施③于小人④。刑入于死者。乃罪大恶极，此又小人之尤甚者也。宁以义死，不苟⑤幸⑥生，而视死如归⑦，此又君子之尤难者也。方唐太宗之六年⑧，录大辟⑨囚三百余人，纵⑩使还家，约⑪其自归以就⑫死。是以君子之难能，期⑬小人之尤者以必能也。其囚及期，而卒⑭自归无后者，是君子之所难，而小人之所易也。此岂近于人情哉？

①君子：道德高尚的人。
②刑戮：被处死，被杀。
③施：施行。
④小人：道德不好的人。
⑤苟：苟且。
⑥幸：侥幸。

“纵囚归狱”图，选自明·张居正《帝鉴图说》。讲述唐太宗放死囚归家，以一年为期，约定至第二年秋季让这些囚犯归狱受刑，结果到了第二年约定的时间，众囚犯全部归狱，无一逃逸，唐太宗深受感动，赦免了这些囚犯的故事。

⑦归：回家。
⑧唐太宗之六年：即贞观六年，公元632年。
⑨大辟：死刑。
⑩纵：放。
⑪约：约定。
⑫就：赴。
⑬期：希望。
⑭卒：终于。

或曰：罪大恶极，诚小人矣。及施恩德以临之，可使变而为君子。盖恩德入人之深，而移人之速，有如是者矣。曰：太宗之为此，所以求此名也。然安知夫纵之去也，不意其必来以冀[15]免，所以纵之乎？又安知夫被纵而去也，不意其自归而必获免，所以复来乎？夫意其必来而纵之，是上贼[16]下之情也；意其必免而复来，是下贼上之心也。吾见上下交相贼以成此名也，乌[17]有所谓施恩德与夫知信义者哉？不然，太宗施德于天下，于兹[18]六年矣，不能使小人不为极恶大罪；而一日之恩，能使视死如归，而存信义，此又不通之论也。

⑮冀：希望。
⑯贼：偷窃，引申为窥测。
⑰乌：哪里。疑问副词。
⑱兹：这时。

然而何为而可？曰：纵而来归，杀之无赦。而又纵之，而又来，则可知为恩德之致尔。然此必无之事也。若夫纵而来归而赦之，可偶一为之尔。若屡为之，则杀人者皆不死，是可为天下之常法乎？不可为常者，其圣人之法乎？是以尧、舜、三王[19]之治，必本于人情。不立异以为高，不逆[20]情以干[21]誉。

⑲三王：指夏禹、商汤、周文王及周武王。
⑳逆：违背。
㉑干：求。

【译文】

信义只能施行于君子，刑罚施行于小人。被判为死罪的人，一定罪大恶极，这种人又是小人中最坏的人。宁可为了信义而死，也不苟且偷生，而且还视死如归，这又是君子更难能做到的。

唐太宗贞观六年间，审理死囚犯三百多人，释放他们回家，并且同他们约定要按时回来接受死刑。这是用君子都难以做到的事，来希望最坏的小人一定做到。那些死囚犯们到了规定日期，都自觉地归来而且没有人迟到，这便是君子难以做到的事，而小人居然容易地做到了。这种事难道合乎人之常情吗？有人说：罪大恶极，

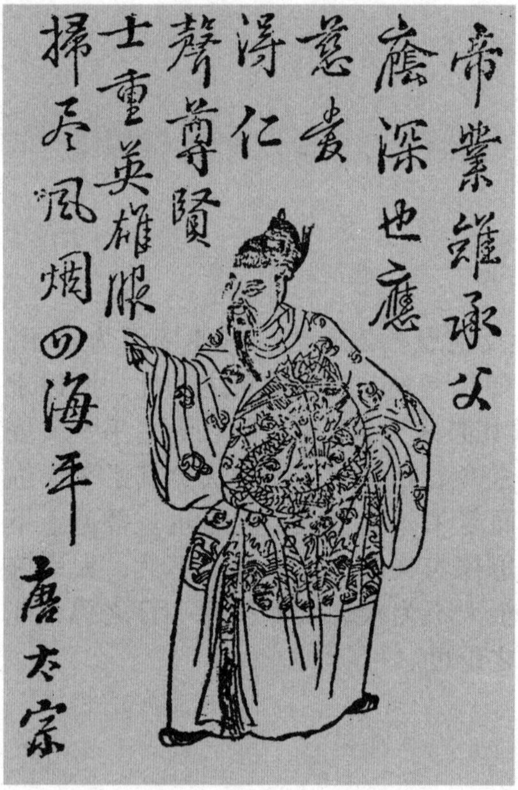

唐太宗像，图出自《异说征西演义全传》。

确实是小人啊，等到把恩德施加到他们身上时，可以使他们变成君子。这是因为恩德能深入人心，而改变人也很快，所以出现这种情形。

我说：唐太宗做这件事，就为了求取以恩德感化人的好名声。但是，谁能肯定唐太宗释放死囚时，没有预料到他们必定会回来以求赦免，因此才返回的呢？谁又能确定死囚被释放出去，不是料定自动回来一定能够获得赦免，所以才又回来的呢？唐太宗料定囚犯们必定会回来这才放他们走，这是在上者窥测到了在下者的心思，死刑犯们料定自己定会获赦免才又回来，这是在下者窥探到了在上者的心思。我只见到上下互相窥测心思用来成就好名声，怎么会有施予恩德和懂得信义的事呢？不然的话，唐太宗施恩于天下，到这时已经六年了，仍不能使小人不犯罪大恶极的罪；而他对死囚犯一天的恩德，却能使他们视死如归，而又肯保持信义，这不合乎逻辑。

那么，怎么做才行呢？我说：释放的死囚又回来了，照旧杀掉他们；而后再释放一批死囚，而他们又回来了，则可知是因为施行恩德才导致如此。然而这样的事是必定没有的。如果将死囚释放而回来后赦免他们，这样的事只可偶尔做一次。如果屡次照做，那么，杀人他就不会死了，这可以作为治理国家的法律吗？如果不可成为天下通行的法律，那它算是圣人的法规吗？所以尧、舜、三王治理天下，必以合乎人情为根据，不标新立异以显示高尚，也不违背情理以猎取名誉。

释秘演诗集序

欧阳修

【题解】

本文是欧阳修给友人秘演和尚的诗集所写的序文。作者一反诗序俗套，对诗只数笔带过，却通过述说石曼卿、秘演两人的境遇，表现他们的高风亮节，并明确指出他们“伏而不出”的原因是“时人不能用其材”，表达了对他们的强烈同情。

予少以进士游京师①，因得尽交当世之贤豪。然犹以谓国家臣一四海②，休兵革③，养息天下以无事者四十年④，而智谋雄伟非常之士，无所用其能者，往往伏而不出，山林屠贩⑤，必有老死而世莫见者，欲从而求之不可得。

①京师：京城。此指北宋都城汴京（今河南开封）。

②以谓：以为。谓，通“为”。臣一：臣服统一。四海：指全国各地。古人以为中国处在四海之中，故称。

③兵革：代指战争。兵，兵器。革，作战用的甲盾。

④养息天下：让天下百姓休养生息。无事：指无兵革之事。

⑤山林屠贩：指隐居山林者和屠夫、商贩。

其后得吾亡友石曼卿⑥。曼卿为人，廓然有大志⑦。时人不能用其才，曼卿亦不屈以求合。无所放其意，则往往从布衣野老，酣嬉淋漓⑧，颠倒而不厌⑨。予疑所谓伏而不见者，庶几狎而得之⑩，故尝喜从曼卿游，欲因以阴求天下奇士⑪。

⑥石曼卿：名延年（公元994年－公元1041年），字曼卿。宋州宋城（今河南商丘）人。北宋文学家。累举进士不第，真宗时为大理寺丞。喜剧饮，人称“酒仙”。与欧阳修交厚。他死后，欧阳修作《石曼卿墓表》和《祭石曼卿文》。

⑦廓然：宽阔的样子。廓，大。

⑧酣嬉淋漓：指尽情喝酒游玩。

⑨颠倒：谓酒醉后神志恍惚，身体七倒八歪。

⑩庶几：或许能。狎：亲近，亲热。

⑪阴：暗地里。

浮屠秘演者⑫，与曼卿交最久，亦能遗外世俗⑬，以气节自高。二人欢然无所间⑭。曼卿隐于酒，秘演隐于浮屠，皆奇男子也。然喜为歌诗以自娱。当其极饮大醉，歌吟笑呼，以适天下之乐，何其壮也！一时贤士，皆愿从其游，予亦时至其室。十年之间，秘演北渡河[15]，东之济、郓[16]，无所合，困而归。曼卿已死，秘演亦老病。嗟夫！二人者，予乃见其盛衰[17]，则予亦将老矣。

⑫浮屠：梵文佛陀的音译，即佛。这里指和尚。秘演：生平未详。《宋史·艺文志》载《僧秘演诗集》二卷。《宋诗纪事》卷九十一录秘演诗三首。题称“释秘演”。

⑬遗外：犹抛开。

⑭间：隔阂。

⑮河：黄河。

⑯济、郓：指宋代的济州（治所在今山东钜野南）和郓州（治所在今山东东平）。

⑰盛衰：指盛年和衰年。

夫曼卿诗辞清绝，尤称秘演之作，以为雅健有诗人之意。秘演状貌雄杰，其胸中浩然，既习于佛，无所用，独其诗可行于世，而懒不自惜。已老，胠其橐[18]，尚得三四百篇，皆可喜者。

⑱胠其橐：谓打开箱箧。胠，打开。橐，袋子，引伸指箱箧。

曼卿死，秘演漠然无所向。闻东南多山水，其巅崖崛峍[19]，江涛汹涌，甚可壮也，遂欲往游焉。足以知其老而志在也。于其将行，为叙其诗，因道其盛时以悲其衰。

⑲崛峍（lù）：高峻陡峭。

【译文】

我年轻时候以进士的身份旅居京城，因而能够普遍交往当代的贤人。然而仍然认为国家臣服四海，国家统一，不动刀兵，太平无事，让天下休养无息已经有四十年了，这样一来，智谋高超、雄才大略的人，无用武之地，往往隐藏起来不肯出仕，山野丛林之中，屠户贩夫里面，一定有人到老死也不为人知。我想前去寻访他们，却找不到。在这之后，遇到了我已故的朋友石曼卿。曼卿的为人，胸怀坦荡，抱有远大的志向。当时没有人能赏识他的才能，曼卿也不委屈求全。他没有什么可寄托心怀的，便往往随着普通百姓、乡野老人痛饮做乐，畅快淋漓，醉得神魂颠倒也不厌倦。我疑心所谓隐藏起来不让别人发现的人物，或许可以通过接近他们找到，所以常喜欢同曼卿交往，想借以暗地寻访天下奇才。

和尚秘演，跟曼卿交往时间最久，也能超脱世俗，以气节自立，超出常人。两人非常友好，亲密无间。曼卿隐匿在饮酒中，秘演隐匿在信佛中，都是奇特的人物。然而他俩又都喜欢写作诗歌借以自我娱乐。当他俩痛饮大醉的时候，唱歌吟诗，狂笑欢呼，享尽天下最大的快乐，那是多么有乐趣呀！当时的贤士都愿跟他俩交往，我也时常到他俩的居室。十年之间，秘演北渡黄河，东到济州、郓州，没有遇到赏识自己的人，陷入困境，就回来了。曼卿已经死去，秘演也年老得病了。

唉！这两个人，我却都看到了他们由强壮到衰老，那么我也快要老了。曼卿的诗文词极其清丽，他特别称赞秘演的作品，认为风格清雅刚劲，有诗人的意蕴。秘演体形容貌雄壮特出，他的胸襟宽广。他已学习佛法，又无处施展才华，惟独他的诗可以流传世间，然而性情疏懒，自己不如爱惜保存。年纪已经老了，打开他的布袋，还找到了三四百篇，都很令人喜爱。

曼卿死后，秘演清寂落寞，没有地方可去。听说东南一带山水很多，那里高峰耸立，悬崖陡直，江涛汹涌澎湃，十分壮观，于是想去游览。足见他年纪虽老，可是志趣仍然还在。在他即将动身的时候，我为他的诗集作序，借此回顾他的盛年而惋惜他的衰老。

梅圣俞诗集序

欧阳修

【题解】

梅尧臣（公元1002年－公元1060年），字圣俞，北宋著名的现实主义诗人，欧阳修的好友。欧阳修在这篇为梅圣俞诗集所作的序言里，回顾了梅圣俞的曲折遭遇，赞扬了他的诗歌成就，对他怀诗才而不遇、贫穷困窘的一生，流露出深深的不平与惋惜之情。文中提出的“诗穷而后工”的见解，对后世的文学评论产生了广泛而深刻的影响。

予闻世谓诗人少达而多穷[1]，夫岂然哉？盖世所传诗者，多出于古穷人之辞也。凡士之蕴其所有而不得施于世者，多喜自放于山巅水涯之外[2]，见虫鱼草木、风云鸟兽之状类，往往探其奇怪，内有忧思感愤之郁积，其兴于怨刺，以道羁臣寡妇之所叹[3]，而写人情之难言，盖愈穷则愈工。然则非诗之能穷人，殆穷者而后工也。

梅尧臣像，图出自清·孔继尧《于越先贤像传赞》。梅尧臣，字圣俞，北宋诗人，欧阳修的好友。

①穷：困顿，在官场上困窘不得志。纵情于处物。

②放：这里是游山玩水的意思。

③羁臣：指在异乡求官或做官的人。

予友梅圣俞，少以荫补为吏[4]，累举进士，辄抑于有司。困于州县凡十余年，年今五十，犹从辟书，为人之佐，郁其所蓄不得奋见于事业。其家宛陵[5]，幼习于诗，自为童子，出语已惊其长老；既长，学乎六经仁义之说[6]，其为文章，简古纯粹，不求苟说于世，世之人徒知其诗而已。然时无贤愚，语诗者必求之圣俞。圣俞亦自以其不得志者，乐于诗而发之。故其平生所作，于诗尤多。世既知之矣，而未有荐于上者。昔王文康公尝见而汉曰⑦："二百年无此作矣！"虽知之深，亦不果荐也。若使其幸得用于朝廷，作为"雅"、"颂"⑧，以歌咏大宋之功德，荐之清庙⑨，而追商、周、鲁《颂》之作者，岂不伟欤！奈何使其老不得志而为穷者之诗，乃徒发于虫鱼物类、羁愁感叹之言？世徒喜其工，不知其穷之久而将老也，可不惜哉！

④荫：封建社会子孙因为先世有功勋而推恩得赐官爵。一作"廕"。补：委任官职。

⑤宛陵：今安徽宣城。

⑥六经：《诗》、《书》、《礼》、《乐》、《易》、《春秋》六部儒家经典著作。

⑦王文康公：王曙，字晦叔，河南人，宋仁宗时累官至枢密使、同中书门下平章事。"文康"是他死后的谥号。

⑧雅、颂：《诗经》中的两种体裁。《雅》是王都的歌，《颂》是庙堂祭礼的乐章。后世多以《雅》、《颂》比喻盛世之乐。

⑨清庙：《诗经》中有《清庙》篇，旧说以为祭祀周文王之歌，其后遂为宗庙之通称。

圣俞诗既多，不自收拾。其妻之兄子谢景初⑩，惧其从而易失也，取其自洛阳至于吴兴以来所作，次为十卷。予尝嗜圣俞诗，而患不能尽得之，遽喜谢氏之能类次也⑪，辄序而藏之。其后十五年，圣俞以疾卒于京师，余既哭而铭之，因索于其家，得其遗稿千余篇，并旧所藏，掇其尤者⑫六百七十七篇，为一十五卷。呜呼！吾于圣俞诗，论之详矣，故不复云。

⑩谢景初（公元1020年－公元1084年）：字师厚，富阳（今浙江富春）人，博学能文，擅长写诗。

⑪遽（jù）：骤然，顿时。

⑫掇（duō）：选取。尤：优异，出众，不一般。

【译文】

我听世人议论，诗人得意的很少，大多数都穷困潦倒。真是这样吗？可能是由于世上所流传的诗篇，很多都是出自古代穷困诗人之手。大凡胸怀才能抱负而不能施展于当世的人，大都喜欢浪迹于山巅水边，看见虫鱼草木、风云鸟兽等事物，往往探究它们的怪异之处。内心郁积着忧思、感慨和愤懑，因而产生了怨恨和讥讽，道出了逐臣寡妇的哀叹，写出了人所难于诉说的情感。诗人越是困厄，写出来的诗就越是技巧高明。这样看来，并非写诗使人穷困，原来是困顿之后才能写出好诗来。

我的朋友梅圣俞，年轻时依靠着祖先的荫庇做了官，但屡次去参加进士考试，总是不为主考官所赏识，困厄在州县上做个小官，已经十多年了。如今五十岁了，还要靠别人下聘书，去做别人的幕僚，他胸中怀藏的才学受到压抑，不能在事业上充分地展现出来。他的家乡在宛陵县，他幼年时就学习写诗。当他还是个孩童的时候，做的诗就已经让父老长辈们惊讶了。等到长大，学习了六经仁义的学问；他做文章，简约、古朴而纯正，不求迎合于世人，因此世人只知道他的诗罢了。然而当时的人们不论贤愚，谈论诗歌必然会推崇他。圣俞也喜欢把自己不得志的心情通过诗歌抒发出来，因此他生平所写的东西，诗歌最多。世人虽然知道他善于诗赋，却没有人向朝廷推荐他。从前王文康公曾看到他的作品，慨叹说："二百年没有这样的作品了！"虽然知道他的可贵，可还是没有加以举荐。假若使他有幸被朝廷任用，写出《雅》、《颂》那样的作品，来歌颂大宋的功业恩德，献于宗庙之上，上追《商颂》、《周颂》、《鲁颂》等作者，难道不是伟大的贡献吗？为什么他到老也不能得志，只能徒然地写些描述虫鱼物类的诗，再不就是抒发羁旅、愁闷之情的作品呢？世人只喜爱他作诗的技巧，却不知道他长期失意困窘并且将要老死了，能不惋惜吗？

圣俞写了很多的诗，自己却不收集整理。他妻子的兄弟谢景初，担心诗篇众多而容易散失，于是选取他从洛阳到吴兴这段时间的作品，编为十卷。我一向酷爱圣俞的诗作，担心不能全部得到，十分高兴谢氏能为它分类排序，就为之作序并且珍藏起来。从那以后过了十五年，圣俞因病在京城去世，我痛哭着为他写了墓志铭，又向他家索求他的作品，得到他的遗稿一千多篇，连同以前所收藏的，选取其中特别好的共六百七十七篇，编成了十五卷。唉！我对于圣俞的诗，评论得很详细，因此就不再说了。

送杨寘序①

欧阳修

【题解】

庆历七年（公元 1047 年），杨寘被派往东南方边远地区去当一名县尉，作者很理解他的处境和心情，便写了这篇序为朋友送行。赠序一般都以对对方的关心、劝勉、期望以及双方的友谊为描述的重点，此序则突破常规，大胆创新。

文章开篇后用较大的篇幅写自己学琴、爱琴的经历以及琴声对自己性情的陶冶作用，至文末才说到为杨寘送行事。作者写“琴”，字字句句，无一处不是在为友人送行，无一字不是在劝慰友人随遇而安。作者劝友人借弹琴以宣泄郁积的情感，不失为摆脱苦闷痛苦的良方。

予尝有幽忧之疾②，退而闲居，不能治也。既而学琴于友人孙道滋③，受宫声数引④，久而乐之，不知其疾之在体也。

①《宋史·文苑传》有杨寘，字审贤，杨察北，其先晋人，从唐僖宗入蜀，家于成都。入宋，其祖杨钧官庐州，遂为合肥人。少有俊才，庆历二年（公元 1042 年）举进士第一，授将作监丞。后为颍州通判，未至官，遭母丧，不久病卒，年三十一。与此“累以进士举，不得志”不合，恐非一人。文章劝杨寘以弹琴来排遣幽愤，战胜厄运。用笔含蓄，真切感人。

②幽忧之疾：谓过度忧劳之疾。

③孙道滋：作者的朋友，生平未详。

④宫声：这里指琴曲。引：乐曲体裁之一。这里犹言支，首。

夫琴之为技小矣，及其至也，大者为宫⑤，细者为羽⑥。操弦骤作⑦，忽然变之，急者凄然以促⑧，缓者舒然以和⑨，如崩崖裂石，高山出泉，而风雨夜至也；如怨夫寡妇之叹息，雌雄雍雍之相鸣也⑩。其忧深思远，则舜与文王、孔子之遗音也⑪；悲愁感愤，则伯奇孤子、屈原忠臣之所叹也⑫。喜怒哀乐，动人必深，而纯古淡泊⑬，与夫尧舜三代之言语、孔子之文章、《易》之忧患、《诗》之怨刺无以异⑭。其能听之以耳，应之以手，取其和者，道其湮郁⑮，写其幽思⑯，则感人之际，亦有至者焉。

⑤大者为宫：宫是最低音，声音宏大者音低。

⑥细者为羽：羽是最高音，声音尖细者音高。

⑦操：弹奏。骤：急迅。

⑧促：谓声调急促。

《琴谱传真》插图，明·杨表正撰。

⑨和：谓声调柔和。

⑩雍雍：鸟和鸣声。

⑪“则舜”句：相传舜弹五色之琴，作《南风歌》；周文王拘于羑里，作《拘幽操》；孔子因季桓子受女乐，作《龟山操》。

⑫伯奇：周宣王大臣君吉甫的儿子，至孝。后母谗之，被父亲逐出家门。伯奇集荷为衣，采花为食，晨朝履霜，自伤无罪见放，作《履霜操》，曲终投河而死。

⑬纯古：精纯古朴。

⑭《易》之忧患：《易·系辞》曰：“作《易》者，其有忧患乎?”《诗》之怨刺：《汉书·礼乐志》：“周道始缺，怨刺之诗起。”

⑮湮郁：壅塞郁悒，不舒畅。

⑯写：同泻，抒发。

予友杨君，好学有文，累以进士举，不得志。及从荫调⑰，为尉于剑浦⑱，区区在东南数千里外，是其心固有不平者。且少又多疾，而南方少医药，风俗饮食异宜。以多疾之体，有不平之心，居异宜之俗，其能郁郁以久乎？然欲平其心以养其疾，于琴亦将有得焉。故予作琴说以赠其行。且邀道滋酌酒，进琴以为别⑲。

⑰荫调：子孙因先世有功勋而受封得官爵。

⑱尉：县尉。剑浦：县名，在今福建南平一带。

⑲酌酒：饮酒。进琴：赠琴。

【译文】

我曾患有过度忧劳的病，辞官闲居仍然没有见好转。后来，向朋友孙道滋学琴，学了几首曲子，时间一长，竟养成一种爱好，竟忘了疾病在身。

弹琴，作为一种技艺是微不足道的。可是达到了很高造诣时，声音宏亮的是宫调，声音尖细的是羽调。骤然弹拨琴弦，声音忽然变化，忽切的凄楚而紧迫，缓慢的舒展而柔和，如同山崩石裂，如同高山泻瀑，如同夜半风雨。又如鳏夫和寡妇的叹息，雌鸟和雄鸟的悦耳和鸣。那幽怨深远的琴声，简直就是虞舜、周文王和孔子的遗音。那悲愁郁愤的调式，简直就是伯奇那样的孤子和屈原那样的忠臣的叹息声。它所表达的喜怒哀乐，一定会深深打动人心。那种淳厚、古朴、淡泊的格调，同尧、舜三代的言语、孔子的文采、《易经》的忧患和《诗经》的怨刺没有什么两样。如果能用耳细细听来，用手指相应弹出和谐的调式，舒泄抑郁的心情，抒发幽怨，那么也就能达到心灵的极致。

我的朋友杨君，既好学又有文采，但多次考进士都不能如愿。最后因为祖上荫封补缺，才当了剑浦的县尉。剑浦是个小地方，又在数千里之外的东南地区，因此，他的心情不能平静。何况他自幼体弱多病，南方又缺医少药，风俗习惯和饮食又不适应。身体多病而心情又不能平静。居住在风俗习惯特别不适应的地方，哪能抑郁寡欢地长期活下去呢？但是，要想让他的心情愉快，从而使他的疾病得到调养，也许琴会对他有所帮助。所以，我写了这篇讲琴的文章为他送别。还邀请道滋一起喝酒，送一张琴给他，以此作为告别。

五代史伶官传序①

欧阳修

【题解】

本篇是欧阳修为其所撰的《新五代史·伶官传》而写的序文，原文无标题，题目是后人所加。《伶官传》记载的是后唐庄宗李存勖宠幸伶人而招致败乱的历史，借助这一段历史，欧阳修在序文中阐发了盛衰之理在于人事，“忧国可以兴国，逸豫可以亡身”等观点，很有鉴戒意义。

呜呼！盛衰之理，虽曰天命，岂非人事哉！原庄宗之所以得天下②，与其所以失之者，可以知之矣。

晋王李克用像，图出自《残唐五代史演义》。

①五代史：记载唐朝以后梁、唐、晋、汉、周（也称后梁、后唐、唐晋、后汉、后周）五个朝代历史的史书。五代史有两部，一是宋初宰相薛居正奉皇帝的命令监修的《五代史》（后称《旧五代史》），一是欧阳修自撰的《五代史记》（后称《新五代史》）。伶官：宫廷中的乐官。《伶官传》是《新五代史》中的一篇合传，记伶人敬新磨、景进、史彦琼、郭从谦等的事迹，本文是传前的一段总序。作者开头提出盛衰之理实由人事的观点，接着通过对庄宗一生及后唐盛衰过程的分析，得出“忧劳可以兴国，逸豫可以亡身”的结论，进而推论“祸患常积于忽微，而智勇多困于所溺，岂独伶人也哉”，发人深思。文章把叙事与议论溶为一体，低昂反复，感慨淋漓，极富感染力，是欧文中传诵的名篇之一。

②原：推究、考查。庄宗，五代后唐庄宗李存勖（xù 序）。其父李克用，因镇压黄巢起义有功，被封为晋王。李存勖继承父亲的王位，于后梁末帝龙德三年（公元923年）称帝，灭掉后梁，建立起后唐。

世言晋王之将终也③？以三

矢赐庄宗而告之曰："梁，吾仇也[4]；燕王，吾所立[5]；契丹与吾约为兄弟[6]，而皆背晋以归梁。此三者，吾遗恨也。与尔三矢，尔其无忘乃父之志！"庄宗受而藏之于庙。其后用兵，则遣从事以一少牢告庙[7]，请其矢，盛以锦囊，负而前驱，及凯旋而纳之。

③晋王：即李克用，唐昭宗乾宁二年（公元895年）封晋王，死于后梁开平二年（公元908年）。

④梁，吾仇也：朱温原是黄巢起义军的将领，后投降唐朝，赐名全忠，被封为梁王。唐哀帝天祐四年（公元907年），他灭唐称帝，建立起后梁。因企图谋害李克用，与李克用结下很深的仇恨。

⑤燕王：指刘仁恭。刘原是幽州（治所蓟县，今北京西南）的部将，后投靠李克用。李夺得幽州后，保荐他为幽州卢龙节度使，故云"吾所立"。当乾宁三年（公元896年）李克用攻打魏州（今河北大名县）时，多次向刘仁恭请借兵，仁恭不与，克用亲往讨伐，为仁恭所败，从此仁恭背晋归梁。刘仁恭并没称王，他的儿子刘守光才称燕王，这里是统指。

⑥契丹：后称辽，是我国北方的，一个游牧部族。唐哀帝天祐二年（公元905年），李克用曾与契丹首领耶律阿保机在云州（今山西大同市）东城约会，结为兄弟，约定联合灭梁。后来阿保机背约投靠后梁，反过来合兵反对李克用。

⑦少（shào）牢：祭品，一般指羊和猪，太牢则指羊、猪和牛。

方其系燕父子以组[8]，函梁君臣之首[9]，入于太庙，还矢先王，而告以成功，其意气之盛，可谓壮哉！及仇雠已灭，天下已定，一夫夜呼，乱者四应，仓皇东出，未见贼而士卒离散，君臣相顾，不知所归，至于誓天断发，泣下沾襟[10]，何其衰也！岂得之难而失之易欤？抑本其成败之迹，而皆自于人欤[11]？

⑧燕父子：指刘仁恭和他的儿子刘守光。天祐十年（公元913年），李存勖率兵击幽州，生擒刘仁恭、刘守光及其家族三百多人。组：绳子。

⑨函首：用小木匣装人头。梁君臣：指梁末帝朱友贞和梁侍卫官皇甫麟等。同光元年（公元923年），李存勖攻破后梁首都开封，朱友贞及皇甫麟等皆自杀，后梁遂灭。

⑩"及仇雠已灭"十句：仇雠（chóu），仇敌。同光四年（公元926年），李存勖听信谗言，杀死大臣郭崇韬（tāo）后，人心惶惶。不久，贝州（今河北南宫县）的皇甫晖首先作乱，杀死守将杨仁晸（zhěng），进攻邺都（今河北大名县），因这次兵变发生于夜间，故云"一夫夜呼"。接着，邢州（今河北邢台市），沧州（今河北沧县东）的驻军，也纷纷作乱，故云"乱者四应"。贝州皇甫晖作乱后，李存勖派养子李嗣源去镇压，不料李嗣源反被部下推为皇帝，联合乱兵，进攻汴州（今河南开封市）。李存勖仓惶从洛阳进兵汴州，但汴州早被李嗣源占领，他只得下令回军，途中，部下纷纷离散。行至洛阳城东，部将元行钦等一百多人，援刀割发，向天立誓，表示忠于后唐，君臣因相与号泣。"及仇雠已灭'十句指的就是上述史实。

⑪抑：或是。本：推究，考察。自：因为，由于。

《书》曰："满招损，谦得益[12]。"忧劳可以兴国，逸豫可以亡身，自然之理也。故方其盛也，举天下之豪杰，莫能与之争；及其衰也，数十伶人困之，而身死国灭[13]，为天下笑。夫祸患常积于忽微[14]，而智勇多困于所溺[15]，岂独伶人也哉！

⑫“满招损，谦得益”，出自《尚书·大禹谟》。

⑬数十伶人困之，而身死国灭：同光四年（公元926年），李存勖逃归洛阳后，伶人郭从谦发动叛变，煽动军士杀入宫内，李存勖被乱军射死。其养子李嗣源嗣位，至此，后唐实际上可以说是“国灭”了。

⑭忽、微：古代极小的度量单位名。这里是细小的意思。

⑮所溺：所溺爱的人或事物。

后唐庄宗李存勖像

【译文】

唉！国家兴亡盛衰的道理，虽然说是天意，难道不是与人事息息相关吗？考证后唐庄宗李存勖之所以得到天下，与其所以失掉天下的原因，就可以明白了。

世上人都说庄宗之父晋王李克用临死的时候，把三支箭赐给庄宗，告诉他说：“梁国是我的仇敌。燕王刘守光是我亲手扶立起来的；契丹与我结为兄弟，但他们都背叛了晋而归附了梁国。这三件事是我的遗恨，给你三支箭，你不要忘记父亲的志向！”庄宗接受了箭，珍藏在宗庙里。

后来逢到用兵打仗，就派遣主事的人，用一只羊供献到宗庙，祭告祖先，请出三支珍藏的箭放在锦囊之中，背负上锦囊为大军的先导。到大军凯旋而归，仍然恭敬地把箭珍藏于宗庙。

当庄宗把燕王刘守光父子用绳子捆缚起来，把后梁末帝父子的首级装在木匣中，供献在太庙里，缴还先王李克用的三支箭，敬告列祖列宗大功告成的时候，他意气凌盛，可以说是很雄壮的了！到了仇敌已经消灭，天下已经平定，一个人夜间大声呼喊，叛乱者四方响应，庄宗仓皇起来向东逃去，还没有见到贼人，士卒就纷纷离开散去，君王臣子面面相觑，不知回到何处去。甚至于对天发誓，割下头发，眼泪掉下来沾湿了衣襟，这时是多么地衰弱颓败呀！岂不是得天下艰难，失天下容易么？追究庄宗成功失败的事迹，是人力所为吗？

《尚书》上说：“骄傲自满招致损失，谦虚谨慎得到利益。忧虑辛劳可以兴盛国家，安逸享乐将导致灭亡。”这是自然的道理。所以在他兴盛的时候，天下所有的豪杰都不能和他争雄；到他失败时，几十个以技艺为职业的伶人围困他，把他杀死，后唐从此灭亡，成为天下人的笑柄。凡是祸患，常常积累于细微的事情，而聪明勇敢的人，多困陷于他的嗜好之中，哪里仅仅是伶人所致啊！

古文观止

卷四

[清] 吴楚材 吴调侯 编
郑达 译注

吉林出版集团有限责任公司

古文觀止

五代史宦者传论

欧阳修

【题解】

本文是节选《新五代史·宦者传》后部评论的一部分。文章主要是讲宦官之祸深于女色之祸，分析了宦官为害形成和发展的过程，指出宦官之祸不是凭帝王个人的意志就可以避免消除的，实际上宦官之祸是由于统治者极端的自私心理，认为宦官是生理残废的奴隶，不可能危害自己，而过分地宠信他们造成的。由于作者的局限性，不可能理解或指明这一点。但文章结构严谨，条分缕析，读来浑然一体。

自古宦者乱人之国，其源深于女祸①。女，色而已，宦者之害，非一端也。

①“其源”句：女祸，封建史书上称由于宠信女子或由于女主执政而败坏国事为女祸。此句意谓：（宦官扰乱国家），其根源比“女祸”还要深固。

盖其用事也近而习②，其为心也专而忍。能以小善中人之意，小信固人之心，使人主必信而亲之。待其已信，然后惧以祸福而把持之③。虽有忠臣、硕士④列于朝廷，而人主以为去己疏远，不若起居饮食、前后左右之亲为可恃也。故前后左右者日益亲，则忠臣、硕士日益疏，而人主之势日益孤。势孤，则惧祸之心日益切，而把持者日益牢。安危出其喜怒，祸患伏于帷闼⑤，则向之所谓可恃者，乃所以为患也。患已深而觉之，欲与疏远之臣图⑥左右

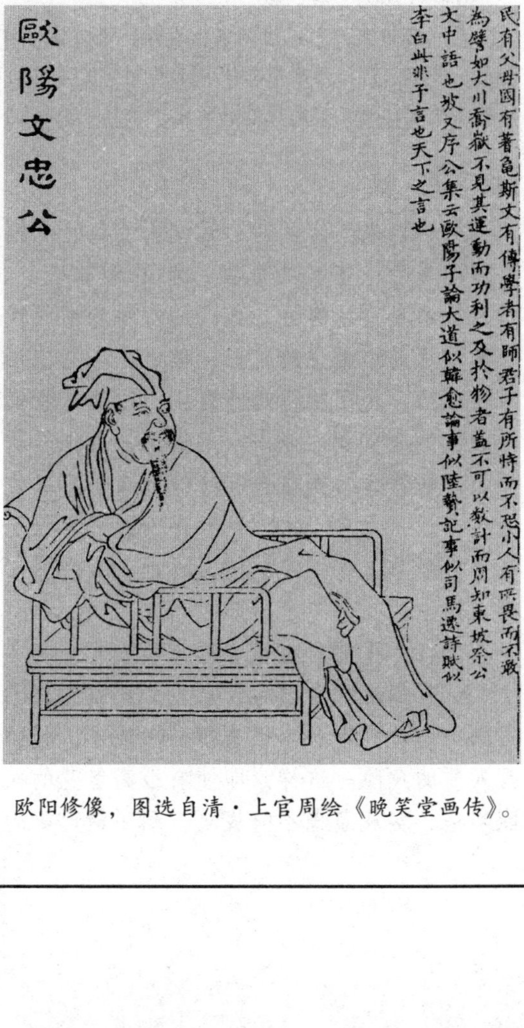

欧阳修像，图选自清·上官周绘《晚笑堂画传》。

之亲近，缓之则养祸而益深，急之则挟人主以为质。虽有圣智，不能与谋。谋之而不可为，为之而不可成，至其甚，则俱伤而两败。故其大者亡国，其次亡生，而使奸豪得借以为资而起，至抉其种类[⑦]，尽杀以快天下之心而后已。此前史所载宦者之祸常如此者，非一世也。

②“盖其”四句：近，接近皇帝。习，亲昵。专，专横。忍，残忍。小善，小小的好处。中，迎合。小信，小小的信义。固人之心，意即来取得人的信任。

③“然后”句：惧以祸福，意即利用祸患来使皇帝感到恐惧。祸福，意义在“祸”的偏正复词。

④硕士：贤能的人。

⑤帷闼（tà）：内宫，皇帝身边。帷，帷帐。闼，门内。

⑥图：图谋，即“除掉”。

⑦抉（jué）其种类：抉，挖出。种类，指宦官的全部党羽、爪牙。

夫为人主者，非欲养祸于内而疏忠臣、硕士于外，盖其渐积而势使之然也。夫女色之惑，不幸而不悟，则祸斯及矣。使其一悟，捽[⑧]而去之可也。宦者之为祸，虽欲悔悟，而势有不得而去也，唐昭宗之事是已[⑨]。故曰“深于女祸”者，谓此也。可不戒哉？

⑧捽（zuó）：拔，揪。

⑨“唐昭宗”句：唐昭宗，李晔。唐昭宗被宦官杨复恭等拥立为帝，因而宦官的势力日益强大；当昭宗想任用崔胤为宰相来抑制宦官势力的发展时，宦官刘季述等便把他幽禁起来，一直到第二年才让他复位。是已，正是如此。

【译文】

自古以来宦官乱政，远比因女色造成祸害要深远得多。女人的祸害，只不过使人迷恋美色；宦官的危害，就不只是一个方面了。他们常与君主相伴，能亲近皇帝，熟悉皇帝的喜好，他们的心地专横而残忍。能用小的善行迎合君主的心意，用小的信用固结君主的信任，使君主必然信任他、亲近他。待到他已经取得了君主的信任以后，就用祸福恐吓君主，进而达到操纵君主的目的。这时，朝廷上虽然有忠心耿耿的大臣和才能出众的谋士，但国君认为他们与自己距离疏远，不如那些侍奉自己起居饮食、围在自己身边的亲信可以依赖。所以，君主对围绕在身边的宦官一天天亲近，对忠心的大臣和谋士就一天天疏远，而君主的势力也就一天天孤单。君主势力孤单，害怕灾祸的心思就一天天深切，因而宦官对君主的操纵也就一天天牢固。君主的安全与危险取决于宦官的喜与怒，君主的灾祸与隐患就潜藏在宫廷之中。那么，先前君主认为可依赖的人，其实就是祸乱的罪魁祸首。

待到祸患严重以后，君主才觉察到，于是就想与被他疏远的忠臣贤士一起，谋图除掉身边的宦官。但是行动迟缓了，就会使祸患加深，操之过急，就有君主被劫为人质的危险。这样，即使有很高智慧的人，也不可能为人君谋划，谋划好了也不能实施，实施了也不能成功。到了最严重的时候，就会造成两败俱伤。所以宦官的祸患，大的可使政权倾覆，其次者可以使君主丧生，还使奸雄能够借此为助，起兵作乱，直到把为害的宦官及其党羽全部挖出来杀掉，使天下人心大快，然后才罢休。前代史书上所记载的宦官的祸害常常是这样的，不是一朝一代的事了。

作为君主，不是有意要在内部滋养宦官之祸，在外部疏远忠心的大臣和谋士，而是那逐渐发展的形势使他这样做的。那女色的迷惑，君主如果不幸没觉悟，灾祸就会降临。如果君主一旦觉悟，只要揪住她并把她除掉就行了。宦官造成的灾祸，君主即使悔悟，但形势上也有些情况迫使你不能除掉他。唐昭宗的事情就是如此。所以说“宦官的祸害比女人的祸害深”，就是说这种情况的啊！做国君的难道不应该引以为戒吗？

相州昼锦堂记

欧阳修

【题解】

韩琦是北宋仁宗、英宗、神宗三朝时的名臣，相州（今河南安阳）人，曾任宰相，封魏国公。至和年间以节度使衔任故乡相州知州，于是造“昼锦堂”，以示荣归故里。“昼锦”二字典出《史记·项羽本纪》：项羽“引兵西屠咸阳城，杀秦降王子婴，烧秦宫室，火三月不灭。收其货宝妇女而东。”这时，有人劝项羽说：“关中阻山河四塞，地肥饶，可都以霸。”项羽见秦宫室都毁坏了，又心怀思归之意，便说：“富贵不归故乡，如衣绣夜行，谁知之者?”后人便以“昼锦”为富贵还乡的代名词。

本文作于英宗治平二年（公元1065年）。当时，作者与韩琦正同朝为官，关系融洽。文中虽然不乏歌功颂德之词，但与韩琦的显赫功勋相比，并无谀美之嫌。且文章别出新意，意对一般人“衣锦还乡”的观念作了批评，阐明韩琦的志向和功德“岂止夸一时而荣一乡哉”。文章的立意固然是称颂韩琦的功德，但细品文意，又似乎对韩琦的建堂之举有极高明而委婉的批评。

仕宦而至将相，富贵而归故乡，此人情之所荣，而今昔之所同也。盖士方穷时，困厄闾里①，庸人孺子皆得易而侮之，若季子不礼于其嫂②，买臣见弃于其妻③。一旦高车驷马，旗旄导前，而骑卒拥后，夹道之人相与骈肩累迹④，瞻望咨嗟⑤，而所谓庸夫愚妇者，奔走骇汗⑥，羞愧俯伏，以自悔罪于车尘马足之间。此一介之士得志于当时，而意气之盛，昔人比之衣锦之荣者也。

①困厄：受困阻。闾里：乡里。

②季子不礼于其嫂：战国的苏秦年轻时去游说秦王，不被采纳，敝裘负担，回归故乡，嫂子不给他做饭，妻子不下织机，父母也不与他说话。

③买臣见弃于其妻：西汉的朱买臣久不得志，贫困潦倒，其妻与之离婚。后朱买臣当上会稽太守，回乡上任不久，其前妻就自杀了。

④骈肩累迹：肩膀挨着肩膀，脚挨着脚，形容人多拥挤。

⑤咨嗟：感慨、赞叹。

⑥骇汗：因惊惧而流汗。

惟大丞相魏国公⑦则不然。公，相人也。世有令德，为时名卿。自公少时，已擢高科，登显士。海内之士闻下风而望余光者，盖亦有年矣。

所谓将相而富贵，皆公所宜素有。非如穷厄之人侥幸得志于一时，出于庸夫愚妇之不意，以惊骇而夸耀之也。然则高牙⑧大纛⑨，不足为公荣；桓圭⑩衮裳⑪，不足为公贵。惟德被生民，而功施社稷，勒之金石⑫，播之声诗，以耀后世而垂无穷，此公之志而士亦以此望于公也。岂止夸一时而荣一乡哉？

⑦大丞相魏国公：指韩琦，曾任北宋宰相，封魏国公。

⑧高牙：军前的大旗。

⑨大纛（dào）：古代军队仪仗大旗。

⑩桓圭：古代君王和显宦在朝聘祭祀，丧葬时手中拿的玉器。

⑪衮裳：古代皇帝或三公穿的礼服，上面有龙饰。

⑫金石：钟鼎和碑碣。

韩琦像，图出自清·顾沅辑《古圣贤像传略》。韩琦是北宋名臣，封魏国公，故又称“韩魏公”。

公在至和⑬中，尝以武康之节，来治于相，乃作昼锦之堂于后圃。既又刻诗于石，以遗相人。其言以快恩仇、矜名誉为可薄，盖不以昔人所夸者为荣，而以为戒。于此见公之视富贵为何如，而其志岂易量哉？故能出入将相，勤劳王家，而夷险一节⑭。至于临大事，决大议，垂绅正笏⑮，不动声色，而措天下于泰山之安，可谓社稷之臣矣。其丰功盛烈所以铭彝鼎而被弦歌者⑯，乃邦家之光，非闾里之荣也。

余虽不获登公之堂，幸尝窃诵公之诗，乐公之志有成，而喜为天下道也。于是乎书。

⑬至和：宋仁宗年号（公元1054年－1056年）。

⑭一节：一致。

⑮垂绅正笏（hù）：恭敬肃立、沉稳，庄重。绅：衣带。笏：朝板。古代大臣上朝时记事备忘的手板。

⑯铭彝鼎而被弦歌者：刻在鼎钟碑碣中，谱入乐曲歌词里。铭，雕刻。彝鼎，古代宗庙用的一种礼器。

【译文】

做官做到将相，衣锦返乡，这是大家公认的荣耀之事，古往今来都是如此。读书人因贫困于陋巷之时，平民百姓甚至小孩子，都可以轻视他，侮辱他，就像苏泰当年受他嫂子的无理对待，朱买臣被他的妻子离弃一样。然而一旦当他们乘着华贵的大车，车前有人开道，只有后有侍从跟随，站在道路两边的人摩肩接踵，翘首相望、赞叹着，而那些平庸没见识的男人女人，则显现出惶恐不安，羞愧地俯伏在地，在车轮和马足扬起的灰尘之中，忏悔请罪。这便是一朝志得意满时，便意气十足，前人把这比喻为衣锦还乡的荣耀。

只有大丞相魏国公不是这样。魏国公是相州人，世代留有美德，是当时著名的公卿。魏国公年轻时，已经高中科第，登上显赫的位置，天下的读书人对他的名望和风范早已折服，已经多年了。所谓将相富贵，对魏国公来说是水到渠成的事，不像那些困厄的人，一旦侥幸得志，出乎平庸无识之辈的意料之外，从而使他们惊愕，向他们夸耀。高大的仪仗旗帜，也不足以成就魏国公的荣耀；三公的桓圭和礼服，不足提高身份。只有将恩德遍施于百姓，为国报效，能使这些事迹铭刻在钟鼎和石碑上，流芳千古，照耀后代，这才是魏国公的志向。这才应是读书人推崇魏国公的原因。岂止是夸耀一时，显荣一乡呢？

魏国公在至和年间，曾经以武康节度使的身份，来治理相州，在后园建造了一座昼锦堂。后来又在石碑上篆刻一首诗赠给相州人。他视那种以回报恩仇为快事，炫耀名望声誉为可鄙。他不把古人所夸耀的事情看成荣耀，却反而把它作为一种鉴戒。由此可知魏国公是如何看待富贵的，而他的志向又怎能轻易估量呢？所以，他能出将入相，为国效劳，无论天下太平与否始终保持一致的态度。至于面临非常事件，做重大决定意见，他也总是庄重沉着，不动声色地就把天下治理得像泰山一样稳重，真可说是保护社稷的能臣了。他的丰功伟业铭刻在鼎上，被歌唱传扬，乃是国家的光荣，不只是故乡的荣耀。我虽然没有机会登上魏国公的昼锦堂，却曾经有幸拜读魏国公的诗，对他的志向得以实现而备感欣慰，很愿意讲给天下人听，于是写下这篇文字。

丰乐亭记①

欧阳修

【题解】

本篇是欧阳修被贬滁州（今安徽滁县）时所作。作者以生动的笔触描绘了滁州山高水清的景致，同时也回顾了百年前这里战乱的往事，古今对比，颂扬了宋初推行的休养生息政策，警告人们应当居安思危、不忘皇恩，以便保持长治久安的政治局面。行文情景交融，巧妙地穿插议论，文情抑扬吞吐，绝不轻露，极富艺术感染力。

修既治滁②之明年，夏，始饮滁水而甘。问诸滁人，得于州南百步之近。其上则丰山耸然而特立③，下则幽谷④窈然⑤而深藏，中有清泉滃然⑥而仰出。俯仰左右，顾而乐之，于是疏泉凿石，辟地以为亭，而与滁人往游其间。

①丰乐亭：在今安徽滁县城西丰山北麓。苏轼曾将这篇《丰乐亭记》书刻于碑。亭东有紫薇泉。
②滁（chú）：州名，治所在今安徽滁县。
③耸然：高高矗立的样子。特立：独立。特，独。
④幽谷：深谷。一说丰乐亭下紫微泉原名幽谷。
⑤窈（yǎo）然：幽暗深远的样子。
⑥滃（wěng）然：大水汹涌的样子。

滁于五代干戈之际⑦，用武之地也。昔太祖皇帝⑧尝以周师破李景兵十五万于清流山下，生擒其将皇甫晖、姚凤于滁东门之外⑨，遂以平滁。修尝考其山川，按其图记，升高以望清流之关，欲求晖、凤就擒之所，而故老皆无在者，盖天下之平久矣。自唐失其政，海内分裂，豪杰并起而争，所在为敌国者，何可胜数⑩？及宋受天命，圣人出而四海一⑪。向之凭恃险阻，铲削消磨，百年之间，漠然徒见山高而水清。欲问其事，而遗老尽矣⑫。今滁介江淮之间，舟车商贾⑬、四方宾客之所不至，民生不见外事而安于畎亩衣食⑭，以乐生送死。而孰知上之功德，休养生息，涵煦于百年之深也⑮。

⑦五代：公元907年，唐朝灭亡，我国中原地区相继建立了梁、唐、晋、汉、周五个短期王朝（为了和以前的同名朝代相区别，历史上通称这几个朝代为后梁、后唐、后晋、后汉、后周），共历时五十三年，历史上称为“五代”。

⑧太祖皇帝：即宋太祖赵匡胤，宋王朝的建立者，涿州（今河北省涿县）人。后周时任殿前都点检，领宋州归德军节度使，掌握兵权。公元九六〇年发动陈桥兵变，即帝位，国号宋。

⑨“尝以周师破李景”二句：周师，指周世宗柴荣的部队。李景（应为“璟”），五代南唐中主。当时赵匡胤为周殿前都虞侯，领严州刺史。周显德三年（956年）春，周世宗征淮南，南唐将领皇甫晖、姚凤退保清流关（关在滁州西南）。周世宗命赵匡胤突阵而入，皇甫晖等逃入滁城，被赵匡胤活捉。

⑩胜（shēng）：尽。

⑪圣人：对帝王的尊称。这里指宋太祖赵匡胤。

⑫遗老：指经历世变的老人。

⑬商贾（gǔ）：指商人。

⑭畎（quǎn）亩：田地。畎，田间小沟。

⑮涵煦（xǔ）：滋润化育。这里颂扬宋王朝功德无量，养育万物。

修之来此，乐其地僻而事简，又爱其俗之安闲。既得斯泉于山谷之间，乃日与滁人仰而望山，俯而听泉，掇幽芳而荫乔木[16]，风霜冰雪，刻露清秀，四时之景无不可爱。又幸其民乐其岁物之丰成，而喜与予游也。因为本其山川，道其风俗之美，使民知所以安此丰年之乐者，幸生无事之时也。

夫宣上恩德，以与民共乐，刺史之事也[17]。遂书以名其亭焉[18]。

⑯掇（duō）：拾取，采取。

⑰刺史：唐代称一州的最高行政长官为刺史，宋代则称为知州。所以刺史就是指知州。

⑱名：用作动词，命名。

宋太祖赵匡胤像，图出自明·天然撰《历代人物像赞》。

【译文】

我治理滁州的第二年夏天，喝水时觉得滁州的水很甘甜美。询问当地人，才知道水源在州城以南百步附近。水源之上是高高耸立的丰山；水源之下是幽谷，深远而不可测；中间有一股清泉，向上喷涌而出。环顾前后左右，很喜欢这个地方。于是疏导泉水开凿岩石，辟出一块平地建造亭子，与滁州本地人士一起去那里游玩。

在战火连连的五代时期，滁州是兵家必争之地。昔日大宋太祖皇帝，曾经率领后周军队在清流山下击败南唐李景十五万大军，在滁州城东门外活捉南唐将领皇甫晖、姚凤，于是平定了滁州。我曾经考察滁州的山川，按照地图和文字标记，登高眺望清流关，想寻找皇甫晖、姚凤被活捉的地方。然而当年知道此事的父老都不在了，原来天下平定已经很久了。自从唐皇朝政治失修以来，国家分裂，豪杰之士群起争夺，在各地建立起政权相互对立的国家，怎能数得清？到宋皇朝承受天命，圣人出世天下统一。过去凭借以御敌的险要阻碍，都被铲除消灭。这一百年来，人们在漠然中只看见山高水清。要询问昔日战乱之事，当年的遗老已经全部去世了。现在滁州地处长江、淮河之间，车船、商人，四方宾客都不来。百姓们见不到外界的事，而安心地在田间从事衣食生产，快乐地生活平静地死去，又有谁知道皇上的功德，使百姓休养生息，承受着培养已经百年之久的深恩呢？

我来到这里，喜欢这里地处偏僻、公务简练，又喜爱这里风俗的安闲自在。在山谷里那股泉水旁边，每天跟滁州人仰望丰岭，俯听潺潺泉响，既采摘幽谷的香花，也在高树下乘凉，秋有风霜冬有冰雪，雕琢出清丽灵秀，四季的景象没有不可爱的。又庆幸当地人年成丰收而高兴，而喜欢与我一起游赏。因此我依据当地的山川，称道此间风俗的美好，使百姓知道之所以能安享丰收年景的快乐，应归功于太平无事的年代。

宣扬皇上的恩德，和百姓共同欢乐，这都是刺史的职责，于是写下“丰乐”二字为此亭题名。

醉翁亭记

欧阳修

【题解】

本文是一篇山水游记，写于庆历六年，和上一篇《丰乐亭记》是姊妹篇。文章通过叙述自己和游客在醉翁亭中畅饮的欢乐心情和亭外变化多姿的自然景色，表达了作者与民同乐的思想，从侧面赞美了自己在滁洲的政绩。文章大量运用骈偶句，又糅合进一些散文句子，形成似散非散，似排非排的风格，并且语言凝练，言简意赅。

环滁①皆山也。其西南诸峰，林壑②尤美。望之蔚然而深秀者，琅琊也③。山行六七里，渐闻水声潺潺④，而泻⑤出于两峰之间者，酿泉⑥也。峰回路转⑦，有亭翼然⑧临于泉上者，醉翁亭也。作亭者谁？山之僧智仙也。名之者谁？太守自谓也⑨。太守与客来饮于此，饮少辄⑩醉，而年又最高，故自号曰醉翁也。醉翁之意不在酒，在乎山水之间也。山水之乐，得之心而寓⑪之酒也。

①环滁：环绕着滁州。

②林壑（hè）：森林山谷。

③“望之”二句：蔚然，树木茂盛的样子。深秀，深远秀丽。琅琊（yá 芽），山名，在今滁州西南。

④潺（chán）潺：流水声。

⑤泻：倾泻。

⑥酿泉：因水美可以酿酒而得名。

⑦峰回路转：山势回转，路也跟着曲折。

⑧翼然：亭子四角翘起，如鸟展翅。

⑨“太守”句：太守，即作者。自谓，自己说的。

⑩辄：便。

⑪寓：寄托。

若夫日出而林霏开⑫，云归而岩穴暝⑬，晦明变化者，山间之朝暮⑭也。野芳⑮发而幽香，佳木秀而繁阴⑯，风霜高洁，水落而石出者，山间之四时也。朝而往，暮而归，四时之景不同，而乐亦无穷也。

⑫“若夫”句：若夫，连接上文的短语。林霏（fēi），林间的雾气。

⑬暝：昏暗。

⑭朝暮：早晚的景色。
⑮野芳：野花。
⑯繁阴：浓密的树阳。

至于负者歌于涂[17]，行者休于树[18]，前者呼，后者应，伛偻提携[19]，往来而不绝者，滁人游也。临溪而渔[20]，溪深而鱼肥；酿泉为酒，泉香而酒洌[21]。山肴野蔌[22]，杂然而前陈者，太守宴也。宴酣之乐，非丝非竹[23]，射者中[24]，弈[25]者胜，觥筹交错[26]，起坐而喧哗者[27]，众宾欢也。苍颜[28]白发，颓乎[29]其中者，太守醉也。

欧阳修像，图出自清·孔继尧《吴郡名贤图传赞》。欧阳修是北宋文学家，号醉翁，有名篇《醉翁亭记》。

⑰“至于”句：负者，背东西的人。涂，通“途”，路上。
⑱休于树：在树阴下休息。
⑲伛（yǔ）偻（lóu）提携：伛偻，弯腰曲背，指老人。提携，搀扶带领，指孩子。
⑳渔：捕鱼。
㉑洌（liè）：清澈的样子。
㉒山肴野蔌（sù）：山中的野味、蔬菜。
㉓非丝非竹：不是音乐。丝，弦乐。竹，管乐。
㉔射者中：指投壶之戏。
㉕弈（yì）；围棋。
㉖觥（gōng）筹交错：觥，一种酒器。筹，计算喝酒数目的筹码。交错，杂乱的样子，形容其热闹气氛。
㉗“起坐”句：起坐，站起来。喧哗，大声说笑。
㉘苍颜：苍老的容貌。
㉙颓乎：醉倒在地的样子

已而[30]夕阳在山，人影散乱[31]，太守归而宾客从[32]也。树林阴翳[33]，鸣声上下[34]，游人去而禽鸟乐也。然而禽鸟知山林之乐，而不知人之乐；人知从太守游而乐，而不知太守之乐其乐[35]也。醉能同其乐，醒能述以文者[36]，太守也。太守谓谁？庐陵[37]欧阳修也。

㉚已而：不一会儿。

㉛人影散乱：人影分散凌乱，指席终人散。

㉜从：跟从。

㉝阴翳（yì）：树荫遮蔽。

㉞上下：上下相和。

㉟乐其乐：与滁人及众宾客同乐。第一个“乐”字是动词。

㊱“醒能”句：醒了以后能够将其写成文章的。

㊲庐陵：郡名，在今江西吉水，作者先人是庐陵人。

【译文】

环绕滁州城的都是山，西南面的那些山峰、林木和山谷最为秀美。放眼望去，那浓绿荫蔚、深幽秀丽的地方就是琅琊山。顺山路行走六七里，渐渐地就可听到潺潺水声，那从两峰间奔泻而出的就是酿泉。顺着蜿蜒曲径，绕过山峰，忽然看到一座小亭高踞于泉边，亭檐翘起，如飞鸟展翅，这就是醉翁亭。建亭子的人是谁呢？就是这山上的僧人智仙。给亭子起名的人又是谁呢？就是自称“醉翁”的滁州太守。太守与客人来这里游玩饮酒，才喝上一点就醉，而且年纪最高，所以就自号“醉翁”。醉翁的意趣不在于酒，而在于山水之间。与自然山水交融的乐趣，领略于心而寄寓在酒中。

旭日东升，树林中雾气散去；若烟云归聚，山岩洞穴就昏暝晦暗，这种晴朗阴暗的变化，就是山中清晨与黄昏的景色。野花开放，幽香四溢；林木秀美，枝叶繁茂；风起霜落，天高地洁；溪水浅流，山石显露，这就是山中四季景致的变化。早出晚归，四季的风景又各不相同，因而乐趣也就无穷无尽了。

至于那些挑担背物的人在路上唱歌，行路的人在树下歇息，前面的招呼，后面的应答，老老少少，搀扶提携，往来不绝，这是滁州人在游赏山水。在溪边垂钓，溪水深，鱼肥美；用泉水酿酒，泉水香，酒清醇；还有各种各样的山珍和野菜，错杂摆列在面前，这是太守在宴请宾客。宴饮酣畅的乐趣，不用靠管弦音乐来助兴。投壶的投中了，下棋的得胜了，酒杯和酒筹杂乱交错，人人说笑喧闹，或坐或起，这就是宾客们在尽情欢乐。其中有一位面容苍老，满头白发，醉醺醺地倒在众人中间的，就是喝醉的太守。

不久，夕阳落山，人影散乱，游宴已罢，宾客们纷纷随从太守归去。树林里枝叶浓密成荫，上上下下一片鸟鸣，这是因为游人离去了，鸟儿便开始欢唱。然而，禽鸟只知栖止山林的快乐，却不知人们游赏山水的快乐；人们只知跟着太守游山玩水的快乐，却不理解太守是因他们的快乐而快乐啊！喝醉了，能和大家一起享受这种乐趣；酒醒后又能用文章把它记叙下来的，这个人就是太守。太守是谁是呢？是庐陵的欧阳修啊。

秋声赋

欧阳修

【题解】

历代文人多有歌咏秋景之作，秋景已成为文学创作中经常被采用的题材之一。欧阳修在本文中除了描绘自然界的秋景外，还对世事艰难、人生不易的现状抒发了个人的无限感慨。本文的体裁为“赋”，但和传统的赋又有所不同，可以说是一种新的发展。

欧阳子方①夜读书，闻有声自西南来者，悚然②而听之，曰：“异哉！”初淅沥③以潇飒，忽奔腾而砰湃④，如波涛夜惊，风雨骤至。其触于物也，鏦鏦铮铮⑤，金铁皆鸣；又如赴敌之兵⑥，衔枚⑦疾走，不闻号令，但闻人马之行声。予谓童子：“此何声也？汝出视之。”童子曰：“星月皎洁，明河⑧在天。四无人声，声在树间。”

①欧阳子：作者自称。方：正在。

②悚然：恐惧的样子。

③淅沥：象声词，形容细雨声。萧飒：风声

④砰湃：同“澎湃”，波涛激动之声。

⑤鏦鏦铮铮：金属相互撞击声。

⑥赴敌：奔走袭击敌人。

⑦衔枚：古代进军袭击敌方时，常令士兵口中衔枚，以防止其说话。这种做法叫做“衔枚”。枚，形状像筷子的小木棍。

⑧明河：这里指银河。

予曰：“噫嘻⑨，悲哉！此秋声也，胡为⑩乎来哉！盖夫秋之为状也，其色惨淡，烟霏云敛⑪；其容清明，天高日晶⑫；其气栗冽⑬，砭⑭人肌骨；其意萧条，山川寂寥。故其为声也，凄凄切切，呼号奋发。丰草绿缛⑮而争茂，佳木葱茏⑯而可悦。草拂⑰之而色变，木遭之而叶脱。其所以摧败零落者，乃一气⑱之余烈⑲。

⑨噫嘻：惊叹声。

⑩胡为：为什么。

⑪烟霏云敛：烟气散尽，云雾消失。

⑫日晶：阳光灿烂。

⑬栗冽：通“凛冽”，寒冷。

⑭砭：古代用于治疗的石针。这里用作动词，即刺的意思。

⑮绿缛：绿草茂密。

⑯葱茏：草木青翠茂盛的样子。

⑰拂：接触，拂拭。

⑱气：古人认为在自然中弥漫着一种气，这种气四季是会发生变化的。如春天是阳和之气，秋天是肃杀之气。

⑲余烈：余威。

“夫秋，刑官也[20]，于时为阴[21]；又兵象也，于行为金[22]。是谓天地之义气[23]，常以肃杀而为心。天之于物，春生秋实，故其在乐也，商声主西方之音[24]，夷则为七月之律[25]。商，伤也，物既老而悲伤；夷，戮也，物过盛而当杀[26]。

⑳刑官：即司寇，古代掌管刑狱、纠察的官。古人将官职分为天、地、春、夏、秋、冬六类，因秋天有肃杀之气，所以将掌管刑法、狱讼的刑官分属于秋。

㉑于时为阴：在四季之中，古人以春夏为阳，秋冬为阴，所以这里说秋天“于时为阴”。

㉒于行为金：行，五行，指金、木、水、火、土，古人将五行与四季相配，秋为金。

㉓“是谓天地之义气”二句：义气，秋气。仁、义、礼、智、信与金、木、水、火、土相配，“义”和“金”都与秋相配。《礼记·乡饮酒义》云“天地严凝之气，始于西南，盛于西北，此天地之尊严气也，此天地之义气也”。古人认为秋天是决狱讼，征不义，诛暴谩的季节，所以说：“常以肃杀而为心”。

㉔商声主西方之音：我国古代将乐分为宫、商、角、徵、羽五音。以五音代表的方位与四时相配，角音东方属春，徵音南方属夏，商音西方属秋，羽音北方属冬，宫音中央属季夏。所以说商声主西方之音。

㉕夷则为七月之律：古时乐分十二律，又以十二律配一年的十二个月。黄钟配十一月、大吕配十二月、太簇配正月、夹钟配二月、姑洗配三月、中吕配四月、蕤宾配五月、林钟配六月、夷则配七月、南吕配八月、无射配九月、应钟配十月。夷则是七月的音律。

㉖杀：衰减。

“嗟夫！草木无情，有时飘零。人为动物，惟物之灵[27]，百忧感其心，万事劳其形，有动乎中，必摇其精[28]。而况思其力之所不及，忧其智之所不能！宜其渥然丹者为槁木[29]，黟然黑者为星星[30]。奈何非金石之质[31]，欲与草木而争荣？念谁为之戕贼[32]，亦何恨乎秋声？”

㉗惟物之灵：万物之灵。

㉘精：精神。

㉙渥然丹者：指丰肿红润的脸庞，这里比喻年轻人的容貌。渥然，润泽的样子。槁木：即枯木，这里比喻衰老。

㉚黟然黑者：指乌黑的头发，这里比喻健壮。黟然，黑的样子。星星：这里形容鬓发花白。

㉛非金石之质：指人的身体

㉜戕贼：残害、伤害。

童子莫对，垂头而睡[33]。但闻四壁虫声唧唧[34]，如助予之叹息。

㉝睡：打瞌睡。

㉞唧唧：虫子鸣叫声。

【译文】

我正在夜里读书，有声音从西南方向传来，吃惊地倾听，自语说："真怪啊！"起初，雨声淅沥，风声潇飒，其势尚微；忽然间，发出奔腾澎湃的响声，好似波涛在夜里惊起，狂风暴雨骤然而来。落在物体上，钬钬铮铮，像是金铁相撞的鸣声；又像奔赴敌阵的军队，个个口中衔着木片，疾速奔走，不闻号令，只听到人马行进的声音。我对童子说："这是什么声音呀？你出去看看。"童子回来说："星光月色，洁白明亮，银河清晰，悬挂在天，四处没有人声，声音从树林间发出的。"

我说："哎呀！令人悲伤啊！这是秋声，它怎么就来了呢？秋天的情景，大致是这样。它的色彩，凄惨暗淡，烟飞云散。它的面容清新开朗，天高气爽，阳光明亮。它的气候，凛冽寒冷，刺人肌骨。它的意境，冷落萧条，山水寂寞。因此它的声音，开始虽然凄切轻微，到后来便奋力发出呼啸和号叫。本来，绿盈盈的草儿争着生长，是那样的繁茂；青葱葱的佳木挺拔而起，是那样的可爱。可是秋风一到，草碰上它就要变色，树碰上它就要落叶。它所用来摧残草木，使之零落的东西，就是这肃杀秋气的余威。秋天，是行刑的季节，在季节上属于阴；又是战争的象征，在五行中属于金；这就叫做天地的肃杀之气，常常把严肃杀伐作为它的意志。大自然对于万物，让它们在春天生长，秋天结实。所以秋天在音乐上，商声代表西方的音调，夷则属于七月的音律。商，就是伤的意思，万物老了就要悲伤；夷，就是杀的意思，万物过盛就走向衰亡。

"唉！草木是没有感情的，到时候就会飘失零落。人是动物，是万物中的精灵，百般忧虑刺激着他的心情，万种事务劳累着他的形体，内心受到刺激，必然耗费精力。何况，有时想的是他的力量做不到的事情，忧虑的是他的智力不能解决的问题，当然会使自己红润的容颜变成枯木，乌黑的头发变成花白。为什么要以本不是金石的肌体，去与草木争荣斗胜呢？想想是谁在折磨自己，又何必怨恨这秋声？"

书童不知道如何回答，垂头昏昏而睡，只听见四面墙壁小虫唧唧，像是在陪伴着我的叹息。

祭石曼卿文

欧阳修

【题解】

这篇祭文是欧阳修为悼念亡友石曼卿而作。先赞他生前人才出众，再说他死后名声不朽，后写他死后景象凄凉，表达了深切的哀悼之情。全文三段，以三呼曼卿起领，打破了一般祭文写死者生平的常式，显得凄凉哀婉，声情并茂，动人心弦。全文押韵，句式长短错综，声调铿锵，与情感的起伏跳动形成和谐和统一。

石延年像，图出自清·孔继尧《吴郡名贤图传赞》。石延年，字曼卿，北宋文学家，欧阳修的好友。

维[1]治平[2]四年七月日，具官[3]欧阳修，谨[4]遣[5]尚书都省令史[6]李敭[7]至于太清[8]，以清酌庶羞[9]之奠[10]，致祭于亡友曼卿之墓下，而吊[11]之以文曰：

①维：发语词。

②治平：宋英宗年号（公元 1064 年 – 公元 1067 年）。

③具官：唐宋以来，在公文函牍等底稿上，常把应写明的官爵品位这为“具官”。

④谨：恭敬。

⑤遣：委派。

⑥尚书都省：尚书省。令史：官名，是三省六部及御台低级事务员。

⑦李敭：人名，事迹不详。

⑧太清：地名，在永城县（今河南商丘东南）。

⑨清酌：祭祀用酒。庶羞：多种馔肴。

⑩奠：置酒食而祭，此处意为祭品。

⑪吊：悼念。

呜呼曼卿！生而为英[12]，死而为灵[13]。其同乎万物生死，而复归于无物者，暂聚之形[14]，不与万物共尽，而卓然[15]其不朽者，后世之名。此自古圣贤莫不皆然，而著[16]在简册[17]者昭[18]如日星。

⑫英：杰出人物。

⑬灵：神灵。

⑭形：指人的肉体。

⑮卓然：高超的样子。

⑯著：记载。

⑰简册：史书。

⑱昭：明亮。

呜呼曼卿！吾不见子久[19]矣，犹能仿佛[20]子之平生。其轩昂磊落[21]，突兀峥嵘[22]而埋藏于地下者，意[23]其不化为朽壤，而为金玉之精。不然，生长松之千尺，产灵芝而九茎[24]。奈何[25]荒烟野蔓，荆棘纵横，风凄露下，走磷飞萤[26]？但[27]见牧童樵叟，歌吟而上下，与夫惊禽骇兽，悲鸣踯躅[28]而咿嘤[29]。今固如此，更[30]千秋而万岁兮，安[31]知其不穴藏狐貉与鼯鼪[32]？此自古圣贤亦皆然兮，独不见夫累累[33]乎旷野与荒城[34]！

⑲子：你。

⑳仿佛：好像，这里指看得不够直切的样子，亦即依稀想象之意。

㉑轩昂：仪表气度非凡。磊落：心地光明正大。

㉒突兀峥嵘：指人的品质气魄突出不凡。

㉓意：料想。

㉔灵芝而九茎：灵芝这种瑞草有许多茎。

㉕奈何：怎么。

㉖走磷：闪动的磷火，俗称“鬼火”。飞萤：即萤火虫。

㉗但：只。

㉘踯躅：音 zhí zhú，徘徊不前的样子。

㉙咿嘤：象声词，形容禽兽的鸣叫声。

㉚更：经历。

㉛安：怎么。

㉜鼯：音 wú，形似松鼠。鼪：音 shēng，即黄鼬。

㉝累累：连续不断。

㉞城：指坟墓。

呜呼曼卿！盛衰之理，吾固知其如此，而感念畴昔[35]，悲凉凄怆，不觉临风而陨涕[36]者，有愧夫太上[37]之忘情。尚飨[38]！

㉟畴昔：往日。

㊱陨涕：落汪。涕，眼泪。

㊲太上：指圣人。

㊳尚飨：希望死者的灵魂来享用祭品。尚：希望。飨，享用祭品。

【译文】

治平四年七月某日，欧阳修谨派尚书省令史李敭到太清乡，用美酒和各种美食作为祭品，在亡友曼卿的墓前拜祭，并以此祭文吊唁说：

“唉，曼卿！你生是英豪，死为神灵！那和万物一样有生有死，而最后归于无物的境地的，你是由精气暂时聚合的身体；不与万物同归于尽，而出类拔萃永垂不朽的，是你千古流芳的名声。自古以来的圣贤都是如此；那些已载入史书的姓名，就像太阳星辰一样明显。

唉，曼卿！我很久没见到你了，但还能大致记得你过去的一切。你气度轩昂不凡，胸襟光明坦荡，才华特异优秀，而你那埋入地下的遗体，我想也不会变成泥土，而会成为金玉的精粹；不然的话，也会长出高耸千尺的苍松，孕育并列九茎的灵芝。可是，怎奈竟是荒烟野草，荆棘丛生，寒风凄凄，露珠飘零，磷火飘动，萤虫飞窜，只见放牛的小孩、砍柴的老人，哼着山歌在墓地来回走动；还有那受到惊吓的飞禽和野兽，在那里徘徊鸣咽——咿咿嘤嘤。现在就已如此情景，再经历千秋万代呢？哪知道不会有狐狸、鼯鼪之类在这里打洞翻身？这是自古以来圣贤也是一样的啊，难道看不见那接连不断的旷野和坟茔吗？

唉，曼卿！兴衰的规律理当如此，然而回顾往昔，备感凄凉不知不觉临风落泪，愧对那些达观忘情的圣人！望你来享用祭品！

泷冈阡表

欧阳修

【题解】

泷冈是地名，在今江西永丰县的凤凰山上，欧阳修的父亲死后埋葬在这里，本文是欧阳修在他父亲死后六十年所作的墓表。在表文中，作者盛赞父亲的孝顺与仁厚，母亲的俭约与安于贫贱。本文言辞清新质朴，率意写出，用具体的琐事、琐谈表现父亲生前的美德。文章感情真挚，出于肺腑，语言真率，不事藻饰，收到了“不求工而自工”的效果。

呜呼！惟我皇考崇公①，卜吉于泷冈之六十年②，其子修始克表于其阡③，非敢缓也，盖有待也。

①皇考：旧时对亡父的敬称。崇公：欧阳修的父亲欧阳观死后封崇国公。

②卜吉：选择吉日。欧阳修之父死于大中祥符三年，次年葬于泷冈。

③表：墓碑。阡：墓道。

修不幸，生四岁而孤。太夫人守节自誓，居穷自力于衣食，以长以教，俾至于成人。太夫人告之曰：“汝父为吏廉而好施与，喜宾客，其俸禄虽薄，常不使有余，曰：‘毋以为是我累。’故其亡也，无一瓦之

“欧母教子读书”图。欧阳修是北宋著名文字家，他小时候家里很穷，母亲郑氏亲自教他，经常拿芦荻作笔，在地上写字，教他读书。欧阳修日后成为唐宋八大家之一，很大程度上得益于母亲对他的教育。

覆、一垅之植以庇而为生，吾何恃百能自守耶？吾于汝父，知其一二，以有待于汝也。自吾为汝家妇，不及事吾姑，然知汝父之能养也。汝孤而幼，吾不能知汝之必有立，然知汝父之必将有后也。吾之始归也，汝父免于母丧方逾年。岁时祭祀，则必涕泣曰：'祭而丰，不如养之薄也。'间御酒食，则又涕泣曰：'昔常不足，而今有余，其何及也！'吾始一二见之，以为新免于丧适然耳。既而其后常然，至其终身未尝不然。吾虽不及事姑，而以此知汝父之能养也。汝父为吏，尝夜烛治官书，屡废而叹。吾问之，则曰：'此死狱也，我求其生不得尔。'吾曰：'生可求乎？'曰：'求其生而不得，则死者与我皆无恨也。矧求而有得耶[4]？以其有得，则知不求而死者有恨也。夫常求其生，犹失之死，而世常求其死也。'回顾乳者抱汝而立于旁。因指而叹曰：'术者谓我岁行在戌将死[5]，使其言然，吾不及见儿之立也，后当以我语告之。'其平居教他子弟，常用此语。吾耳熟焉，故能详也。其施于外事，吾不能知。其居于家，无所矜饰，而所为如此，是真发于中者耶！呜呼！其心厚于仁者耶！此吾知汝父之将必有后也。汝其勉之。夫养不必丰，要于孝；利虽不得博于物，要其心之厚于仁。吾不能教汝，此汝父之志也。"修泣而志之不敢忘。

④矧（shěn）：况且。

⑤岁行在戌：指木星运行到戌那一年。岁，岁星，即木星。古人认为木星十二年绕天一周，因此把木星运行的轨道十二等分，配上十二地支，用来纪年。

先公少孤力学，咸平三年进士及第[6]，为道州判官[7]，泗、绵二州推官[8]，又为泰州判官[9]，享年五十有九，葬沙溪之泷冈[10]。太夫人姓郑氏，考讳德仪，世为江南名族。太夫人恭俭仁爱而有礼，初封福昌县太君[11]，进封乐安、安康、彭城三郡太君[12]。自其家少微时，治其家以俭约，其后常不使过之，曰："吾儿不能苟合于世，俭薄所以居患难也。"其后修贬夷陵[13]，太夫人言笑自若，曰："汝家故贫贱也，吾处之有素矣。汝能安之，吾亦安矣。"

⑥咸平三年：即公元1000年。咸平，宋真宗年号。

⑦道州：州治所在今湖南道县。判官：州府长官的僚属。

⑧泗：泗州治所在今安徽泗县。绵：绵州治所在今四川绵阳。推官：与判官一样为州府长官僚属，掌司法。

⑨泰州：治所在今江苏泰县。

⑩沙溪：地在今江西永丰南。

⑪福昌县：在今河南宜阳一带。太君：旧时官吏母亲的封号。宋朝大臣的母亲分别加封国太夫人、郡太君、县太君。

⑫乐安：郡治在今山东惠民。安康：郡属今陕西。彭城：郡治在今江苏徐州。

⑬夷陵：今湖北宜昌。

自先公之亡二十年，修始得禄而养。又十有二年，列官于朝，始得赠封其亲。又十年，修为龙图阁直学士、尚书吏部郎中⑭，留守南京⑮太夫人以疾终于官舍，享年七十有二。又八年，修以非才入副枢密⑯，遂参政事⑰。又七年而罢。自登二府⑱，天子推恩，褒其三世。盖自嘉祐以来⑲，逢国大庆，必加宠锡⑳。皇曾祖府君㉑，累赠金紫光禄大夫、太师、中书令㉒；曾祖妣，累封楚国太夫人；皇祖府君，累赠金紫光禄大夫、太师、中书令兼尚书令；祖妣，累封吴国太夫人；皇考崇公，累赠金紫光禄大夫、太师、中书令兼尚书令㉓；皇妣，累封越国太夫人。今上初郊，皇考赐爵为崇国公，太夫人进号魏国。

⑭龙图阁直学士：宋代加给侍从官的荣誉头衔。龙图阁是保管皇帝御书和典籍的地方，设有学士等官，直学士的品位仅次于学士。尚书吏部郎中：宋代尚书省吏部设郎中若干人，掌官员的任免、赠封等事。

⑮留守南京：宋代的南京应天府、西京河南府、北京大名府各置留守一人，以知府兼任。南京应天府，治所在今河南商丘。

⑯副枢密：又称枢密副使或同知枢密院事，是中央最高军事机关的副长官。

⑰参政事：即参知政事，实际上的副宰相。

⑱二府：指枢密院与中书省。

⑲嘉祐：宋仁宗年号（公元1056年－公元1063年）。

⑳锡：通“赐”。

㉑府君：后世子孙对祖先的敬称。

㉒金紫光禄大夫：加金章紫绶的光禄大夫。光禄大夫，在宋代为文职阶官称号，是散官，正三品。太师：三公之一，宋代无实职。中书令：宋代一般为赠官。

㉓书令：宋代赠官，班次在中书令之上。

于是小子修泣而言曰：“呜呼！为善无不报，而迟速有时，此理之常也。惟我祖考，积善成德，宜享其隆。虽不克有于其躬，而赐爵受封，显荣褒大，实有三朝之锡命。是足以表见于后世，而庇赖其子孙矣。”乃列其世谱，具刻于碑。既又载我皇考崇公之遗训，太夫人之所以教而有待于修者，并揭于阡。俾知夫小子修之德薄能鲜，遭时窃位，而幸全大节，不辱其先者，其来有自。

熙宁三年㉔，岁次庚戌，四月辛酉朔，十有五日乙亥，男推诚、保德、崇仁、翊戴功臣㉕，观文殿学士㉖，特进㉗，行兵部尚书㉘，知青州军州事㉙，兼管内劝农使㉚，充京东路安抚使㉛，上柱国㉜，乐安郡开国公㉝，食邑四千三百户，食实封一千二百户，修表。

㉔熙宁三年：即公元1070年。熙宁，是宋神宗的年号。

㉕推诚、保德、崇仁、翊戴：这些是宋代赐给臣属的褒奖之词。

㉖观文殿学士：宋朝制度，免去宰相后才授此官职。实为皇帝侍从顾问。

㉗特进：宋代文散官第二阶，正二品。

㉘行：兼。宋代兼任低职为行。兵部尚书：尚书省兵部长官。

㉙知青州军州事：宋代朝臣管理州一级地方行政兼管军事，简称知事。青州，治所在今山东益都。

㉚内劝农使：州官兼管农事。

㉛京东路：辖今河南、山东、江苏一带。路，宋代行政区划名称。安抚使：路的军政长官。

㉜上柱国：宋代勋官十二级中的最高一级。

㉝开国公：宋代封爵十二级中的第六等。

【译文】

唉！我的父亲崇国公安葬六十周年后，他的儿子欧阳修才能在墓道上竖墓表，不是我有意拖延，而是有所等待。

我很不幸，四岁时父亲去世了，母亲立志守节，家境穷困，依靠自己劳动操持生活，还要抚养我，教育我，使我长大成人。母亲告诉我说："你的父亲做官清廉，又好周济，喜欢接待宾客。他的俸禄虽然微薄，却从来不留积蓄，说道：'不要因为财产给我造成负担。'所以当他去世之时，没有留下一片能遮身的屋瓦，一垄能种植的土地，以便靠着这个维持生活，让我依仗什么能够独自支持呢？对你父亲的平生事迹，我略知一二，因而把希望寄托在你身上。自从我做了你家的媳妇，没有赶上侍奉我的婆母，但是我知道你的父亲很孝敬老人。你失去了父亲，年岁又小，我不能预料你将来必定有所建树，但是知道你父亲必将有个像样的子嗣。我刚嫁到你家的时候，你的父亲守孝刚过一年，年末祭祀，就一定流着泪说：'祭品再丰盛，也不如老人在世时微薄的供养呀！'有时供献酒食，就又哭泣着说：'从前常常短缺，现今有了富余，有什么用呢！'开始我见过一两次，以为刚刚服完母丧偶然这样罢了。后来却经常如此，直到死前没有哪次不是如此。我虽然没有赶上侍奉婆母，可是根据这些就知道你的父亲是能供养老人的。你的父亲做官时，曾经在夜里掌着蜡烛处理办案的文书，屡次停下来叹气。我问他，他就说：'这是一件死罪案子，我想给他找条生路，只是找不到罢了。'我说：'生路可以找到吗？'他说：'给他找条生路却找不到，那么，判处死刑的人和我都不会遗憾了，何况有时也能找到生路呢！因为有的就找到生路了，就会知道办案的人不想办法去找，那么判处死刑的人是要有遗憾的。经常为死囚找生路，还会误判死刑，何况有的官吏经常千方百计要办死罪呢！'回头看见奶妈正抱着你站在旁边，就指着你感叹地说：'算命的说我将要在戌年死去，如果他的话当真，那我就赶不上看到儿子长大成人了，将来你应当把我所说的告诉他。'平时他教导别的子弟，也常用这些话，我耳朵听熟了，因此能记得详细。他在外做事情，实际表现怎样，我没法知道；他在家里，从不矜持做作，所作所为正是这样，这些真是发自内心的话啊！啊，他的心肠富于仁爱啊！我就根据这些知道你的父亲将来必定有个像样的子嗣。你要努力啊！供养父母不一定要物质丰盈，关键在于孝敬；对待众人不一定能广泛周济，重在仁爱之心。我没有能力能教育你，这是你父亲的愿望。"我流着泪记下这些话，不敢忘记。

父亲大人年少丧父，他勤奋读书，在咸平三年时考中进士，曾任道州判官，泗州、绵州的推官，又曾担任泰州判官，享年五十九岁，埋葬在沙溪的泷冈上。母亲姓郑，她的父亲名德仪世世代代都是江南有名望的家族。母亲恭谨检朴仁爱，又有礼法，起初封为福昌县太君，后来晋升，封为乐安、安康、彭城三郡太君。从家境贫寒时，就俭省持家，以后也常常不让生活超过从前，说道："我儿不能苟且从事，迎合世俗，俭省度日，将来遇到患难也能维持生活了。"后来我被贬到夷陵，母亲谈笑自若，她说："你家本来就贫贱，我过艰苦的日子已经很久了。你能安于这种生活，我也就放心了。"

从先父去世二十年后，我才得到俸禄奉养母亲。又过了十二年，在朝廷中有了官职，才能封赠亲属。又过了十年，我做了龙图阁直学士、尚书吏部郎中、南京留守。母亲因为患病死在官舍，享年七十二岁。又过了八年，我以不称职的才能进入枢密院担任副职，接着又任参加政事。又过了七年，就罢免了。自从升到二府中来，天子推广恩德，褒奖我的三代祖先，所以自从嘉祐年间以来，每逢国家重大庆典，一定给以光荣的封赏。曾祖父，连续受到封赠直到金紫光禄大夫、太师、中书令。曾祖母，连续受到封赠直到楚国太夫人。祖父，连续受到封赠直到金紫光禄大夫、太师、中书令、兼尚书令。祖母，连续受到封赠直到吴国太夫人。父亲崇国公，连续受到封赠直到金紫光禄大夫、太师、中书令、兼尚书令。母亲，连续受到封赠直到越国太夫人。当今皇上初次举行郊祀大典，赐予父亲崇国公爵位，母亲晋升封号为魏国太夫人。

在这时，我才哭泣说："唉！修好行善没有不得到报答的，只是或早或晚各有时候，这是永恒的真理。我的祖先，积累善行，修成道德，理应享有这种崇高的荣誉。虽然他们生前没有能亲身享受，但是赐予爵位，赠给封号，显赫荣耀，崇高伟大，有三朝皇上封赠的诏书摆在这里。这就足以宣扬于后世，荫庇他们的子孙了。"于是排列家族的世代谱系，详细地刻在石碑上，接着又记载我的父亲崇国公的遗训和母亲用来教导我并且对我有所期待的话语，一并刻在墓表上，使人们知道小子欧阳修德行浅薄，才能缺乏，遭逢良机，窃居官位，然而侥幸保全大节，没有玷辱他的祖先，这结果是有缘由的。

熙宁三年四月十五日，儿子推诚保德崇仁翊戴功臣、观文殿学士、特进、行兵部尚书、知青州军州事、兼管内劝农使、充京东东路安抚使、上柱国、乐安郡齐国公、食邑四千三百户、食实封一千二百户，欧阳修撰写墓表。

管仲论

苏洵

【题解】

苏洵（公元1009年－公元1066年），字明允，号老泉，亦称老苏，眉州眉山（今四川眉山）人。生于宋真宗大中祥符二年（公元1009年），卒于宋英宗治平三年（公元1066年），享年五十八岁。苏洵少时游荡不学，至二十七岁始发愤攻读，登上科举仕进之路。然而他先后两次举进士不中。苏洵目击时艰，既为国家前途渺茫而失望，又为自己仕路不通而灰心，于是“绝意于功名，而自托于学术”。十年之间，他闭户读书，“大究六经、百家之说，考质古今治乱成败、圣贤穷达出处之际”，不仅思想发生了质的飞跃，而且为文也进入新的境界。苏洵一生写的文章，如《几策》、《权书》、《衡论》、《六经论》、《洪范论》、《史论》等，仅有百余篇，却名满天下，被后人奉为一代文豪。

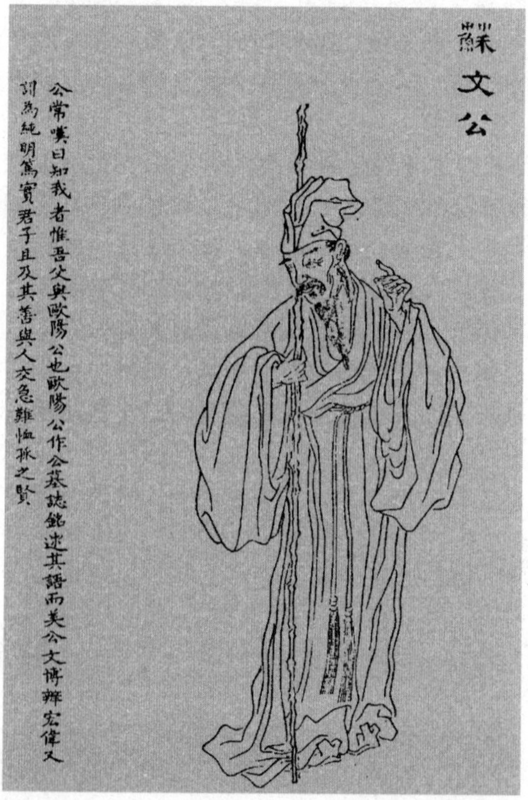

苏洵像，图出自清·上官周《晚笑堂画传》。苏洵是北宋文学家，与其子苏轼、苏辙并称“三苏”。

苏洵作为杰出的散文家，其文独树一帜，具有鲜明的特色。

一是务出己见，勇于创新。

二是非特能文，更重用世。

三是文贵自然，简切平易。

四是学杂纵横，博辩宏伟。

本文是对历史人物功过得失的评论，其主题是批评管仲临死之前未能向齐桓公荐举贤能之士以自代，以致死后桓公被竖刁、易牙、开方等小人包围，使齐国陷入混乱，无法再称霸诸侯。作者认为，这一结果要由管仲来承担责任。历史上的管仲一向被当作贤臣的典范，本文却大做“翻案文章”，但言之成理，道前人所未道，以敏锐的眼光、犀利的文笔，揭示了治理国家中重要的一环——推荐贤人的问题。全篇气势充沛，逻辑严密，有论有据，既显示出作者的远见卓识，又可见其文风之犀利，是作者论辩类文章的代表作。

管仲相威公①，霸诸侯，攘夷狄，终其身齐国富强，诸侯不敢叛。管仲死，竖刁、易牙、开方用②，威公薨于乱③，五公子争立，其祸蔓延，讫简公，齐无宁岁④。

①管仲（？－前654年）：名夷吾，字仲，颍上（今属安徽）人，春秋时期重要的政治家。他在齐国推行了一系列改革措施，使齐国日益富强。威公：即齐桓公（？－前643年），宋人因避宋钦宗（赵桓）名讳而改。名小白。在管仲帮助下，他成为春秋时期第一个霸主。

②竖刁：桓公宠信的一个寺人。易牙：桓公宠信的近臣，因擅长烹饪而受宠。开方：卫国公子。以上三人在管仲死后，把持朝政。

③薨（hōng）：周代诸侯死亡称作"薨"。据史书记载：桓公病，五公子各树党争立。桓公死，宫中竟无人为他料理后事，以致尸体腐烂。

④齐无宁岁：桓公死后，又经过十一代传至齐简公，齐国国势一直衰败。

夫功之成，非成于成之日，盖必有所由起；祸之作，不作于作之日，亦必有所由兆。故齐之治也，吾不曰管仲，而曰鲍叔⑤。及其乱也，吾不曰竖刁、易牙、开方，而曰管仲。何则？竖刁、易牙、开发三子，彼固乱人国者，顾其用之者，威公也。夫有舜而后知放四凶⑥，有仲尼而后知去少正卯⑦。彼威公何人也？顾其使威公得用三子者，管仲也。仲之疾也，公问之相。当是时也，吾意以仲且举天下之贤者以对。而其言乃不过曰：竖刁、易牙、开方三子，非人情，不可近而已。

⑤鲍叔：鲍叔牙，春秋时期齐国大夫，少时与管仲为好友。在齐国的公子小白和公子纠的争权事件中，他辅佐小白，而管仲辅佐纠。小白获胜，即位为桓公，任他为相，他坚辞不就，并保举管仲出任。

⑥四凶：指共工、鲧、驩兜和三苗首领。

⑦仲尼：孔子名丘，字仲尼。少正卯（？－前496年）：春秋时鲁国大夫，与孔子同时在鲁讲学，曾多次把孔子的门徒吸引到自己门下。孔子出任鲁国司寇时，以"五恶"的罪名将其处死。少正，复姓，一说为古代官名。

呜呼！仲以为威公果能不用三子矣乎？仲与威公处几年矣，亦知威公之为人矣乎？威公声不绝于耳，色不绝于目，而非三子者则无以遂其欲。彼其初之所以用者，徒以有仲焉耳。一日无仲，则三子者可以弹冠而相庆矣⑧。仲以为将死之言可以絷威公之手足耶⑨？夫齐国不患有三子，而患无仲。有仲，则三子者，三匹夫耳⑩。不然，天下岂少三子之徒哉？虽威公幸而听仲，诛此三人，而其余者，仲能悉数而去之耶？呜呼！仲可谓不知本者矣。因威公之问，举天下之贤者以自代，则仲虽死，而齐国未为无仲也。夫何患三子者？不言可也。

管仲像，图出自《三才图会》。

⑧弹冠而相庆：比喻因即将做官而互相庆贺，多用于贬义。弹冠，用手指弹去帽子上的灰尘。

⑨絷（zhí）：捆绑。

⑩匹夫：平常的人（带有轻蔑的语气）。

五伯莫盛于威、文⑪。文公之才，不过威公，其臣又皆不及仲；灵公之虐⑫，不如孝公之宽厚⑬。文公死，诸侯不敢叛晋，晋袭文公之余威，犹得为诸侯之盟主百余年。何者？其君虽不肖，而尚有老成人焉。威公之薨也，一败涂地，无惑也，彼独恃一管仲，而仲则死矣。

⑪五伯（bà）：即“五霸”，指春秋时先后称霸的五个诸侯：齐桓公、晋文公、宋襄公、秦穆公、楚庄王。伯，通“霸”。文：晋文公。

⑫灵公：指晋灵公，晋文公之孙。

⑬孝公：指齐孝公，齐桓公之子。

夫天下未尝无贤者，盖有有臣而无君者矣。威公在焉，而曰天下不复有管仲者，吾不信也。仲之书，有记其将死论鲍叔、宾胥无之为人⑭，且各疏其短。是其心以为数子者皆不足以托国。而又逆知其将死，则其书诞谩不足信也。吾观史鳝⑮，以不能进蘧伯玉，而退弥子瑕⑯，故有身后之谏⑰。萧何且死，举曹参以自代⑱。大臣之用心，固宜如此也。夫国以一人兴，以一人亡。贤者不悲其身之死，而忧其国之衰，故必复有贤者，而后可以死。彼管仲者，何以死哉？

⑭宾胥无：齐国的竖大夫。

⑮史鳝：字子鱼，也叫史鱼。春秋时期卫灵公的大夫。

⑯蘧（qú）伯玉：卫灵公时贤大夫。弥子瑕：卫灵公的宠臣，以善于逢迎而获宠。

⑰身后之谏：即“尸谏”，死后不入殓，陈尸窗前，以此表示进谏。

⑱“萧何”二句：汉丞相萧何和曹参并无深交。萧何病重将死时，曾向汉惠帝表示意曹参可以接替自己为相。

【译文】

管仲辅佐齐桓公称霸诸侯，抵御外族的侵扰。直到他死齐国都很富强，以致诸侯不敢背叛。管仲死后，竖刁、易牙、开方掌权，齐桓公在内乱中死去，五个公子争夺王位。祸患蔓延开来，一直到齐简公的时候，齐国没有一年安定过。

功业的建成，不是成于完成之日，一定有它的起因；祸患的兴起，不是发生在它实际发生的一天，也一定有它的起因。所以齐国得到治理，我不说功在管仲，而要说功在推荐管仲的鲍叔。后来齐国发生了动乱，我不说是因为竖刁、易牙、开方掌权所致，而说过在管仲。为什么这样说呢？竖刁、易牙、开方三个人，他们固然是扰乱国家的人，但是起用他们的人，则是齐桓公。有了虞舜，然后才知道放逐四凶；有了孔子，然后才知道除掉少正卯。那个齐桓公是个什么人呢？使齐桓公起用这三个人的，是管仲啊。管仲卧病不起的时候，桓公问他宰相的人选。这个时候，我本想管仲会列举天下的贤才来回答齐桓公，但他说的只不过是“竖刁、易牙、开方这个人不合人情，不可与他们亲近”而已。

唉！管仲以为齐桓公果真不会任用这三人人吗？管仲与桓公相处好多年了，也应当桓公的为人吧。桓人的耳朵一刻也离不了音乐，眼睛一刻也离不了女色。若不是这三个人，桓公便无从满足他的欲望。桓公起初之所以不起用他们，只不过是因为有管仲在罢了。管仲一日不在，那么这三个人就可以弹着官帽，彼此庆贺了。管仲难道以为临终前的几句话能捆住桓公的手脚吗？齐国不担心有这么三个人，担心的是失去了管仲。管仲在世，那么这三个人，只不过是匹夫而已。如果不这样说的话，天下难道缺少像竖刁、易牙、开方这三个小人的人吗？即使桓公幸而听从了管仲的意见，杀了这三个人，但是剩下的奸佞之徒，管仲能悉数除去吗？唉！管仲可以说是个不知道从根本上着眼的人。如果借桓公问话的机会，荐举天下的贤才来替代自己当政，那管仲虽然死去，齐国并不是没有另一个管仲啊，对这三个人又有什么可怕的呢？管仲临终前那些话不说也是可以明白的。

齐桓公与管仲画像

五霸之中，没有能胜过齐桓公、晋文公的了。晋文公的才能不如齐桓公，他的臣子又都不如管仲。晋灵公的暴虐，不能与齐孝公的待人宽厚相比。然而晋文公死后，诸侯不敢背叛晋国，晋国承袭晋文公的余威，还能在文公死后的一百多年时间里充当诸侯的盟主。这是为什么呢？晋国后来的国国君虽然不成器，却还有老成干练的大臣存在；而齐桓公一死，齐国就一败涂地，这是毫无疑问的。因为他只依靠一个管仲，而管仲却已经死去了。

天下并不是没有贤士，然而往往是存在着贤臣却没有圣明的君主。桓公在世的时候，说天下不再有管仲这样的人才了，我不相信。管仲著的《管子》一书中，记载着管仲临终前评论鲍叔、宾胥无的为人，并且分别列举了他们各自的缺点。在管仲的心中，认为鲍叔等几个人都不足以托付国家重任；而管仲又预料到自己快要死了。那么《管子》这部书实在是荒诞，不足以相信。我看春秋时卫国大夫史鳝，由于不能进用蘧伯玉，去掉弥子瑕，所以在死后用尸首进行劝谏；汉丞相萧何临终之前，推荐曹参来替代自己。大臣的用心，本来就应该如此啊。国家往往因一个人兴盛，因一个人而衰亡。贤者并不悲伤自己的死去，而是忧虑国家因为自己的死去而衰败，所以一定要再有贤士接替自己，然后可以安心死去。那管仲，怎么能这样撒手而去了呢？

辨奸论[①]

苏　洵

【题解】

据前人考证，本文是南宋道学家假托苏洵之名而作的，讽刺的对象是王安石，抛开作者的真伪，单就艺术成就而言，本文还是十分突出的。文章论点鲜明、推论合理，所举的自然现象、社会现象都浅显贴切。文中“凡事不近人情者，鲜不为大奸慝”的观点，对知人论事有一定的进步意义，但一味地依此评论人物则有些牵强附会了。

事有必至，理有固然[②]。惟天下之静者，乃能见微而知著[③]。月晕而风[④]，础润而雨[⑤]，人人知之。人事之推移[⑥]，理势之相因，其疏阔而难知[⑦]，变化而不可测者，孰与天地阴阳之事[⑧]？而贤者有不知，其故何也？好恶乱其中[⑨]，而利害夺其外也[⑩]。

①此文是攻击王安石，其中多人向攻击的刻薄之语，颇不可取。《嘉祐集》下载此文，又苏洵卒于王安石变法前，当也不可能著此文。故有人疑此文为南宋初邵伯温假托苏洵之名而作。

②“事有”二句：意谓事理和人情都有它必然如此的一面。

③静者：指深得清静之道、超然恬静的人。见微而知著：看到事物的细微征兆，就能知道它的发展趋向和结果。

④月晕而风：月晕出现，就要刮风。月晕，月亮周围的光环。

⑤础润：石基出汗。础，柱子下面的石墩。

⑥推移：发展变化。

⑦疏阔：宽大广阔。这里有渺茫难以捉摸的意思。

⑧孰与：表示选择，哪里比得上。天地阴阳之事：指自然界的各种现象。

⑨中：内心。

⑩夺其外：谓左右其行动。

昔者，山巨源见王衍曰[⑪]：“误天下苍生者，必此人也。”郭汾阳见卢杞曰[⑫]：“此人得志，吾子孙无遗类矣。”自今而言之，其理固有可见者。以吾观之，王衍之为人，容貌言语，固有以欺世而盗名者，然不忮不求[⑬]，与物浮沉[⑭]。使晋无惠帝[⑮]，仅得中主[⑯]，虽衍百千，何从而乱天下乎？卢杞之奸，固足以败国，然而不学无文，容貌不足以动人，言语不足以眩世[⑰]。非德宗之鄙暗[⑱]，亦何从而用之？由是言之，二公之料二子，亦容有未必然也[⑲]。

山涛像，图出自清·顾沅《古圣贤像传略》。山涛，字巨源，西晋人，竹林七贤之一，累官至右仆射，加侍中。

⑪山巨源：山涛，字巨源，晋初名士，“竹林七贤”之一，任吏部尚书，选用官员，他都各为品评。王衍：字夷甫，官至尚书令、太尉。有盛才，容貌秀美，好玄言，喜老庄，以清淡为事。下面的引语见《晋书·王衍传》。

⑫郭汾阳：即郭子仪，因平定安史之乱有功，封为汾阳郡王。卢杞：字子良，唐德宗时宰相。容貌丑陋，为人贪残。下面引语见《旧唐书·卢杞传》。

⑬不忮（zhì）不求：不嫉妒不贪求。

⑭与物浮沉：随波逐流的意思。

⑮使：假使。惠帝：晋惠帝司马衷，在位十七年（公元290年－公元306年）。性痴呆。

⑯中主：中等才能的皇帝。

⑰眩世：欺世。眩，迷惑。

⑱德宗：唐德宗李适（kuò 扩），在位二十六年（公元780年－公元805年）。鄙暗：鄙陋昏庸。

⑲二公：指山涛和郭子仪。二子：指王衍和卢杞。容：或许。

今有人，口诵孔、老之言，身履夷、齐之行[20]，收召好名之士、不得志之人，相与造作言语[21]，私立名字[22]，以为颜渊、孟轲复出[23]，而阴贼险狠，与人异趣[24]。是王衍、卢杞合而为一人也，其祸岂可胜言哉？夫面垢不忘洗，衣垢不忘浣[25]，此人之至情也。今也不然，衣臣虏之衣[26]，食犬彘之食[27]，囚首丧面[28]，而谈诗书，此岂其情也哉？凡事之不近人情者，鲜不为大奸慝[29]，竖刁、易牙、开方是也。以盖世之名，而济其未形之患[30]，虽有愿治好主，好贤之相，犹将举而用之。则其为天下患，必然有无疑者，非特二子之比也。

⑳夷：伯夷。齐：叔齐。二人均为孤竹君之子。商亡后，他们誓不食周粟，饿死在首阳之上。

㉑相与：互相勾结。造作言语：谓制造舆论。

㉒私立名字：谓自我宣扬，自我标榜。

㉓颜渊：孔子的弟子。在七十二弟子中以德著称，后世儒者尊为“复圣”。孟轲：即孟子，先秦儒家学派的代表人物之一，后世儒者尊为“亚圣”。

㉔异趣：志向不同。

㉕浣（huàn）：洗濯。
㉖臣虏：奴仆。
㉗彘（zhì）：猪。
㉘囚首丧面：披头散发如同囚犯，头不梳脸不洗如同居丧的人，形容不注意修饰。
㉙鲜：少。奸慝（tè）：奸邪。
㉚济：成就。未形之患：尚未显露的祸患。

孙子曰[31]："善用兵者，无赫赫之功。"使斯人而不用也[32]，则吾言为过，而斯人有不遇之叹，孰知祸之至于此哉？不然，天下将被其祸，而吾获知言之名[33]，悲夫！

㉛孙子：名武，战国时齐人，著名的军事家。著有《孙子兵法》。
㉜斯人：这个人。
㉝知言：有远见之言。

【译文】

事物有必然的发展趋势和结果，道理有它正确的答案。天下只有头脑客观冷静的人，才能从细微的现象和变化中，看到未来的征兆。月亮周围出现大光环，即是要刮风了，石墩上面浓潮湿润，即是要下雨了，这是人人皆知的。世间人事的推移变化，道理势态的发展趋势，此间的疏渺浩阔、变化无度很难预料，比起天地间的阴阳更替、消长演幻更加难于揣度察知？然而即使是贤明的人，对身边的世事也会有察觉不出来的时候，这是为什么呢？这是因为喜好和憎恶的情感搅乱了他们的思想，而利害得失的考虑又支配了他们的判断。

从前，山巨源看见王衍，他说："将来贻误天下百姓的，必定是这个人。"郭汾阳见到卢杞，他说："此人一旦得志，我的子孙都将一个也留不下来。"从今天的情况说来，一些事情道理确实是可以预见到的。不过，在我来看，王衍这个人，他的相貌谈吐，原来就可以欺世盗名，然而他不忌恨别人，不求贪图，只不过随波逐流而已。假使晋国当时不是惠帝这样的昏君当政，而遇上

叔齐像，图出自清·顾沅辑《古圣贤像传略》。

哪怕只是有中等才干的君主，那么即使有千百个像王衍这样的人，又能凭什么搞乱天下呢？卢杞的奸恶阴险，确实也足以败坏国家，然而这个人不学无术，容貌丑陋不足以感动人，言辞也不足以能感乱当世。若不是唐德宗的鄙陋昏庸，他又凭什么会得到重用呢？由此说来，山巨源、郭汾阳二公预料的王衍、卢杞二人的未来，或许未必一定就是那种结局。

现在有这么一个人，嘴上讲着孔子和老子的言论，效仿伯夷和叔齐的行业，搜罗聚集了一些贪图虚名和不得志的人，他们在一起著书立传，私自取了妄比圣贤的名字，自以为是颜渊、孟轲重生复出。而骨子里却是阴险毒辣，与世人的意趣背道而驰，我看他们是王衍、卢杞合而为一体的角色，其祸害岂是言语能讲得清啊！脸脏了不忘要清洗，衣服脏了不忘要浣净，这是人的最普通的至理常情。这个人现在却不是这样，穿的是像奴仆穿的衣服，吃的像猪狗吃的食物，头发蓬乱得像囚犯，满脸污垢脏似居丧，却又满口高谈《诗经》《尚书》之中圣人的言论，难道还合首情理吗？大凡为人处世不近人之常理常情的人，很少不是大奸贼的，正是竖刁、易牙、开方这一类的人啊。用其盖世的好名声，来相助成就其尚未实现的祸心，虽然这世上有愿意励精图治的明主，有喜贤爱才的宰相，也不免受迷惑而要举拔、重用他。如此，这种人将予天上带来祸患，则是必然有毫无疑问的，这个危害就不只是王衍、卢杞二人能比得了的。

孙子说："善于用兵的人，没有显赫的功绩。"假使这个人将来不被重用，那我所说的就算是错了，而这个人就会有"怀才不遇"的叹息了，这样谁又能知道给国家造成的祸害的就是此人呢？如果不是这样，天下就将要被他危害，而我却得了个先见之明的美誉，真是可悲啊！

心 术

苏 洵

【题解】

兵家云："运用之妙，存乎一心。"是说在战争中，正确地运用战略战术，是靠指挥官的创新性发挥。由此可见，"心"之作用，在用兵打仗的过程中是极其重要的。苏洵基于这一认识，写下了这篇文章，予以强调。

文章共分八段，分别论述了包括将领的治军原则、作战中的战略战术等各种问题。各段之间看似互不相连，其实都紧紧围绕着一个中心，即"为将之道，当先治心"。而各节阐发的精辟思想，又可成为用兵者的鉴戒。其中除了关于士兵"欲愚"一点反映了作者"上智下愚"的时代局限外，其他观点，在今天看来仍具有借鉴作用。因为宋代实行文官带兵制度，故文人也钻研用兵之道。苏洵就是在这个背景下写出了这篇名文。

为将之道，当先治心[①]。泰山崩于前而色不变[②]，麋鹿兴于左而目不瞬[③]，然后可以制利害，可以待敌。

①治心：指纯正思想，锻炼意志。

②泰山：山名。在山东省中部。古称"东岳"，一称岱山、岱宗。

③麋（mí）：鹿类的一种，也称"四不像"。

凡兵上义[④]，不义，虽利勿动。非一动之为利害，而他日将有所不可措手足也。夫惟义可以怒士[⑤]，士以义怒，可与百战。

④上（shàng）：通"尚"，崇尚。

⑤怒：这里引申为奋发、激发。

凡战之道，未战养其财，将战养其力，既战养其气，既胜养其心。谨烽燧[⑥]，严斥堠[⑦]，使耕者无所顾忌，所以养其财；丰犒而优游之[⑧]，所以养其力；小胜益急，小挫益厉，所以养其气；用人不尽其所欲为，所以养其心。故士常蓄其怒、怀其欲而不尽。怒不尽则有余勇，欲不尽则有余贪。故虽并天下，而士不厌兵，此黄帝之所以七十战而兵不殆也[⑨]。不养其心，一战而胜，不可用矣。

⑥烽燧（suì）：即烽火，古代边防报警的信号。白天报警的烟称燧，夜晚报警的火称烽。

⑦斥堠（hòu）：原指古代探望敌情的土堡，这里指放哨、瞭望。

⑧丰犒（kào）：丰厚的犒赏。犒，用酒食慰劳士兵。优游，闲暇自得的样子。

墩堠图。墩堠是在山冈所建之高台，高三五丈，为古代传递军事信息用，可举烽火。

⑨黄帝：传说中中原各族的共同祖先。姬姓，号轩辕氏、有熊氏。　殆：危险，失败。

凡将欲智而严，凡士欲愚。智则不可测，严则不可犯，故士皆委己而听命，夫安得不愚？夫惟士愚，而后可与之皆死。

凡兵之动，知敌之主，知敌之将，而后可以动于险。邓艾缒兵于蜀中⑩，非刘禅之庸⑪，则百万之师可以坐缚，彼固有所侮而动也。故古之贤将，能以兵尝敌⑫，而又以敌自尝，故去就可以决。

⑩邓艾缒（zhuì）兵于蜀中：邓艾，三国魏大将。魏景元四年（公元263年），邓艾从一条艰险的山路秘密入蜀，士兵都用绳子系着放下山去。邓艾也有毡布裹着身体，滑下山去。缒，系在绳了上放下去。

⑪刘禅（公元207年－公元271年）：三国蜀后主，小字阿斗，刘备之子。炎兴元年（公元263年），邓艾军袭击成都，刘禅出来投降，后被封为安乐公。

⑫尝（cháng）：试探，检验。

凡主将之道，知理而后可以举兵，知势而后可以加兵，知节而后可以用兵⑬。知理则不屈，知势则不沮⑭，知节则不穷。见小利不动，见小患不避。小利小患，不足以辱吾技也⑮。夫然后有以支大利大患⑯。夫惟养技而自爱者，无敌于天下。故一忍可以支百勇，一静可以制百动。

⑬节：节制，即指挥约束。

⑭沮（jǔ）：沮丧。

⑮辱：玷污。　技：本领，才能。

⑯支：对付得了，经得住。

兵有长短，敌我一也。敢问："吾之所长，吾出而用之，彼将不与吾校⑰；吾之所短，吾蔽而置之，彼将强与吾角⑱，奈何？"曰："吾之所短，吾抗而暴之⑲，使之疑而却⑳；吾之所长，吾阴而养之，使之狎而堕其中㉑。此用长短之术也。"

⑰校：较量。

⑱角：较量，角斗。

⑲暴（pù）：显露。

⑳却：退。

㉑狎（xiá）：轻忽、麻痹。

善用兵者，使之无所顾、有所恃。无所顾，则知死之不足惜；有所恃，则知不至于必败。尺箠当猛虎[22]，奋呼而操击；徒手遇蜥蜴[23]，变色而却步，人之情也。知此者，可以将矣[24]。袒裼而案剑[25]，则乌获不敢逼[26]；冠胄衣甲[27]，据兵而寝，则童子弯弓杀之矣。故善用兵者以形固。夫能以形固，则力有余矣。

㉒尺箠（chuí）：尺来长的鞭子。

㉓蜥蜴（xī yì）：俗名："四脚蛇。"

㉔将（jiàng）：带兵。

㉕袒裼（tǎn xī）：指脱衣露体。

㉖乌获：战国时秦国的大力士。据说他能举千钧之重。

㉗冠胄（zhòu）：戴着头盔，穿着铠甲。冠、衣，都是用作动词。

【译文】

做将领的方法，应该首先磨炼意志和胆略。即使在泰山面前突然崩塌脸也不变色，麋鹿在身旁跑过也能眼睛不眨，这样才能够控制战局从而趋利避害，才可以对付敌人。

凡是用兵要崇尚正义、违背正义，即使有利也不要轻举妄动。并不是怕这一次行动会失败，而是怕造成以后手足无措进退维谷的被动局面。只有正义才能够激励士兵，士兵因为正义而同仇敌忾，就可百战不殆。

大凡作战的方法是，没有开战时要发展生产储备物资，将要开战时要使士兵养精蓄锐，战斗开始后要使士兵保持锐气，打了胜仗后要使士兵保持进取精神。谨慎地做好警报工作，严密地做好侦察瞭望工

"邓艾阴平凿险"图，出自清·马骀《百将图传》，描绘了魏将邓艾偷度阴平袭击蜀国之事。

作，让种田人放心生产，用这个办法来积蓄物资；给士兵丰厚的犒劳，使他们充分休息，从而养精蓄锐；打了小胜仗要教育士兵不松劲，遭到小挫折要鼓励士兵不泄气，从而提高士气；用人时不要完全满足他的欲望，以便使他保持进取精神。这样，士兵们经常保持高昂的斗志，满怀希望从而富有进取精神。义愤填膺就会勇气十足，愿望未满足就会继续追求。所以即使统一了天下，而士兵也不会厌战，这就是黄帝经过七十场战争而士兵仍不懈怠的原因。如果不培养和锻炼士兵的意志，打一次胜仗之后这军队就不能再用了。

凡是将帅都要足智多谋，凡是士兵要忠厚老实。睿智使人无法测度，威严使人不敢冒犯，因此士兵都愿舍身相随而冲锋陷阵，怎能不忠厚老实呢？只有士兵忠厚老实，这样将领才可同他们拼命作战。

凡是军事行动，必须了解敌军的主帅和将领，然后才可以冒险行动。邓艾用绳子拴住士兵从山顶放下去偷袭蜀国，若不是刘禅的昏庸无能，那么纵使有百万大军入侵也定叫他们束手就擒，邓艾就是了解刘禅君臣是可以轻视的而冒险袭击的。所以古时候贤明的将帅，能够用一部分兵力去试探敌人，而且能够通过敌人来检验自己的不足，因此能够正确地决定撤兵还是攻击。

大凡做主将的原则是，明白军事理论才可以用兵，了解形势才可以参加战斗，懂得节制才可以指挥军队。通晓事理就不会蒙受耻辱，了解形势就不会失败，懂得节制就不会陷于绝境。见小利不妄动，见小害不躲避。小利小害，不值得我施展本领，只有这样才能够从容自如地应付大利大害的局面。只有善于练好本领而且自爱的人，才能够无敌于天下。所以以忍能够抵挡多次勇猛的攻击，以静可以制动。

军队都有长处和短处，敌我双方都是一样的。请问："我军的长处，我拿出来运用它，敌军不与我较量；我军的短处，我掩盖而不暴露，敌军却偏要与我较量，怎么办呢？"回答说："我军的短处，我有意暴露出来，使敌军疑惑不定而退却；我军的长处，我要暗中隐藏，精心培养它，使敌军大意而落入我的手中。这就是运用长处和短处的方法。"

善于用兵的人，要使士兵无所顾虑而有所依靠。没有顾虑，就明白死不足惜；有所依靠，就相信打仗不至于必然失败。拿着短棍，碰上老虎，就会大声呼喊奋力打击；空着两手，即使遇到蜥蜴，也会吓得变颜失色不敢前进，这是人之常情。明白这个道理，就能统率军队了。光着脊梁手握利剑，即使古代的大力士乌获也不敢靠近；戴着头盔，而靠在武器上睡觉，就是小孩也能射箭杀死他。所以善于用兵的人能利用形势来巩固自己。能凭借有利形势来巩固自己，那么他的力量就会绰绰有余了。

张益州画像记

苏洵

【题解】

张益州，即张方平（公元1006年－公元1091年），字安道，官至太子太保。在宋仁宗时成功地平息了益州（今四川成都）的骚乱，恢复了正常的社会秩序，得到了当地百姓的爱戴，为他建立了殿堂画像。本篇主旨不在画像，而在于由画像引出的张方平治益州之功。作者首先将张方平平定蜀乱的始末约略提过，然后对此发表议论，盛赞张方平的英明，特别称赞他不以待盗贼之心对待百姓，不以绳盗贼之法绳民。全文无论叙述抑或议论，多用对话形式，这在记一类文章中颇为新颖。文字高古朴质，记叙简要，议论精到。文末以四言诗为颂辞，庄重典雅，读来颇为感人。

至和元年①秋，蜀人传言有寇至边。边军夜呼，野②无居人。妖言流闻，京师③震惊。方命择帅，天子曰："毋养乱，毋助变，众言朋兴④，朕志自定。外乱不作，变且中起。既不可以文令⑤，又不可以武竞，惟朕一二大吏。孰为能处兹文、武之间⑥，其命往抚朕师。"乃推曰："张公方平⑦其人。"天子曰："然。"公以亲辞⑧，不可，遂行。冬十一月，至蜀。至之日，归屯军，撤守备。使谓郡县："寇来在吾，无尔劳苦。"明年正月朔旦⑨，蜀人相庆如他日，遂以无事。又明年正月，相告留公像于净众寺。公不能禁。

①至和元年：公元1054年。至和：宋仁宗赵祯的年号。

②野：郊野，此处指乡村。

③京师：指北宋国都汴梁，今河南省开封市。

④"众言"四句意谓：谣传纷纷而起，我的意志安定，处乱不足怕，怕的是内乱要从中兴起。朋：一齐。

⑤"既不可"二句意谓：既不可以用文的方法严令他们守法，又不可以用武力同他们较量。

⑥"孰为"句意谓：有谁能够采取不用文令又不用武力的办法。

⑦张公方平：张方平，即题目中的张益州，字道安，北宋南京（今河南省商丘）人，官至太子太保。曾在宋仁宗至和元年，被派往益州（今四川省城都市）地区处理混乱局势，得到当地人民的拥戴，为他建立殿堂画像。

⑧"公以"二句：以亲辞：以奉养双亲为由加以推辞。不可：（朝廷）不允许。

⑨朔旦：农历初一日。

眉阳[10]苏洵言于众曰："未乱易治也，既乱易治也。有乱之萌，无乱之形，是谓将乱。将乱难治。不可以有乱急[11]，亦不可以无乱弛。惟是元年之秋，如器之攲[12]，未坠于地。惟尔张公，安坐于其旁，颜色不变，徐起而正之。既正，油然而退，无矜容。为天子牧小民不倦，惟尔张公。尔繄以生[13]，惟尔父母。且公尝为我言：'民无常性，惟上所待。人皆曰蜀人多变，于是待之以待盗贼之意，而绳[14]之以绳盗贼之法。重足屏息之民[15]，而以碪斧令，于是民始忍以其父母妻子之所仰赖之身，而弃之于盗贼，故每每大乱。夫约之以礼，驱之以法，惟蜀人为易。至于急之而生变，虽齐、鲁亦然[16]。吾以齐、鲁待蜀人，而蜀人亦自以齐、鲁之人待其身。若夫肆意于法律之外，以威劫齐民[17]，吾不忍为也。'呜呼！爱蜀人之深，待蜀人之厚，自公而前，吾未始见也。"皆再拜稽首曰："然。"

⑩眉阳：指眉州眉山县（今四川省眉山县）。

⑪"不可以"二句意谓：不能因为有变乱的迹象，就操之过急地加以处理，也不能因为看起来没有变乱就松懈麻痹。弛：松懈。

⑫攲（qí）：倾斜，歪。

⑬尔繄（yī）以生：能够使你们生存下来。繄：是。

⑭绳：用如动词，束缚。

⑮"重（chóng）足"二句意谓：对本来已经惶恐不安、小心翼翼的人民，还要用严酷的刑律来约束他们。重足：叠足而立，形容非常恐惧，不敢迈步的样子。屏息：恐惧而不敢喘气。砧（zhēn）斧：刑具。

⑯虽齐鲁亦然：即便是齐鲁之地的人民也是一样。齐鲁：指山东省一带，由于是孔子的家乡，历来被视作礼义之邦。

⑰威劫齐民：以武力权势威逼人民。齐民：使人民统一。

苏洵又曰："公之恩在尔心，尔死，在尔之孙。其功业在史官，无以像为也。且公意不欲。如何？"皆曰："公则何事于斯[18]？虽然，于我心有不释[19]焉。今夫平居闻一善，必问其人之姓名与其邻里之所在，以至于其长短、小大、美恶之状，甚者或诘其平生所嗜好，以想见其为人。而史官亦书之于其传，意使天下之人，思之于心，则存之于目。存之于目，故其思之于心也固。由此观之，像亦不为无助。"苏洵无以诘，遂为之记。

⑱"公则"句：意谓张公哪里会过问这些事呢？

⑲释：放下，心安的意思。

公南京人，为人慷慨有大节，以度量雄天下。天下有大事，公可属[20]。系以诗曰：天子在祚[21]，岁在甲午。西人传言，有寇在垣。庭有武臣，谋夫如云。天子曰嘻[22]，命我张公。公来自东，旗纛舒舒[23]。西人聚观，于巷于涂[24]。谓公暨暨[25]，公来于于。公谓西人："安尔室家，无敢或讹[26]。讹言不祥，往即尔常。春尔条桑[27]，秋尔涤场。"西人稽首，公我父兄。公在西囿[28]，草木骈骈。公宴其僚，伐鼓渊渊[29]。西人来观，祝公万年。有女娟娟[30]，闺闼闲闲。有童哇哇，亦既能言。昔公未来，期汝弃捐[31]。禾麻芃芃[32]，仓庾崇崇。嗟我妇子，乐此岁丰。公在朝廷，天子股肱[33]。天子曰归，公敢不承？作堂严严[34]，有庑有庭。公像在中，朝服冠缨。西人相告，无敢逸荒。公归京师，公像在堂。

⑳属：担任。

㉑"天子"四句：祚（zuò）：指皇位。西人：蜀人，蜀在我国西部。垣：城墙，此处指边境。

㉒嘻：称赞的声音。

㉓旗纛（dào）舒舒：纛，古代军队或仪仗的大旗。舒舒：飘扬的样子。

㉔涂：通"途"，道路。

㉕"谓公"二句"暨暨：果敢刚勇的样子。于于：行动舒缓自得的样子。

㉖无敢或讹：不要再去传播谣言。或：语助词，无义。讹：谣言。

㉗"春尔"二句：春天修剪你们的桑树，秋天打扫你们的谷场。条：修剪枝条。涤：打扫。

㉘"公在"二句：西囿：即蜀地的园林。骈骈：草木繁盛的样子。

㉙渊渊：鼓声。

㉚"有女"二句：娟娟：姣好的样子。闺闼：指女子的卧室。闲闲：娴静从容的样子。

㉛期汝弃捐：打算把你们抛弃。期：原定。

㉜"禾麻"二句：芃芃（péng）：茂密的样子。庾：露天的谷仓。崇崇：高耸林立的样子。

㉝股肱（gōng）：大腿和手臂从肘至肩的部分。比喻帝王左右的得力大臣。

㉞"作堂"二句：严严，指严肃庄重的样子。庑（wǔ）：厅堂周围的廊房。

【译文】

至和元年秋天，蜀人传说敌寇侵扰边境。守卫边境的部队夜里惊慌地叫喊，乡村里的人都逃走了。谣言四起，京城震惊，人心惶惶。朝廷正要命令挑选将帅，皇帝说："既不要姑息养成祸乱，又不要过激助成事变，虽然众说纷纭，但我的主意已经确定。边境的骚乱不能解决，将会引起内地的事变。这件事既不能用政令制止，也不能用武力解决，只能派我的一两个大臣去。谁能圆满处理好这介于文武之间的事，就派他前去安抚我的军队！"于是大家推荐说："张公方平是这种人。"天子说："对！"张公以待奉双亲的理由推辞，皇帝不允许，于是就出发了。冬季十一月，到了四川。到达的当天，就命令驻防的军队回到原来的驻地，撤除了守备，并派人对州县官说："敌寇来了由我负责，不辛劳累你们了。"第二年正月初一早晨，蜀人像往年一样互相祝贺新年，以后就一直平安无事。又到了第二年正月，蜀人一起商量，把张公的画像供在净众寺里，张公也无法阻止。

眉阳人苏洵对众人说："祸乱还没有起来的时候容易治理，祸乱已经起来了也容易治理。要乱没乱，这叫将要动乱，这最难治理，既不能因为有乱的萌芽而操之过急，也不能因为没有乱的行为就麻痹大意。在至和元年的秋天，蜀地的局势好像器物倾斜将倒，还没有坠到地上。只有你们的张公，能够安然地坐在旁边，神态自如，慢慢站起来把倾斜的器物扶正，扶正以后，又慢慢坐下来，没有一点居功自傲的神色。为皇帝管理百姓，不知疲倦的，只有你们的张公啊。你们是靠他活下来的，他就是你们的父母啊。而且，张公曾经对我说过这样的话：'百姓没有固定不变的性情，就看在上者怎么对待他。人们都说：蜀人好生变乱，于是就用对待盗贼的态度对待他们，用管理盗贼的做法来管理他们。对于那些并着双脚不敢走路，屏住气不敢出声的百姓，还要用刀斧等刑具命令他们，使他们畏惧而服从，所以，百姓才忍心把自己的父母亲和老婆孩子所依靠的身体丢弃到盗贼的行列，所以常常发生骚乱。如果用礼教约束他们，用法令来役使他们，蜀人是最容易治理的。至于操之过急而激起变乱，即使是齐鲁那样的所谓礼义之邦也是一样的。我以对待齐人鲁人的态度对待蜀人，蜀人也会以齐鲁人为榜样对待他们自己。至于超出于法律之外，肆意妄为，用威胁手段使百姓屈服，我不忍心做啊。'唉，关心蜀人这样深情，对待蜀人这样宽厚，在张公之前，我从未见过啊。"众人都叩头倒地，拜了又拜，说："你说得对。"

苏洵又说："张公的恩德已经留在你们心里，你们将来死了，还会传给你们子孙。他的功绩将会由史官记在史书里，用不着画像了。再说张公心里不愿意你们这样做，怎么办呢？"大家都说："张公哪会赞成这事？虽然是这样，可我们心里很不安啊。平时我们听说某人做了善事，就一定要打听这个人姓名，家在哪里住，以至他身材的高矮，年龄的大小，相貌的美丑等情况，甚至有的人还要追问他平时有什么特殊的爱好，以便想见他的为人。而史官也把这些写到他的传记里，目的是使天下的人心里想到他，眼睛就能看到他。眼睛能看到他，所以心里就会把他记得更牢固。从这些看来，画像也不是没有益处啊！"苏洵无法反驳，于是替他们写了这篇记。

张公是南京人。为人慷慨，有高尚的节操，以心胸宽广名闻天下。如果国家发生重大的事情，张公是可以托付的。最后我要给记附上一首诗："天子在皇位，岁在甲午时，川人传谣言，敌寇犯城垣。朝廷有武将，谋士多如云。天子看不中，只派张公行。公从东方来，旗帜迎风扬。川人挤着看，道路街巷旁。赞公真威严，公行步步缓。劝告蜀州人：'家家要安定，不可传谣言，传谣不吉祥，生活如往常，春来修桑树，秋来清稻场。'川人齐点头，张公我父兄。公在西园里，草木绿且茂，张公宴宾客，击鼓冬冬响。川人来观看，祝公寿万年。有女好娟秀，闺中自悠闲，有童呱呱语，学话已能言。张公未来时，将要弃路边。禾麻长得旺，粮仓谷满盈，与我妻和子，同乐好年成。张公在朝廷，天子栋梁臣。天子召他回，敢不遵命行？建堂高又大，有廊又有庭。公像画其内，朝服冠带新。川人誓于下，不敢惰与荒。公已归京师，公像在堂中。"

刑赏忠厚之至论

苏　轼

【题解】

苏轼（公元1037年－公元1101年），字子瞻，号东坡居士，眉山（今四川眉山）人。进士及第，做过地方官吏，但因为他在政治上，对新旧两派的脱离实际及其派系成见导致的过头做法都不赞成，所以往往遭到贬谪。在文学上成就极高，是“唐宋八大家”之一，又与其父苏洵，其弟苏辙并称“三苏”；他的词开一代新风，是豪放派代表。本文是他考进士时的试卷文字，阐述了以仁政治国的思想，文章举例准确，论述有力，语言明快，因而得到主考官欧阳修的赏识。

尧、舜、禹、汤、文、武、成、康①之际②，何其爱民之深，忧民之切，而待天下以君子长者之道也！有一善，从而赏之，又从而咏歌嗟叹之，所以乐其始而勉其终；有一不善，从而罚之，又从而哀矜③惩创④之，所以弃其旧而开其新。故其吁俞⑤之声，欢休惨戚，见于虞、夏、商、周之书。成、康既没，穆王立而周道始衰，然犹命其臣吕侯，而告之以祥刑⑥。其言忧而不伤，威而不怒，慈爱而能断，恻然有哀怜无辜之心，故孔子犹有取焉。

苏轼像，图出自明·天然撰《历代古人像赞》。

①成、康：周成王、周康王。

②际：时候。

③哀矜（jīn）：怜悯。

④惩创：惩戒。

⑤吁俞：叹息，应允。

⑥“然犹命其”一句：周穆王听从司寇吕侯的建议，从轻制定刑罚。

传曰：“赏疑从与，所以广恩也。罚疑从去，所以慎刑也。”当尧之时，皋陶为士，将杀人，皋陶曰杀之三，尧曰宥之三。故天下畏皋陶执法之坚，而乐尧用刑之宽。四岳⑦曰：“鲧⑧可用。”尧曰：“不可。鲧方命圮族⑨。”既而曰：“试之。”何尧之不听皋陶之杀人，而从四岳之用鲧也？然则圣人之意，盖亦可见矣。《书》曰：“罪疑惟轻，功疑惟重。与其杀不辜，宁失不经。”呜呼！尽之矣。可以赏，可以无赏，赏之过乎仁；可以罚，可以无罚，罚之过乎义。过乎仁，不失为君子；过乎义，则流而入于忍人。故仁可过也，义不可过也。

⑦四岳：古时分别掌四时和方岳的官。

⑧鲧（gǔn）：传说是禹的父亲。

⑨鲧方命圮（pǐ）族：鲧违反命令，毁灭同类。方命：违命。圮，这里是毁灭的意思。

古者赏不以爵禄，刑不以刀锯。赏之以爵禄，是赏之道行于爵禄之所加，而不行于爵禄之所不加也；刑以刀锯，是刑之威施于刀锯之所及，而不施于刀锯之所不及也。先王知天下之善不胜赏，而爵禄不足以劝⑩也；知天下之恶不胜刑，而刀锯不足以裁也。是故疑则举而归之于仁，以君子长者之道待天下，使天下相率而归于君子长者之道，故曰忠厚之至也。

⑩劝：鼓励，勉励。

《诗》曰：“君子如祉，乱庶遄已。君子如怒，乱庶遄沮⑪。”夫君子之已乱，岂有异术哉？制其喜怒，而无失乎仁而已矣。《春秋》之义，立法贵严而责人贵宽，因其褒贬之义以制赏罚，亦忠厚之至也。

⑪“君子”一句：意思说君子如喜纳谏，那么变乱差不多可以停止了；君子如听谗言就怒责，那么变乱也差不多可以停止了。祉，富，引申为喜悦。庶，差不多。遄，快速。沮，停止。

【译文】

唐尧、虞舜、夏禹、商汤、周文王、周武王、周成王、周康王的年代，爱民之心如此深厚，忧民之心何等急切，并用待君子长者的方式来对待天下的人。有谁做了一件好事立即奖赏，用歌颂赞颂他，用这种办法来表彰他好的开端勉励他坚持到底；有谁做了坏事，就惩罚他，随即又同情他，让他引以为戒，使他改过自新。所以表示反对和允许的声音，反映欢欣和悲哀的情绪，在从虞、夏、商、周的书上可看到。

成王和康王死后，穆王即位，周王朝开始衰落，但穆王仍告诫臣子吕侯，要慎重用刑。他的话忧虑但不悲伤，威严而无怒气，显得慈爱而要断，表现出一种同情弱者的善心，所以孔子仍对他有所肯定。

书上说：“对赏赐有疑问，仍给予赏赐，从此使恩惠扩大。对惩罚有疑虑，就免于惩处，这是为了谨慎用刑。”在唐尧时，皋陶掌管刑法，判一个罪犯死刑，皋陶多次说："杀无赦"。唐尧再三说："宽恕!"所以天下的人都惧怕皋陶执法严厉，喜欢唐尧宽厚。四岳说："鲧可使用。"唐尧说："不行，鲧违抗命令，伤及同族。"后来又说："试试看吧。"唐尧为什么不采纳皋陶的主张，而接受四岳推举鲧的建议呢？圣人的用意大概也就可以看出来了。《尚书》上说："对量刑有疑问，就从轻处罚；对授功有疑问，只能重赏。与其错杀无辜，宁愿违背成规定法。"圣人的心意，这已经说得很明白了。

可赏可不赏的，赏了就过于仁了；可罚可不罚的，罚了就背离道义。过于仁仍不失为君子；坚持正义过了头，会变得冷酷无情了。所以仁可以过，义不能过。

古时候不用爵位和俸禄作赏赐，不用刀锯作刑具。用爵位和俸禄作赏赐，只能对已得到爵位和俸禄的人起作用，而对得不到爵位和俸禄的人没有作用。用刀锯作刑具，只对该受刀锯之刑的人管用，对不该受这种刑罚的人不起作用。先王知道天下的善行是赏赐不完的，有限的爵位和俸禄不足以普遍奖励的；也知道天下的坏事是处罚不尽的，刀锯之刑不足以制裁他们。所以，赏和罚不能确定时，都纳入仁厚宽大的范畴，用仁爱厚待天下人，使天下的人回归到道义上来。所以说，这是忠厚到了极点。

《诗经》上说："君子若听从贤者的劝诫，可迅速除祸乱。"又说："君子如能怒斥小人的谗言，可迅速止祸端。"君子平息叛乱，哪有什么特别的法术？只是他喜怒不偏离仁慈的原则罢了。《春秋》的原则：立法从严，处罚从宽。按《春秋》的褒贬原则来制定赏罚，也是忠厚到了极点啊！

范增论

苏轼

【题解】

本文是作者所写的“史论”之一。范增（公元前277年－公元前204年），秦末居鄛（今安徽桐城）人，项羽最重要的谋士。他在七十岁时，辅佐项羽称霸诸侯，曾被项羽尊称为“亚父”（尊称，表示仅次于自己的生父）。范增屡劝项羽诛杀刘邦，项羽不听。后项羽中刘邦的反间计，疑增有二心，增愤而离去，在途中病死。作者在本文中批评了范增看不到“去就之分”，认为“增之去善矣，独恨其不早耳”。同时对项羽的暴虐行为也进行了批评。

汉用陈平计①，间疏楚君臣②。项羽疑范增与汉有私③，稍夺其权。增大怒曰：“天下事大定矣，君王自为之，愿赐骸骨归卒伍④。”归未至彭城，疽发背死⑤。苏子曰：增之去善矣。不去，羽必杀增。独恨其不早耳。

①汉：指汉王刘邦。陈平：阳武（今河南原阳东南）人。汉初政治家。楚汉相争时，先为项羽部属；后奔刘邦，为刘邦重要谋臣。

②楚：指项羽的西楚。

③项羽：名籍，秦末楚国贵族。公元前209年在陈胜影响下，跟从叔父项梁起义。梁死，籍为统帅。秦亡后，项羽自称西楚霸王，公元前206年，封刘邦为汉王。随后与刘展开激烈的争夺统治权斗争。最后项羽失败，自刎而死。范增：居鄛（今安徽巢县西南）人，秦汉之际，为西楚霸王项羽谋士，被尊为亚父。曾屡劝项羽杀掉刘邦，项羽不听。后项羽中陈平反间计，渐削范增权力，范增忿而离去，途中背上毒疮痈疽发作而死。

④骸（hái）骨：多指尸骨。赐骸骨，退休回家。卒伍：秦时乡里基层组织，此指家乡。

⑤疽（jū）：毒疮。

然则当以何事去？增劝羽杀沛公⑥，羽不听，终以此失天下，当于是去耶？曰：否。增之欲杀沛公，人臣之分也。羽之不杀，犹有君人之度也。增曷为以此去哉？《易》曰：“知几其神乎⑦！”《诗》曰：“相彼雨雪，先集维霰⑧”增之去，当于羽杀卿子冠军时也⑨。陈涉之得民也⑩，以项燕、扶苏⑪。项氏之兴也，以立楚怀王孙心⑫。而诸侯叛之也，以弑义帝⑬。且义帝之立，增为谋主矣。义帝之存亡，岂独为楚之盛衰，亦增之所与同祸福也。未有义帝亡而增独能久存者也。羽之杀卿子冠军也，是弑义帝之兆也。其弑义帝，则疑增之本也，岂必待陈平哉？物必先腐也，而后虫生之；人必先疑也，而后谗入之。陈平虽智，安能间无疑之主哉？

⑥沛公：即汉高祖刘邦。公元前 209 年响应陈胜起义于沛（今江苏沛县东），被立为沛公。

⑦几：微小。引文见《周易·系辞》。

⑧“相彼”二句：引文见《诗经·小雅·頍弁》。霰（xiàn）小雪珠。

⑨卿子冠军：即宋义。卿子是当时对人的尊称；冠军，指地位在其他将领之上的上将。为义帝所封，被项羽所杀。

⑩陈涉：名胜字涉，秦末农民起义首领。起义时曾打着项燕、扶苏的旗号，用来争取民心。

⑪项燕：战国末年楚国名将，项羽的祖父。扶苏：秦始皇长子。始皇死，宦官赵高主谋，诈称始皇之命，令扶苏自杀。

⑫楚怀王孙心：楚怀王的孙子熊心。秦末，秦国将楚怀王骗去杀死，楚国灭亡后，熊心隐藏在民间替人牧羊。公元前 208 年，范增向项羽的叔父项梁献计，拥立楚怀王的后代，并仍称怀王，以争取民心。项梁听从范增计，在民间找到熊心，拥立之。后项梁战死，项羽自立为西楚霸王，尊楚怀王熊心为义帝。

⑬弑（shì）：古时称臣杀君、子杀父为“弑”。义帝：即楚怀王熊心。

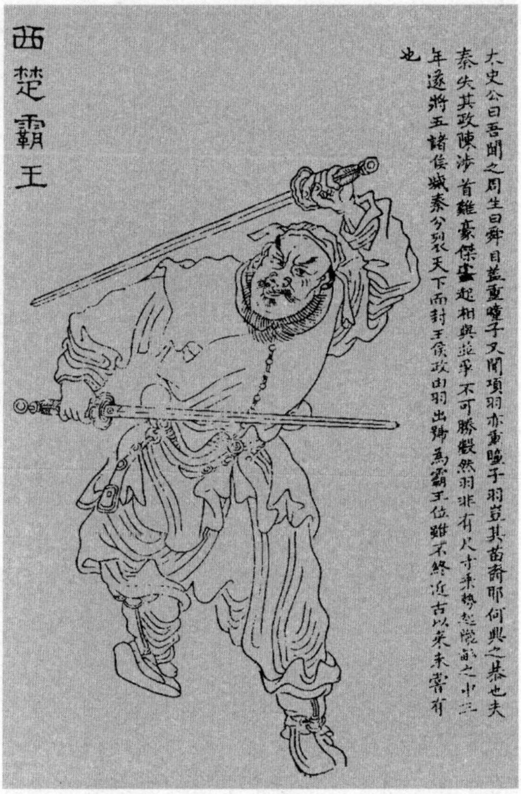

西楚霸王项羽像，图出自清·上官周绘《晚笑堂画传》。

吾尝论义帝天下之贤主也。独遣沛公入关⑭，不遣项羽；识卿子冠军于稠人之中，而擢以为上将。不贤而能如是乎？羽既矫杀卿子冠军⑮，义帝必不能堪。非羽弑帝，则帝杀羽。不待智者而后知也。增始劝项梁立义帝⑯，诸侯以此服从；中道而弑之，非增之意也。夫岂独非其意，将必力争而不听也。不用其言而杀其所立，羽之疑增，必自是始矣。

⑭关：指关中之地，义帝命宋义、项羽救赵，而命刘邦攻打咸阳，并与诸将约定，先达关中灭秦者为王。

⑮矫杀：此处指项羽诈称义帝命令杀卿子冠军宋义。

⑯项梁：楚名将项燕之子，项羽叔父，始立楚怀王熊心者。

方羽杀卿子冠军，增与羽比肩而事义帝⑰，君臣之分未定也。为增计者，力能诛羽则诛之，不能则去之，岂不毅然大丈夫也哉？增年已七十，合则留，不合则去。不以此时明去就之分，而欲依羽以成功名，陋矣！虽然，增，高帝之所畏也。增不去，项羽不亡。呜呼！增亦人杰也哉！

⑰比肩：并肩，这里比喻地位相当。

【译文】

汉王刘邦采用陈平的计策，离间疏远楚国君臣之间的关系。项羽怀疑范增与汉家有暗中勾结，便逐渐剥夺范增的权力。范增很生气，说："天下事已经大致平定了，君王可以自己办理了，希望把这副老骨头赏给我，好让我回家中去。"回乡时还没有走到彭城，背上患痈疽疮而死。苏子说：范增的离去是明智的。不离去，项羽一定要杀害他的。只是恨他离开得不早罢了。那么，他应该以什么借口离去呢？或许在范增劝项羽杀害沛公刘邦，项羽不听，终于因此而失掉天下，是否应当在这里离去呢？回答是否定的。我认为，范增当时想要杀刘邦，是作为一个大臣应该尽的责任。项羽的不杀，也是作为一个君王应有的度量。范增有什么必要为此事而离开呢？《周易》说："知道细微的征兆的，那才是最聪明的！"《诗经》上说："瞧那下大雪以前，先降下来的总是小雪珠儿。"我认为范增的离去，应当在项羽刺杀卿子冠军宋义的时候。

陈胜得民心是假借着项燕和扶苏的名义。项家的兴起，也是因为树立楚怀王的孙子熊心为义帝的缘故。然而诸侯们背叛项羽，也是因为弑死所扶立的义帝。何况义帝的被拥立，范增是主要的策划者。楚义帝的生死存亡，岂但是关系着楚国的盛衰，更是范增与之同命运共祸福的关键所以啊。不会有义帝被杀，而范增单单会长久生存的情况。项羽杀害卿子冠军，即是弑死义帝的先兆。而他的弑死义帝，则是猜疑范增的本源，又何必等待陈平来施反间呢？物体必然是先腐朽了，然后才有虫子出来；人必然是先有了猜疑，然后谗言谤语才能乘之而入。陈平固然聪明，但怎么能够挑拨毫不猜心的君主呢？

我曾经评说过义帝，认为他是当世的贤明君主。例如偏命令刘邦攻进函谷关，而不派遣项羽；发现卿子冠军于稠人广众之中，并且提拔他为上将军，倘不贤明能够这样做吗？项羽既假托义帝的命令来杀死卿子冠军，义帝肯定是不堪忍受的。不是项羽弑害义帝，就是义帝诛杀项羽。这是不必聪明人指点就能明白的事。范增最初劝说项梁拥立义帝，诸侯因此而服从指挥；半道中弑死他，当然不是范增的主

《全汉志传》版画之"项梁拜范增为军师"图

意。非但不是他的主意，很可能是尽力争取不杀，但没有被项羽听从。不采纳范增的意见，而杀害他拥立的人，项羽对范增的猜疑，也许是从这一时刻开始的。

当项羽杀害卿子冠军的时候，范增和项羽是平起平坐的，君臣的身份还没有确立。替范增打算，如果当时有力量诛杀项羽，就杀死他，倘若不能就该离开他，这岂不称得上是果敢的大丈夫了吗？那时范增的年纪已经七十了，合则留，不合则去嘛。不在此时划清该去该不去的原则界线，反而希望依靠项羽来成就自己的功名，这想法不是明智之举。

尽管如此，范增依旧是汉高祖所畏惧的人。范增不去，项羽就不会灭亡。唉！范增也算个人中豪杰了。

留侯[①] 论

苏 轼

【题解】

留侯，即张良，字子房，相传为城父（今安徽亳县）人，为刘邦重要谋士，辅助刘邦灭秦、灭项羽。建汉后，封于留（今江苏徐州附近），故称留侯。后退隐。张良一生为刘邦设计良谋无数，从历史的角度来看，这是张良成功名之所在。本文论张良，却不以此为重点，而是论张良之所以成为张良的原因在于他放弃了以一击刺秦王的匹夫之勇，而接受了圯上老人的试探、警诫，“小忍而就大谋”，不仅成就了自己的功名，并因此而影响了高祖，遂成帝王大业。

古之所谓豪杰之士，必有过人之节[②]，人情有所不能忍者。匹夫见辱[③]，拔剑而起，挺身而斗，此不足为勇也。天下有大勇者，卒然临之[④]而不惊，无故加[⑤]之而不怒，此其所挟持者[⑥]甚大，而其志甚远也。

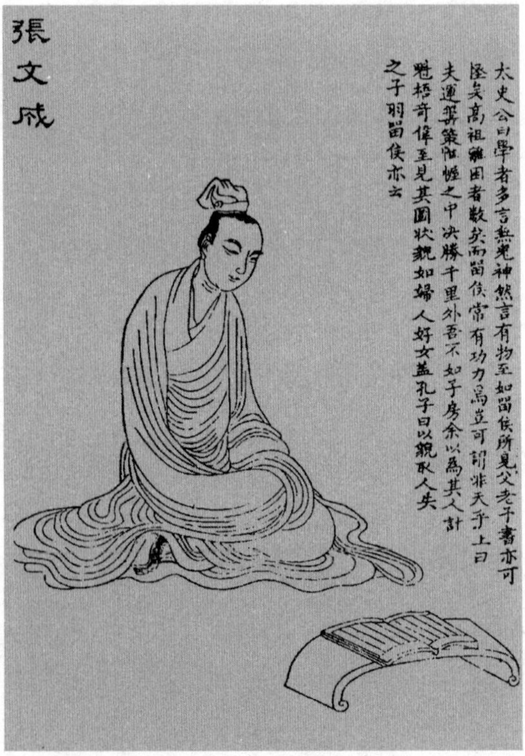

留侯张良像，图出自清·上官周绘《晚笑堂画传》。

①留侯：即张良，字子房，秦末韩国人士，刘邦的谋士，汉初大臣。

②节：度量。

③匹夫见辱：一个普通人受到侮辱。

④卒（cù）然临之：突然遇变。

⑤加：加害，凌辱。

⑥所挟持者：抱负。

夫子房受书于圯上之老人也[⑦]，其事甚怪。然亦安知其非秦之世有隐君子者，出而试之[⑧]？观其所以微见其意者，皆圣贤相与警戒之义[⑨]，而世之察，以为鬼物，亦已过矣[⑩]。且其意不在书[⑪]。当韩之亡、秦之方盛也，以刀锯鼎镬[⑫]待天下之士，其平居无罪夷灭者不可胜数⑬。虽有贲、育，无所获施⑭。夫持法太急者，其锋不可犯，而其势未可乘⑮。子房不忍忿忿之心⑯，以匹夫之力，而逞于一击之间⑰。当此之时，子房之不死者，其间不能容发，盖亦危矣⑱。千金之子，不死于盗贼⑲。何者？其身可爱，而盗贼之不足以死也⑳。子房以盖世㉑之才，不为伊尹、太公㉒之谋，而特出于荆轲、聂政之计㉓，以㉔侥幸于不死，此圯上老人所为深惜者也。是故倨傲鲜腆而深折之㉕。彼其能有所忍也㉖，然后可以就大事，故曰"孺子可教也㉗"。

⑦"夫子房"句：书，兵书。圯（yí）上老人，张良在下邳（pī）桥上（圯上）散步，遇一老人。老人的鞋掉到桥下，他对张良说，"小孩！你给我把鞋捡来。"张良一愣，看他年纪大，没有发作，强忍着怒气给他把鞋捡了上来。老人又命他给穿上，张良跪着给他穿上，老人笑笑走了。不一会，又返回来，对张良说，"你这小孩还可以教育。"他与张良相约五天后早晨在桥上见面。到了那天，张良去时，见老人已经先在等候。老人发怒，责备张良迟到。再约，老人又是先到，张良再一次受责。第三次，张良起个大早，终于先到桥上。老人很高兴，给他一本宝贵的书，说是读了可做帝王之师。

⑧"然亦"二句：然亦，然而又。安，怎么。隐君子者，隐居的君子。试，试探。

⑨"观其"二句：微见，略微地显露。相与，互相。

⑩"而世"三句：察，考察。鬼物，鬼怪。已过矣，太错误了。

⑪"且其意"句：况且他的用意主要不在于那本书。

⑫刀锯鼎镬（huò）：都是古代的杀人刑具。这里借喻以暴力待人。锯：截足的用具。鼎镬：烹煮的用具。

⑬"其平居"句：平居，平常居家。夷灭，灭族。夷，平，杀光。胜，尽。

⑭"虽有"二句：虽，即使。贲（bēn），孟贲。育，夏育。皆著名的大力士。获施，得到舒展。

⑮"夫持法"三句：持法，执法。急，这里是苛刻严厉的意思。锋，锋头。犯，触犯。乘，利用。

⑯"子房"句：不忍，忍不住。忿忿，愤恨。

⑰"而逞于"句：逞，称愿，快意。一击，指张良曾经求得力士，椎击秦王于博浪沙中，未中秦王车。

⑱"其间"二句：生死中间容不下一根头发，实在是太危险了。

⑲"千金"二句：富贵人家的子弟，不肯死在盗贼之手。

⑳"其身"二句：身，这里指生命。不足，不值得。

㉑盖世：超过一世。

㉒伊尹、太公：伊尹，商汤大臣。太公，即姜太公。

㉓"而特"句：特，偏偏。

㉔以：得。

㉕"是故"句：是故，因此。倨傲，傲慢。鲜腆，没有恭维的话。鲜，少。腆，丰厚，美好。折，折磨，折挫。

㉖"彼其"句：其，或许。有所，能够。

㉗"孺子"句：孺子，小孩子。可教，还可以教育。

楚庄王伐郑，郑伯肉袒牵羊以迎㉘。庄王曰："其主能下人㉙，必能

《东周列国志》版画之“郑伯牵羊迎楚君”图，讲述楚庄王围郑，楚军攻入城中，楚庄王下令不得掳掠，郑襄公肉袒牵羊迎接楚庄王并谢罪之事。

信用其民矣。”遂舍之[30]。句践之困于会稽，而归臣妾于吴者，三年而不倦[31]。且夫有报人之志[32]，而不能下人者，是匹夫之刚[33]也。夫老人者，以为子房才有余，而忧其度量之不足，故深折其少年刚锐[34]之气，使之忍小忿而就大谋。何则？非有平生之素[35]，卒然[36]相遇于草野之间，而命以仆妾之役[37]，油然[38]而不怪者，此固秦皇之所不能惊，而项籍之所不能怒也[39]。

㉘“楚庄王”二句：楚庄王，春秋五霸之一。郑伯，郑襄公。肉袒（tǎn 坦），袒露着身体。

㉙下人：屈己待人，此处“下”字作动词用。

㉚舍之：赦免他的罪过。

㉛“句践”三句：句践，越王。会(kuài) 稽，山名，在今浙江。归臣妾，到吴国为人质，如同臣子和婢妾。不倦，没表示厌倦。

㉜“且夫”句：且夫，再说。报人，向人报仇。

㉝刚：刚强。

㉞刚锐：刚强暴躁。

㉟“非有”句：非，并非。素，这里指交往。

㊱卒然：突然。

㊲仆妾之役：奴仆婢妾的差事。指拾鞋、穿鞋之事。

㊳油然：自然。

㊴“此固”二句：这当然是秦始皇所不能惊动，也是项羽所不能激怒的。

观夫[40]高祖之所以胜，项籍之所以败者，在能忍与不能忍之间而已矣。项籍唯[41]不能忍，是以百战百胜而轻用其锋[42]；高祖忍之，养其全锋而待其敝[43]，此子房教之也。当淮阴破齐而欲自王，高祖发怒，见于词色[44]。由是观之，犹有刚强不能忍之气，非子房其谁全之[45]！

㊵观夫：观察。

㊶唯：只是由于。

㊷锋：精锐。

㊸待其敝：等待他的衰败。

㊹“当淮阴”三句：淮阴，即淮阴侯韩信。自王，自己称王。见，通“现”，表现。词色，言语和表情。

㊺其谁全之：其，还有。全，保全，成全。

太史公疑[46]子房以为魁梧奇伟，而其状貌乃如妇人女子，不称其志气[47]。呜呼！此其所以为子房欤[48]！

㊻疑：猜测。

㊼“不称（chèn）”句：称，相称。志气，壮志气概。

㊽“此其”句：这大概就是他之所以成为张良的原因吧！欤（yú 鱼），吧。

【译文】

古代被称为豪杰的人，必定有出众的志节。能忍受在常人看来不能忍受的事情。普通人一旦受侮辱，一定会奋起反击。但这不算勇敢。世人堪称大勇的人，突然面临意外而不惊慌，无故受到侮辱而不愤怒，这是因为他的抱负很大，而他的志向又很远。

有一老者在桥上与子房相遇并赠一册兵书，这事说起来很奇怪。然而怎么知道这位老人不是秦朝时隐居的高士出来考验他？看那老人用以含蓄地表达他的意见的，都是圣人、贤人相互警戒的道理。世俗人不加细察，以为他是鬼怪，那就错了。而且，老人的用意并不在那本书上。当韩国灭亡，秦国正强大的时候，用刀、锯、鼎、镬迫害天下的士人，那些安分守己、毫无罪过而被杀害的人，数不胜数。这时即使有孟贲、夏育那样的勇士，也没有地方可以施展。一个执法非常严厉的政权，它的锋芒不可触犯，而当它处于末路时才有可乘之机。但张良却控制不住内心的愤恨，凭一个普通人的力量，想用大铁椎的一击来达到目的。当时，张良虽然没有被杀死，实在是已经处于死亡的边缘，真是太危险的。富贵人家的子弟，不会死在盗贼手里，为什么呢？因为他的身体宝贵，不值得死在盗贼手里。张良有超过世人的才能，不作伊尹、周公那样安邦定国的打算，却只用荆轲、聂政那样行刺的办法。由于侥幸才得以不死，这是桥上那位老人为他深感惋惜的。所以，老人故意用傲慢无礼的行为教训他，使他能有忍耐之心，然后才可以成就大业。所以说：“这年轻人是可以调教的。”

《全汉志传》版画之“张良圯桥进履”图

楚庄王攻打郑国，郑襄公袒露身体，牵着羊去迎接。楚庄王说："郑国的国君能够这样屈己尊人，必定能够获得人民的信服。"于是就放弃了进攻郑国。越王句践被吴国军队围困在会稽山，就投降吴国，做吴王的奴仆，三年没有丝毫厌倦。如果只有报仇的志向，而不屈己尊人，那不过是一个普通人的刚强。那位老人认为张良才能有余，就是担心他的度量不足，所以就深深地折服他青年人刚强锐利之气，使他能够忍住小的愤怒而去完成远大的计划。为什么这样呢？老人和张良从来不相识，只是偶遇，却命他做奴仆、婢妾做的事，而张良高高兴兴地做，并不责怪，这样秦始皇自然不能使他惊怕，而楚霸也不能使他发怒了。

仅观察汉高祖所以取胜、项羽所以失败的原因，就在于能够忍耐与不能忍耐罢了。项羽正因为不能忍耐，虽然百战百胜却轻易消耗了兵力，汉高祖能够忍耐，保存全部兵力等待项羽的衰亡，这是张良指教他的。在韩信破了齐，想使自己做齐王时，汉高祖大怒，怒气显露在言辞和脸色上。由此看来，他还有刚强而不能忍耐的脾气，除了张良，又有谁能成全他的大业呢？

太史公司马迁猜测张良一定是个身材魁梧，容颜出奇的人，但实际上他的容颜却如同妇人一样，和他的志向气质大不相称。唉！这也许正是张良之所以成为张良的原因吧！

贾谊[①] 论

苏 轼

【题解】

贾谊（公元前200年－公元前168年），西汉政治家，文学家。洛阳人，世称贾生。他在政治上主张削弱诸侯势力，巩固中央集权，抗击匈奴、重农积粟，具有“民为邦本”的思想。文帝初召为博士，不久迁太中大夫，后贬为长沙王太傅，因不能受到重用，郁郁而死。死时才三十三岁。一般的人认为贾谊的不得志是由于汉文帝不能用人，本文则一反常说，认为贾谊的悲剧是由于他自己“不能自用其才”，是“其自取”，是出于贾谊主观上的原因。全文逐层论析了贾谊“不能自用其才”的表现，指出他不能等待有利的机遇，不能忍受暂时的曲折，缺乏等待与忍受的耐心；又不能像孔子、孟子那样爱君之厚、爱身之至，主动为汉文帝所了解，以便得到重用；还指出他不能认清形势，不善处穷，一遇到挫折，就悲痛忧伤，精神沮丧。因此得出结论，他是志大而量小，才有余而识不足。这就把贾谊政治上受挫折的主观原因充分地揭示出来。全文论点突出，说理中肯透彻，论证有力，不愧为史论中的精品。

非才之难，所以自用[②]者实难。惜乎！贾生[③]，王者之佐[④]，而不能自用其才也。

①贾谊：公元前200年－公元前168年，洛阳人，西汉初年轻有为的政治家和文学家。他深受汉文帝赏识，由于受到朝廷重臣周勃、灌婴的排挤，出任梁王太傅，三十三岁便抑郁而死。

②自用：发挥自己的才干。

③贾生：指贾谊，有才学的人，或读书人称“生”。

④佐：辅助的人。

夫君子之所取者远，则必有所待；所就者大，则必有所忍。古之贤人，皆负可致[⑤]之才，而卒不能行其万一者，未必皆其时君之罪，或者其自取也。

⑤致：指成就功业。

愚观贾生之论，如其所言，虽三代[⑥]何以远过？得君如汉文[⑦]，犹且以不用死。然则是天下无尧、舜，终不可有所为耶？仲尼圣人，历试于天下，苟非大无道之国，皆欲勉强[⑧]扶持，庶几[⑨]一日得行其道。将之

汉初名臣周勃像，图出自清·顾沅辑《古圣贤像传略》。

荆，先之以冉有，申之以子夏[⑩]。君子之欲得其君，如此其勤也。孟子去[⑪]齐，三宿而后出昼[⑫]，犹曰："王其庶几召我。"君子之不忍弃其君，如此其厚也。公孙丑问曰[⑬]："夫子何为不豫[⑭]？"孟子曰："方今天下，舍我其谁哉？而吾何为不豫？"君子之爱其身，如此其至也。夫如此而不用，然后知天下果不足与有为，而可以无憾矣。若贾生者，非汉文之不能用生，生之不能用汉文也。

⑥三代：指夏、商、周三个朝代。

⑦汉文：指汉文帝刘恒，公元前179年至前157年在位。他采取了一些较进步的措施，旧史家都尊他为明君。

⑧勉强，勉力去做。

⑨庶几：也许可以，表示希望。

⑩"将之荆"三句：语出《礼记·檀弓上》，原文是"将之荆，盖先之以子夏，又申之以冉有。"引文与原文有出入。荆，楚国。冉有、子夏，都是孔子的弟子。

⑪去：离开。

⑫三宿而后出昼：事见《孟子·公孙丑下》孟子在齐为卿，由于自己的政治主张不为齐王采纳，便辞官而去，但在昼停留了三天，想等齐王重新召他入朝。昼，齐国地名，在今山东淄博市临淄县西北。

⑬公孙丑问曰：根据今本《孟子·公孙丑下》问话的人是孟子弟子充虞。所引充虞的问话，在文字和口气上也与原文有出入。

⑭豫：高兴，快乐。

夫绛侯亲握天子玺而授之文帝[⑮]，灌婴连兵数十万，以决刘、吕之雌雄[⑯]，又皆高帝之旧将，此其君臣相得之分[⑰]，岂特[⑱]父子骨肉手足哉？贾生，洛阳之少年。欲使其一朝之间，尽弃其旧而谋其新[⑲]，亦已难矣。为贾生者，上得其君，下得其大臣，如绛、灌之属，优游浸渍[⑳]。而深交之，使天子不疑，大臣不忌，然后举天下而唯[㉑]吾之所欲为，不过十年，可以得志。安有立谈之间，而遽为人"痛哭"哉[㉒]！观其过湘为赋以吊屈原[㉓]，萦纡郁闷[㉔]，趯然有远举之志[㉕]。其后以自伤哭泣，至于夭绝。是亦不善处穷[㉖]者也。夫谋之一不见用，则安知终不复用也？不知默默以待其变，而自残至此。呜呼！贾生志大而量小，才有余而识不足也。

⑮绛侯：西汉初年的大臣周勃。秦代末年，他从刘邦起事，多有军功，封为绛侯。刘邦死后，吕后掌权，大力培植吕家势力。吕后一死，诸吕企图夺取刘氏政权，以周勃、陈平、灌婴为首的老臣平定了诸吕叛乱，立代王刘恒为帝，这就是汉文帝。周勃在刘恒回京途中曾向他献上天子印玺。

⑯灌婴：西汉初年大臣。曾随刘邦转战各地，封为颍阴侯，诸吕作乱，齐哀王举兵讨伐，吕禄派灌婴迎击。灌婴率兵到荥阳后，与周勃等共谋，与齐联合，平定诸吕，拥立文帝。

⑰分：情分。

⑱特：只。

⑲尽弃其旧而谋其新：贾谊为太中大夫时，曾向文帝提出更定法令、易服色、改正朔、定官名、兴礼乐、列侯就国等意见，文帝曾打算让贾谊担任公卿的职位。

⑳优游：从容不迫的样子。浸渍：渐渐渗透。

㉑举：全部。惟：只有。

㉒遽：急，突然。痛哭：贾谊《治安策》中有这样的话："臣窃惟事势，可为痛哭者之一，可为流涕者二，可为长太息者六。"作者在这里批评贾谊操之过急。

㉓吊屈原：贾谊因被朝中在臣排挤，贬为长沙王太傅，路过湘水，作《吊屈原赋》。

㉔萦纡：曲折缠绕。这里指赋中反映出的感情委婉而复杂。

㉕趯（tì）然：形容心情激荡的样子。远举：原指高飞，这里指退隐。贾谊《吊屈原赋》中有这样的话："凤漂漂其高逝兮，固自引而远去。"

㉖处穷：处于困窘的环境。

古之人，有高世之才，必有遗俗之累㉗。是故非聪明睿智㉘不惑之主，则不能全㉙其用。古今称苻坚得王猛于草茅之中㉚，一朝尽斥去其旧臣，而与之谋。彼其匹夫略有天下之半㉛，其以此哉！愚深悲生之志，故备论之。亦使人君得如贾生之臣，则知其有狷介㉜之操，一不见用，则忧伤病沮㉝，不能复振，而为贾生者，亦谨其所发哉㉞！

㉗遗：弃，脱离。俗：世俗。累：牵累。

㉘睿智：英明、卓越。

《前汉书续集》版画之"汉文帝即位"图，讲述周勃、灌婴等拥立汉文帝即位之事。

㉙全：保全。

㉚苻坚：南北朝时前秦的皇帝，公元338年至385年在位。王猛：字景略。年轻时贩卖畚箕，隐居华山，后受苻坚征召，与苻坚一见如故，屡有升迁，权倾内外。宗戚旧臣大为不满，尚书仇腾、丞相席宝几次说王猛的坏话，苻坚大怒，贬黜二人，于是上下皆服。草茅：比喻草野、民间。

㉛匹夫；平凡的人，这里指苻坚。略：夺取，引申为占据。

㉜狷介：洁身自好，不同流合污。

㉝沮：沮丧。

㉞所发：所作所为，引申为处世为人。

【译文】

有才能并不难，要使自己的才能发挥作用就不容易了。可惜啊！贾谊具有辅佐帝王的才能，却不善于使自己的才能得以发挥。

君子的理想远大，就必须有所等待；想要成就伟大的事业，就必须有所忍耐。古代的贤人，都负有可能成功立业的才能，但最终未能施展其才能的万分之一，这未必都是当时君主的罪过，也不排除是他们自己造成的。

我看贾谊的议论，如像他所说的那样，虽是号称盛世的夏商周三代，又怎样远远超过他？得到像汉文帝那样的君主，还因为不被重用而抑郁死去，那么，天下没有出现尧舜之君的时候，就永远不可能有所作为了吗？孔子是位圣人，曾到天下各国，历历尝试，只要不是太无道的国家，都想勉强加以扶持，希望有朝一日能够实行自己的主张。他准备去楚国时，先派冉有去接洽，接着又派子夏去阐明自己的意思。君子想要得到君主的使用，是这样的辛勤恳切啊。孟子离开齐国时，在昼那个地方住了三夜才走，还说："齐王也许要召我回去吧。"君子不忍心抛弃他的君主，是这样的情深意厚啊。公孙丑问道："老师为什么不高兴？"孟子说："当今天下，除我之外还有谁能治好它？我为什么要不愉快呢？"孟子爱护自己的身体，是这样的细致周到啊。做到了这样还不被君主使用，然后才能说天下的君主果然不能与他们一起有所作为，从而可以没有遗憾了。像贾谊那样，不是汉文帝不重用他，是他不能效力于汉文帝啊！

绛侯周勃亲手捧着天子的玉玺，交给汉文帝；颍阴侯灌婴联合数十万军队，决出了刘吕的胜负，他们都是汉高祖的旧将。这种君臣相好的情分，难道仅是父子骨肉手足之间的关系吗？贾谊，不过是洛阳的一个少年，想使汉文帝在一天之内，完全抛弃他的旧臣，来请教自己这个新人，也太困难了。为贾谊着想，上应得到君主的信任，下应得到大臣的支持，如周勃、灌婴等人，要从容悠闲逐渐深入地和他们结成朋友，使天子不怀疑，大臣不妒忌，然后使整个天下只听从我的安排，不超过十年，就可以达到自己的目的。哪里有两个人站着谈几句话的短时间里，就立刻说要为对方痛哭的呢？观看他过湘水时，写的那篇《吊屈原赋》，迂回曲折地抒发了自己忧郁苦闷的心情，迫切地透露出远走退隐的意思。后来，终于因为悲伤过度，整天哭泣，弄到短命死去，这也是个不善于应付恶劣环境的人啊！谋略一次不被采用，怎能知道永远不会再被采用呢？不知道默默地等待形势的变化，却这样地摧残自己。唉！贾谊志向远大而气量小，才能有余而见识不足的人啊！

古代的人有高出世人的才能，就必定有不合世俗的忧虑。所以，不是聪明智慧不受蒙蔽的君主，就不能充分地使用他。古往今来，人们盛赞秦王苻坚能在乡下平民之中发现了王猛，很快全部斥去原来的旧臣，而与他商议国家大事。苻坚是个普遍人，却占有半个天下，大概是由于这一点吧！我深为贾谊的志愿未能实现而惋惜，所以详细地加以评论。同时，也是想使君主们明白，假如得到贾谊这样的臣子，就应该知道他们有孤芳自赏的情操，一旦不被重用，就会忧郁伤感、沮丧颓废，再也不能振作起来。像贾谊这样的人，也应该谨慎地对待自己的立身处世啊！

晁错论

苏轼

【题解】

木文分析晁错在提议“消藩”以及应对“七国之乱”事件中的失误，认为他行事操之过急，且临危之时谋求自全，不能舍身报君，所以才会因他人乘机挑拔而为景帝所杀。

天下之患，最不可为者，名为治平无事，而其实有不测之忧。坐观其变，而不为之所[①]，则恐至于不可救。起而强为之，则天下狃[②]于治平之安，而不吾信。惟仁人君子豪杰之士，为能出身为天下犯大难，以求成大功。此固非勉强期月之间，而苟以求名之所能也。天下治平，无故而发大难之端。吾发之，吾能收之，然后有辞于天下。事至而循循[③]焉欲去之，使他人任其责。则天下之祸，必集于我。

周亚夫像，图出自清·顾沅辑《古圣贤像传略》。周亚夫是西汉名将，他率军平定了七国之乱。

①所：这里是处置的意思。
②狃：音 niǔ，习以为常。
③循循：有次序的样子。

昔者晁错尽忠为汉，谋弱山东之诸侯。山东诸侯并起，以诛错为名。而天子不之察，以错为之说[④]。天下悲错之以忠而受祸，不知错有以取之也。

④说：通“悦”。

古之立大事者，不惟有超世之才，亦必有坚忍不拔之志。昔禹之治水，凿龙门，决大河，而放之海。方其功之未成也，盖亦有溃。冒冲突[5]可畏之患，惟能前知其当然，事至不惧而徐为之图，是以得至于成功。夫以七国之强，而骤削之，其为变岂足怪哉？错不于此时捐其身[6]，为天下当大难之冲[7]而制吴、楚之命，乃为自全之计，欲使天子自将[8]而己居守。且夫发七国之难者谁乎？己欲求其名，安所逃其患？以自将之至危，与居守之至安，己为难首，择其至安，而遗天子以其至危，此忠臣义士所以愤怨而不平者也。当此之时，虽无袁盎[9]，亦未免于祸。何者？己欲居守，而使人主自将，以情而言，天子固已难之矣，而重违其议，是以袁盎之说得行于其间。使吴、楚反，错以身任[10]其危，日夜淬砺[11]，东向而待之，使不至于累其君，则天子将恃子以为无恐。虽有百盎，可得而间[12]哉？

⑤溃冒冲突：大水冲破堤防，奔腾泛滥。
⑥捐其身：挺身而出。捐，舍弃。
⑦冲：要害。
⑧将：统帅。
⑨袁盎：西汉景帝时大臣，晁错的政敌。
⑩任：担当。
⑪淬砺：磨炼兵刃。
⑫间：离间。

嗟夫！世之君子欲求非常之功，则无务为自全之计。使错自将而讨吴、楚，未必无功。惟其欲自固其身，而天子不悦，奸臣得以乘其隙[13]。错之所以自全者，乃其所以自祸欤！

⑬隙：机会。

【译文】

天下的祸患，最难处理的是表面上太平无事，实际上潜伏着无法预测的隐患。坐在那静观其变，而不想方法解决，那就恐怕会发展到不可救药的地步。要是起来坚决制止它，又担心人们已经习惯当前那种相安无事的安乐，而不信任我们。只有仁人君子、豪杰这类人，才做得到挺身而出，为国家的长治久安冒大险，以求得建立伟业。这原本就不是靠一个来月的短期努力，又企图谋得名声的人所能做到的。天下安定太平，无缘无故触发大祸的端绪，要做到我能发起它，我又能制止它，然后才能有理由说服天下人。事到临头却想避开它，让别人来承担它的责任，那么天下的灾祸，必定会集中到自己身上。当年晁错为汉室王朝进谏，谋划削弱山东各国诸侯王的力量。导致山东诸侯王合力起兵，以诛杀肇事者晁错为借口。汉景帝不曾洞察到他们的险恶用心，以杀晁错的办法来取悦于诸侯王。天下人悲痛晁错因忠君而遭杀身之祸，却不知道这是他咎由自取。

古时候成大事者，不但才华出众，还必须有坚韧不拔的意志。从前大禹治理洪水，凿开龙门，决开黄河河道，让洪水东流入海。当他治水功业还未完成时，大概也存在着堤防被冲毁、洪水奔腾泛滥那种可怕的灾祸，只是他能够预料到这些可能发生的情况，当灾难来临时，毫不惊慌失措，而能从从容容安排，所以终于取得了成功。以七国的强大，而想突然削弱它们，它们起来反抗，发动叛乱，这还有什么奇怪的吗？晁错不在这时候站出来，为天下人站到抵挡大难的最前头，从而制吴楚等国于死命，却设法保全自己，让汉景帝率军出征抵敌，自己留守京城。再说，挑起七国叛乱的是谁呢？自己既想求得效忠汉室的美名，又怎能逃脱由此带来的祸患呢？面对亲自带兵抵敌那样极端危险，与留守京城那样十分安全，自己又是引发这场祸乱的主要人物，却选择最安稳的事做，把最危险的事留让给汉景帝去担当，这正是使忠臣义士感到极其愤恨不平的原因。在那个时候，即使没有袁盎，晁错也免不了被杀之祸。为什么呢？因为晁错想自己留守，却让天子亲自带兵出征，按常理说，皇帝对亲自出征一事犯了难，又难以违背晁错的建议，所以袁盎的挑拨之辞就在其中起了作用。假如在吴、楚叛乱发生后，晁错自己担当最危险的任务，日夜不停像淬火磨刀似的作好应战准备，率领军队向东进发，等待狙击敌人，使叛乱不至于连累皇帝，那么天子就会感觉到有恃无恐。这样即使有一百个袁盎，哪里能得到机会进行离间呢？

唉！世上的君子，企图获得特殊的功业，那就不要作保全自己生命的打算。假如晁错自己率军讨伐吴、楚七国，未必不能成功。只是他想保全自身，而使天子不高兴，才给奸臣以离间的可乘之机。晁错用来保全自身的打算，正是他自招杀身之祸的原因啊！

上梅直讲书

苏 轼

【题解】

梅直讲即梅尧臣，字圣俞，北宋著名诗人，时任国子监直讲。苏轼于嘉祐二年（公元1057年）进士及第，深得主考官欧阳修和编排官梅尧臣的赏识。本文是苏轼考中之后写给梅尧臣的信。其主旨是“士遇知己而乐”。

文章前半部分援引史实：周公富贵，却遭人怀疑诽谤；孔子虽困厄，但师徒怡然自得。两相比较，忧乐不言而喻，由此说明只有同道知己才能相乐的道理。其中，作者暗以孔子比欧、梅，以颜回、仲由自比，为下文埋下伏笔。

文章后半部分以作者本人和梅尧臣两方面阐明“士遇知己而乐”：先说自己十余年来对欧、梅由闻其名、读其文而不得相见到蒙其赏识而成为其弟子，深感是一种富贵也不能换取的快乐；然后说梅尧臣声隆位卑而颜色自若，想必也是以知己相得为乐。欧、梅与作者之间的相知相乐，同时与上文所述孔子师徒之乐相映成趣。整封信围绕着知己相乐的论点，层层铺展，前后呼应；而作者对欧、梅的敬仰之情也跃然纸上。

“孔子在陈当阨”图。讲述孔子仕鲁，途中困于陈、蔡之事。

轼每读《诗》至《鸱鸮》[①]，读《书》至《君奭》[②]，常窃悲周公之不遇。及观《史》[③]，见孔子厄于陈、蔡之间，而弦歌之声不绝[④]，颜渊、仲由之徒相与问答[⑤]。夫子曰：“‘匪兕匪虎，率彼旷野[⑥]。吾道

苏轼像，图选自清·上官周绘《晚笑堂画传》。

非耶？吾何为于此？”颜渊曰：“夫子之道至大，故天下莫能容。虽然，不容何病[7]？不容然后见君子。”夫子油然而笑曰[8]：“回，使尔多财，吾为尔宰[9]。”夫天下虽不能容，而其徒自足以相乐如此。乃今知周公之富贵，有不如夫子之贫贱。夫以召公之贤，以管、蔡之亲[10]，而不知其心，则周公谁与乐其富贵？而夫子之所与共贫贱者，皆天下之贤才，则亦足以乐乎此矣。

①《鸱鸮（chī xiāo）》：《诗经·豳风》篇名之一。据《毛诗序》载，周公平乱，被周成王怀疑有野心，因而作此诗以鸟托志，诉说其处境艰难。鸱鸮，一种鹰类猛禽。

②《君奭（shì）》：《尚书》篇名之一。据《君奭》序载，召公误信周公篡位的谣言，周公作此文自辩，兼以互勉。奭，召公的字。

③《史》：指《史记》。

④“见孔子”二句：据《史让·孔子世家》载，孔子曾被陈、蔡的大夫们围困在郊外，断粮少食，但仍与其弟子作歌奏乐。厄，困。

⑤颜渊、仲由：均为孔子的弟子。颜渊，名回，字子渊。孔子的学生。仲由，字子路。

⑥“匪兕（sì）”二句：语出《诗经·小雅·何草不黄》。匪，同“非”，不是。兕，一种野牛。率，沿，引申为来回奔走。

⑦病：担忧。

⑧油然：自然而然的样子。

⑨宰：掌管。这两句说假使你有了很多财产，我来为你掌管。这是孔子与弟子玩笑话，以见孔子师徒虽处困境而仍“相乐”。

⑩管、蔡：即管叔、蔡叔，均是周公之弟，他们散布周公将要篡位。

轼七、八岁时，始知读书，闻今天下有欧阳公者[11]，其为人如古孟轲、韩愈之徒；而又有梅公者[12]从之游[13]，而与之上下其议论[14]。其后益壮，始能读其文词，想见其为人。意其飘然脱去世俗之乐，而自乐其乐也。方学为对偶声律之文[15]，求升斗之禄，自度无以进见于诸公之间。来京师逾年[16]，未尝窥其门[17]。今年春，天下之士群至于礼部[18]，执事与欧阳公实亲试之，轼不自意获在第二⑲。既而闻之⑳，执事爱其文㉑，以为有孟轲之风，而欧阳公亦以其能不为世俗之文也而取，是以在此。非左右为之先容㉒，非亲旧为之请属㉓，而向之十余年间㉔，闻其名而不得见者，一朝为知己。退而思之，人不可以苟富贵㉕，亦不可以徒贫贱㉖。有大贤焉而为其徒㉗，则亦足恃矣㉘。苟其侥一时之幸㉙，从车骑数十人，使闾巷小民聚观而赞叹之，亦何以易此乐也㉚！传曰：㉛“不怨天，不尤人㉜，”盖“优哉游哉，可以卒岁”㉝。执事名满天下，而位不过五品，其容色温然而不怒㉞，其文章宽厚敦朴而无怨言，此必有所乐乎斯道也，轼愿与闻焉。

⑪欧阳公：指欧阳修。

⑫梅公：指梅尧臣。

⑬从之游：同欧阳修交游。

⑭与：参与。　上下：原指增减，这里指相互讨论，或发挥，或商榷。

⑮方：正当。　为：做。　对偶声律之文：指诗、赋。

⑯来京师逾年：苏轼于嘉祐元年五月抵京师（开封）；九月参加举人考试，获中；次年春，参加进士考试。逾，超过。

⑰未尝窥其门：意思是还不敢拜梅尧臣为师。

⑱礼部：官署名，掌管礼教和学校贡举等事。

⑲轼不自意：实在没有想到。

⑳闻之：从别人处听说。

㉑其：我的。

㉒左右：指欧、梅身边亲近的人。之：代词，指自己。先容：先为推荐，打通关节。

㉓属：同“嘱”，嘱托。

㉔向：从前。

㉕苟富贵：苟且于富贵之中。

㉖徒贫贱：徒然安于一般庸碌的贫贱处境。

㉗大贤：这里指欧、梅。徒：门徒。

㉘恃：依托，依靠。

“孔子绝粮于陈、蔡”图。孔子将到楚国做官，陈国及蔡国的大夫怕孔子入仕于楚会危及陈、蔡，于是派人围住孔子一行的住所，孔子及其弟子粮绝无炊。在困境中，孔子仍然弦歌不绝。

㉙苟：如果。侥一时之幸：得到一时的侥幸。

㉚易：替换。

㉛《传》：指《论语》。

㉜“不怨”二句：语出《论语·宪问》。尤，怨恨。

㉝“优哉”二句：语出《左传·襄公二十一年》引《诗经》句。卒，度完。

㉞温然：温和的样子。

【译文】

每次我读《诗经》的《鸱鸮》篇，读《尚书》的《君奭》篇时，常常暗地里悲叹周公那样不被人所理解。等读了《史记》，了解到孔子被围困在陈、蔡两国之间，而弹琴歌诵的声音仍旧不断，与颜渊、仲由这些学生相互问答。孔子问：“‘不是犀牛，不是老虎，却要沿着旷野奔走。’是我的理想不对吗？我为什么会落到这个地步呢？”颜渊回答说：“先生的理想非常宏大，所以天下不能容纳。尽管如此，不被容纳又有什么痛苦呢？不被容纳才能看出您是君子。”孔子很轻松自然地笑着说：“颜回，假使你有许多财产，我给你当管家。”天下虽然不能容纳，而孔子和他的学生却能够自我满足，相处如此快乐。我现在才知道周公的富贵，有不如孔子的贫贱之处。凭召公的贤明才能，凭管叔、蔡叔的近亲关系，都不能理解周公的用心，那么周公和谁去分享他那富贵的快乐呢？而和孔子共贫贱的人，都是天下的贤才，凭这一点就值得快乐了。

我七、八岁的时候，才知道读书，听说当今天下有个欧阳公，他为人像古代孟轲、韩愈之类的人。又有一位梅公，跟随欧阳公交往，和欧阳公反复讨论各种问题。后来我长大了，才能读他们的文章词赋，想象出先生们的为人，领会到先生们潇洒地摆脱世俗的生活乐趣，同时沉浸在自己的快乐之中。那时，我刚刚学着写作诗赋，希望谋求一官半职，心想自己没有什么才能可以进见诸位先生。来京一年多了，未曾登门拜访。今年春天，天下的读书人成群结队地聚集在礼部，您和欧阳公是主考官。我自己意想不到，居然考取了第二名。随后又听说您喜欢我的文章，认为有孟轲的风格，而欧阳公也认为我不肯写世俗流行的文章，予以录取。我所以能在被录取的行列里，并非左右的人事先认可，也不是亲朋故旧为我请托，而是由于过去十多年间只闻其名未见其人的先生们，一天之间就成了我的知己。闲下来想想这件事，觉得人不可以用非正当手段得到富贵，也不可以白白地过贫贱的日子。有大贤人在这里而作为他的学生，也就足以自负了。假如一时侥幸而得富贵，身后跟着车马随从几十人，使街上的小百姓围观赞叹，又怎么能代替这种快乐呢？书上说：“不抱怨天，不责怪人”，“潇洒从容，可以度过平安岁月。”您名满天下，而官位不过五品，但脸色温和而不恼怒，文章宽厚敦朴而没有怨言。必有乐于此道的原因，我很希望能够聆听您的教导。

喜雨亭记

苏　轼

【题解】

本文是苏轼在凤翔府任签书判官时所作，记叙了喜雨亭名字的由来，和当地百姓在久旱逢雨时的快乐心情，体现了作者关心农业生产、关心百姓生活的心情。作者思路开阔，集议论、描写、记叙、抒情于一体，文笔灵活多变，文情荡漾。

亭以雨名，志喜也。古者有喜，则以名物，示不忘也。周公得禾，以名其书①；汉武得鼎，以名其年②；叔孙胜敌，以名其子③。其喜之大小不齐，其示不忘一也。

①“周公”二句：周成王时，其弟唐叔得到一株两苗合生一穗的嘉禾，便献给成王，成王又转赠给叔父周公。周公为了表示感激之情，便写了一篇《嘉禾》。《嘉禾》的原文已失传。嘉，美好。禾，秦汉以前称粟（小米）为禾。

②“汉武”二句：汉武帝元狩七年（前316年）在汾水发展一鼎，武帝认为这是天赐宝物，便将当年的年号改为元鼎元年。

③“叔孙”二句：春秋时，鲁文公十一年（前616年）北狄（北方的一种少数民族）攻打鲁国，文公命叔孙得臣迎击，俘获其首领侨加，为了纪念这次胜利，得臣便以侨如命名他的儿子。

予至扶风之明年④，始治官舍。为亭于堂之北，而凿池其南，引流种树，以为休息之所。是岁之春，雨麦于岐山之阳⑤，其占为有年⑥。既而弥月不雨，民方以为忧。越三月，乙卯乃雨⑦，甲子又雨，民以为未足。丁卯大雨，三日乃止。官吏相与庆于庭，商贾相于歌于市，农夫相与忭于野⑧，忧者以喜，病者以愈，而吾亭适成。

④扶风：即凤翔府，古代称为扶风郡。

⑤雨麦：下麦雨。有时大风将地上的麦子卷上天空，又在远处落下，这是一种自然现象。古人对此缺乏认识，认为这是反常之事。“雨”在这里作动词用。岐山：在凤翔东北。

⑥占：占卜、算卦，古人遇有怪异现象时，要进行占卜，用以决定吉凶。有年：丰收之年。

⑦乙卯：乙卯指宋仁宗嘉祐七年（1062年）四月初二，下文的甲子、丁卯分别指四月十一日和十四日。

⑧忭（biàn）：欢喜，欢乐。

于是举酒于亭上，以属客而告之⑨，曰：“五日不雨可乎？曰：‘五日不雨则无麦。’十日不雨可乎？曰：‘十日不雨则无禾⑩。无麦无禾，岁且荐饥⑪，狱讼繁兴而盗贼滋炽⑫。则吾与二三子，虽欲优游以乐于此亭⑬，其可得耶？今天不遗斯民，始旱而赐之以雨，使吾与二三子得相与优游而乐于此亭者，皆雨之赐也。其又可忘耶？”

⑨属：通“嘱”，注视。

⑩禾：各个时代“禾”的所指不同，秦汉以后指稻谷。

⑪荐：连续。

⑫炽：旺盛，火炽。

⑬优游：悠闲，闲暇自得的样子。

苏轼像，图选自《吴郡名贤图传赞》。

既以名亭，又从而歌之，曰：“使天而雨珠，寒者不得以为襦⑭；使天而雨玉，饥者不得以为粟。一雨三日，伊谁之力⑮？民曰太守。太守不有，归之天子。天子曰不然，归之造物。造物不自以为功，归之太空。太空冥冥⑯，不可得而名。吾以名吾亭。”

⑭襦（rú）：短袄。

⑮伊：指代姓的助词，无实际意义。

⑯冥冥：又高又远的样子。

【译文】

亭子用“雨”来命名，是为了记下喜事。古时每逢喜事，便要在器物上铭刻下来，以示不忘。周公得禾，但以《嘉禾》作他的书名；汉武帝得鼎，但以“元鼎”作他的年号；叔孙得臣打败狄人侨如，但以“侨如”作自己儿子的名字。他们的喜事虽然大小不同，但是表示永不忘记的用意却是一致的。

我到扶风府的第二年，开始建造官舍。在厅堂北面筑了一座亭子，在南面开了一口池塘，引来了水，种上了树，作为休息的地方。这年春天，岐山南面的下场麦雨，占卜后认为是丰年之兆。接着又一个月不下雨，人们开始为此而忧虑。过了三月，四月的乙卯日下起了雨，隔了九天的甲子日又下起了雨，可是人们还是觉得不够。丁卯那天下起了大雨，三天三夜才停止。官吏在厅堂上相互庆贺，商人在市场上相互唱和，农人在田头欢舞，忧虑的人变得高兴，患病的人病情有所好转，而我的亭子恰在这个时候建成了。

于是，我在亭中摆开酒宴，向客人劝酒并告诉他们说："如果五天不下雨，行么？你们一定说：'五天不下雨，麦子就长不成了。'要是十天都不下雨呢？你们一定会说：'十天不下雨，稻子就长不成了。'无麦无稻，就会发生饥荒，诉讼案件会日益增多，而盗贼也会猖獗起来。这样，我和诸位即使想悠闲地在这亭中宴饮欢乐，能行吗？如今上天不遗弃这里的人民，刚开始干旱便赐下了雨水，使我与诸位能够悠闲而快乐地在这亭中欢乐，这都是雨的恩赐啊！又怎能忘记呢？"

用雨给亭子命名，还要为它写歌，歌词说："假使上天落下的是珍珠，受冻的人不能用它做棉衣；假使上天落下的是美玉，挨饿的人不能拿它当粮食。如今一连三日大雨，这是谁的力量？百姓说是太守，太守不敢承担这样的称誉，把它归功于皇上；皇上说不是这样，把它归功于造物主；造物主不认为是自己的功劳，把它归功于茫茫的太空。太空高邈难测，不可能给它命名，我就用'雨'来命名我的亭子。"

凌虚台记[1]

苏　轼

【题解】

苏轼在扶风府签判任上，太守陈某为登高望远，建造了一座土台，郑重命名为“凌虚”，请苏轼作文纪念。苏轼在记叙土台建造经过中，引出古往今来“废兴成毁”的历史，慨叹人事万物的变化无常，从而发挥议论，指出人世间有“足恃”和“不足恃”的东西。不能稍有所得，便“夸世而自足”，应该去求索真正足恃的东西。这种客观观察事物、永不满足、勇于探求进取的精神，反映出作者性格旷达，对生活积极乐观、对理想执着追求的思想情操。与当时一些士大夫如陈某之类相比，愈显可贵。

文章议论深沉，文笔含蓄，使人受到启迪，得到借鉴。

国于南山之下，宜若起居饮食与山接也[2]。四方之山，莫高于终南，而都邑之丽山者[3]，莫近于扶风[4]。以至近求最高，其势必得。而太守之居[5]，未尝知有山焉。虽非事之所以损益，而物理有不当然者[6]。此凌虚之所为筑也。

①本文作于作者为凤翔签书判官时。文章记凌虚台之建，而又叹前朝宫殿之废，兴废之间，似颇无常。但文及最后，作者却又道“盖世有足恃者，而不在乎台之存亡”，则其积极乐观、追求理想的精神面貌跃然纸上。

②国：指城邑。这里用作动词，建城。南山：指终南山，在今陕西西安南。宜若：好像，似乎。

③丽：附着，靠近。

④扶风：即凤翔府，治所在今陕西凤翔。

⑤太守之居：谓太守陈公居于扶风。

⑥“虽非”二句：谓这虽对处理政事没有损害或利益，但从事理上说不应该是这样的。物理，事物的道理。

方其未筑也，太守陈公杖履逍遥于其下[7]，见山之出于林木之上者，累累如人之旅行于墙外而见其髻也[8]，曰：“是必有异。”使工凿其前为方池，以其土筑台，高出于屋之檐而止。然后人之至于其上者，怳然不知台之高，而以为山之踊跃奋迅而出也[9]。公曰：“是宜名凌虚。”以告其从事苏轼[10]，而求文以为记。

⑦太守陈公：指凤翔知府陈希亮。杖履：拄杖漫步。履，行走。

⑧累累：重叠的样子。髻：发髻，结发于顶。
⑨恍然：仿佛。踊跃：跳跃。奋迅：形容鸟飞或兽奔而有气势。
⑩从事：官名，州府长官的佐吏。时苏轼为凤翔府签书判官，故称。

轼复于公曰："物之废兴成毁，不可得而知也。昔者荒草野田，霜露之所蒙翳，狐虺之所窜伏[11]。方是时，岂知有凌虚台耶？废兴成毁，相寻于无穷[12]，则台之复为荒草野田，皆不可知也。尝试与公登台而望，其东则秦穆之祈年、橐泉也[13]，其南则汉武之长杨、五柞[14]，而其北则隋之仁寿、唐之九成也[15]。计其一时之盛，宏杰诡丽[16]，坚固而不可动者，岂特百倍于台而已哉！然而数世之后，欲求其仿佛[17]，而破瓦颓垣无复存者，既已化为禾黍荆棘丘墟陇亩矣[18]，而况于此台欤！夫台犹不足恃以长久，而况于人事之得丧[19]，忽往而忽来者欤？而或者欲以夸世而自足，则过矣。盖世有足恃者，而不在乎台之存亡也。"既以言于公，退而为之记。

⑪翳：遮蔽。虺（huǐ）：毒蛇。
⑫相寻：连续不断。
⑬秦穆：秦穆公，春秋时秦国国君。祈年、橐泉：皆秦宫名。
⑭长杨、五柞：皆汉代宫名。
⑮仁寿：隋宫名。九成：宫名，唐贞观五年改仁寿宫为九成宫。
⑯计：估计，料想。宏杰诡丽：宏伟奇丽。
⑰仿佛：大概，大致。
⑱丘墟：废墟，荒地。陇亩：田地。陇，同垄。
⑲得丧：得失。

【译文】

城邑建在终南山脚下，日常饮食起居都和山分不开。周围的山没有比终南山更高的了，而那些靠近终南山的城镇，也没有比扶风靠得更近的了。在离山最近的地方探求山的最高处，一定能做得到的。然而太守住在这里，竟从来不知道有终南山的存在。虽说政务不会因此而有损益，而与事物的常理来说，是讲不通的，这就是当时建筑凌虚台的原因。

在建凌虚台之前，太守陈公手拄着拐杖，在山下从容漫步，看到高出于林木之上的山峰，忽隐忽现，重重叠叠，连绵不断，就像很多人在墙外行走、而在墙内只能看到他们的发髻一样。陈公说道："这里一定有奇异的地方。"于是，他派工匠在山前开凿了一个方池，用挖出来的土筑成高出屋檐以上的高台。然后，登上高台的人们，感觉到眼前豁然开朗，恍恍惚惚，不知道台有多高，而只以为山峦是踊跃奔腾，好像是突然间从地上长出来的。陈公说："这座高台应该是凌虚台"。他把这个意思告诉了佐吏苏轼，请他写一篇记载建台的文章。

苏轼回复太守说："事物的兴废与成毁，是不可能知道的。过去这里是长满荒草的野地，霜露覆盖着，狐狸、毒蛇在此出没。在那时，人们怎么会知道现在建起了一座高台呢？兴废与成毁交相更替，没有穷尽。那么，这座高台能否再变成荒草野地，都是难以预料的。我曾经与您一起登台远眺，它的东面是秦穆公的祈年宫、橐泉宫；南面是汉武帝长杨宫和五柞宫；它的北面则是隋文帝的仁寿宫和唐太宗的九成宫。回想一下这些宫殿当时的兴盛状况，那种宏伟高大、奇丽壮观、坚固而不可动摇的气势，哪里只是超过这座土台百倍的事呢？但是，经过几个世纪之后，再要想看到它们的大概轮廓，连破瓦断墙都没有了，那里已经变成长满庄稼的田地和荆棘丛生的废墟了，皇家宫苑尚且如此，更何况这一类土台呢？然而，这类土台都不能够保证长久地存在，更何况人事的往来得失，一会儿往，一会儿来，那样飘忽不定呢？如果有人想要以一时的得失向世人夸耀而且感到自足的话，那就错了。世上确实有可以依靠的东西，但不在于这座土台子的存亡啊。"

我已经向陈公说过了这番话，回来作了这篇记文。

超然台记[1]

苏 轼

【题解】

本文主要是发挥超然物外、随遇而安的思想。作者认为，如不能超然物外，则乐少悲多；如能超然物外，即使在困苦的环境中，也在可乐的东西。为了突出后者，既用前者来对比，又用四方形胜与四季美景来渲染。

凡物皆有可观。苟有可观，皆有可乐。非必怪奇伟丽者也，餔糟啜醨[2]，皆可以醉，果蔬草木，皆可以饱。推此类也，吾安往而不乐？

①超然台：在密州（今山东诸城县）北城上。宋神宗熙宁七年（公元1074年），苏轼由杭州移知密州。本文是作者到密州后的第二年，即公元1075年写的。文章反映了作者超然物外，随遇而安，无往而不乐的人生态度。这种思想是由政治上的失意而引起的，有一定的不满现实的意义，同时也包含着一种无可奈何的人生辛酸，当然也存在某种程度的逃避现实的消极情绪。文中说理叙事，写景状物，都紧扣“超然”二字，文笔洒脱而又畅快。

② 餔（bǔ）：食。糟：酒渣。啜（chuò）：饮，通“歠”。漓（lí）：本作“醨”，薄酒。《楚辞·渔父》：“众人皆醉，何不餔其糟而歠其醨”本句即用其语。

夫所为求福而辞祸者，以福可喜而祸可悲也。人之所欲无穷，而物之可以足吾欲者有尽。美恶之辨战于中[3]，而去取之择交乎前，则可乐者常少，而可悲者常多。是谓求祸而辞福。夫求祸而辞福，岂人之情也哉？物有以盖之矣[4]。彼游于物之内，而不游于物之外。物非有大小也，自其内而观之，

姜太公像，图出自明·天然撰《历代人物像赞》。姜太公又称吕尚，辅佐周武王灭商，被武王尊为“尚父”。

未有不高且大者也。彼挟其高大以临我[5]，则我常眩乱反复[6]，如隙中之观斗，又乌知胜负之所在？是以美恶横生，而忧乐出焉，可不大哀乎[7]！

③辨：分辨，判别。中：心中，内心。

④盖：遮蔽。

⑤临：居高以下对称为临。

⑥眩（xuàn）：两眼昏黄发花。眩乱，犹迷惑，迷乱。

⑦大哀：十分可恶。

予自钱塘移守胶西[8]，释舟楫之安，而服车马之劳；去雕墙之美，而庇采椽之居[9]；背湖山之观，而行桑麻之野[10]。始至之日，岁比不登[11]，盗贼满野，狱讼充斥，而斋厨索然，日食杞菊[12]，人固疑予之不乐也。处之期年[13]，而貌加丰，发之白者日以反黑。予既乐其风俗之淳，而其吏民亦安予之拙也。于是治其园圃[14]，洁其庭宇，伐安丘、高密之木[15]，以修补破败，为苟完之计。而园之北，因城以为台者旧矣，稍葺而新之[16]。时相与登览，放意肆志焉。南望马耳、常山[17]，出没隐见，若近若远，庶几有隐君子乎？而其东则庐山[18]，秦人卢敖之所从遁也[19]。西望穆陵[20]，隐然如城郭，师尚父、齐威公之遗烈[21]犹有存者。北俯潍水[22]，慨然大息，思淮阴之功[23]，而吊其不终。台高而安，深而明，夏凉而冬温，雨雪之朝，风月之夕，予未尝不在，客未尝不从。撷园蔬[24]，取池鱼，酿秫酒[25]，瀹脱粟而食之[26]，曰："乐哉！游乎！"

⑧钱塘：县名，宋时杭州府治所，今浙江省杭州市，苏轼于熙宁四年至七年（公元1071年–公元1074年）通判杭州。胶西：山东胶河以西之地，这里指密州。

⑨雕墙：彩画装饰的墙壁，这里代指华丽的房屋。采椽（chuán）船：采，同"棌"，柞木。《史记·秦始皇本纪》："尧舜采椽：不刮。"刮，削、磨。《汉书·司马迁传》："棌椽不斫。"斫，砍。以柞木为椽，不加砍削，谓其质朴。这里代指简陋的房屋。

⑩桑麻之野：《汉书·地理志》谓鲁国"颇有桑麻之业"。密州属古鲁地，故云。

⑪比：屡屡。岁比，犹连年，岁岁。登：成熟。不登，即没有收成的意思。

⑫杞菊：枸杞和菊花，嫩苗都可食。食杞菊，形容生活清苦。

⑬期（jī）年：一周年，一整月或一昼夜，都可称期。期年，即一整年。

⑭园圃（pǔ）：养植花木的园地。

⑮安丘：县名，在今山东潍县南。高密：县名，在今山东胶县西北。

⑯葺（qì）：修理，修整。

⑰马耳：山名，在今山东诸诚县南五里。常山：在诸城县南二十里。

⑱庐山：在诸城县南三十里，本名故山，因卢敖而得名。

⑲卢敖：燕国人，秦始皇时为博士，秦始皇命他入海求仙，不得，遂隐于密州庐山。

⑳穆陵：关名，故址在今山东临朐县东南大岘山上，山谷峻狭，素有"齐（古国名）南天险"之称。

㉑师尚父：即吕尚，曾辅佐周武王。灭商，建立周王朝，被尊为师尚父，封于齐。齐桓公：

春秋时齐国的国君，五霸之一。密州属古鲁地，在齐地之东，与齐地相邻，故能西望穆陵，而想见吕尚、齐桓之遗烈犹存。

㉒潍水：源出山东箕屋山，流经诸城、高密等地，至昌邑入海。

㉓淮阴：韩信，淮阴人，辅佐刘邦有功，原封为楚王，后有人告其谋反，被降封为淮阴侯，后为吕后以反叛罪诛杀。韩信定魏、赵、燕等地后，遂东伐齐，楚使龙且将兵二十万救齐，与信夹潍水为阵，为信所败。故云。

㉔撷（xié）：采摘。蔬：一作疏。

㉕秫（shú）：粘性谷类的通称。秫酒，黄米酒。

㉖瀹（yuè）：这里是煮的意思。脱粟：脱去皮壳而未经精制的小米。

方是时，予弟子由，适在济南㉗，闻而赋之，且名其台曰“超然”。以见予之无所往而不乐者，盖游于物之外也。

㉗子由：苏轼的弟弟苏辙，字子由，时为齐州（今山东济南市）守李师中掌书记。济南：宋济南府治为山东历城县；苏辙有《超然台赋》，见苏辙《栾城集》卷十七。

【译文】

大凡万物都有可观赏之处。只要值得观赏，就能使人快乐，并非是奇异的东西。吃酒糟、喝淡酒，都能醉人；瓜果蔬菜、草木一类东西，也能填饱肚子。照以此类推，我到什么地方会不能快乐呢？

世上求福禄而避祸的人，认为福禄可以使人快乐，而祸患使人悲哀。人的欲望没有穷尽，但能满足我们欲望的事物却是有限的。如果心里总存着美与丑的斗争，眼前总是进行着取与舍的选择，那么，使人快乐的东西往往很少，而令人悲哀的事却常常很多。这叫做寻求祸患而逃避幸福。求祸辞福，难道是人的常情吗？这是受了物欲蒙蔽的原因。那些人整天沉迷在物质生活当中，而不能超凡脱俗。事物本没有大小的区别，从它的内部来观察，那就没有不是又高又大的了。它凭着那种高大俯瞰着我们，使我们头昏目眩，难辨是非，恰如通过小小的缝隙看人家殴斗，又怎能知道谁胜谁负？因此，好坏美丑交错地产生，欢喜和忧愁也就随之都出现了，这难道不可悲吗？

我从浙江钱塘调任密州后，放弃了舟楫畅通的安逸，忍受着骑马坐车的劳苦；离开了华丽的建筑，往在这简陋的房屋；远离了湖山的胜景，奔走于充满桑麻的荒郊僻野。刚来的时候，庄稼连年歉收，盗贼遍地，案件很多；厨房里很寒酸，每天只能吃一些野菜。人们猜想我们心里一定不快乐。但我在这里住了一年，面容却更加丰腴，头上的白发也一天天地由白变黑了。我已经喜欢这里的淳朴风俗，这里的官吏和百姓，也都习惯了我的笨拙。

于是我整修了园圃，打扫了房舍院落，砍伐安丘和高密山上的树木，来修补破败的地方，作为暂时求安的计划。在园子的北面，一个在城墙上修建的高台已经破旧不堪，我把它略微修补刷新了一下。时常和宾客一起登台眺望舒展情怀，从台上向南面望去，马耳山、常山在云雾中忽隐忽现，时远时近，那里大概有隐士吧。高台东面的卢山，是秦朝的卢敖隐居的地方。向西面望去，穆陵关隐约中宛如城郭一般。姜太公和齐桓公的赫赫功业，还保存在这里。向北俯瞰潍水，不禁慨然叹息，怀想淮阴侯当年的功业，伤悼他悲惨的结局。台子高大而结实，深广而明亮，冬暖夏凉。无论雨雪飘洒的早晨，还是月白风清的夜晚，我都在台上，宾客们也总是跟随着。我们采摘园里的蔬菜，捕捞池中的鲜鱼，酿造高粱美酒，煮些糙米饭，边吃边说："在这里游玩多快乐啊！"

我的弟弟子由在济南做官，听到这情景便作了篇赋，并给这个台取名为"超然"。以此来表现我无论到什么地方都很快乐，就在于我超脱世俗之外啊。

放鹤亭记①

苏　轼

【题解】

本篇是苏轼任徐州知府时而作。文章的主旨在于记叙隐士养鹤隐居之乐，但作者并没有直接写隐士，而是以鹤为象征，写鹤的闲适优游，以此象征隐士的闲适与快乐之情。同时，文章又以“酒”来陪衬“鹤”。描述了好酒与好鹤的不同结果，从而说明隐士可以纵情随志，而君主不可以玩物丧志，最后得出隐居之乐甚于南面之乐的结论。全文写景、叙事、对话、抒情、议论、歌词紧密结合，融为一体，构思奇巧，充分体现了苏轼写景状物的高逸意趣。

熙宁十年秋②，彭城大水③。云龙山人张君之草堂，水及其半扉④。明年春，水落，迁于故居之东、东山之麓。升高而望，得异境焉，作亭于其上。彭城之山，冈岭四合，隐然如大环，独缺其西一面，而山人之亭，适当其缺。春夏之交，草木际天⑤，秋冬雪月，千里一色，风雨晦明之间，俯仰百变。山人有二鹤，甚驯而善飞，旦则望西山之缺而放焉，纵其所如⑥，或立于陂田⑦，或翔于云表，暮则傃东山而归⑧，故名之曰“放鹤亭”。

竹林七贤图，出自《程氏墨苑》。竹林七贤是魏晋时期的七位名士，他们分别是阮籍、嵇康、山涛、向秀、阮咸、王戎、刘伶。此七人常聚于竹林宴饮，故称“竹林七贤”。

①放鹤亭：在江苏徐州市云龙山上。宋神宗（赵顼）元丰元年（1078 年）张天骥建。张即此篇中的“云龙山人”。

②熙宁十年：即公元 1077 年。熙宁，

宋神宗年号。

③彭城：古县名，今江苏徐州市。

④扉（fēi）：门扇。

⑤际：到，接近。

⑥如：往。

⑦陂（bēi）田：水池和稻田。

⑧傃（sù）：向

郡守苏轼，时从宾佐僚吏往见山人，饮酒于斯亭而乐之。挹山人而告之曰[⑨]："子知隐居之乐乎？虽南面之君[⑩]，未可与易也。《易》曰：'鸣鹤在阴，其子和之[⑪]。'《诗》曰：'鹤鸣于九皋，声闻于天[⑫]。'盖其为物清远闲放，超然于尘埃之外，故《易》、《诗》人以比贤人君子。隐德之士，狎而玩之[⑬]，宜若有益而无损者，然卫懿公好鹤则亡其国[⑭]。周公作《酒诰》[⑮]，卫武公作《抑》戒[⑯]，以为荒惑败乱，无若酒者，而刘伶、阮籍之徒[⑰]，以此全其真而名后世。嗟夫！南面之君，虽清远闲放如鹤者，犹不得好，好之则亡其国。而山林遁世之士[⑱]，虽荒惑败乱如酒者，犹不能为害，而况于鹤乎？由此观之，其为乐未可以同日而语也。"

⑨挹（yì）：酌酒。

⑩南面：古代以面向南方为尊位。帝王之位面向南方，所以称帝位于"南面"。

⑪"鸣鹤在阴"两句：《周易·中孚》的九二爻辞。意思是说，有德的人虽处在下位，也有人应和他，正像鹤在幽深的地方鸣叫，别的鹤自然会跟它呼应一样。

⑫"鹤鸣于九皋"两句：见《诗经·小雅·鹤鸣》。九皋（gāo 高），深泽，全诗以鹤比喻有才能的人。

⑬狎（xiá）：亲近。

⑭"卫懿（yì）公"句：卫懿公，春秋时卫国国君。他养了许多鹤，并且对鹤特别爱护优待，对百姓的死活却不关心。狄人来侵，他下令国人抵抗。国人说，派鹤去吧，它们有禄位，我们怎么能够打仗呢。这样，卫国就被狄人灭亡了。事见《左传·闵公二年》。

⑮《酒诰》：《尚书》篇名。周武王灭商后，将商的都邑妹分封给康叔，那里因受纣王的影响，酗（xù 叙）酒之风特别严重，所以周公作《酒诰》以示训诫。诰，古代一种训诫勉励的文告。

⑯《抑》：《诗·大雅》中篇名。《诗序》说，《抑》是西周时卫国国君武公写的，用来规劝周厉王，并警戒自己。

⑰刘伶：西晋人，嗜酒，作有《酒德颂》。阮籍：三国魏文学家、思想家。常用醉酒的办法，在当时复杂的政治斗争中保全自己。

⑱遁世：避世。

山人欣然而笑曰："有是哉！"乃作放鹤、招鹤之歌曰"鹤飞去兮西山之缺，高翔而下览兮择所适。翻然敛翼，宛将集兮，忽何所见，矫然而复击[⑲]。独终日于涧谷之间兮，啄苍苔而履白石。鹤归来兮东山之阴。

其下有人兮，黄冠草履[20]，葛衣而鼓琴。躬耕而食兮，其余以汝饱。归来归来兮，西山不可以久留。”

⑲矫然：展翅高飞的样子。

⑳黄冠：道士所戴之冠。草履：草鞋。

《东周列国志》版画之“卫懿公好鹤亡国”图

【译文】

熙宁十年的秋天，彭城发洪灾，云龙山人张天骥的草堂，大水淹到门的一半。第二年春天，洪水才退去，云龙山人便迁居至东山的山脚下。他登上高处眺望，发现一处景致奇异的地方，就在上面建造了一座亭子。彭城周围的山势，山冈大岭四面围拢，隐约像一个大圆环，而惟独在西面有下缺口，山人的亭子就恰好建在这个缺口上。每当春夏之交，山草树木，接天而生；秋、冬之时，清亮的月光，洁白的雪花，使得大地银装素裹，千里一色；而在刮风、下雨、天阴、天晴的日子里，其景色更是瞬息万变。山人有两只鹤，甚为驯服，又很会飞，每天清早，山人在亭上向西山缺口处放鹤，任凭仙鹤飞翔。仙鹤或站立在池塘边、田野上，或飞翔于层云之外，傍晚则向东山飞回。因此山人便给亭子命名为“放鹤亭”。

彭城郡守苏轼，时常带着幕僚宾客前去拜会云龙山人，在放鹤亭上饮酒，很是畅快。苏轼斟了杯酒对山人说：“您知道隐居的乐趣吗？即使如富有一国的君王，也是不能交换的。《易经》上说：‘仙鹤在阴暗的地方鸣叫，雏鹤在旁边应和着。’《诗经》上说：‘仙鹤在幽深的沼池鸣叫，它的声音传到了天上。大概是因为仙鹤的性情清高旷远、悠闲安逸，好像超乎尘世之外，所以《易经》、《诗经》的作者把它比作有才有德的人。隐居的有德之士，与仙鹤亲近、嬉戏，应该是与性情有益而无损的，然而战国时卫懿公十分喜好鹤却丧失了自己的国家。周公作《酒诰》的文章，卫武公作引以自戒的诗篇《抑》，都认为使人迷乱败坏祸乱国家的，没有比酒更厉害的，然而魏晋时的刘伶、阮籍这些人，却因饮酒保全了名节，从而名传后世。唉！朝廷中的帝王，即使如性情清高旷远、悠闲安逸的鹤，也不能喜好，而喜好它们便丧失了国家。然而隐迹山林远离尘世的人，即使是像酒那样最能荒废事业、迷惑性情、败坏祸乱国家的东西，却不能对他们构成危害，更何况那性情美好的仙鹤呢？由此看来，朝廷上的帝王与山林中的隐士之间的快乐，是不能相提并论、同日而语的啊！”

山人听了这话，笑着说："真是这样的道理！"于是我作了放鹤、招鹤的歌，唱道："仙鹤从西山的缺口一飞而去，在高空中翱翔，向下寻视可供栖息的地方。翻身而下收起翅膀，仿佛将要栖止，不知看到了什么忽然又矫健地扇起翅膀一飞冲天。整天独自在涧溪、山谷间来往，嘴啄着青色的苔藓，足踩着洁白的山石。仙鹤归来啊，飞回东山的北面，那下边有个人啊，头戴着黄冠，足穿着草鞋，身披葛布衣在那里弹琴。他吃自己亲自耕种而收获的粮食，用剩余的粮食喂养你们。仙鹤回来吧，快回来吧，西山不可长留。"

石钟山记

苏 轼

【题解】

石钟山位于江西省湖口县鄱阳湖边，作者在元丰七年从黄州移官临汝，途中游览了石钟山作了此文。文中围绕石钟山命名而展开，通过自己的游山经历，反驳了李渤的说法。批评了不亲自调查，仅凭零星了解而臆测武断的态度。文章描写形象生动，使读者如身临其境，有较强的感染力。

《水经》云："彭蠡之口有石钟山焉。①"郦元以为下临深潭②，微风鼓浪，水石相搏，声如洪钟。是说③也，人常疑之。今以钟磬④置水中，虽大风浪不能鸣也，而况石乎！至唐李渤⑤始访其遗踪，得双石于潭上，扣而聆之，南声函胡，北音清越，枹止响腾，余韵徐歇。自以为得之⑥矣。然是说也，余尤疑之。石之铿然⑦有声者，所在皆是也，而此独以钟名⑧，何哉？

①《水经》：一部专门记载江河源流的地理书，为三国时人所著，作者姓名不祥。《水经》没有苏轼所引的这句话。彭蠡（lǐ）：即鄱阳湖，在今江西省北部。

②"郦元"四句：郦元，即郦道元，字善长，北魏人，《水经注》的作者。其著作在地理学和文学上都有相当的价值。搏：撞击。洪钟：大钟，古代的打击乐器。

③是说：这个说法，指郦道元在《水经注》中的看法。

④磬（qìng）：古代一种石或玉制的打击乐器。

⑤"至唐"八句：李渤，唐代洛阳人，字濬之，曾写过《辨石钟山记》。聆（líng）：听。南声：南面那块石头的声音。函胡：厚重模糊。清越：清亮高扬。枹（fú）：鼓槌。用如动词敲击。腾：上升、回荡。余韵：尾声。徐歇：慢慢停止。

⑥得之："之"代指石钟山命名的缘故。

⑦铿（kēng）然：形容敲击金石所发出的响亮的声音。

⑧独以钟名：唯独用钟来命名。

元丰七年六月丁丑⑨，余自齐安舟行适临汝，而长子迈将赴饶之德兴尉，送之至湖口，因得观所谓石钟者。寺僧使小童持斧，于乱石间择其一二扣之，硿硿⑩然。余固笑而不信也。至其夜月明，独与迈乘小舟绝壁下。大石侧立千尺，如猛兽奇鬼，森然欲搏人⑪；而山上栖鹘⑫，闻人声亦惊起，磔磔⑬云霄间；又有若老人欬且笑于山谷中者，或曰："此鹳鹤⑭也。"余方心动欲还，而大声发于水上，噌吰⑮如钟鼓不绝。舟人[16]大恐。徐而察之，则山下皆石穴罅[17]，不知其浅深，微波入焉，涵澹澎湃而为此也[18]。舟回至两山间，将入港口，有大石当中流，可坐百人，空中而多窍[19]，与风水相吞吐，有窾坎镗鞳[20]之声，与向之噌吰者相应，如乐作焉。因笑谓迈曰："汝识之乎？噌吰者，周景王之无射也[21]；窾坎镗鞳者，魏献子之歌钟也[22]。古之人不余欺也[23]？"

⑨"元丰"三句：元丰，宋神宗赵顼年号。七年六月丁丑：即公元1084年农历六月初九日。齐安：今湖北省黄冈县。适：去。临汝：今河南省临汝县。苏轼曾于1080年贬官到黄州（即齐安），于1084年调赴临汝。迈：苏轼长子苏迈，字伯达。饶：州名，治所在今江西省波阳县。德兴：县名，今江西省德兴县。湖口：县名，今江西省湖口县。石钟山即在此地。

⑩硿硿（kōng）：象声词。

⑪森然欲搏人：森然，阴森恐怖的样子。欲搏人：想要扑打人。

⑫鹘（hú）：一种像鹰的猛禽。又名隼（sǔn）。

⑬磔磔（zhé）：鸟鸣声。

⑭鹳（guàn）鹤：一种水鸟。形似鹤而顶不红。

⑮噌吰（chēng hòng）：沉重而响亮的钟声。

⑯舟人：船夫。

⑰石穴罅（xià）：石头间的空隙。罅：裂缝。

⑱"涵澹"句：涵澹，形容水波荡漾的样子。此：指发于水上的"大声"。整句意谓：水浪激荡而形成这种声音。

⑲窍：窟窿。

⑳窾坎镗鞳（kuǎn kǎn tāng tà）：拟声词，钟鼓撞击的声音。

㉑"周景王"句：周景王，名姬贵，东周的一个帝王。无射（yì）：钟名。据《国语·周语下》记载，周景王二十四年（前591年），铸成大钟无射。

㉒"魏献子"句：魏献之，应作"魏庄子"，即春秋时晋国大夫魏绛，谥号庄子。歌钟：即编钟，古代一种乐器。据《左传·鲁襄公十一年》记载，郑国送给晋侯歌钟、磬，晋侯分一半给魏绛。

㉓"古之人"句：古之人，指郦道元。不余欺：即"不欺余"，不欺骗我。

事不目见耳闻而臆断[24]其有无，可乎？郦元之所见闻殆[25]与余同，而言之不详；士大夫终不肯以小舟夜泊绝壁之下，故莫能知；而渔工水师[26]虽知而不能言，此世所以不传也。而陋者乃以斧斤考击[27]而求之，自以为得其实。余是以记之，盖叹郦元之简，而笑李渤之陋也。

㉔臆断：主观判断。

㉕殆：大体上，差不多。

㉖渔工水师：渔人，船夫。

㉗考击：敲打。考：通"拷"

【译文】

《水经》上记载："彭蠡湖的湖口上，有一石钟山。"郦道元认为这山的起名是因为"下面有深潭，微风鼓动起水浪，水与石头相碰撞，发出的声音像洪钟一样宏亮”。这种说法，人们常常怀疑它。现在如果把钟磬放在水中，即使大风大浪，也不能发出鸣响，而何况是石头呢？到了唐朝的李渤，才开始寻访它的遗踪，他在深潭上找到两块石头，扣击着细听，南面那块响声模糊厚重，北面那块响声清脆悠远。木槌已停止敲击，石头的响声还在传播，余音好一会才慢慢停下来，他自以为找到石钟山得名的原因了。然而对于这种说法，我尤为怀疑。石头敲击时能发出铿铿的声音的，到处都有，而这座山偏用“钟”命名，到底为什么呢？

元丰七年六月初九，我从齐安乘船到临汝去，而这时恰好我的大儿子苏迈要到饶州任德兴县尉，我送他到湖口，从而有机会去看所谓的石钟山。庙里的和尚派了一个小童拿着斧头在乱石中间选择一两块敲敲，发出硿硿的响声，我只笑笑，不相信。到了这天夜里，月色明亮，我只和苏迈两个人乘着小船来到绝壁下面。大石头壁立旁边，高达千尺，如同凶猛野兽和奇形怪状的魔鬼，阴森森地像要抓人；而山上栖息着的鹘鸟，听到人声也惊飞起来，在云端里发出磔磔的叫声，又有像老人一样在山谷中发出咳嗽声和笑声的，有人说：“这就是鹳鹤。”我心中有些害怕，正想着要回去，这时，大声忽然从水上发出来，噌噌吰吰地响，如撞钟击鼓之声，连续不断，船夫们非常惊恐。我慢慢地观察，原来山下面都是石头的洞穴和隙缝，不知道它们的浅深，细微的波浪进入到里面，激荡撞击而产生了这种声音。小船返回时来到上钟山和下钟山之间，将入湖口，看到有大石头挡在中流，上面可以坐一百多人，内部是空的，还有许多孔洞，吞吐着风和水，发出了窾坎镗鞳的声响，与先前那噌噌吰吰的声响互相应和，好像音乐声响起一样。于是，我笑着对迈说：“你记得吗？噌吰，是周景王的无射钟发出的声音，窾坎镗鞳，是魏庄子的歌钟发出的声音。古时候的人并没有欺骗我们啊！”

任何事情，不是亲眼看见，亲耳听见，只凭臆想断定它的有无，行吗？郦道元和我见到的和听到的，大致差不多，只是记载得不详细。一般士大夫始终不愿意乘着小船夜里停泊在绝壁的下面细细察看，所以无法知道；而渔夫和船工，虽然知道却说不清楚，这就是石钟山命名的由来一直不为世人所传知的原因啊。而浅陋的人竟用斧子砍刀到处敲击去寻求它，还自以为弄清了它的真相。我特意记下了这件事，既叹惜郦道元的简略，又笑话李渤的浅薄。

潮州韩文公庙碑

苏 轼

【题解】

韩文公，即韩愈，“文公”为其死后谥号。宋哲宗元祐七年（公元1092年），潮州知府王涤重修韩愈庙，苏轼应王涤之请而撰写此碑文。

古代的碑文，包括庙碑和墓碑，是一种习见的文体。一般的碑文，为了讨好有关的人，措辞上多有夸张溢美之处，而且有不少的碑文充斥了一些陈词滥调，实质性的内容并不多。本文则能较全面地概括韩愈的主要事迹，并提出比较恰当的评价。历来的文学评论家对本文的评价较高，甚至有“千古奇观”之称。

姚崇像，图出自清·上官周《晚笑堂画传》。姚崇为唐玄宗前期的宰相，很有才干，促使唐朝出现了“开元盛世”的局面。

匹夫而为百世师，一言而为天下法，是皆有以参天地之化，关盛衰之运。其生也有自来，其逝也有所为。故申、吕自岳降，傅说为列星[①]，古今所传，不可诬也。孟子曰：“我善养吾浩然之气。”是气也，寓于寻常之中，而塞乎天地之间。卒然遇之，则王公失其贵，晋、楚[②]失其富，良、平[③]失其智，贲、育[④]失其勇，仪、秦[⑤]失其辨。是孰使之然哉？其必有不依形而立，不恃力而行，不待生而存，不随死而亡者矣。故在天为星辰，在地为河岳，幽则为鬼神，而明则复为人。此理之常，无足怪者。

①申、吕自岳降，傅说（yuè）为列星：相传周宣王时的申伯和吕侯是山岳之神降临才生的。相传商朝的宰相傅说死后

飞升上天，与众星同列。

②晋、楚：春秋时两个富庶的国家。

③良、平：西汉的谋士张良、陈平。

④贲、育：孟贲，夏育，战国著名的两位勇士。

⑤仪、秦：战国著名的纵横家张仪、苏秦。

自东汉以来，道丧文弊，异端⑥并起，历唐贞观、开元之盛，辅以房、杜、姚、宋而不能救。独韩文公起布衣，谈笑而麾⑦之，天下靡然⑧从公，复归于正，盖三百年于此矣。文起八代之衰，而道济天下之溺，忠犯人主之怒，而勇夺三军之帅，此岂非参天地、关盛衰、浩然而独存者乎！盖尝论天人之辨，以谓人无所不至、惟天不容伪。智可以欺王公，不可以欺豚鱼⑨；力可以得天下，不可以得匹夫匹妇之心。故公之精诚，能开衡山之云，而不能回宪宗之惑⑩；能驯鳄鱼之暴，而不能弭皇甫镈、李逢吉之谤⑪；能信于南海之民，庙食⑫百世，而不能使其身一日安于朝廷之上。盖公之所能者天也，其所不能者人也。

⑥异端：儒家把道家、墨家等斥为异端。这里指魏晋以来长期兴盛的道教和佛教。

⑦麾（huī）：排斥。

⑧靡然：倒下的样子。

⑨豚鱼：指天真的小动物。豚：小猪。

⑩“能开”一句：传说韩愈在衡山经过，正逢秋雨，他心中祈祷一番，天便放晴了。宪宗迎佛骨，韩愈劝谏，宪宗不从，怒而放逐韩愈。

⑪“能驯”一句：能驯鳄鱼之暴指韩愈至潮州逐恶溪鳄鱼一事。皇甫镈（bó）、李逢吉都是宪宗时的大臣，阿谀逢迎，诡计多端，曾多次诋毁韩愈。

⑫庙食：接受后人的立庙祭祀。

始潮人未知学，公命进士赵德为之师，自是潮之士，皆笃于文行，延及齐民，至于今，号称易治。信乎孔子之言：“君子学道则爱人，小人学道则易使也。”

潮人之事公也，饮食必祭，水旱疾疫，凡有求必祷焉。而庙在刺史公堂之后，民以出入为艰。前太守欲请诸朝作新庙，不果。元祐五年，朝散郎王君涤来守是邦，凡所以养士治民者，一以公为师。民既悦服，则出令曰：“愿新公庙者听。”民欢趋之。卜地于州城之南七里，期年而庙成。

或曰：“公去国万里而谪于潮，不能一岁而归。没而有知，其不眷恋于潮也审矣。”轼曰：“不然。公之神在天下者，如水之在地中，无所往而不在也。而潮人独信之深，思之至，焄蒿⑬凄怆，若或见之。譬如凿井得泉，而曰水专在是，岂理也哉？”

⑬焄（xūn）蒿：香气。蒿，气雾升腾的样子。

元丰元年，诏封公昌黎伯，故榜曰“昌黎伯韩文公之庙”。潮人请书其事于石，因作诗以遗之，使歌以祀公。其辞曰：公昔骑龙白云乡，手抉云汉分天章⑭，天孙为织云锦裳。飘然乘风来帝旁，下与浊世扫秕糠。西游咸池略扶桑⑮，草木衣被昭回光。追逐李、杜⑯参翱翔，汗流籍、湜⑰走且僵，灭没倒影不能望。作书诋佛讥君王，要观南海窥衡、湘，历舜九嶷吊英、皇⑱。祝融先驱海若藏⑲，约束蛟鳄如驱羊。钧天⑳无人帝悲伤，讴吟下招遣巫阳㉑。犦牲鸡卜羞我觞㉒，于粲荔丹与蕉黄。公不少留我涕滂㉓，翩然被发下大荒㉔。

⑭天章：天上的日月星辰。一说文采。

⑮扶桑：传说中的日出之地。

⑯李、杜：李白、杜甫。

⑰籍湜：唐代文学家张籍和皇甫湜。

⑱历舜九嶷吊英、皇：（被贬去潮州）可以经过葬舜的九嶷山凭吊娥皇、女英。舜巡行至九嶷山而死，他的妃子女英和娥皇一起投湘水而死。

⑲祝融先驱海若藏：祝融远逃海若躲藏。祝融，传说中的火神。海若，传说中的海神。

⑳钧天：天之中央。

㉑巫阳：神巫名。

㉒犦（bào）牲：指一种高背的野牛。这里指祭品不同一般，表示隆重。鸡卜：用鸡骨头占卜。羞：通“馐”，进献食品。

㉓涕滂：泪流得很多，形容十分悲伤。

㉔大荒：大地。

【译文】

一个普通人能够成为百代宗师，某一句话便能成为准则，这种人都是有与天地万物相等同、与国家盛衰命运相关联的。他们的降生是有来处的，他们的去世也是有某种缘故的。申伯、吕侯出生是山神降世，死后变成天上的星星，这古代遗留的传说不可抹杀。孟子说：“我善于修养我充沛的正气。”这种气蕴藏在于平常事物之中，但充塞于苍茫之间。突然遇到它，连君王、诸侯也会失去他们的尊贵，晋、楚这样的国家也显示不出它们的财富，张良、陈平也难以施展他们谋略，孟贲、夏育也会失去勇猛，张仪、苏秦也变得笨嘴笨舌。是什么使得他们这样呢？必有一种不依形而立，不依力而行，不依赖生命而生存，不承受着死亡而消逝的物质。这种物质，在天上成为星辰，在地上化作河流山川，在幽冥之中化为鬼神，在人世就托形成了人。这是很一般的道理，不足为怪。

自东汉以来，儒学之道流沦丧，文风败坏，各种旁门左道纷纷并起，虽有贞观、开元这盛世，有房玄龄、杜如晦、姚崇、宋璟等贤士的辅佐治理，也不能挽救过来。只有韩文公从庶民中崛起谈笑间申斥异端，天下归顺才将道德纳回到正路上来。距今已有三百年了。韩文公的文章使八代文风重新振作起来，他倡导的儒道把人心从沉沦中拯救出来。他的报国之心敢于触怒君王。智勇胜过三军的统帅，这不就是与天地等同，与国家盛衰浩然独存的正气吗？

曾经有人探讨过天道和人事的差别，以为人可以做出任何事情，只有天道是人所无法改变的。用智谋可欺骗王公大臣，却欺骗不了豚和鱼；武力可以争霸天下，却不能赢得百姓的心。因此，韩文公真诚的心能驱散衡山的云雾，却不能使唐宪宗迷途知返；凶猛的鳄鱼能被制服，却无法制止皇甫镈、李逢吉的诽谤：能取信于广大百姓，死后名垂史册，却不能让自己在朝廷上得到片刻安宁。这是因为韩文公能迎合天意，而不擅长处理人事。

张良像，图出自明·天然撰《历代古人像赞》。张良是汉朝的开国功臣，汉高祖刘邦的重要谋士，以足智多谋而著称。

起初，潮州人不知道儒学，韩文公派进士赵德去当他们的老师。从这个时候起潮州的读书人才开始重视礼仪道行，这种良好的风气也影响了百姓，直到现在潮州被称为是最容易治理的地方。正向孔子所言：“君子学习了仁义之道就会有仁爱之心，平民学习了仁义之道就容易役使。”真是这样的啊！潮州人奉祀韩文公，每逢灾害、疾病流行有求于神灵的事，一定祈祷。可是庙宇在公堂后面，人们进出不方便。所以，前任太守曾想请求朝廷改建新庙，没有实现。元祐五年，朝散郎王涤来到这里任地方官。他上任之后，所采用的施政措施，都采用韩文公的做法。百姓悦然心服，他出告示说：“愿意重建韩文公庙的人就听从命令。”百姓都非常高兴地前去修庙。于是，庙址仅在距城南七里处。仅用了一年的时间祠庙就建成了。有的人说：“韩文公被贬到远离京都的潮州，可是不到一年就回来了。假如他死后有知的话，他是不会眷恋潮州的。”我说：“不对！韩文公的神灵在人间，象水在地下一样，无处不在；潮州人对他信赖如此深切，思念又如此至诚，在祭奠时升腾的香气中人们感到无限悲痛，就像见到他一样。又好比挖井挖到了泉水，就说泉水只在这里，哪有这样的道理？”元丰七年，宋神宗下诏封韩文公为昌黎伯，所以匾额上就题写了“昌黎伯韩文公之庙”。潮州人请我把他的事迹写下来刻在石碑上，我又写了一首诗送给他们，让他们吟唱，用以念韩文公。歌词是：

从前您骑龙驹遨游白云乡，亲手选取银河划分天章。织女纺织为您织造云锦衣裳，您飘然而下来自天帝身旁，降临人世间是为了一扫浊世的异端思想，您西游咸池东过扶桑，草木也承受您的灿烂光芒。您追随李白、杜甫与他们共同翱翔，张籍、皇甫湜追随奔跑得汗流腿僵，退避奔走而僵仆跌到，您的光辉让人不能仰望。

您抨击佛学，劝戒君王，被贬到荒远的地方。游历南海，过衡山、湘江，路经九嶷山虞舜墓，凭吊了女英、娥皇。祝融为您开道，海神率众躲藏，您驯服鳄鱼如驱羔羊。九天缺少贤才，天帝心中悲伤，派遣巫阳高歌下凡把您召回天堂。杀鸡宰牛献上琼浆，荔枝鲜红，香蕉金黄。您不长留人世，我们都很悲伤，愿您翩然而至走下那大荒山冈。

乞校正陆贽奏议进御札子

苏　轼

【题解】

陆贽为唐德宗时宰相，著名政论家。他的奏议往往切中时弊，为后世所推崇。本文写于宋哲宗即位不久。当时旧党上台，而王安石推行的新法被吕惠卿等人弄得面目全非，弊端百出，新旧党之争依然激烈，国无宁日。苏轼进此札子，乞校正陆贽奏议，并建议哲宗反复熟读，从中得到治国的启发。文章认为，陆贽的札子虽当世每不为德宗所用，但已是如“经效于世间”的良药，为“世乱之龟鉴”，若为哲宗熟读，“必能发圣性之高明，成治功于岁月”。文章写得真切动人。

臣等猥以空疏[①]，备员讲读。圣明天纵[②]，学问日新。臣等才有限而道无穷，心欲言而口不逮，以此自愧，莫知所为。窃谓人臣之纳忠，譬如医者之用药。药虽进于医手，方多传于古人。若已经效于世间，不必皆从于己出。

①猥：谦词，辱。这里是玷辱职守的意思。空疏：才识浅薄。

②天纵：天禀，常用谀美帝王之辞。

唐德宗李适像，图出自《三才图会》。

伏见唐宰相陆贽，才本王佐，学为帝师，论深切于事情，言不离于道德，智如子房而文则过[③]，辨如贾谊而术不疏[④]，上以格君心之非[⑤]，下以通天下之志，但其不幸，仕不遇时。德宗以苛刻为能[⑥]，而贽谏之以忠厚；德宗以猜忌为术，而贽劝之以推诚；德宗好用兵，而贽以消兵为先；德宗好聚财，而贽以散财为急。至于用人听言之法，治边御将之方，罪己以收人心，改过以应天道，去小人以除民患，惜名器以待有功⑦，如此之流，未易悉数。可谓进苦口之药石⑧，针害身之膏肓⑨。使德宗尽用其言，则贞观可得而复⑩。

③子房：西汉张良，字子房。

④贾谊：西汉文学家、政治家。

⑤格：纠正。

⑥德宗：唐德宗李适（kuò）。公元780年至805年在位。

⑦名器：古代表示统治者等级地位及其使用的车舆服装。

⑧石：砭（biān），古代治病用的石针。

⑨针：治疗。作动词。膏肓（huāng）：古代医学把心尖脂肪称为膏，心脏和隔膜之间称肓，认为是药物无法达到的地方。这里指严重疾病。

⑩贞观：唐太宗李世民的年号（公元627年－公元649年）。

臣等每退自西阁⑪，即私相告，以陛下圣明，必喜贽议论。但使圣贤之相契，即如臣主之同时。昔冯唐论颇、牧之贤⑫，则汉文为之太息⑬。魏相条晁、董之对⑭，则孝宣以致中兴⑮。陛下能自得师，则莫若近取诸贽。夫六经三史⑯，诸子百家⑰，非无可观，皆足为治。但圣言幽远，末学支离⑱，譬如山海之崇深，难以一二而推择。如贽之论，开卷了然，聚古今之精英，实治乱之龟鉴⑲。臣等欲取其奏议，稍加校正，缮写进呈。愿陛下置之坐隅，如见贽面，反复熟读，如与贽言。必能发圣性之高明，成治功于岁月。

⑪西阁：宋朝皇帝听讲的地方。

⑫冯唐：西汉文帝时任中郎署长。颇：廉颇，战国时赵国名将，屡次战胜齐、魏等国。牧：李牧，战国时赵国名将，长期防守赵国北境，屡次击退东胡、林胡匈奴的骚扰。

⑬汉文：汉文帝刘恒。冯唐曾向汉文帝称道廉颇和李牧，汉文帝听后慨叹地说："嗟乎！吾独不得廉颇、李牧为吾将。"事见《史冯·冯唐列传》。

⑭魏相：曾任西汉宣帝丞相，封高平侯。主张整顿吏治，考核实效。奏章中常引用晁错、董舒等言论。条：列举。晁：晁错，汉景帝时有名的政治家，董：董仲舒，汉宣帝时有名的思想家。曾建议汉武帝"罢黜百家，独尊儒术"。

⑮孝宣：西汉宣帝刘询。

⑯六经：指《书》、《诗》、《易》、《礼》、《春秋》、《乐》六部儒家经典。三史：指《史记》、《汉书》、《后汉书》三部史学家著作。

⑰诸子百家：指先秦时孔丘、孟轲、庄周、老聃、墨翟、韩非、荀子等人的著作，和儒、道、墨、名等各种流派的学说。

⑱末学：指史学与子书。

⑲龟鉴：借鉴。龟，古代用龟甲占卜，龟即卜卦。鉴，即镜子。

臣等不胜区区之意⑳，取进止㉑。

⑳区区：忠爱、诚挚。

㉑取进止：听从裁处。取，听任。进止，进即。

【译文】

魏相像，图出自清·顾沅辑《古圣贤像传略》。魏相在汉宣帝时曾任丞相，封高平侯。

臣等愧以粗浅空疏的学识，充数侍读和侍讲，陛下有上天赋予的聪明智慧，学问日新月异，天天得到新的进步。臣等的才学是有限的。而道理却是无穷的，心中虽想讲说但是口头表达能力又不够，因此自愧，不知如何是好。我们认为臣子向皇上敬献忠言，比如医生的用药，药品虽然进奉于医生之手，处方却是大都传自古人。如果已经在世间行之有效，又何必事事都要由自己另出新意呢？

我们觉得唐朝的宰相陆贽，才能足以辅佐君王，论学问足以当君王的老师。他的议论切事理，发言毫不背离道德规范，智慧宛如张良而学问则超过他，思辨好似贾谊但方法却不空疏。对上能够劝止君主意图的错误，对下可以沟通天下士人的意见。但是他非常不幸，出任官职没有逢上好时机。唐德宗对人以苛刻为能事，而陆贽却进谏要他忠厚待人。唐德宗以猜忌为防备部下的手法，而陆贽则劝勉他推诚心以待官民。唐德宗好用兵，陆贽以消除战争为先务。唐德宗好聚敛钱财，而陆贽却以散财于民为急务。至于用人听取意见的方法，安定边疆使用将领的策略，批判自己来收揽民心，改正错误以顺应天道，去掉坏人以除民害，珍惜职衔留以奖励有功之臣等等，如此之类，是难于全部列举出来的，可以说是进献了苦口的良药，针刺着了病入膏肓的正确穴位。假使唐德宗全部采用他的建议，那么，贞观之治的盛世就可出现。

臣等每次从西阁退下后，便私下谈论，以陛下天资的圣明，一定喜爱陆贽的议论，只要使得圣主贤臣能互相契合，就犹如明君良相的彼此同时。从前冯唐谈论廉颇、李牧的贤能，致使汉文帝为不遇贤才而叹息。魏相列举晁错、董仲舒回答皇帝的策论，就使汉宣帝采用，从而导致汉室中兴，倘若陛下能够自得良师，就不如就近选取陆贽。那六经三史、诸子百家，不是无可借鉴，也足以政治昌明；但是圣人言论深奥幽远，而子书史籍又是枝节末流，往往支离破碎，犹如山高海深，难以一一推究选择。可是像陆贽的议论，却开卷了然，集中了古今理论的精华，实在是国家治乱的借鉴。

我们从中筛选奏议，稍加校正，誊写进呈。愿陛下放在座旁，就如亲见陆贽的面貌。反复诵读，如同自己和陆贽相谈。相信必定启发圣主天赋高明的智慧，而能成就太平功业于不久的治世之中。臣等诚挚的心意不能尽表，请陛下裁决。

前赤壁赋[①]

苏 轼

【题解】

宋神宗元丰三年（公元1080年），苏轼被贬为黄州（在今湖北黄冈县）团练副使。在黄州期间，曾两次游览城外的赤壁，并写下了《前赤壁赋》和《后赤壁赋》。这篇赋抒发了苏轼关于人生的感慨。文章一开始就描绘了一幅秋江月下泛舟图。表现出人生的美好。接着笔锋一转，由凄凉的萧声触发悲情，引入一场充满哲理的主客对话，一方面流露出对人生短暂、无可奈何的悲哀，另一方又得出“物与我皆无尽”、“吾与子之所共适”的结论，表现了苏轼复杂矛盾的心情。结局是积极取代了消极，悲哀变成了喜悦，突出了苏轼思想上乐观向上的一面。行文手法，叙述、描写、议论、抒情紧密结合，特别善于营造悲凉和欢乐的气氛。主客问答的形式及骈句、散句、长短句的交错运用，使文字抑扬顿挫，婉转悠长，极富音乐感。这些都表现出散文赋的特色。

壬戌之秋[②]，七月既望[③]，苏子与客泛舟游于赤壁之下[④]。清风徐来，水波不兴[⑤]。举酒属客[⑥]，诵《明月》[⑦]之诗，歌《窈窕》[⑧]之章。少焉[⑨]，月出于东山之上，徘徊于斗牛[⑩]之间。白露横江[⑪]，水光接天。纵一苇之所如[⑫]，凌万顷之茫然[⑬]。浩浩乎如冯虚御风[⑭]，而不知其所止；飘飘乎如遗世[⑮]独立，羽化而登仙[⑯]。

①前赤壁赋：赤壁，三国时孙刘联军与曹魏交战处，在今湖北赤壁市。苏轼所赋赤壁，在今湖北黄冈，人称“东坡赤壁”。

②壬戌：干支纪年，是宋神宗元丰五年（公元1082年）。

③既望：即阴历每月十六日。既，过了。望，阴历每月十五日。

④“苏子”句：苏子，作者自称。泛，任其飘荡。

⑤兴：起。

⑥举酒属客：举酒，举起酒杯。属（zhǔ），挹注，这里是劝酒的意思。

⑦《明月》：指《诗经·陈风》中《月出》一篇。

⑧歌《窈（yǎo）窕（tiǎo）》：《月出》中有“舒窈纠（jiǎo）兮”句，窈、纠音近，所以如此说。

⑨少焉：一会儿。

⑩斗牛：星座名，即斗宿，牛宿。

⑪横江：弥漫江面之上。

⑫“纵一苇”句：纵，放任。一苇，比喻像苇叶般的小舟。如，往。所如，往哪里去。

⑬“凌万顷”句：即“凌茫然之万顷”。凌，越过。万顷，极言水面之广阔。

⑭冯（píng）虚御风：冯虚，升空。御风，驾风。

⑮遗世：遗弃人间。

⑯“羽化”句：羽化，即成仙。道教以为人能修炼成仙，如生羽翼而升天。登，升。

于是饮酒乐甚[17]，扣舷[18]而歌之。歌曰：“桂棹兮兰桨[19]，击空明兮溯流光[20]。渺渺兮予怀[21]，望美人兮天一方[22]。”客有吹洞箫[23]者，依歌而和之。其声呜呜然，如怨如慕，如泣如诉，余音袅袅[24]，不绝如缕，舞幽壑之潜蛟[25]，泣孤舟之嫠妇[26]。苏子愀然[27]，正襟危坐[28]而问客曰：“何为其然也[29]？客曰：“‘月明星稀，乌鹊南飞’，此非曹孟德之诗乎[30]？西望夏口[31]，东望武昌[32]，山川相缪[33]，郁乎苍苍[34]，此非孟德之困于周郎[35]者乎？方其破荆州[36]，下江陵[37]，顺流而东也，舳舻千里[38]，旌旗蔽空[39]，酾酒[40]临江，横槊[41]赋诗，固一世之雄也，而今安在[42]哉？况吾与子渔樵于江渚之上[43]，侣鱼虾而友麋鹿[44]，驾一叶之扁舟[45]，举匏樽以相属[46]。寄蜉蝣于天地[47]，渺沧海之一粟[48]，哀吾生之须臾[49]，羡长江之无穷。挟飞仙以遨游，抱明月而长终[50]。知不可乎骤得，托遗响于悲风[51]。”

⑰乐甚：快乐极了。

⑱扣舷：敲着船边。

⑲“桂棹（zhào）”句：桂棹、兰桨，皆划桨的美称。兮，语气词，相当于“啊”，用作诗句中的停顿，以获得一种节奏和语调。

⑳“击空明”句：“空明，指月光映照下透明的江水。流光，水面上晃动的月光。溯（sù），逆流而上。

㉑“渺渺”句：渺渺，遥远的样子。予怀，我的情怀。

㉒“望美人”句：美人，作者所思念之人。天一方，天各一方。

㉓洞箫：两头都空的箫。

㉔袅（niǎo）袅：细长婉转

㉕“舞幽壑（hè）”句：舞，使舞，此处作动词用。幽壑，深渊。潜，潜藏。

㉖“泣孤舟”句：孤舟，孤零零的一只船。嫠（lí）妇，寡妇。

㉗愀（qiǎo）然：不悦的样子。

㉘正襟危坐：整理衣襟，端正地坐着。

㉙“何为”句：为什么这样啊？

㉚“月明”三句：句出曹操乐府诗

魏太祖曹操像，图出自《三才图会》。曹操字孟德，三国时期政治家、文学家。在赤壁之战中败于孙刘联军。

周瑜像，图出自清·顾沅辑《古圣贤像传略》。周瑜是三国时期吴国将领，又称“周郎”。

《短歌行》。孟德，是曹操的字。

㉛夏口：汉水下游入长江处。

㉜武昌：在今湖北。

㉝相缪（liáo）：缭绕。缪，通“缭”。

㉞郁乎苍苍：郁乎，草木茂盛的样子。苍苍，青青。

㉟周郎：即周瑜，三国时孙吴名将。

㊱破荆州：事在建安十三年。荆州，治所在今湖北襄阳。

㊲下江陵：下，攻占，此处作动词用。江陵，今湖北江陵。

㊳舳（zhú）舻（lú）千里：舳，这里指船尾。舻，这里指船头。千里，极言船队之长，军势之壮。

㊴蔽空：遮天蔽日。

㊵酾（shī）酒：斟酒。

㊶横槊（shuò）：横端着长矛。

㊷安在：在哪里。

㊸“况吾”句：子，对对方的尊称。渔樵，本指打鱼砍柴，比喻隐居逍遥。这里指贬谪（zhé）在外，因寄身事外而犹如隐居。

㊹“侣鱼虾”句：侣、友，此处皆作动词用，与……为侣，与……为友。

㊺“驾一叶”句：一叶，小如一树叶。扁舟，小船。

㊻“举匏（páo）樽（zūn）”句：匏樽，葫芦做的酒器。属，祝，劝酒。

㊼“寄蜉（fú）蝣（yóu）”句：寄，托生。蜉蝣，小飞虫，仅能存活数小时，比喻人生之短暂渺小。

㊽“渺沧海”句：渺，渺小。粟，一粒米。

㊾须臾：一会儿。

㊿“挟飞仙”二句：挟，偕同。遨游，游逛。长终，长存。

(51)“知不可”二句：不可，不能。骤得，轻易得到。遗响，指箫声。

苏子曰：“客亦知夫[52]水与月乎？逝者如斯[53]，而未尝往也；盈虚者[54]如彼，而卒莫消长也[55]。盖将自其变者而观之，则天地曾不能以一瞬[56]；自其不变者而观之，则物与我皆无尽也，而又何羡[57]乎？且夫天地之间，物各有主，苟[58]非吾之所有，虽一毫而莫取[59]。惟江上之清风，与山间之明月，耳得之而为声，目遇之而成色，取之无禁[60]，用之不竭[61]，是造物者之无尽藏也[62]，而吾与子之所共适[63]。”

(52)夫：这。

(53)逝者如斯：逝者，流水。如斯，像这样。

⑭盈虚者：时满时缺的月亮。

⑮“而卒”句：卒，终于，始终。消长，增减。

⑯“盖将”二句：盖，如果。曾（zēng），简直。不能以一瞬，不能保持一会儿不变。瞬，一眨眼。

⑰何羡：有什么可羡慕的呢？

⑱苟：假如。

⑲莫取：不取。

⑳无禁：无人禁止。

㉑不竭：不会枯竭。

㉒“是造物者”句：造物者，老天。无尽藏（zàng葬），无尽的宝藏。

㉓共适：共同享用。

客喜而笑，洗盏更酌。肴核[64]既尽，杯盘狼藉[65]。相与枕藉[66]乎舟中，不知东方之既白[67]。

⑭肴核：菜肴和果品。

⑮狼藉：杂乱的样子。

⑯相与枕藉：相与，一起。枕藉，互相枕着靠着。

⑰既白：既，已经。白，发白，天亮，此处作动词用。

【译文】

元丰五年秋天，七月十六日。我和客人们一起乘船，游于黄冈赤壁矶江岸的下面。清风悠悠而来，江面也没有波澜。主人高举着斟满的杯酒劝请坐客，诵读了《陈风·月出》的诗篇，又吟唱了那“舒窈纠兮，劳心悄兮”的首章。一会儿工夫，圆圆的月亮就从东山升起，徘徊漫步于南斗和牵牛两个星座之间。白蒙蒙的雾露横过了江面，闪闪的波光遥接着天边。放任我们的一苇轻舟自在而行，凌驾着万顷烟波而四顾茫然。浩大无边啊，我们好像乘着天风在太空飞行，不知到哪儿才能休止。飘舞翩翩仿佛远离人世，无牵无挂变成神仙。

于是，酒越喝越高兴，就敲击船舷唱起歌来，唱道：

桂树的长棹呀木兰的双桨，

划开透明的月色迎着东来的水光。

遥远无尽的是我心上的思念，

我思念的美人呀在天的那方。

有位客人吹起了洞箫，随着合唱的歌声悠扬伴奏。那呜呜咽咽的声音，好像在怨恨，在思慕，又像在啜泣，在倾诉，尾音又柔又细像要断未断的一缕长丝。幽谷深潭里潜伏着的蛟龙为之而起舞，野水孤舟中守船的寡妇为之而哭泣。我不禁有些感悟，问客人说：“这箫声为什么如此悲凉呢？”客人说：“‘月明星稀，乌鹊南飞’，这不是曹操的诗么？我们西望夏口，东望武昌，这一片山川缭绕，烟树苍苍的地方，不正是曹操当年被周郎困辱而逃跑的古战场么？当初他取得荆州，南下江陵，大军从上游顺流东下的时候，战船衔接，前后千里，旌旗飘舞，蔽日遮天，他那举酒临江，横槊赋诗的气概，也算得是气吞一世的英雄人物了，可是他而今又在

“曹操赤壁败绩”图，描绘了曹操在赤壁被孙刘联军用火攻打败的情景。

哪儿呢？况且，我和你只不过像浪迹江湖洲岛之间的两个渔翁和樵夫，成朋作伴的只有鱼虾和麋鹿，每天驾着一叶小舟，碰面就互相劝酒举壶。永恒的宇宙中寄托着我们蜉蝣似的短暂生命，汪洋无边的大海里，我们不过是渺小的一粟。悲叹人类的寿命不过匆匆片刻，羡慕长江的流水这样无止无穷。只想携带着飞仙而一起遨游，更愿拥抱着明月而万古长终。明知这样好的时机不会让我碰上，只好把箫声寄给悲凉的秋风。”

我说：“客人，你又理解水和月亮么？江水是这样昼夜不停地东流不返，但又可以说它万古长存而不曾流去；月亮是那样时圆时缺变化不定，但也可以说它一直圆满而并无增减。大概说来，如果从变的方面来观察，整个天地就没有一瞬一息时间停止不动；如果从不变的方面来观察，万物和我们人类都是长存不改的，你又何必羡慕长江的无穷呢？且说，天地间的一切物品，都各自有其主人，假如不是我们所有的东西，那怕是一丝一毫，我们也不能取用。惟有江上的清风和山间的明月，我们耳朵听来，就是美好的音乐；眼睛看去，就是美丽的画图。我们要取多少，就是多少，从来没有人来禁止干涉；我们要用多少，就有多少，也从来不曾用光用净。这就是造物主留给我们的源源不竭的宝藏，而我和你们可以共同享受。”

客人高兴地笑了，洗净酒杯，重斟再饮，直到酒干菜净，杯盘凌乱，大家就我歪你靠地在船上睡着了，不知不觉天已放亮。

后赤壁赋

苏 轼

【题解】

苏轼作《前赤壁赋》后三个月，又写了这篇《后赤壁赋》。文中叙述了复游赤壁的起因，描写了泛舟赤壁和登山观览的所见所闻，末尾记述的是夜梦境，寄寓着作者贬谪期间悲凉孤寂的心境和超然出世的奇想。

是岁十月之望①，步自雪堂，将归于临皋②。二客从予，过黄泥之坂③。霜露既降，木叶尽脱，人影在地，仰见明月，顾④而乐之，行歌⑤相答。已而⑥叹曰："有客无酒，有酒无肴。月白风清，如此良夜何！"客曰："今者薄暮，举网得鱼，巨口细鳞，状如松江之鲈⑦。顾⑧安所得酒乎？"归而谋诸⑨妇。妇曰："我有斗⑩酒，藏之久矣，以待子不时之需⑪。"

①是岁：这年。指作《前赤壁赋》的同一年，即1082年。望：阴历每月十五日。

②雪堂、临皋：临皋即临皋馆，也称临皋亭，在黄冈县南长江边上。苏轼于1080年贬到黄州（今黄冈县）做团练副使，就住在临皋馆，并在附近的东坡筑雪堂，自号为东坡居士。

③黄泥之坂：即黄泥坂，是雪堂与临皋间往来的必经之路。坂，山坡。

④顾：看。

⑤行歌：且行且唱，互相酬答。

⑥已而：一会儿。

⑦松江：松江县，现属上海市。以产鲈鱼著名。

⑧顾：表示转折，等于说"但是"，"不过"。安所：什么地方。

⑨诸："之于"的合音。

⑩斗：盛酒器。

⑪子：古人对男女第二人称的尊称。不时：预料不到的时候。

于是携酒与鱼，复游于赤壁之下。江流有声，断岸千尺，山高月小，水落石出。曾日月之几何，而江山不可复识矣！予乃摄衣而上，履巉岩⑫，披蒙茸⑬，踞虎豹，登虬龙⑭，攀栖鹘之危巢⑮，俯冯夷之幽宫⑯。盖二客不能从焉。划然长啸⑰，草木震动，山鸣谷应，风起水涌⑱。予亦悄然⑲而悲，肃然⑳而恐，凛乎㉑其不可留也。反㉒而登舟，放乎中流㉓，听其所止而休焉。时夜将半，四顾寂寥。适有孤鹤，横江东来，翅如车轮，玄裳缟衣㉔，戛㉕然长鸣，掠予舟而西也。

⑫履：践，踏。岩：险峻的山崖。
⑬披：分开。蒙茸：杂乱的丛草。
⑭虬龙：指虬龙状的树木，形容树干弯曲的形状。虬，古代传说中的一种有角的小龙。
⑮鹘：隼，一种凶鸟。危：高而险。
⑯冯夷：古代传说中的水神名。幽宫：幽深的水府。
⑰划然：指长啸声。啸：撮口发出长而清的声音，借以抒发郁郁不乐的情怀。
⑱风起水涌：原是自然现象，作者故意附会为长啸的结果，借以衬托自己的心情。
⑲悄然：忧愁的样子。
⑳肃然：严肃的样子。这里指害怕的样子。
㉑凛乎：令人敬畏的样子。
㉒反：通“返”。
㉓中流：水流当中。
㉔玄裳缟衣：黑裙白衣。裳，古人称下衣为裳。
㉕戛然：象声词。这里指鸟鸣声。

须臾客去，予亦就睡。梦一道士，羽衣蹁跹[26]，过临皋之下，揖[27]予而言曰：“赤壁之游乐乎？”问其姓名，俯而不答。呜呼噫嘻[28]！我知之矣！“畴昔[29]之夜，飞鸣而过我者，非子也耶？”道士顾笑，予亦惊寤[30]。开户视之，不见其处。

㉖羽衣：道士穿的衣服。蹁跹：旋转的舞态，这里比喻道士体态轻盈。
㉗揖：旧时拱手礼。
㉘呜呼噫嘻：感叹词。
㉙畴昔：往日。这里指昨日。畴：往日。此处指昨天。
㉚寤：睡醒。

【译文】

这年十月十五日，我走出雪堂打算回到临皋亭。有两个客人与我同行，经过黄泥坂时，看见霜露降临之后，树木的叶子全都脱落了。我们的身影在地上移动，抬头仰望，原来明月已经高挂天上。彼此相看，都很喜欢这夜晚的景色，便边走加唱了起来。

过了一会儿，我叹惜道：“有客人没有酒，即使有酒又无佳肴。月明风清，怎样度过这美好的夜晚呢？”一个客人回答说：“今天傍晚的时候，我撒网捕得一条鱼，大嘴巴，细鳞片，形状如同松江的鲈鱼，可是从哪里去弄到酒呢？”我就回去跟妻子商量，妻子说：“我有一斗酒，贮藏它已经很久了，预备供你随时取用。”

于是，我们带上酒和鱼，再去赤壁的下面游玩。江中的流水哗哗有声，断壁危岸有千尺之高；山高高的，月亮显得很小；水位下落，礁石便露出来了。日月并未过去多久，江山却已不再能够认识了。我就提起衣襟上岸，脚踏险峻的山岩，手披杂乱的野草，坐在虎豹般的怪石上休息，登上虬龙般的树枝上远眺，高攀栖着鹘鸟的危巢，俯视住着水神冯夷的深宫。那两个客人没有能够爬上来。我站在高处一声长啸，划破了夜空的寂静，引起了草木的震动，山谷也发生了共鸣，风也在刮，水也在涌。我不禁悲从中来，暗自忧伤；忽又严肃惊恐，感到紧张，心想这里不可久留了。便返身回走登船，把船划到江心，听凭它自由自在地飘荡，飘到哪里停下来，就在哪里休息。

这时，将近半夜了，望望四周，冷冷清清，安静极了。忽然，有只孤鹤横穿大江上空，从东边飞来，张开的两翅如同车轮一样，身上穿着白色的上衣黑色的裙裳，戛然一声长鸣，掠过我们的小船，向西边飞去。

客人告辞，我也回家睡觉。梦见一位道士，穿着羽毛制成的衣服，踏着飘逸的步子，蹁跹而来，经过临皋亭的下面，向我拱手作揖，问我："赤壁之游快乐吗?"我问他的姓名，他低着头不回答。"噢！哎呀！我知道了。昨天夜里，从我的船上飞鸣而过的，不就是你吗?"道士回头笑了笑，我也被惊醒了。开门四周察看，已经不见他的踪影。

三槐堂铭

苏　轼

【题解】

三槐堂，是北宋初期王祐家的厅堂，因王祐在庭院中种了三株槐树而得名。据传，古代以三槐象征朝廷中官职最高的三公。“铭”是古时用以歌功颂德或引以为鉴戒的文体。

本文主要赞颂了王祐的功业、品格及其子孙的贤德，但其中贯穿着因果报应的天命观。写作上从设疑起笔，剖析事例，并以他人作陪烘托，文势曲折而又不失通畅。

《东周列国志》版画之楚国大臣申包胥像。春秋后期，吴国占领楚国国都，楚国即将灭亡，申包胥请求秦国出兵相救，秦王不允，申包胥靠在庭院的墙上日夜哭泣，滴水未进达七天之久，秦国乃出师救楚。

天可必乎？贤者不必贵，仁者不必寿。天不可必乎？仁者必有后。二者将安取衷[1]哉？吾闻之申包胥[2]曰：“人定[3]者胜天，天定[4]亦能胜人。”世之论天者，皆不待其定而求之，故以天为茫茫。善者以怠[5]，恶者以肆[6]。盗跖[7]之寿，孔、颜[8]之厄[9]，此皆天之未定者也。松柏生于山林，其始也，困于蓬蒿，厄于牛羊，而其终也，贯四时、阅[10]千岁而不改[11]者，其天定也。善恶之报，至于子孙，则其定也久矣。吾以所见所闻考之，而其可必也审[12]矣。国之将兴，必有世德[13]之臣厚施而不食其报，然后其子孙能与守文太平之主共天下之福。

①衷：通“中”，正确。

②申包胥：姓公孙，封地在胥，故称申包胥，春秋时楚国大夫。

③人定：人的意志。

④天定：天的意志，天道。

⑤怠：懈怠。

⑥肆：放肆。

⑦跖：传说是春秋末期的奴隶起义领袖。

⑧孔、颜：即孔子和他的弟子颜回。

⑨厄：受困，困窘。

⑩阅：经历。

⑪孜：凋零。

⑫审：明白。

⑬世德：世代积德。

故兵部待郎晋国王公[14]，显[15]于汉、周之际，历事太祖、太宗[16]，文武忠孝，天下望[17]以为相，而公卒以直道[18]不容于时。盖尝手植三槐于庭，曰："吾子孙必有为三公[19]者。"已而其子魏国文正公[20]，相真宗[21]皇帝于景德、祥符[22]之间，朝廷清明、天下无事之时，享其福禄荣名者十有[23]八年。今夫寓物于人，明日而取之，有得有否。而晋公修德于身，责报于天，取必于数十年之后，如持左契[24]，交手相付，吾是以知天之果可必也。

⑭兵部待郎晋国王公：即王祜，字景叔，五代末年至宋代初年人。

⑮显：显赫。

⑯太祖、太宗：即宋太祖赵匡胤、宋太宗赵匡义。

⑰望：盼望。

⑱直道：刚正不阿。

⑲三公：指丞相、太尉、御史大夫，位高而无实际职务。

⑳魏国文正公：即王旦，字子明，王祜之子。

㉑真宗；即宋真宗赵恒。

㉒景德：宋真宗年号（公元1004年－公元1007年）。祥符：大中祥符的简称，宋真宗年号（公元1008年－公元1016年）。

㉓有：又。

㉔左契：古代的契约分为左、右两联。左契即契约的左联。

吾不及见魏公，而见其子懿敏公[25]。以直谏事仁宗[26]皇帝，出入待从将帅三十余年，位不满其德。天将复兴王氏也欤？何其子孙之多贤也？世有以晋公比李栖筠[27]者，其雄才直气，真不相上下。而栖筠之子吉甫[28]、其孙德裕[29]，功名富贵略与王氏等。而忠恕仁厚，不及魏公父子。由此观之，王氏之福，盖未艾[30]也。

㉕懿敏公：即王素，字仲仪，王旦之子。

㉖仁宗：即宋仁宗赵祯。

㉗李栖筠：字贞一，唐代宗时人。

李德裕像，图出自清·孔继尧绘《吴郡名贤图传赞》。

㉘吉甫：即李吉甫，字弘宪，李栖筠之子。

㉙德裕：即李德裕，字文饶，李吉甫之子，唐武宗时曾任宰相。

㉚艾：结束，停止。

懿敏公之子巩[31]与吾游[32]，好德而文，以世其家，吾以是铭之。铭曰：呜呼休哉！魏公之业，与槐俱萌，封植之勤，必世乃成。既相真宗，四方砥平[33]，归视其家，槐阴满庭。吾侪[34]小人，朝不及夕，相时射利，皇[35]恤厥[36]德？庶几[37]侥幸，不种而获。不有君子，其何能国。王城[38]之东，晋公所庐，郁郁三槐，惟德之符。呜呼休哉！

㉛巩：即王巩，字定国，王素之子，自号清虚先生。

㉜游：交游。

㉝砥平：像磨刀石一样平，这里指国家平定。砥，音 dǐ，磨刀石。

㉞吾侪：我辈。侪，音 chái，辈。

㉟皇：通“遑”，闲暇。

㊱厥：其。

㊲庶几：大概。

㊳王城：即都城汴京，今河南开封。

【译文】

天道能灵验吗？贤能的人未必富贵，仁爱的人也不一定长寿。天道不一定灵验吗？但是仁慈的人一定会有好的后代。这二者哪一种是恰当的呢？

我听申包胥说过：“人的意志能战胜天命，天意也能战胜人。”世上谈论天的人，都不等到天意最终显示出来就去验证它，因此认为天是渺茫不可捉摸的。善良的人由此而懈怠，邪恶的人由此而放纵。盗跖的长寿，孔子、颜回的困厄，这都是天意没有最终显示出来的缘由。松柏生长在山林，起初，被困在蓬蒿之下，遭牛羊践踏；而它最终贯穿四季，经历千年而挺立不变，这是天意的最终显示。人的善恶报应，直到子孙，那是天意早就定下的。我用自己见到和听到的事来考证，天道一定能够灵验。

国家将要兴盛，一定有累世积德的臣属，做了很多善事而没有享受应有的回报，以后他的子孙能与遵循成法的太平盛世的国君共同享受天下之福。所以已去世的兵部侍郎、晋国公王祐先生，在后汉、后周之间就已显贵，前后侍奉太祖、太宗，能文能武，又忠又孝，天下人都希望他当宰相，可是他最后因正直而不被当时朝廷容纳。他在庭院里曾亲手种了三株槐树，说："我的子孙一定会有做三公的。"后来，他的儿子魏国文正公，在真宗皇帝景德、大中祥符年间当了宰相。朝廷政治清明，天下太平的时候，享受福禄荣耀名声十八年。如今把东西寄放在别人那里，第二天就去拿回，有拿得到也有拿不到的。然而晋国公自身修养德行，以求上天的报应，在几十年之后得到上天的报应，就好像拿着契约的左半，一手交契一手拿回所得，我因此知道天是必然灵验的。

我没来得及见到魏国公，却看到了他的儿子懿敏公。他以直言极谏侍奉仁宗皇帝，在朝内外跟随将领统帅三十多年，地位比不上他的品行。天意将要振兴王家吧？怎么他的子孙有那么多贤人呢？世上有人把晋国公比作李栖筠的，他们雄才大略，性格刚直，确实不相上下。而栖筠的儿子吉甫、孙子德裕，获得的功名富贵差不多和王家相似，但忠恕仁厚，不如魏国公父子。由此看来，王家的福分大概还没有完结。

懿敏公的儿子王巩和我有来往，他崇尚品行修养而又善于诗文，这样来继承他世代的家风，我因此作铭记叙。铭文说："啊！这多么好啊！魏国公的勋业，和槐树一起萌兴。浇灌培植的辛勤，必经世代才成。做了宰相辅佐真宗，天下安宁。回来探望自己的家，槐荫遮满庭院。我们这些无德才之辈，早上不顾晚上，寻找时机谋取好处，哪里顾及品德修养，只希望有意外的机会，不耕作就有收获。没有贤德的人，怎么能治理国家？在京城的东面，是晋国公的住所，葱郁茂盛的三株槐树，就是王道家德的象征。啊！这多么美好啊！"

方山子传

苏　轼

【题解】

本文不同于一般传记，一是传主尚未去世，二是不叙述传主世系及生平行事，只是选取了传主的生活片断以记叙，应是“别传”的体裁。传主方山子，名陈慥，字季常，是苏轼的好友。文章概括地写了方山子少年慕游侠，壮年折节读书而不遇，晚年归隐，突出了他不慕名利，舍弃功利而甘愿贫贱的品格。文章叙事，描写、议论交相并用，生动形象。

方山子[①]，光、黄间隐人也[②]。少时慕朱家、郭解为人[③]，闾里之侠皆宗之。稍壮，折节读书[④]，欲以此驰骋当世，然终不遇。晚乃遁于光、黄间，曰岐亭[⑤]。庵居蔬食，不与世相闻。弃车马，毁冠服，徒步往来山中，人莫识也。见其所著帽，方耸而高[⑥]，曰：“此岂古方山冠之遗像乎！[⑦]”因谓之方山子。

①方山子：陈慥，字季常，号方山子，终身不仕。苏轼在凤翔任签判时即与他交往。

②光、黄：光州（治所在今河南潢川）、黄州（治所在今湖北黄冈）。

③朱家、郭解：汉初著名游侠。事见《史记·游侠列传》。

④折节：改变以往的志向和行为。

⑤岐亭：镇名，在今湖北麻城西南。

⑥方耸：方形帽顶。耸，帽顶。

⑦方山冠：汉代祭祀宗庙时乐人所戴，唐宋时为隐士所用。

余谪居于黄，过岐亭，适见焉[⑧]。曰：“呜呼！此吾故人陈慥季常也，何为而在此？”方山子亦矍然问余所以至此者。余告之故。俯而不答，仰而笑，呼余宿其家，环堵萧然[⑨]，而妻子奴婢皆有自得之意。余既耸然异之。独念方山子少时，使酒好剑，用财如粪土。前十九年[⑩]，余在岐山[⑪]，见方山子从两骑，挟二矢，游西山，鹊起于前，使骑逐而射之，不获。方山子怒马独出[⑫]，一发得之。因与余马上论用兵及古今成败，自谓一时豪士。今几日耳，精悍之色，犹见于眉间，而岂山中之人哉？

⑧“余谪居”三句：指元丰三年（公元1080年）正月，苏轼前往黄州贬所，途经岐亭，遇陈慥，停留五天才离去。

⑨环堵萧然：形容住所简陋，空无一物。

⑩前十九年：嘉祐八年（公元1063年）苏轼任凤翔签判时，陈希亮继任知府。苏轼即与其幼子陈慥订交，至此正好十九年。

⑪岐下：即凤翔，境内有岐山，故称。

⑫怒马：形容马迅猛奔驰。怒，这里是振奋的意思。

然方山子世有勋阀[13]，当得官[14]，使从事于其间，今已显闻[15]。而其家在洛阳，园宅壮丽，与公侯等。河北有田，岁得帛千匹，亦足以富乐。皆弃不取，独来穷山中，此岂无得而然哉？

⑬勋阀，功臣门第。

⑭当得官：应当荫补得官。陈慥父陈希亮（字公弼），进士出身，苏轼在《陈公弼传》中说陈希亮有荫补子弟的机会，常让给族中子弟，因此陈慥反而未能得官。

⑮"使从事"二句：假如陈慥做官的话，现在已是名声显著了。

余闻光、黄间多异人[16]，往往佯狂垢污[17]，不可得而见，方山子傥见之欤？

⑯异人：有特别才能或性格的人。

⑰垢污：涂抹脏物。

【译文】

方山子，隐居在光州、黄州地区。年轻时，敬仰古代豪侠朱家、郭解的为人，乡里的侠士们都很信服他。刚长大成人，便改变以往的志趣，发奋读书，想以此干一番大事业，却始终没有得到重用。晚年就隐居在光州、黄州地区，一个叫做岐亭的地方。住茅屋吃素食，不与社会交往；甚至抛弃了常用的车马，毁掉了书生的衣帽，在山中徒步往来，谁也不认识他。看见他戴的那顶帽子，四方帽顶高高耸起，人们说："这不就是古代方山冠遗留下来的样子吗？"于是，就称他为"方山子。"

我因被贬官住在黄州，经过岐亭正巧遇见了他。我说："哎呀！这就是我的老朋友陈慥陈季常呀！为什么住在这地方呢？"方山子也惊讶地睁大眼睛问我为什么会到这里来。我把原因告诉了他。他先是沉默不语，接着又仰天长笑，招呼我去他家里留宿。他的居室狭小简陋，萧条冷落，可是他的妻子、儿女和奴婢们都显出一种安适自在的样子。

我对这种情景感到有些惊讶，回想起方山子年轻的时候，纵情饮酒，舞弄刀剑，挥金如土的神情。十九年前，我在岐山脚下，看见方山子带着两个骑马的随从，臂下夹着两支箭，在西山游猎。见前方飞起一只喜鹊，方山子派随从去追射，都没有射中。而方山子却一马当先，飞快地追了上去，一箭就射中了。于是，他就同我在马上谈论起如何用兵及古今成败的道理，自称是一代豪杰。现在想起当时的情景好像才过去几天，他那精明强悍的神气，还能从他的眉宇之间看得出来，这哪像个隐居深山的人呢？

但是，方山子世代有功勋，他理应得到官职。假使他能在朝廷大臣之间参与政事的话，现在他已经显耀闻名了。他的家原在洛阳，花园住宅都雄伟富丽，可以同公侯之家比美。黄河北岸还有田地，每年有上千匹丝帛的收入，也足够他过富裕安乐的日子了。但是他把这些财富完全扔掉不要，偏偏来到这偏僻的山沟里，难道没有什么体会，就能这样做吗？

我听黄州、光州一带有许多怪人，常常行为怪异，浑身污垢，一般人很难见到他们。方山子或许能看见他们吧？

六国论

苏　辙

【题解】

苏辙（公元1039年－公元1112年），字子由，眉州眉山（今四川眉山）人。苏轼之弟。与苏轼同为仁宗嘉祐二年（公元1057年）进士，又同策制举，授商州军事推官。神宗时曾为制置三司条例司僚属，因反对王安石变法，出为河南府推官。哲宗时为右司谏，官至尚书右丞、门下侍郎。后又遭贬。徽宗时以太中大夫致仕，退居颍川，号颍滨遗老。谥文定。

苏辙与父苏洵、兄苏轼并称“三苏”，同列唐宋古文八大家。“其文如其为人，故汪洋澹泊，有一唱三叹之声，而其秀洁之气终不可没”（苏轼《答张文潜书》）。著有《栾城集》。

六国，指战国时与秦国抗衡而先后灭亡的齐、楚、燕、赵、韩、魏六个诸侯国。六国灭亡的原因，是历代文人探讨不衰的论题。苏辙的父亲苏洵也写有一篇题为《六国》的史论，认为六国衰亡的原因在于六国的统治者不敢与秦国抗衡，而采取赂秦以求苟安的政策，即“六国破灭，非兵不利，战不善，弊在赂秦。赂秦而力亏，破灭之道也”。苏辙则从韩、魏两国所处的战略地位出发，也认为六国未能团结一致共同对付秦国，反而目光短浅，见小利而忘大患，彼此间“背盟败约，以自相屠灭，秦兵未出，而天下诸侯已自困矣。”其视角虽然与其父不同，也未能全面论述六国破灭的历史原因；但均是有感而发，出于对北宋面临辽和西夏两个少数民族政权的侵扰的忧患而言，具有明确的现实针对性。本文以史实为论据，从正反两个方面论述，观点鲜明，脉络清晰，分析精当，逻辑严密，体现出苏辙散文气势奔放、笔力雄健的一面。

尝读六国世家①，窃怪天下之诸侯以五倍之地，十倍之众，发愤西向，以攻山西千里之秦②，而不免于灭亡。常为之深思远虑，以为必有可以自安之计。盖未尝不咎其当时之士虑患之疏而见利之浅，且不知天下之势也。

①六国：当时这六个国家拥有的领土为：齐国位于今山东大部及河北东南部，楚国位于江淮流域的广大地区，燕国位于今河北北部及辽宁西南部，韩国位于今山西东南部及河南中部，赵国位于今山西北部及河北西部，魏国位于今河南北部及河北南部。其中韩、魏两国与秦国接壤。《世家》：《史记》中专门记载世袭诸侯的史实的一种传记。

②秦：战国时位于崤山（今河南西部）以西的国家，位于今陕西、甘肃一带。

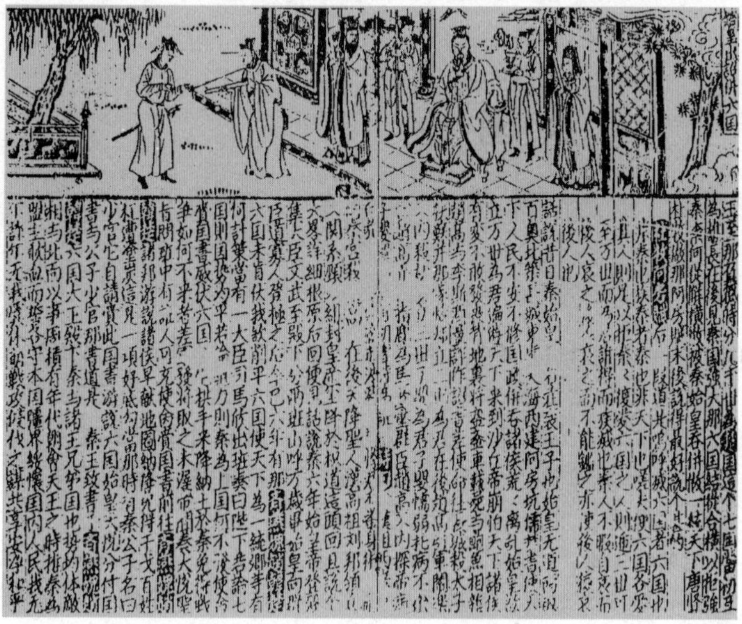

“秦始皇发诏灭六国”图

夫秦之所与诸侯争天下者，不在齐、楚、燕、赵也，而在韩、魏之郊[3]。诸侯之所与秦争天下者，不在齐、楚、燕、赵也，而在韩、魏之野。秦之有韩、魏，譬如人之有腹心之疾也。韩、魏塞秦之冲[4]，而蔽山东之诸侯[5]，故夫天下之所重者，莫如韩、魏也。昔者范雎用于秦而收韩[6]，商鞅用于秦而收魏[7]。昭王未得韩、魏之心，而出兵以攻齐之刚、寿[8]，而范雎以为忧，然则秦之所忌者可见矣。

③郊：古代称城邑之外为郊，五十里为近郊，一百里为远郊，引申为城外、国土。下文的“野”同义。在行文中，变换一个同义词以避免重复，在古文中较常见。

④冲：交通或军事要道。塞：挡住，阻挡。

⑤山东：崤山之东。在这里特指齐、楚、燕、赵四国。

⑥范雎（jū）：战国时魏国人，在秦昭王时任秦相。他向昭王提出了“远交近攻”的策略，主张先攻取邻近秦国而又国势衰败的韩国，然后再攻打其他各国。

⑦商鞅：战国时卫国人，在秦孝公时任秦相，辅佐孝公变法图强，曾劝孝公攻打魏国，他认为吞并魏国后，可以东向完成统一大业。

⑧“昭王”两句：秦昭王三十七年（前270年），秦出兵攻齐，夺取了刚、寿两邑。范雎不同意这一行动，认为越过韩、魏去攻打齐国是错误的。刚，今山东宁阳；寿，今山东东平。

秦之用兵于燕、赵，秦之危事也。越韩过魏而攻人之国都，燕、赵拒之于前，而韩、魏乘之于后，此危道也。而秦之攻燕、赵，未尝有韩、魏之忧，则韩、魏之附秦故也。夫韩、魏诸侯之障，而使秦人得出入于其间，此岂知天下之势耶？委区区之韩、魏，以当强虎狼之秦，彼安得不折而入于秦哉？韩、魏折而入于秦，然后秦人得通其兵于东诸侯，而使天下遍受其祸。

夫韩、魏不能独当秦，而天下之诸侯藉之以蔽其西，故莫如厚韩亲魏以摈秦⑨。秦人不敢逾韩、魏以窥齐、楚、燕、赵之国，而齐、楚、燕、赵之国，因得以自完于其间矣。以四无事之国，佐当寇之韩、魏，使韩、魏无东顾之忧，而为天下出身以当秦兵。以二国委秦，而四国休息于内，以阴助其急，若此可以应夫无穷，彼秦者将何为哉？不知出此，而乃贪疆埸尺寸之利⑩，背盟败约，以自相屠灭。秦兵未出，而天下诸侯已自困矣。至于秦人得伺其隙，以取其国，可不悲哉！

⑨摈（bìn）：弃掉，引申为抗拒。

⑩疆埸：疆界，边界。

【译文】

我曾经读过《史记》的六国世家，让我感到奇怪的是：各路诸侯，凭着大于秦国五倍的土地，十倍于秦国的民众，发愤向西攻打殽山西边方圆只有千里的秦国，却不免于灭亡。我常常为这件事深思熟虑，认为一定有能够使他们得以保全的计策。因此我总是责怪那时候的谋士，认为他们考虑忧患的时候是很不周祥的，看到的利益也只是表面上的一些小利，没能正确估计天下的形势。

秦国同诸侯争夺天下的要害，不在齐、楚、燕、赵，而是在韩、魏的城郊，诸侯要和秦国争夺天下的要害，不是在齐、楚、燕、赵，而是在韩、魏的野外。秦国因为有了韩国和魏国的存在，就好像人的心腹得了疾病一样。韩国和魏国位于秦国出入关中的要冲之上，蔽护着崤山以东的诸侯；所以天下都看重的，没有超过韩国、魏国的了。从前范雎为秦国重用，秦国因此收服了韩国；商鞅为秦国所用，秦国因此收服了魏国。秦昭王没有得到韩国、魏国的真心归附，就出兵去攻打齐国的刚地、寿地，范雎为此而担忧，所以秦国所顾忌的事情就

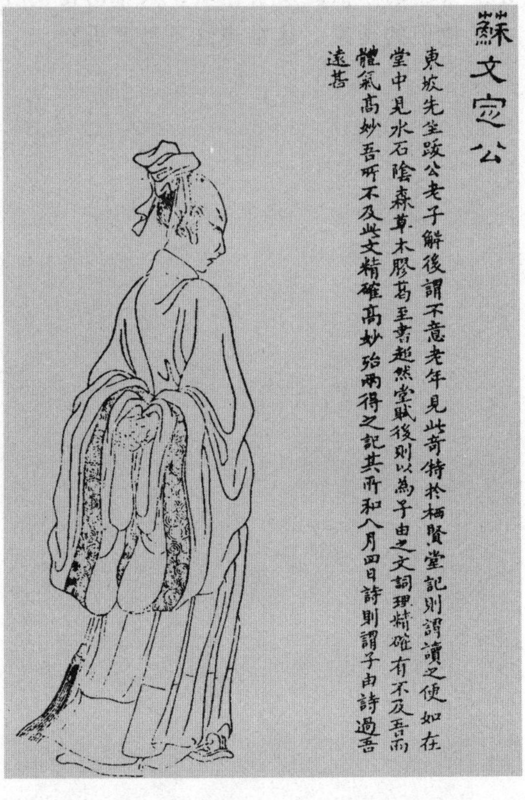

苏辙像，图出自清·上官周《晚笑堂画传》。苏辙字子由，是苏洵之子，苏轼之弟，三人同为北宋的文学家，合称“三苏”。

能够看到了。

秦国出兵燕国、赵国，这对秦国来讲是件危险的事情。越过韩、魏两国而去攻打另一个国都，燕国、赵国在前面抵抗，而韩国、魏国可从背后偷袭，这是非常危险的做法。而秦国攻打燕国、赵国却没有担心韩、魏两国偷袭的忧虑，这是因为韩、魏两国归附了秦国的缘故。韩、魏两国是诸侯们的屏障，却使秦国可以在它们的国土上任意往来，这难道是知道天下的形势吗？让小小的韩、魏两国，来抵挡如虎狼一样的秦国，他们怎能不屈从而归附秦国呢？而后秦国得以对崤山以东的诸侯出兵攻打，从而使天下遍受灾祸。

韩国和魏国没能力抵抗秦国，而天下的诸侯却要凭借着它们来屏蔽西面的秦国，所以不如与韩、魏两国亲好以排斥秦国。秦国人不敢越过韩、魏两国窥视齐、楚、燕、赵等国，而齐、楚、燕、赵等国因而得以在其间自我保全。拿四个太平无事的国家，协助抵挡敌人的韩、魏两国，使韩、魏两国没有东顾之忧，而为天下挺身而出，抵挡秦兵。让韩、魏两国对付秦国，而四国在后方休养生息，并且暗中帮助韩、魏两国应对危难，像这样可以应付多变的局势，那秦国又能怎么样呢？六国诸侯不知道要采用这种策略，却只贪图边境上尺寸土地的利益，违背盟约，自相残杀。秦国的军队还没有出动，天下的诸侯自己就已经疲倦了。使秦人有机可乘，吞并了他们的国家，这难道这不可悲吗？

上枢密韩太尉书[1]

苏　辙

【题解】

这是苏辙为了求见枢密使韩琦而呈上的一封书信。他在立意上却很巧妙，从作文养气，说到游历名山大川，由名山大川的壮观，说到晋见欧阳修；又由欧阳修再说到愿见韩太尉，才点出上书本意。既表达了对韩琦的景仰，又不显得低声下气。

文中提出文章是“气”（作者的气质、修养等）的表现，作者应摆脱书本的局限，从游览山川、扩大交游、开拓见闻中培养和提高自己的精神气质，虽有片面之处，但还是有一定道理的。

太尉执事[2]：辙生好为文，思之至深。以为文者气之所形[3]，然文不可以学而能，气可以养而致。孟子曰：“我善养吾浩然之气[4]。”今观其文章，宽厚宏博，充乎天地之间，称其气之小大[5]。太史公行天下[6]，周览四海名山大川，与燕、赵间豪俊交游[7]，故其文疏荡[8]，颇有奇气[9]。此二子者，岂尝执笔学为如此之文哉？其气充乎其中[10]而溢乎其貌[11]，动乎其言而见乎其文[12]，而不自知也。

司马迁像，图选自明万历刻本《三才图会》。司马迁因曾任太史令，故自称“太史公”。

①本篇为苏辙考取进士后，写给韩琦的一封信，表达其对韩琦的仰慕求见之情。枢密韩太尉，指韩琦，字稚圭，安阳人。官至宰相，是仁宗、神宗两朝重臣，名闻天下。枢密，官名。韩琦于仁宗朝充枢密使，掌全国兵马，其职位相当于秦、汉时太尉，故称韩太尉。

②执事：义同左右。意谓不敢直接通信，托左右办事的人转达。是古代信函中常用的对对方的敬称。

③“以为”二句：意为文章是作者气

质的表现。形，显现。

④“吾善”句：语出《孟子·公孙丑上》。浩然之气，刚正不阿之气。

⑤“称其”句：意谓孟子的文章和他的浩然之气相称。

⑥太史公：指司马迁，因任太史令，故自称太史公。行天下：司马迁为官前，曾漫游天下，足迹遍大江南北。为官后或奉命出使，或陪侍武帝出游封禅，又到过许多地方。参见《史记·太史公自序》、《五帝本纪》。

⑦燕、赵：指今河北、山西一带，战国时为燕、赵之地。豪俊：豪杰俊秀，指才能杰出的人。

⑧疏荡：疏朗奔放不拘谨。

⑨奇气：奇特新颖之气，指文章风格。

⑩中：内心。

⑪溢：流露。貌：外表。

⑫见：同现，表现。

辙生十有九年矣。其居家所与游者，不过其邻里乡党之人⑬；所见不过数百里之间，无高山大野可登览以自广；百氏之书⑭，虽无所不读，然皆古人之陈迹，不足以激发其志气。恐遂汩没⑮，故决然舍去，求天下奇闻壮观，以知天地之广大。过秦、汉之故都⑯，恣观终南、嵩、华之高⑰，北顾黄河之奔流，慨然想见古之豪杰。至京师⑱，仰观天子宫阙之壮⑲，与仓廪、府库、城池、苑囿之富且大也⑳，而后知天下之巨丽。见翰林欧阳公㉑，听其议论之宏辩㉒，观其容貌之秀伟，与其门人贤士大夫游㉓，而后知天下之文章聚乎此也。太尉以才略冠天下㉔，天下之所恃以无忧，四夷之所惮以不敢发㉕，入则周公、召公，出则方叔、召虎㉖。而辙也未之见焉。

⑬邻里乡党：泛指乡里。

⑭百氏之书：诸子百家的著作。

⑮汩（gǔ）没：埋没。

⑯秦、汉之故都：秦都咸阳（今陕西咸阳东），西汉都长安（今陕西西安），东汉都洛阳（今属河南）。

⑰恣观：纵情观览。终南：山名，在今陕西西安南。嵩：嵩山，五岳之一，在今河南郑州西南。华：华山，五岳之一，在今陕西华阴境。

⑱京师：京都，指汴京，即今河南开封。

⑲宫阙：宫殿。阙，宫门外的望楼。

⑳仓廪：粮仓。池：护城河。苑囿：园林。富：众多。

㉑翰林欧阳公：即欧阳修。时欧阳修官翰林学士，苏辙中进士，主考官即欧阳修。

㉒宏辩：雄辩。指见识广博，言词明快。辨，通辩。

㉓士大夫：旧时指官吏或较有声望、地位的知识分子。

㉔冠天下：天下第一。

㉕四夷：指四方边境的少数民族。惮：畏惧。发：侵扰。

㉖“入则”二句：此赞韩琦文武兼备，入可为相，出可拜将。召公，即召公奭，与周公同辅

嵩岳图

成王。方叔，周宣王时大臣，征荆蛮、猃狁有功。召虎，即召穆公，周宣王时奉命讨平淮夷。

且夫人之学也，不志其人㉗，虽多而何为？辙之来也，于山见终南、嵩、华之高，于水见黄河之大且深，于人见欧阳公，而犹以为未见太尉也。故愿得观贤人之光耀㉘，闻一言以自壮，然后可以尽天下之大观而无憾者矣。

㉗志：识。这里犹言注意，注重。大：指重要的。
㉘光耀：光彩。

辙年少，未能通习吏事㉙。向之来㉚，非有取于斗升之禄㉛，偶然得之㉜，非其所乐。然幸得赐归待选㉝，使得优游数年之间，将以益治其文，且学为政。太尉苟以为可教而辱教之，又幸矣！

㉙吏事：政事，官府事务。
㉚向：向时，近时。
㉛斗升之禄：微薄的俸禄，这里指品级不高的官吏。
㉜偶然得之：指自己刚刚考取进士。
㉝待选：等待吏部选用。

【译文】

太尉执事：我生来喜欢作文章，曾经深入思考过作文章的道理。我认为，文章是人的精神和气质的体现，然而文章不可能只靠学习就能写好，很快就学得很精，而人的精神和气质可以通过培养而得到。孟子说过："我善于培养自己的浩然之气。"现在阅读他的文章，宽阔、浑厚、宏大而又广博，充满在天地之间，正好和他的浩然之气相称。太史公司马迁周游天下，看尽了整个中国的名山和大川，与燕、赵等北方地区的豪杰之士交朋友，所以，他的文章疏落坦荡，潇洒豪放，很有独特的气质。这两个人难道专门执笔学过写这样的文章吗？他们的气质充满于胸中而又洋溢于外表，流露于言谈之中，表现于文章之内，是他们自己无意当中流露出来的。

我已经十九岁了。在家时只是与邻里之间有所交往；所见到的也不过是方圆数百里之间的景物，没有高山和广阔的平原可供登高远眺，开阔自己的视野和胸襟。诸子百家的书，虽然无所不读，但都是古人遗留下来的陈旧的东西，不能够激发自己的志气。我担心就此消沉下去而被埋没，所以决心舍去诸子百家的著作，去探求天下的奇闻壮观，来认识天地的广大。途经秦、汉的故都，尽情地游览了终南山、嵩山、华山的高峻和险要，向北眺望黄河水的奔流，情不自禁地想起那些古代的英雄豪杰。到了京师，仰望着皇宫的宏伟和壮观及粮仓、财赋、兵甲、城池、园林等的富足、强大、稳固与秀美，这才知道天下的辽阔和壮丽。见到翰林学士欧阳修先生，听到他雄辩的议论，看到他秀伟的容貌，与他的学生——那些贤士名人们交游，这才知道天下的好文章都集中在这里了。太尉以雄才伟略而名满天下，天下因此有所依靠而不用忧虑和担心，四夷由于畏惧而不敢来进犯，您在朝中如同周公和召公，镇守边疆就象方叔和召虎，但我还没拜见过你。

再说，一个人在求学的时候，如果不在大的方面立志，学得再多又有什么用呢？辙这次来，游山则看到了终南山、嵩山和华山的高峻，观水则看到了黄河的深广，看到了欧阳修先生，但是还没有机会见到太尉，实属遗憾。所以，希望能够目睹贤人的风采，听到您的一句话，并以此激励自己，壮自己的志气，这样才称得上是阅历了天下盛观，也就没有什么遗憾了。

我年轻，对官府的政务还不十分了解，当初来到京城，并不是单纯地为了取得官职和俸禄，即使偶然得到了，也不是自己所喜欢的。如果有幸得到朝廷恩赐，准我回到家乡等候选用，使我能够有几年空闲时间，我将借这个机会加紧研修学业和文章，同时学习治理政事。太尉如果认为我可以教悔而屈尊进行指导我，就更是我的荣幸了。

黄州快哉亭记[1]

苏 辙

【题解】

本篇是苏辙贬官筠州（今江西高安）时所作。文章描述了快哉亭上所见的事物，表达了作者不以得失为怀，旷达乐观的思想感情。文章融叙事、描写、抒情、议论于一体，行文汪洋淡泊，潇洒闲放，极具艺术性。

江出西陵[2]，始得平地，其流奔放肆大；南合湘、沅[3]，北合汉沔[4]，其势益张[5]；至于赤壁之下[6]，波流浸灌[7]，与海相若[8]。清河张君梦得谪居齐安[9]，即其庐之西南为亭，以览观江流之胜，而余兄子瞻名之曰“快哉”[10]。

①黄州：今湖北黄冈县。快哉亭：张梦得谪居黄州时所筑，苏轼命名。张梦得，字怀民，又字偓佺，清河（今河北南宫县）人，余不详。本文作者神宗元丰六年（公元 1083 年），时作者谪导筠州（今江西高安县），监盐酒税；其兄苏轼谪居黄州，任团练副使；张梦得也谪居在黄州。文章前半部分着力描述快哉亭使人快意的形胜，后半部分紧扣“快哉”二字发议论，旨在说明不以得失为怀，才能无往而不快，从而充分领略到自然形胜的乐趣。这种表面看来似乎旷达的议论，对作者自己及其兄长、友人来说，都不过是一种不得意的相互慰藉。文中借景寓情说理，景、情、理交融，笔力雄壮，文势奔放，富于起伏变化。

②西陵：峡名，又名夷陵峡，长江三峡之一，在今湖北秭归县以东，至宜昌市西的南津关，峡口在南津关。

③湘沅：湘水和沅水，在长江以南，今湖南省境内，汇入洞庭湖后注入长江。

④汉沔：指汉水，在长江以北，源出陕西宁强县北嶓冢山，东南流经陕西沔县（今勉县）一段，为沔水，东经陕西褒城县（今并入勉县），合褒水，始为汉水，后经湖北西北部至武汉市汉阳注入长江。

⑤张：开阔，盛大。

⑥赤壁：指黄州赤壁。见前苏轼《前赤壁赋》及注。

⑦浸灌：灌注。这里形容水势又大又猛。

⑧相若：相似。

⑨齐安：古郡名，即黄州。

⑩子瞻：苏轼；字子瞻。见前《刑赏忠厚之至论》篇作者简介。

盖亭之所见，南北百里，东西一舍[11]，涛澜汹涌，风云开阖；昼则舟楫出没于其前，夜则鱼龙悲啸于其下；变化倏忽，动心骇目，不可久视。今乃得玩之几席之上[12]，举目而足。西望武昌诸山[13]，冈陵起伏，草木行列，烟消日出，渔夫、樵父之舍，皆可指数，此其所以为“快哉”者也。至于长洲之滨，故城之墟[14]，曹孟德、孙仲谋之所睥睨[15]，周瑜、陆逊之所驰骛[16]，其流风遗迹，亦足以称快世俗。

⑪一舍：三十里。

⑫几：古代设于座侧的一种矮小的桌子，以便凭倚。后称小桌为几，大桌为案。席：供坐卧铺垫的用具。古人席地而坐，故称坐位为席。

⑬武昌：今湖北鄂城县。诸山：指西山，古又名樊山、吴山等，在县西，与黄州隔江相望。

⑭故城：旧城，指武昌，今湖北鄂城县。公元221年，孙权迁都于此。公元229年，孙权迁都建业（今江苏南京市），以陆逊辅太子镇武昌，为西都。公元265年至公元266年，吴末帝孙皓又曾都此。

⑮孟德：曹操，字孟德。见前苏轼《前赤壁赋》及注。孙仲谋：孙权，字仲谋，三国时吴国的开国皇帝，公元229年至公元252年在位。睥睨（pìnì 辟腻）：斜视的样子。这里是窥测的意思。

⑯周瑜，陆逊：三国时吴国的名将。周瑜大破曹兵的赤壁，在今湖北蒲圻，而不是黄冈赤壁。陆逊曾大破曹兵，率领得胜的军队经过武昌，并辅吴太子镇守过武昌。骋骛（wù 务）：驰骋，奔走。

苏辙像，图出自清·顾沅《古圣贤像传略》。

昔楚襄王从宋玉、景差于兰台之宫[17]，有风飒然至者，王披襟当之[18]，曰：“快哉此风！寡人所与庶人共者耶？”宋玉曰：“此独大王之雄风耳，庶人安得共之！”玉之言盖有讽焉。夫风无雄雌之异，而人有遇不遇之变。楚王之所以为乐，与庶人之所以为忧，此则人之变也，而风何与焉？士生于世，使其中不自得，将何往而非病[19]？使其中坦然，不以物伤性，将何适而非快？今张君不以谪为患，收会稽之余[20]，而自放山水之间，此其中宜有以过人者。将蓬户瓮牖[21]，无所不快，而况乎濯长江之清流[22]，揖西山之白云[23]，穷耳目之胜以自适也哉！不然，连山绝壑，长林古木，振之以清风，照之以明月，此皆骚人思士之所以悲伤憔悴而不能胜者[24]，乌睹其为快也哉[25]！

⑰楚襄王：战国时楚国的国君。宋玉、景差：楚国大夫，都擅长辞赋。兰台：宫名，在今湖北钟祥县东。以下引文及事迹见宋玉《风赋》。

⑱披襟：敞开衣襟。

⑲病：忧虑，愁苦。

⑳窃：这里是偷闲，利用的意思。会（kuài）稽：指征收赋税钱粮等事务。余功：指公务外空余的时间。

㉑蓬户：用蓬草编的门。瓮牖：用蓬草编成的门，用破瓮作的窗户。这里指穷困的生活。

㉒濯：洗涤。

㉓揖（yī）：同"挹"，汲取。这里是揽取、观赏的意思。

㉔骚人思士：指失意的文人和心怀忧思的士大夫。胜（shēng）任：经得起。

㉕乌：怎么，哪里。

【译文】

长江出了西陵峡，开始流入平缓地带，它的水势奔放浩大。南边汇入湘水、沅水，北边汇合汉水、沔水，水势显得更加壮观。流到赤壁之下，江水滔滔，就像是无际的海洋。清河县的张君梦得，贬官后住在黄州，他在靠近房舍的西南方修建了一座亭子，来观赏江流的胜景。我兄长子瞻给它取了一个名字叫"快哉亭"。

从亭子中望出去，能纵观南北百里之遥，东西三十里之远。波浪汹涌，风云变幻；白天，船只在亭前出没；夜晚，鱼龙在亭下悲鸣。从前没有亭子时，景色瞬息万变，使人触目惊心，不敢长久地观看。现在却可以在亭子里的茶几旁座位之上，尽情玩赏。向西眺望武昌的群山，只见峰峦起伏，草木排列成行，烟云消散，阳光普照，渔翁和樵夫的房舍都历历可数。这就是取名"快哉"的缘故。至于那沙洲的岸边，旧城的废墟，曾为曹操、孙仲谋所窥视，是周瑜、陆逊纵横驰骋的战场。那些遗留下来的事迹足以使一般的人称快了！

从前楚襄王和宋玉、景差在兰台宫游览。一阵风吹来，飒飒作响，楚王敞开衣襟迎着风，说："这风多么使人快乐啊！这是我和百姓共有的吧？"宋玉说："这只是大王享受的雄风，百姓怎么能共同享受它呢？"宋玉的话大概是有所讽刺吧。风并没有雄雌之别，而人则有受与不受赏识的不同。楚王之所以感到快乐，而百姓之所以感到忧伤，正是由于人的处境不同，跟风有什么关系呢？

人活在世上，假如他们心中不得志，那么，到哪里没有忧愁呢？如果他胸怀坦荡，不因外物而妨害自己的性情，那么，到什么地方没有快乐呢？现在，张君不因被贬谪而忧患，办完公务之后，便任情漫游山水之间。这大概是他心中有超过别人的地方。即使是用蓬草编门，用破瓮做窗，也没什么不快乐的。更何况洗涤着清澈的长江水，面对着西山的白云，赏尽耳闻目见的胜景来使自己舒畅呢？如果不是如此，那么，连绵不断的峦峰，幽深陡峭的沟壑，辽阔的森林，参天的古木，清风拂摇，明月高照，这些都是引起多愁善感的人感到悲伤痛苦以致难以忍受的东西，哪里看得出它们能使人快乐呢！

寄欧阳舍人书[1]

曾　巩[2]

【题解】

曾巩（公元1019年－公元1083年），字子固，建昌南奉（今江西南丰县）人。进士及第，官至中书舍人，是欧阳修的门生，也列于“唐宋八大家”中，其文风与欧氏相近，文章结构平妥，柔婉细密。本文是作者感谢欧阳修为其祖父曾致尧写墓志铭的书信。文章从铭文特点说起，批评了当时阿谀墓中人的风气，然后对欧阳修表示了无限感激，并称赞了他的学问、修养。文章纡徐百折，被推为“南丰第一得意书”。

去秋人还，蒙赐书及所撰先大父墓碑铭[3]，反复观诵，感与惭并。

①欧阳舍人：欧阳修，当时他任中书舍人。

②曾巩（公元1019年－公元1083年）：字子固，建昌南丰（今江西南丰县）人。宋仁宗嘉祐二年（公元1057年）中进士，官至中书舍人（审阅公事、草拟有关诏令的官）。他的文章从容周密而有条理。很早就得到欧阳修的称赏。他是古文“唐宋八大家”之一。著有《元丰类稿》。

③先大父：指曾巩已去世的祖父曾致尧。曾致尧在五代南唐时洁身不仕，入宋朝后，才应进士试，官至吏部郎中。他屡次上章谈论国家的政事，言词激烈，当政者很不高兴，所以几次被贬官降职。先，死去的；大父，祖父。

夫铭志之著于世[4]，义近于史，而亦有与史异者。盖史之于善恶无所不书，而铭者，盖古之人有功德、材行、志义之美者[5]，惧后世之不知，则必铭而见之[6]，或纳于庙，或存于墓，一也。苟其人之恶，则于铭乎何有？此其所以与史异也。其辞之作[7]，所以使死者无有所憾，生者得致其严[8]。而善人喜于见传，则勇于自立；恶人无有所纪，则以愧而惧。至于通材达识、义烈节士[9]，嘉言善状，皆见于篇，则足为后法[10]。警劝之道，非近乎史，其将安近？

④铭志：指墓铭和墓志。

⑤功德、材行、志义：功勋、道德、才能、行为、志向、骨气。

⑥铭：撰写墓铭。这里用作动词。见（xiàn）：通“现”，显现。

⑦其辞：指墓志铭的文辞。

⑧致：表达。严：尊敬。

⑨义烈节士：正直刚强、坚守节操的人。

⑩后法：后世的准则。

及世之衰，人之子孙者，一欲褒扬其亲[11]而不本乎理。故虽恶人，皆务勒铭[12]以夸后世。立言者，既莫之拒而不为[13]，又以其子孙之情也，书其恶焉，则人情之所不得，于是乎铭始不实。后之作铭者当观其人[14]。苟托之非人，则书之非公与是[15]，则不足以行世而传后[16]。故千百年来，公卿大夫至于里巷之士莫不有铭，而传者盖少，其故非他，托之非人，书之非公与是故也。

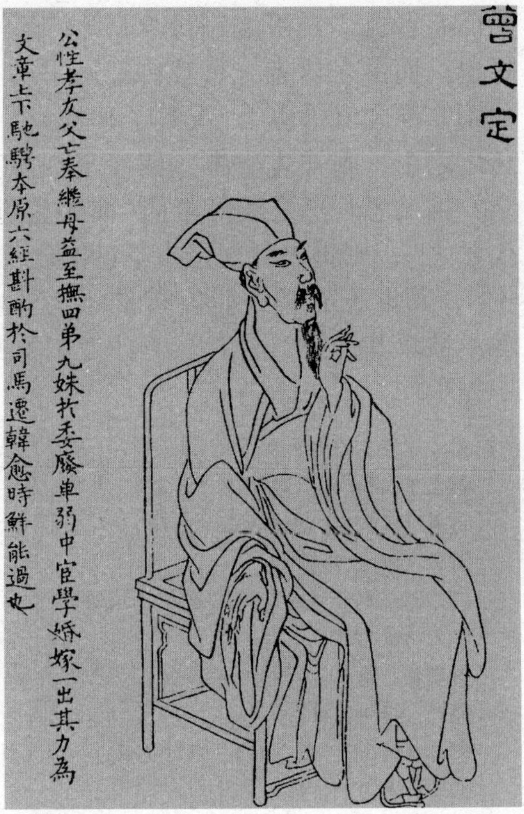

曾巩像，图选自清·上官周绘《晚笑堂画传》。

⑪一：一心一意。

⑫勒：刻。

⑬立言者：指作墓志铭的人。

⑭当观其人：《元丰类稿》作“常观其人”。

⑮公与是：公正和正确。

⑯行世：流行在世上。传后：传留到后代。

然则孰为其人而能尽公与是欤？非畜道德而能文章者[17]无以为也。盖有道德者之于恶人则不受而铭之，于众人则能辨焉。而人之行，有情善而迹非，有意奸而外淑[18]，有善恶相悬而不可以实指[19]，有实大于名，有名侈于实[20]。犹之用人，非畜道德者，恶作辨之不惑[21]，议之不徇[22]？不惑不徇，则公且是矣。而其辞之不工，则世犹不传，于是又在其文章兼胜焉。故曰非畜道德而能文章者无以为也。岂非然哉？

⑰畜：同“蓄”，富有。

⑱意：内心。淑：善良。

⑲实指：如实指出。

⑳侈：大。

㉑恶（wū）：哪，怎么。不惑：不受迷惑。

㉒徇（xùn）：徇私，袒护。

然畜道德而能文章者，虽或并世而有，亦或数十年或一二百年而有之。其传之难如此，其遇之难又如此。若先生之道德文章，固所谓数百年而有者也。先祖之言行卓卓㉓，幸遇而得铭其公与是，其传世行后无疑也。而世之学者，每观传记所书古人之事，至于所可感㉔，则往往衋然不知涕之流落也㉕，况其子孙也哉？况巩也哉？其追晞祖德㉖而思所以传之之由，则知先生推一赐于巩而及其三世㉗。其感与报，宜若何而图之？抑又思若巩之浅薄滞拙㉘而先生进之㉙，先祖之屯蹶否塞以死㉚而先生显之㉛，则世之魁闳豪杰不世出之士㉜，其谁不愿进于门？潜遁幽抑之士㉝，其谁不有望于世？善谁不为？而恶谁不愧以惧？为人之父祖者，孰不欲教其子孙？为人之子孙者，孰不欲宠荣其父祖？此数美者，一归于先生㉞。

㉓卓卓：高尚突出。

㉔至于：《元丰类稿》作"至其"。

㉕衋（xì）然：悲伤痛心的样子。

㉖晞（xī）：仰慕。

㉗"推一赐于巩而及其三世"：句式为"推……及……"推一，意为拿出一篇文章。一，指曾巩祖父的墓志铭。

㉘滞拙：愚笨。

㉙进：提携奖掖。

㉚屯（zhūn）蹶（jué）：艰难受挫折。否（pǐ）塞：穷困不得志。

㉛显：表彰，揄扬。

㉜魁闳（hóng）：俊伟。闳，大。

㉝潜遁幽抑之士：指隐士。潜遁，默默无闻，逃避世俗；幽抑，受压抑不得志。

㉞一：全部，整个。

既拜赐之辱㉟，且敢进其所以然㊱。所论世族之次㊲，敢不承教而加详焉㊳？愧甚，不宣㊴。

㉟拜：受。辱：对人表示尊敬的谦词。意思是，这对对方说是屈辱，对自己说则是荣幸。

㊱敢：谦逊的说法。进：进言。

㊲所论世族之次：指欧阳修《与曾巩论氏族书》里讨论曾氏家系的次序。世族，氏族；次，次序。

㊳详：仔细察考。

㊴不宣：不能一一说尽。

【译文】

去年秋天，我托的人已经回来，带回了您赐给我的一封信和您所撰写的先祖父的墓碑铭文，我反复阅读后，心中既感激又惭愧。

世人作暮志铭，其作用与史书相似。

但也有与史书不同的地方。史书对于善恶之事全部记载没有遗漏，而碑铭之类的文章，则是对古代有功业品德、才能行为、理想节义的人，恐怕后代的人不知道，就决定撰刻铭文而显示出来，或把它放在祠堂中，或把它竖立在坟墓内，其意义都是一样的。如果是个坏人，那有什么可铭刻的呢？这就是碑铭与史书不同的地方。碑铭的写作，是使死去的人没有什么遗憾，使活在世上的人能表达他们的敬意。好人乐于被后世传颂，就会勇于发愤而有所建树；坏人没有值得彰扬的作为纪念，就会惭愧而恐惧。至于那些博学多才、通晓事理、忠义节烈的人，他们的美好言行，都在铭文中显现出来，这就足以成为后世学习的准则。铭文这种警试劝化的作用，不与史书相近，又和什么体裁相近呢？

到了世道衰落的时候，为人子孙的，却都一味地颂扬称赞自己死去的尊长而不顾实际情理，所以即使是坏人，也都一定要把铭文刻于碑石以向后世夸耀；那些写铭文的人，既没有拒绝去写，又因为其子孙的请求，如果直写死者的恶行，却在情面上过不去，因此铭文便开始不真实了。后代想为亲人写碑铭的人，应当首先看一下作者的为人。假若所托的人不合适，那写出来的东西就会失去公平和真实，那么铭文便不会在世上流传下去。所以千百年来，虽说从公卿大夫到乡里的人，死去后没有不写碑铭的，但流传下来的却很少，原因不是别的，正是所托付的人不合适，所写的铭文失去公平不符合事实的缘故啊。

既然这样，那么什么人为死者写碑铭能做到公正与真实呢？我认为不具备很高的道德修养并善于写文章的人是做不到的。具有很高道德修养的人，不会接受给坏人写碑铭的差使，对于普通人也能分辨清楚。而人们的行为，有心底善良而事迹不见得好的，有内心奸诈而外表贤淑的，有善恶相差很大，不能具体指明的，有实际高于名声的，有名声超过实际的。就像使用人才那样，不具备很高的道德修养，又怎么能区分清楚而不被迷惑、评议公正而不徇私情的呢？不被迷惑不徇私情，就会公正而且真实了。但如果文章写得不好，那么还是不能流传于世的，因此能流传下去的，又在于道德和文才都备于一身了。所以说，不具备很高的道德修养并善于写文章的人，是写不好铭文的。难道不是这样吗？

但是，具备很高的道德修善于写文章的人，虽然可能同时代就有，也可能几十年或一二百年才有一位。铭文的流传是这么难，而遇到能很好地写铭文的人就更不容易。像先生您的道德和文才，应该说是几百年才会出现的。先祖父的言语行为卓越明显，幸而遇到您才得以把他的公正与真实情况写成铭文，这篇铭文流传于后世是不会有什么疑问的了。世上的读书人，每看到传记文章记载的古人的事迹，到了感动人心的地方，就往往会伤痛怜爱得不知不觉间流下了眼泪，何况是他们的子孙呢？更何况是我曾巩呢？从我自己追念仰慕先祖的德行，到虑及铭文流传于世的根由，就知道先生您将碑铭赐给我，将会使我家祖孙三代蒙受恩惠。这种感激与报答之情，应该怎么来表达呢？转而又想到像我这样学识浅薄、呆滞笨拙的人，先生尚能提拔勉励，像先祖父这样命途多舛、穷困潦倒而死去的人，先生还写了碑铭来彰扬他，那么，世上的雄传豪杰及经世没能显扬自己的读书人，哪个不愿投于先生的门下呢？那么避世隐居潜居山林的读书人，哪个不希望声名流传于世呢？有谁会不去做善事呢？而做恶事的人谁会不惭愧并且恐惧呢？作为父祖的，哪个不想教诲自己的儿孙呢？作为子孙的，哪个不想尊崇荣显自己的父祖呢？这些好处，都要归功于先生。

既拜领了您的赐予，又冒昧向您陈述我所以感激不尽的原因。您的来信谈到有关我的家世情况，一定遵照您的指教审核更正。十分惭愧，我的心意难以全部表达出来。

赠黎安二生序

曾巩

【题解】

本文属于“赠序”一类文体。通过文章内容的介绍，可知是曾巩应好友苏轼的请求为黎生、安生二人所作。文中着重分析了“迂阔”的善与不善，结合作者个人的创作经验，勉励黎安二生大胆学习写作古文，不要被世俗的讥笑而动摇。本文涉及的创作观和作者的写作实践是一致的。历来的文学评论家对本文颇为推崇，清人吴楚材甚至说它“去圣贤名教不远”。

赵郡苏轼[①]，予之同年友也。自蜀以书至京师遗予[②]，称蜀之士曰黎生、安生者。既而黎生携其文数十万言。安生携其文亦数千言，辱以顾予[③]。读其文，诚闳壮隽伟[④]，善反复驰骋，穷尽事理，而其材力之放纵[⑤]，若不可极者也。二生固可谓魁奇特起[⑥]之士，而苏君固可谓善知人者也。

苏轼像，图出自《西湖拾遗》。

①“赵郡”二句：赵郡，赵州，治所在今河北省赵县。苏轼为眉州眉山（今四川省眉山县）人，但因其祖籍在赵郡，故称赵郡苏轼。同年：同一年中考的人。

②“自蜀”二句：京师，指北宋时的国都汴京（今河南省开封市）。遗（wèi）：给。黎生、安生：生平不祥。

③辱以顾予：屈尊来访问我。辱：谦词。这里是屈尊的意思。

④“诚闳（hóng）壮”三句：意谓二生的文章气势宏大，文体俊美，善于纵横驰骋，对整理的阐发也极为透彻。

⑤“而其”二句：意谓他们才华横溢，似乎无边无际。

⑥魁奇特起：指非常杰出。

顷之[7]，黎生补江陵府司法参军，将行，请予言以为赠。予曰："予之知生，既得之于心矣，乃将以言相求于外邪[8]？"黎生曰："生与安生之学于斯文，里[9]之人皆笑以为迂阔，今求子之言，盖将解惑于里人。"予闻之，自顾而笑。

⑦"顷之"二句：倾之，不久。江陵府：治所在今湖北省江陵市。司法参军：主管刑法的官员。

⑧"乃将"句：意谓还需要再用言语来加以表述吗？

⑨里：指故乡。

夫世之迂阔，孰有甚于予乎[10]？知信乎古，而不知合乎世；知志乎道，而不知同乎俗。此予所以困于今而不自知也。世之迂阔，孰有甚于予乎？今生之迂，特以文不近俗，迂之小者耳，患为笑于里之人。若予之迂大矣[11]，使生特吾言而归，且重得罪，庸讵止于笑乎？然则若予之于生，将何言哉？谓予之迂为善[12]，则其患若此。谓为不善，则有以合乎世，必违乎古；有以同乎俗，必离乎道矣。生其无急于解里人之惑，则于是焉必能择而取之[13]。

遂书以赠二生，并示苏君以为何如也。

⑩"孰有"句：还有谁比我更厉害的呢？

⑪"若予"三句意谓：像我的这样迂阔可就大了，你们如果带着我的话回去，将会更加得罪乡里人，岂仅仅是嘲笑呢？庸讵（jù）：岂止。

⑫"谓予"七句：假如说我的迂阔是好的，那么它带来的忧虑也不过就是如此（被人嘲笑）；如果说是不好的，那么要想迎合当世，就必然会违背古人；要想迎合流俗，就必然会背离古道。

⑬"则于是"句：你们在这些方面必然会加以选择而有所采纳。

【译文】

赵郡的苏轼，是我同年的好友，从四川写信给我托人带到京城来，在信中称赞当地的两个读书人黎生和安生。不久，黎生带着他几十万字的文章，安生也带着他几千字的文章屈尊给我看。我阅看他们的文章，确实感到它们内容丰厚，文辞流畅，笔力纵横开合，说理详尽透彻。而且才华横溢，好像看不到他们的边际。二人真可以说是奇伟杰出的人士，而苏君当然可以说是善于赏识人才的人了。

前不久，黎生被任命为江陵府司法参军。临别请我写几句作为赠言。我说："我对你的了解，已经存在内心里了，难道还要用语言把它表达到外面来吗？"黎生说："我和安生学习古文，家乡的人都讥笑我们迂阔，现在请先生讲几句话，是为了消除邻里对我们的疑惑。"我听了这些话，不觉自顾而笑。

世上有谁比我还不切实际呢？我只知道信奉古人，地不知道迎合当世；只知道追求道义，却不知道顺应流俗。这就是我至今困厄的原因，而我自己还不知道。世上迂阔的人，有谁能超过我呢？现在二生的迂阔，只是因为文章不接近流俗，这在迂阔中是微不足道的了，但他们却担心被乡里的人讥笑。可是，像我这样的迂阔就很大了，假如二生把我的话带回去，将会招致更大的罪名，岂止是讥笑而已呢？那么，我对你们，究竟应该说些什么呢？如果说我的迂阔是对的，那么它的后患已如此明显；如果说我的迂阔是不对的，那么虽然迎合了当世，却必然违背古训；虽顺应了流俗，却必然背离道义。二生如果不急着去解除乡人的迷惑，那么对这两种说法一定能够做到有选择地取舍。于是我把这些话写出来赠给二位，并请苏君看，苏君将认为如何呢。

读孟尝君传

王安石

【题解】

王安石（公元1021年－公元1086年），字介甫，号半山，抚州临川（今江西临川县）人。北宋杰出的政治家、思想家和文学家。二十二岁中进士，仁宗嘉祐三年（公元1058年）曾上万言书，主张改革政治。神宗熙宁二年（公元1069年），任参知政事，次年任同中书门下平章事（宰相），积极推行青苗、均输、市易、免役、农田、水利等新法，改革学校科举制度，以期富国强兵，缓和阶级矛盾。这些改革在客观上是有利于社会发展的，但由于触犯了大官僚地主和豪商的特权，遭到了保守派的激烈反对，于熙宁九年（公元1076年）罢相，变法失败。晚年谪居金陵（今江苏南京市），不问政事。后被封为舒国公，后又改封为荆国公，所以人们也称他“王荆公”。王安石在我国文学史上也有很重要的地位，他是古文“唐宋八大家”之一，诗词也有独特风格。著有《王临川集》。

这篇短文是王安石读《史记·孟尝君列传》后写的随笔，也是一篇短小精悍的读后感。孟尝君向以广纳人才，手下人才济济为人称道，王安石则一反世俗之见，指出鸡鸣狗盗之徒并不能作为国家栋梁之“士”，提出延揽人才应从政治大局着眼的主张。全文仅八十八个字，却抑扬吞吐、字字警策。

《东周列国志》版画之“孟尝君偷过函谷关”图

世皆称孟尝君能得士，士以故归之，而卒赖其力以脱于虎豹之秦[①]。

①“卒赖”一句：指孟尝君在秦国被囚，出逃一事。孟尝君出师秦国，秦昭王

软禁了他，并打算杀害他。孟尝君托人到昭王的宠姬那里求情。宠姬要求以孟尝君献给昭王的白狐裘为代价。门客中一位惯偷装扮成狗，偷回了白狐裘。宠姬得到之后，劝说秦昭王释放了孟尝君。孟尝君连夜逃跑，到函谷关天还未亮，晨鸡未叫，关门未开，后面追兵将至。这时门客中一位学鸡叫，骗守关者打开关门，孟尝君才得以逃脱。

嗟乎！孟尝君特②鸡鸣狗盗之雄耳，岂足以言得士？不然，擅③齐之强，得一士焉，宜可以南面而制秦，尚何取鸡鸣狗盗之力哉？鸡鸣狗盗之出其门，此士之所以不至也。

②特：只，不过。

③擅：据有，引申为凭借。

【译文】

世人都称赞孟尝君善于收揽人才，士人也都愿意投奔于他。而孟尝君也得以依靠他们的力量，逃离像虎豹一般的秦国。唉！孟尝君其实不过是鸡鸣狗盗之徒的首领罢了，哪里称得上收揽人才呢？假如不是这样，依仗齐国强盛国力，只要得到一个贤士，就可以南面称王制服秦国，还用得着依靠鸡鸣狗盗之徒的技能吗？鸡鸣狗盗之徒出入门下，这正是真正的贤士不到他那里的原因啊。

同学一首别子固

王安石

【题解】

这篇文章是王安石青年时代写给好友曾子固的临别赠言。同学，就是共同学习圣贤之道的意思。文章赞美了曾子固、孙正之两人的贤行，表达了要和他们一起追求圣贤之道的愿望。文章不拘常格，紧扣议题选材和结构，随意驱遣，纵控自如；衬托归纳等手法的运用，有力地突出了主题，又显得轻松灵动，自然浑成。

江之南有贤人焉，字子固，非今所谓贤人者，予慕而友之。淮之南有贤人焉，字正之①，非今所谓贤人者，予慕而友之。二贤人者，足未尝相过也，口未尝相语也，辞币未尝相接也②，其师若友，岂尽同哉？予考其言行，其不相似者何其少也！曰：学圣人而已矣。学圣人，则其师若友必学圣人者。圣人之言行，岂有二哉？其相似也适然③。

①正之：即孙侔，字正之，一字少述，吴兴（今属浙江）人。一生隐逸不仕。

②辞：相互对应的言词。币：缯帛，古人常用作礼物。

③适然：应该，恰好。

予在淮南，为正之道子固，正之不予疑也。还江南，为子固道正之，子固亦以为然。予又知所谓贤人者，既相似又相信不疑也。子固作《怀友》一首遗予，其大略欲相扳以至乎中庸而后已④。正之盖亦尝云尔。夫安驱徐行⑤，辚中庸之庭⑥而造于其室⑦，舍二贤人者而谁哉？予昔非敢自必其有至也，亦愿从事于左右焉尔，辅而进之其可也。

④扳（pān）：通“攀”，援引。中庸：不偏为中，不变为庸，即不偏不倚，循常守则。这是儒家奉行的道德标准。

⑤安驱徐行：稳步前进的意思。

⑥辚（lìn）：车轮，这里用作动词。

⑦造于其室：《论语·先进》：“子曰：‘由也升堂矣，未入于室也’。”后世便以升堂入室比喻学习由浅入深的两个阶段。王安石在这里化用其意。

噫！官有守⑧，私有系⑨，会合不可以常也。作《同学》一首别子固，以相警，且相慰云。

⑧守：职守。

王安石像，图选自清·上官周绘《晚笑堂画传》。

⑨系：牵绊，指系念的琐事。

【译文】

江南有位贤者，字子固，可不是现在通常所说的“贤人”，我仰慕他并和他结为朋友；淮南有位贤人，字正之，也不是现在所谓的“贤人”，我景仰他并也和他结为朋友。这两位贤人，没见过面，没有过交谈，书信和礼品也没有互相寄赠过。他们的老师和朋友，又怎么会全部相同呢？我考察他们的言行，两人的不相似之处为什么会这样少呢！答曰：都是学圣人罢了。既然效法圣人，那么他们的老师和朋友一定是学圣人的了。圣人的言行，难道还会不同吗？因此，他们的相似也是必然的了。

我在淮南，和正之谈起子固，正之对我丝毫不疑。回到江南，对子固称道正之，子固也以为我说得对。我又因此知道所谓贤人者，是既相似而又互相信任不疑的啊。

子固作《怀友》赠给我，它的大意是说要相互帮助，以便最后达到中庸的境界才停止。正之也曾经这样说。那安稳地驾着车子从容行走，轮子轧上“中庸”的庭院，而一直登堂入室的，除却二贤人之外还有哪一个呢？我从前是不敢自信必然能达到的，如今也愿跟随着你们的左右以从事学习。有他们的帮助大概能达到目的！

哎！做官的有自己的职守，又受私事牵累，我们的聚会是不可能经常的啊，因此作《同学》一篇给子固作为临别赠言，借以互相警示，并互相慰勉吧。

游褒禅山记

王安石

【题解】

本篇是王安石写的一篇游记形式的说理文章。文章从游山引出感想，旨在阐发对待学问事业都应有百折不挠的精神，同时还告诫求学的人们，由于古代文献资料的散失，后代以讹传讹，所以对于学问必须“深思慎取”。

褒禅山亦谓之华山①。唐浮图慧褒始舍于其址②，而卒葬之③，以故其后名之曰褒禅。今所谓慧空禅院者，褒之庐冢④也。距其院东五里，所谓华山洞者，以其⑤乃华山之阳名之也。距洞百余步，有碑仆道⑥，其文漫灭⑦，独其为文犹可识，曰“花山”。今言“华”如“华实”之“华”者，盖音谬也⑧。

①褒禅山：在今安徽含山县北。

②“唐浮图”句：浮图，梵语的音译，有佛教、佛经、佛寺、僧徒等多种含义，这里指僧徒。舍，居住，此处作动词用。

③而卒葬之：终于埋葬在这里。

④庐冢（zhǒng）坟墓，此处指埋葬的地方。

⑤“以其”句：以，因为。乃，是。阳，山的南面叫阳。名，起名，此处作动词用。

⑥仆道：倒在路上。

⑦漫灭；磨灭。

⑧盖音谬也：盖，或许。谬，错。

王安石像。由于王安石曾被宋神宗封为荆国公，故又称“王荆公”。

其下平旷⑨，有泉侧出，而记游者甚众⑩，所谓“前洞”也。由山以上五六里，有穴窈然[11]，入之甚寒，问其深，则其好游者不能穷[12]也，谓之"后洞"。予与四人拥火[13]以入，入之愈深，其进愈难，而其见[14]愈奇。有怠[15]而欲出者，曰："不出，火且[16]尽。"遂与之俱出。盖予所至，比好游者尚不能十一[17]，然视其左右，来而记之者已少。盖其又深，则其至又加[18]少矣。方是时，予之力尚足以入，火尚足以明也。既其出，则或咎[19]其欲出者，而予亦悔其随之[20]，而不得极乎[21]游之乐也。

⑨平旷：平坦宽阔。

⑩"而记游"句：记游，题字记游。甚众，很多。

⑪有穴窈然：穴，洞穴。窈然，深奥幽暗。

⑫穷：穷尽。

⑬拥火：拿着火把。

⑭见：见到的景色。

⑮怠：懈怠。

⑯且：将要。

⑰"盖予"二句：盖，大概。好（hào浩），喜欢。十一，十分之一。

⑱加：更。

⑲咎：责备。

⑳随之：跟随他们一起出来。

㉑极乎：极，尽。乎，表示句中停顿的语气词。

于是予有叹焉。古人之观于天地、山川、草木、虫鱼、鸟兽，往往有得[22]，以其求思之深而无不在也。夫夷以近[23]，则游者众；险以远，则至者少。而世之奇伟、瑰怪、非常之观，常在于险远，而人之所罕至[24]焉，故非有志者不能至也。有志矣，不随以止也[25]，然力不足者，亦不能至也。有志与力，而又不随以怠[26]，至于幽暗昏惑而无物以相之[27]，亦不能至也。然力足以至焉，于人为可讥[28]，而在己为有悔[29]。尽吾志也而不能至者[30]，可以无悔矣，其孰能讥之乎[31]？此予之所得也。

㉒得：收获，心得。

㉓夫夷以近：夫，发语词。夷，平坦。以，而。

㉔罕至：少有到者。

㉕"不随"句：随，随着别人停止不前。

㉖"而又"句：随以，随着大家。怠，懈怠。

㉗"至于"句：昏惑，昏暗令人迷惑。相，辅助。

㉘"于人"句：于人，在别人看来，讥，责备。

㉙"而在"句：在己，对自己来说。有悔，会感到后悔。

㉚"尽吾志"句：尽吾志，为了我的愿望已经竭尽全力。至，到达。

㉛"其孰"（shú）句：其，反诘语气词。孰，谁。

予于仆碑，又有悲夫古书之不存，后世之廖其传而莫能名者[32]，何可胜道也哉[33]！此所以学者不可以不深思而慎取之[34]也。

㉜“后世”句：谬其传，以讹传讹。莫能名，没有人能搞清。名，此处作动词用。
㉝“何可”句：哪里说得尽啊。
㉞慎取之：慎重地抉择取舍。

四人者：庐陵萧君圭君玉[35]，长乐王回深父[36]，予弟安国平父[37]、安上纯父[38]。

㉟“庐陵”句：庐陵，在今江西吉安。疑其名萧君圭，字君玉。
㊱“长乐”句：长乐，在今福建。王回，字深父，理学家。
㊲“予弟”句：安国，字平父，作者的弟弟。
㊳安上纯父：王安上，字纯父，作者的七弟。

【译文】

褒禅山也叫华山。唐代慧褒和尚，在这里筑室定居，死后就埋葬在这里。因为这个缘故，就把这座山称作褒禅山。现在的慧空禅院，就是慧褒和尚的房舍和墓地。距离禅院东边五里路的地方，有一个洞被称为华山洞，是因为它地处华山的南面而得名的。距离洞口一百多步远的地方，有一块倒伏在路上的石碑，碑上的文字已经模糊不清，只有“花山”两个字还可以看清。现在读“华”字，把它当成“华实”的“华”，大概字音读错了。

山下平坦开阔，有股泉水从旁边流出，到这里来游览并题字留念的人很多，这就是所谓“前洞”。由此而向上走五六里，有一个幽暗深邃的山洞，进去以后，感到寒气袭人。要问它有多深，就连那些特别喜爱游山玩水的人也不能达到尽头。这个洞就叫做“后洞”。我和四个同伴举着火把走进去，越往深处走，前进就越困难，反面看到的景致就越发奇妙。同伴中有一位意志松懈而想退出去的叫道：“要是不回去，火把就要烧完了！”于是大家都和他一起出洞来了。估计我们所到达的深度，与那些喜欢游览的人相比，还不及十分之一，然而环顾洞壁左右，来到这里并且刻字留念的人已经很多了。这大概是因为越往深处走，到的人就越少了吧。当我刚从洞里退出来的时候，我还有力气继续前进，火把也还足够继续照明。出洞之后，有人就抱怨那个吵着要退出来的人，我也后悔自己跟着一起退了出来，而没能尽情享受游览的乐趣。

我深有感悟，古人观察天地、山川、草木、虫鱼、鸟兽这样一些自然现象时，往往都有体会心得，这是因为他们思考得很深入，而且思路宽广，无所不在。平坦而近便的地方，游人就多，艰险而偏远的地方，到达的人就很少了。然而世间的雄奇壮丽和极不寻常的胜景，常常是在艰险偏远而人们很少到达的地方，因此没有坚强意志的人是不能到达的。有志向，不肯轻易地停止前进，但是如果力气不充足也不能到达。既有志向和力气，又不轻易地松懈，但是到了幽深昏暗而令人迷惘的地方，如果没有外物的辅助，也还是不能到达的。然而如果体力足以到达，而努力不够，以致没有到达，这在别人看来是可以责怪讥笑的，自己也会产生悔恨。如果我自己已经尽了主观努力，依旧不能到达，那就可以不必悔恨，而别人又会有谁来责怪我呢？这就是我的心得。

我看到倒在地上的石碑，又产生了联想和感慨：由于古代的书籍文献散失，后世的人以讹传讹，许多事物的真实情况就无法弄清了，这样的例子难道说得尽吗？这就是学者不可不深入思考而谨慎选择的原因啊。

同游的四个人是：庐陵的萧君圭字君玉，长乐县的王回字深父，我的弟弟安国字平父和安上字纯父。

泰州海陵县主簿许君[1]墓志铭

王安石

【题解】

本文作于宋仁宗嘉祐年间（公元1056年－公元1063年），是王安石为已故的泰州海陵县（今江苏泰县）主簿许平撰写的墓志铭。

墓主许平，生前任掌管文书的主簿，他虽善趋时尚，却未得重用，沉沦下僚以终。王安石在本文中，首先感叹许平虽屡得“大人”、“贵人”的器重荐引却未能一展才能的遭遇；然后由此展开议论，感慨趋时之士亦未必能得重用，从而指出君子应贵于自守，不应遭遇困顿而悔恨。在这大段的议论之后，作者才按体例记叙了许平墓葬的时、地及其亲属情况。文章最后一段铭文对全文加以概括，笔调深沉含蓄，无限悲凉。

在写作手法上，本文以议论代叙事，与历史墓志铭以叙事为主的写法不同，而成为王安石所写墓志铭的一个显著特点。

君讳[2]平，字秉之，姓许氏。余尝谱其世家，所谓今泰州海陵县主簿者也。君既与兄元[3]相友爱称天下，而自少卓荦[4]不羁，善辩说，与其兄俱以智略为当世大人[5]所器。宝元[6]时，朝廷开方略之选[7]，以招天下异能之士，而陕西大帅范文正公、郑公肃公[8]争以君所为书以荐，于是得召试[9]，为太庙斋郎[10]，已而选泰州海陵县主簿。

①泰州海陵县主簿许君：许平，宣州宣城（今属安徽）人。泰州：州名，治所在海陵县（今江苏泰州市）。主簿：掌管文书簿籍的官吏。县的主簿为县令的助理。

②讳：避忌。在名前加一“讳”字，表示尊敬。

③元：即许元，字子春，宣州宣城（今属安徽）人。被范仲淹推荐做官，历知扬、越、泰州。

④卓荦：卓绝出众。

⑤大人：指有地位有名望的人。

⑥宝元：宋仁宗的年号（公元1038年－公元1040年）。

⑦方略之选：宋仁宗时的一种制举科目，即识洞韬略运筹决胜科。

⑧陕西：宋代路名。治所在京兆府（今陕西西安市）。范文正公：即范仲淹。北宋著名政治家、文学家。曾任宰相及陕西四路安抚使，谥“文正”。郑文肃公：即郑戬。字天休，吴县人。曾任陕西四路都总管兼经略、招讨使，谥“文肃”。

⑨试：考试。

⑩太庙斋郎：官名。掌奉宗庙诸陵墓的荐享事宜。太庙，天子的祖庙。

贵人多荐君有人才，可试以事，不宜弃之州县。君亦尝慨然自许[11]，欲有所为。然终不得一用其智能以卒。噫！其可哀也已。

⑪自许：自信而又自负。

士固有离世异欲，独行其意，骂讥、笑侮、困辱[12]而不悔，彼皆无众人之求而有所待于后世者也，其龃龉[13]固宜。若夫智谋功名之士，窥时俯仰[14]以赴势物之会，而辄不遇者，乃亦不可胜数。辩足以移万物，而穷于用说之时；谋足以夺三军，而辱于右武之国[15]，此又何说哉？嗟乎！彼有所待而不悔者，其知之矣。

⑫辱：羞辱。
⑬龃龉：上下齿不相配合。比喻意见不合。这里指不合时宜，不被重用。
⑭俯仰：周旋，应付。
⑮右：崇尚。

君年五十九，以嘉祐某年某月某甲子[16]葬真州之杨子县甘露乡某所之原[17]。夫人李氏。子男瓌，不仕；璋，真州司户参军[18]；琦，太庙斋郎；琳，进士。女子五人，已嫁二人，进士周奉先、泰州泰兴令陶舜元[19]。

⑯嘉祐：宋仁宗年号（公元1056年－公元1063年）。某甲子：某日。古代以天干、地支相配来记日。
⑰真州：州名。治所在扬子县（今江苏仪征县）。原：原野，这里指墓地。
⑱司户参军：主管户籍的州的辅助官员。
⑲周奉先：生平不详。泰兴：今江苏泰兴县。陶舜之：生平不详。

铭曰[20]：有拔而起之，莫挤而止之。呜呼许君！而已于斯，谁或使之？

⑳铭：一种韵文。此处指墓志铭。

【译文】

先生名平，字秉之，姓许。我曾为他家族编排过家谱，他就是现在泰州海陵县主簿。先生因为与其兄许元友情至深，获得天下人的赞叹；又由于从小卓越出众，性格豪放，善于辩论，与其兄都因有智谋才略，被当代知名的大人物所看重。宋仁宗宝元年间，朝廷开设方略科，招纳天下有特殊才能的人。陕西主帅范文正公、郑文肃公争着把先生的著作拿去向朝廷推荐，于是得到皇帝的召试，任命为太庙斋郎，不久又选派为泰州海陵县主簿。大臣们多次推荐说先生有大才，可任大事，不应该放到州县中去。先生时常慷慨激昂，充满自信，想要有所作为。可是，始终没有得到一个施展才能的机会就去世了。唉！这是多么悲哀的事啊！

在士人中，确实有一些与世俗不同、只按自己的意志行事、不怕讥笑辱骂、长期遭到困难屈辱而绝不后悔的人；他们全无普通人的欲望和要求，只把希望寄托于后世，因而处处碰壁，不被重用本来就是自然的事。可是，那些具有智谋才略、追求建功立业的士人，时刻都在窥测时机，随机应变，以求抓住权势利禄的机会，却也往往得不到机遇，这种人也多得数不清。舌辩的才能足以改变一切事物，可是却在重用游说的时代遭到困窘；满腹的谋略足以折服三军的统帅，可是却在崇尚武功的国家遭到辱没。这又怎样解释呢？唉！对有所期待于后世、对自己的遭遇并不后悔的人，应该会知道吧！

先生终年五十九岁。于仁宗嘉祐某年某月某甲子日，葬于真州杨子县甘露乡某处的墓地。夫人李氏。儿子：瓌，未做官；璋，真州司户参军；琦，太庙斋郎；琳，进士。女儿五人，已嫁二人，女婿是进士周奉先、泰州泰兴县县令陶舜元。

铭文说："有人推荐你，并没有排挤阻拦你。唉！许先生，最终落到这种地步，是谁使你这样的呢？"

送天台陈庭学序

宋 濂

【题解】

宋濂（公元 1310 年－公元 1381 年），字景濂，号潜溪，浦江（今属浙江）人。元末明初著名文学家。著有《宋学士全集》。本文是一篇赠序，借送别论诗文创作。文中指出陈庭学外出游历，对诗歌创作有极大益处，但进一步对他提出建议，外在的游历虽然重要，但更应注重学识修养的提高。文章短小精悍，委婉含着，恳切真挚，易于被人接受。

西南山水，惟川蜀最奇。然去①中州②万里，陆有剑阁栈道③之险，水有瞿唐滟滪④之虞⑤。跨马行，则竹间山高者，累⑥旬日⑦不见其巅⑧际，临上而俯视，绝壑万仞⑨，杳⑩莫测其所穷⑪，肝胆为之掉栗⑫。水行，则江石悍利⑬，波恶涡诡⑭，舟一失势尺寸，辄⑮糜⑯碎土沉，下饱鱼鳖。其难至如此。故非仕有力者，不可以游；非材有文者，纵游无所得；非壮强者，多老死于其地。嗜⑰奇之士恨⑱焉。

①去：距离。
②中州：中原。
③剑阁栈道：古代川陕之间的主要通道，在今四川剑阁东北大剑山、小剑山之间。
④瞿唐：即长江三峡之一的瞿唐峡。滟滪：即滟滪堆。
⑤虞：忧虑。
⑥累：连续。
⑦旬日：十天。
⑧巅：峰顶。
⑨仞：古人以七尺为一仞，一说八尺。
⑩杳：幽暗深远。
⑪穷：尽。
⑫掉栗：因恐惧而发抖。
⑬悍利：凶悍尖利。
⑭诡：奇异多变。
⑮辄：就。
⑯糜：碎烂
⑰嗜：爱好。
⑱恨：遗憾。

天台[19]陈君庭学，能为诗，由中书左司掾[20]，屡从大将北征，有劳，擢[21]四川都指挥司照磨[22]，由水道至成都。成都，川蜀之要地，扬子云、司马相如、诸葛武侯[23]之所居，英雄俊杰战攻驻守之迹，诗人文士游眺、饮射[24]、赋咏、歌呼之所，庭学无不历览。既览必发为诗，以[25]纪其景物时世之变，于是其诗益工[26]。越[27]三年，以例自免归。会予于京师[28]，其气愈充，其语愈壮，其志意愈高，盖得于山水之助者侈[29]矣。

⑲天台：今浙江天台。

⑳中书：即中书省。左司：明初中书省下设的官署。掾：属官。

㉑擢：提拔。

㉒都指挥司：掌管军事的机构名称。照磨：都指挥司下属官吏，掌管文书卷宗。

㉓扬子云：即扬雄，西汉辞赋家。司马相如：字长卿，西汉辞赋家。诸葛武侯：即诸葛亮，字孔明，三国时著名的政治家、军事家，官至蜀汉丞相，封为武侯。

㉔射：古代的一种行酒令的游戏。

㉕纪：通“记”。

㉖工：精。

㉗越：过。

㉘京师：今江苏南京。

㉙侈：极多。

予甚自愧，方予少时，尝[30]有志于出游天下，顾[31]以学未成而不暇[32]。及年壮可出，而四方兵起，无所投足。逮[33]今圣主兴而宇内定，极海之际，合为一家，而予齿益加耄[34]矣。欲如庭学之游，尚可得乎？

㉚尝：曾经。

㉛顾：但。

㉜不暇：没有功夫。

㉝逮：至。

㉞耄：音 mào，年老。

宋濂像，图出自清·上官周《晚笑堂画传》。

然吾闻古之贤士，若[35]颜回、原宪[36]，皆坐守陋室，蓬蒿没户[37]，而志意常充然，有若囊括于天地者，此其故何也？得无有出于山水之外者乎？庭学其试归而求焉？苟有所得，则以告予，予将不一愧而已也。

㉟若：像。

㊱颜回：字子渊，孔子的学生。原宪：字子思，孔子的学生。

㊲蓬蒿没户：野草淹没了门户。

【译文】

西南地区的山水，四川的最为奇特。但那里距中原有万里之遥：走陆路有剑阁栈道的艰险，行水路有瞿唐峡、滟滪堆那样的险滩。骑马前往呢，则那竹林高山，接连走上数十天都看不见它的边沿或峰顶；登高向下府视，陡峭的山谷有万丈深，幽深而看不到底部，让人胆战心惊。水上航行呢，则那江水激悍，礁石锋利，波涛凶恶漩涡诡秘莫测，船舶一离开航线不过尺寸之间，就碰得粉身碎骨而沉溺于泥沙，人在水下喂了鱼鳖。它的路途是如此的艰险，因此不是当官或有财力的，是不能去那里游览的；不是具有文学教养的，纵然游览了也没有什么收获；不是年壮力强的，大都要因老因病而死在那里——以致酷爱奇山异水的人士常常因此而感到遗憾。

天台籍人陈庭学君，会作诗。任中书左司掾，屡次随从大将北伐建有功劳，提升为四川都指挥司的照磨，经由水路到成都赴任。成都是四川的要地，又是扬雄、司马相如、诸葛武侯的故居所在。凡是英雄俊杰所战斗和驻守的遗址，诗人文士所游览眺望、宴会行令、赋诗唱歌欢呼的地方，庭学没有不去观览过的。游览之后又抒发感想写成诗歌，来表现其景物和时世的变迁，于是他的诗歌写得越来越好了。过了三年，他按惯例辞职还家。在京城和我相遇，他的精神更加充沛，他的语言更加豪壮，他的志向意气越发高远了。这应是得到很多山水的帮助吧。

我很惭愧。年轻时曾经立志游遍天下，终因学业未而没有空闲时间，待到成年以后，却正值四方战争兴起，连个落脚的地方也没有；等到如今圣明天子出现而天下安定，一直到四海的边沿都统一为一家了，可是我的年纪已是越来越衰老了。若想如庭学一样的游历，还能办到吗？但是我曾听说古代的贤士，如颜回、原宪等，都是长期坐守在简陋的房屋里，野草遮住了门户，然而他们的志向意趣却经常是高远的，好似能包容了整个天地万物一般。这是为什么呢？莫非是他们的学业有超出山水之外的东西吗？请庭学回家后试验探求一番其中的道理，如果有所收获，就请告诉我，我也不只是惭愧一下就算了。

阅江楼记

宋　濂

【题解】

本文是奉朱元璋的旨意而写的一篇景物记，充满着对明王朝歌功颂德的溢美之词。但是，作者在歌颂中未忘规劝皇帝应以国计民生为重，文中写景、叙事和议论也穿插得比较自然。

金陵为帝王之州[①]，自六朝迄于南唐，类皆偏据一方，无以应山川之王气。逮我皇帝，定鼎于兹[②]，始足以当之。由是声教所暨[③]，罔间朔南[④]，存神穆清，与天同体，虽一豫一游，亦可为天下后世法。京城之西北，有狮子山，自卢龙蜿蜒而来，长江如虹贯，蟠绕其下。上以其地雄胜，诏建楼于巅，与民同游观之乐，遂锡嘉名为"阅江"云。

①金陵：即今江苏南京。

②定鼎：传说禹铸九鼎象征天下九洲之土。古代以鼎为传国之宝，置于国都，故往往称建都为定鼎。

③暨：及，到。

④罔间：无间隔。

登览之顷，万象森列，千载之秘，一旦轩露，岂非天造地设，以俟大一统之君，而开千万世之伟观者欤？当风日清美，法驾幸临[⑤]，升其崇椒[⑥]，凭阑遥瞩，必悠然而动遐思。见江汉之朝宗[⑦]，诸侯之述职，城池之高深，关阨之严固[⑧]，必曰："此朕栉风沐雨[⑨]，战胜攻取之所致也。中夏之广，益思有以保之。"见波涛之浩荡，风

朱元璋像，图出自《续英烈传》。明太祖朱元璋是明朝开国帝王，他推翻了元朝，建立大明，定都金陵。

帆之上下，番舶接迹而来庭[10]，蛮琛联肩而入贡[11]，必曰："此朕德绥威服，覃及内外之所及也[12]。四陲之远，益思有以柔之。"见两岸之间、四郊之上，耕人有炙肤皲足之烦[13]，农女有捋桑行馌之勤[14]，必曰："此朕拔诸水火，而登于衽席者也[15]。万方之民，益思有以安之。"触类而思，不一而足。臣知斯楼之建，皇上所以发舒精神，因物兴感，无不寓其致治之思，奚止阅夫长江而已哉！

⑤法驾：天子车驾。
⑥椒：山巅。
⑦朝宗：原指诸侯朝见天子，这里借指江河入海。
⑧阨：通"隘"，险要的地方。
⑨栉（zhì）：梳头。
⑩番：指外国。
⑪蛮：古代对南方少数民族的泛称。琛（chēn）：珍宝。
⑫覃（tán）：延长。
⑬皲（jūn）：冻裂。
⑭馌（yè）：给田间耕作的人送饭。
⑮衽席：床席。

彼临春、结绮[16]，非不华矣；齐云、落星[17]，非不高矣。不过乐管弦之淫响，藏燕、赵之艳姬，一旋踵间而感慨系之，臣不知其为何说也。虽然，长江发源岷山[18]，委蛇七千余里而入海[19]，白涌碧翻。六朝之时，往往倚之为天堑。今则南北一家，视为安流，无所事乎战争矣。然则果谁之力欤？逢掖之士[20]，有登斯楼而阅斯江者，当思圣德如天，荡荡难名，与神禹疏凿之功同一罔极。忠君报上之心，其有不油然而兴耶？

⑯临春、结绮：南朝陈后主所建楼，隋军攻入南京时，尽焚于火。
⑰齐云：唐代在今江苏吴县所建，明太祖攻占长江，吴王张士诚群妾在此焚死。 落星：三国时孙吴在今江苏江宁东北落星山上所建楼。
⑱岷山：在今四川北部。
⑲委蛇：通"逶迤"。
⑳逢掖：古代读书人穿的一种袖子宽大的衣服。

臣不敏，奉旨撰记。欲上推宵旰图治之功者[21]，勒诸贞珉[22]：他若留连光景之辞，皆略而不陈，惧亵也。

㉑宵旰（gàn）：宵衣旰食。旰，晚。
㉒珉：似玉的石头。

【译文】

金陵是帝王建都的地方，自六朝至南唐，大多偏据一方，无法与金陵山川的帝王气象相匹配，到了我大明皇帝定都在这里，才足以与帝王气象相适应。从此声威教化施及之处，不分南北，君臣涵养精神，天下淳和清明，与广阔平静的宇宙同为一体。即便是一次娱乐，一次游览，也可以成为天下后世的楷模。京城的西北方，有一座狮子山，从卢龙山蜿蜒而来，长江像一条彩虹贯通大地，盘绕在它的脚下。皇上因为这里地势雄伟壮丽，下诏在山顶上修建一座楼，与百姓同享游览的乐趣，于是赐名叫做“阅江”。

宋濂像，图出自清·顾沅《古圣贤像传略》。

登临阅江楼，各种景物纷然罗列，仿佛是千年的奥秘全部显露了出来。这难道不是天造地设，来等候实现了大一统的君主，而展现出千秋万代的雄伟景观吗？当风清日丽，皇上亲临，登上山顶，凭栏远眺，一定会悠闲地产生高远的想象。看到长江、汉水滔滔东流入海，各地官员纷纷前来述职，城高池深，关口紧固，一定会说：“这是我栉风沐雨，攻战胜利才得到的。”对于广阔的中华大地，更要想办法保卫它。看到江水浩浩荡荡，顺风的白帆上下漂动，驾着船舶的外国人跟着前来朝拜，捧着珍宝的南方人肩并肩前来进贡，一定会说：“这是我用恩德安抚，凭威力征服，影响到国内国外才达到的。”对于遥远的四方边境，更会想方设法去招抚它。看见长江两岸、京城四郊的田野上，耕种的人有晒烤皮肤、冻裂双脚的烦恼，农家女子有采桑送饭的勤苦，一定会说：“这是我从水深火热中拯救出来，安置在舒适的床席上的人。”对于四面八方的百姓，更会想方设法让他们安居乐业，碰到类似的事情就会联想到许多，不止一件事情。我领会到这座楼的兴建，是皇上用它舒展精神，由眼前景物产生各种感慨的，无不包含着使天下大治的想法，哪里只是为了观赏长江风景就算了呢！

临春阁、结绮阁，不是不华美；齐无云楼、落星楼，不是不高大，它们只不过是用来取乐于管弦演奏的淫曲，收藏燕赵两地的美女，一转身的功夫就使人为它们的迅速消亡而深深感叹，我不知道这该作什么解释。虽然如此，长江发源于岷山，逶迤七千余里而流入东海，白浪奔涌，碧波翻滚。六朝的时候，常常靠它当作防御敌人的天然战壕。如今却是南北一家，把它看作一条和平的江水，不必用它进行战争了。那么，这究竟是谁的力量呢？穿着宽袍大袖的读书人，有登上这座楼，观赏这长江的，应当想到皇上的神圣恩德像青天一样，浩荡无边难以描绘，与大禹开山引水的丰功伟绩同样是没有穷尽的。忠于君王、报效皇上的心情，哪有不油然而生的呢？

我没什么才学，奉皇上的旨意撰写这篇文章。希望追述皇上废寝忘食、力图治国的功业，镌刻在石碑上。其他如留连光景的言辞，都略去不写，恐怕会亵渎了圣明。

司马季主论卜

刘 基

【题解】

刘基（公元1311年–公元1375年）：字伯温，处州青田（今浙江青田）人。元至顺四年（公元1333年）中进士，官至江西高安县丞、浙东元帅府都事等，因在剿抚方国珍起义之事上与上司意见不合，罢官归隐青田。后被朱元璋征召，佐其平定天下，系明代开国元勋之一，明洪武年间官至弘文馆学士、资善大夫、御史中丞，封诚意伯，洪武八年（公元1375年）被胡惟庸构陷而死。他是元末明初著名的诗文作家，诗风质朴通俗，有一定现实意义；文章也能揭露社会的黑暗现实以及统治者的腐朽本质。

本篇选自《郁离子·天道篇》，文章采用对话的形式，借东陵侯被废黜之后想重新得到起用一事，反映物极必反的观点，同时对天道、鬼神及占卜也提出怀疑和否定。文章采用《楚辞·卜居》的表现手法，善作比喻，利用骈句和排比，铺陈畅叙，音韵铿锵，琅琅上口，较好地达到了形式为内容服务的效果。

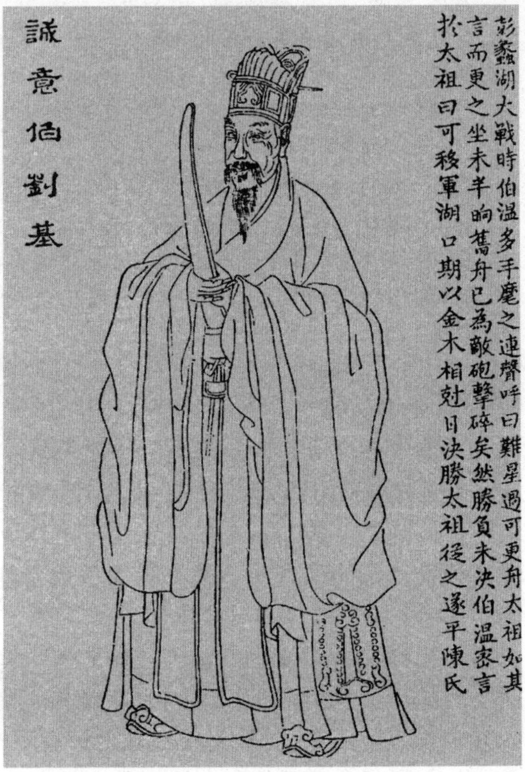

刘基像，图选自清·上官周绘《晚笑堂画传》。

东陵侯既废①，过司马季主而卜焉。

①东陵侯：邵平，秦时为东陵侯，秦亡后，被废为平民，以种瓜为生。

季主曰：“君侯何卜也？”东陵侯曰：“久卧者思起，久蛰者思启②，久懑者思嚏③。吾闻之蓄极则泄，闷极则达，热极则风，壅极则通。一冬一春，靡屈不伸；一起一伏，无往不复。仆窃有疑④，愿受教焉。”季主曰：“若是，则君侯已喻之矣，又何卜为？”东陵侯曰：

"仆未究其奥也，愿先生卒教之。"

②蛰：本意为动物冬天藏匿起来，这里指人潜藏。
③懑（mèn）：烦闷。
④仆：代词，自称的一种谦词。

季主乃言曰："呜呼！天道何亲⑤？惟德之亲；鬼神何灵？因人而灵。夫蓍，枯草也⑥；龟⑦，枯骨也，物也。人，灵于物者也，何不自听而听于物乎？且君侯何不思昔者也？有昔者必有今日。是故碎瓦颓垣，昔日之歌楼舞馆也；荒榛断梗⑧，昔日之琼蕤玉树也⑨；露蚕风蝉⑩，昔日之凤笙龙笛也⑪；鬼磷萤火，昔日之金缸华烛也，⑫秋荼春荠⑬，昔日之象白驼峰也⑭；丹枫白荻⑮；昔日之蜀锦齐纨也⑯。昔日之所无，今日有之不为过；昔日之所有，今日无之不为不足。是故一昼一夜，华开者谢⑰；一秋一春，物故者新。激湍之下，必有深潭；高丘之下，必有浚谷。君侯亦知之矣，何以卜为？"

⑤天道：上天的意志。
⑥蓍（shī）：一种野草，古人采其茎作占卜之用。
⑦龟：龟甲。古人用火烤炙龟甲，视其裂纹的形状以决定吉凶。
⑧榛（zhēn）丛生的荆棘。梗：草木枯枝。
⑨琼蕤（ruí）：美玉制成的花朵。
⑩露：露水。蛬（gǒng）：蟋蟀。
⑪凤笙龙笛：制作成凤、龙之形的笙笛乐器，在这里指奏出的乐曲。
⑫金缸：用金属制作的油灯。
⑬荼（tú）：一种味苦的野菜。荠（jì）：荠菜，带甜味。
⑭象白驼峰：象脂和骆驼的肉峰，古人认为是名贵的佳肴。
⑮荻：多年生草本植物，生长在水边，其花白色。
⑯蜀锦齐纨（wán）：四川出产的锦缎和山东出产的细绢，在古代都是名贵的织物。
⑰华：通"花"。

【译文】

东陵侯被废为平民，于是他到司马季主那里去占卜。

司马季主说："您要占卜什么呢？"东陵侯说："长久卧床的人想要起来，长久潜伏的人想要出来，长久憋闷的人想要打喷嚏。我听说，蓄积到极点了就要泄漏，闭塞到极点了就要通畅，热到极点了就要生风，阻塞到极点了就要贯通。冬去春来，不会总是屈而不伸；有起有伏，没有一去不复返的。我私下里有所疑惑，愿意得到先生的教诲。"季主说："这样说来，君侯已经明白了，还要占卜什么呢？"东陵侯回答说："然而我还有些疑惑，想听听您的指教。"

于是，季主说："唉！天道会对谁亲近呢？只亲近有道德的人；鬼神有什么灵验呢？它是根据不同的人来显灵的。蓍草，只是枯草；龟壳，只是枯骨。它们全都是物而已。人比任何物都要灵，为什么不相信自己却去相信这些物表现出来的征兆呢？并且君侯为什么不想想过去呢？有了过去就必定会有现在。所以碎瓦残墙，原是往日的歌楼舞馆；枯树断枝，原是往日的琼花玉树；露蚕秋蝉，原是往日的悦耳笙歌；鬼磷流萤，原是往日的辉煌灯火；苦菜荠菜，原是往日的美味佳肴；红枫白荻，原是往日的绫罗绸缎。往日没有的，现今有了不算过分；往日有的，现今没了也不能算不足。所以一昼一夜，盛开的花儿便会凋谢；一春一秋，已经陈旧了的事物便要更新。急流下面一定有深潭，高山下面一定有深谷。您已经清楚了这些，为什么还要占卜呢？”

卖柑者言[1]

刘 基

【题解】

本文是一篇优秀的讽刺小品，大约作于元朝末年。作者对当时的社会现实有着较为清醒的认识。他借卖柑者之口，尖锐地揭露了那些坐高堂、骑大马，腰金衣紫，神气十足的文武大臣，其实都是些不懂用兵、不会治国的蠢才，如同“金玉其外，败絮其中”的柑子。本文构思新奇，寓意深刻。结构上采用由远及近，由表入里的方法，使文章层次分明，逐步深入。形式上运用问答的方式，不仅深化了主题，而且突出了文章的情趣、气势和感情色彩。特别是卖柑者的侃侃陈词，反诘、排比句式的连用，读来有酣畅淋漓之感。文章反映了作者对不公平现象的愤怒之情，正如清人吴楚材所评论的：“满腔愤世之心，而以痛哭流涕出之。”

杭有卖果者[2]，善藏柑，涉寒暑不溃[3]。出之烨然[4]，玉质而金色[5]。剖其中，干若败絮[6]。予怪而问之曰：“若所市于人者[7]，将以实笾豆，奉祭祀，供宾客乎[8]？将炫外以惑愚瞽乎[9]？甚矣哉为期也！”

①这是一篇富有讽刺性的小品。作者借卖柑者之口，辛辣讽刺了元末腐朽无能的文武官僚。柑，形似桔而大，橙黄色，味甘。

②杭：指杭州。

③涉：经历。溃：烂。

④烨（yè）然：光色灿烂如新。

⑤玉质：指看上去质地如玉石一样好。

⑥败絮：破棉絮。

⑦若：你。市：卖。

⑧实：装满。笾豆：古代祭祀时用以盛祭品的礼器。笾，竹制。豆，木或陶制，也有铜制的。

⑨炫：夸耀。惑：欺骗。瞽：盲人。

卖者笑曰：“吾业是有年矣[10]。吾赖是以食吾躯[11]。吾售之，人取之，未闻有言，而独不足子所乎[12]？世之为欺者不寡矣，而独我也乎？吾子未之思也。今夫佩虎符、坐皋比者[13]，洸洸乎干城之具也[14]，果能授孙、吴之略耶[15]？峨大冠、拖长绅者[16]，昂昂乎庙堂之器也[17]，果能建伊、皋之业耶[18]？盗起而不知御，民困而不知救，吏奸而不知禁，法斁而不知理[19]，坐縻廪粟而不知耻[20]。观其坐高堂，骑大马，醉醇醴[21]而饫肥鲜者[22]，孰不巍巍乎可畏[23]、赫赫乎可象也[24]？又何往而不金玉其外，败絮其中也哉！今子是之不察，而以察吾柑！”

刘基像，图出自清·顾沅《古圣贤像传略》。

⑩业是：谓从事卖柑这种职业。有年：多年。

⑪业：疑因上文“业”字而衍。食（sì）：供养。

⑫足：满足。所：所需。

⑬虎符：虎形兵符。皋比（pí）：这里指虎皮坐椅。

⑭洸洸：好像，仿佛。干城：干为盾牌，城指城郭，都能起防御护卫作用，也用以比喻捍卫者。具：才能。此指人材。

⑮孙吴：孙武和吴起，春秋战国时我国两位著名军事家。略：韬略，方略。

⑯峨：高。这里用作动词，高戴。大冠：犹峨冠，儒生的装束。拕：同拖。绅：古代士大夫系于腰间的大带子。

⑰昂昂：神气的样子。庙堂之器：喻指治国之大臣。器，材具。

⑱伊皋：伊尹和皋陶。伊尹，商汤的大臣。皋陶，相传为舜时的法官。

⑲斁（dù）：败坏。

⑳坐：徒然，白白地。縻：消耗，浪费。廪粟：官粮。指俸禄。

㉑醇醴：美酒。醴，甜酒。

㉒饫：饱食。肥鲜：指肉类鱼类。

㉓巍巍：高大的样子。

㉔赫赫：显赫的样子。象：效法。

予默默无以应。退而思其言，类东方生滑稽之流[25]。岂其忿世嫉邪者耶？而托于柑以讽耶[26]？

㉕东方生：东方朔，字曼卿，汉武帝时人。诙谐滑稽，善讽谏。

㉖托：假托，假借。

【译文】

杭州有个卖水果的人，善长贮藏柑子，即便经过严冬酷暑柑子也不会腐烂。拿出来仍然光泽鲜艳，玉石般的质地，黄金颜色。但剖开看里面，却干得像破棉絮。我奇怪地问他：“你卖给人家的柑子，是要装在盘子里祭祀用还是招待宾客呢？还是炫耀它的外表，以欺骗愚昧的人呢？您这种欺骗手段太过分了！”

卖柑子的人笑笑说："这干这行当有年头了，我依靠它来养家糊口。我卖，别人买，从来没听说什么议论，而唯独不能满足您所需要的呢？世上欺骗人的人不算少，难道只有我一个人吗？先生没有考虑吧。如今那些佩带虎符、坐虎皮椅子的武将，很威武地保护国家安全的人，真能拿得出孙武和吴起那样的韬略吗？那些戴着高大纱帽，拖着长带的文臣，神气十足，好象是栋梁的人，真能建立起伊尹、皋陶那样的功业吗？盗贼兴起却不知道防御；民穷却不知道赈济；官吏作奸犯科却不知道禁止；法纪败坏却不知道治理；白白耗费国家的粮食却不知道羞耻。看他们坐在高堂之上，骑着高头大马，喝醉美酒，饱食肥肉的人，谁不是仪表堂堂令人生畏、显赫得令人效法呀？但他们又何尝不是金玉其外，又败絮其中呢？现在您对这些视而不见，却挑剔我的柑子！"

我默不作声，无言以对。回来后想想卖柑人的话，像是东方朔一类诙谐言善辩的人物。难道他是一个愤恨世道、仇视邪恶的人吗？所以才借柑子来进行讽刺吗？

深虑论

方孝孺

【题解】

方孝孺（公元1357年－公元1402年），字希直，又字希古，别号逊志，人称正学先生。台州宁海（今浙江属县）人。建文皇帝即位，官至翰林侍讲学士。燕王朱棣发动“靖难之役”赶走惠帝，命他起草诏书，不从，被害，除杀他九族外，还杀他的学生。《深虑论》共十篇，本文为第一篇，是很漂亮的议论文。作者历数各朝的兴亡，提出“祸常发于所忽之中，而乱常起于不足疑之事”，从而引出中心论点“盖虑之所能及者，人事之宜然。而出于智力所不能及者，天道也。”目的是要统治者引以为鉴，思虑长治久安的策略。

虑天下者，常图其所难，而忽其所易；备其所可畏，而遗其所不疑。然而祸常发于所忽之中，而乱常起于不足疑之事。岂其虑之未周与？盖虑之所能及者，人事之宜然，而出于智力之所不及者，天道也。

当秦之世，而灭诸侯，一天下[1]，而其心以为周之亡在乎诸侯之强耳，变封建而为郡县[2]。方以为兵革可不复用，天子之位可以世守，而不知汉帝起陇亩之中[3]，而卒亡秦之社稷[4]。汉惩秦之孤立，于是大建庶孽而为诸侯，以为同姓之亲可以相继而无变，而七国萌篡弑之谋[5]。武、宣以后，稍剖析之而分其势，以为无事矣，而王莽卒移汉祚[6]。光武之惩哀、平[7]，魏之惩汉[8]，晋之惩魏[9]，各惩其所由亡而为之备，而其亡也，皆出于所备之外。唐太宗闻武氏之杀其子孙[10]，求人于疑似之际而除之，而武氏日侍其左右而不悟。宋太祖见五

方孝孺像，图出自清·顾沅《古圣贤像传略》。

代方镇之足以制其君[11]，尽释其兵权，使力弱而易制，而不知子孙卒困于敌国。此其人皆有出人之智、盖世之才，其于治乱存亡之几，思之详而备之审矣[12]。虑切于此而祸兴于彼，终至乱亡者何哉？盖智可以谋人，而不可以谋天。良医之子多死于病，良巫之子[13]多死于鬼。彼岂工于活人而拙于活己之子哉？乃工于谋人而拙于谋天也。

①一：统一。

②封建：周朝分封疆土，建立封侯国的制度。爵位分公、侯、伯、子、男五等，公、侯封地百里，伯分封七十里，子、男封地五十里。郡县：秦始皇废除封建后建立的郡、县两级的中央集权制度。分全国为二十六郡，下设县。郡、县长官都由中央任免。

③汉帝：指汉高祖刘邦，公元前206年至公元前195年在位。起陇亩之中：指出身低微。陇，同"垄"。田埂。

④社稷（jì）：代称国家。社，土地神。稷，谷神。

⑤七国：汉初分封的吴、楚、赵、胶西、胶东、济南，临淄七国。汉景帝中元五年（公元前145年），吴王濞联合其余六国以诛晁错为名发动叛乱。后被击败。

⑥王莽（公元前45年－公元23年）：字巨君，西汉末以外戚身分掌握政权，公元8年称帝，改国号为"新"，公元23年，被绿林、赤眉起义军所杀。祚（zuò）：帝位。

⑦哀：汉哀帝刘欣，公元前6年至前1年在位。平：汉平帝刘衎（kàn），公元元年至5年在位。

⑧魏：三国之一。公元220年曹丕代汉称帝，国号魏，建都洛阳。历史上又称曹魏。

⑨晋：这里指西晋。公元265年，司马炎代魏称帝，国号晋，建都洛阳。史称西晋。

⑩武氏：武则天，名曌（zhào），公元683年中宗继位后，临朝听政。690年废睿宗，称帝，国号周。她在位期间，杀害了李氏宗室很多人。

⑪五代：指唐以后的梁、唐、晋、汉、周五个王朝。

⑫审：详细，周密。

⑬巫：古代把为人求神祈祷为职业的人。

古之圣人，知天下后世之变非智虑之所能周，非法术之所能制[14]，不敢肆其私谋诡计，而唯积至诚、用大德以结乎天心，使天眷其德[15]，若慈母之保赤子而不忍释。故其子孙虽有至愚不肖者足以亡国，而天卒不忍遽亡之，此虑之远者也。夫苟不能自结于天，而欲以区区之智笼络当世之务，而必后世之无危亡，此理之所必无者也，而岂天道哉！

⑭法术：指巧妙的方法。

⑮眷：关怀，宠爱。

【译文】

考虑天下大事的人，常常着眼困难的问题，而忽略了那些容易的问题，防备那些可怕的事，而遗漏他丝毫不怀疑的问题。然而祸害常常产生于那些被忽视的问题之中，战乱常常爆发于那些不被怀疑的事情之上。这难道是他们考虑得不周全吗？这是因为人所能考虑到的，是人事上应该这样的，而问题产生在人的智力所不能达到的地方，就是天道。

当秦国兴盛的时候，吞并诸侯，一统天下后。他认为周朝的灭亡在于各诸侯势力的强大，因此改变分封土地、建立诸侯的策略，实行郡县制。正当他认为从此不会再动用武力了，天子的皇位可以世代保持的时候，却不知道汉高祖刘邦在田野之中兴起，而最终夺取了秦朝的政权。西汉高祖鉴于秦朝王族的势单力薄，于是便分封子弟为诸侯，以为同姓的亲族可以世代相传而不会发生变故，但万万没有想到萌发了七国叛乱的阴谋。西汉武帝、宣帝之后，逐渐分割各诸侯王的封地，以分散他们的势力，认为不再会发生什么事了，却没想到王莽终于篡夺了汉朝政权。东汉光武帝刘秀以哀帝、平帝时的动乱为警戒，以及魏以汉为警戒，晋以魏为警戒，等等，都分别以前朝的灭亡为借鉴而大加防备，但他们自己的灭亡，都出乎他们的意料。唐太宗李世民听说姓武的人要杀他的子孙，便派人把受到怀疑的武姓人找出来杀了，可是武则天整日侍奉在他的身边，他却未能醒悟。宋太祖赵匡胤鉴于五代方镇的力量足以挟制他们的君主，便解除了自己大将的兵权，使地方势力弱小，而容易控制，但不知道他的后世子孙正因此常被敌国围困。这些帝王都有超人的智慧，盖世的才能，他们对于治平与动乱、存在与灭亡的细小苗头，考虑得特别详尽，防备得十分严密。然而，在这方面考虑得详尽，却在那方面发生了祸患，最后终于发生战乱直至灭亡，这是什么道理呢？这是因为人的智慧尽可以谋求人事的成功，却不能用它谋求天意啊。高明医生的儿女多因病而死，巫师的儿女多因鬼祟而死，难道他们善于救活他人而拙于救活自己的儿女吗？这是因为他们善于谋求人事而拙于谋求天道啊。

《三国志通俗演义》版画之“废献帝曹丕篡汉”图

古代的圣人知道天下后世的变化，不是智慧和谋略所能周全、不是法术所能控制的道理，因此不敢任意施行他们的阴谋诡计，而是只以积聚最大的诚心、使用最崇高的品德来连结天意，使上天眷恋他们的德行，就像慈母爱护婴儿那样不忍心撒手不管，所以，他们的子孙中即使出现了最愚笨、最不成器而足以使国家灭亡的人，而上天也最终不忍心让他的国家灭亡，这才是深谋远虑的人啊。倘若不能把自己与天意相连结，却只凭借自己的小小智慧来控制驾驭当世的人事，而想一定使自己的后代不发生危亡，这在情理上绝对讲不通的，又怎会迎合天道呢？

豫让论

方孝孺

【题解】

本文是作者所写的一篇史论。豫让，战国初年晋国人，曾为晋卿范氏、中行氏家臣，因不受重用，后投奔智伯，智伯对他十分器重。其后赵襄子灭智伯，豫让发誓要为智伯复仇。他一再行刺赵襄子都未成功. 最后被捕自杀。豫让是古代著名的刺客之一，曾轰动当时，后世对之也称颂不已。方孝孺在本文中独出新意，认为豫让不能算是真正的国士，仅凭自己的匹夫之勇以沽名钓誉，这是不足取的。但作者对豫让的忠心耿耿，还是持赞许态度的。

士君子立身事主①，既名知己，则当竭尽智谋，忠告善道，销患于未形，保治于未然，俾身全而主安。生为名臣，死为上鬼②，垂光百世，照耀简策，斯为美也。苟遇知己，不能扶危于未乱之先，而乃捐躯殒命于既败之后，钓名沽誉，眩世炫俗③，由君子观之，皆所不取也。

①“士君子”七句：士君子，士人君子。名，被称为。善道，善于开导。未形，未显露时。保治于未然，意即在动乱未发生之前就加强了社会治安的措施。俾，使。

②“死为”三句：上鬼，高尚的鬼魂。垂光百世，意即光采照耀于百世。简策，书籍。

③眩世炫俗：意即欺世盗名。

盖尝因而论之。豫让臣事智伯④，及赵襄子杀智伯，让为之报仇，声名烈烈，虽愚夫愚妇，莫不知其为忠臣义士也。呜呼！让之死固忠矣，惜乎处死之道有未忠者存焉。何也？观其漆身吞炭，谓其友曰：“凡吾所为者极难，将以愧天下后世之为人臣而怀二心者也。”谓非忠可乎？

《春秋五霸七雄列国志传》版画之“豫让板桥行刺赵襄子”图

及观斩衣三跃[⑤]，襄子责以不死于中行氏而独死于智伯，让应曰："中行氏以众人待我[⑥]，我故以众人报之。智伯以国士待我，我故以国士报之。"即此而论，让有余憾[⑦]矣。段规之事韩康[⑧]，任章之事魏献，未闻以国士待之也，而规也、章也，力劝其主从智伯之请，与之地以骄其志，而速其亡也。郄疵[⑨]之事智伯，亦未尝以国士待之也，而疵能察韩、魏之情以谏智伯，虽不用其言以至灭亡，而疵之智谋忠告，已无愧于心也。让既自谓智伯待以国士矣，国士，济国之士也。当伯请地无厌[⑩]之日，纵欲荒暴之时，为让者，正宜陈力就列[⑪]，谆谆然而告之曰："诸侯大夫，各安分地，无相侵夺，古之制也。今无故而取地于人，人不与，而吾之忿心必生；与之，则吾之骄心以起。忿必争，争必败；骄必傲，傲必亡。"谆切恳告，谏不从，再谏之；再谏不从，三谏之；三谏不从，移其伏剑之死[⑫]，死于是日。伯虽顽冥不灵，感其至诚，庶几[⑬]复悟，和韩、魏，释赵围，保全智宗，守其祭祀[⑭]。若然，则让虽死犹生也，岂不胜于斩衣而死乎？让于此时，曾无一语开悟主心，视伯之危亡犹越人视秦人之肥瘠也[⑮]。袖手旁观，坐待成败，国士之报曾若是乎[⑯]？智伯既死，而乃不胜血气之悻悻[⑰]，甘自附于刺客之流，何足道哉？何足道哉？

《东周列国志》版画之"豫让击衣报襄子"图。韩魏赵三家灭智伯之后，智伯家臣豫让行刺赵襄子未遂被擒，请求赵襄子将所穿衣服脱下来让他用剑砍几下以示为智伯报仇。赵襄子深受感动，答应了他的请求。

④"豫让"五句：豫让，原为春秋末年晋国贵族范氏、中行氏家臣，后投奔智伯。在赵、魏、韩三家贵族联合消灭智氏之后，他曾两次企图行刺赵襄子，不遂，自杀。智伯，名瑶，也称智襄子，晋国贵族。智伯曾联合韩、赵、魏三家贵族瓜分范、中行氏两家贵族的土地，后又向韩等三家索地。在赵襄子的号召下，韩等三家联合起来，消灭了智伯，并三分其地。

⑤"及观"三句：斩衣三跃，豫让用漆身吞炭改变自己的面容和声音，再次行刺赵襄子而被俘时，他要求赵襄子把衣服脱给他，然后朝着衣服"三跃而击之"，伏剑自杀。襄子，赵襄子，

名毋邺，春秋时晋国贵族赵简子之子。中行氏，中行，复姓。晋国大夫荀林父家族一支。荀林父因掌管晋国中行（háng）军，后遂以官为姓。

⑥“中行氏”四句：以众人待我，意即用像对待平常人那样对待我。国士，国中优秀、杰出的人物。

⑦憾：不足。

⑧“段规”二句：段规，韩康子的家臣。韩康，韩康子，名虔，晋国贵族。任章，魏献子的家臣。魏献，魏献子，晋国贵族。智伯向韩等三家索地，韩、魏两家都把土地分一部分给他，以使他的气焰更加嚣张。

⑨郄疵：智伯的家臣。

⑩厌：满足。

⑪陈力就列：贡献自己的力量，尽到自己的职责。就列，就职。列，职位。

⑫“移其”二句：移，转移。二句意谓，豫让应该把在赵襄子家中伏剑而死的行动，安排在对智伯劝谏的时候。

⑬庶几：大约，或许。

⑭守其祭祀：保住祖庙的祭祀不断。也就是说使智氏的家族不被消灭。

⑮“犹越人”句：越、秦两国，相隔遥远，因此两国联系不多，也彼此不会去关心对方的事。

⑯曾若是乎：国士的报答竟能是这个样子吗？

⑰悻悻（xìng）：怨恨的样子。

虽然⑱，以国士而论，豫让固不足以当矣。彼朝为仇敌，暮为君臣，腼然而自得者，又让之罪人也。噫！

⑱“虽然”五句：虽然以国士的标准来衡量豫让，豫让确实是不配的。但同那些早晨还是仇敌、晚上就变成君臣，厚着脸皮而自鸣得意的人相比，这些毫无节操可言的人，又都成了豫让的罪人。

【译文】

士人君子要在世上立足，事奉君主，既然已经把君主视为知己，就应当竭尽自己的智慧和才能，忠诚地劝告，并加以诱导，把祸患化解于未形成之际，搞好治安于未乱之前，使自身保全又使人君心安。这样，活着的时候是享誉的重臣，死后也是上等的鬼神，光荣的事迹永远流传，光辉的名字永照史册。这才是值得赞美的啊。如果遇到知己的君主，不能在动乱尚未发生之前消解危机，而是在已经失败之

《春秋五霸七雄列国志传》版画之“荀瑶决水攻城”图，讲述晋国荀瑶发兵围赵襄子于晋阳，决水攻城之事。

后再牺牲自己的生命，博取好的声誉，炫耀于世俗之人，这在君子看来，都是不可取的。

我曾经以此观点评论豫让。豫让是智伯的家臣，当智伯被赵襄王所杀，豫让为他报仇，因此名声显赫，即使是普通百姓，没有人不知道他是个忠臣义士。唉！他的死可称得上忠心，可惜的是他在处理死亡的方式上还有不忠的地方存在。为什么？我们看他以漆涂身，吞下炭块，并对友人说："凡是我所做的这些都是极难做的，我要以此羞愧天下后世那些做人臣却又不忠心的人啊。"我们能说他不忠吗？待到我们看到他拔剑三跃刺击赵襄子的衣服，赵襄子指责他不为中行氏而死，而偏偏为智伯而死时，豫让回答说："中行氏以对待普通人的方式对待我，我所以用普通人的方式报答他；智伯把我当作国士对待，我所以用国士的行为报答他。"就这一点看来，豫让的忠心就存有许多遗憾了。

段规侍奉韩康子，任章侍奉魏桓子，没有听说韩康子、魏桓子以国士对待他们，而段规与任章，竭力劝说他的主人答应智伯的要求，给智伯土地，以使他的心志更加骄纵，从而加速他的灭亡。郄疵侍奉智伯，智伯也从来没有把他当作国士相待，但郄疵能看透韩魏两家的真意，并以此劝谏智伯，智伯虽然没有采纳他的劝言，结果招致灭亡，但郄疵能够对主人竭尽智能，忠诚告诫与诱导，已经是问心无愧了。

豫让既然认为智伯像对待国士一样对待他了，而所谓国士就是能拯救国家的人。当智伯要求割占他人的土地没有满足的时候，当智伯放纵私欲荒淫暴虐的时候，作为豫让，正应当竭尽全力，恪尽职守，诚恳地劝说他："诸侯与大夫，应当各自安守自己分内的土地，不互相侵夺，这是自古的规矩。现在无缘无故向别人索取土地，别人不给予，必定会产生愤怒；别人给予，那么自己的内心又会产生骄傲。愤怒一定会引起争斗，争斗必然会导致失败；骄傲必然目空一切，目空一切必然导致灭亡。"极其耐心恳切地劝谏，如果规劝他不听，就再次规劝，再次规劝他还不听，就第三次规劝，第三次规劝他仍然不听，就拔剑自杀，把自己在赵襄子面前拔剑自杀的日子改移到这一天。智伯虽然愚钝无知，顽固不化，被豫让的至诚所感动，或许能幡然悔悟，与韩、魏和好，解除对赵的围困，保全智伯的宗庙，维持了智伯家的祭祀，如若这样，那么豫让虽然死了犹同活着一样，难道不比剑击赵襄子的衣服然后自杀强吗？然而，豫让在这时候竟然没说一句话开导智伯，使他醒悟，看着智伯危亡，就如同越国人观察秦国人的胖瘦一样。手缩在袖子里坐在一旁观看，等待着智伯的失败，一个国士对知己的回报竟是这样的吗？智伯死了以后，才控制不住感情的冲动，情愿把自己放在刺客一类的人当中，有什么值得称道的呢！有什么值得称道的呢！

虽然用国士的标准评论豫让，他固然不完全够格，但那些早晨还视为仇敌，到了晚上就充当其臣子，且厚颜无耻自鸣得意的人，与豫让比起来，又确实是豫让的罪人啊。唉！

亲政篇

王　鏊

【题解】

王鏊（ào）（1450 年 –1524 年），字济之，吴县（今属江苏苏州市）人。明孝宗弘治年间历侍讲学士，曾规劝孝宗不要纵情享乐。明武宗正德年间累迁至户部尚书、文渊阁大学士，后为躲避太监刘瑾的迫害，告老还乡。世宗即位后曾派人慰问，传旨嘉奖。

明朝自英宗以后，朝纲沦丧，宦官专权，到武宗时尤为严重。武宗重用宦官刘瑾、谷大用，淫乐嬉游，荒芜国政，以致整年不上朝，导致君臣阻隔，国事日非。针对这一时弊，作者写了文章表奏武宗。文章首先指出，上下交通才能国泰民安，否则会国将不国；接着力陈当时上下阻隔的弊端；然后不厌其烦地列举周汉以迄本朝内朝听政、君臣交欢的情况；最后归结于希望武宗“尽铲近世壅隔之弊”、“通远近之情”。文章引经据史，朴实无华，然而寓意深刻，说服力极强。据说世宗即位后，王鏊曾上奏文，世宗看了大为感动，可惜没能很好采纳，以致于使明朝进一步走向腐败。

《易》之《泰》[①]曰：“上下交而其志同。”其《否》[②]曰：“上下不交而天下无邦。”盖上之情达于下，下之情达于上，上下一体，所以为“泰”。下之情壅阏[③]而不得不上闻，上下间隔，虽有国而无国矣，所以为“否”也。交则泰，不交则否，自古皆然，而不交之弊，未有如近世之甚者。君臣相见，止于视朝数刻[④]；上下之间，章奏批答相关接，刑名[⑤]法度相维持而已。非独沿袭故事，亦其地势使然。何也？国家常朝于奉天门，未尝一日废，可谓勤矣。然堂陛悬绝[⑥]，威仪赫奕，御史[⑦]纠仪，鸿胪[⑧]举不如法，通政司[⑨]引奏，上特[⑩]视之，谢恩见辞，惴惴[⑪]而退，上何尝治一事，下何尝进一言哉？此无他，地势悬绝，所谓堂上远于万里，虽欲言无由言也。

①《泰》：《易经》中的卦名。

②《否（pǐ）》：《易经》中的卦名。

③阏（è）：阻塞。

④刻：古代用漏壶计时，一昼夜为一百刻。

⑤刑名：刑指刑法，刑罚或广义的法律。名指循名责实，赏罚分明。一说尊君卑臣，崇上抑下的礼法。

“三杨秉政”图。明宣宗时，任用杨士奇、杨荣、杨溥为内阁大学士。

⑥堂陛悬绝：古代社会，臣下见君主，要跪拜在离朝堂的台阶很远的地方，所以堂陛悬绝。堂是朝堂，陛是宫殿的台阶。

⑦御史：官名，掌纠劾百官之职权。

⑧鸿胪：官名，职掌朝廷礼仪。

⑨通政司：官署名，负责收转内外奏章。

⑩特：只。

⑪惴（zhuì）惴：害怕的样子。

愚以为欲上下之交，莫若复古内朝之法。盖周之时有三朝：库门[12]之外为正朝，询谋[13]大臣在焉；路门[14]之外为治朝，日视朝在焉；路门之内曰内朝，亦曰燕朝。《玉藻》[15]云：“君日出而视朝，退适路寝[16]听政[17]。”盖视朝而见群臣，所以正上下之分；听政而适路寝，所以通远近之情。汉制：大司马、左右前后将军、侍中、散骑诸吏为中朝，丞相以下至六百石为外朝。唐皇城之北南三门曰承天，元正、冬至受万国之朝贡，则御焉，盖古之外朝也。其北曰太极门，其西曰太极殿，朔[18]、望[19]则坐而视朝，盖古之正朝也。又北曰两仪殿，常日听朝而视事，盖古之内朝也。宋时常朝则文德殿，五日一起居则垂拱殿，正旦、冬至、圣节称贺则大庆殿，赐宴则紫宸殿或集英殿，试进士则崇政殿。侍从以下，五日一员上殿，谓之轮对，则必入陈时政利害。内殿引见，亦或赐坐，或免穿靴，盖亦有三朝之遗意焉。盖天有三垣[20]，天子象[21]之。正朝，象太极也；外朝，象天市也；内朝，象紫微也。自古然矣。

⑫库门：古代天子的宫门之一。

⑬询谋：咨询和谋议。

⑭路门：古代君主宫室内廷的门。

⑮《玉藻》：《礼记》中的一篇。

⑯路寝：皇帝的正寝。
⑰听政：处理政事。
⑱朔：夏历每月的初一。
⑲望：夏历每月的十五。
⑳三垣：中国古代的天文学家把天空的星辰分为三垣二十八宿。三垣即太微、紫微、天市。
㉑象：模仿、效法。

国朝[22]圣节、正旦、冬至大朝会则奉天殿，即古之正朝也。常日则奉天门，即古之外朝也。而内朝独缺。然非缺也，华盖、谨身、武英等殿，岂非内朝之遗制乎？洪武中如宋濂、刘基，永乐以来如杨士奇、杨荣等，日侍左右，大臣蹇义、夏元吉等，常奏对便殿[23]。于斯时也，岂有壅隔之患哉？今内朝未复，临御常朝之后，人臣无复进见，三殿高闼[24]，鲜或窥焉。故上下之情，壅而不通；天下之弊，由是而积。孝宗晚年，深有慨于斯，屡召大臣于便殿，讲论天下事。方将有为，而民之无禄，不及睹至治之美，天下至今以为恨矣。

㉒国朝：指明朝。
㉓便殿：君主宴游休息的别殿。
㉔闼（bì）：关闭。

惟陛下远法圣祖，近法孝宗，尽铲近世壅隔之弊。常朝之外，即文华、武英二殿，仿古内朝之意，大臣三日或五日一次起居，侍从、台谏[25]各一员上殿轮对；诸司有事咨决，上据所见决之，有难决者，与大臣面议之；不时引见群臣，凡谢恩辞见之类，皆得上殿陈奏。虚心而问之，和颜色而道之，如此，人人得以自尽。陛下虽深居九重，而天下之事灿然毕陈于前。外朝所以正上下之分，内朝所以通远近之情。如此，岂有近时壅隔之弊哉？唐、虞[26]之时，明目达聪，嘉言罔伏[27]，野无遗贤，亦不过是而已。

㉕台谏：唐宋称主管纠察弹劾的御史为台官，主管进谏劝讽的谏议大夫为谏官。到明代合并为都察院，统称台谏。
㉖唐、虞：指唐尧和虞舜。
㉗罔伏：没有隐匿。罔：无，没有。伏：隐藏。

【译文】

《易经》中的《泰》卦说："上下沟通，他们的志向就会相同。"它的《否》卦说："上下隔绝，天下就不会成为国家了。"大概上情下达，下情上通，上下成为一个整体，所以叫做"泰"。如果下面的意见被堵塞，不能传到上面，上下有隔阂，虽然名为国家，而实际上没有国家，所以称为"否"。

上下沟通就是"泰"，不沟通就"否"。自古以来都是这样，但是上下不沟通的弊病，却没有像近代这样厉害的。

君臣相见，仅限于朝会的片刻时间，君臣之间只是通过奏章和批复联系，依靠刑名礼法来维持关系罢了。这并非只是沿用祖制也是地位造成的。为什么这样说呢？君臣朝会照例在奉天门，没有一天间断过，可以说是勤于政事。但是殿前的层层台阶隔绝了君主和臣属之间的接触，典礼仪式威严隆重，御史督察朝见的礼仪，鸿胪御纠正不合礼法的人，通政司代为呈上奏章，皇帝只看一眼，大臣们谢恩告辞，惴惴不安地行礼退下。皇上何尝处理过一件事，大臣们又何尝讲过一次言呢？没有其他原因，只是因为地位悬殊，君臣同在一殿却相隔万里之遥，做臣子的即使想进言，也无从说起啊！

我认为要做到上下沟通，不如恢复古代的内朝制度。在周朝的时候，有三个听政的地方：库门的外面设的是正朝，在这里与大臣们商议国事；路门外是治朝，上朝就在这里；路门内为内朝，又称燕朝。《礼记·玉藻》篇说："君主在日出时临朝，退朝到路寝处理政事。"上朝接见群臣，以此来表示上下的名分，到路寝处理政务，以此来沟通远近的情况。

汉朝的制度：大司马、左右前后将军、侍中、敬骑等官吏"中朝"，丞相以下至六百石俸禄的官员称"外朝"。

唐代皇城北面靠南的第三个门叫承天门，每年新年，冬至节接受各国使节的朝见的进贡，这相当于古代的外朝。它的北面是太极门，西边是太极殿，每月初一和十五，皇帝在这里坐朝受群臣朝见，这相当于内朝，再往北叫两仪殿，平日在这里上朝处理政事，这大概就是古代的内朝。

宋朝时候，皇帝平日接见在文德殿，臣子们隔五天一次请安问候在垂拱殿。元旦、冬至节、皇帝诞辰庆贺在大庆殿，赐宴就在紫宸殿或集英殿，面试进士，在崇政殿。侍从以下的官员，每隔五天由一人上殿，叫"轮对"，必须向皇帝陈述时政的利弊。在内殿引见大臣时，有时赐座，有时免穿朝靴，这大概还保留有三朝制度的遗风吧。

因为星象上有三垣，天子于是仿效它：正朝仿效太极垣，外朝仿效天市垣，内朝仿效紫微垣。自古以来都是这样。

到了本朝：皇上生日、元旦、冬至节的大朝会则在奉天殿。这就是古代的正朝。平日的朝会在奉天门，这就是古代的外朝。单独缺少内朝。然而并不缺少，那华盖、谨身、武英等殿，不就是古代内朝传下的体制吗？洪武年间如宋濂、刘基，永乐以来像杨士奇、杨荣等，天天侍奉在皇帝左右，大臣蹇义、夏元吉等人，常在便殿奏事对答，在这个时候，哪里会有隔绝阻塞的忧患呢？

现在内朝制度还没有恢复，皇上驾临平时的朝会后，臣子们便不能再进见了。三座殿高门紧锁，很少有人能够看得见。所以上下意见阻塞不通，社会弊病由此积累起来。孝宗晚年的时候，对此颇有感慨，多次与朝臣在便殿商讨天下大事，正待有所作为，可惜老百姓却没有福气，没有看到盛世的美好年景便去世了，天下的人至今还感到遗憾。

望陛下远的效法太祖、近的效法孝宗，全部铲除上下隔绝的弊病，日常的朝会之外，再到文华、武英两殿，仿效古代内朝之制，大臣们每隔三五天进宫问一次安，侍从官和台官谏官各派一名官员轮流上殿奏事，各部有事请求决断，皇上可根据情况加以裁决，有难以裁决的，跟大臣们当面商议。这样能经常召见群臣，凡是谢恩、告辞之类的事都可以上殿陈述面奏，皇上可虚心向他们询问，和颜悦色地指导他们。这样，人人能够畅所欲言，陛下虽然身居九重深宫之内，但天下的事情都能清清楚楚地展现在眼前。外朝表示君臣的名分，内朝用来互相沟通各地的情况。这样做还会发生近世上下隔绝的弊病吗？尧舜时，帝王目明耳聪，好的想法不会被埋没，偏僻地方的人才不会被遗漏，也不过是这样罢了。

尊经阁记

王守仁

【题解】

王守仁（公元1472年－公元1528年），字伯安，浙江余姚人。曾筑室故乡阳明洞中，世称阳明先生。弘治十二年（公元1499年）进士。早年因反对宦官刘瑾，被廷杖四十，谪贵州龙场（今贵州修文县境内）驿丞。刘瑾被处死后，升任江西庐陵知县，不久迁至右佥都御史，后因镇压农民起义和平定朱宸濠叛乱有功，拜南京兵部尚书，进光禄大夫，封新建伯，死后追封新建侯，谥文成。他是明朝著名的教育家、哲学家和文学家。著作有《王文成公全书》。

王守仁是一位典型的主观唯心主义者，他认为“万事万物之理不外于吾心”，本文集中反映了他的这一思想。认为经是永恒不变的道理，所谓心、性、命是经的不同表现，三者实为一物，离不开一个“心”字。因此学习六经要“求六经之实于吾心”，“求之吾心”而后行，一切从心出发。同时，对那些离开“吾心”而谈经学经的做法一概贬斥，认为“尚功利，崇邪说”是“乱经”，“习训诂，传记诵”是“侮经”，“侈淫词，竞诡辩”是“贼经”。这些都充分表现王守仁学说的“主观”特色。文章以“心”为主脉，以尊经为主旨，不避重复，突出中心，层层推进，说理透彻，如行云流水，行文畅达。

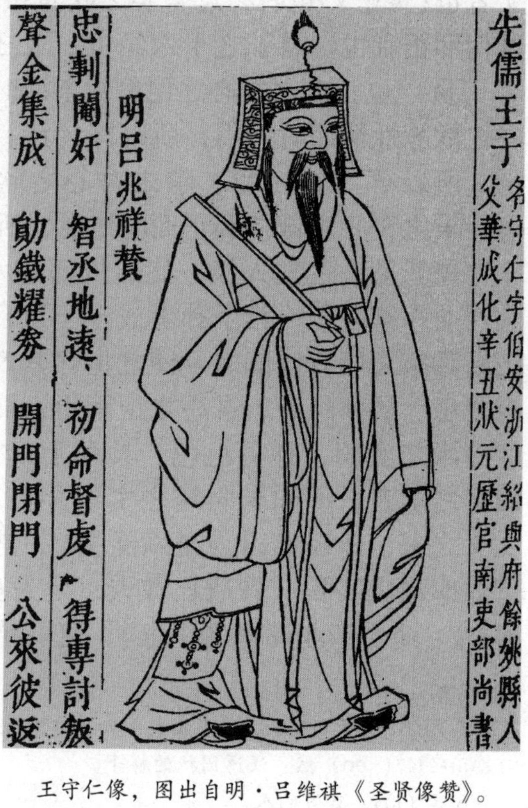

王守仁像，图出自明·吕维祺《圣贤像赞》。

经，常道也。其在于天谓之“命”，其赋于人谓之“性”，其主于身谓之“心”。心也，性也，命也，一也。

通人物，达四海，塞天地，亘古今，无有乎弗具，无有乎弗同，无有乎或变者也，是常道也。其应乎感也，则为恻隐，为羞恶，为辞让，为是非。其见于事也，则为父子之亲，为君臣之义，为夫妇之别，为长幼之序，为朋友之信。是恻隐也，羞恶也，辞让也，是非也；是亲也，义也，序也，别也，信也，一也，皆所谓心也、性也、命也。

通人物，达四海，塞天地，亘古今，无有乎弗具，无有乎弗同，无有乎或变者也，是常道也。以言其阴阳消息之行①，则谓之《易》；以言其纪纲政事之施，则谓之《书》；以言其歌咏性情之发，则谓之《诗》；以言其条理节文之著②，则谓之《礼》；以言其欣喜和平之生，则谓之《乐》；以言其诚伪邪正之辨，则谓之《春秋》。是阴阳消息之行也，以至于诚伪邪正之辨也，一也，皆所谓心也、性也、命也。

①阴阳：指自然界对立的两种力量。 消息：指事物的消歇、生长。
②条理：指一些礼仪准则。 节文：指礼仪制度。

通人物，达四海，塞天地，亘古今，无有乎弗具，无有乎弗同，无有乎或变者也，夫是之谓六经。六经者非他，吾心之常道也。是故《易》也者，志吾心之阴阳消息者也；《书》也者，志吾心之纪纲政事者也；《诗》也者，志吾心之歌咏性情者也；《礼》也者，志吾心之条理节文者也；《乐》也者，志吾心之欣喜和平者也；《春秋》也者，志吾心之诚伪邪正者也。君子之于六经也，求之吾心之阴阳消息而时行焉，所以尊《易》也；求之吾心之纪纲政事而时施焉，所以尊《书》也；求之吾心之歌咏性情而时发焉，所以尊《诗》也；求之吾心之条理节文而时著焉，所以尊《礼》也；求之吾心之欣喜和平而时生焉，所以尊《乐》也；求之吾心之诚伪邪正而时辨焉，所以尊《春秋》也。

盖昔圣人之扶人极、忧后世而述六经也③，犹之富家者之父祖，虑其产业库藏之积，其子孙者或至于遗亡散失、卒困穷而无以自全也，而记籍其家之所有以贻之，使之世守其产业库藏之积而享用焉，以免于困穷之患。故六经者，吾心之记籍也，而六经之实，则具于吾心。犹之产业库藏之实积，种种色色，具存于其家，其记籍者，特名状数目而已。而世之学者，不知求六经之实于吾心，而徒考索于影响之间④，牵制于文义之末，硁硁然以为是六经矣⑤。是犹富家之子孙不务守规，享用其产业库藏之实积，日遗亡散失，至为窭人丐夫⑥，而犹嚣嚣然指其记籍曰⑦："斯吾产业库藏之积也。"何以异于是？

③极：准则。
④影响：影子和反响，这里指关于六经的传闻、注释。
⑤硁硁（kēn）然：浅薄固执的样子。
⑥窭（jù）：贫穷的人。

“韦编三绝”图。孔子晚年喜读《易经》，以致于使韦编（即穿竹简所用的皮条）多次断绝。他曾说：“假我数年，五十以学《易》，可以无大过矣。”

⑦嚣嚣然：自鸣得意的样子。

呜呼！六经之学，其不明于世，非一朝一夕之故矣。尚动利，崇邪说，是谓乱经。习训诂，传记诵，没溺于浅闻小见，以涂天下之耳目，是谓侮经。侈淫词，竞诡辨，饰奸心盗行，逐世垄断，而犹自以为通经，是谓贼经。若是者，是并其所谓记籍者，而割裂弃毁之矣，宁复知所以为尊经也乎？

越城旧有稽山书院[8]，在卧龙西冈，荒废久矣。郡守渭南南君大吉[9]。既敷政于民，则慨然悼末学之支离，将进之以圣贤之道，于是使山阴令吴君瀛拓书院而一新之[10]，又为尊经之阁于其后，曰：“经正则庶民兴，庶民兴斯无邪慝矣。”阁成，请予一言以谂多士[11]。予既不获辞，则为记之若是。呜呼！世之学者得吾说而求诸其心焉，则亦庶乎知所以为尊经也已。

⑧越城：在今浙江绍兴。

⑨郡守：郡的长官。这里借指知府。南大吉：绍兴知府。王守仁的门生。

⑩山阴：绍兴府治。

⑪谂（shěn）：规劝。

【译文】

经，就是不变的真理。它在天就叫作“命”，它赋于人时就叫作“性”，它主导于全身时就称之为“心”。所谓心、性、命，是同一样东西。

它沟通于人心和物体，通达四海之间，充塞于天地之间，绵亘于古今之中；不管在什么处所，无处不在，无所不同，是没有任何例外和变异的。所以它是永恒的真理啊。它反映于情感上，就表现为同情和怜悯，为羞耻和憎恶，为推辞和谦让，为肯定和否定。它表现于生活实践时，就为父子间的亲爱，为君臣间的道义，为夫妻间的区分，为长幼间的次序，为朋友间的信誉。这种同情和怜悯、羞耻和憎恶、推辞和谦让、肯定和否定；这种亲爱、道义、区分、次序、诚信，都是所说的心、性、命啊。

它遍及人类万物，通达四海，充塞于天地之内，绵亘于古今之中，不管在什么处所，无所不在，无所不同，是没有任何例外和变异的，所以它是经常而普遍的道理啊。从它的阴阳二气的消歇与生长的运动来说，就称之为《周易》；从它的纲领政事的施行来说，就称之为《尚书》；从它的歌咏性情的抒发来说，就称之为《诗经》；从它的条理秩序的体现来说，就称之为《礼经》；从它的欣喜和平的滋生来说，就称之为《乐经》；从它的对真伪邪正的辨别来说，就称之为《春秋》。这种阴阳二气的消歇和生长的运动，以至于真伪邪正的辨别等，是一致的，都是所说的心、性、命啊。

它遍及人类万物，通达四海，充塞于天地之内，绵亘于古今之中；不管在什么处所，无不具有，无不相同，是没有任何例外和变异的，只有这样才能称之为“六经”。“六经”不是旁的，而是我们心中所固有的真理啊。因此，《周易》是记载我们内心的阴阳二气的消歇和生长的；《尚书》是记载我们内心的纲领政事的；《诗经》是记载我们内心的歌咏性情的；《礼经》是记载我们内心的条理秩序的；《乐经》是记载我们内心的欣喜和平的；《春秋》是记载我们内心的真伪邪正的。君子对待“六经”，探求我们内心的阴阳二气的消歇和生长而适时行动，所以才尊崇《周易》；探求我们内心的典章政事而适时施行，所以才尊崇《尚书》；探求我们内心的歌咏性情而适时抒发，所以才尊崇《诗经》；探求我们内心的条理秩序而适时体现，所以才尊崇《礼经》；探求我们内心的欣喜和平而适时滋生，所以才尊崇《乐经》；探求我们内心的真伪邪正而适时辨别，所以才尊崇《春秋》。

从前圣人树立为人的道德标准，为将来考虑，因而著述“六经”，不过像是富家的老家长，忧虑他家的产业和仓库的积蓄，到他子孙手里时，遗失消散，终于困穷而无以自全，所以把家中所有的物产记在账簿上交给子孙，使他们能守住这些家产祖业，并享用，免除贫穷的困苦。所以，“六经”者，就是我们内心的“账簿”啊，可是“六经”的实质，却存在于我们内心之中。犹如产业和仓库积蓄的实物，种种色色，这些都存放在他的家里，而那账簿，只是实物的名单、数目罢了。可是世间的学者，不知探求“六经”的实体于我们各自的内心，却白白地求索于它的影子和回声之间，被牵制于文字词义的末节，就洋洋自得地以为这就是“六经”了。这好像富家的子孙，不去看守、享用自家的产业和仓库积蓄的实物，因而一天天的遗失消散，以致于成了穷人乞丐，却还自鸣得意地指着那账簿说：“这是我的产业和仓库的积蓄啊。”世间的学者与这情况又有什么不同呢？

唉！“六经”不能被人正确地理解，已不是一朝一夕的事情了。好尚功利，行邪说，这叫做乱经。只学习词语注释，传授死记硬背的方法，沉溺于一些肤浅的见解和说法，并以此来遮掩天下的耳目，这叫做侮经。夸夸其谈地说些过分的辞语，竞相用诡辩来曲解，美化自己的奸诈的心意和盗贼的行为，追随社会风尚来投机取巧，居然还认为自己是通晓“六经”的，这叫做戕害经书。像这样的“尊经”，是连那所谓的账簿也撕裂毁掉了的，哪里还会知道为什么要尊经呢？

越城从前有个稽山书院，在卧龙山西面，已经荒废很久了。知府是渭南人南大吉，既已推行政令于百姓，却又慨叹悼惜未流之学支离破碎，将要推进之于圣贤的大道中去，于是命令山阴知县吴瀛，拓展书院并翻修一新，又建造尊经阁于其后院，他说：“经学正了，百姓就人人向上了，则邪恶之事就会消灭。”尊经阁落成后，请我说句话来劝告广大的士人。我既是推辞不得，就为他撰写了上述的文字。唉！世间的学者，读完我的文章若能从内心真正探求六经，也就差不多懂得什么叫尊经了。

象祠记

王守仁

【题解】

传说象是舜的同父异母弟弟，在其父瞽叟的支持下，多次企图加害舜，但都没有成功。舜即位以后，没有与象计较以前的事情，封他为有鼻国国君。作者借苗人翻修象祠一事，推断象后来改过自新，进而阐发君子应该修身树德，以德感化他人的道理。

灵博之山[①]，有象祠焉[②]。其下诸苗夷之居者，咸神而祠之。宣尉安君[③]，因诸苗夷之请，新其祠屋，而请记于予。予曰："毁之乎，其新之也？"曰："新之。""新之也何居乎？"曰："斯祠之肇也[④]，盖莫知其原，然吾诸蛮夷之居是者，自吾父、吾祖溯曾、高而上，皆尊奉而禋祀焉[⑤]，举而不敢废也。"予曰："胡然乎？有鼻之祀[⑥]，唐之人盖尝毁之。象之道，以为子则不孝，以为弟则傲。斥于唐，而犹存于今；坏于有鼻，而犹盛于兹土也，胡然乎？"

①灵博之山：在今贵州黔西。

②象：传说为舜的同父异母弟，与其父瞽瞍多次谋害舜未遂。舜继位后，不计前嫌，仍封他为有鼻国国君。

"舜耕于历山"图

③宣尉：即宣尉使。明代少数民族地区设有由当地土人世袭的土司，掌军民事务。最高的土司武职即是宣尉使。

④肇：开始，创建

⑤禋祀：祭祀。

⑥有鼻：在今湖南道县北。相传象封于此地。

我知之矣：君子之爱若人也，推及于其屋之乌，而况于圣人之弟乎哉？然则祠者为舜，非为象也。意象之死，其在干羽既格之后乎⑦？不然，古之骜桀者岂少哉？而象之祠独延于世。吾于是盖有以见舜德之至，入人之深，而流泽之远且久也。

⑦干羽：舞具。干，盾；羽，雉尾。相传舜曾命禹征伐南方的部落有苗，有苗不服，舜于是"舞干羽于两阶"，表示停止战争，推行礼乐教化，于是有苗归顺。　格：来。引申为归顺。

象之不仁，盖其始焉耳，又乌知其终之不见化于舜也？《书》不云乎⑧："克谐以孝⑨，烝烝乂⑩，不格奸⑪"，"瞽瞍亦允若⑫"。则已化而为慈父。象犹不弟，不可以为谐。进治于善，则不至于恶。不底于奸，则必入于善。信乎象盖已化于舜矣。《孟子》曰⑬："天子使吏治其国。"象不得以有为也。斯盖舜爱象之深而虑之详，所以扶持辅导之者之周也。不然，周公之圣，而管、蔡不免焉⑭。斯可以见象之见化于舜，故能任贤使能，而安于其位，泽加于其民，既死而人怀之也。诸侯之卿⑮，命于天子，盖《周官》之制⑯，其殆仿于舜之封象欤？

⑧《书》云：引文见《尚书·尧典》。

⑨克：能够。

⑩烝烝：淳厚的样子。乂（yì）：善。

⑪格：至。

⑫允：信实。　若：和顺。

⑬《孟子》曰：引文原见《孟子·万章上》。

⑭管、蔡：周公的弟弟。周公代理周成王执政时，二人伙同武庚反叛被镇压。

⑮卿：天子与诸侯的最高臣僚。

⑯《周官》：即《周礼》，记载了周代制度。

吾于是盖有以信人性之善，天下无不可化之人也。然则唐人之毁之也，据象之始也；今之诸苗之奉之也，承象之终也。斯义也，吾将以表于世。使知人之不善虽若象焉，犹可以改；而君子之修德，及其至也，虽若象之不仁，而犹可以化之也。

【译文】

灵鹫山和博南山有象的祠庙。山下住的苗族人，都把象当作神灵来祭祀。宣尉使安君鉴于众苗民的请求，翻修了象祠的房屋，并且请我作一篇记文。我问："拆掉它呢，还是重修它呢？”他说：“重修它。”“重修它？有什么理由吗？”他回答说：“这座祠的来历，大概没有什么人知晓了。然而我们各族中居住此的人，从我父亲、祖父一直到曾祖、高祖以上，都尊崇象并且祭祀它，按时举行不敢废止。”我说：“为什么这样呢？有鼻那个地方的象祠，唐朝人就曾毁掉过。象的为人，以作儿子的规范衡量他可称不孝，以作弟弟的规范衡量他可称傲慢无礼。对象的祭祀，废止于唐代，却仍留存于今天；废止于有鼻那个地方，却仍盛行于这个地方。为什么这样呢？”

我明白了：君子喜欢上某个人，就能爱屋及乌，何况是对待圣人的弟弟呢？如此看来，祭祀的是舜，而不是象。想那象死的时候，大概是在舜舞干羽致使苗人归顺之后吧！否则的话，古代那倔强而又凶狠之人难道还少吗？可对象的祭祀却偏偏延续于世。我通过这个事例更加体会到舜的道德高尚之极，深入人心，他的德泽流传悠久。

象的品行不端，从开始就有所表现，又怎能知道他后期没有被舜所感化呢？《尚书》上不是这样说过吗：“舜能够用孝德使全家和睦安定，敦厚善良，不致于邪恶。”又说：“舜的父亲瞽瞍也变得和顺了。”这证明瞽瞍已经变成慈父了。如果象仍不敬爱哥哥，就不能说是全家和睦了。不断向善，修养品德，就不会走向邪；不向坏的方面发展，就必然走上善途。的确如此啊，象已被舜所感化了！《孟子》说：“舜派遣官吏治理象的封国。”象就不能为所欲为。这正是舜对象爱得深切、考虑周详，而支持辅导他的方法也很周全啊。否则，像周公那样圣明，他的兄弟管叔、蔡叔却仍免不了身败名裂。这也可以表明象被舜所感化，所以能够任用贤能之人，而且安于职守，恩德施加到百姓身上，虽然已经去世了，人们仍然怀念他。诸侯的卿，由天子直接任命，那《周官》的制度，大概也是仿照舜封象的做法吧！

因此，我更加有理由相信人的本性是善良的，天下没有不可教化的人。如此看来，唐人毁弃象祠，是根据他初期的表现；今天众苗民祭祀他，是根据他后期的表现。这个道理，我准备向天下人说明白，使大家知道，一个人不善良，即使如象一样，也还可以改正；而君子修养品德，达到尽善尽美的时候，即使遇见如同象那样品行不端的人，也是能够把他感化的。

瘗旅文

王守仁

【题解】

明武宗正德初，王守仁因得罪了宦官刘瑾，被贬为贵州龙场驿丞。本文作于作者抵任后的第三年秋天。这是一篇借他人之酒杯，浇自己胸中块垒的绝世奇文。文中自述贬官以来"吾未尝一日之戚戚也"，说的完全是反话。他的心情应该是都是悲苦的，环境恶劣，乡关万里，以忠获谴，寂寞孤苦，久蓄心中，借对与自己同样遭遇的吏目一家三口客死异乡、作者去料理丧葬一事而冲发出来。文章充满了悲愤与感慨，长歌当哭，凄凉萧瑟。表面看来，作者似乎是在责备死者不宜忧伤，自丧性命，实则对死者充满了同情。其间"繄何人？繄何人"一语，令人如闻摧肝裂肺的恸哭之声。

维正德四年秋月三日[①]，有吏目云自京来者[②]，不知其名氏，携一子一仆，将之任，过龙场[③]，投宿土苗家。予从篱落间望见之，阴雨昏黑，欲就问讯北来事，不果。明早，遣人觇之[④]，已行矣。薄午，有人自蜈蚣坡来，云："一老人死坡下，傍两人哭之哀。"予曰："此必吏目死矣，伤哉！"薄暮，复有人来云："坡下死者二人，傍一人坐哭。"询其状，则其子又死矣。明日，复有人来云："见坡下积尸三焉。"则其仆又死矣，呜呼伤哉！

①维：发语词。正德：明武宗年号，凡十六年（公元1506年－公元1521年）。秋月：阴历七月。

②吏目：明代各州置，掌刑狱等事，中央一些官署亦有吏目，掌收发文书。这是从九品的小官。

③龙场：地名。在今贵州修文县境。

④觇（chān）：窥视。

念其暴骨无主[⑤]，将二童子持畚、锸往瘗之[⑥]。二童子有难色然。予曰："噫！吾与尔犹彼也。"二童闵然涕下[⑦]，请往。就其傍山麓为三坎，埋之。又以隻鸡、饭三盂，嗟吁涕洟而告之曰：

⑤暴（pù）：暴露。

⑥畚（běn）：畚箕。锸（chā）：铁锹。

⑦闵然：忧伤的样子，闵，通"悯"。

王守仁像，图出自《三才图会》。

呜呼伤哉！繄何人[8]？繄何人？吾龙场驿丞余姚王守仁也[9]。吾与尔皆中土之产。吾不知尔郡邑，尔乌乎来为兹山之鬼乎？古者重去其乡，游宦不逾千里，吾以窜逐而来此，宜也。尔亦何辜乎？闻尔官吏目耳，俸不能五斗，尔率妻子躬耕可有也，胡为乎以五斗而易尔七尺之躯？又不足，而益以尔子与仆乎？呜呼伤哉！尔诚恋兹五斗而来，则宜欣然就道，胡为乎吾昨望见尔容，蹙然盖不胜其忧者[10]？夫冲冒霜露，扳援崖壁，行万峰之顶，饥渴劳顿，筋骨疲惫，而又瘴疠侵其外，忧郁攻其中，其能以无死乎？吾固知尔之必死，然不谓若是其速，又不谓尔子、尔仆亦遽然奄忽也[11]。皆尔自取，谓之何哉！吾念尔三骨之无依而来瘗耳，乃使吾有无穷之怆也。呜呼伤哉！纵不尔瘗，幽崖之狐成群，阴壑之虺如车轮[12]，亦必能葬尔于腹，不致久暴尔。尔既已无知，然吾何能为心乎？自吾去父母乡国而来此，三年矣，历瘴毒而苟能自全，以吾未尝一日之戚戚也。今悲伤若此，是吾为尔者重，而自为者轻也，吾不宜复为尔悲矣。吾为尔歌，尔听之。

⑧繄（yì）：是。
⑨驿丞：掌管邮递迎送的小官。
⑩蹙（cù）：然：忧愁的样子。
⑪遽（jù）然：突然。奄忽：死亡。
⑫虺（huǐ）：毒蛇。

歌曰：连峰际天兮飞鸟不通，游子怀乡兮莫知西东。莫知西东兮维天则同，异域殊方兮环海之中。达观随寓兮莫必予宫。魂兮魂兮无悲以恫[13]。

⑬恫（tōng）：同“痛”痛苦。

又歌以慰之曰：与尔皆乡土之离兮，蛮之人言语不相知兮。性命不可期，吾苟死于兹兮，率尔子仆，来从予兮。吾与尔遨以嬉兮，骖紫彪而乘文螭兮[14]，登望故乡而嘘唏兮。吾苟获生归兮，尔子、尔仆尚尔随兮，无以无侣悲兮！道傍之冢累累兮，多中土之流离兮，相与呼啸而徘徊兮。餐风饮露，无尔饥兮。朝友麋鹿，暮猿与栖兮。尔安尔居兮，无为厉于兹墟兮[15]。

⑭骖（cān）：古人驾车在车前两旁的马。彪：小虎。螭（chī）：古代传说中的动物，似龙而黄。

⑮厉：厉鬼，即能作祟降祸于人的鬼。

【译文】

正德四年秋某月三日，有一个说是从京城来的吏目，不知道他的姓名，带着一个儿子和一个仆人准备赴任，路过龙场驿，在当地苗族人的家里借宿。我从篱笆缝间看见他们，由于天阴下雨，天色已昏黑，想询问从北方来的情况，没能去成。第二天早晨，派人去看他们，他们已经走了。中午时分，有人从蜈蚣坡来，说：“有一位老人死在坡下，旁边两个人在哭他，很悲哀。”我说：“这一定是那个吏目死了，伤心啊！”接近傍晚的时候，又有人来说：“坡下死了两个人，旁边一个人坐在那里哭。”打听那里的情形，一定是那个吏目的儿子又死去了。又过了一天，又有人来说：“看见坡下有三具尸体了。”那是吏目的仆人又死去了。唉，太让人伤心了！

考虑到他们尸首暴露在野外没有人收尸，就带两个差役拿着畚箕、铁锹去掩埋他们。两个差役脸上露出为难的样子。我说：“唉！他们与你我都一样。”两个差役伤心地掉下眼泪，情愿一道去。到那里挑选了一个靠近山脚的地方，挖了三个坑，埋葬了他们。又拿了一只鸡、三碗饭祭奠他们，叹息流泪地祝告他们：唉，伤心啊！你们是什么人呢？你们是什么人呢？我是龙场驿丞余姚人王守仁啊。我和你们都是中原地方的人，但我不知道你们的家乡在哪儿。你们为什么要来做这座山的鬼呢？古时候的人非常重视离家远行的事，出去做官也不超过一千里路。我因为被贬斥来这里，是应该的，你也犯了什么罪吗？听说你的官位不过是个吏目罢了，俸禄不足五斗米，你带着妻子儿女亲自耕种也可以为生啊，为什么要用五斗米的俸禄换取你的一条命呢？这还不算，又要把儿子和仆人加上呢？唉，让人伤心啊！你就是为贪恋那五斗米的俸禄而来，就应当高高兴兴地赶路，为什么我昨天看见你的脸上愁容满面的样子，大概有难以忍受的事情吧。一个人顶着风霜雨露，攀登悬崖峭壁，翻过崇山峻岭，又饥又渴，疲劳困乏，又有瘴气、瘟疫从体外侵袭，忧郁从内夹攻，难道能得以不死吗？我本来料到你一定会死的，却没到这样快，更没料到你的儿子和仆人，也匆匆离去，这都你自己招致的，又能说什么呢？我可怜你们三副尸骨没有归宿才掩埋的，才使得我产生了无穷的伤感啊。唉，真令人伤心啊！即使我不来掩埋，那深山中的狐狸成群结队，暗洞里的毒蛇像车轮般粗壮，也必定能够把你们埋葬在肚里，不致于长久暴露啊。你们已经没有知觉了，可是我怎能忍心不管呢？从我离开父母家乡来这里已经三年了，经历了瘴气的恶毒却能勉强保全性命，因为我从没有一天的忧愁悲伤。如今我悲伤得这样，是因为我为你们考虑得多，替自己考虑得少，我也不应该再为你们伤悲了。我为你们唱一首挽歌，你们听着。

歌词是：连绵不断的山峰接近天空啊，飞鸟也没法飞越，出外远游的人们思念家乡啊，方向也没法分辨。辨不清道路的方向啊，只看到天空是相同的；身处遥远的异乡啊，总还在四海之内。乐观些、随和些啊，到处可以安身，何必非要留在家里；你们的魂灵，你们的魂灵，不要再悲伤和哀痛！

再唱一支歌安慰说：我和你都是背井离乡人，异乡客地的人们言语不通、无法相知，生命的长短也没法预期。假如我也死在这里，你可以带着儿子和仆人来找我，我和你一起到处游玩。驾驭着紫色猛虎和斑斓的蛟龙，登上高处眺望故乡而悲伤。假若我能够活着回去，你的儿子和仆人还跟从你，不要因为没有伴侣而伤悲！路边的坟墓一个接着一个，墓里埋葬的大都是中原地区的流亡者，可以一起高声放歌或共同漫步。吃些风喝些露水，你就不会饥渴，白天与麋鹿交朋友，晚上同猿猴相栖息。希望你在这里安心居住，别在这里做个恶鬼啊！

信陵君救赵论

唐顺之

【题解】

唐顺之（公元1507年－公元1560年），字应德、义修，毗陵（今江苏常州）人。嘉靖八年进士，官至佥都御史。文学上主张学习唐宋散文，著有《荆川先生集》。本文对信陵君窃符救赵一事进行分析，认为整个事件实际上是私人交易，抨击信陵君不遵守朝廷制度，指出魏王不该丢失君土的权柄，强调了加强中央集权的重要性。文章层层深入，文辞犀利，在写作技巧上，可以借鉴。

论者以窃符为信陵君之罪[①]，余以为此未足以罪信陵也。夫强秦之暴亟矣，今悉兵以临赵，赵必亡。赵，魏之障也。赵亡，则魏且为之后。赵、魏，又楚、燕、齐诸国之障也，赵、魏亡，则楚、燕、齐诸国为之后。天下之势，未有岌岌于此者也。故救赵者，亦以救魏；救一国者，亦以救六国也。窃魏之符以纾魏之患[②]，借一国之师以分六国之灾，夫奚不可者？

①符：兵符，是调动军队的凭证。信陵君：即魏公子无忌，战国时魏安釐王之弟，当时任魏相，其姐为赵相平原君夫人。前259年，秦攻赵，赵求救于魏，魏王派晋鄙救赵，但又惧怕秦国，按兵不动。信陵君听从侯生之计，通过魏王宠妾如姬窃得兵符，杀晋鄙，与赵国合兵击败秦国。

②纾：解除。

《东周列国志》版画之“信陵君窃符救赵”图

然则信陵果无罪乎？曰：又不然也。余所诛者，信陵君之心也。

信陵一公子耳，魏固有王也。赵不请救于王，而谆谆焉请救于信陵，是赵知有信陵，不知有王也。平原君以婚姻激信陵③，而信陵亦自以婚姻之故，欲急救赵，是信陵知有婚姻，不知有王也。其窃符也，非为魏也，非为六国也，为赵焉耳。非为赵也，为一平原君耳。使祸不在赵，而在他国，则虽撤魏之障，撤六国之障，信陵亦必不救。使赵无平原，或平原而非信陵之姻戚，虽赵亡，信陵亦必不救。则是赵王与社稷之轻重，不能当一平原公子，而魏之兵甲所恃以固其社稷者，只以供信陵君一姻戚之用。幸而战胜，可也，不幸战不胜，为虏于秦，是倾魏国数百年社稷以殉姻戚，吾不知信陵何以谢魏王也。

③平原君：即赵胜，赵惠文王之弟。

夫窃符之计，盖出于侯生④，而如姬成之也⑤。侯生教公子以窃符，如姬为公子窃符于王之卧内，是二人亦知有信陵，不知有王也。余以为信陵之自为计，曷若以唇齿之势激谏于王，不听，则以其欲死秦师者而死于魏王之前，王必悟矣。侯生为信陵计，曷若见魏王而说之救赵，不听，则以其欲死信陵君者而死于魏王之前，王亦必悟矣。如姬有意于报信陵，曷若乘王之隙而日夜劝之救，不听，则以其欲为公子死者而死于魏王之前，王亦必悟矣。如此，则信陵君不负魏，亦不负赵；二人不负王，亦不负信陵君。何为计不出此？信陵知有婚姻之赵，不知有王。内则幸姬，外则邻国，贱则夷门野人⑥，又皆知有公子，不知有王。则是魏仅有一孤王耳。

④侯生：即侯嬴，信陵君门下食客。
⑤如姬：魏王宠妾。其父为人所杀，后信陵君为她杀仇人，报了父仇。
⑥夷门：魏国都城大梁的东门。侯生原为夷门的看守。

呜呼！自世之衰，人皆习于背公死党之行而忘守节奉公之道，有重相而无威君，有私仇而无义愤，如秦人知有穰侯⑦，不知有秦王，虞卿知有布衣之交⑧，不知有赵王，盖君若赘瘤久矣。由此言之，信陵之罪，固不专系乎符之窃不窃也。其为魏也，为六国也，纵窃符犹可。其为赵也，为一亲戚也，纵求符于王，而公然得之，亦罪也。

⑦穰侯：即魏冉，秦昭襄王母宣太后之弟，曾任秦国将军、相国等职。
⑧虞卿：战国时游说之士，赵孝成王时曾任赵相，但他为了帮助朋友脱险，抛弃相印，与朋友一齐逃走。

虽然，魏王亦不得为无罪也。兵符藏于卧内，信陵亦安得窃之？信陵不忌魏王，而径请之如姬，其素窥魏王之疏也；如姬不忌魏王，而敢于窃符，其素恃魏王之宠也。木朽而蛀生之矣。古者人君持权于上，而

《秦并六国平话》版画之“秦将王贲破魏回秦”图，描绘了战国时期秦魏战争的情景。

内外莫敢不肃。则信陵安得树私交于赵？赵安得私请救于信陵？如姬安得衔信陵之恩？信陵安得卖恩于如姬？履霜之渐[9]，岂一朝一夕也哉！由此言之，不特众人不知有王，王亦自为赘瘤也。

⑨履霜之渐：《周易·坤》曰：“履霜坚冰至”，意思是踩到霜，就知道严冬要来了。

故信陵君可以为人臣植党之戒，魏王可以为人君失权之戒。《春秋》书葬原仲、翚帅师[10]。嗟夫！圣人之为虑深矣！

⑩原仲：陈国大夫。他死后，旧友季友私自到陈国将他埋葬。孔子认为这是结党营私的表现。翚（huī）：即羽父，鲁国大夫。宋国等伐郑，也让鲁国出兵，鲁隐公不答应。翚执意请求，带兵而去。孔子认为这是目无君主的行为。

【译文】

有评论人把盗窃兵符算做信陵君的罪，我认为这不能归罪于信陵君。强秦的凶暴来势很急迫了，当时发动全国兵力逼近赵国，赵国必然灭亡。赵国是魏国的屏障，赵国亡了，那么魏国也会随之灭亡。赵国、魏国又是楚、燕、齐各国的屏障，赵国、魏国亡了，那么楚、燕、齐各国将会随着灭亡。天下的态势，没有比这时候更岌岌可危的了。所以救赵国也是为了救魏国，救一国也是为了救六国。盗窃魏国的虎符以便解除魏国的患难，借助一国的军队来分担六国的灾难，这有什么不可以呢？那么，信陵君果真没有罪过吗？我说：又不是这样。我所要谴责的，是信陵君的动机。

信陵君只不过是一个公子罢了，魏国有一国之君。赵国不向魏王请求援救，却恳切地一再向信陵君请求援救，这说明赵国知道魏国有信陵君，却不知道魏国有国王。平原君用婚姻关系激发信陵君，而信陵君也私下因婚姻关系的缘因，想要急于援救赵国，这说明信陵君知道有婚姻关系，却不知道有国王。他盗取兵符，不是为魏国，不是为六国，只是为了赵国；不是为赵国，只是为一个平原君罢了。假使灾祸不在赵国，而在其他国家，那么，即使撤除魏国的屏障，撤除六国的屏障，信陵君也必然不去援救。假使赵国没有平原君，或者平原君不是信陵君的姻亲，即使赵国要被灭亡，信陵君也必然不去援救。那么，这就说明赵国国王和国家的分量，还抵不上一个公子平原君，魏国用来保卫江山的军队，只是用来供信陵君一个姻亲的使用。幸而作战取胜，还算可以；不幸作战失败，军队被秦国所俘虏，这是拿魏国几百年的江山为自己的姻亲做了牺牲，我不知晓信陵君怎么向魏王认罪。这盗窃虎符的计策，是由侯生提出的，通过如姬完成的。侯生教公子信陵君盗窃虎符，如姬为公子信陵君从魏王的卧室里盗出虎符，这说明两个人也是知道有信陵君，不知道有魏王。

我认为信陵君自己想办法援救赵国，哪里比得上用邻邦之间唇齿相依的形势进谏魏王，魏王假如不肯听从，那就拿出想要跟秦军拼死的决心死在魏王面前，魏王必定醒悟了。如姬有意报答信陵君，哪里比上乘着机会白天夜里劝说魏王援救赵国，魏王如果不肯听从，那就拿出要为信陵君死的决心，死在魏王面前，魏王也必定醒悟了。这样一来，信陵君对得起魏王，也对得起赵国；侯生、如姬二人对得起魏王，也对得起信陵君。为什么不想这样的计策？信陵君知道有结为姻亲的赵国，却不知道有魏王。国内的宠幸的姬妾，国外的邻邦，身份微贱的夷门监者，也都是知道有公子信陵君，却不知道有魏王。那么，这说明魏国仅是一个孤立的君主罢了。

唉！自从世道衰落以来，人们都习惯于背弃公家、死于私党的行径，却忘掉了服从公家、遵守气节的道义。有手握重权的宰相，却没有树立权威的国君；有私人之间的仇隙，却没有出于道义的公愤。比如秦国人知道有穰侯，却不知道有秦王；虞卿知道有未任职前的私交，却不知道有赵王。把君主看得如同旗子上系的飘带，已经很久了。由此看出，信陵君的罪过，本来就不只决定于是否盗窃兵符。假如他是为魏国，为六国，纵然盗窃虎符也是可以的；如果他为赵国，为一个亲戚，纵然向魏王要虎符，公然得到，也是有罪的。

尽管如此，魏王自己也不能说没有罪过。兵符藏在卧室里、信陵君又怎么能盗窃它呢？信陵君不惧怕魏王，径直向如姬请求，说明他平日就窥察到魏王疏于防范；如姬不惧怕魏王，敢于盗窃兵符，因为她向来依仗魏王宠幸自己。木头腐朽以后蛀虫就生出来了。古时君主在上头执掌政权，朝廷内外的人没有不肃然起敬的。如能这样，信陵君怎么能跟赵国建立私交？赵国怎么能凭私交向信陵君请求援救？如姬怎么能对信陵君怀着报恩的念头？信陵君怎么能利用如姬报恩达到自己的目的？脚下踩到薄霜，厚厚的冰层就要冻成了，这是逐渐形成的，难道是一朝一夕吗？由此说来，不只众人不知道有国王，国王也把自己当作旗子上系的飘带了。所以，信陵君可以作为臣下树立私党的戒鉴，魏王可以作为君主失掉权利的戒鉴。《春秋》记载了安葬原仲、羽父率军伐郑这两件事，谴责非礼的行为。唉！圣人的思考是多么深远啊！

报刘一丈书

宗 臣

【题解】

明朝嘉靖年间，宰相严嵩专权，先后有二十年之久。他结党营私，贪污受贿，飞扬跋扈，杀害忠良，一般趋炎附势之徒，争着奔走在他的门下。在这封书信中，作者为了表白自己耿介清白、不趋炎附势的品格，对当时上层社会的污秽、黑暗现象作了生动的描绘。作者用漫画的手法，描写了两次典型的干谒场面，勾画出了几种典型脸谱：权奸的贪污受贿、故意做作；干谒者的奴颜婢膝、受宠若惊；门者的狐假虎威、敲诈勒索。可以说是活灵活现，淋漓尽致。

数千里外，得长者时赐一书，以慰长想，即亦甚幸矣；何至更辱馈遗①，则不才益将何以报焉②？书中情意甚殷，即长者之不忘老父，知老父之念长者深也。

①馈遗（wèi）：赠送东西。

②不才：不成才的人，古人常以此自称，表示谦逊之意。

至以“上下相孚③，才德称位”语不才，则不才有深感焉。夫才德不称，固自知之矣；至于不孚之病，则尤不才为甚。

③上下相孚：上下级之间要互相信任。孚：信任。

且今之所谓孚者何哉？日夕策马，候权者之门④。门者故不入，则甘言媚词作妇人状，袖金以私之⑤。即门者持刺入⑥，而主人又不即出见，立厩中仆马之间，恶气袭衣袖，即饥寒毒热不可忍，不去也。抵暮，则前所受赠金者出，报客曰：“相公倦，谢客矣，客请明日来。”即明日又不敢不来。夜披衣坐，闻鸡鸣即起盥栉⑦，走马推门⑧，门者怒曰：“为谁？”则曰：“昨日之客来。”则又怒曰：“何客之勤也！岂有相公此时出见客乎？”客心耻之，强忍而与言曰：“亡奈何矣⑨，姑容我入。”门者又得所赠金，则起而入之。又立向所立厩中。幸主者出，南面召见⑩，则惊走匍匐阶下。主者曰：“进！”则再拜，故迟不起，起则上所上寿金。主者故不受，则固请；主者故固不受，则又固请。然后命吏纳之，则又再拜，又故迟不起，起则五六揖始出。出揖门者曰：“官人幸顾我[12]，他日来，幸无阻我也！”门者答揖。大喜，奔出。马上遇所交识，即扬鞭语曰：“适自相公家来，相公厚我，厚我！”且虚言状。即所交识亦心畏相公厚之矣。相公又稍稍语人曰：“某也贤，某也贤。”闻者亦心计交赞之。此世所谓上下相孚也。长者谓仆能之乎[13]？

④策：马鞭。这里作动词用，驱赶之意。

⑤袖金：取出袖中存放的银子。袖，这里用作动词，取出袖内之物。古代常把零碎杂物放在袖内。

⑥刺：类似现在名片，用红纸书写姓名、官衔，在官场应酬时必用。

⑦盥栉（guàn zhì）：洗脸梳头。

⑧走：跑，和现代用法不同。

⑨亡：没有。

⑩南面：古代以面南而坐为尊。

⑪寿金：送礼的银子。古代在行贿时多借口为祝寿而赠，当时并不一定是对方的生日。

⑫官人：指门者。

⑬仆：自称的谦词。

前所谓权门者，自岁时伏腊一刺之外[14]，即经年不往也。间道经其门，则亦掩耳闭目，跃马疾走过之，若有所追逐者。斯则仆之褊衷[15]。以此长不见悦于长吏[16]，仆则愈益不顾也。每大言曰[17]：“人生有命，吾惟守分而已。”长者闻之，得无厌其为迂乎？

⑭岁时：过年和四季各节日。伏腊：夏伏和冬腊，古时也是节日又称“腊月”。

⑮褊（biǎn）衷：心胸狭隘。

⑯长吏：上峰，上司。

⑰大言：说大话。在这里是自谦之词。

宗臣像，图出自《宗子相集》。宗臣是明代文学家，嘉靖年间的大臣。

【译文】

在千里之外，经常收到您的来信，安慰我长久的思念，就已经很让人欣慰了，怎能让您破费呢，这叫我何以回报啊！您的书信中情意甚是殷切，可见您没有忘记我的老父亲，也明白了我的老父亲这样深深想念您的缘故。

至于信中用“上下之间要互相信任，才能与品德要与职位相称”的话来劝勉我，我有非常深的感触。

我的才能品德与职位不相称，我自己本来就知道这一点的；至于上下互不信任这一弊病，则在我身上表现得尤为突出。再说，现今所讲的“信任”是什么呢？那就是：从早到晚骑着马恭候在当权者的门口，看门的人故意不进去通报的。他就甜言蜜语并且做出女人一样的媚态，把藏在袖子里的银钱拿出来偷偷塞给他，等看门人拿了名帖进去通报了，可是主人又不立刻出来接见，自己只好站在马棚里仆人和马匹的中间，臭气熏着衣袖，即使饥饿寒冷或闷热到难以忍受，也不肯离开。到了太阳落山的时候，先前收了贿金的看门人出来，对他说：“相公疲倦了，今日谢客。请客人明日再来。”到了第二天，自己又不敢不来。夜里披衣坐着，一听到鸡鸣叫就赶紧梳洗，然后骑马跑去推门。守门人发怒问：“是哪个？”他回答说：“就是昨天来的那一个。”守门人又怒气冲天地说：“客人为什么这样勤快呢？难道相公会在这个时候出来见客吗？”他心里感到羞辱，但还是强忍着对看门人说：“没有办法，姑且先让我进去吧。”守门人于是又得了他的银钱，这才让他进去，他于是还是站在昨天站过的马棚里。幸好主人出来，朝南坐着召见他。他战战兢兢地走进来，匍匐在台阶下。主人说：“进来！”他就拜了两拜，故意迟不起来，起来以后便献上进见的礼物。主人故意不接受，他就再三请求，主人故意再三不接受，他又再三请求。然后主人叫手下将礼物收了起来。他就又拜了两拜。又故意迟迟不起来，起来后有作了五六个揖，然后才退出来。出来后，他给看门人作揖说：“请官人多多关照！以后再来，请不要阻拦我啊！”看门人回了他一个揖。他喜出望外地跑出来，骑马碰到了相识的人，就扬着马鞭子得意地说：“刚刚从相公家出来，相公很看重我，很看重我！”并且夸大其辞地说起自己如何受到厚待。即便是与他相识的人，也因为相公看重他而对他产生了敬畏之心。相公又间或地向人提起：“某人不错啊！某人不错啊！”听到的人便挖空心思地交口称赞他。这就是现在世上所说的“上下之间互相信任”吧。您以为我能这样做吗？

对于前面说的权贵，我除了逢年过节投上一个名帖以外，就常年不去了。偶然路过他的门前，便捂了耳朵，闭上眼睛，催马疾驰而过，就好像有人追赶我一样。这就是我狭隘的心胸，我也为此长久地不被上司喜欢；但我却更加地不管不顾，并且常常夸口说：“人各有命，我只是安守自己的本分罢了！”您老人家听了这番话，或许不会责怪我不通人情吧。

《吴山图》记①

归有光

【题解】

归有光（公元1506年－公元1571年）：字熙甫，又字开甫，号震川，昆山（今江苏昆山）人。少年时就勤奋好学，但直到嘉靖十九年（公元1540年）才中举人，后来又屡次会试不第，便迁居江苏嘉定安亭江上，在那里聚徒讲学，一直到嘉靖四十四年（公元1565年）他六十岁时才中进士，被授官湖州长兴县知县，后来官至南京大仆寺丞。归有光是明代后期著名的散文家，他主张文章师法唐宋，是“唐宋派”主帅之一。他的散文不事雕饰，别具一格，尤其善于从朋友、家人和身边琐事中选取素材加以提炼，用简洁平淡的笔触勾画人物，寄托情怀。有《震川集》三十卷。

归有光的朋友魏用晦曾任吴县县令，当他离开吴县时，当地的老百姓因感念其政绩，就以《吴山图》这幅山水画送给他。本篇即以这幅山水画为线索，淡淡几笔就描绘出吴县的山光水色、风景名胜，生动地写出了他的朋友在担任县令期间与当地老百姓结下的真挚情谊，也流露出作者本人热爱乡土的一片深情。文章风格淡雅，语言流畅简洁。

吴、长洲二县，在郡治所②，分境而治。而郡西诸山，皆在吴县。其最高者，穹窿、阳山、邓尉、西脊、铜井③。而灵岩④，吴之故宫在焉，尚有西子之遗迹⑤。若虎丘、剑池及天平、尚方、支硎⑥，皆胜地也。而太湖汪洋三万六千顷，七十二峰沉浸其间⑦，则海内之奇观矣。

①本文当作于明穆宗朱载垕隆庆四年（公元1570年），时作者留京掌内阁制敕房。

②“吴、长洲”二句：春秋时吴、长洲本为一地，为吴国都城所在地，唐武则天时始分为吴、长洲二县。明代二县同属苏州府辖地，县、府治所均在今江苏苏州。郡：指苏州府。治所：官署所在地。

③穹窿：山名，亦作穷隆山，在吴县西南六十里，山顶方平，广可百亩。阳山：一名四飞山，在吴县西北。邓尉：一名玄墓山，在苏州西南太湖边，相传汉邓尉隐于此山，故名。西脊：即西迹山，在邓尉山西。铜井：一名铜坑山，上有铜泉，在吴县西南。相传晋宋间人于此取沙，冶之成铜，故名。

④灵岩：山名，又名砚石山，在吴县西南，吴王于此山建馆娃宫。

⑤西子：即春秋时美女西施。灵岩山有鸣屧廊、采香径等名目，相传均与西施有关。

⑥虎丘：山名，在今苏州。剑池：池名，在虎丘山。天平：山名，在吴县西。尚方：也作上方，即楞伽山，在吴县西南。支硎：山名，在苏州西南。山上旧有支硎寺，为东晋支道林所建，

故名。

⑦“太湖”二句：《吴郡图经续记》云：太湖即古之震泽，中有七十二山，包山最高。太湖，在今苏州南，跨江苏、浙江两省。

余同年友魏君用晦为吴县⑧，未及三年，以高第召入为给事中⑨。君之为县有惠爱，百姓扳留之不能得⑩，而君亦不忍于其民，由是好事者绘《吴山图》以为赠⑪。

⑧同年：同科考中的人称同年。魏君用晦：魏体明，字用晦，侯官（治所在今福建福州）人。嘉靖四十四年（公元1565年）进士，同年授吴县知县，精明强毅，在吴期间，豪右屏迹。后升刑科给事中，历官四川布政使。为：治理。

⑨高第：犹言优等，对官员考评的等级。给事中：官名，明代吏、户、礼、兵、刑、工六科设给事中若干人，掌钞发章疏，稽察纠弹，其权颇重。

⑩扳留：挽留。扳，通攀。

⑪好事者：喜欢多事的人。这里指热心人。

归有光像，图出自清·孔继尧《吴郡名贤图传赞》。归有光，明代散文家。

夫令之于民诚重矣⑫。令诚贤也，其地之山川草木亦被其泽而有荣也；令诚不贤也，其地之山川草木亦被其殃而有辱也。君于吴之山川，盖增重矣。异时吾民将择胜于岩峦之间，尸祝于浮屠、老子之宫也⑬，固宜。而君而亦既去矣，何复惓惓于此山哉⑭？昔苏子瞻称韩魏公去黄州四十余年⑮而思之不忘，至以为思黄州诗，子瞻为黄人刻之于石。然后知贤者于其所至，不独使其人之不忍忘而已，亦不能自忘于其人也。

⑫令：县令，县的行政长官。诚重：实在重要。

⑬异时：来日，以后。尸祝：祭祀。这里指为魏用晦祝福。尸，古代代死者受祭的人，象征死者的神灵，后代改用画像。祝，司祭礼的巫。浮屠：梵语音译，这里指佛。老子：春秋时思想家，后被道教引为教祖。宫：这里指佛寺道观。

⑭惓惓：（quán）留恋不忘。

⑮苏子瞻：苏轼，字子瞻。韩魏公：韩琦，封魏国公。黄州：治所在今湖北黄冈。苏轼有《书韩魏公黄州诗后》文，云：“魏公去黄四十馀年，而思之不忘，至以为诗。”又云：“相与募公之诗而刻之石，以为黄人无穷之思。”

君今去县已三年矣[16]，一日与余同在内庭[17]，出示此图，展玩太息，因命余记之。噫！君之于吾吴，有情如此，如之何而使吾民能忘之也？

⑯三年：魏用晦离开吴县是在隆庆二年（公元1568年），作者写此文，时在隆庆四年，正好三年。

⑰内庭：宫禁内。

【译文】

吴县和长洲这两个县都在苏州府境内，只是划界分别治理。郡的西面有许多山都在吴县境内。其中最高的山有穹窿、阳山、邓尉、西背、铜井等，而灵岩山那里有春秋时吴国遗留下来的宫殿，还有西施的遗迹。至于虎丘、剑池及天平、尚方、支硎（xíng）等，都是名胜之地。而太湖汪洋三万六千顷，有七十二峰在湖水中耸立，更称得上是海内奇观了。

我的同年好友魏用晦君任吴县县令，不到三年，就因为政绩卓著而被朝廷召入朝中任给事中。魏君当知县时，深得民心，老百姓想挽留他却又留不住，而他也不忍心离开这些老百姓，于是，一个热心人画了一幅《吴山图》，作为礼物赠给他。

县令的好坏对于百姓尤为重要。县令如果贤明，那个地方的山川草木也会因为受到他的恩泽而显得更加光彩；县令如果不贤明，那地方的山川草木也会因为受到他的祸害而蒙受耻辱。用魏君对于吴县的山川草木是增添了很多光彩的。有朝一日这里的百姓将在青山秀岩之间择一处风景胜地，在佛堂和道观里祭祀他，这是应该的。可是用魏君既然离开了吴县，为什么却仍然诚恳而又深切地怀念那里的山川草木和人情风物呢？过去苏子瞻称赞魏国公韩琦，离开黄州已经四十多年，仍然思念那里而不能忘怀，为此写了怀念黄州的诗，苏子瞻为黄州的百姓把这首诗镌刻在石碑上。这以后，人们才知道贤能的人对于他所到过的地方，不仅使那里的百姓不能忘怀自己，就连自己也无法忘记那里的老百姓。

魏君离开吴县已经三年了，一天，他和我同在内庭，他拿出了这幅《吴山图》给我看，观看此图时他十分感叹，于是让我为此写一篇文章记下这些事。啊！魏君对吴县百姓有这样深厚的感情，又怎么能使当地的老百姓忘记他呢？

沧浪亭记

归有光

【题解】

本文是作者应佛徒文瑛之请而写的一篇专记。沧浪亭是苏州著名园林胜地之一，为北宋诗人苏舜钦建造。文章通过对沧浪亭历史变迁的记述，说明沧浪亭被后人喜爱，不只是因为亭园的美丽，而是创建者苏舜钦的人格与才华被人们尊敬。文章通过古今对比，突出了主旨，有较强的感染力。

浮图文瑛[1]，居大云庵，环水，即苏子美沧浪亭之地也[2]。亟求余作《沧浪亭记》，曰："昔子美之记，记亭之胜也，请子记吾所以为亭者。"

①浮图：梵语的音译，这里指僧人。

②苏子美：苏舜卿，字子美，北宋文学家。曾修沧浪亭，并作《沧浪亭记》。

苏舜卿像，图出自清·孔继尧《吴郡名贤图传赞》。

余曰：昔吴越有国时[3]，广陵王镇吴中[4]，治南园于子城之西南，其外戚孙承佑[5]，亦治园于其偏。迨淮海纳土[6]，此园不废。苏子美始建沧浪亭，最后禅者居之。此沧浪亭为大云庵也。有庵以来二百年，文瑛寻古遗事，复子美之构于荒残灭没之馀，此大云庵为沧浪亭也。夫古今之变，朝市改易。尝登姑苏之台[7]，望五湖之渺茫[8]，群山之苍翠，太伯、虞仲之所建[9]，阖闾、夫差之所争[10]，子胥、种、蠡之所经营[11]，今皆无有矣，庵与亭何为者哉？虽然，钱镠因乱攘窃，保有吴、越，国富兵强；垂及四世，诸子姻戚，乘时奢僭，宫馆苑囿，极一时之盛，而子美之亭，乃为释子所钦重如此。可以见士之欲垂名于千载，不与澌然而俱尽者⑫，则有在矣。

文瑛读书喜诗，与吾徒游，呼之为沧浪僧云。

③吴越：五代十国之一。

④广陵王：钱元璙，吴越王钱镠的儿子。吴中：泛指今太湖流域一带。

⑤孙承佑：钱谬之孙钱俶的岳父。

⑥淮海纳土：指吴越国降宋，献出淮海一带的土地。

⑦姑苏之台：春秋时吴王夫差所建，在今江苏苏州西南的姑苏山上。

⑧五湖：泛指太湖一带所有湖泊。

⑨太伯、虞仲：周太王古公亶父的长子、次子。传说是吴国的开创者。

⑩阖闾、夫差：春秋时相继就任的两位吴王。夫差是阖闾之子。

⑪子胥：即伍子胥，春秋时人，曾辅佐吴王夫差伐越。种：文种，春秋时越国大夫。蠡：范蠡，春秋时越大夫。

⑫澌然：冰块溶化的样子。

【译文】

文瑛和尚住在大云庵寺，那里被水环绕，就是宋时苏舜钦（字子美）建造的沧浪亭的遗址。文瑛多次请求我写一篇《沧浪亭记》，说："当初苏子美所记的是沧浪亭的优美景色，今天我请您记下我重建沧浪亭的原因。"

我说，以前吴越王钱镠建国的时候，广陵王钱元璙镇守苏州，在城的西南边修造了一座园林——南园。后来，第三代吴越王钱俶的妻族孙承佑，也在他花园的旁边另修造了一座园林。到吴越王献出国土归顺宋朝时，这座园林也没荒废。苏子美就在这里开始建造沧浪亭，后来佛教徒在这里居住，就把沧浪亭改名叫大云庵。二百年之后，文瑛和尚访求古人遗迹，按照苏子美所建亭子的原样，在荒废埋没的遗迹上重建了沧浪亭，大云庵又恢复了沧浪亭的名字。看那古今巨大变化，连朝代、市镇也常常改换。我曾经登上姑苏台（在吴县西南姑苏山），眺望五湖的宽阔辽远，周围群山的苍茫青翠，太伯、虞仲所开创的吴国，阖闾、夫差和越国所争战的地方，以及伍子胥、文种、范蠡苦心经营的吴、越之国，现在都没有了，庵与亭又算得上什么呢？虽然这样，吴越王趁着天下大乱侵夺土地，占领了吴、越之地，国家富裕，兵力强大，一直延续了四代。他的儿子和姻亲，也乘机挥霍浪费，没有限度，宫馆园林，曾极盛一时，然而苏子美所建造的沧浪亭，却被和尚如此敬重。由此看来，读书人要想名声流名千年，不像冰块那样很快溶化掉，是另有东西存在的。

文瑛喜欢读书作诗，同我们这些人交往，人们称他为沧浪僧。

《青霞先生文集》序

茅　坤

【题解】

青霞先生，即沈炼，字纯甫，别号青霞山人，明嘉靖年间曾官至锦衣卫经历。当时皇帝昏庸，奸臣严嵩专权，沈炼为人刚直不阿，曾上疏历数严嵩十大罪状。因皇帝偏袒严嵩，沈炼被贬斥塞外。其后又被处死。严嵩垮台后，沈炼的文集才得以刊行。本文表达了作者对沈炼的无限敬慕之情。

茅坤（公元1512年－公元1601年），字顺甫，号鹿门，归安（今浙江吴兴）人，累官至大名兵备副使，后被免职。他是晚明著名的散文作家之一，和唐顺之、归有光等同属"唐宋派"作家，在当时及后世都产生过一定影响。主要作品收录在《茅鹿门集》中。

青霞沈君①，由锦衣经历上书诋宰执。宰执深疾之，方力构其罪，赖天子仁圣，特薄其谴②，徙之塞上。当是时，君子直谏之名满天下。已而③君累然携妻子出家塞上。会北敌数内犯④，而帅府以下束手闭垒，以恣敌之出没，不及飞一镞以相抗。甚且及敌之退，则割中土之战没者与野行者之馘以为功⑤。而父之哭其子，妻之哭其夫，兄之哭其弟者，往往而是，无所控吁⑥。君既上愤疆场之日弛⑦，而又下痛诸将士日菅刈我人民以蒙国家也。数呜咽欷歔⑧，而以其所忧郁发之于诗歌文章，以泄其怀，即集中所载诸什⑨是也。

①"青霞"二句：青霞沈君，指沈炼，字纯甫，别号青霞山人。明世宗嘉靖时，曾先后任溧阳花平知县、锦衣卫经历。为人刚直，嫉恶如仇，敢于直谏，故屡遭权臣严嵩打击迫害。后被罢官流放，遭杀害。诋，批评指责。宰执，指宰相，因其执国家政柄，故称。文中的宰执指严嵩父子。

②"特薄"二句：特，特地。薄其谴，即使其罪责减轻。谴，罪责。徙之塞上，发配到边塞。

③已而：不久。

④"会北敌"五句：会，碰巧遇上。北敌，指居住在今内蒙古呼和浩特一带的蒙古族俺达部。其时曾多次侵扰中原地区，且威逼北京。帅府，指边境最高军事府第。垒，御敌的堡垒。镞，箭。

⑤"则割"句：中土，中原地区。战没者，战死的人。馘（guó）：古人在战争中割取被杀者左耳以报功。

⑥控吁：控诉呼吁。

严嵩像，图出自《绿野仙踪》。严嵩是明代嘉靖年间的权臣。

⑦“君既”二句：疆埸之日弛，指边疆军事防务的日益松弛。菅（jiān）刈，草菅人命，指随意杀害百姓。

⑧呜咽欷歔：哭泣、叹息。

⑨什：篇。

君故以直谏为重于时，而其所著为诗歌文章又多所讥刺，稍稍传播，上下震恐，始出死力相煽构，而君之祸作矣。君既没，而一时阃寄所相与谗君者[10]，寻且坐罪罢去。又未几，故宰执之仇君者亦报罢[11]。而君之门人给谏俞君[12]，于是裒辑其生平所著若干卷，刻而传之。而其子以敬，来请予序之首简。

⑩“而一时”二句：意为那些曾担任军事要职，又一起参与陷害沈青霞的人，不久因罪而被罢官。阃（kǔn），原指外城城门的门槛，因把军事之事也称阃外之事，故“阃寄”也指军事职务。

⑪报罢：罢官、撤职的婉称。

⑫“而君”二句：给谏，给事中和谏议大夫的合称。俞君，生平不详。裒（póu）辑，搜集、编辑。

茅子[13]受读而题之曰：若君者，非古之志士之遗乎哉[14]？孔子删《诗》[15]，自《小弁》之怨亲，《巷伯》之刺谗以下，其忠臣、寡妇、幽人、怼士之什，并列之为“风”，疏之为“雅”，不可胜数。岂皆古之中声[16]也哉？然孔子不遽遗之者[17]，特悯其人，矜其志，犹曰“发乎情，止乎礼义”，“言之者无罪，闻之者足以为戒”焉耳。予尝按次《春秋》以来[18]，屈原之《骚》疑于怨，伍胥之谏疑于胁，贾谊之疏疑于激，叔夜之诗疑于愤，刘蕡之对疑于亢，然推孔子删《诗》之旨而裒次之[19]，当亦未必无录之者。君既没，而海内之荐绅大夫[20]至今言及君，无不酸鼻而流涕。呜呼！集中所载《鸣剑》、《筹边》[21]诸什，试今后之人读之，其足以寒贼臣之胆，而跃塞垣战士之马[22]，而作之忾也，固矣。他日国家采风[23]者之使出而览观焉，其能遗之也乎？予谨识之。

⑬茅子：作者茅坤的自称。

⑭“非古”句：不就是古代仁人志士一类的人物吗？遗，遗留。

⑮“孔子”五句：孔子删《诗》，相传《诗经》为孔子所删定，但此说并不可信。《小弁》，《诗经·小雅》中的篇名。相传为周幽王太子宜臼所作，诉说他受谗被逐的怨愤心情《巷伯》，《诗经·小雅》中的篇名，相传巷伯所作，诉说其受谗而被宫刑的悲伤、孤愤。幽人，隐居之士。即隐士。怼（duì）士，心藏怨恨的人。风、雅，《诗经》中的“国风”和“大雅”、“小雅”，此处特指“小雅”。疏，编排。列入。

⑯古之中声：意即古代合乎音律的诗歌。

⑰“然孔子”八句：遽（jù），马上，立即。此处有“轻易”的意思。遗，遗弃。矜，怜惜。发乎情，止乎礼义，发自内心情感，没有超越礼义。止，停止，即不超越。此两句与下文“言之者无罪”两句均出自《诗经·周南·关雎》序。

⑱“予尝”六句：按次，接着次序考察。春秋，春秋时期（公元前770年－公元前476年）。屈原，名平，战国时代楚国人，为楚怀王左徒官，被谗放逐，写下《离骚》长诗。疑，好似，好像。伍胥，伍子胥，名员，字子胥。春秋时期吴国大夫。因劝吴王拒绝越国求和而被疏远，后受谗而被迫自杀。胁，威胁。贾谊，西汉文学家，曾上疏建议削弱诸侯王势力及抵抗匈奴侵扰。激，激烈。叔夜，魏末晋初文学家嵇康，字叔夜。崇尚老庄思想，不满现实，后为司马昭杀害。刘蕡，字去华。唐文宗大和二年（公元828年）参加科考时，在对策中猛烈抨击政治弊端及宦专权，为宦官所忌恨，因而不被录取。亢，亢直。

⑲“然推”二句：二句意谓，但是若按照孔子删定《诗经》的标准收集、编辑他们的作品，应该也有值得收录的地方。

⑳荐绅大夫：荐绅，同“搢（jìn）绅”，原为古代官司员的一种装束，后为官员代称。大夫，明代为高级官员的称号。

㉑《鸣剑》、《筹边》：为沈炼《青霞先生文集》中的篇名。

㉒“而跃”二句：塞垣，边塞的城墙，此处指边疆。作之忾，意即令人振奋起同仇敌忾的愤慨。

㉓采风：传说上古时代，朝廷设采诗官到民间搜集歌谣，称为采风。

至于文词之工不工，及当古作者之旨㉔与否，非所以论君之大者也，予故不著。

㉔当古作者之旨：意即符合古代作家的创作意旨。

“删述六经”图。孔子晚年删《诗》序《易》，作《系辞》、《象传》、《彖传》、《序卦传》《说卦传》《杂卦传》《文言传》。

【译文】

沈青霞以锦衣卫的身份上书皇帝弹劾指责权相严嵩，严嵩对他恨之入骨，正在想尽办法罗织罪名对他进行诬陷，皇上幸而仁爱圣明，特地减缓了对他的处罚，把他发落到塞外。在那个时候，沈君敢于直谏皇帝的美名很快传遍了天下。不久，沈君在囚车中带着妻子儿女，把家搬到了边境。适逢北方的外敌多次向境内侵犯，而大帅以下都束手无策，关闭着军营，任凭敌军随意进出，连放一簇一箭抵抗敌人都做不到。有时甚至还在敌人退兵以后，割下我军阵亡将士与野外行人的左耳朵拿去冒功。父亲哭儿子，妻子哭丈夫，哥哥哭弟弟的惨景，到处都能看到，没有地方去控诉。沈君既愤怒在上者对国防的一天比一天松弛，漠不关心，又痛恨下面的将士们每天滥杀我无辜的百姓以蒙骗朝廷的行径。常常哭泣叹息，就把自己的忧愁愤懑抒发在诗歌与文章里，以发泄心中的情怀。这就是他的文集中所载篇章的主要内容。

沈君本来就因为敢于直谏而被人所尊敬，他所写的诗歌与文章，内容又大多为讽刺现实，逐渐流传出去，权相和他的走卒都很震惊恐慌，于是互相煽动，勾结起来拼命诬陷他，这样，沈君就遭到杀身之祸了。沈君死后，那些一时间曾相互勾结诬陷沈君的身居边防要职的将领们，很快地因罪被罢免。又没有多久，原来仇视沈君的权相严嵩也被罢官。于是沈君的弟子、担任给谏的俞君，搜集整理了沈君生平所作的诗文若干卷，进行刊刻，使之流传。沈君的儿子以敬，请我做一篇序，放在文集的前面。

我看完沈君的集子后写道：像沈君这样的人，不正是古代有志之士的后继者吗？春秋时孔子删订《诗经》，自《小弁》的怨恨父亲、《巷泊》的讽刺进谗言以下，到那些写忠臣、寡妇、隐士以及对现实不满的人的诗篇，有的并列在《国风》里，有的分列在《大雅》和《小雅》里，多得难以数清，难道都是古代的中正和平的声音吗？然而孔子不匆忙删除它们，只是同情他们这些人，赞赏他们的想法，还说："诗歌是情感的产物，而又受到礼义的制约"，"说话的人没有罪过，听话的值得把它当做鉴戒"等等。我曾经依次考察春秋时代以来的诗文，觉得屈原的《离骚》近似怨愤，伍子胥的劝谏近于威胁，贾谊的上疏过于激动，嵇康的诗像很愤怒，刘蕡的对策，似乎过甚，然而用孔子删《诗》的宗旨去衡量、收集、编次它们，应该说也未必不收录它们吧。沈君去世后，国家的大小官吏们，直到今天，只要一说到沈君，没有一个人不鼻子发酸，流出眼泪。唉！沈君文集中所收的《鸣剑》、《筹边》等篇，假如让后世的人读到它，足以使怀有贼心的大臣胆寒，使边塞上的战马飞跃奔驰，激发守边战士同仇敌忾的勇气，这是肯定的了！将来国家采集民风世情的官员读到这些作品，哪能把它们遗漏了呢？所以我严肃认真地记下了这一点。

关于作品的语言够不够精美，以及是否符合原作者的旨意，都无关乎沈君的大节，所以我没有说。

蔺相如完璧归赵论

王世贞

【题解】

王世贞（公元 1526 年－公元 1590 年），字元美，号凤洲，又号弇州山人，太仓（今江苏太仓县）人。嘉靖二十六年（公元 1547 年）中进士，授刑部主事，累迁至南京刑部尚书。一生仕途坎坷，多次为权奸陷害。他是明代著名文学家，与李攀龙齐名，是“后七子”的领袖人物，主张“文必秦汉，诗必盛唐，大历以后书勿读”，倡导复古摹拟，并喜与同道相标榜，在当时产生了不良影响。晚年颇有醒悟，不大菲薄唐宋，文章反复条畅，颇类苏轼，无复摹秦仿汉的习气。一生著述甚丰，专集篇幅之大、卷帙之繁浩，无人能比。著有《弇州山人四部稿》、《弇山堂别集》。

蔺相如完璧归赵一节，今日读来仍然凛凛有生气，然而从当时的政治形势看，也有不够周全的地方。他在骗得秦王斋戒五日，设九宾于廷的同时，将璧偷偷送回，这一做法不够光明磊落，是不讲信用。再说蔺相如持璧赴秦，是因为赵国畏惧秦国，后来又偷偷地将璧送回赵国，这等于是在故意激怒秦国，如此自相矛盾的做法是极其危险的。然而完璧归赵后，相如得以安然无恙，赵国得以平安无事，实属奇迹，是上天在有意保全赵国。中间插入一大段是作者设身处地为蔺相如筹策，制定保国保身的万全之策，虽然不一定符合当时的实际，显得有些迂阔，但也很有道理，不失为一家之说。

蔺相如之完璧，人皆称①之，予未敢以为信也。

①称：称赞。

夫秦以十五城之空名，诈赵而胁其璧，是时言取璧者情也，非欲以窥赵也。赵得其情则弗予，不得其情则予；得其情而畏之则予，得其情而弗畏之则弗予。此两言决耳，奈之何既畏而复挑其怒也！

且夫秦欲璧，赵弗予璧，两无所曲直②也。入璧而秦弗予城，曲在秦。秦出城而璧归，曲在赵。欲使曲在秦，则莫如弃璧；畏弃璧，则莫如弗予。夫秦王既按图以予城，又设九宾，斋而受璧③，其势不得不予城。璧入而城弗予，相如则前请曰：“臣固知大王之弗予城也。夫璧非赵璧乎？而十五城秦宝也，今使大王以璧故，而亡其十五城，十五城之子弟皆厚怨大王以弃我如草芥也。大王弗予城而绐④赵璧，以一璧故，而失信于天下，臣请就死于国，以明大王之失信。”秦王未必不返璧也。今奈何使舍人怀而逃之，而归直于秦？是时秦意未欲与赵绝耳。令秦王怒，而僇[5]相如于市，武安君[6]十万众压邯郸，而责璧与信，一胜而相如族[7]，再胜而璧终入秦矣。吾故曰，蔺相如之获全于璧也，天也。若其劲渑池，柔廉颇，则愈出而愈妙于用。所以能完赵者，天固曲全之哉。

②曲直：理亏、理直。

③设九宾：九宾是有九个传呼迎的宾的礼官，设九宾是古代会典用的极隆重的礼节。斋，斋戒、沐浴、更衣、禁酒、素食、表示恭敬。

④绐（dài）：欺骗。

⑤僇：同“戮”，杀。

⑥武安君：即秦将白起。

⑦族：灭族。

【译文】

蔺相如完璧归赵的故事，人们都予以赞扬，我却不敢苟同。

秦国利用十五座城池的虚名，欺骗了赵国并强行索取和氏璧。那时候秦国说索要和氏璧是真情实意，并非有借此掠夺赵国之意。赵国了解本意就不给它，不知道本意就给它。了解这个实情而惧怕秦国就给它，知道这个实情而不惧怕秦国就不给它。这事两句话就可以断言了，怎么能既害怕强秦又去气怒它呢？

再说秦国想得到和氏璧，赵国不愿意给，双方谈不上什么理由。赵国交出和氏璧而秦国不给应诺的城池，是秦国没道理。秦国给赵国城池，赵国又收回和氏璧，是赵国没理由。如果赵国要想使秦国理亏，就不如放弃和氏璧，害怕丢了璧，就不如索性不给秦国。

秦王既然按照图纸交割城池，又设九宾大礼斋戒沐浴后来接受和氏璧，那形势是不会不交城的。如果秦王得到璧而不给城，相如可以上前责问：“我本来就知道大王是不会给城的。这块和氏璧不是赵国的璧吗？那十五座城池是秦国的珍宝。现今如果大王因为一块璧，就抛弃了十五座城池，城中百姓会深深地

《东周列国志》版画之蔺相如像

怨恨大王，说大王把他们像草芥一样抛弃了。如果大王骗走和氏璧而不给城，只为区区一块璧却失信于天下。我请求一死，以明示大王言而无信。”这样，秦王未必不归还璧，可为什么让随从怀揣和氏璧逃回去，而让秦国占了理呢？当时秦国还不想与赵国断绝关系。假如秦王发怒，将蔺相如斩首示众，派武安君率领十万人马，直逼邯郸，索取和氏璧并要赵国守信用，一次获胜就可以使蔺相如灭族，再次获胜和氏璧终会归秦王之手！

所以依我说：蔺相如能够保全和氏璧，是天意啊！至于他在渑池会上态度坚定，对廉颇退让三分，是他办法动用得灵巧。所以，他能够使赵国不受损失，的确是上天在保佑他啊！

徐文长传

袁宏道

【题解】

袁宏道（公元1568年－公元1610年），字中郎，号石公，公安（今湖北公安县）人。明万历二十年（公元1592年）进士，曾任吴县县令，官至吏部郎中。他是明代著名文学家，与兄宗道、弟中道都是“公安派”的代表人物，时称“三袁”。他反对“文必秦汉，诗必盛唐”的复古主义文学观点，主张文学要“独抒性灵，不拘格套”，充分张扬个性。他的散文自然洒脱给人以清新活泼之感。著有《袁中郎全集》。

本文写了徐文长怀才不遇、命运坎坷的一生，表达了作者对徐文长的敬慕与惋惜之情。全文以“数奇”为主线：他做诸生时，即文才出众，被当时的高官赏识，但他却始终得不到施展才能的机会，此数奇之一。他的诗境奇特，文章识见超卓，书法、绘画皆具特色，但他的文名竟然没有传到山阴县以外，此“数奇”之二。他因误杀其妻，下狱论死，后虽然得救，却由佯狂到真狂，直致恨而终，此“数奇”之三。他的诗文竟无刻本，难以流传，此“数奇”之四。全文由“数奇”而生发，在赞扬徐文长卓越的才略以及诗文和艺术成就的同时，穿插点出他傲视统兵大帅、鄙夷文坛领袖、绝交达官贵人，突出了他的精神气质，与“数奇”相映照，使人物形象更加充实，也揭示了“数奇”的因果。文末一段议论，回应徐文长的一生，特别肯定了他的诗文创作对于文坛的贡献，预言他的作品必将流传后世。抑而后扬，实为千古定评。

徐渭，字文长，为山阴诸生①，声名籍甚。薛公蕙校越时②，奇其才，有国士③之目。然数奇④，屡试辄蹶。中丞胡公宗宪闻之⑤，客诸幕。文长每见，则葛衣乌巾，纵谈天下事，胡公大喜。是时公督数边兵⑥，威镇东南，介胄之士⑦，膝语蛇行，不敢举头，而文长以部下一诸生傲之，议者方之刘真长、杜少陵云⑧。会得白鹿⑨，属文长作表，表上，永陵喜⑩。公以是益奇之，一切疏计，皆出其手。文长自负才略，好奇计，谈兵多中，视一世士无可当意者。然竟不偶。

①诸生：明清时代经省各级考试录取入府、州、县的学生，称生员。生员有增生、附生、廪生、例生等名目，统称诸生。

②薛公蕙：薛蕙，明正德九年（公元1514年）进士，直隶武平卫（今河南偃师）人，官至吏部考工郎中。校越：在越州任学官。按薛蕙于嘉靖二年（公元1523年）免官，至徐渭考中生

员的那一年（公元1539年）死去，未担任过浙江学官。

③国士：一国之中杰出的人才。

④数奇（jī）：命运不好。

⑤中丞：明代设立都察院，其副都御史一职与古时御史中丞相近，故称副都御史为中丞。胡公宗宪：胡宗宪，字汝贞，号梅林，明嘉靖年间任浙江巡抚，因抗击倭寇有功，加右都御史衔。

⑥督数边兵：嘉靖三十五年（公元1556年），胡宗宪任总督，督江南、江北、浙江、山东、福建诸军事。

⑦介胄之士：指军人。介，铠甲。胄，头盔。

⑧刘真长：刘惔（tán），字真长，东晋简文帝时宰相。杜少陵：唐代大诗人杜甫的号。两人均不拘小节。

⑨白鹿：古代以得白鹿为国家祥瑞，所以胡宗宪要上表奏闻皇帝。

⑩永陵：明世宗嘉靖帝的陵墓名，此代指明世宗（公元1522年－公元1566年在位）。

文长既已不得志于有司[11]，遂乃放浪曲蘖[12]，恣情山水，走齐、鲁、燕、赵之地[13]，穷览朔漠。其所见山奔海立、沙起云行、雨鸣树偃、幽谷大都、人物鱼鸟，一切可惊可愕之状，一一皆达之于诗。其胸中又有勃然不可磨灭之气，英雄失路、托足无门之悲，故其为诗，如嗔如笑，如水鸣峡，如种出土，如寡妇之夜哭、羁人之寒起。虽其体格时有卑者，然匠心独出，有王者气，非彼巾帼[14]而事人者所敢望也。文有卓识，气沉而法严，不以摸拟损才，不以议论伤格，韩、曾之流亚也[15]。文长既雅不与时调合，当时所谓骚坛主盟者，文长皆叱而奴之，故其名不出于越，悲夫！

⑪有司：官吏。

⑫曲蘖（niè）：酒母。

⑬齐、鲁、燕、赵：皆春秋战国时国名，后多代指今山东、河北、山西一带地区。

⑭巾帼：古代妇女所戴头巾，后代指妇女。

⑮韩、曾：韩愈、曾巩，唐宋散文八大家中的作家。流亚：同一类的人物。

徐渭像。徐渭字文长，明代文学家、画家。

喜作书，笔意奔放如其诗，苍劲中姿媚跃出，欧阳公所谓“妖韶女，老自有余态”者也[16]。间以其余，旁溢为花鸟，皆超逸有致。

⑯欧阳公：欧阳修，宋代文学家，唐宋散文八大家之一。"妖韶女，老自有馀态"：语出欧阳修《六一诗话》，是赞扬梅圣俞诗的句子。原文是："有如妖韶女，老自有馀态。"

卒以疑杀其继室[17]，下狱论死。张太史元汴力解[18]，乃得出。晚年愤益深，佯狂益甚，显者至门，或拒不纳。时携钱至酒肆，呼下隶与饮。或自持斧击破其头，血流被面，头骨皆折，揉之有声。或以利锥锥其两耳，深入寸余，竟不得死。周望言晚岁诗文益奇[19]，无刻本，集藏于家。余同年有官越者，托以钞录，今未至。余所见者，《徐文长集》、《阙编》二种而已。然文长竟以不得志于时，抱愤而卒。

⑰杀其继室：徐渭晚年神经错乱，猜疑心重，杀续配夫人张氏，因此下狱。

⑱张太史元汴：张元汴，字子荩，号阳和，浙江山阴人，隆庆五年（公元1571年）进士第一，授翰林修撰，官至翰林侍读，故称太史。

⑲周望：陶望龄字周望，会稽人，官至国子祭酒。

石公曰[20]：先生数奇不已，遂为狂疾。狂疾不已，遂为囹圄[21]。古今文人牢骚困苦，未有若先生者也。虽然，胡公间世豪杰[22]，永陵英主，幕中礼数异等，是胡公知有先生矣；表上，人主悦，是人主知有先生矣，独身未贵耳。先生诗文崛起，一扫近代芜秽之习，百世而下，自有定论，胡为不遇哉？

⑳石公：袁宏道自称（石公为其号）。

㉑囹圄（líng yǔ）：监牢。

㉒间世：隔世。

梅客生尝寄予书曰[23]："文长吾老友，病奇于人，人奇于诗。"余谓文长无之而不奇者也。无之而不奇，斯无之而不奇也。悲夫！

㉓梅客生：梅国桢，字客生，湖北麻城人。袁宏道之友。

【译文】

徐渭，字文长，是山阴县学生，名气很大。薛蕙担任浙江学政时，非常欣赏他的才情，把他视为国家杰出的贤士。但他的命运不好，屡次应试都遭到打击，中丞胡宗宪慕名聘请他做幕僚。文长每逢拜见胡公，都是头戴葛巾，身穿青衫，痛快地畅谈天下之事，胡公极为兴奋。当时胡公统率海防的大军，威镇东南一带，军中将校，跪拜而言，曲身而行，不敢抬头仰视；而文长却以胡公部下的一介书生身份傲然相对，人们谈论起来将他比做刘真长、杜少陵。恰好胡公猎获了白鹿，便委托文长写奏文表明给皇上。奏表奉上，世宗皇帝很高兴，胡公因此就更加看重他，军中一切奏疏公文，都是由他来撰写。文长以才能识见而自负，喜好奇特计谋，关于军事问题的谈论常常是中肯切实的。在他的眼中，世事没有一件可以使他满意的。但他终生没有施展才能的机会。

文长即然科举上怀才不遇，便肆意饮酒放纵自己，纵情山水，漫游齐、鲁、燕、赵一带，饱览北方大漠无限河山。他所见到的大山起伏，海涛澎湃，黄沙弥天，疾雷行空，骤雨鸣响，风树倾伏，幽深的山谷，繁华的都市，形形色色的人物，千姿百态的鱼鸟，所有一切令人惊叹诧异的景色，都一一写进诗歌。他的胸中又有着蓬勃激荡不能磨灭的豪迈气魄，英雄途穷无处立脚的悲慨愤懑，因此他写诗，像嗔怒，像嘻笑，像溪水在涧谷中鸣响，像种子从沃土里萌芽，像寡妇在暗夜里发出忧伤的哭声，像游子在秋寒中起身惆怅。虽然他的诗歌的体制风格，时或有欠高雅之处，然而却能独出心裁，有卓然独立的气概。不是那些像妻妾一样侍奉别人的作者，所能比攀的。文章写得有卓越的见识，气度深沉而章法严谨，不因模拟古人而损害才气，不因议论辩说而损伤格调，与韩愈、曾巩的文风相近啊。文长素来不与当时的习气相合，当时所谓的主盟文坛的名家，文长都加以贬斥而使他们非常恼怒，故而他的名声仅在浙江一带流传，可悲啊！

喜爱写字，和他的诗一样热情奔放，苍劲的笔法中透出妩媚的丰姿，正如欧阳公所说的美貌女子，年纪虽老但仍余留着婀娜的姿容啊。有时以他的余力，随意画些花鸟，也都精巧飘逸，很有情致。

其后，他因为疑心而杀死了自己的继妻，被捕入狱判处死刑，张元汴太吏极力营救相助，才得到释放。晚年悲愤更加深沉，假做疯癫更加厉害。显贵登门，有时拒不接纳。常常带着钱到酒店中，招呼奴仆们和他一块饮酒。有时自己拿着斧头击破自己的头，血流满面，头骨都折了，揉一揉碎骨就发出响声；有时用锋利的锥子锥他的两只耳朵，扎进去一寸多，竟然没有死去。

周望说："他晚年诗文愈发地奇特，但没有刻印成书，集子收藏在家中。"我的同年中有一位到浙江去做官的，我托他将文集抄录，至今没有送来。我所见到的，只有《徐文长集》、《阙编》二种罢了。然而文长竟因为一生不得志，怀着满腔悲愤郁郁而死。

袁石公说：先生晦运真是无穷无尽，以致积郁成疾病；狂疾不好，以致于进入监牢。古往今来文人的忧患贫困痛苦，没有一个能与先生相比。虽说如此，胡公是世上少有的豪杰，嘉靖帝是英明的君主：在幕中供职以非常的礼节相待，这是胡公了解先生啊！奏表呈上而皇帝欣喜，是皇帝知道有先生啊！只是本人没有富贵显达而已。先生的诗文崛起文坛，扫荡了近代杂乱卑污的风习，百代之后，一定会有正确的评价，怎么能算是未遇于时呢？

梅客生曾经寄给我书信说："文长是我的老朋友，他的病比其他人更奇怪，他的为人比他的诗更美妙绝仑。"我认为文长到处都与众不同。正因为他没有一样不怪，这样也就没有一点而与世相融了。真可悲啊！

五人墓碑记

张 溥

【题解】

张溥（1602 年－1641 年），字天如，号西铭，明末太仓（今江苏太仓）人。崇祯四年（公元 1631 年）进士，是当时江南士大夫主张改良政治的团体——复社的创始人和领袖之一，曾写过许多抨击明末宦官专权及腐败政治的文章，在当时影响很大。他对文学、史学都很精通，散文写得尤为精彩，内容充实，风格质朴。张溥才思敏捷，写文章往往不起草便一挥而就，在其死后征集他的遗著，先后得到的共有三千余卷。其主要著作有《七录斋集》，还编有《汉魏六朝百三名家集》等，并传于世。

明代末年，政治黑暗，以魏忠贤为代表的宦官专权，对正直的士大夫进行残酷镇压，杨涟、左光斗、魏大中等先后被杀，周顺昌仅仅因为招待过经过苏州的魏大中，也被捕杀害。周顺昌在被捕时，激起苏州市民的愤怒，万人群起，打死差人。巡抚毛一鹭大怒，捕杀了五位市民。直到第二年崇祯帝即位，魏忠贤伏诛，此事才得以平反。苏州人重修五位殉难者的坟墓，由张溥撰写了这篇墓碑记。本篇追述了事件的始末，歌颂了五位烈士的高尚品格，写得正气凛然，文笔奔放，是传诵已久的名篇。

五人者，盖当蓼洲周公之被逮①，激于义而死焉者也。至于今，郡之贤士大夫请于当道②，即除魏阉废祠之址以葬之③，且立石于其墓之门，以旌其所为④。呜呼，亦盛矣哉！

①蓼洲周公：指周顺昌（公元 1584 年－公元 1626 年），字景文，号蓼洲，吴县（今苏州）人，官至吏部文选员外郎，因反对魏忠贤被逮，受酷刑死。

②当道：执掌政权的人。

③魏阉：即太监魏忠贤（公元 1568 年－公元 1627 年），明熹宗时专断朝政，使国家日益腐败，许多人纷起反对，均遭镇压。后为明思宗（崇祯帝）所诛。阉（yān）：太监。

④旌：表彰。

夫五人之死，去今之墓而葬焉，其为时止十有一月耳。夫十有一月之中，凡富贵之子，慷慨得志之徒，其疾病而死，死而湮没不足道者，亦已众矣。况草野之无闻者欤？独五人之皦皦⑤，何也？

⑤皦（jiǎn）皦：明亮的样子。此处指死得光明。

予犹记周公之被逮，在丁卯三月之望⑥。吾社之行为士先者⑦，为之声义，敛资财以送其行，哭声震动天地。缇骑按剑而前[8]，问：“谁为哀者？”众不能堪，抶而仆之[9]。是时以大中丞抚吴者[10]，为魏之私人，周公之逮所由使也。吴之民方痛心焉，于是乘其厉声以呵，则噪而相逐。中丞匿于溷藩以免[11]。既而以吴民之乱请于朝，按诛五人，曰：颜佩韦、杨念如、马杰、沈扬、周文元，即今之傫然在墓者也[12]。

⑥望：阴历每月的十五日。

⑦吾社：指复社，明末反对魏忠贤的士人组织。

⑧缇（tí）骑（jì）：古代侍从贵官的骑士，指锦衣卫军士。

⑨抶（zhì）：鞭打。仆（pū）：跌倒。

⑩大中丞抚吴者：指以御史为应天巡抚的人，即毛一鹭。

⑪溷（hùn）藩：厕所。

⑫傫（lěi）然：堆积之状。

然五人之当刑也，意气扬扬，呼中丞之名而詈之[13]，谈笑以死。断头置城上，颜色不少变。有贤士大夫发五十金，买五人之脰而函之[14]，卒与尸合。故今之墓中，全乎为五人也。

⑬詈（lì）：骂。

⑭脰（dòu）：脖子。函之：收敛。

嗟夫！大阉之乱，缙绅而能不易其志者[15]，四海之大，有几人欤？而五人生于编伍之间[16]，素不闻诗书之训，激昂大义，蹈死不顾，亦曷故哉？且矫诏纷出，钩党之捕，遍于天下，卒以吾郡之发愤一击，不敢复有株治。大阉亦逡巡畏义，非常之谋，难于猝发。待圣人之出[17]而投缳道路[18]，不可谓非五人之力也！

⑮缙绅：做官的人。

⑯编伍：古代居民以五家为伍。这里借指平民。

⑰圣人：指明思宗朱由检。

⑱投缳（huán）：上吊。“缳”指绳圈。

由是观之，则今之高爵显位，一旦抵罪，或脱身以逃，不能容于远近，而又有剪发杜门，佯狂不知所之者。其辱人贱行，视五人之死，轻重固何如哉？是以蓼洲周公，忠义暴于朝廷，赠谥美显，荣于身后。而五人亦得以加其土封，列其姓名于大堤之上。凡四方之士，无有不过而拜且泣者，斯固百世之遇也！不然，令五人者保其首领，以老于户牖之下[19]，则尽其天年，人皆得以隶使之，安能屈豪杰之流，扼腕墓道，发其志士之悲哉？故予与同社诸君子，哀斯墓之徒有其石也，而为之记，亦以明死生之大，匹夫之有重于社稷也。

贤士大夫者：冏卿因之吴公、太史文起文公，孟长姚公也。

⑲牖（yǒu）：窗子。户牖之下：指自己家里。

【译文】

这五个人，是在周蓼洲先生被捕之际，由于义愤而死的。到今日，郡里的有地位的绅士向当地长官求情，清扫了被废毁的魏忠贤祠的地基来安葬他们，而且在他们的墓道上竖立石碑来记载他们的事迹。唉！这也算是光荣了啊！

这五个人的遭遇，离今天修墓安葬，前后只有十一个月。在这十一个月当中，一切富贵的人，得意的人，他们因疾病而死，死后默默无闻、悄无声息，这样的人也非常多了，何况那些乡间没有名气的人呢？只有这五个人名声显赫，为什么呢？

我清楚地记得周公被捕，是在丁卯年三月十五日。我们复社中品行可作读书人先驱的人，为他声张正义，募捐了钱财来为他送行，哭声震天动地。那些捕人的禁卫差役拿着剑走到前面责问："放声大哭的是谁？"大家忍无可忍，用鞭子把他们打倒在地。当时，以大中丞官衔在苏州做巡抚的人，是魏忠贤的同党，周公被捕就是由他主使的。苏州百姓正发自内心地痛恨他，因此趁他高声呵斥的时候，呼喊着追逐他。中丞藏躲在厕所当中才蒙混过去。不久，他就捏造苏州人反叛的罪名向朝廷请奏。追究处死五人：颜佩韦、杨念如、马杰、沈扬、周文元，就是现今一起安葬在坟墓中的几个人。

然而这五个人在牺牲的时候，意气昂扬，高喊着中丞的名字痛斥他，视死如归地死去。砍下来的头颅挂在城上，脸色一点没有变。有几位贤明绅士拿出五十两金子买了五个人的头装在棺木里，最后同尸体吻合在一起。所以现今坟墓中，是完整的五个人啊。唉！在大宦官制造灾乱的时候，官绅们能坚持自己志向的，以天地之大，能有几个呢？而这五个人，都生在普通家庭里，平时听不到经书中的教导，却能激越昂扬、凛然大义，面对死亡义无返顾，到底是什么缘故呢？而且当时假造的圣旨纷纷出现，牵连东林党人的大搜捕遍及天下。终究因为我们苏州人的愤怒抗击，不敢再搞株连惩治。魏忠贤也犹豫彷徨，害怕公正舆论的指责，篡国乱朝的阴谋难以突然发动，等到圣明天子出来，就在路上吊死，不能说不是这五个人的威力啊。

由此看来，那么当今居于高官要职的人，一旦要宣判他们应得的罪行，有的人脱身潜逃，不能被远近的人们容留；还有削发为僧的，闭门不出的，装疯的，不知逃到哪里去的，这些人可耻的人格和卑贱的品行，对照这五个人的从容不迫应该怎样呢？因此蓼洲周公忠义的品行在朝廷上显露出来，追赠他光耀显赫的谥号，在死后获得了声誉。而这五个人也能够重建他们的坟墓，刻排他们的名字在大堤上面。凡是从四面八方来的人，没有哪一个经过这里不叩头行礼而且落泪的，这当然是千载难逢的盛事啊。否则，让这五个人保护他们的头颅，老死在家里，就这样度过他们的一生，人们都能把他们当奴仆使唤，怎么可以让英雄豪杰低头，在坟墓前激动惋惜，抒发那种志士仁义的情怀呢？所以我和同社的各位君子，哀痛墓前那块空白的碑石，就写了这篇记，也想用它来说明死和生的伟大，普通百姓的死有时也能对国家起重要作用啊。

上面提到的几位贤士是：太仆寺卿吴因之先生，翰林官文起先生和姚孟长先生。